Heinz Kleger

Gedankensplitter IV

Welt ohne Kompass
Krieg und Frieden
Verteidigungsfähigkeit

ISBN: 978-3-8370-8450-4

Impressum

Herausgeber: Prof. Dr. Heinz Kleger c/o medienlabor GmbH, Alleestraße 4, 14469 Potsdam

Autor: Prof. Dr. Heinz Kleger

Umsetzung: Agentur Medienlabor, www.agentur-medienlabor.de

1. Auflage, Februar 2025

Verlag: BoD · Books on Demand GmbH, Überseering 33, 22297 Hamburg, bod@bod.de

Druck: Libri Plureos GmbH, Friedensallee 273, 22763 Hamburg

Inhalt

Einleitung und Übersicht: Demokratie und Weltpolitik

Europa soll wieder eine Macht werden, fordern nicht nur französische Politiker. Jean-Claude Juncker sprach sogar davon, dass es "weltpolitikfähig" werden müsse. Schon vor den Kriegen in der Ukraine und im Nahen Osten war davon die Rede, dass wieder die Sprache der Macht zu lernen sei. Welcher Macht?

Die französische Interpretation der europäischen Souveränität und strategischen Autonomie versuchte stets, in den Spuren des Gaullismus, sich gegen die amerikanische transatlantische Macht und die Nato zu profilieren, während die deutschen Transatlantiker Musterschüler Amerikas waren, wenigstens in der Außenpolitik. Billige Energie von Putin und Sicherheit durch die USA hieß die bequeme Strategie, mit der man jedes Jahr den Sozialstaat weiter ausbauen konnte.

Russlands Angriff auf die Ukraine könnte der letzte Weckruf gewesen sein, wieder auf die ungeliebte Priorität der eigenen Verteidigungsfähigkeit der Demokratie nach innen und aussen zu achten. Der neue Kanzlerkandidat Merz peilt eine neue Führungsrolle zusammen mit Polen, Frankreich und Großbritannien an, so die Ankündigung. Als Präsident Biden das militärpolitische Ramstein-Treffen wegen des Hurrikans ‚Milton' absagen musste, fand das führungslose Europa keinen Ersatz.

Am 9. Oktober prallten die verschiedenen Vorstellungen von der EU aufeinander: Viktor Orban und Ursula von der Leyen vertraten sie. Die ungarische Ratspräsidentschaft fordert ähnlich wie Draghi, der ehemalige Präsident der Europäischen Zentralbank, einen Fokus auf Europas Wettbewerbsfähigkeit in Konkurrenz mit den USA und China. Und für das Migrationsproblem Hotspots außerhalb Europas.

Von der Leyen attackierte Orban scharf. Hauptkritikpunkt war dessen Nähe zu Russland, die dieser schon mit seiner eigenen Friedensmission nach Kiew, Moskau, Peking und Trump demonstrierte. Außerdem kritisierte sie die neuen Visa-Regeln von Ungarn, die ein Einfallstor für Russlands-Spione wären.

Das EU-Parlament, das größte der Welt, ist zwar nach den letzten Wahlen nach rechts gerückt, und Orban findet zusätzliche Unterstützer in den Niederlanden und in Österreich, selbstverständlich auch bei der AfD. Selbst Europas Konservative wie Manfred Weber kritisieren indes jede Nähe zum Quartett Russland, Iran, China und Nordkorea. Soweit herrscht weltpolitische Klarheit.

Aber wie geht es intern weiter mit der EU? Das ist weniger klar. Das Duo Frankreich und Deutschland sind außenpolitisch nicht mehr so berechenbar aufgrund ihrer innenpolitischen Labilität. Ihre Modelle der Parteiendemokratie stecken in einer Krise. Sie ziehen Europa auch wirtschaftlich mehr und mehr nach unten, was ein Novum ist.

Krieg und kein Friede

Der Angriffskrieg Russlands am 20. Februar 2022 markierte eine Zeitenwende. Plötzlich sah man sich in einer anderen Welt. Die Blogs seitdem verfolgen diesen Krieg chronologisch und inhaltlich. Er hat Europa, die Welt und die Weltpolitik verändert.

Das Jahr 2023 ist für Selenski das " Jahr der Entscheidung " dank Schützen- und Kampfpanzer aus Frankreich, USA und Deutschland. Selbst die Lieferung des Kampfpanzer Leopard II ist für Deutschland kein Tabu mehr. Scholz spricht sich mit Biden ab. Die Waffenlieferungen kommen einmal mehr spät, aber nicht zu spät. 2025 soll laut Selenskis "Siegesplan" mit Nato-Einladung und freier Hand bei den Waffen wieder das kriegsentscheidende Jahr werden.

Treibende Kräfte unter anderen sind in Deutschland die Grünen, die sich vor mehr als 40 Jahren gegen die Politik von Helmut Schmidt pazifistisch gegründet haben. Sie erleben eine große Transformation in dieser Zeit des globalen Krieges in einer 'Klimaregierung', wo sie das strategisch zusammengelegte Wirtschafts- und Klimaministerium leiten.

Seit der Annexion der vier ukrainischen Regionen im Donbass Ende September 2022 durch die russische Föderation hat sich der Krieg noch einmal verändert. Aus russischer Sicht geht es nach den inszenierten Plebisziten seitdem um die Verteidigung Russlands selbst, was Putin seinen Nachfolgern verfassungsmäßig vererben will.

Für Russland ist es ein Krieg gegen die Nato. Die Nato selber will aber nicht Kriegspartei werden. Diese Gratwanderung wird realpolitisch schwierig: "Kairos und Umsicht", kann das zusammengehen? (Blog 20. Januar 2023). Welche Rolle spielt die (Atom-) Angst, die nicht irrational ist?

Wer kann wie Frieden stiften? bleibt die Dauerfrage in diesem Jahr (8., 15., 27. November). Die Europäer hoffen auf die vermittelnde Rolle Chinas im global gewordenen Krieg. Diese Erwartung wird enttäuscht. Frieden selber wird immer mehr zu einem Kampfbegriff, auch im eskalierenden Nahost-Konflikt nach dem brutalen Überfall der Hamas am 7. Oktober 2023.

Von Waffenruhe für humanitäre Korridore, Waffenstillstand, Einfrieren von Fronten, Kompromissfrieden, Diktatfrieden, Friedensallianzen und Friedensplänen ist ständig die Rede. Die Diplomatie hört nie auf, aber sie scheitert.

Zu Recht spricht man auch von 'Lawfare' in Analogie zu 'Warfare'. Kriegsverbrechen und Genozid werden zu wechselseitig omnipräsent erhobenen Vorwürfen. Das betrifft das Völkerrecht im Ganzen. Das Ende der Pax Americana ist auch die Krise ihres Völkerrechts - des Verhältnisses von Macht und Recht.

Die weltpolitische Situation hat sich durch das neue Dreieck USA-Russland-China kompliziert und verschärft. "Die Rüstungskontrolle ist mausetot" (Blog 4. September 2023), und die Autokraten (10. Juli 2024) organisieren sich immer besser in der geopolitischen Konfrontation (BRICS, SCO).

Krieg und Frieden sind neu zu denken, zumal sich die Grenzen durch die hybride Kriegsführung verwischen (8. Mai, 10.Juni, 16. Juni 2024). Die Konferenz auf dem Bürgenstock in der Innerschweiz auf Initiative von Selenski und Jermak sollte ein Anfang werden zumindest dafür, Friedensverhandlungen wieder denkbar erscheinen zu lassen. Die Konferenz war ein Prüfstein: Wer steht zurzeit wo im Kampf um eine neue Weltordnung?

Es gibt Anlass zur Sorge, dass am 16. Juni 15 teilnehmende Staaten, die Mitglied der Uno sind, völkerrechtliche Mindeststandards der Charta im abschließenden Communiqué on a Peace Framework nicht unterzeichnet haben: Armenien, Bahrain, Brasilien, Vatikanstaat, Indien, Indonesien, Irak, Jordanien, Kolumbien, Mexiko, Saudi-Arabien, Südafrika, Thailand, Vereinigte Arabische Emirate (siehe ausführlich: Welt ohne Kompass, 25. Juni 2024).

Auf dem Bürgenstock trafen diplomatische Initiativen und geopolitische Realitäten aufschlussreich aufeinander. Das ist heilsam für den weiteren Weg zu einer halbwegs stabilen neuen Friedensordnung. Der Begriff der 'multipolaren Ordnung', der Pluralismus suggeriert, ist ein Euphemismus.

In Wirklichkeit kennen Russland und China nur das Recht des Stärkeren. Ihre strategische Partnerschaft ist stark, bedrohlich und darf keinesfalls unterschätzt werden. Sie wird auch militär- und nukleartechnologisch ständig ausgebaut. Nordkorea und Iran kommen als erklärte Feinde des Westens hinzu.

Auch die "heiligen Verpflichtungen" des transatlantischen Bündnisses aus den Erfahrungen des 2. Weltkrieges gegen Hitler heraus sind sterblich, obwohl reflektierbar. Dies hängt an der zivilen und militärischen Verteidigungsfähigkeit der europäischen Nationen gegenüber der imperialistischen russischen Herausforderung ebenso, wie an der weiteren weltpolitischen Ausrichtung der USA, wo am 5. November entscheidende Wahlen stattfinden.

Amerika steht an einer historischen Wegscheide (Biden). Bidens Vermächtnis ist es, die Demokratie nach innen wie nach außen zu verteidigen. Gehen der Supermacht die Kräfte aus? Zudem ist der Antiamerikanismus eine feste Größe linker und rechter Radikale.

Der amerikanische Wahlkampf startet nach den gesundheitlichen Problemen des 81jährigen Präsidenten neu, ungewollt und unvorbereitet, aber mit überraschend schnellen Erfolgen der bisherigen Vizepräsidentin Kamala Harris. Auf sie war Trump nicht vorbereitet, der am 13. Juli ein Attentat überlebt - "Glück oder Gott". Das Rennen wird knapp, bleibt aber offen (siehe die Blogs vom 19. Juli, 22. Juli, 26. August, 13. September, 1. Oktober, 7. Oktober).

Demokratiepolitik

Demokratiepolitik ist alles andere als ein Modethema, sondern vielmehr eine beharrliche Arbeit auf verschiedenen Ebenen und in unterschiedlichen Hinsichten (Blogs vom 20. März 2023 und 28. August 2024). Auch Trump, Musk und Vance beanspruchen, die Demokratie zu bewahren und die Amerikaner gegen außen zu schützen. Dafür nehmen sie sogar einen Putsch in Kauf (6. Januar 2021).

Sie sind nicht einmal mehr zuverlässige Minimaldemokraten, die demokratische Wahlergebnisse akzeptieren. In Brasilien fand zwei Jahre später ebenfalls ein Sturm auf das Parlament durch die Anhänger Bolsonaros statt. Die demokratischen Parteien stellten sich danach gemeinsam symbolisch vor diese Herzkammer der Demokratie und bekundeten: "das akzeptieren wir nicht". Jair Bolsonaro kann heute im Unterschied zu Trump in den USA, der die "Big Lie" von der gestohlenen Wahl aufrechterhält, nicht mehr Präsidentschaftskandidat in Brasilien sein.

Der dritte Band "Gedankensplitter"(2023) endete mit den Beiträgen Demokratiepolitik im Großen (S.547ff) und Demokratiepolitik im Kleinen (S.560ff). Dieses Thema systematischer politischer Theorie ergänzen und vertiefen wir in diesem Band. Wir versuchen zu präzisieren, was wehrfähige Demokratie und wehrfähige Bündnisse bedeuten, auf weltpolitischer, nationaler wie regionaler Ebene (siehe die Blogs vom 26. April 2024 und 16. Juli 2024).

Es gibt eine Kluft zwischen Demokratie und Globalisierung. Eine minimal gesteuerte (global governance) und sozialverträgliche Globalisierung ist notwendig, sonst siegen die Abschottungs- Narrative der Rechtspopulisten (aus Links wird Rechts), etwa von Trump, dass die Chinesen uns die Arbeitsplätze wegnehmen. Schutz statt Freiheit wird zum Credo auch im Wirtschaftskrieg mit Auswirkungen auf die Weltwirtschaftsordnung. Trump predigt den Protektionismus ohne Ahnung der Folgen.

Die Demokratie im Großen dürfen wir nicht aus den Augen verlieren, wenngleich sie vor allem im Kleinen, Lokalen und Regionalen - als Demokratie der Bürger und Bürgerinnen - zu verteidigen und auszubauen ist, so dass wieder Vertrauen in die Politik von unten aufgebaut werden kann.

Im Kampf um die neue Weltordnung gilt es, neue Länder ins Boot zu holen. Selbst der sogenannte 'globale Süden' ist kein einheitlicher Akteur. Die Länder und Blöcke ordnen sich neu, der Westen muss dabei in Konkurrenz mit China und Russland bessere kooperative Angebote, etwa in Afrika und Südamerika machen.

Die Welt ist ohne Kompass, wir kennen sie nur sehr selektiv und perspektivisch aus unserer Lebenswelt heraus und wissen nicht genau, was los ist. Davon ist auszugehen und nicht von fertigen Weltverbesserungskonzepten. Die Wirtschaft machts, und was macht die Weltpolitik?

Die Welt ist größer und schneller geworden, die Konkurrenz in vielen Bereichen härter. Der Schnellere ist der Bessere, und die Gefahr abgehängt zu werden, wächst und wird bedrohlicher. Die Infrastruktur und die Lieferketten sind verletzlicher, was etwa den Weltseehandel betrifft. Das Rote Meer, die Meerenge Bab al Mandab (27 Kilometer zwischen Jemen und Dschibuti), die Straße von Hormus, der Suezkanal und die Taiwanstraße sind für alle von großer strategischer Bedeutung.

Die Digitalisierung ist noch nicht bewältigt, und schon müssen wir uns den Herausforderungen der Künstlichen Intelligenz stellen, die schnell außer Kontrolle geraten kann. Die Auswirkungen auf die Kriegsführung zum Beispiel sind gewaltig. Ist ein Innehalten überhaupt noch möglich?

Was kann man aus der Geschichte lernen, wenn die Technologien rasant über sie hinausgehen. Geschichte ist nicht nur Erinnerung, obwohl gerade die Erinnerungskultur für die politische Theorie von großer Bedeutung ist, wenn aus Erinnern Handeln werden soll.

Welches Gewicht hat aber noch die Erfahrung, einschließlich der historischen Erfahrung, als aktuelles Argument? Herrschen nicht die sogenannten Anschlusszwänge? Und was bedeutet Klugheit? Klugheit jedenfalls bezieht sich auf Erfahrung, und kann durch künstliche Intelligenz nicht ersetzt werden.

Zwei weitere Themenfelder spielen in den Blogs der letzten beiden Jahre eine Rolle, die mich seit langem beschäftigen: zum einen das Neue Potsdamer Toleranzedikt, das 2008 mit einem breiten und intensiven Stadtgespräch begonnen hat. Zum anderen Protest und Widerstand, die seit den 70er Jahren unsere Gesellschaften verändert haben.

Toleranzedikt als Stadtgespräch

In einem Dokument, das mehr als 17.000 mal verteilt worden ist, kann man die Ergebnisse des Neuen Potsdamer Toleranzedikts nachlesen. Es enthält einige Fixpunkte und zahlreiche Anknüpfungspunkte für einen offenen und unabgeschlossenen Prozess (siehe Zwischen Toleranz und Entschiedenheit. Toleranzedikt als Stadtgespräch 2008 bis 2023ff, 3. Oktober 2023).

Ein Ausgangspunkt war die französisch-reformierte Gemeinde in Potsdam, die 2023 ihren 300. Geburtstag feierte (siehe den Blog vom 25. Mai 2023). Das alte Toleranzedikt von 1685, das im Volksmund so heißt, und das neue Toleranzedikt von 2008 sind zwar in Potsdam entstanden, beziehen sich aber auf die ganze Region eines 'Toleranten Brandenburg', das im Wahljahr 2024 wieder besonders herausgefordert wurde durch den Aufstieg der rechten AfD (siehe dazu die Blogs "Das blaue Wunder", 9. Januar; „Wahlkampf um die demokratische Mitte", 1. Februar; " Zerrbilder", 4. Februar 2024).

'Brandenburg zeigt Haltung' wirkte in die zivilgesellschaftliche Breite und Fläche des Landes. Die Spuren, die es hinterlassen hat, sind durch beharrliche Demokratiearbeit fortzusetzen und besser zu koordinieren. Dabei treffen sich kleine und große Demokratiepolitik. Die Solidarität für die Ukraine und Israel nach dem 7. Oktober 2023 standen im Vordergrund. Putin-Versteher und Israel-Hasser gaben sich die Hand. Die Diskussion über Toleranz und Toleranzräume ist inzwischen noch wichtiger, aber auch schwieriger geworden.

Was das international kontroverse Thema Meinungsfreiheit, eines der " kostbarsten Menschenrechte", Art.11 1789, anschaulich demonstriert. Auf diesem Feld kommen einander zuweilen sogar Toleranz und Respekt ins Gehege. Was ist noch durch Meinungsfreiheit gedeckt? Wo und wie sollten Rücksicht und Zurückhaltung, Takt und Freundlichkeit obwalten? Wie erhalten wir dieses zivile Verhaltensrepertoire im Dichtestress?

Wo selbst an den Universitäten der freie Diskurs nicht mehr selbstverständlich ist und aus ideologischen Gründen der Fanatismus wieder Einzug hält, müssen wir zumindest den römischen Rechtsgrundsatz 'Audiatur et altera pars' hochhalten. Das gilt ebenso in den heftiger werdenden politischen Auseinandersetzungen im Kampf gegen Rechts.

Durch das Netz und seine Plattformen haben sich die Kampfzonen, die durch Neid und Wut in der Konkurrenzgesellschaft befeuert werden, ausgeweitet und intensiviert. Selbst für den organisierten Shitstorm gibt es schon Taktikhandbücher. Wie soll man diesen Kampf führen?

Mit Rechtsanwälten, vor Gericht, mit Meldestellen für strafbare und erlaubte Handlungen? Wann beginnt die Vernichtung? Wann die Denunziation? Es wird einem Angst und bange. Kann man nicht mehr rechtfertigungsfrei verschieden ohne Angst sein? Das wäre eine Utopie und zugleich eine Heimat für alle.

Die politische Öffentlichkeit hat sich enorm verändert. In Amerika gab es erstmals einen twitternden Präsidenten. 'Getwittert' und 'gechattet' wird viel. Kommunikation ist das Zauberwort unserer Zeit geworden, für nachdenkliche Gespräche indessen hat man kaum noch Zeit.

Für kontinuierliche Analyse und theoretische Reflexion ohnehin nicht, denn was bringt es? Stimmen, Geld, Prestige, Macht? Nichts bleibt bestehen. Alles steht unter verschärftem Zeitdruck und wird daran gemessen. Orientierung brauchen wir indessen auch für den handelnden Pragmatismus. Stattdessen gehen Verunsicherung und Ängstlichkeit zusammen, selbst bei Lehrern, die Angst vor ihren aggressiven Schülern haben und Konflikte deshalb vermeiden. In Frankreich gibt es dafür schon ein Handbuch.

Alle sagen, der politische Diskurs sei verroht, zugleich sind neue Formate des Bürgerdialogs entstanden, denen sich die Politiker stellen müssen. Parteien genießen in der Demokratie keinen Bestandsschutz, die Parteienlandschaft ist ständig im Umbruch und neue Bewegungen können heute schnell an Zulauf gewinnen, was nicht heißt, dass damit schon der Faschismus vor der Tür steht. Statt Überdramatisierung und falsche historische Analogien sind genauere Wahrnehmung und gelassene Urteilskraft nötig. Die Zeiten und Kontexte ändern sich.

Die heutige Lage bedeutet aber auch, dass demokratisches Regieren schwieriger geworden ist und man sich mit Populisten, die Wähler gewinnen, demokratisch auseinandersetzen muss. Das gehört zur nicht demophoben Demokratie. Breite und vielfältige Bürgerbeteiligung zwischen Basisaktivierung und demokratischer Regierungskunst ist anspruchsvoll und erfordet Geduld und Zähigkeit.

Ebenso benötigen wir eine differenzierte Staatstheorie für die vielfältigen Aufgaben des (Leistungs-) Staates, über den neuzeitlich (seit Hobbes) und in der leistungssteigernden Moderne verstärkt, die Politik strukturell läuft.

Der Soziologe Norbert Elias spricht treffend von 'Staatsgesellschaften', die wir real und bequemerweise geworden sind. Eine erratische interventionistische Politik (wie in Deutschland) oder eine horrende Verschuldung (wie in Frankreich oder USA, gleich ob Harris oder Trump Präsident werden) ersetzen diese seriöse Staatstheorie nicht, mit der wir uns ehrlich machen sollten.

Dieser zivilen Staatsgesellschaft korrespondiert "die Gesellschaft der Individuen" (Elias 1987), sie ist nicht zu verwechseln mit der 'Verstaatlichung der Gesellschaft' im 'Staatssozialismus' der sogenannten 'Volksdemokratien' oder 'autoritärem Staat', der ein polemischer Begriff ist.

Eine demokratietheoretische Aufgabe kommt hinzu:

Die Klärung des Status und der Möglichkeiten von Bürgerräten sowie anderer Räte (darunter meistens Expertenräte) sollten der Begriffsverwirrung über Bürgerbeteiligung und Demokratie gegensteuern (siehe die Blogs Die 'Räterepublik' der Beiräte, 20. September 2023 ; Beharrliche Demokratiearbeit, 28. August 2024).

Um die liberale rechtstaatliche Demokratie nachhaltig und überzeugend verteidigen zu können, benötigen wir mehr gemeinsame Aufklärung über Demokratie als multiples Regelsystem und gelebte Toleranz, die etwas bewegen kann.

Protest und Widerstand

Seit den 70er Jahren beschäftigen mich Phänomene und Bewegungen des neuen zivilen Ungehorsams (Kleger 1993). Damals ging es im Zusammenhang mit der Anti-AKW-Bewegung (Kaiseraugst, Wyhl, Brokdorf) um die Einführung des Konzepts, um begriffliche Klärungen in bezug auf das Widerstandsrecht sowie schwierige legitimationstheoretische Diskussionen im Rahmen einer rechtsstaatlichen Demokratie. Je besser begründet dieser zivile Widerstand war und ist, desto wirksamer ist er, unterstellt der liberale Rationalist in der politischen Theorie.

Er muss stets versuchen, überzeugen zu können, spricht der leidenschaftliche Demokrat. Aber die politische Wirklichkeit besteht nicht nur aus Rationalisten und Demokraten. Inzwischen haben wir wieder verstärkt die Erfahrung gemacht, dass Gefühle auch Fakten sind, gegen die nur schwer anzukommen ist.

Politische Emotionen spielen eine große Rolle bei der Mobilisierung und Polarisierung von Menschen. Vorurteile, Hass und Hetze gehören zum Alltag, womit man umgehen muss. Das ist leichter gesagt als gelebt, was mehr als Theorie ist.

Der zivile Ungehorsam scheint inzwischen als Protestform eingebürgert, zugleich wurde er begrifflich und legitimatorisch überdehnt, etwa im Rahmen der Aktionen der ' Letzten Generation', die sich ebenfalls darauf berief wie zuvor " Ende Gelände": Die Zeit drängt! "Wir sind die letzte Generation, die den Klimawandel noch stoppen kann"(2016 in der Lausitz-Region).

Wie geht demokratische Politik mit dieser enormen Zeitdramatisierung noch um? Der Ausverkauf des zivilen Ungehorsams jedenfalls entwertet Protest wie die Demokratie gleichermaßen, die Zeit für ihre Verfahren braucht.

Rechtsstaatliche Demokratie lebt prioritär von ihrer Verfahrenslegitimität und nicht von den Ergebnissen, die man unterschiedlich beurteilen kann. Sie muss allerdings immer wieder die große Anstrengung auf sich nehmen, den nötigen Konsens und die erforderlichen Mehrheiten zu finden, auch für Anliegen, die offenkundig und drängend scheinen.

Protest an sich ist legitim geworden, zugleich muss man sich fragen, welcher Protest noch verhältnismäßig und überzeugend ist. Die Blockaden der Bauernproteste und die Streiks der Lokführer, welche den Alltag der Menschen betreffen, sind hinzugekommen (Protest und Widerstand, 17. Januar 2024). Blockadedrohungen kommen inzwischen von allen Seiten. Das ist aus der Protestgesellschaft geworden.

Die Demokratie, je liberaler sie ist, hat viel auszuhalten. Die moderne Toleranz wird zur Zumutung in ihren drei analytischen Hinsichten: Geduld, Offenheit und Zivilisierung der Differenz (Neues Potsdamer Toleranzedikt 2008, Seite 22). Die Polizei mit ihren Ermessensspielräumen, das Rechtssystem und die unabhängige Justiz sind zunehmend herausgefordert, während die Politik fast reflexhaft nach mehr und härteren Gesetzen ruft.

Es sind viele Verschiedene, die diese Situationen ertragen können müssen, wovon man allzu selbstverständlich ausgeht. Die Zivilisation hängt an der Zuständigkeit dieser Vielen und nicht an Heldentaten. Sie ist eine dünne Haut, die leicht zerreißen kann. Das geht immer wieder vergessen in einem politischen Denken, das entweder nur in starken Institutionen oder in Parteien denkt. Es denkt zu einfach, einfacher als der aufgeklärte Common sense, der lernfähig ist.

Wir stecken im Toleranztunnel fest und müssen uns doch bewegen - mit eigenem Urteilsvermögen und zuverlässiger Information. Toleranz ist eine individuelle und gesellschaftliche Stärke (und keine Schwäche wie die Rechten meinen!) und gleichzeitig darf sie nicht zur Selbstverleugnung führen. Toleranz und Entschiedenheit sind vielmehr zu kombinieren. Auch hier kommt es wie bei der Demokratie sowohl auf den Inhalt wie die Form an.

Protest ist von Protest zu unterscheiden: "Faschisten wählen ist kein Protest". Der rechte Widerstand, der von Umsturzphantasien lebt, ist Kult. Es ist die Aufgabe politischer Theorie, extremes politisches Denken nicht nur zu kennen, sondern auch die verschiedenen Begriffe von Widerstand und ihre Hintergrundwelten zu klären und kritisch zu diskutieren (Blog Widerstandswelten, 16. Januar 2023).

2023

10. Januar 2023

Die nächste Phase

Für Deutschland lag der Schwerpunkt der bisherigen Militärhilfe bei der Artillerie und der Luftabwehr. In kürzester Zeit, was zum Drama der Politik gehört, ist nun wieder eine neue Lage entstanden: Am Mittwochabend, dem 4. Januar des neuen Jahres, verkündet der französische Staatspräsident Macron, der bisher eine andere Linie (mit Putin reden, Verhandlungen vorbereiten) verfolgte, der Ukraine erstmals leichte Panzer liefern zu wollen. Damit ist scheinbar eine Hemmschwelle überschritten. Frankreich prescht vor und setzt Deutschland unter Druck.

Dazu kommt, dass am selben Abend, Präsident Biden in Aussicht stellt, ebenfalls Bradley-Schützenpanzer zu liefern. Macron hatte bei seinem Besuch in Washington anfangs Dezember, wo er als privilegierter Gast empfangen wurde, die traditionelle „Waffenbrüderschaft" erneuert. Er warnte vor einer „Fragmentierung des Westens".

Schützenpanzer fordert die Ukraine seit langem nachdrücklich, sie würden schon lange und jetzt erst recht helfen in den schweren Gefechten im Donbass bei Bachmut und Kramatorsk. Mit Schützenpanzern werden Panzergrenadiere transportiert, im Verbund mit Kampfpanzern sind so Bodenoffensiven möglich, die verlorenes Gebiet zurückgewinnen können.

Und genau darauf kommt es jetzt jeden Tag an, wofür wiederum bestimmte Waffen, Munition und Nachschub im Detail die entscheidende Rolle spielen. Selenski hat sich umgehend für das „neue Level der Zusammenarbeit" bedankt, welches zu einem „beschleunigten Sieg" führen werde. Das Jahr 2023 ist für ihn „das Jahr der Entscheidung".

Inzwischen steht fest, dass auch Deutschland bis Ende März 40 Marder-Schützenpanzer liefert, als altbewährt und nicht technisch überladen wie der neuere ‚Puma'. Damit lässt sich ein Bataillon bestücken. Davor ist jedoch eine 8-wöchige Ausbildung nötig.

Macron und Biden erhöhten den Druck auf Scholz, der Alleingänge vermeiden wollte. Die russischen Botschaften in Washington und Berlin warnen inzwischen vor einer weiteren Ausweitung des Krieges auf neue Regionen und Gefahren für die globale Sicherheit. Die versprochene Waffenruhe über das orthodoxe Weihnachtsfest, welche die Ukraine als „zynische Falle" interpretierte, war zu Ende, bevor sie begonnen hatte.

Das Misstrauen ist abgrundtief geworden, und es beginnt nun die letzte Phase des Kampfes um die annektierten Gebiete. Deren Anerkennung ist für Putin die Voraussetzung für Verhandlungen, was die Ukraine nicht akzeptieren will. Für sie endet der Krieg mit dem Abzug der russischen Truppen.

Selbst die Lieferung des Kampfpanzers Leopard ll, am besten im europäischen Verbund, ist für Deutschland kein Tabu mehr. Er würde faktisch einen großen Unterschied machen, weil er einen weit höheren Kampfwert hat als etwa der französische Spähpanzer AMX und die deutschen Schützenpanzer Marder und Puma.

Eine letzte rote Linie wird damit überschritten. Es wäre zu nonchalant zu sagen, es sind ja ohnehin schon alle roten Linien gefallen. In der Optik von Putin ist die Nato schon längst Kriegspartei, nur Russland sollte man tunlichst nicht angreifen.

Die traditionelle Neujahrsansprache vor seinen Soldaten galt den „Lieben und Freunden" sowie den Eltern, „die Helden großgezogen haben". Die neunminütige pathetische Rede „Wir, die wir uns verteidigen müssen" war emotional und einmal mehr deutlich gegen den westlichen Aggressor gerichtet. Sie hatte zweifellos eine große Reichweite.

Scholz und die SPD zauderten bislang mit Waffenlieferungen, weil sie eine nochmalige Eskalation befürchteten. Sie werden inzwischen von den Koalitions- und den bürgerlichen Oppositionsparteien zu den weiteren Schritten geradezu gedrängt, die konsequent sind, wenn einer befürchteten Großoffensive Russlands militärisch begegnet werden soll.

Wie stark diese Kräfte jedoch sind, ist unklar. Die großen Verluste in Makijiwska (Donezk) durch Himars-Raketen zu Silvester waren ein schwerer Schlag, der die russische Öffentlichkeit und die Bevölkerung durchaus erreicht hat. Führt er zu Einsichten oder zu mehr Ressentiments, die mobilisierbar sind? Welche Lernprozesse gibt es bei den Militärs? Wie organisieren sie sich neu? Nato-Generalsekretär Stoltenberg warnte jedenfalls zurecht davor, Russland zu unterschätzen. Er sprach sich entschieden für weitere Waffenlieferungen aus. Sie kommen nun spät, aber nicht zu spät.

Der Weg vom Waffenausfuhrverbot in Krisengebiete zu der gegenwärtigen Lieferung von schweren Angriffswaffen war für Deutschland historisch-kognitiv lang und politisch kurz zugleich. Die treibenden Kräfte waren ausgerechnet die ehemals pazifistische Partei der Grünen, die sich vor mehr als 40 Jahren quasi gegen die Politik von Helmut Schmidt gegründet hatte, und Protagonisten der liberalen FDP.

Diese wirklich erstaunliche Wende wird von entsprechend großen Worten mit neuem Pathos begleitet: „Putin hat sich in uns getäuscht: der Wohlstand ist uns nicht wichtiger als Werte, die uns ‚heilig' sind. Wohlstand ohne Freiheit wäre wertlos" (Christian Lindner, 6.Januar 2023).

Eine nationale Sicherheitsstrategie soll nun erarbeitet werden, „die sich an der Klarheit der Botschaften mit Konsequenzen an Freunde und Rivalen messen lassen muss" (a.a.O.). Die Landes- und Bündnisverteidigung wurde jahrzehntelang vernachlässigt.

Sie muss nun auf Dauer gestärkt werden, obschon der wohlstandsverwöhnte Pazifismus sozialisiert hat. Geld allein genügt dafür nicht. Gleichzeitig erfährt man, dass sich die Zahl der Kriegsdienstverweigerer in Deutschland 2022 verfünffacht hat.

Die „Wertepartner sollen künftig auch die Handelspartner" werden, so Lindner. Er fordert am Dreikönigstreffen in Stuttgart eine „durchdachte China-Strategie" und eine „souveräne Interessenwahrnehmung", um als Exportnation erfolgreich zu bleiben.

Nach der verteidigungspolitischen Zeitenwende sei dafür ebenso eine Zeitenwende in der Wirtschafts- und Finanzpolitik nötig. Darauf darf man genauso gespannt sein, wie auf die neue Sicherheitsstrategie. Vieles ist noch offen und unsicher, wird aber sicherlich zu neuen anhaltenden Kontroversen führen. Bei den nötigen Schulden des Staates in der Krise ist Finanzminister Lindner nicht wohl. Auf „unseren Staat" aber sollte Verlass sein!? Auf welchen Staat?

Lindner setzt auf ein neues Wachstumspaket und nicht auf das Verteilen von Wohlstand. Er erneuert den Glauben an die liberale Erzählung, dass man bei den Lebenschancen der Einzelnen und ihrer Bildung beginnen müsse. Bildungsrepublik will Deutschland schon lange werden. Eine jährliche „Bildungsmilliarde" kann helfen, wird sie aber auch nicht hervorbringen.

Die Fragilität der grünen sozialliberalen Koalition ist offensichtlich. Sie hat inzwischen ihre Mehrheit verloren, und Bundeskanzler Scholz hat messbar einen großen Vertrauensverlust erlitten, während die CDU/CSU-Opposition die Verteidigungsministerin Lambrecht gnadenlos ins Visier nimmt, die in der heutigen Situation den objektiv schwierigsten Posten bekleidet.

11. Januar 2023

Die kleine Schweiz und die große Welt

Am 9. Juni 2022 übernimmt die Schweiz einen nichtständigen Sitz im mächtigsten Gremium der UNO in New York, welches laut UN-Charta die Hauptverantwortung für den Weltfrieden trägt. Ihm gehören als ständige Mitglieder mit Veto-Recht China, Frankreich, Großbritannien, Russland und die USA an. 1965 ist das Gremium von 11 auf 15 Mitglieder erhöht worden.

Mit 187 von 192 Stimmen wird die Schweiz ehrenvoll gewählt, ausgerechnet für die absehbar schwierigen Jahre 2023 und 2024. Das verpflichtet. Was aber kann die kleine Schweiz in der großen Welt ausrichten? Kann sie dem Druck der Großmächte USA und Russland standhalten? Das wird sich schon bald zeigen, etwa wenn die Hilfslieferungen für das syrische Idlib auf der Tagesordnung stehen.

Die eidgenössische Regierung hat dazu in Abstimmung mit dem Parlament einen eigenen Prinzipienkatalog entwickelt. Er umfasst folgende Punkte:

- nachhaltiger Frieden,
- Schutz der Zivilbevölkerung,

- Klimawandel und neue Sicherheitsfragen sowie
- die Effizienz des Sicherheitsrates (SZ, 7./8. Januar 2023).

Die neue Schweizer UNO-Botschafterin Pascale Baeriswyl geht seit Herbst letzten Jahres bei der UNO in New York sozusagen in die Lehre. Die Schweiz ist erst seit 2002 Mitglied, allerdings als einziges Land der Welt durch eine Volksabstimmung nach Art. 141, 1986 scheiterte diese noch mit mehr als 75 % Nein-Stimmen und der Mehrheit der Stände (Kantone), am nötigen und anspruchsvollen Doppel-Mehr.

Die Neutralität ist eine hoch angesehene staatspolitische Maxime des Kleinstaates, mit der man die eigene Souveränität bewahren konnte. „Dafür bezahlte sie bis 1989 den Preis einer möglichst autonomen Landesverteidigung", so der Militärexperte Georg Häsler (NZZ, 7.1. 2023).

Mit rund 150.000 aktiven Soldaten hat sie international gesehen eine vergleichsweise große und gut ausgebildete Armee, was von ausländischen Militärattachés regelmäßig bestätigt wird, obwohl hier immer noch auch ein Mythos mitschwingt. Das sind umgerechnet auf tausend Einwohner 15 Soldaten, in Deutschland sind es zwei.

Die Situation hat sich inzwischen verändert: „Die Neutralität hat aufgrund der geostrategisch veränderten Lage ihre dissuasive Schutzwirkung weitgehend verloren" (EMD 1992). Trotzdem dreht sich die politische Diskussion um die Neutralität seit dem 2. Weltkrieg lediglich im Kreis. Häsler stellt zutreffend fest:

„Im Rückblick wirkt die Armee 95 wie ein sicherheitspolitischer EWR. Ein Wartesaal. Alle Optionen sollten offenbleiben. An diesem Schwebezustand hat sich kaum etwas geändert." Im Vergleich zu Irland und Österreich legt die Schweiz ihre Neutralität strikter aus: sie ist weder Mitglied der Nato noch der EU.

Nach dem blamablen Lavieren des Bundesrates sowohl beim Rahmenabkommen mit der EU wie anfänglich 2022 bei den europäischen Sanktionen gegen

Russland fragt man sich, ob die schweizerische Außenpolitik überhaupt über die Kompetenz, Professionalität und das nötige Tempo der Abstimmung (von der Innenpolitik her ist man sich an Langsamkeit gewöhnt, weil viele Akteure mitreden) verfügt, um den Aufgaben im Sicherheitsrat gewachsen zu sein.

Fast schon befremdlich wirkte es, als die Schweiz auf der Liste Moskaus der unfreundlichen, ja „feindseligen" Staaten auftauchte. Für die Schweizer Regierung waren das Mittragen der EU-Sanktionen gegen Russland allerdings ein ungewöhnlich großer Schritt, während die Verbundenheit der Bevölkerung mit dem ukrainischen Verteidigungskrieg tiefer geht.

Ähnlich tief wie beim finnischen Winterkrieg 1939, dem ungarischen Volksaufstand 1956, dem israelischen Sechstagekrieg 1967, dem Prager Frühling 1968 „Dubcek Svoboda!", deren Ereignisse als prägende historische Erfahrungen durch Lehrer, Schulen und Eltern weitergegeben wurden.

Diese Traditionsvermittlung gelang. Die Schweizer Bürger sind in ihrer großen und breiten Mehrheit keine politischen Neutralier trotz Neutralität. Im Gegenteil. Dafür sind sie zu politisch. Ist „politisieren" überhaupt ein korrektes hochdeutsches Verb?

International privilegierter Verhandlungs- und Vermittlungsort ist die Schweiz seit 2022 auch nicht mehr. Genf, das protestantische Rom, hat wohl mit dem Spitzentreffen Biden und Putin am 16. Juni 2021 das letzte Summit dieser Art erlebt. Inzwischen haben die Türkei und Ankara diese Rolle übernommen. Die Neutralität jedoch auf diese ‚Guten Dienste' zu reduzieren, wäre ohnehin zu wenig.

Auch ein strengeres Vorgehen gegen die russischen Oligarchen, die sich in der Schweiz, vor allem im Kanton Zug und St.Moritz wohlfühlen, wurde zurecht angemahnt. Bisher sind lediglich 7,5 Milliarden Franken an Vermögenswerten beschlagnahmt worden, im Vergleich zu geschätzten bis zu 200 Milliarden (laut Bankiervereinigung). Zur Galerie der Oligarchen siehe genauer die Recherchen von www.publiceye.ch.

Die grundsätzliche Frage bleibt, wie kann die Schweiz Teil der freien Welt sein, die weder besonders demokratisch noch durchgängig vorbildlich ist, und durch neue Kooperationen eine Front gegen die Autokratien und Diktaturen bilden, und dabei gleichzeitig souverän und neutral bleiben. Geht das überhaupt, und wie?

Die Souveränität ist dabei der Begriffselefant im Raum, mit dem man den politischen Kampf um die Begriffe aufnehmen muss. Sie ist wissenschaftlich und politisch mit guten Gründen umstritten: siehe Cottier/Holenstein, Die Souveränität der Schweiz in Europa, Mythen, Realitäten und Wandel, Bern 2021. Man kann sie im verteidigungspolitischen Nato-Rahmen wie im europapolitischen Rahmen der EU gesondert diskutieren.

Selbst der Sitz im Sicherheitsrat bedeutet für die Superpatrioten der Schweizerischen Volkspartei (SVP), die besonders gerne politisieren und damit die erfolgreichsten Direktdemokraten in Europa geworden sind, einen Verrat an der integralen Neutralität, die sie in der Verfassung als „immerwährend" verankern wollen.

Artikel 54a will der Schweiz die Mitgliedschaft in Verteidigungsbündnissen und das Ergreifen von Sanktionen weitgehend verbieten. Friedensfördernde Einsätze der Armee könnte das Parlament jedoch weiterhin bewilligen.

Dazu hat die SVP am 8.11.2022 eine ‚Neutralitätsinitiative' gestartet, die bis zum 8. Mai 2024 100.000 Unterschriften sammeln muss. Die Initiative ist aussichtsreich. Der 82-jährige Christoph Blocher, Jurist, Unternehmer, Oberst im Militär und ehemaliger Bundesrat ist noch einmal in den Ring gestiegen.

Er sieht sich noch immer, wie schon bei der Abwehr des EWR als „Kolonialvertrag" am 6. Dezember 1992, im Abwehrkampf gegen die EU, die er als Bedrohung der Demokratie selbstbestimmter Bürger wahrnimmt. Als parteiunabhängige Plattform diente damals die Aktion für eine unabhängige und neutrale Schweiz (AUNS), heute heißt die Nachfolgerin schlicht „Pro Schweiz".

Symbol der Initiative ist die bewaffnete Schweiz mit einer Friedenstaube. Wie groß jedoch sind die brückenbauenden Fähigkeiten der Schweiz im 21. Jahrhundert noch? Wie sieht die konstruktive Antwort auf den verengten Patriotismus der SVP aus?

Mit der Initiative kommt immerhin Bewegung in die ansonsten immergleiche festgefahrene Nicht-Debatte über die schweizerische Neutralität, die sich in der Zukunft bis hin zu einer möglichen Mitgliedschaft in der EU ausweiten kann. Die Wirkung der direkten Demokratie kann auch indirekt und zeitlich gestreckt groß sein.

Die Lage hat sich seit dem 24. Februar 2022 geopolitisch und europapolitisch entscheidend verändert. Die Politik muss darauf reagieren, dabei geht es nicht um Ewigkeitswerte. Auch die Neutralität ist wie Unabhängigkeit und Souveränität ein historisch-politischer Begriff, der sich ändert, nicht nur in der Vergangenheit, sondern auch in der Zukunft.

Gerade der gegenwärtig sich akut wandelnde sicherheitspolitische Kontext bietet die Chance, Neutralität auf der Höhe unserer Zeit und ihren Herausforderungen zu definieren (Häsler a.a.O., dem ich hier folge). Dabei geht es zunächst um eine Annäherung an die Nato.

Finnland und Schweden haben vorgemacht, was die verteidigungspolitische Zeitenwende bedeutet (siehe den Blog vom 15. Mai 2022). Unter Druck kommen vor allem Länder, die nur egoistisch für sich schauen. Die skandinavischen Länder brauchen diesbezüglich keinen Nachhilfeunterricht. Für die neutrale Schweiz indessen ist in einem ersten Schritt eine neue Transparenz gegenüber seinen Nachbarn und Partnern erforderlich: „Die Zeit der stillen Kooperation ist vorbei".

Wie kann also der Beitrag zur europäischen Sicherheit aussehen? Diese Frage stellen sich momentan alle Länder mit Dringlichkeit? Auch die kleine Schweiz kann ihr nicht ausweichen, militärpolitisch nicht und darum in der Folge auch politisch und europapolitisch nicht.

„Den militärischen Schutz des Kontinents bezahlen heute im Wesentlichen die US-Steuerzahler: mit Waffenlieferungen an die Ukraine, aber auch mit Bodentruppen in Osteuropa, einem Flugzeugträger und dem pausenlosen Einsatz der Luftwaffe" (Häsler).

„Zusammen mit Deutschland und Österreich gehört die Schweiz zu den großen Profiteuren der amerikanischen Sicherheitsanstrengungen in Europa". Dem würde wohl auch General Vad, der langjährige Berater von Kanzlerin Merkel, zustimmen. Frankreich dagegen geht seit je immer einen eigenen Weg in der Außenpolitik ungeachtet der europäischen Integration. Auch der jüngste Vorstoß, die Panzerlieferungen betreffend, war nicht mit Deutschland abgestimmt. Aber selbst die U-Boot gestützte Force de frappe, die erst kürzlich modernisiert worden ist, kann die ‚grande nation' nicht mehr alleine verteidigen.

Im 21. Jahrhundert ist die militärische Kooperation mit den Nachbarn der beste Schutz der eigenen Souveränität geworden, die nicht mehr rein territorial verstanden werden kann. Dies gilt natürlich auch für die Schweiz, welche zunächst die Zusammenarbeit mit der Nato verbessern muss. Interoperationalität lautet das Schlagwort dafür. „Friedenseinsätze mit militärischen Nischenprodukten wie im Kosovo reichen nicht mehr" (Häsler).

Aktive Neutralität

Auch die „immerwährende Neutralität" ist ein historisch-politischer Begriff. Maßgeblich sind für die Politik neue Umstände und Lagen, die eine dringende Antwort erfordern, die wiederum moralisch-politisch begründet werden muss. Das ist im Falle von Putins zerstörerischem Angriffskrieg gegen die Ukraine eindeutig der Fall, der zugleich neue große Fragen der europäischen Verteidigung und Solidarität aufwirft, denen sich die Schweiz nicht verschließen darf.

Sie ist vielmehr mittendrin und kann nicht abseits stehen. Sie muss sich am anspruchsvollen Marshallplan für den Wiederaufbau der Ukraine beteiligen und insbesondere laut und unüberhörbar in der UNO die Stimme für die kleinen Länder gegen imperiale Machtpolitik erheben: wie beispielsweise für Georgien, Moldawien, die baltischen Staaten und Taiwan, das buchstäblich jeden Tag durch China militärisch bedroht wird.

Als Nicht-EU-Land hat die Schweiz mit den Lugano-Prinzipien faktisch zudem eine Patenschaft für die europäische Beitrittsperspektive der großen Ukraine übernommen. Dem Tessiner Bundesrat Ignazio Cassis (EDA) war es zu verdanken, dass die Ukraine Recovery Conference am 4.und 5. Juli in Lugano stattfinden konnte (siehe den Blog vom 6. Juli 2022), an die wiederum die große Berliner Konferenz (25.10.22) anschloss.

Nicht nur mit technischen Geräten für die Minenräumung im „größten Minenfeld der Welt" (Schmyhal), sondern in vielerlei Hinsicht kann sich die Schweiz wirtschaftlich, technisch und politisch nützlich machen. Dazu gehören transnationale Städtepartnerschaften von unten, in denen sich vermehrt Jugendliche einbringen sollten. Das gilt von überallher und in allen relevanten Hinsichten.

Dies wird auch für die politische Zukunft der Ukraine absehbar wichtig. Und so wie man sich in der Schweiz traditionell um das Schicksal von Tibet kümmerte, so sollte man sich zum Beispiel auch mit dem Schicksal der Kurden beschäftigen. Zu Themen wie Regionalismus, Föderalismus, Sprachenpolitik, direkte Demokratie und Gemeindeautonomie kann jedenfalls die politische Schweiz aus eigenen Erfahrungen gute Seminare anbieten. Bildung bedeutet für ein friedliches und nicht korruptes Miteinander insbesondere auch politische Bildung für alle.

Die kleine und große Welt können und müssen so vermittelt werden, wenn wieder eine vertrauenswürdige und zuverlässige Kultur der Kooperation entstehen soll, um dem Frieden eine Chance zu geben.

Widerstandswelten

Der facettenreiche Widerstandsbegriff

‚Widerstand' ist wie ‚Macht' ein alltäglich häufig gebrauchtes Wort, das wir in vielfältigen Zusammenhängen ganz unbedacht verwenden. Auch die kürzlich verstorbene Modemacherin Vivienne Westwood war eine „Ikone des Widerstandes" (SZ 31.,12., S.15). *Widerstand* lässt sich nicht begrenzen und streng definieren. Umso mehr ist es nötig, genau hinzusehen und begrifflich zu differenzieren.

Man sagt auch, wo Widerstand ist, ist Macht und umgekehrt, womit wir schon mitten im thematischen Minenfeld sind, nämlich bei den politischen Intentionen von Widerstand beziehungsweise seiner Problematik, ja Riskanz. Einige analytische Aspekte davon wollen wir im Folgenden aus aktuellen Gründen erörtern.

Begriff und Konzeption

Es geht um ‚Widerstandswelten', aus denen heraus Widerstand erfolgt, wie er infolgedessen verstanden und begründet wird. Auch wenn wir historisch nicht weit ausholen wollen, sind verschiedene Facetten des Widerstandsbegriffs zu beachten. Der Ideenhistoriker wird zuerst an das traditionelle *Widerstandsrecht* denken. Schon diesbezüglich gibt es verschiedene Theorien, geht es doch um die Legitimität von Herrschaft sowie letztlich um nicht weniger als den Tyrannen- und Königsmord, der auch im 20. Jahrhundert der Diktatoren ein Thema geblieben ist und Schlimmeres vermieden hätte.

Protagonisten dieser dramatisierenden Widerstände legitimieren ihn – historisch, theologisch, moralisch und politisch – je nach den Zeitumständen, unter denen wiederum Herrschaft und Ordnung begründet worden sind. Die Gegner wiederum versuchen jeweils, gerade diesen Widerstand und jeden Ansatz seiner Begründung zu diskreditieren, zunächst ebenfalls mit Worten. Er wird als Anstiftung zum Aufruhr, Aufstand, Umsturz und Revolution usw., je nachdem, gebrandmarkt. Die Bekämpfung erfolgt meist schon präventiv, während Widerstand oft reaktiv ist und verschiedene Phasen kennt bis hin zum Aufstand, ob gewalttätig mit Hilfe des Militärs als ‚Staatsstreich'/Revolution oder gewaltlos als Alternative zum Bürgerkrieg.

Am aktuellen Beispiel des Widerstands der Klimaaktivisten, der sich in einem weiten Sinn als ziviler Ungehorsam versteht, jedenfalls als friedlich, lässt sich ebenfalls die Steigerung der polemischen Wortwahl bei seiner Abwehr beobachten: im Falle der Letzten Generation von ‚unfriedlich' über ‚kriminell' bis hin zu einer ‚kriminellen Vereinigung', gegen die wegen Sabotageverdacht eine Razzia durchgeführt wird. Von ‚Präventivhaft' ist in Bayern erstmals die Rede und sogar ein ‚Vereinsverbot', welches von Spenden abschneiden würde, wird auf Bundesebene erwogen.

Der ‚zivile Ungehorsam' ist ein bestimmtes, durchaus theoretisch konstruiertes Konzept von Widerstand innerhalb des demokratischen Rechtsstaats, welches das Gewaltmonopol des Staates nicht infrage stellt und auch gar

nicht infrage stellen kann. Dazu kommt, dass er als gut begründete Aus-
nahmemethode und nicht als Regelmethode in ein liberales Verständnis von
Demokratie – optimistisch formuliert – als ‚bürgerlicher Ungehorsam‘, der somit auch zur Demokratie am Rand gehört, quasi eingebürgert werden kann.

Wenn auch seine praktische Notwendigkeit und Angemessenheit strittig blieb,
so war doch die Zivilität des Ungehorsams unbestritten. Er blieb innerhalb
der Gewaltlosigkeit und war thematisch innovativ. Auf folgende *konsensfähige
Definition* konnte man sich einigen:

- öffentlich verbunden mit einer Aufklärungsintention
- gewaltlos, besser friedlich
- gewissensbestimmt, besser moralisch-politisch begründbar
- gesetzwidrig, besser tatbestandliche Rechtsverletzung, für welche die
  Konsequenzen auf sich genommen werden.

Die Anstrengung des Begriffs ist nicht nur in der Wissenschaft grundlegend.
Dort spricht man in Terminologien, Termini sind sauber definierte Begriffe.
Begriffliche Klarheit ist auch der politischen Sprache förderlich und in einer zivilen Demokratie, die per definitionem gewaltfrei ist, nicht nur wichtig,
sondern bei eskalierenden Konflikten sogar überlebenswichtig. Diese Anstrengung gilt für alle Seiten. Mit Sprache wird Politik gemacht, wofür man eine
Verantwortung trägt.

Es ist jedoch fraglich, ob wir damit allein schon zu friedlichen Lösungen kommen. Dies wird gerade auch beim Widerstandsbegriff deutlich. Wenngleich der
zivile Ungehorsam friedlich bleibt, so übt er doch öffentlichen Druck aus und
bleibt politisch umstritten, prinzipiell ebenso wie fallbezogen. Für seine Legitimität ist der Rückhalt in der lokalen Bevölkerung wichtig, was die heftigen
Auseinandersetzungen um AKW's und Endlager in den 70er und 80er Jahren
gezeigt haben (Beispiel Wendland). Dasselbe gilt auch für den gemischten
Protest in Lützerath 2023.

Ziviler Ungehorsam ist, obwohl primär symbolisch gemeint, nicht nur Symbolpolitik im Sinne einer politischen Ersatzhandlung. Welcher und wieviel (normativer) Druck allerdings noch legitim ist, und wie weit er im Sinne einer „Preiserhöhungsstrategie" (Dworkin 1985) als eigentliches Widerstandsmoment gehen darf, ist die Frage? Bei dieser realistischen Thematik im Begriffsdreieck von ziviler Ungehorsam – Widerstand – Terrorismus sind wir mittendrin in einer größeren, unweigerlich politischen Auseinandersetzung um die Macht, ob Machtdemonstrationen gewollt sind oder nicht. Sie werden so interpretiert, was Handlungskonsequenzen hat.

Widerstand an sich, von der Geschichte hergedacht oder etymologisch abgeleitet, schließt Gewalt ein und ist militärisch konnotiert, etwa im Widerstand gegen Fremdherrschaft ('nationaler Widerstand'). Die Zeitschrift von Ernst Niekisch in den 20er und 30er Jahren hieß bezeichnenderweise „Widerstand. Zeitschrift für nationalrevolutionäre Politik" im „Widerstandsverlag".

Bei den Rechten war ‚Widerstand' immer angesagt, bei der Arbeiterbewegung handelte es sich um ‚Streik' von engl. ‚Strike' im Konflikt zwischen Arbeit und Kapital, mithin um eine zivilisierte Auseinandersetzungsform, die aber auch ihren ruppigen Preis etwa gegen Aussperrungen und Streikbrecher forderte. In modernen Gesellschaften, mit historisch-politischem Beginn in Schweden mit dem Abkommen von Saltsjöbaden 1938, ging diese gewerkschaftliche Widerstandspraxis in einen demokratischen Klassenkampf über und wurde eine Wissenschaft für sich.

Was aber ist *Gewalt*? Wer definiert sie? Wann ist sie legitim? Und wann ist die Grenze zum Terrorismus erreicht? Bei einer Preiserhöhungsstrategie, ob militärisch mit Waffen oder zivil mit dem eigenen Körper, stellen sich früher oder später immer dieselben Fragen: Wer gibt früher auf und ist zu Kompromissen bereit? Und wer setzt sich wie durch?

Die Klarheit des Begriffs ist noch keine politische Lösung bei realen widerständigen Konflikten. Worte der politischen Sprache sind immer auch (Kampf-) Begriffe mit einer Intention und das heißt auch, negativer ausgedrückt, sie sind instrumentalisierbar für andere Zwecke. Alles wird dann potentiell zu einer Funktion der Macht.

Dagegen kann (und muss) man als politischer Theoretiker weiterhin versuchen, *konstruktiv* zu bleiben, auch in der scheinbar abgehobenen Philosophie. Nichtsdestotrotz bleiben die Begriffe, eingespannt in öffentlich-mediale Auseinandersetzungen, als politische Begriffe stets polemisch aufgeladen, verbunden oft mit nachhaltigen Unterstellungen, denen zu widersprechen ist. Auch das gehört zur politischen Philosophie.

Darüber sollte man sich nicht wundern, sondern muss sich vielmehr dagegen wappnen. Was zuerst heißt: unterschätze deinen Gegner nicht, schon gar nicht deinen Feind, der dir den Krieg erklärt hat, was bei Terroristen der Fall ist. Das wäre naiv und unrealistisch, denn dieser Kampf wird seit je auch im Reich der Begriffe und der Philosophie geführt, was die frühaufklärerische Staatstheorie (17. Jahrhundert) von Thomas Hobbes noch wusste: der (konfessionelle) Bürgerkrieg beginnt *semantisch* mit der bewussten strategischen Bedeutungsverschiebung von Begriffen (Behemoth, Leviathan), etwa der Delegitimierung des souveränen Staatsbegriffs oder der formalen Demokratie.

Hintergrundphilosophie

Die Widerstandswelten auch hinter dem zivilen Ungehorsam sind verschieden. Wir sprechen von *Hintergrundphilosophie* neben dem *Begriff* und seiner *Konzeption*. Von Hause aus und im Kern ist er pazifistisch, was auf den gewaltlosen Widerstandsbegriff durchschlägt (Gandhi, Martin Luther King), selbst wenn es hart auf hart kommt in der Auseinandersetzung, und Zivile es mit aggressiver Gewalt zu tun bekommen wie vehement in der schwarzen Bürgerrechtsbewegung.

Das ist die Nagelprobe auf seine Glaubwürdigkeit, die unter rassistischen Bedingungen schwer zu bestehen ist. Sie geht hin bis zur ungewöhnlichen Forderung, dass kein Hass entstehen darf, auf beiden Seiten, denn Hass ist die Vorstufe von Gewalt. Die *Philosophie der Gewaltfreiheit* ist eine eigene Philosophie, deren Schlüsselkonzepte bei Gandhi ,ahimsa' und bei King ,agape' lauten (siehe Gandhi, Ausgewählte Werke 5 Bde., 2011). Wir haben sie noch nicht verstanden.

Ziviler Ungehorsam reagiert nicht so wie die bekämpfte Macht, indem er sich ihr angleicht: Auge um Auge, Zahn um Zahn. Das Bewundernswerte an diesem intelligenten, werbenden ,christlichen' Pazifismus ist (Gandhi war Hindu, von dem Pastor King sagte, dass er von ihm über die jesuanische Widerstandspraxis als ziviler Ungehorsam belehrt worden sei), dass er auf Gewalt nicht mit Gewalt reagiert, und hier eine scheinbar automatische Kette unterbricht – gewissermaßen eine 'Sabotage' gewalttätiger Politik. Auf Sabotage als Widerstandsbegriff werden wir noch einmal zurückkommen.

Allerdings kann auch das Widerstandskonzept dieses gewaltfreien zivilen Ungehorsams von anderen Widerstandswelten in Beschlag genommen werden. Wir haben es immer wieder gesehen und erfahren: sei es bei der Stürmung von Abtreibungskliniken oder der Störung von Theateraufführungen. Die identitäre Bewegung, die 2012 in Frankreich entstanden ist, kennt den zivilen Ungehorsam von *rechts*, der rabiat sein kann (Mario Müller, Kontrakultur 2017).

Rechtsextreme haben in Ostdeutschland zudem wiederholt dazu aufgerufen, Flüchtlinge wieder an die Grenzen zu stellen, Diskussionen über Moscheen zu boykottieren usw., Auch sie haben (z.B. Kubitschek) den Begriff ,ziviler Ungehorsam' in den Mund genommen. Darüber hinaus haben sie vorgesehene Asyl- und Flüchtlingsunterkünfte angegriffen und in Brand gesetzt. Ihre rassistische Menschenfeindlichkeit tötet.

Blockieren und Regeln verletzen, können Extremisten jeder Couleur, Rechts- und Linksextreme eingeschlossen, was oft schnell – ideologisch bedingt – ins Gewalttätige übergeht. Deshalb ist beim Widerstandsbegriff Vorsicht geboten, man sollte ihn sorgfältig und dosiert verwenden. Auf keinen Fall darf es zu einem modischen Ausverkauf des zivilen Ungehorsams (womöglich durch Bezahlung) kommen.

Gerade der *neue* zivile Ungehorsam etwa von Greenpeace oder Robin Wood seit den 70er Jahren lebte international von bewusst gesteigerter Medienaufmerksamkeit, was mit den Bilderstürmern der Letzten Generation, welche die Apokalypse im Namen hat, seinen jetzigen Höhepunkt in Deutschland erreicht hat.

Dabei geht es primär nur noch um diese höchste Aufmerksamkeit und deren Imitation. Die Frage ist nur, was nützt das dem Anliegen, wenn es in der Mehrheit schon bekannt ist und die Aktionen diese nur abstoßen statt gewinnen. Schon die Suffragetten hatten im britischen Museum 1914 Bilder zerkratzt (Claudia Mäder, NZZ 5.11.22). Aber man kann und muss Einspruch erheben bei dieser Kulturbarbarei, die kontraproduktiv ist und bleibt. Die politischen Fortschritte wurden und werden auf andere Weise erzielt. Das kann man aus der Geschichte lernen.

Das Widerstands-Konzept ist deshalb ebenso kritisch zu diskutieren und immer wieder auf den Prüfstand zu stellen, wie der Widerstandsbegriff in einer Demokratie einzuhegen und die hinter- und teils abgründigen Widerstandswelten aufzuklären sind. Wo (historische) Aufklärung ist, ist auch viel Dunkelheit. Auf anlassbezogene politische Aufklärung kommt es deshalb ganz besonders an.

Tatsächlich gibt es seit dem Auftreten der Letzten Generation wieder eine neue intensive Diskussion über zivilen Ungehorsam wie seit den 80er Jahren nicht mehr, allerdings weit massiver und aufgeregter. Neue Argumente sind selten. Die Zeitungen sind übervoll davon, wofür die spektakulären Aktionen sorgen, von den Autobahnblockaden über die Bilderstürmereien bis hin zur Besetzung von Landebahnen für Flugzeuge in Berlin und München.

Was wäre, wenn Terroristen so einfach auf Flughäfen kämen, nachdem Flugzeugentführungen dazu geführt hatten, dass sie besser geschützt worden sind? Die maximale Aufmerksamkeit haben die neuen Aktivisten erreicht. Die ‚Klimakleber' sind inzwischen in den Augen der Öffentlichkeit zu ‚Klimaextremisten' geworden. Die britischen Klimaaktivisten ‚Extinction Rebellion' wollen sich 2023 zugunsten von Massendemonstrationen nicht mehr im öffentlichen Raum festkleben.

Überschreiten sie inzwischen die Grenze zur *Sabotage*, indem sie – wie aus französischen und italienischen Arbeiterkämpfen bekannt – störend gewohnte automatisierte Kreisläufe unterbrechen wollen? Den „Normalitätswahnsinn" des Alltags unterbrechen, lautet eine der Formeln. Das geht über den punktuellen zivilen Ungehorsam hinaus, der in keiner Weise irgendeine ‚Systemfrage' stellt oder stellen kann, was immer das heißt, sondern oft Einzelne oder Gruppen in gut begründeten Fällen vor Menschenrechtsverletzungen, zum Beispiel gegen Abschiebungen, zu schützen versucht.

Der zivile Ungehorsam von ‚Ende Gelände' mit Vorstellungen einer ‚interventionistischen Linken' als Hintergrundphilosophie ist wiederum etwas anderes: er tut dies explizit kapitalismuskritisch. Dabei geht es einmal mehr ums große Ganze. In diesem Zusammenhang hat man zum ersten Mal 2016 deutlich und explizit, vermittelt über die Wissenschaft und den Wahlkampf der Grünen, gehört, dass „wir die letzte Generation sind, die den Klimawandel noch aufhalten kann."

Dieselbe Gruppe blockierte am 2. Januar 2023 in weißen Overalls die Zufahrtsstraße nach Lützerath – gegen den Energiekonzern REW und sein „fossiles Weiter- so". Ein vorzeitiges Ende der Kohleverstromung scheint 2030 in NRW und Ostdeutschland möglich, vorgesehen war 2038.

Unmut in Sachsen, Sachsen-Anhalt und Brandenburg meldet sich bereits. Gesellschaftlich konsensuelle Politik mit vielen Akteuren, was für eine große Transformation nötig ist, bleibt schwierig. Sie benötigt Geduld und Verhandlungsgeschick. Verbindlichkeit und Planungssicherheit sind für die Unternehmen und Kommunen wichtig. Dagegen steht:

„Die Zeit drängt!" Am 14. Mai 2016 ziehen 2000 Braunkohlegegner zum kleinen Dorf Proschim in der Lausitz, das abgebaggert werden soll. Es kommt zu Blockaden des Kohletransports zum Kraftwerk ‚Schwarze Pumpe' in Spremberg. Der Polizeieinsatz ist heftig, die Debatte im Landtag ebenso. Es gibt Stimmen, die von „Ökoterrorismus" sprechen.

Damit kommt eine verschärfte problematische Zeitdramatisierung (Geschichte als Frist!) ins Spiel, womit der Philosoph Günther Anders (1902-92) gegen die „Apokalypseblindheit" anschrieb. Schon in den 80er Jahren sollte der neue Widerstand in der Friedens-, Antiatom- und Ökologiebewegung, ganz unabhängig von der Tradition des zivilen Ungehorsams, so begründet werden.

„In der Übertreibung liegt die Wahrheit": An den Volksunis wurden Anders radikale Thesen jenseits aller Realpolitik kritisch diskutiert. Man darf fairerweise die Geschichte der internen Auseinandersetzung um Auseinandersetzungsformen nicht außer Acht lassen. Historiker, die nicht dabei waren, wissen davon wenig. Den zivilen Ungehorsam zu lernen, war eine Errungenschaft.

Inzwischen gehen manche seiner Formen über eine zivile Intervention hinaus (Kleger 1993), wenn auch die legitime Verbindung von zivilem Ungehorsam, ökologischer Gesellschaftskritik und Zeitdramatisierung die lernende soziale Bewegung für Klimagerechtigkeit deshalb noch keineswegs in die Nähe politischer Kriminalität rückt.

Auch Greta Thunberg (geb. 2003), die Ikone des globalen Schülerstreiks von ‚Fridays for Future' (2018) geht sachlich, in Verbindung mit der Wissenschaft und empirischer Apokalyptik, diesen Weg der ‚Systemkritik' (siehe dies., Das Klimabuch, Ffm. 2022). Immer häufiger, von Jahr zu Jahr mehr verbreitet, ist indes die *apokalyptische* Rede von „wir rasen auf eine Klimakatastrophe zu", immer schneller. Die Klimabewegung hat sich in den letzten Jahren in kürzester Zeit radikalisiert und differenziert.

Gegen Bußgelder und Haftstrafen kann man sich juristisch wehren und vor Gericht Recht bekommen, wenn etwa ein Richter von einem „objektiv dringlichen Anliegen" oder einer „Notstandssituation" (Michael Hassemer) spricht. Die ökologische Ethik und mit ihr die Rechte der Natur und künftiger Generationen, ja sogar eine ‚grüne Verfassung' wurden in den 70er und 80er Jahren akademisch (als neue Themen!) intensiv diskutiert.

Politisch ernst wird es freilich erst mit dem historischen Urteil des Bundesverfassungsgerichts am 29. April 2021 (siehe den Blog Die Rechte künftiger Generationen), welches die Politik dazu verpflichtet, die Freiheitsrechte künftiger Generationen zu schützen.

Ausgerechnet der deutschen ‚Klimaregierung', der einzigen in Europa, wird vorgeworfen, „uns in den Abgrund zu führen"(Carla Hinrichs, 12. April 2022 Ffm.) und „verfassungsfeindliche Klimapakete" zu erlassen. Die grüne Partei an der Regierung und die neue Klimabewegung sind auseinander geraten.

Garzweiler II wird für die Grünen von einem „Symbol des Widerstandes" zu einem „Symbol der Anpassung" (FAZ, 9.1.2023). Von einer demokratischen Regierung eines Landes, die in Koalitionen pragmatisch handelt und Kompromisse eingehen muss, wird unrealistisch viel erwartet. Sie soll mit Widerstandsaktionen zu einem Kurswechsel ihres Regierungshandelns gezwungen werden.

Tempolimits in Städten und auf Autobahnen wie bürgerfreundliche Tickets für den öffentlichen Nah – und Zugverkehr sind freilich politisch anders durchzusetzen, was sich an zahlreichen Beispielen zeigt. Die überfällige Verkehrswende wird durch die Demontage von Verkehrsschildern und Presslufthämmer nicht erreicht. Eher demonstriert man so die eigene Politikunfähigkeit.

Bürger und Terroristen

‚Terrorismus' lautet der härteste Verdacht, denn dieser geht über Sabotage, die milde – aus französischen und italienischen Arbeiterkämpfen bekannte Varianten gegen die Unterbrechung von automatisierten Arbeitsabläufen – bis hin zu militärischen Varianten (von Dach, Total Resistance, 1965) kennt, noch hinaus und gefährdet nicht 'nur' Menschenleben, sondern führt Krieg. Für den

Übergang von Teilen einer Bewegung zur Bewaffnung braucht es immer zwei Seiten: diejenigen, die fanatisch dazu bereit sind, zu Waffen zu greifen, und solche, welche die Waffen beschaffen und instruieren.

Die Rote-Armee-Fraktion tat dies in Anlehnung an das südamerikanische Konzept der ‚Stadtguerilla‘. Ulrike Meinhof war Protest zu wenig und sie endete im militärischen Widerstand gegen den eigenen Staat, den sie als wiederkehrenden Faschismus schwarzzeichnete. Widerstandsvorstellungen eröffnen so eine eigene verzerrte Wirklichkeitswahrnehmung und eine schiefe Bahn der Relativierung von Demokratie. Die Entwertung der Institutionen und Personen beginnt mit der Sprache. Die Polizisten werden zu „Bullen“ und das ganze ‚System‘ wird ‚autoritär‘ oder ‚faschistoid‘ und der Widerstand dagegen radikaler.

„Grüne RAF“ soll heute bewusst an den dunklen deutschen Hebst 1977 erinnern. Das stimmt deskriptiv nicht und ist eine gefährliche Unterstellung, die legitime Proteste diskreditiert und bewusst eskalierend wirkt. Mit dieser Auseinandersetzung hat man es in der Klimabewegung nicht zu tun. Das kann man wissen, wenn man mit den gleichzeitig stattfindenden Razzien gegen *„Reichsbürger“* vergleicht, die einen Umsturz planten und Feindeslisten führten. Sie decken eine andere konspirative und heterogene *Widerstandswelt* auf, in der mehrere Reiche gespenstisch miteinander konkurrieren.

Gleichzeitig findet auch der Prozess gegen den 86-jährigen Horst Mahler in Potsdam statt, der als ehemaliger Staranwalt ab 2000 zu den bekennenden Reichsbürgern wechselte. Im Dezember 2022 beginnt das Landgericht gegen den RAF-Gründer und späteren Rechtsanwalt der NPD, der diese 2003 erfolgreich gegen ein staatliches Parteiverbot verteidigte, wegen Volksverhetzung und Holocaust-Leugnung zu verhandeln.

Von Anhängern begrüßt, benutzt er das öffentliche Gericht als Bühne, um die „jüdische Herrschaft über die Bundesrepublik“ anzuprangern (siehe Michael Zantke, Der letzte Tanz des Terroristen, ND 18.12.22). Ausführlich wird Hegel zitiert. 1970 forcierte Mahler die Verbindung der RAF mit dem antizionistischem Kampf im Nahen Osten. Konstante dieses Werdegangs ist die antisemitische Weltanschauung. In dieser Widerstandswelt wird selbst die Esoterik der abstrusesten Behauptungen gefährlich.

Der Kampf gegen den Rechtsextremismus ist seit den 90er Jahren im neuen Deutschland vordringlich geworden. Zu Beginn des Jahres 2023 erscheinen fast gleichzeitig signifikanter Weise nicht weniger als acht lesenswerte Bücher über das Jahr 1923, die das Janusgesicht der Weimarer Republik, der ersten deutschen Demokratie, die gescheitert ist, zeigen. Eine wehrfähige Demokratie muss Bürgerkriegsparteien und organisierte Kriminalität im Ansatz entwaffnen können, ohne selbst in Autoritarismus abzugleiten.

Die bundesrepublikanische Demokratie von heute ist solider und seriöser als 1923, nicht nur weil Polizei und Justiz auf dem rechten Auge nicht blind sind. Bei allen Problemen, insbesondere demokratischen Regierens in Zeiten multipler Krisen, ist die Demokratie in ihrer zivilen Komplexität (Wahlen, Abstimmungen, demokratische Parteien, Verfassungsgerichtsbarkeit, Bundessolidarität, Rechts- und Sozialstaat, Koalitions- und Regierungsbildung) stärker in der individualisierten Gesellschaft verankert.

Das schließt Defizite und Handlungsbedarfe, die es immer gibt, nicht aus, sie werden jedoch oft vorschnell als Bedrohung der Demokratie medial hochstilisiert genauso wie inzwischen jede Ordnungswidrigkeit als ziviler Ungehorsam. Beide Übertreibungen sind maßlos, es gibt zu viele künstliche Aufgeregtheiten und zu wenig Verbindlichkeiten, an die man sich hält. Zur Haltung in schwieriger Zeit kommen wir noch.

Der demokratische Rechtsstaat, der sich historisch im Kampf ums Recht herausgebildet hat und das Widerstandsrecht überflüssig zu machen versucht, ist eine *zivilisatorische Errungenschaft*, wobei die oft feindliche Haltung diesem gegenüber in gebildeten Kreisen erschreckend ist. Er bildet heute den Dreh- und Angelpunkt für eine zivile Bürgerschaft, die wehr- und widerstandsfähig bleibt. Der Kampf für die Demokratie darf kein Kampf gegen den Rechtsstaat werden.

Die Corona-Krise hat das Verhalten gegenüber Polizei- und Rettungs- Einsatz-kräften noch einmal belegbar respektloser und übergriffiger werden lassen, und die Bedrohungen von Lokalpolitikern und ihren Familien vergrößert. Die-ser *Entzivilisierung* müssen Bürger *vor Ort* auch selber begegnen können, denn der Staat ist selbst als gewichtiger politischer Faktor nie allein Herr im Haus. Er kann und soll gar nicht alles „im Griff haben", wie Klimaaktivisten ihm unterstellen möchten, er ist nicht Retter der Welt, selbst der starke (grü-ne) deutsche Staat nicht, auch die EU nicht.

Haltung zeigen

Es geht nicht darum, Proteste und Demonstrationen zu zensieren, auch die von Impfgegnern und Rechten nicht. Die Versammlungsfreiheit, die in Coro-na-Zeiten ausgesetzt war, ist ein Grundrecht unmittelbarer Demokratie. Men-schenketten mit Abstand waren stets möglich.

Wenn allerdings so getan wird und medial der Eindruck verstärkt wird, als ob bei den neuerlichen ‚Montagsdemonstrationen' eine Mehrheit, auf eine unzivile und einschüchternde Weise, notwendige staatliche Maßnahmen des Schutzes und der Solidarität (bei aller Kritik im Einzelnen) infrage stellt und so die ‚große Spaltung' der Gesellschaft, wie im 19. Jahrhundert die Klas-senspaltung, suggeriert, um möglicherweise kleine Bürgerkriege anzuzetteln:

Dann ist der Zeitpunkt erreicht, wo sich eine bestimmte *Haltung*, die sich öffentlich zeigt, gefragt ist. Breite Bündnisse müssen dann in Aktion treten (wie zum Beispiel ‚Brandenburg zeigt Haltung' 2022). Das ist ebenso ein zi-viler Widerstand (ohne Mythos) der großen Vielzahl („Wir sind mehr") gegen einen delegitimierenden Widerstand einer Minderheit, welche Staat und Poli-tik grundsätzlich infrage stellt. Dieses Zusammen-Handeln belegt die Haltung von Demokraten, die das Land tatsächlich mehr, auch im numerischen Sinne, benötigt als etwa Demokratiefördergesetze.

Gegen die grassierende Fremdenfeindlichkeit hatte man anfangs der 2000er Jahre einmal vom „Aufstand der Anständigen" gesprochen, woraus in der Folge „Gesicht zeigen" wurde. Heute spricht man wieder häufiger von „Haltung", die obsolet schien. Dahinter steht jedoch ex negativo die Auffassung, dass es selbst bei aller Enttäuschung und Wut Haltepunkte der Wortwahl und des Verhaltens, auch des Protests gibt, die – so elementar sie sind – zu artikulieren und zu stärken sind, in einer allgegenwärtigen Mediengesellschaft des geschwätzigen Talkens und des schnellen Twitterns sogar nötiger denn je.

Streit ist in der lebendigen Demokratie willkommen und nötig, aber Wut, die sich ungehemmt Bahn bricht, ist noch kein Argument, und stumme Gewalt schon gar nicht. Hier werden rote Linien überschritten. Toleranz ist eine Stärke und Erkenntnisgewinn, sie kennt aber auch liberale Grenzen der rechtsstaatlichen Demokratie, die politisch und fallbezogen immer wieder deutlich zu ziehen sind.

Das erfordert geistesgegenwärtige Urteils-, Handlungs- und Bündnisfähigkeit und gehört zur Erziehung durch die *Realität*, zu der wir selber gehören: Mut zur Erziehung und die konsequente Durchsetzung des Rechts machen im Kern die politisch- rechtliche Integration aus.

Illegitime Staatsfeinde

Es gibt ein Spektrum von legitimen Protesten, die nicht alle gut sind, und es gibt ebenso, obwohl bisweilen konspirativ und unbekannt, heterogen und schwierig. gefährliche Staatsfeinde, die nicht immer erkannt und bekämpft werden. Die politische Realität ist nicht einfach, sie ist komplex und verschlungen. Diese Phänomene der legitimen Proteste und der illegitimen Widerstände mit Berufung auf ein Widerstandsrecht muss man jedoch *zusammensehen* können, woraus sich noch keine Strategie ergibt, wohl aber eine differenzierte Politik, die der vielfältigen Demokratie dient.

Es gibt genug Orte und Gelegenheiten, um Verantwortung zu übernehmen und im Kleinen etwas zu bewegen, anstatt durch Widerstände die realexistierende Demokratie zu relativieren. Dabei darf man sich durch polemisierende Großtheoretiker und schnelle Umfragen nicht beeindrucken lassen. Die *Übung der eigenen Urteilskraft* benötigt vielmehr Anschauung, Erfahrung und den Austausch wie die Reibung verschiedener Meinungen vieler Menschen.

Dabei muss Toleranz und Urteilskraft nicht auf der Strecke bleiben, wenngleich die Auseinandersetzungen in einer freiheitlich-pluralistischen Welt schwieriger, emotionaler und identitätsbezogener werden. Diese aber lassen sich nicht an den Staat delegieren, der freilich ebenso in der verletzlichen wissenschaftlich-technischen Welt, zum Beispiel für den Schutz der kritischen Infrastruktur in Zeiten hybrider Kriege, zunehmend eine objektiv größere Rolle spielt. Deshalb sind Staatsbegriff und Staatsverständnis so wichtig.

Dasselbe trifft auf die verrechtlichte Solidarität des Sozialstaats in Krisenzeiten zu. Der demokratische Leviathan, der stark und schwach zugleich ist, muss indessen von der Bürgersouveränität bestimmt bleiben und darf sich nicht im Namen der Sicherheit als höchstem Wert unkontrolliert verselbständigen, was heute schon fast wie eine Utopie anmutet.

Gegenüber den neuen „*Querdenkern*", die April 2020 von der Region Stuttgart ausgingen (und in Ostdeutschland noch einmal anders zu beurteilen sind), wurde in der Forschung von „libertärem Autoritarismus" gesprochen (Alminger/Nachtwey, Gekränkte Freiheit, 2022). Diese Bezeichnung ist ein offenkundiger Widerspruch, denn freiheitlich und autoritär kann man nicht gleichzeitig sein; freiheitlich und undemokratisch aber schon! Dafür gibt es prominente amerikanische Vorbilder (Trump, Thiel, Musk).

‚Freiheit' scheint in Deutschland sprachkritisch zur „Floskelwolke" geworden zu sein, während in der Welt das mutige Rumoren der Freiheit selbst im Gottesstaat Iran und der chinesischen Diktatur zu hören ist. Der arabische Frühling 2011 ist schon wieder vergessen.

In einer Wachstums- und (Spaß-) Gesellschaft, die in ihrem Selbstverständnis negative Freiheit pathologisch-narzisstisch so sehr ins ichbezogene Zentrum gerückt hat, scheinen legitime Freiheitseinschränkungen von Corona-Maßnahmen auch zur generellen Delegitimierung des Staates und der Politik zu führen. Die Maske wurde zum Symbol einer Diktatur, gegen die das 'legalisierte Widerstandsrecht' nach Art. 20 im Grundgesetz in Anspruch genommen werden soll. Daran haben rechte Revolutionäre gerne angedockt.

Die Querdenker spielen sich als Hüter der Grundrechte auf (Michael Ballweg). Im August 2021 führte dies in Berlin zur Mixtur (Corona-Leugner, Verschwörungstheoretiker, Rechtsextreme) einer mächtigen regierungsfeindlichen Demonstration, in deren Verlauf der Reichstag mit Reichsflaggen gestürmt wird. Rechte Revolutionäre sprachen schon von einer mehr erträumten als realen „Querfront„. Putsche in der Demokratie gegen die Demokratie gibt es wieder.

Querfront hat historisch-politisch als Konzept Gewicht, wenn man sich mit 'neuem Faschismus' beschäftigen will. Bernd Höcke von der AfD treibt sie aktiv voran. Das muss man wissen, darf sich jedoch nicht zu sehr beeindrucken lassen. Die empirischen und normativen Relationen sind vielmehr in einer modernen differenzierten Gesellschaft ebenfalls zu beachten, die naturgemäß vielfach gespalten und konfliktbeladen ist.

Aufschlussreich ist, worüber man sich wundert

Vor diesem Hintergrund verwundern Solidarität und Disziplin in der Corona-Krise der großen und breiten Mehrheit der Menschen weit mehr als die staatsfeindlich radikalisierende Besetzung des Querdenker-Begriffs: der mündige und aufbegehrende Bürger ist kein Rechtsextremist, und er soll auch keiner werden. *Querdenken* und *Querfront* sind nicht dasselbe, die aktive Beziehung geht von den Rechten aus.

Der ‚Tag der deutschen Einheit' am 3. Oktober in Potsdam 2021 – 30 Jahre deutsche Einheit! Was für eine Einheit? – war allerdings als Reaktion auf diesen 'Berliner Sturm des Kapitols' (dem Herzen der Demokratie!) eine herbe intellektuelle Enttäuschung. Noch enttäuschender ist jedoch in den USA, der westlichen Führungsmacht, die politische Aufarbeitung und das offizielle Gedenken an den denkwürdigen 6. Januar 2021.

In beiden Ländern kann sich die regierende Politik freilich bei den sogenannten ‚einfachen Leuten' bedanken für ihren einsichtigen Zusammenhalt in Familien, Nachbarschaft, Berufen und Vereinen. Dies ist eine wichtige Schicht von Normalität. Bezeichnend ist doch, welche Karriere das scheinbar einfache, ganz unsoziologische Wort ‚Zusammenhalt' in den letzten Krisenjahren gemacht hat. Dazu kann man nur gratulieren.

Der *gesellschaftliche Widerstand* der Gewerkschaftsbewegung ‚Solidarnosc', die 1980 auf der Leninwerft in Danzig gegründet worden war, setzte in erstaunlicher Weise auf die *Kraft der Gewaltfreiheit* (siehe Lazari-Pawlowska, Etyka Gandhiego, Warszawa 1965). Ende 1981 hatte sie schon 9,5 Millionen Mitglieder.

Am 13. Dezember 1981 verhängte General Jaruzelski das Kriegsrecht, das er mit Umsturzplänen der Solidarnosc rechtfertigte, die „Anarchie, Willkür und Chaos" herbeiführe; am 8. Oktober 1982 wurde sie verboten. Trotz Verhängung des Kriegsrechts gab es keinen Bürgerkrieg, nicht einmal im Ansatz.

Kaum eine Fensterscheibe ging in die Brüche in dieser langen Revolution Schritt für Schritt. 1988 wurde der ‚Runde Tisch' erfunden. Dass Freiheitsbewegung, Demokratie und gesellschaftliche Solidarität zusammengehen können, zeigt sich hier auf exemplarische Weise am Beginn der europäischen Revolutionen von 1989.

Die vollständigen Literaturangaben zu diesem Text finden Sie ab Seite 642.

20. Januar 2023

Kairos und Umsicht

Die Nachfolge von Verteidigungsministerin Lambrecht, die nach 13 Monaten im Amt aufgab, musste schnell gefunden werden, und zwar noch vor der wichtigen Ramstein-Konferenz am 20. Januar. Bundeskanzler Scholz hatte lange an der unglücklich agierenden Ministerin festgehalten, die, wie er selbst, kein Verhältnis zur Bundeswehr und zu militärpolitischen Fragen hatte. Zuvor war die Juristin eine tüchtige Justizministerin.

Alles änderte sich schlagartig mit dem russischen Angriffskrieg am 24. Februar 2022. Jetzt mussten plötzlich unter dem Druck der Ereignisse weitreichende militärische Entscheidungen getroffen werden in einem Land, welches bisher die Ausfuhr von Waffen in Krisengebiete verbot. Die gutgemeinten Helme, die Frau Lambrecht sofort lieferte, nannte der polnische Ministerpräsident Morawiecki einen „Witz".

Kanzler Scholz, der vor kurzem noch die „ausgezeichnete Verteidigungsministerin" lobte, wurde und wird bis heute wegen seines Zögerns und Zauderns permanent kritisiert, von außen, etwa polnischer Seite scharf und unverhohlen, aber auch aus den eigenen Reihen der Koalitionsparteien von Grünen wie Liberalen. Sie sehen die Bremsen bei der notwendigen zeitnahen militärischen Unterstützung der Ukraine vor allem im Kanzleramt. Unterdessen ist auch Scholz zum ersten Mal (zu einem Fototermin) auf einen Panzer (Gepard!) gestiegen.

Seit der Annexion der vier ukrainischen Regionen im Donbass im September durch die russische Föderation ist der Krieg noch einmal gefährlich eskaliert. Aus russischer Sicht geht es nach den inszenierten Plebisziten seitdem um die Verteidigung Russlands, was Putin seinen Nachfolgern verfassungsmäßig vererben wird.

Der Krieg ist objektiv zum Stellvertreterkrieg geworden: der westlichen Welt unter Führung der USA gegen Putins Imperialismus. Für Russland ist es ein

Krieg gegen die Nato, welche die Ukraine militärisch entscheidend unterstützt („mit Waffen vollpumpt") und als „Bollwerk gegen Russland" benutzt, sich aber offiziell nicht als Kriegspartei versteht. Völkerrechtlich lässt sich so argumentieren, die harte politische Realität indessen sieht anders aus.

Am 18. Januar bei einer Gedenkveranstaltung an die 28-monatige Belagerung und grausame Aushungerung von Leningrad im 2. Weltkrieg, dem heutigen Sankt Petersburg, spricht Putin inzwischen ausdrücklich von „Verteidigungskrieg". Mehr als eine Million zivile Opfer fielen diesem Kriegsverbrechen 1941-44 in seiner Heimatstadt zum Opfer. Lawrow bemüht sogar den unsäglichen Vergleich der amerikanischen Bündnispolitik mit Hitler, was zeigt, wie gefährlich dieses politische Denken und seine verquere Logik ist. Er spricht von der „Endlösung der russischen Frage".

Der CDU-Außenpolitiker Kiesewetter, Oberst der Bundeswehr, sieht Deutschland nicht als „Kriegspartei", wohl aber als „Kriegsziel Putins" (ZDF, 14.1.2023). „Deutsche Panzer sind überlebenswichtig", so wiederum der neue ukrainische Botschafter Makeiev in Berlin am 15. Januar 2023, nachdem das militärisch robuste Großbritannien 14 Challenger-Panzer, die dem Leopard II an Qualität gleichkommen, liefert.

Am 15. Januar erfolgt die heftigste russische Angriffswelle aus der Luft im neuen Jahr. Tags zuvor wurde ein neunstöckiges Hochhaus in der Großstadt Dnipro getroffen – mit 45 Toten, darunter drei Kinder. Eine Bewohnerin: „Was haben wir ihnen angetan!?" Wie kommt es, dass man der Zivilbevölkerung so viel Leid zufügen kann? Der ganze Krieg wird so zu einem großen Kriegsverbrechen. Die Bilder sprechen doch auch für die russische Bevölkerung trotz überwältigender Staatspropaganda eine deutliche Sprache, während der Putinismus als System den Krieg offenbar als Dauerzustand benötigt, um die Diktatur aufrecht zu erhalten.

Makeiev spricht ausdrücklich von „Stellvertreterkrieg gegen Moskau": Russland führt Krieg gegen „die ganze zivilisierte, demokratische Welt". Zum Diskutieren bleibt keine Zeit mehr, bis zum 20. Januar (Ramstein) müssen die

Entscheidungen – Diskurs und Dezision – fallen. Aus ukrainischer Sicht sind weder die Verteidigung noch Offensiven bei der Rückeroberung der verlorenen Gebiete ohne die durchschlagkräftigste Waffe moderner Panzer möglich. Und als Soldat möchte man nicht ohne gepanzerte Fahrzeuge an die Front. Darum das nun schon monatelange dringliche Verlangen nach Schützenpanzern. Wie konnte man es so lange überhören!?

Die Gratwanderung wird realpolitisch immer schwieriger, wenn es um die Lieferung schwerer Angriffswaffen wie Kampfpanzer geht. Der Kampfwert steigt damit enorm, allerdings müssen sie dann auch, was bei der langen Frontlinie herausfordernd ist, in ausreichender Zahl mit entsprechendem Unterhalt und Personal – jetzt und nicht erst im nächsten Jahr! – zur Verfügung gestellt werden, was einer riesigen logistischen Anstrengung bedarf.

Das alles stellt Deutschland vor heikle, auch industriepolitisch verbindliche Entscheidungen. Scholz, der sie verantworten muss, will sich verständlicherweise mit Biden als wichtigstem Partner in diesem neuen hybriden (Welt-) Krieg abstimmen, während europäische Partner, vor allem Großbritannien (mit seinem ‚Challenger') und Polen (das schon ‚Leo II' hat), bei der Lieferung schwerer Panzer vorpreschen und damit die Richtung vorgeben.

Kairos und Umsicht – kann das zusammengehen bei schweren Entscheidungen unter großem Druck in unübersichtlicher Lage? Zum militärischen Kampf gegen Feinde gehört Entschlossenheit, trotzdem werden Menschen naturgemäß vorsichtig bleiben, aber zum ‚Team Vorsicht' wie bei einer Pandemie kann man bei Entscheidungen auf dem Gefechtsfeld bei einer dynamischen Entwicklung des Krieges nicht mehr gehören.

Bei aller Umsicht beherrscht man jedoch die Handlungsfolgen nicht. Rück-Versicherung gibt allein noch das Bündnis, das freilich aus ganz unterschiedlichen Kräften, Prägungen und Mentalitäten besteht. Eine sicherheitspolitische Gesamtstrategie der Wertepartner gibt es nicht, oft nicht einmal eine nationale. Die kognitive Umsicht ist weder sachlich noch zeitlich weitreichend.

Stehen also im gegenwärtigen Konflikt die für die Ukraine entscheidenden Panzerlieferungen gegen diplomatische Aktivitäten für mögliche Friedensverhandlungen? Das wäre ein Missverständnis. Diplomatie ist immer nötig und als Laie nimmt man an, dass sie hinter den Kulissen im Gange ist. Diplomatie ist keineswegs verächtlich, aber der gewöhnliche Bürger weiß davon kaum etwas und kann wenig anstoßen, da die Außenpolitik keine gewöhnliche Sache der Demokratie ist, obwohl ständig (auf Werteebene) davon die Rede ist, sondern sie ist eher Angelegenheit einer engen Elitenkonkurrenz.

Nach dem bisherigen Kriegsverlauf, einschließlich bisheriger Verhandlungsangebote, ist inzwischen klar geworden, dass die Präliminarien des Friedens (in Anlehnung an Kants Friedensschrift von 1795) von ukrainischer Seite die folgenden sind:

- Abzug der russischen Armee,
- Kriegsverbrechen ahnden,
- Reparationen und schließlich:
- es darf strukturell keine Kriegsgefahr mehr von Russland ausgehen.

Beim letzten Punkt haben die bedingungslosen Unterstützer der Ukraine, die eigenständige Widerstandsachse von Polen über Lettland, Estland, Litauen und Finnland, ein gewichtiges Wort mitzusprechen. Ein Friedensvertrag, der seinen Namen verdient, darf nicht zum Vorwand für neue Kriege werden. Da sind wir dann – in Analogie zu Kant, der den Titel „ewiger Frieden" ironisch meinte – bei den Definitivartikeln, die freilich in eine größere internationale Ordnung verbindlich eingebettet sein müssen.

Wie die allerdings in Zukunft aussieht, ist eine offene intrikate Frage, bei deren Beantwortung man auch über Europa hinausblicken muss. Dafür müssten Biden, Xi, Selenski und andere in diesen Tagen in Davos – dem Ort des Speed-Datings- zumindest zu Gesprächen zusammenkommen. Die G20 ist indessen nicht präsent an diesem großen ‚Runden Tisch'; Länder wie Indien und Südafrika zum Beispiel, die ins Boot zu holen sind, blicken skeptisch auf weitere Eskalationen.

‚Chronos' und ‚Kairos' heißen die beiden Götter der Zeit in der griechischen Mythologie. Kairos steht für Möglichkeiten und Chancen, die zu ergreifen sind, bevor sie vorbeigezogen sind. Das Schwierige, ja Zweideutige am Kairos, der entschlossenen Entscheidung bei einem günstigen Zeitpunkt, ist, dass sich hier „Zeit und Ewigkeit berühren", so der Begründer der Existenzphilosophie Sören Kierkegaard.

Der Krieg schreitet auch im neuen Jahr voran und ein Ende, zumindest aus Putins Verhalten, ist nicht ersichtlich. Die fürchterliche Zerstörung des Landes geht weiter und mit jedem Tag erinnern die Kämpfe mehr an den Stellungskrieg im 1. Weltkrieg. Die zerstörten Städte Soledar und Bachmut, wo bald nichts mehr steht, stehen dafür. Die Verluste auf beiden Seiten sind immens und werden von Tag zu Tag größer.

Umsichtige Realpolitik ist nicht bellizistisch. Jedes Nato-Mitglied, auch wenn es vorprescht wie Frankreich, Großbritannien und Polen auf ihre Weise, ist auf die Akzeptanz durch die USA angewiesen, da Europa sich nicht allein gegen Russland verteidigen kann (siehe FAZ, 18.1.2023, S.8, dem ich hier folge). Dieses Dilemma wird durch ein abgestimmtes Vorgehen entschärft. Deutschland ist gut beraten, dieser besonnenen Linie weiterhin zu folgen und bei aller Kritik nicht zum gesinnungstüchtig Getriebenen zu werden.

Putin muss damit rechnen, dass ihm die gesamte Nato entgegentritt, sollte er etwa Nachschublinien in Polen oder Rumänien angreifen. Präsident Biden hat Ende Mai in einem Beitrag für die ‚New York Times' unmissverständlich klargestellt:

1. Solange die USA und ihre Verbündeten nicht angegriffen werden, wird man sich nicht direkt am Krieg beteiligen.

2. Die Ukraine soll nicht ermutigt werden, „Schläge jenseits ihrer Grenzen" durchzuführen.

Die Reichweite der Himars-Raketen, die einen deutlichen Unterschied machen, wurde deshalb von 300 auf 80 Kilometer begrenzt (a.a.O.). Andere konkrete Einschränkungen von Anfang an selbst gegenüber den drängenden Polen und der flehenden Ukraine ließen sich aufzählen wie die Einrichtung von Flugverbotszonen oder die Entsendung von Kampfjets und anderes mehr.

Sie waren militärisch-politisch wohlerwogen. Die Ukraine explizit für einen Angriff auf die Krim zu befähigen, könnte indes zu einer weiteren Eskalation führen. Putin (und nicht nur er!) werden die Krim „um jeden Preis" verteidigen. Medwedew schwingt einmal mehr die ‚Keule'(!?) des Atomkriegs. Der Kriegseintritt der USA und der Nato ist mithin eine Abwägungsfrage, wie Putin auf die Preiserhöhungsstrategie reagiert.

Kalkuliert das Militär größeren Schaden, wenn es Nachschublinien in Polen oder Rumänien angreift, oder nimmt es sie hin? Tritt Belarus in den Krieg ein? Kein Beobachter oder Experte kann hundertprozentig sagen, wo und wie Putin selber die roten Linien zieht – militärisch nicht und politisch schon gar nicht.

Die Ukraine-Kontaktgruppe kommt am Freitag, den 20. Januar in Ramstein, der US-Airbase in Rheinland-Pfalz, zusammen. Zum ersten Mal ist der neue deutsche Verteidigungsminister dabei, der erst am Donnerstag vereidigt worden ist. Für Außenstehende ist er eine überraschende Besetzung, für den Berufspolitiker Scholz nicht.

Pistorius steht vor „gewaltigen Aufgaben", was die lange vernachlässigte Bundeswehr betrifft, und er sieht Deutschland „indirekt am Krieg beteiligt", wofür er sich freilich mit dem Kanzler, dem Richtliniengeber der deutschen Politik abstimmen muss, während Melnyk schon Kampfjets und Kriegsschiffe vom neuen Verteidigungsminister fordert.

Beim langjährigen Afghanistan-Einsatz, wo „der Westen am Hindukusch" (so der damalige Verteidigungsminister Struck) verteidigt werden sollte und der erst kürzlich im Desaster endete, durfte nicht einmal von ‚Krieg' gesprochen werden. Scholz hat Pistorius, den er gut kennt als Konkurrenten um den

SPD-Vorsitz 2019, als „politisches Schwergewicht" geholt im SPD-Sinne – entgegen allen Paritäts- und regionalen Proporzbedenken.

Der ehemalige Innenminister von Niedersachsen ist kein Militär-, wohl aber ein Sicherheitsexperte. Immerhin kennt er die Bundeswehr und die Dienstgrade: Der ‚Diener' (Minister, ministrare) des Staates hat „gedient". Vor allem aber ist er verwaltungs- und organisationserfahren – Politik als Verwaltung und Organisation! – und als Person, die eine klare Sprache spricht, durchsetzungs- und nervenstark.

Diese Eigenschaften benötigt er jetzt im Amt nur schon für die Hausaufgaben, wenn die Bundeswehr neu aufgestellt werden soll. Geld allein, auch 300 statt 100 Milliarden Sondervermögen genügen dafür nicht. Es geht primär „um die Schnelligkeit, Probleme zu lösen."

Die Entscheidung zur Panzerfrage sollte der Kanzler selbst am 18. Januar am Weltwirtschaftsforum in Davos verkünden, wo er von der neuen „Deutschlandgeschwindigkeit" sprach. Dabei drehte sich alles um den Investitionsstandort und die Klimaneutralität. Die Erwartungshaltung bezüglich der Panzerfrage wurde jedoch enttäuscht. Unterdessen hat er mit Präsident Biden telefoniert.

Das Ergebnis der Absprache werden wir in Ramstein erfahren. Scholz wird dem Export des Leopard ll zustimmen unter der Bedingung, dass auch die Amerikaner Panzer liefern, heißt es. Die Amerikaner indessen haben das Gewicht, am Schluss sowohl militärisch wie politisch für pragmatische ‚Mischlösungen' zu sorgen, während Bundeskanzler Scholz zurecht die Verantwortung nicht allein übernehmen kann. Er fürchtet sich vor weiteren Eskalationen.

Am selben Tag spricht Selenski eindringlich in Davos, und zwar nicht zufällig über die neue Zeitdramatisierung: er spricht den Zeitdruck an, unter dem heute (kaum verantwortbare) große Entscheidungen stehen, und fügt den vielen internationalen Krisen in der fragmentierten Welt noch eine tiefere Krise, die Zeitkrise, hinzu, wenn der 'Kairos' nicht begriffen und ergriffen wird.

Die zivilisierte Welt müsse lernen, schneller zu reagieren und nicht länger zögern: „Tragödien überschlagen sich. Tyrannei überholt die Demokratie"(Selenski). Die ausreichende Bedenk- und Gesprächszeit gerät dabei unter die Räder. Die nötige neue Robustheit muss deswegen umsichtig und selbstkritisch bleiben, sich gewissermaßen selbst zivilisieren.

Die Zeit, die sich die freie Welt nimmt (Zeit als Freiheit!), wird von Terroristen genutzt, welche die Regeln brechen, so Selenski. Die Welt habe zugesehen, als Putin (mit viel Zustimmung im eigenen Land!) 2014 die Krim annektierte. In der Ukraine dagegen wurde und wird schnell gehandelt.

Um den Krieg gegen Putin zu gewinnen, müsse man international noch schneller handeln, so lautet der Appell. Der Ereignis- und Erwartungsdruck im globalen Kontext ist enorm. Selbst das Wort ‚Krise' scheint dafür zu harmlos, wenn es um die Zeit (als Problem der Moderne) und den Handlungsmut für *starke Entscheidungen* geht.

Die Bühne für die ‚logische' Panzerentscheidung über die Lieferung der Schützenpanzer (Bradley, Stryker, Marder u.a.) hinaus wird die Ramstein- Konferenz am 20. Januar werden. Der neue deutsche Verteidigungsminister muss am Vorabend dafür noch vorbereitet werden (Briefing).

Eine Einarbeitungsphase oder Schonfrist hat er nicht. Der amerikanische Verteidigungsminister Austin, der ehemalige General, bringt am Donnerstag bereits die Botschaft mit, dass die USA ihre schweren Panzer Abrams, deren Ausbildung und Wartung zu kompliziert sei, nicht bereitstellen werden. Oder geht es darum, diesen „Technologietransfer" zu vermeiden? (Wanner). Dafür werden quasi als Kompensation 90 Stryker- und 59 Bradley-Schützenpanzer geliefert, 40 deutsche Marder kommen hinzu.

Deutschland indes kann andere Länder wie Polen (das auch ohne deutsche Genehmigung liefern würde, so Morawiecki), Litauen und Finnland nicht länger daran hindern, den modernen Leopard ll – Panzer an die Ukraine zu liefern. Der Generalsekretär der Nato Stoltenberg sprach sich in Davos bereits vehement dafür aus. Er sprach geradezu enthusiastisch von einem „Kampf für die Demokratie", und selbst das EU-Parlament stellt sich dahinter, das zudem ein Sondertribunal gegen die russische Führung einleiten möchte.

Pistorius weiß am 19.1. noch nichts vom Junktim „Leopard/Abrams": „Das habe Scholz mit Biden erörtert", sagt er im deutschen Fernsehen. Scholz muss grünes Licht geben für die Panzerlieferungen. „Großbritannien und Polen würden ohnehin eine Sonderrolle spielen". Für Deutschland, das an dritter Stelle bei den Waffenlieferungen steht, ist die Abstimmung mit den USA, „unserem stärksten Verbündeten", nötig.

Für so weitreichende Entscheidungen wie beim Leopard müsse man sich eben „Zeit nehmen", meint auch Pistorius. Gute Gründe dafür und dagegen müssen abgewogen werden können. In Ramstein stellt er kein einheitliches Meinungsbild fest. Man müsse aber „vor der Lage sein", um dann schnell entscheiden zu können. Deutlich geworden ist für ihn, der kein Militärstratege ist, nur die Priorität der Luftabwehr. Für die Leopard-Panzer vergibt er vorerst einen Prüfauftrag. Das kann man typisch deutliches Zögern und zaudern nennen.

Der amerikanische Verteidigungsminister Austin spricht am 20. Januar von einem „crucial moment": „Die Geschichte sieht uns zu". Die Geschichte wird zum Gott, früher war es der wirkende Gott, heute der ‚Zuschauer-Gott' als Legitimation. Für Austin ist es nicht die Zeit, auf die Bremse zu treten, sondern einen Gang hochzuschalten. Wie? Von der inzwischen 8. internationalen Konferenz der 50 Unterstützerländer, welche die USA als Format ausrichten, werden „starke Entscheidungen" (Selenski) erwartet: „Die Zeit (im Sinne von Chronos, H.K.) bleibt eine russische Waffe." Letzteres ist leider richtig geblieben.

Für eine erfolgreiche Gegenoffensive rechnet der ukrainische Generalstab mit 300 Panzern. Die Industrie könnte 100 liefern, heißt es. Welche Möglichkeiten allerdings Deutschland hat – von der Industrie wie von den Beständen der Bundeswehr her, die wenig Spielraum hat, – wird sich zeigen.

Auch Normalität ist ein schwieriger Begriff

Genauso wie in den letzten Jahren die Krisen überhandgenommen haben, startete Normalität seine Begriffskarriere. Oft wurde genauer nachgefragt: welche Krise? Sicherlich gab es mehrere Krisen, so dass schon bald von Mehrfachkrise oder multipler Krise die Rede war, ohne dass im Einzelnen sachlich mehr über die Krisen (Rezession, Corona, Klima, Krieg) gesagt werden konnte. Eine pfiffige Antwort auf die Frage, was denn ‚Normalität' sei, lautete deshalb: die Abwesenheit von Krise.

War damit aber schon die Frage beantwortet, was Normalität ist? Und noch unbequemer nachgefragt: War nicht auch die *Normalität* selber *in der Krise* bei einem geradezu inflationär überwältigenden (medialen und politischen) Krisendiskurs? Letzterer verstärkte sich wechselseitig., wodurch vielleicht die dünnen Schichten der Normalität, die gleichwohl tragend blieben, übersehen wurden.

Normalität ist zweifellos ein schwieriger Begriff, der als soziales Konstrukt in verschiedenen Kontexten Verschiedenes bedeutet. Allgemein ist er nur schwer zu fassen. Eine sprachkritische Analyse seiner Verwendung ist deshalb nötig und nie endgültig abschließbar. Aber auch die ‚ordinary language philosophy' argumentiert mit Normalität, mit der Normalität der Alltagssprache. Also muss uns nicht bange werden, wenn wir langsam oder eruptiv den Boden unter den Füssen zu verlieren drohen, solange wir uns noch verständigen können.

Allgemein und fast nichtssagend lässt sich lediglich feststellen, dass Normalität eine Doppelbedeutung hat: *deskriptiv und normativ*. Normativ ist Normalität schwierig zu definieren, aber auch umstritten-unstrittig unentbehrlich. Warum? Das ist die eigentlich interessante Frage.

Deskriptiv kommt man ohne Normalität ebenso wenig aus, das steht fest, denn Messgrößen gibt es überall: in der Wissenschaft, der Technik und im Alltag. Das sind jeweils erwartbare durchschnittliche Werte: Normalwerte und ihre Abweichungen.

Wie aber sind Abweichungen von der Norm im Sinne von Normalwerten zu beurteilen – diagnostisch, ethisch, politisch? ‚Normalerweise' ist eine Erwartungshaltung und oft auch ein *Argument*, das schwer zu entkräften ist. Wann werden Erwartungen problematisch, und wieso? An dieser Stelle kommen ausschlaggebende Kriterien ins Spiel? Für die einzelnen Menschen sind das ihre Grundrechte, für die staatliche Politik die Schutzverpflichtung, für die Wissenschaft die empirisch-statistische Evidenz.

Es kann aber auch zu einer Kollision der Kriterien kommen, die alle Seiten beschädigt. Die Wissenschaft regiert nicht. Und die Menschen? Was richten sie aus? Politisch wird es bei solchen Karambolagen, die sich häufen, kontrovers bis zur erbitterten moralischen Entrüstung, wenn sich auch die Experten uneins sind. So lässt sich unter anderem die zunehmende Moralisierung der politischen Kommunikation erklären.

Normalität ist *ex negativo* in der Corona-Krise wieder zu einem Allerweltsbegriff geworden.

Zusammen mit Schritten in die Normalität, wird er seit drei Jahren alltäglich, wissenschaftlich und politisch permanent diskutiert. Dabei kommen unterschiedliche Kriterien ins Spiel. Zugleich wird die grundlegende normative Frage wieder aufgeworfen, was zu einem normalen Alltag gehört. Die politischen Streitthemen kreisen dann immer wieder um prinzipiell dieselbe Frage: individuelle Eigenverantwortung oder staatliche Verantwortung, etwa beim Tempolimit.

Daran schließt sich zuweilen die Frage nach einer neuen Normalität an, wobei man gewiss nicht die eine Normalität einfach durch eine andere ersetzen kann. Eher geht es um eine (heute ökologische) Kritik unseres raumgreifenden (Wegwerf)-Lebensstils, die zu einem veränderten *Alltagsleben* als neuer Normalität führt – Normalität als Lösung, was nur nahe an der gewöhnlichen Demokratie verlaufen kann.

Radikale Klimaschützer sprechen heute vom „Normalitätswahnsinn", der immer schneller in die Katastrophe führe – das fossile Weiter-So, ein uferlos individualisierter Autoverkehr und ein nicht-nachhaltiges Bauen, das wir für alltäglich und normal halten. Solche Entwicklungen (des american way of life?) werden immer stärker grundsätzlich und heftiger infrage gestellt: Der Kampf mit der ‚Bestie Normalität‚, wird so aufgenommen.

Dabei steigt der Druck auf die sogenannte Normalität, und zwar in verschiedener Hinsicht: alltäglich, wissenschaftlich und politisch. Komfort selber wird neu definiert, was unmittelbar ins Alltagsleben eingreift. Komfortzonen zu verlassen, ist immer unbequem. Bislang gehörte zum neuzeitlichen Fortschritt wie selbstverständlich Wohlstand für alle durch Wachstum, wirtschaftlich und sozial. Geht es ohne? Wir gehen in eine Ära schrumpfenden Wohlstandes, neuer Verteilungskonflikte und weiterer Rentenreformen.

Der Veränderungsdruck, aber auch die Veränderungsgeschwindigkeit wie die Zumutungen der Disruption steigen. Strukturwandel ist 'schöpferische Zerstörung'. Das gilt für die einzelnen Menschen wie Unternehmen, wogegen wieder Normalisierungsvorstellungen kultur- und klassenkämpferisch ins Feld geführt werden.

Eine breite leidenschaftliche Auseinandersetzung um die ‚Normalität der normalen Leute' bis in die Ernährung und Mobilität hinein kommt so in Gang: Was ist normal, was arrogant und wo beginnt der Respekt? Nicht nur die Ratgeber, auch die Belehrungen nehmen überhand, die sich oft an Kleinigkeiten entzünden und deshalb ärgerlich sind.

Pandemie, Klimakrise und staatlicher Notstand sind aktuell die *drei hauptsächlichen Kontexte*, in welchen die Bezugnahme auf die Normalität eine grundlegende normativ-politische Rolle spielt. Die Oppositionsbegriffe sind jeweils verschieden. Krise und Notstand sind das konträre Gegenteil von scheinbar normalen Zuständen. Eine Gefahr liegt im überzogenen Ausnahmezustands-Diskurs etwa nach dem italienischen Philosophen Giorgio Agamben, der die Demokratie im Großen wie im Kleinen aufhebt. Davor ist zu warnen.

Wir scheinen zu wissen, was normal ist. Dabei definieren andere Autoritäten als wir selber, was als normal zu gelten hat: die Wissenschaft, die Medizin, Ärzte, das Recht, Gerichte oder der Zeitgeist, der Mainstream, die Öffentlichkeit oder die Mehrheit. Das zeigt die Grenzen der Selbstbestimmung, die mehr Theorie als Praxis ist. Insofern ist das so bestimmte Normative das Normale.

Zwischen *Normalität und Normativität* gibt es einen Zusammenhang, der zugleich problematisch ist, wenn er unreflektiert das Abweichende als pathologisch oder kriminell stigmatisiert. Lediglich das Verrückte ist normalerweise nicht normal. Die kritischen Antipsychiater der 60er Jahren sprachen jedoch davon, dass die Verrückten die Normalen sind und die Normalen die Verrückten, was heute übertrieben scheint.

Der vorauslaufende Gehorsam, der verbreiteter und wirksamer ist als ziviler Ungehorsam, normalisiert. Allerdings gibt es auch ernsthafte Voraussetzungen der Normalität, auf die zu achten sind: die Geltung des Rechts beispielsweise setzt voraus, dass es keinen Bürgerkrieg, ein funktionierendes Gewaltmonopol des Staates und Gewaltenteilung gibt, was keineswegs selbstverständlich ist.

Wir müssen also unterscheiden können zwischen plausiblen, aber möglicherweise problematischen Gründen der Normalität und ernsthaften Argumenten, die historisch bewährt sind. An letztere schließt die demokratische politische Theorie an.

Wissenschaft und Demokratie setzen bestimmte Verfahren voraus, die verbindlich sind. Sind diese Voraussetzungen nicht gegeben, existieren auch keine Normalitätsbedingungen. Diese Normalität geht mithin von bestimmten Prämissen aus, die im weiteren Verlauf nicht mehr in Frage gestellt werden.

Die Verfahrenslegitimität ist prioritär. Die Demokratie in einer differenzierten, pluralistischen und individualistischen Gesellschaft ist, obwohl vielfältig, im Makro-Bereich primär verfahrensorientiert. Nur dann kann leidenschaftlich, politisch eben, auch um bessere Ergebnisse bis zur Grenze des Erträglichen gestritten werden, die dann zu akzeptieren sind. Demokratie ist mithin eine bürgerschaftliche Vereinbarung darüber, wie verbindliche Beschlüsse in der Zeit herbeizuführen sind.

Lebenswelten und Systeme

Inbegriff des Selbstverständlichen ist die Lebenswelt. Dieser Begriff ist in der phänomenologischen Philosophie, die eine Bewegung „zu den Sachen selbst" einleitete, von Edmund Husserl in seiner berühmten ‚Krisis'-Schrift in die Diskussion eingeführt worden (1934-37/1962, S. 45ff, 114ff,123ff, 126ff). Husserls letzte große Arbeit endet mit einem Schlusswort über die Philosophie als menschheitliche Selbstbesinnung (269ff), kurz vor der großen Katastrophe des 2. Weltkrieges.

Sein Schüler Alfred Schütz (1899-1959), der in die USA emigrieren musste, hat daraus eine Soziologie der Lebenswelt (1932/1974) als Einleitung in die ‚verstehende Soziologie' im Anschluss an Max Weber gemacht, die der Konstanzer Soziologe Thomas Luckmann fortführte (1979). Dabei geht es auch um unsere verschiedenen kleinen (gelebten und konstruierten) *Lebenswelten* in den Ehen, Familien, Vereinen, Nachbarschaften usw.

Man kann auch von *‚Alltag'* (1979) im Unterschied zur großen *‚Welt'*, die immer komplexer wird, sprechen. Die Unterscheidung zwischen den Perspektiven der ‚Lebenszeit' und der ‚Weltzeit' ist grundlegend für die Menschen wie die Philosophie (Blumenberg 1986). Aus ersteren speisen sich die biographischen und familiären Zukunftserwartungen, die in demokratischen Auseinandersetzungen den Ausschlag geben, worauf wir am Schluss wieder zurückkommen.

Blumenberg begreift die Lebenswelt nicht als faktische Alltagswelt, sondern als „Welt, die sie wäre, wenn es in ihr keine unbeantworteten Fragen mehr gäbe" (Theorie der Lebenswelt 2010). Der Phänomenologe Blumenberg knüpft dabei an den Gegensatz von „Technisierung" und „Lebenswelt" bei Husserl an (S.45ff) und thematisiert die Wirklichkeiten, in denen wir leben, im Plural (1981):

"Von Kants ‚Ding an sich' über die Schwarzen Löcher der Astronomen bis hin zum Zustand wunschlosen Glücks reichen seine Vergleiche, um die Schwierigkeiten zu zeigen, die Lebenswelt zum Gegenstand von Erkenntnis zu machen" (2010). Die theoretische Beziehung zur Lebenswelt findet er in spezifisch modernen Erfahrungsverlusten:

„Wissenschaft ist nichts anderes als der Versuch, mit den Folgen des Verschwindens von Selbstverständlichkeiten fertig zu werden" (a.a.O.). Dass deshalb Heerscharen von sogenannten Experten im Zusammenspiel mit den Medien heute eine immer größere Rolle spielen, liegt auf der Hand. Umso wichtiger und schwieriger wird ein lernfähiger Common sense für die Demokratie. Woran können Menschen dabei anknüpfen, ohne ‚weltfremd' zu werden?

Werden die gewohnheitsmäßigen Routinen und Relevanzen der Lebenswelt durchbrochen, so spricht man heute bezeichnenderweise von Disruptionen. Vor diesem Hintergrund eines beschleunigten sozialen Wandels, der seit den 5oer Jahren des 20. Jahrhunderts durch die verschiedenen ‚Systeme' der modernen Gesellschaft – vor allem durch Geld (Kommerzialisierung) und Recht (Verrechtlichung) – in lebensweltliche Strukturen immer schneller und tiefer eingreift, ist das Selbstverständliche der Lebenswelt selber zu einem Wert geworden, der unterschiedlich ausgelegt wird. Die neue Kritische Theorie hat von einer „Kolonialisierung der Lebenswelt" gesprochen (Habermas 1981). Das Verhältnis von Lebenswelten und Systemen ist kompliziert.

Die Reaktionsbildungen der Lebenswelt müssen nicht reaktionär sein, Traditionsbildungen können auch innovativ sein. Der Gegensatz von Modernisierung und der Weitervermittlung von Traditionen muss sich nicht zwangsläufig ausschließen, obwohl es auch und gerade in der Moderne zahlreiche Traditionsabbrüche gibt. Dazu kommen weltweit mächtige fundamentalistische Reaktionen, die sich im Kontext der Religionen jeder Hermeneutik verweigern, und dem „dekadenten Westen" den Krieg erklären. Terrorismus und neue hybride Kriege bis hin zu tieferliegenden Zivilisationskonflikten bedrohen die liberale Demokratie auch in Europa und den USA.

Was bezüglich des Tempos und der Art der Modernisierung noch normal und sinnvoll ist, und was nicht, wird in Demokratien selbst ein kontroverses Thema. Die Lebenswelt ist langsamer und konservativer im Horizont der weltzeitlichen Systeme. Ihr eignet ein gesunder Menschenverstand beziehungsweise eine Urteilskraft, die auf Anschauung und Erfahrung beruht. Das macht einen großen Schwarm von vielen und verschiedenartigen 'normalen Leuten' aus, die man nicht auf die homogene Masse auf der einen Seite und die herablassende Elite auf der anderen Seite dichotomisch aufteilen kann.

Populismus und Faschismus

Mit dieser falschen Unterscheidung kommt allerdings eine anmaßende Arroganz ins Spiel, die der Faschismus erfolgreich in die einfache Beziehung von Führer und Volk, das sich verteidigt, indem es andere Völker angreift und zerstört, umgemünzt hat. Mussolini, der Prototyp des Faschisten, hat als ‚Duce' die Arbeiterbewegung derart beerben, überbieten und vernichten wollen.

Hitler hat ihm zum Geburtstag die Gesamtausgabe von Nietzsche geschenkt, der die Kombination einer führenden Werteelite mit einer Massenbewegung vorgedacht hat. Seitdem hat der Elitebegriff diese Kontamination, weshalb er auch bei bürgerlich-liberalen Lehrern, obwohl selber elitär, zurecht verpönt war.

Heute wird in der politischen Auseinandersetzung oft vorschnell und gesinnungstüchtig der Populismus mit Faschismus, der die Gewalt als politisches Mittel verherrlicht, verwechselt und gleichgesetzt. Als in Italien Meloni neue Regierungschefin wurde, sprach man allenthalben in Westeuropa von Faschismus. Auch andere (rechts-) populistische Parteien werden schnell als rechtsextrem oder faschistisch eingeschätzt.

Die Bezeichnungen sind unterschiedlich, unsicher, schwankend und unzuverlässig. Es ist aber überlebenswichtig in Demokratien, dass man mit populistischen Kräften und ihren Wählern um Themen, wie heute zum Beispiel die Migrationspolitik, *demokratische Auseinandersetzungen* bestehen kann. Diese müssen verständlich, breit und überzeugend geführt werden. Da hilft die verdunkelnde Etikettierung ‚Faschismus' ebenso wenig wie der pauschale Verdacht des 'strukturellen Rassismus', im Gegenteil.

Die vollständigen Literaturangaben zu diesem Text finden Sie ab Seite 642.

Stadtwende. Von den Bürgergruppen zur Bürgerkommune

Für eine Argumentation politischer Theorie ist entscheidend, welche Ereignisse sie in welcher Art als Orientierungspunkte nimmt. 1989 fungiert hier ebenso als positiver Orientierungspunkt wie die nach 1996 trotz großer Schwierigkeiten wieder größere Selbstständigkeit der neuen Bundesländer einschließlich der kommunalen Selbstverwaltung und des damit verbundenen Aufbruchs der Städte (Keim 1995).

Das Ende der DDR war kein bloßer Zusammenbruch. Zwei Fingerzeige sind aufschlussreich, und es lohnt sich noch einmal, auch für die Zukunft, vertiefter darauf einzugehen: das Bürgerengagement einer friedlichen Revolution und die Stadt Leipzig als ein hauptsächlicher Ort des Geschehens. Leipzig galt Vielen als heimliche Hauptstadt der DDR.

Lebensweltlich ging es gegen die Zerstörung der Substanz, gegen die Selbstzerstörung sowohl des äusseren Arbeits-, Lebens- und Wohnumfeldes wie der inneren Person als Subjekt oder ‚Ich-Stärke'. Die Metapher der Rettung stand im Vordergrund: „Rettet unsere Altstädte!" (...) Rettet Leipzig, Dresden, Altenburg, Weimar, Meißen, Görlitz, Bautzen usw. (Zwahr 1993, S.11). Und die Menschen?

„Sie waren von innen mindestens so kaputt wie die Städte" (a.a.O.). Man hatte sich zu sehr an den grauen Alltag gewöhnt, was später umso mehr ins Auge sprang, als man die teilweise restaurierten Städte sah: „Halle ist Spitze", „Leipzig wieder im Kommen", Erfurt, Potsdam, Stralsund, Greifswald u.a. ebenso.

Die Wende war auch und vor allem eine Stadtwende, nicht nur in Ostdeutschland. Darauf macht verdankenswerterweise die Wanderausstellung eines Forschungsverbundes unter dem Titel „Stadtwende. Bürgergruppen gegen den Stadtverfall in der DDR" aufmerksam, die im Potsdam Museum vom 10. Dezember 2022 bis 12. Februar zu sehen war. Dazu gibt es ein informatives Begleitbuch (Links-Verlag, Berlin-Brandenburg 2022). Seine zwei tragenden Begriffe sind ‚Stadtwende' und ‚Bürgergruppe'.

Stadtwende ist „doppelt konnotiert": einerseits geht es um die staatssozialistische Legitimationskrise der 80er Jahre, andererseits um die auch andernorts, europaweit einsetzende erhaltende Stadterneuerung (S.11). Bürgergruppe bedeutet in der DDR nicht eine formal organisierte Bürgerinitiative, sondern eine informelle Bürgergruppe oder eine Arbeitsgruppe unter dem Dach des Kulturbundes. Die meisten Bürgergruppen gegen Altstadtverfall wurden 1989 und vermehrt noch 1990 gegründet (S.13). Stadtwende ist und bleibt auch Protestgeschichte von Einwohnern, die sich ihre Stadt aneignen.

Der spezifische Teil zu Potsdam findet sich leider nur in der Ausstellung. Ab 1987 formierte sich hier unter dem Dach des ‚Kulturbundes' der DDR die ‚Arbeitsgemeinschaft Pfingstberg', die immer mehr Freiwillige anzog und buchstäblich die Sache mit Schaufel und Spaten selbst in die Hände nahm. Der Pfingstberg erlebte im Juni 1989 eine Wiederauferstehung mit einem großen Fest, trotz zahlreicher Hindernisse, die in den Weg gelegt worden waren. Ebenfalls aus dem Kulturbund heraus entstand 1988 ARGUS, die ‚Arbeitsgemeinschaft für Umweltschutz und Stadtgestaltung'.

Sie wurde bald, so die Ausstellung, zu einem „entscheidenden Faktor" für die baupolitische Opposition in Potsdam, die ihre Spuren hinterlassen hat. So gelang es, am 7./8. Oktober 1989 ein DDR-weites Vernetzungstreffen zu organisieren. Dabei galt es, legale Nischen zu suchen und zu finden. 1989 ging der Protest sodann auch auf die Strasse, an der Dortustrasse 68, als das Wohnhaus Theodor Storm abgerissen werden sollte.

Parallel zu den Aktivitäten der gebündelten Sachkompetenz von Argus griffen ein junger Tischler und ein Restaurator zur Selbsthilfe, indem sie eine Ausstellung „Suchet der Stadt Bestes" auf die Beine stellten, die von mehreren Tausend in der Nikolaikirche gesehen wurde. Der schöne Satz aus der Bibel (Jeremia 29) gilt noch immer und immer mehr.

Die Frage ist nur: Wie? Nach welchen Gesichtspunkten, Kriterien und Leitbildern finden wir das Beste der Stadt? Diese ändern sich, seitdem es Städte gibt, und sie sind vielfältig. Und wer ist dieses Wir? Wir werden am Schluss ‚Bürgerkommune als Beteilgungskommune' auf diese Frage noch einmal zurückkommen.

Ein Abrisstopp wurde schliesslich von der Stadtverordnetenversammlung am 1. November 1989 beschlossen. Die Zweite barocke Stadterweiterung veränderte das Gesicht der Stadt. Die Hausbesetzungen trugen ihren Teil dazu bei, den Verfall der Häuser zu stoppen (Warnecke 2019).

Die Entscheidung „Rückgabe vor Entschädigung" hatte zu großen Schwierigkeiten in der Nachwendezeit geführt. Um die Jahrtausendwende waren dann schon neue Entwicklungen im Gange. Neben die Sanierung der Altbausubstanz trat die Wiederherstellung des historischen Stadtgrundrisses.

Die originalgetreue *Rekonstruktion* der historischen Mitte führte zu großen, teils unversöhnlichen Kontroversen, insbesondere um das ‚Landtagsschloss' –

„Demokraten bauen kein Schloss!" hiess die Gegenposition. Heute findet sich am rosaroten Schloss witzigerweise in goldenen Buchstaben der Schriftzug „Ceci n'est pas un château". Eine heftige Grundsatzdebatte entzündete sich (nicht nur in Potsdam, ausgehend von Dresden) um die Frage: Ist kritische Rekonstruktion überhaupt noch zeitgemäss? Die Frauenkirche ist das positive Beispiel.

Die Frage, was in der Stadt erhaltenswert ist, beschäftigt nicht nur Architekten und Planer. Ebenso wichtig ist die Frage, wer darüber entscheidet, und was schliesslich ‚Demokratie als Bauherr' (Hämer) bedeutet. Bis heute ist diese Diskussion, mitsamt der besonderen Diskussion um die Ostmoderne (Klusemann 2016), nicht abgeschlossen, sondern kommt anlasshalber immer wieder auf. Sie begleitet das Leben der Städte und unterfüttert ihre zahlreichen Konflikte.

Die lange und heftige Auseinandersetzung um den Abriss der Fachhochschule in Potsdams Mitte hat dies ebenso gezeigt hat wie jüngst die Wiederaufnahme der Erörterung um den beschlossenen Abriss des Staudenhofs unter klimapolitischen Gesichtspunkten. Selbst die Grünen sind hier bis hinein in die ‚persönliche Verfeindung' gespalten. Muss dies wirklich sein? Potsdam hat den „Klimanotstand" ausgerufen.

Glücksfälle und Problemfälle liegen in Potsdams Mitte dicht beieinander. So ist das ‚Minsk' am Brauhausberg ein gelungenes Zeugnis der Ostmoderne. Auch das Museum Barberini am Alten Markt ist ein Glücksfall aus anderen Gründen. Beide Male verdankt Potsdam dem SAP-Gründer und Mäzen Hasso Plattner entscheidend viel, der damit aber auch engagierte Bürgergruppen (wie ‚Mitteschön') unterstützen wollte, die nicht so schnell aufgeben.

Die Sammlung von DDR-Kunst im Minsk versteht Plattner als eine Art „Wiedergutmachung an die DDR-Bürger". Ein langjähriger und schwieriger Problemfall bleibt sodann der Wiederaufbau der geschichtsträchtigen Garnisonkirche, die 1968 gesprengt worden war. Es war das größte Kirchenbauprojekt der

Evangelischen Kirche in Deutschland. Hält sie daran fest bei mehr als 80 % Konfessionslosen in Potsdam?

Prioritär ist der hohe Turm, der ohne Haube schon steht, und noch fertiggebaut werden soll. In ihm wird eine Ausstellung als Lernort der Geschichte installiert. Ob auch ein ‚Haus der Demokratie‘ – als Kompromisslösung zwischen den drei Gebäuden Turm, DDR-Rechenzentrum und Kirchenschiff – zustande kommt und wie, wird sich zeigen und viel offenbaren über den tatsächlich erreichten Stand der neuen Bürgerbeteiligung in Potsdam.

Im gebauten Haus der Demokratie (Leipzig und Berlin haben schon eines) müsste sich idealerweise zeigen, was Demokratie im Herzen einer Bürgerkommune bedeutet: Es müsste ein architektonisch originelles, offenes und zugängliches Gebäude sein, über das letztlich die viel genannte ‚Stadtgesellschaft‘ breit diskutiert und entschieden hat.

In dessen *Zentrum* müsste das Kommunalparlament sein, umrahmt von den verschiedenen Räten und Beiräten (Beteiligungsrat, Gestaltungsrat, Klimarat, Digitalrat, Migrantenbeirat, Seniorenbeirat, Behindertenbeirat, Ernährungsrat u.a.), die so nicht nur *mit den Bürgern* und Politikern, für die sie da sind, sondern endlich auch einmal *unter-* und *mit*einander in Austausch kommen.

In früheren Zeiten sprach man noch in verschiedenen Ländern von ‚Volkshäusern‘ mit sozialen und kulturellen Aspekten. Heute könnten sie ein Treffpunkt für das vielfältige ‚bürgerschaftliche Wir‘ werden – neben und zusätzlich zu den Bürgerhäusern und Quartierzentren in den Stadtteilen.

Bürgerkommune als Beteiligungskommune

Die Beteiligungsangebote sind in den letzten zehn Jahren zahlreicher, vielfältiger und transparenter geworden. Kaum einer kennt sie alle (Beteiligungsrat 2020). Die Internetseite der Stadt informiert inzwischen aktuell und übersichtlich, darüber hinaus wird zusätzlich kostenlos ein Newsletter zugestellt.

Es gibt nicht viele Städte, die seit langem ein funktionierendes *Stadtforum* (Kleger u.a. 1996) mit über 60 Sitzungen zu allen Themen der wachsenden Stadt (seit 1998) und einen *Bürgerhaushalt* mit dezentralen *Bürgerbudgets* hat. Letzterer ist inzwischen nach anfänglichen großen Schwierigkeiten in der Stadt mit mehr als 17 000 Teilnehmern gut etabliert.

Dazu kommt seit 2013 die *strukturierte Bürgerbeteiligung* (Jakobs/Kleger 2013) zusammen mit der Verwaltung und einer externen Werkstadt für Beteiligung, welche die schwächeren zivilgesellschaftlichen Vereine und Bewegungen unterstützen soll, sowie ein Beteiligungsrat, der in mehr als 70 Sitzungen weitere Impulse gegeben hat.

Das alles sind Schritte vielfältiger Demokratie, die indes nicht alles abdecken, was in der Stadtgesellschaft in Bewegung ist: an Vereinen, sozialer Bewegung, Protesten, Bürgerbegehren, Werkstätten usw.. Die moderne differenzierte Stadtgesellschaft, insbesondere größerer Städte (die größten sind posteuropäische Megacities!) ist von großer ziviler Komplexität. Keine politisch organisierte Urbanität kann sie noch einfangen.

Die neuen informellen, eher kleinen (deliberativ-partizipativen) Verfahren schaffen oft nicht nur besser vorbereitete und konsensfähige Lösungen, sondern auch positive Identifikationen mit dem Ort, in dem man lebt. Das betrifft zumeist den eigenen Stadtteil. Der ökologische Umbau von Drewitz zur Gartenstadt mit Bürgerbeteiligung zum Beispiel ist bundesweit ein Vorbild geworden. Viele sind interessiert und engagiert dabei, weil ihnen derart die Gestaltung der eigenen Stadt als Ort der Vertrautheit und Nähe am Herzen liegt.

Diese produktive *Verortung im Kleinen* in einer *großen Welt*, die immer komplexer und unübersichtlicher wird, ist lebensweltlich wichtiger geworden in unserer kurzen Lebenszeit. Es gibt aber auch eine *objektive* Verbindung zwischen der kleinen und der großen Welt in den Städten, die über wirtschaftliche, kulturelle und politische ‚Glokalisierung' läuft. Diesbezüglich spielen aktive Städte, ob klein oder groß, weltweit eine *werkstatt*spezifische Rolle, auch in *themenspezifischen Allianzen*.

Sie machen einen Unterschied, denn sie haben jeweils eine urbane Agenda, um die man demokratisch streiten muss. Städte sind Zufluchtsorte und Orte des produktiven Austauschs zugleich. Sie sind die Zentren der Konflikte und innovativer Problemlösungen in sachlicher, sozialer wie prozeduraler Hinsicht.

Die vollständigen Literaturangaben zu diesem Text finden Sie ab Seite 642.

17. Februar 2023

Zufälle der Geschichte!?

Die Ausstellung „Roads not taken. Oder: Es hätte auch anders kommen können" im Deutschen Historischen Museum in Berlin vom 9. Dezember 2022 bis 24.11.2024 (www.dhm.de) macht an 14 wegweisenden Zäsuren deutscher Geschichte von 1848 bis 1989 sichtbar, dass die Geschichte nicht so selbstverständlich auf ein Ziel hin, teleologisch festgelegt ist, wie Geschichtsschreibung oder Geschichtserzählung suggerieren.

Auch unsere Gegenwart war einmal eine „vergangene Zukunft" (Koselleck, Ffm. 1979), die offen und unbekannt war, so wie heute. Erwartungsanalysen aus der Zeit heraus sind aufschlussreich: Es hätte immer auch anders kommen können. Es kann anders kommen, weshalb wir in der Gegenwart politisch auf verschiedene Szenarien vorbereitet sein müssen und uns nicht in falscher Sicherheit wiegen dürfen. Politische Theorie denkt in Szenarien.

Das meint die Kategorie der Kontingenz, auf die es dem deutsch-israelischen Historiker Dan Diner ankommt, der Initiator und Ideengeber der Ausstellung im Deutschen Historischen Museum war. Sie wurde vor dem 24. Februar 2022 konzipiert, der zu einer überraschenden Zeitenwende geführt hat: „Ein Zeitsog in eine längst überwunden erachtete Vergangenheit" (Diner), der uns im Folgenden wie ein dunkler Schatten begleiten wird.

Die *Sichtbarmachung der Kontingenz* durch Bilder, Schriftstücke und andere Objekte „bricht mit der ‚teleologischen Wahrnehmung' insofern, als sie Ereignisse und Tendenzen hinzunimmt, die nicht wirklich geworden sind" (Diner in der Eröffnungsrede). Die Spannung zwischen Wirklichkeit und Möglichkeiten wird so offengelegt, sie liegen nahe beieinander und machen das Drama der politischen Geschichte aus. Ausstellungen und Theaterstücke sind geeignete didaktische Mittel, um das zu zeigen.

Die Wendepunkte deutscher Geschichte sind derart mit Bildern dargestellt, dass sich die Besucher fragen müssen: Musste es so kommen, wie es gekommen ist? Die nötige Begrenzung des Zeitraumes lässt sich so verstehen, dass eine gescheiterte Revolution (1848) mit einer gelungenen demokratischen Revolution (1989) im Dialog stehen, der lehrreich sein kann für die Bekräftigung einer bürgergesellschaftlichen Demokratie heute. Diesem Zweck dient auch der in Potsdam eingerichtete Max-Dortu-Preis, der bisher drei würdige Preisträger gefunden hat. Auffallend ist allerdings, dass der Schwerpunkt der Ausstellung beim Nationalsozialismus liegt.

Dieser Abschnitt beginnt mit der Entlassung von Reichskanzler Brüning im Mai 1932, der das Land aus der Wirtschaftskrise herausführen wollte. Er versprach, bis zu den Wahlen im Herbst 1934 durchzuhalten. Der Aufschwung kam Hitler zugute, der – damals unerwartet – am 30. Januar 1933 von Reichspräsident Hindenburg zum Reichskanzler ernannt wurde: die NS-Presse sprach von einem „Wunder" und der sozialdemokratische ‚Vorwärts' von einem „Faschingskanzler".

Die Nazis waren bereits im ‚Niedergang': bei den Wahlen im Herbst 1932 verloren sie mehr als 2 Millionen Stimmen. Hitler sieht man am 30. Januar 1933 auf Bildern wohlgelaunt im besten Sonntagsanzug unter seinen Kabinettskollegen mit Göring als Innenminister, der die Machtmittel des Staates – Justiz und Polizei – rücksichtslos gegen seine politischen Gegner einsetzen wird. Hätte die Reichswehr putschen sollen/können, um Hitler noch zu verhindern?

Darüber können spezialisierte Historiker trefflich (und endlos) streiten, was sie im Begleitprogramm zur Ausstellung auch tun. Am 30. Januar 2023 steht in der ‚Zeitung für Deutschland': „Die Kanzlerschaft Hitlers war vermeidbar" (S.1/S.6) und „Hitlers Koalitionspartner unterschätzten den ‚Führer'" (S.8).

Die Macht, die ergriffen wird („Machtergreifung"), wird allerdings übergeben. Die Machtergreifung ist „weder ein zwangsläufiges noch zufälliges Ereignis" (Winkler, Tagesspiegel, 30.1. 2023, S.16). Im März 1936 hätte zudem Frankreich mit der damals stärksten Armee Europas noch militärisch auf die Militarisierung des Rheinlandes reagieren können.

Auch das Jahr 1942 sei „noch nicht genügend historisiert", so Diner, was Perspektivwechsel bis hin zum postkolonialen Diskurs einschließt. Wichtig ist nur, dass man sich nicht von einem Diskurs beherrschen lässt. Diner legt in seinem Buch „Ein anderer Krieg. Das jüdische Palästina und der Zweite Weltkrieg 1935-1942" (München 2021) dar, wie die Briten in El Alamein gegen Rommel (1942) und die Rote Armee in Stalingrad (1942/43) Hitlers Armee am Boden besiegten, bevor sie über Kairo nach Palästina hätte vordringen können – eine Möglichkeit, die auch in Israel gerne verdrängt werde (Diner).

Oder der 20. Juli 1944, der Tag des Widerstandes, der an Zufällen scheiterte. Welchen neuen Möglichkeitsraum hätte er eröffnet? Auf der gegenüberliegenden Ausstellungswand steht nur knapp: „zu spät". Der Holocaust war vollzogen, worauf sich der wohl bekannteste Begriff von Diner „Zivilisationsbruch" (1988) bezieht. Der Historiker Winkler meint, dies sei „die Frage aller Fragen: Warum gerade in Deutschland? Was waren die besonderen Bedingungen, die zu diesem Bruch mit allem führte, was auch zur deutschen Tradition gehörte, (...)" (Winkler, a.a.O., S.17).

Es soll insgesamt 42 Attentate auf Hitler gegeben haben, alle sind sie gescheitert. Nicht die Militärs, sondern der Schreiner und Einzelgänger Georg Elser, der sich schon 1938 dazu entschied, hat den Mann der „Vorsehung" im Bürgerbräukeller am 8. November 1939 in München am effektivsten verfehlt: „Er hätte die Welt verändert" (so der Film 2015).

Oder die Kapitulation am 8. Mai 1945. Zu diesem Zeitpunkt war die Einsatzfähigkeit der Atombombe noch nicht erwiesen. Das war erst im Juli der Fall (Trinity Test), in Potsdam fällt die Entscheidung (Müller 2011). Am 6. August findet der erste Abwurf über Japan in Hiroshima statt. Das Bild der verwüsteten Stadt ist noch immer angsteinflößend. Was wäre passiert, wenn Deutschland später kapituliert hätte?

Hier spielt die nicht erfolgte Sprengung der Brücke von Remagen eine Rolle: der Sprengstoff reichte nicht und war zu schwach, so dass die US-Armee den

Rhein überqueren konnte. Die Brücke blieb stehen trotz aller Versuche, sie aus der Luft mit Raketen und durch Kampftaucher zu sprengen. Sie wurde erst später, als es zu spät war, zerstört. Ein Stein aus dem dortigen Friedensmuseum erinnert in der Ausstellung daran.

Die damaligen Ereignisse prägen die militärpolitischen Mentalitäten bis heute: der ‚robusten Briten‘, der ‚coolen Amerikaner‘, der ‚ängstlichen Deutschen‘, der ‚ressentimentgeladenen Russen‘, der ‚mutigen Polen‘, der ‚heroischen Ukrainer‘ u. a. Die Vergangenheit reicht in zweierlei Form in die Entscheidungen der Gegenwart hinein:

- unterbewusst über Prägungen und
- sehr präsent über offene Wunden in Osteuropa (siehe dazu Davies/ Makhotina 2022).

Was hat man aus der Geschichte gelernt, gerade in Deutschland, wenn man sagt, Kriege werden nie auf dem Schlachtfeld gewonnen. Die Alliierten und die Sowjetunion, von den Amerikanern mit Flugzeugen und Panzern unterstützt, haben es Hitlers scheinbar überlegener Armee, letztere mit dem größten Preis (24 Millionen Tote), am Boden gezeigt.

Erst Hitlers Vernichtungskrieg (1941) hat Stalins Sowjetunion im „Großen Vaterländischen Krieg" ruhmreich gemacht. Diesmal will es Putins Russland wieder zeigen als „Regime der Revanche" (Thumann 2023) gegen die USA und die Nato: „Wir können es wiederholen" – moschem powtorit! „Der Sieg ist noch nicht zu Ende." Der 9. Mai 2022 hat es demonstriert.

Putin hat 2023 beim Gedenken an die furchtbare Belagerung von Leningrad im 2. Weltkrieg, dem heutigen Sankt Petersburg, von einem „Verteidigungskrieg" Russlands gesprochen und nicht von Angriffskrieg und Zerstörung der Ukraine. Dahinter steckt die große Propagandalüge. Alles wird davon abhängen, wie die Bevölkerung darüber denkt. Wir wissen es nicht, aber wir kennen die russische Militärdoktrin. Am 2. Februar 2023 wird zum 80. Jahrestag Wol-

gograd wieder in „Stalingrad" umbenannt, und Putin hält seine bisher „härteste Rede" (laut dem Moskau-Korrespondenten Rainer Munz, ntv 2. Februar).

Selbst die scheinbar so stabile Bundesrepublik war nach ihrem formalen
Gründungsdatum 1949 nicht ultrastabil, obwohl es laut Diner die richtigen
Grundsatzentscheidungen auf „dem langen Weg nach Westen" (Winkler) getroffen hat. In seinem auch für die politische Theorie instruktiven Buch „Das
zwanzigste Jahrhundert verstehen" (München 1999) stellt er die große Bedeutung der *atlantischen Revolution* heraus. Darüber ein Seminar zu machen,
lohnt sich, denn durch diese *Geschichte als Aufklärung* muss man durch, um
heute zu einer eigenständigen differenzierten Position zu kommen.

Schon 1952 hätte Deutschland einen ganz anderen Weg nehmen können.
Die Stalinnote bot ein wiedervereinigtes Land um den Preis der Neutralität
an, dem der katholische Rheinländer Konrad Adenauer mit seiner forcierten
Westintegration einschließlich Wiederbewaffnung und Nato (1955) eine apo-
diktische Absage erteilte. Ausgestellt dazu ist eine Streichholzschachtel von
1951 mit der Aufschrift „Um des Friedens willen. Deutschland an einen
Tisch!". Aus dem Jahr 1954 stammt das Plakat „Angst vor dem Atomkrieg".

Diese Jahre sind 2023 auch Thema am deutschen Fernsehen (ARD) mit der
markanten Serie „Bonn: alte Freunde, neue Feinde". Sie ist zugespitzt auf die
beiden Protagonisten Reinhard Gehlen, der den Auslandsgeheimdienst (BND)
und den Widerstandskämpfer Otto John, der den Verfassungsschutz aufbaute.

Die Bilder vom Checkpoint Charlie 1961 wiederum, wo sich sowjetische und
amerikanische Panzer mit laufenden Motoren gegenüberstanden, sind welt-
bekannt, und locken noch immer zahlreiche Berlin-Touristen an den Ort des
Geschehens. Was in den Berlin-Krisen hätte ausbrechen können, trug sich zu
als erster ‚Stellvertreterkrieg' im Korea-Krieg (1950-53), der die *Blockbildung*
in Europa verstärkte.

Bis heute gibt es keinen Friedensvertrag zwischen den beiden Teilen des
getrennten Landes. Schutzmacht des armen, aber atomar ambitionierten und

gefährlichen Nordkorea ist China. Südkorea bereitet sich gegenwärtig auf einen Krieg vor, und Japan ist von seinem verfassungsmäßigen Pazifismus abgerückt und hat seinen Verteidigungshaushalt verdoppelt.

Über den Fall der Mauer 1989 sollten wir tatsächlich noch immer staunen. Kurz zuvor war die Redeweise in Europa verbreitet, dass nur ein geteiltes Deutschland ein gutes Deutschland sei, und minoritär, aber heftig wurde die Parole „Nie wieder Deutschland!" ausgegeben. Diner hält es für „wahrscheinlich, dass die Führung der SED eine chinesische Lösung wie auf dem Platz des Himmlischen Friedens angestrebt hätte" (Spiegel,17.12.22, S.116).

Mehr als andere kommunistische Parteien hatte die SED im Juni noch das brutale Vorgehen in Peking begrüßt, wie zuvor schon 1968 das sowjetische Vorgehen der Panzer in Prag (Breschnew-Doktrin). Ausgestellt ist dafür ein Schild aus einer Demo in der DDR „Achtung! Krenz. Das ist der himmlische Frieden." Die demokratische Revolution benötigte den Mut der Bürger und Bürgerinnen.

Lehren aus der Geschichte

Das alles sind Beispiele für (potenzielle) Wendepunkte angesichts von Geschichtserwartungen. Um Lehren aus der Geschichte ziehen zu können, muss man die Geschichte historisieren, worin historische Aufklärung besteht, die „nicht eingetretene Möglichkeiten verdeutlicht" (Diner).

Diner spricht im Spiegel-Interview von „geschichtsphilosophischen Überlegungen" statt von Wahrscheinlichkeitstheorie. Nun hat Geschichtsphilosophie nicht gerade einen guten Ruf. Genauer: Die neuzeitliche Geschichtsphilosophie hat zur Orientierung des Fortschritts an Überzeugungskraft eingebüßt (Fortschrittskrise). Folgende Varianten geschichtsphilosophischer Überlegungen bleiben:

- Geschichtsphilosophie als differenzierte Fortschrittstheorie

- Historismus
- Historizismus als Theorie der Geschichte, die Gesetzmäßigkeiten kennt
- analytische Geschichtsphilosophie als Narrativismus (Danto 1965)

Historismus darf man nicht mit Historizismus verwechseln (Popper, Tübingen 1965), er ist das genaue Gegenteil und geht von der Einmaligkeit der Ereignisse aus ebenso wie der moderne zukunftsgläubige Fortschritt, weshalb auch die antike ‚Historia magistra vitae' als Exempelsammlung des guten Redners (Cicero), die noch für Machiavellis politische Theorie maßgeblich war, zunehmend entthront wurde.

Der Philosoph Herbert Schnädelbach behandelt den Historismus (und seine Probleme) als eine Gestalt der Aufklärung, als „historistische Aufklärung" (Geschichtsphilosophie nach Hegel, Freiburg/München 1974). Der Philosoph Hermann Lübbe hat sich ebenfalls, immer wieder, mit historischer Aufklärung und ihren politischen Bedingungen beschäftigt. Problematisch wird es, wenn Geschichtsphilosophie der Politik als Legitimation dient.

Lübbes Buch „Geschichtsbegriff und Geschichtsinteresse" (Basel/Stuttgart 1977) ist eine Apologie des Historismus, auch und vor allem für Historiker. Sein Freund und Kollege Odo Marquard hat derweil die Schwierigkeiten mit der Geschichtsphilosophie herausgestellt (1973). Eine Abklärung der Aufklärung ist dies nicht, vielmehr eine *Nachaufklärung* (post et secundam), eine Aufklärung der (geschichtsphilosophisch dogmatischen) Aufklärung, die zur notwendigen Eklektik politischer Aufklärung beitragen kann.

Auch Dan Diner geht es um historische Aufklärung, wenn er „Geschichte historisieren will". Seine ‚Counterfactual history' ist indes kein Spiel, sondern „bitterer Ernst". Roads not taken bezieht sich auf „Wendungen, für die es starke Belege gibt und die aus den zeitgenössischen Erwartungen denkbar schienen" (Spiegel, a.a.O.). Auf die Auseinandersetzung mit diesen Erwartungen kommt es an, sie bilden eine analytische Kategorie der Geschichtsbetrachtung wie der gegenwärtigen Auseinandersetzungen.

Und woher kommt der Ernst? Es sind die Ernstfälle des politischen Theoretikers, mit denen Diner theoretisch wie praktisch vertraut ist. Er hat eine völkerrechtliche Dissertation zum Kriegsbegriff geschrieben (1973) und eine Habilitation über „Israel in Palästina" (Athenäum 1980). Ihm geht es bei der historischen Aufklärung ebenso um die „Wiederherstellung des Politischen" (Spiegel, a.a.O.). Was ist damit beabsichtigt?

Im Grunde etwas Einfaches und Elementares, das aber schwer ist: nämlich das *schwierige Handeln*, welches von Werten nicht nur redet, sondern sie in einer wehrhaften Demokratie auch verteidigt. Die Aufmerksamkeit liegt dabei auf den handelnden Personen und ihren Entscheidungen.

Damit geht eine Akzentverschiebung einher, weg von einer streng struktur- oder systemtheoretischen Soziologie hin zur Historie, die auf verschiedenen *Zeitebenen*: *kurzfristig* (Erfahrungen), *mittelfristig* (Trends, die in die Zukunft weisen) oder *metahistorisch* (vorbeugende Mahnungen) viel lehren kann (siehe Koselleck 1979, S.154f.).

Der politische Blick in die Gegenwart besteht in geschärfter Wahrnehmungs- und verbesserter Urteils-, Handlungs- und Bündnisfähigkeit. Der Zusammenhang von biographischer Erfahrung und Erkenntnis liegt darin begründet.

23. Februar 2023

Re-Visionen

Der Krieg in der Ukraine ist nicht die Stunde der deutschen Intellektuellen, auch von Habermas nicht, der zeitlebens und immer wieder, wichtige Interventionen in der bundesrepublikanischen Öffentlichkeit ausgelöst hat.

Habermas ist nicht nur eine Stimme der Vernunft, er ist auch der Theoretiker kommunikativer Vernunft, deren Grundlagen und Verästelungen er gründlich erörtert hat (siehe Theorie des kommunikativen Handelns 1981, 2 Bde.; Vorstudien und Ergänzungen 1984). Im Zentrum dieser Idee von Sprache steht das verständigungsorientierte Handeln, was ein unschätzbar wichtiger Gedanke ist. Schon immer war es indessen schwierig, die verschiedenen Facetten politischen Handelns, das erfolgsorientierte und strategische Handeln sowie die Rhetorik in diesem Denkgebäude unterzubringen. Zuweilen fällt es wie ein Kartenhaus in sich zusammen.

Habermas plädiert hier und jetzt für Verhandlungen (SZ, 15.2.2013, S.10f.). Die Aufmerksamkeit ist ihm sicher. Ihm geht es „um den vorbeugenden Charakter von rechtzeitigen Verhandlungen", um Schlimmeres abzuwenden. Er wendet sich gegen die Diskurskeule, wer sich darauf einlasse, betreibe schon das Geschäft von Russland. Raum für Reflexion muss immer sein, sonst werden wir Getriebene. Da hat er recht.

Gibt es also noch in der aktuellen Phase des Krieges „erträgliche Kompromisse", die durch Verhandlungen auszuloten sind. Dafür sieht Habermas „eine moralische Mitverantwortung des Westens", dessen Mittel „verhältnismässig" bleiben müssen. War das aber nicht der bisher von den politischen Akteuren der Demokratie besonnene, militärisch wohlerwogene Weg bei allem Zeitdruck?! Siehe dazu den Blog Kairos und Umsicht vom 20. Januar 2023.

„Schlafwandler am Rande des Abgrunds" wie vor dem 1. Weltkrieg sind die heutigen Akteure der Demokratie nicht, vielmehr stand die „Eindämmung des Konflikts" mit Moskau immer (vielleicht zu sehr) im Vordergrund, so dass die staatstragenden Parteien SPD und CDU zahlreiche Revisionen in der Ost- und Friedenspolitik vor sich haben, die eine neue Generation (Klingbeil) anzugehen hat. Auch für den scharfsinnigen Analytiker der internationalen Beziehungen Egon Bahr war die internationale Sicherheit wichtiger als Polen, weswegen er Verständnis hatte für die Verhängung des Kriegsrechts anfangs der 80er Jahre.

Das hat auch mit einer politischen Theorie zu tun, die konzeptuell auf den Staat fixiert ist und die zivilgesellschaftlichen Bewegungen sowie das emphatische Freiheitsverständnis einer wehrfähigen Bürgernation unterschätzt, wovon man entwöhnt worden war. Das wiederum sozialisiert den Blick auf andere Länder. Freilich wird man bei der historischen Ostpolitik unterscheiden müssen zwischen der innerdeutschen Ebene und dem Verhältnis zur Sowjetunion. Aus polnischer Sicht ist sowohl die Russland-, die Ukraine- wie die Energiepolitik gescheitert. Das führt zu Revisionen, die wir im Titel ansprechen. Gleichzeitig fragen wir nach den nötigen Visionen, die noch bleiben.

Beim Krieg geht es nicht um ein Abstraktum, sondern um einen konkreten imperialen Krieg in Europa, bei dessen Genese und Details sich Habermas nicht lange aufhält. Konkrete Gespräche, die man aufnehmen könnte, werden nicht genannt. Habermas empfiehlt stattdessen dem Westen, Russland mitzuteilen, wie weit die Unterstützung der Ukraine gehen wird. Das ist ein unrealistischer Vorschlag, mitten im Krieg mit dem Aggressor über Strategien zu verhandeln.

Die USA hat eben wieder deutlich zu verstehen gegeben, was passieren würde, wenn ein NATO-Staat angegriffen wird (siehe dazu zum Beispiel Ben Hodges, ntv, 22.2.2023). Die russischen Militärs wissen das (hoffentlich) auch und tun es deswegen nicht. Habermas hat sich nie mit Osteuropa beschäftigt. Der Osteuropa-Historiker Behrends nennt die „blinden Flecken", die typisch sind für deutsche Intellektuelle (16.2.2023, Zeit online). Dies trübt das konkrete Urteil.

Krieg als konkretes Geschehen

Der Krieg als konkretes Geschehen, der 2014 mit der Annexion der Krim und der Ausrufung der Volksrepubliken Lugansk und Donezk begann, hat seine eigene Dynamik, die sich mit der großflächigen Invasion seit einem Jahr verschärft hat. Er muss analysiert und täglich zur Kenntnis genommen werden. Das ist weder „nationalistisch" noch „bellizistisch".

Die militärische Lage der Ukrainer im Donbass, der ehemaligen Industrie- und Kohleabbauregion in der Ostukraine mit seinen ca. 2 Millionen Einwohnern, die größtenteils russischsprachig sind, ist im Februar 2023 prekär. Die Munition wird knapp und die gewünschten Waffen, mit denen sie ein neues Kapitel eröffnen könnten, werden nur langsam und verspätet geliefert. Für die Ukrainer ist der Fall klar, denn sie führen einen Überlebenskampf.

Das seit Monaten erbittert umkämpfte Bachmut, das einmal 70 000 Einwohner zählte, steht vor dem Fall; Wuhledar ist umkämpft usw.. Falls sich die Ukrainer dem Aggressor unterwerfen, werden sie vielleicht physisch überleben, aber als Nation und Staat ausgelöscht, und die Städte jeder eigenständigen Entwicklung beraubt.

Sie wissen inzwischen nach Butscha und den vielen kleinen Butschas, insbesondere auch nach der vollständigen Zerstörung von Mariupol als Rache an seinem eigenen erfolgreichen Weg, welche Verbrechen die russischen Okkupanten an der Zivilbevölkerung begehen.

Putin ist zwar nicht Hitler, er ist auch nicht „suizidal"(Chodorkowski), aber vieles an der russischen Kriegsführung in der Bekämpfung eines vermeintlichen „Neonazi-Regimes" (Medwedew) ist „nazi-like". Deshalb bedeutet „Verhandlungen jetzt" soviel wie Appeasement 1938. Die Dimension des Vernichtungskrieges ist nicht mehr zu ignorieren oder herunterzuspielen.

Gefühl der Dringlichkeit

Die erzwungene Re-Militarisierung durch Putins Angriffskrieg hat zur Natoisierung Europas und zur Rückkehr der USA nach Europa geführt. Am 20. Februar besuchte Präsident Biden vor seinem zweiten Polen-Besuch überraschend zum ersten mal Kiew, um ein starkes Signal der weiteren Unterstützung zu geben. Putin soll nicht mehr auf Zeit spielen können.

Die USA unterstützt seit Kriegsbeginn mit 27 Milliarden Dollar Militärhilfe. Selenski betont die Gemeinsamkeiten besonders auch in der Vorstellung von Russland als „Terrorstaat". Sie wollen der UN-Charta wieder Gültigkeit verschaffen, was eine notwendige Vision für den Weltfrieden ist.

Russland war zuvor an die Münchner Sicherheitskonferenz nicht eingeladen worden (ebenso wie der Iran, der wieder stärker mit Russland kooperiert). Dafür war der chinesische Spitzendiplomat Wan anwesend, der eine Friedensinitiative ankündigte, bevor er nach Moskau weiterreiste und dort von Putin am Mittwoch empfangen worden ist (22.2.). Die Kooperation soll weiter vertieft werden, sie hat „Bedeutung für die Stabilisierung der internationalen Lage" (Putin, 22.2.23).

Die Münchner Sicherheitskonferenz vom 17. bis 19. Februar bot ein seltenes Zeichen westlicher Geschlossenheit, eine ‚Einheit des Westens' gegen Putins ‚russische Welt'. Die Demonstration vor dem Konferenzort unter dem Motto „Weder Putin noch Nato" schien aus der Zeit gefallen. Die Amerikaner waren mit einer großen Delegation unter der Leitung von Vizepräsidentin Kamala Harris gekommen. Scholz, dessen Maxime ‚Sorgfalt vor Risiko' lautet, trat als Vorreiter der Kampfpanzerallianz auf, die das Kanzleramt offenbar schlecht vorbereitete, so dass sie nur schleppend vorankommt.

Die amerikanischen Schützenpanzer (Bradley, Stryker), die verschifft worden sind, kommen derweil in Europa an. Der ukrainische Generalstab kalkulierte mit 300 Kampfpanzern für eine lange Frontlinie; mit „14 Kampfpanzern kann man den Krieg nicht gewinnen" (Makaiev), sicher nicht. Die Forderung nach der geächteten Streumunition schadet hingegen dem guten Ansehen der Ukraine.

Bisher fehlte die Wucht von Panzerverbänden. Generalstabsmäßig bedeutet das, dass die ukrainische Armee im Donbass „einen Durchbruch aufhalten muss, bis ein Stoß ans Asowsche Meer möglich wird" (so Georg Häsler in NZZ, 16.2.2023, S.6). Die gegenwärtige Frage ist, wie man von einem Stellungskrieg wieder zu einem Bewegungskrieg im Gefecht verbundener Waffen kommt, der eigenes Territorium zurückgewinnt. Das Gefühl für diese Dringlichkeit müsste nachvollziehbar sein.

Großbritannien (Challenger) und Frankreich (AMX) gerieren sich ebenfalls gerne als Vorreiter, wobei Macron den bezeichnenden Satz äußerte, dass „keine der beiden Seiten vollständig gewinnen kann." Also müssen doch neue Verhandlungswege gesucht werden, was Selenski umgehend als „Zeitverschwendung" bezeichnete.

Stoltenberg warnt vor „falscher Vorsicht", denn risikofreie Optionen gibt es in Zeiten des Krieges nicht. Raketen mit größerer Reichweite sind realistisch, Kampfjets eher nicht. Munition und Flugabwehr sind weiterhin vordringlich. Einmal mehr wird von einer entscheidenden Wende des Krieges gesprochen.

Allerdings ist die ernstzunehmende Überlegung nicht von der Hand zu weisen, wie rational die russische Kriegsführung bleiben wird, wenn sie kontinuierlich militärische Niederlagen erleidet. Im Moment tobt eine Personal- und Materialschlacht mit großer russischer Überlegenheit: die ukrainischen Soldaten sind in ihren „Schützengräben gefangen und der Artillerie ausgesetzt" (Oberst Reisner). Russland verschießt an einem Tag so viel Munition wie Europa in einem Monat produziert. Die Bilder mit Bergen von verschossenen Raketen zeigen die ganze Absurdität dieses Krieges nach einem Jahr (siehe FAZ, 20.2.23, S.1).

Peskow, der Sprecher des Kreml, beklagt den „Verhandlungsunwillen" des Westens und sieht die USA als diejenige Kraft, die den Krieg anheizt. Am 21. Februar erwartet man mit Spannung die Reden von Biden in Warschau und Putin in Moskau. Putin wird in seiner mehrmals verschobenen „Rede zur Lage der Nation" auf Bidens Besuch in Kiew reagieren.

Am Vorabend wird erwartet, dass er der Ukraine „offiziell den Krieg erklären wird" (Tagesspiegel, 20.2.23). Bisher heißt der Krieg immer noch „Spezialoperation". Die ‚Föderative Versammlung', vor der Putin sprechen wird, umfasst die Abgeordneten und Senatoren beider Kammern. 2024 ist die Wahl des Präsidenten.

In seinem Publikum sitzen die bekannten Personen: Lawrow neben Schoigu, Kyrill neben Medwedew, viele hohe Militärs neben bekannten Politikern aus der Duma und Journalisten, die ihre Arbeit tun. Fast durchweg blickt man auf ernsthafte und harte Gesichter, mit denen man nichts zu tun haben möchte.

Es ist die bekannte Putintreue politische Elite, die hier geladen ist und die sich zwischendurch zu Applaus und Gedenken erhebt. Putin selber wirkt wohlgelaunt, ganz anders als bei seiner fanatischen Annexionsrede im September letzten Jahres. Die Rede hat einen nach außen und einen nach innen, an die eigene Bevölkerung gerichteten Aspekt, was sich in den Inhalten ebenso ausdrückt wie in den gewählten Worten, welche breite Kreise erreichen können. Ihre genaue Wirkung lässt sich freilich kaum ermessen.

Politischer Krieger, schlechter Stratege

Putins anderthalbstündige Rede, ohne dass er zwischendurch einen Schluck trank, umfasste drei Teile. Er begann mit den Worten einer „Grenzzeit" beziehungsweise einer „komplizierten Zeit", die vor unumgänglichen Veränderungen stehe. Wie Selenski spricht er somit auf seine Weise von einer historischen Konfrontation. Biden wird das amerikanisch-optimistisch für die Zukunft auch tun.

Im ersten Hauptteil spricht Putin von einer historischen Schuld des Westens und ebenso von einer historischen Mission Russlands, dessen Hegemonialanspruch, vor allem der USA und seiner Vasallen, abzuwehren. So werde nun die Ukraine benutzt, um Russland anzugreifen, wohinter ein lange gehegter Plan steckt, nämlich die Strategie, Russland zu zerstören. Mit Beispielen aus der Kiste eines Geheimdienstlers unterlegt er diese Verschwörungstheorie, die sein bekanntes Narrativ wiederholt, das von Anfang die entscheidende Rolle spielte. Darüber ist schon viel geschrieben worden.

Im zweiten Hauptteil konzentriert er sich auf die gegenwärtige Lage des Krieges und damit auf den Donbass, der vergangenes Jahr das hauptsächliche Kriegsziel geworden ist, nachdem der Blitzkrieg auf Kiew mit ‚regime change', was buchstäblich eine Spezialoperation gewesen wäre, und der geradezu unglaubliche Zangenangriff auf die gesamte Ukraine gescheitert waren.

Seit der Annexion der vier ukrainischen Regionen – Luhansk, Donezk, Saporischschja und Cherson – am 30. September, welche die größte Eskalation des bisherigen Krieges bedeutete, geht es Putin primär darum, diese Einverleibung in russisches Staatsgebiet zu sichern und auszubauen. Darauf bezieht sich sein großes Danke an die Kämpfer und die Bevölkerung sowie die Sozialhilfe, die in der Rede zelebriert werden.

Im dritten Teil geht er auf die Lage der Wirtschaft und die Wirkung der Sanktionen, mit denen der Westen sich selbst schade, ein. Einschränkungen und Engpässe werden zugegeben, im Großen und Ganzen aber gelang es, so Putin, den Sanktionsmitteln auszuweichen. Auch dieser Wirtschafts-Krieg gegen Russland sei nicht erfolgreich, die Kriegswirtschaft laufe Tag und Nacht, die Bauern erzielten Rekorderten, und der Rubel sei stark.

In sein ‚großes Danke' an die Bevölkerung schließt er ausdrücklich, geradezu überkorrekt, alle Kategorien ein, natürlich auch Unternehmen und Banken. Bevor die immer detailreicher werdende Rede zu Ende ist, blenden die Fernsehanstalten (‚Welt und 'ntv') wieder aus. Die Kommentare fallen kurz aus. In den späteren Nachrichten ist fast nur noch von Propaganda die Rede.

Ich teile die Einschätzung des Moskau-Korrespondenten Christoph Wanner, dass Putin konsequent auf seiner bisherigen Linie geblieben ist und keine neuen Atomdrohungen ausgesprochen hat, aber auch keinerlei Konzessionen gemacht hat. Er bleibt bei seinen Maximalforderungen, die sich auf den Donbass und die Krim beziehen. Er eskaliert nicht, er deeskaliert aber auch nicht.

Der schlechte Stratege und hervorragende Taktiker laviert sich vielmehr durch diesen fürchterlichen Krieg am Rande eines dritten Weltkrieges, der in das zweite Jahr geht. Putin schwört die Bevölkerung auf einen langen Krieg ein: „der Westen will, dass wir leiden". Heißt auch: wir können das. Wer ist dieses große Wir? Und wie lange macht die Elite noch mit, zumal Putin die Lage des Landes schönzeichnet.

Dennoch sind einige Nuancen festzuhalten: es geht jetzt um nicht weniger als die russische Existenz, wie schon im Krieg gegen den Nationalsozialismus nach 1941. Dieser Vergleich spielt jetzt die zentrale Rolle, bis in bezeichnende Details (Namen, Symbole) hinein, insbesondere um so die breite Bevölkerung ansprechen zu können. Obwohl explizit von „Existenzbedrohung" die Rede ist, wurde in der langen Rede indes die nukleare Bedrohung nicht explizit ausgesprochen. Darf man dahinter den Einfluss von China vermuten, dass bisher seine Rolle bewusst im Unklaren lässt?

Der mutige alte Mann

„Amerika ist gekommen, um zu bleiben", sagte Biden am 20. Februar in Kiew. Kein Überraschungsbesuch kann in der momentanen Situation größere Aussagekraft haben als die mutige und gefährliche Aktion des 80-jährigen Präsidenten, von der Moskau informiert war. Schon beim ersten Polenbesuch erneuerte er die „heilige Verpflichtung" des atlantischen Bündnisses für die Freiheit und Demokratie in der Welt (siehe die Blogs vom 26. und 27. März 2022). Dies sind mehr als Worte und Symbole, es sind auch nicht bloß Signale, die ausgesendet werden. Es steckt mehr dahinter, was es zu begreifen gilt.

Der Besuch von Präsident Biden demonstriert für alle sichtbar den Willen und die nötige Risikobereitschaft. Einem politischen Krieger wie Putin gegenüber, als der er sich schon im Tschetschenienkrieg zeigte, muss man Stärke zeigen und nicht Verdrucksheit, die als Schwäche des dekadenten Westens ausgelegt wird. „Es ist nicht übertrieben zu sagen, dass in diesem osteuropäischen Land eine Schlacht über die Werteordnung (man kann auch sagen: Weltordnung, H.K.) des 21. Jahrhunderts geschlagen wird" (FAZ, 21.2.23, S.1).

Nicht nur Russland – nach der Selbsteinschätzung von Putin in seiner Rede, für die er standing ovations bekam – auch die Nato ist stärker geworden. Putin setzt am Schluss seiner Rede fast beiläufig noch den Abrüstungsvertrag ‚New Start' aus und wirft damit dem Westen das letzte für die ganze Welt bedeutsame Kooperationsabkommen vor die Füße. Wird Biden in seiner Rede am 21. Februar vor dem Warschauer Königsschloss darauf eingehen?

Tatsächlich reagiert er nur an einer Stelle auf Putins Rede, wo er den Russen sagt, niemand wolle Russland angreifen, zerstören oder kontrollieren. Das immer wieder zu sagen, ist notwendig, denn es ist die größte und gefährlichste Propagandalüge neben all den vielen kleinen Lügen. Zudem ist die gewählte Regierung in Kiew mit Parlament kein „neonazistisches Regime", was die zweite politisch gefährliche Lüge ist.

Bidens Rede wiederum war auf amerikanische Art inszeniert, es war aber keine Inszenierung eines Politikers, sondern eines Bündnisses, das nicht selbstverständlich ist, und bei aller internen Kritik, die möglich ist, seit dem Zweiten Weltkrieg für die Freiheit und Demokratie in der Welt eintritt. Seit den europäischen Revolutionen von 1989 ist Polen eines seiner „great allies", als die Biden die Polen begrüßte. Präsident Duda bekräftigte ebenfalls, dass sich Polen „mit den amerikanischen Soldaten sicher fühle". Auf die USA kann man sich historisch verlassen.

Inhaltlich wurde noch einmal das emphatische Verständnis von Freiheit auf der Seite der Demokratie in Abgrenzung zu Diktatur und Autokratie betont: „Wir stehen für souveräne Nationen und erheben uns für die Souveränität eines Landes". Damit ist die Bürgersouveränität gemeint, was die Amerikaner und Polen wissen. Daraus wird dann weltpolitisch die große Koalition der 50 Nationen, die heute an der Seite der Ukraine stehen.

Um diesen Zusammenschluss und Zusammenhalt geht es Biden in den zwei Tagen in Polen, hier und jetzt. Der Auftritt der Kinder mit den drei Fahnen beschließt seine zweite historische Rede, die noch einmal an die „heilige Verpflichtung" der Bündnissolidarität auch und vor allem für die Zukunft erinnern soll.

Man erkennt, was man alles nicht weiß

China will am Freitag, dem Jahrestag des Krieges, einen Friedensplan vorstellen. Alle rätseln, wozu das führen kann. China jedenfalls ist besorgt über eine weitere Eskalation des Krieges, von dem es bisher bewusst nur als ‚Ukraine-Konflikt' gesprochen hat. China hat noch Einfluss auf Putin, so dass man sich natürlicherweise an diesen Strohhalm der Hoffnung klammert.

Das große Land mit seinen großen Schwierigkeiten versucht einen Spagat zwischen den westlichen Märkten und der strategischen Freundschaft zwischen Putin und Xi, der Moskau im Frühling besuchen will. Diese Blockbildung wollen die USA und Europa unbedingt verhindern.

China tritt eigentlich für die Souveränität und territoriale Integrität der Länder und Völker ein, auch im Hinblick auf Taiwan (Ein-China-Politik). Es ist zudem Schutzmacht Nordkoreas. Der erklärte Feind von beiden sind die USA, die gegenwärtig im Indopazifik Manöver mit Südkorea abhalten. Die Beziehungen zu Japan, das Nordkorea vor den UN-Sicherheitsrat bringt, werden ebenfalls ausgebaut. Welche politische Rolle Indien, auch als wirtschaftlicher Konkurrent von China, in Zukunft spielen wird, ist noch nicht abzusehen.

Allerdings beginnt das gefährliche atomare Wettrüsten nicht erst mit Putins Aussetzung des ‚New Start‘-Vertrages. Daran hält sich China schon seit Jahrzehnten nicht und will sich als „Entwicklungsland" auch gar nicht darauf einlassen. Die Militarisierung ist in allen Hinsichten größer und gefährlicher geworden, was Auswirkungen auf die Konflikte haben wird.

Wem folgt hier China künftig und wie wird es die Friedensinitiative mit welchen anderen Forderungen verknüpfen? China denkt strategisch und in anderen Zeitkategorien, das sollte man aus Unkenntnis nicht unterschätzen, aber vieles ist im Moment unklar, auch die weitere Ausgestaltung der strategischen Partnerschaft mit Russland.

Beide verbindet die scharfe ideologische Gegnerschaft zum Hegemonieanspruch der USA, die „überall auf der Welt ihre Militärbasen haben"(Putin). Diese Gegnerschaft ist in den letzten Jahren gewachsen, was die Freundschaft zwischen Xi und Putin seit den boykottierten Winterspielen in Peking erklärt.

Kann die USA in gewissen Hinsichten, vordringlich bezüglich Weltfrieden und Weltordnung, bei aller wirtschaftlichen und technologischen Konkurrenz China auf seine Seite ziehen, wovon viel abhängen wird? Wir wissen es nicht. Die USA haben es gleichzeitig mit mehreren Konfliktherden zu tun, die für Krieg und Frieden auf der Welt von Bedeutung sind. Nordkorea haben wir schon erwähnt, Iran ist ein anderer, Pakistan womöglich ein weiterer usw. Sogar die Spannungen zwischen der Türkei und Griechenland müssen abgemildert werden.

Das ist viel auf einmal in einer Welt, wo Russland eine akute Bedrohung und China, euphemistisch ausgedrückt, eine neue große Herausforderung ist. Für Europa bleibt wichtig, dass die USA sicherheitspolitisch zurückgekehrt sind. Wird das nach 2024 so bleiben? Und wie wird sich EU-Europa selbst weiterentwickeln? Zahlreiche Konflikte werden jetzt überdeckt. Ungarn zum Beispiel teilt die Nato-Strategie nicht, Polen verlangt von Deutschland Reparationen in Billionenhöhe.

Deutschland wird in Zukunft nicht allein auf die USA setzen können. Für alle Länder bedeutet das innenpolitisch absehbar größere und härtere Auseinandersetzungen unter Bedingungen, wo nicht mehr so einfach Wohlstand verteilt werden kann wie in früheren Jahren. Der Ausgang dieser neuen Klassenkonflikte ist ungewiss.

Vieles ist deshalb offen und unsicher selbst in den westlichen Ländern, die gerade von heftigen Streikwellen betroffen werden (Frankreich und Großbritannien). Das gilt folglich auch für Europa, wo sich die Gewichte ost- und nordwärts verlagern werden. Erst recht kennen wir die weitere Entwicklung von Russland und China nicht, auf die wir zudem von außen keinen Einfluss haben. Diese Großmächte werden die künftige Weltordnung durch ihre Machtpolitik mitbestimmen.

1. März 2023

Helle und dunkle Visionen

Im letzten Blog haben wir von Revisionen, die zahlreich sind und anhaltend sein werden, und Visionen, die bleiben, gesprochen. Das Wort ‚dunkle Vision' fiel nicht, ebenso wenig die Unterscheidung zwischen hellen und dunklen Visionen. Wenn nun nachfolgend vom Ringen um eine neue Weltordnung die Rede ist, wird dies notwendig, ohne dass wir sagen können, in welche Richtung es gehen wird.

Am 24. Februar, dem ersten Jahrestag des Ukraine-Krieges wurde mit großer Spannung die chinesische Friedensinitiative erwartet. Sie ist eher ein Positionspapier als ein zeitlicher Friedensplan. China hat Einfluss auf Putin, darin besteht kein Zweifel. Aber kann es auch ein neutraler Vermittler sein?

Es hat bisher Russland für den Angriffskrieg nicht beschuldigt, vielmehr gibt es den USA die Schuld und spricht mit Bedacht nicht einmal von Krieg, sondern von Konflikt. Feststellen lässt sich allerdings, dass China objektiv und zurecht in Sorge ist vor einer weiteren Eskalation des Krieges.

Die nächste Eskalationsstufe wird absehbar der Konflikt um die Krim sein. Die Waffenlieferungen wertet Putin neuerdings als Kriegspartei, dabei hat er insbesondere Deutschland und seine Panzer im Auge. „Die Nato ist nicht mehr nur unser Gegner, sondern unser Feind" (Peskow 28.2.2023).

Bei der Münchner Sicherheitskonferenz im Februar waren Russland und Iran nicht eingeladen, dafür war der chinesische Spitzendiplomat Wan präsent, der danach nach Moskau reiste und dort von Putin empfangen wurde. Die Bilder von Putin und Lawrow mit Wan – Händedruck und freundlicher Gesichtsausdruck – sagten mehr als alle Worte. Man verstand sich bestens und versprach beidseitig „vertiefte Kooperation". Xi Jinping soll im Frühling Moskau besuchen.

Das chinesische 12-Punkte-Papier fordert Waffenstillstand und Friedensverhandlungen im Ukraine-Krieg:

- Souveränität, Unabhängigkeit und territoriale Integrität aller Länder
- Einhaltung der UN-Grundsätze
- legitime Sicherheitsinteressen der Staaten ernstnehmen
- Ende der Mentalität des Kalten Krieges
- Ende der westlichen Sanktionen gegen Russland
- Sicherung von Atomkraftwerken
- Sicherung des Getreideabkommens

Der letzte Punkt deutet darauf hin, dass China vor allem gegenüber dem globalen Süden als Friedensvermittler auftreten will. Das ist nicht nur gegen die USA gerichtet und für den Rest „of the west", sondern ebenso schwingt (seit dem Ussuri-Konflikt 1969) die alte interne (kommunistische) Missionskonkurrenz gegenüber der sogenannten ‚Dritten Welt' mit.

Der gemeinsame ideologische Hauptgegner bleibt indes in wachsendem Maße die US-Hegemonie, was sogar ein gemeinsames Marinemanöver mit Südafrika ermöglicht. Dort verhält man sich neutral gegenüber dem Ukraine-Krieg und erinnert an die langjährige Unterstützung der Sowjetunion im Kampf gegen die Apartheid.

Mit der falschen Mentalität des Kalten Krieges wird vor allem die USA beschuldigt, wobei die steigende Attraktivität der Nato für die osteuropäischen Länder unverstanden bleibt. Diese wiederum hängt mit Putins dunkler Vision zusammen, die Verhältnisse vor 1991 wiederherstellen zu wollen. Der neue tschechische Staatspräsident Pavel, der ein ehemaliger Nato-General ist, vergleicht Putin mit Hitlers Expansionspolitik in Bezug auf sein Verhalten 1938/39 in der Tschechoslowakei.

Was genau ist mit den „legitimen Sicherheitsinteressen" gemeint? Sind sie deckungsgleich mit dem, was Putins Russland „Einflußsphäre" nennt? Demnach gehört die Ukraine dazu, Belarus ebenso und die baltischen Staaten. Wo hört dieses „grenzenlose Russland" auf? Sollen Polen und Tschechien zur Breschnew-Doktrin zurückkehren? Polen, Tschechien und die baltischen Staaten führen dagegen gegenwärtig vor, was verteidigungspolitische Zeitenwende in Europa bedeutet und wie sie geht.

Was meint dann noch *souveräne Nation*, Freiheit und Demokratie? Putin spricht bezeichnenderweise von den „Freiheitsrevolutionen" als „Farbenrevolutionen". Die ‚Orangene Revolution' von 2004 sitzt ihm immer noch im Nacken, die belarussische Revolution im Sommer 2020 auch; Venezuela und Hongkong wollen wir auch nicht vergessen.

China reklamiert, insbesondere für die Länder des globalen Südens, ein eigenes „Recht auf Entwicklung" und strebt über dieses wieder nach Weltmachtgeltung. Russland will auf internationaler Bühne ebenfalls eine Weltmacht sein, und ist dieses immer mehr lediglich als Atommacht.

Seine ‚Herabstufung' als Regionalmacht und normaler großer (vielleicht sogar?) föderalistischer Nationalstaat empfindet die sowjetisch geprägte Elite als kränkende Demütigung. Daraus wurde inzwischen das Ressentiment der Revanche. ‚Raum für Politik' bedeutet horizontal demokratische Macht, die regional wachsen kann, und nicht die Anbetung zentraler vertikaler Macht, die ein Riesenreich über verschiedene Zeitzonen wie ein Zar diktatorisch zusammenhält.

Dies wissen bereits mutige Bürger/innengruppen der jüngeren postsowjetischen Generationen. Es sind zumindest Keime einer möglichen Zukunft gegenüber einer großen Mehrheit, die sich vergangenheitsfixiert dem anpasst, was sich nicht verändern lässt; die riesigen Distanzen und der „Antisapadismus" verfangen. Die internationale Attraktivität des Kommunismus als Entwicklungsmodell ist ohnehin Geschichte, während China den Spagat zwischen westlichem Kapitalismus und kommunistischem Herrschaftsanspruch mit seiner eigenen Weisheit für Widersprüche versucht.

Die kommunistische Partei ist die größte Organisation der Welt, ihre Macht beruht auf dem Militär, das von einem wachsenden Verteidigungs- als Aufrüstungshaushalt profitiert und Xi verfassungsmäßig zum alleinigen Herrscher gekürt hat. *Legitimitätskonzessionen* gibt es hier nicht (Tibet, Uiguren, Menschenrechte, Hongkong, Taiwan). Auf jedes Tibetfähnchen und jeden ausländischen Besuch in Taiwan wird vielmehr allergisch reagiert. Taiwan ist für China keine Frage von Demokratie und Menschenrechten, sondern ausdrücklich eine von Wiedervereinigung und Souveränität.

Dokumentationen haben in den letzten Jahren klargemacht, wie zielstrebig diese Weltmachtrolle ideologisch und strategisch verfolgt wird bis auf jede Insel, einschließlich Flugzeugträger, und bis hinaus in den Weltraum und führbaren Atomkrieg in Befehlsbunkern. Man sollte China keinesfalls unterschätzen, so wie man Putins Russland naiverweise lange unterschätzt hatte.

Umso wichtiger ist der Punkt, der bei den obigen Punkten der chinesischen Friedensinitiative noch fehlte: keine Drohung mit Atomwaffen. Das muss auf jeden Fall ein wichtiger Anknüpfungspunkt der Diplomatie sein, die auf die Aussetzung des Start-Abkommens durch Russland reagiert.

Mit dieser 'nuklearpazifistischen' Botschaft war schon Bundeskanzler Scholz von seiner China-Reise erleichtert zurückgekehrt. Die Atomangst in Deutschland ist seit jeher groß, und Putin, der schlechte Stratege und große Manipulator weiß sie zu schüren. „Putin kultiviert seine Irrationalität, um unberechenbar zu bleiben" (Thomas Müller in SZ, 28.2., S.13). Er ist rationaler, als viele glauben; eine Dämonisierung macht es sich jedenfalls zu einfach.

In Berlin demonstriert man in diesen Tagen lauter gegen als für Waffenlieferungen, darunter überwiegend ältere Menschen, die schon bei den großen Demonstrationen der Friedensbewegung in den 80er Jahren (Hofgarten in Bonn) dabei waren. Eine historisch-politische Querfront ist diese Bewegung jedoch noch lange nicht trotz der Einladung von Höcke an Wagenknecht.

Selenski meinte, Chinas Initiative sei ein erster Schritt. Ohne die Vermittlung Chinas ist ein zuverlässiger Weltfrieden nicht in Sicht. Ansonsten waren die internationalen Reaktionen eher verhalten. Selbst Peskow blieb nicht im Ungefähren, sondern sagte deutlich, dass Voraussetzungen für eine friedliche Lösung derzeit nicht gegeben seien (27.2.).

Manche Beobachter urteilten, es sei vor allem ein Auftreten mit eigenen Interessen und bekannten Positionen gewesen. Dagegen wäre nichts zu sagen, wenn China tatsächlich zum Frieden beitragen kann. Neutral muss man (kann man?) für diese Aufgabe nicht sein.

Die härteste Kritik sprach sogar von einer "Propagandaaktion" ohne konkreten Lösungsvorschlag (Podoljak). Präsident Macron allerdings will den diplomatischen Ball aufnehmen und im April nach China reisen. Die USA warnt China inzwischen vor Waffenlieferungen an Russland, das über Nordkorea bereits involviert ist. Als Schutzmacht könnte es an dieser Stelle jederzeit für den Abbau von martialischen Bedrohungen sorgen.

Welche Rolle also spielt China? Vieles ist unklar und selbst Teil des Informationskriegs. China irritiert bewusst, um sich mehrere Optionen offen zu halten. Das ist seine Variante des strategischen Pragmatismus, der mit allen Seiten in Kontakt bleibt. Die USA wird den Wirtschaftskrieg gegen China zweifellos verschärfen, sollte die strategische Partnerschaft zwischen Xi und Putin zur Blockbildung werden.

Weltpolitisch entscheidend werden wieder effektive *Bündnisse* (politischer Aufklärung) werden, welche auch geistig die Richtung bestimmen – ähnlich wie im Kalten Krieg das transatlantische Bündnis, freilich in einer anderen Konstellation und unter anderen historischen Bedingungen, die nicht metaphysisch garantiert sind.

Politiktheoretisch bergen ‚Bund' und ‚Bündnis' eine Weisheit, die es auszuschöpfen gilt (siehe dazu ausführlich Kleger, Vom Bund zum Bündnis, von der amerikanischen zur atlantischen Zivilreligion, 2001). Die alliierte Bündnisgesinnung enthält nicht nur eine fundamentale Wertedimension, sondern ebenso eine konfliktreiche wie produktive (überlappende) *Brückenfunktion*, die dem Internationalsozialismus immer überlegen war.

Zudem spielen die Staaten der EU inzwischen eine eigenständige Rolle wie die EU insgesamt, was natürlich zu mannigfachen Konflikten führt, die permanent geworden sind.

Auch die Rolle von Deutschland wird sich wieder verändern müssen, nachdem die Friedensdividende aus den 90er Jahren wie die demographische Dividende aus den 80er Jahren aufgebraucht sind. Man kann von einer multipolaren Welt sprechen, die zugleich in bestimmten Hinsichten *antagonistischer* und in anderen *kooperativer* wird.

Was vermag demgegenüber der ‚alte Weltpolizist' USA in seinem Mehrfrontenkrieg und was das keineswegs 'souveräne' Europa? Wer kann hier wie konstruktiv werden? Kooperationen auch mit dem neutralen Indien und Brasilien werden zunehmend gesucht. „For many outside the west, Russia is not important enough to hate" (Krastev, Financial Times, 22. Feb. 2023).

Wohlstand und Sicherheit

‚Wohlstand und Sicherheit' wollen die Großmächte USA, China und Russland auf ihre Weise sichern. Und welcher Staat will es nicht? Dafür gibt es verschiedene Entwicklungsmodelle und den Wettbewerb der Systeme, der mehrere Dimensionen hat.

‚Moderne Entwicklung' ist an sich positiv besetzt und wird häufig synonym verwendet mit ‚Fortschritt'. Dieser schließt den militärischen und technologischen Rüstungswettlauf mit ein, der nicht unter Kontrolle ist, was schon in den 80er Jahren zur Exterminismus-Diskussion geführt hat. Der nuklearpazifistische Weltfrieden muss deshalb der erste Punkt der weltpolitischen Agenda sein. Die UN-Charta ist dafür die Verfassung, und der Sicherheitsrat trägt dafür die Verantwortung. Letzteren wollte man immer wieder reformieren, was aber nicht realistisch ist, solange die drei Großmächte über ein Veto verfügen.

Die Uno ist indessen nicht nur dieser wichtige Sicherheitsrat in New York, der derzeit blockiert scheint, sie ist ebenso der Menschenrechtsrat und die Abrüstungskonferenz in Genf („Frieden schaffen ohne Atomwaffen"). Gegenwärtig ist sie auch Geberkonferenz für den Jemen, wo ebenfalls ein Stellvertreterkrieg (zwischen Saudi-Arabien und Iran) zur großen humanitären Katastrophe mit Hunger und Wassermangel geführt hat.

Auf dieser Ebene können die Großmächte im Konzert mit anderen Ländern durch minimale Einigung und Kooperation untereinander beweisen, was verantwortungsvolle Machtpolitik heißt. Kluge Macht, die neu zu erfinden ist, und Diplomatie sind dafür gefragt.

Die China-Spezialistin Marina Rudyak bezweifelt, ob China tatsächlich primär am Ende eines Krieges in der Ukraine interessiert ist. Warum nicht? Er schwächt Russland, und er lenkt die USA vom Indopazifik und Taiwan ab. China sei primär an Stabilität und Status quo interessiert (in Tagesspiegel, 24. 2., S.10). China will aber nicht, dass Russland, mit dem es eine lange Grenze teilt, auseinanderbricht, was Freunde (z.B. Medwedew) wie Feinde Putins bei einer Kriegsniederlage gleichermaßen befürchten. Das brächte noch mehr gefährliche Unruhe.

Putin hält den russischen Staat noch zusammen. Im Unterschied zu den USA will sich China als verantwortungsvolle Großmacht profilieren, die sowohl autonome Entwicklung wie internationale Sicherheit ermöglicht und fördert. Zwei sicherheitspolitische Papiere, auf die Rudyak hinweist, veranschaulichen dies: „Die US-amerikanische Hegemonie und ihre Gefahren" und das „Konzeptpapier zur Globalen Sicherheitsinitiative" (a.a.O.).

„Russland ist noch lange nicht am Ende" heißt es aus westlichen Sicherheitskreisen am 27. Februar 2023 (NZZ, S.4). Selenski hat das Kriegsende im Kampf gegen Goliath auf Ende Jahr verschoben. „Wir glauben mehr an unsere Armee als der Papst an Gott glaubt", so eine Einwohnerin aus dem befreiten Cherson.

7. März 2023

Scholz und Biden

Am Freitag, den 3. März, flog Bundeskanzler Scholz zu einem Überraschungs-besuch nach Washington, zu einem Vier-Augengespräch mit Präsident Biden im Oval Office.

Diese Stippvisite ist nicht nur überraschend, sondern auch ungewöhnlich und bezeichnend für die momentane Situation in der Ukraine wie weltpolitisch, die riskant und gefährlich ist. Scholz reist ohne den üblichen Journalisten-Tross. Vorher gab es ebenso keine erklärenden Interviews und eine gemeinsame Pressekonferenz wird es nach dem Treffen auch nicht geben. Sofort wird von den zahlreichen Medien viel gerätselt und alles Mögliche hektisch hineinin-terpretiert, um das plötzlich entstandene Loch zu füllen.

Von ernstzunehmender Verstimmung ist die Rede wegen des Panzerdeals, bei dem Scholz die Zusage, Leopard-II-Panzer zu liefern, davon abhängig gemacht hätte, dass die Amerikaner im Gegenzug ihre schweren Abrams liefern. Letz-tere halten die Militärs für „unnütz". Die Lieferung der 15 deutschen Leo-pard-Panzer läuft derweil noch immer schleppend, wie die ganze vollmundig angekündigte europäische Panzerkoalition wieder einmal zu spät kommt.

Seit dem G7-Treffen in Elmau 2022 ist bekannt, dass sich Scholz und Biden persönlich gut verstehen. Sie telefonieren regelmäßig und stimmen sich ab, auch dürfte manch innenpolitische Entscheidung Bidens im Sinne von Scholz sein, etwas Sozialdemokratie auf amerikanisch. Beim jetzigen Treffen stehen jedoch die Abstimmung bei der weiteren Unterstützung der Ukraine und das Verhältnis zu China im Vordergrund.

Scholz spricht vor der Abreise davon, dass das „transatlantische Verhältnis so gut wie seit Jahren nicht mehr" sei. Das ist sicher so, vor allem im Vergleich zur Trump-Zeit. Inzwischen gibt es sogar Stimmen, die Biden für den besseren Politiker als Obama halten, den Hoffnungsträger von damals. Obama, dessen Vizepräsident Biden war, hatte etwas voreilig den Friedensnobelpreis für „eine Welt ohne Atomwaffen", die er schaffen wollte, bekommen.

Auf die Fehler der amerikanischen Außenpolitik in Syrien und anderswo wollen wir hier nicht eingehen. Man darf jedenfalls festhalten, dass dem erfahrenen Politiker Biden (,Kaliber Lyndon B. Johnson') Europa am Herzen liegt und das transatlantische Bündnis nicht bloß ein Lippenbekenntnis ist, was er mit seiner Unterstützung der Ukraine und dem zweimaligen Besuch von Polen bewiesen hat.

Offenbar will der 80jährige für das kräftezehrende Präsidentenamt 2024 noch einmal antreten. Für die Europäer wäre das ein Glücksfall, um den man allerdings bangen muss. In den USA versucht Trump in seinem aggressiven Dauerwahlkampf Biden für einen bevorstehenden Dritten Weltkrieg verantwortlich zu machen, gleichzeitig wirft sein Anhänger Richard Grenell, der ehemalige Botschafter in Berlin, Deutschland vor, nicht genug für die Ukraine zu tun! Wie die langfristige Unterstützung der Ukraine der USA aussehen wird, ist offen ebenso wie das, was die Europäer, die viel versprechen, allein stemmen können.

Die Biden-Regierung sieht seit 2022 dieselbe Philosophie bei Deutschland und den USA, sich der Dynamik des Krieges anzupassen, im täglichen Austausch mit der Ukraine zu bleiben und zu liefern, was militärisch notwendig und politisch verantwortbar ist. Das sind im Moment vor allem Panzer, Artillerie, Munition und Luftabwehr und nicht die Lieferung von Kampfjets F-16, so der Sicherheitsberater John Kirby im Interview (Tagesspiegel, 4. März, S.8). Am Rande des Treffens mit Scholz bewilligen die USA noch einmal 400 Millionen Dollar Militärhilfe vor allem für Munition, darunter für den effektiven Mehrfachraketenwerfer Himars, dessen Reichweite auf 150 Kilometer fast verdoppelt worden ist.

Der neue Präsident Tschechiens Pavel erklärt wiederum anfangs März, warum die Ukraine Kampfjets braucht. Der ehemalige Nato-General muss es wissen. Selenski und sein Verteidigungsminister Reznikow, die den Krieg bis Ende Jahr entscheiden wollen, dringen mit Vehemenz darauf und sind sich gewiss, dass sie kommen werden. Auch EU -Parlamentspräsidentin Metsola drängt bei ihrem Besuch in Kiew am 4. März auf baldige Kampfjetlieferungen. Für Scholz ist das kein Thema, während Medwedew droht, dass die Lieferung von Kampfflugzeugen den Kriegseintritt bedeuten würden.

Scholz und Biden haben also auch weiterhin, nach ihrem kurzen einstündigen Gespräch, genügend zu besprechen. Vertrauen zwischen entscheidenden Personen ist eine Voraussetzung für das politische Vertrauen, zumal angesichts einer Situation, in der sich nach einem Jahr zermürbender Krieg der Druck nach einem Ausweg immer mehr aufbaut. Schnelle Lösungen sind indessen nicht in Sichtweite. Scholz hat zuletzt an sein Wahlvolk, das in diesen Kriegsfragen zutiefst gespalten ist (diesmal wirklich in zwei Hälften neben den vielen ‚kleine Spaltungen' einer modernen differenzierten Gesellschaft), appelliert:

„Vertrauen Sie mir!" Dazu gehört für ihn, der Verantwortung für das ganze Volk trägt, „im Gleichschritt mit unserem stärksten Verbündeten zu gehen", bei aller Kritik am Zögerer und Zauderer, die man nachvollziehen kann, wenn man aus der Dringlichkeits- Perspektive der kämpfenden ukrainischen Armee denkt.

Munition in einem Verteidigungskrieg zu sparen, ist sicherlich kein guter Rat. Aber Scholz vorzuwerfen, dass er am „Händchen von Biden geht", ist bösartig (Gujer, NZZ). Die vertrauensvolle Biden-Scholz-Linie ist bisher militärisch und politisch unter den bekannten und unbekannten riskanten Bedingungen wohlerwogen.

Biden dankt Scholz für seine „starke und beständige Führung" (4. März), umgekehrt wäre das Lob richtiger gewesen, denn ohne die USA ist Europa gegen Russland nicht verteidigungsfähig. Das festzustellen ist nicht unterwürfig, sondern angemessen und realistisch. Etwas anderes wiederum ist die berechtigte Kritik an der „Zeitlupenwende" (Masala), die jedoch mehr dem Trägheitszustand der Bundeswehr und einer überregulierten Administration der letzten Jahrzehnte geschuldet ist als Scholz.

Die parteipolitische Auseinandersetzung ist zu großen Teilen unweigerlich immer auch eine um Zurechnungen von Fehlern und Verdiensten. Was muss der Kanzler heute nicht alles gleichzeitig zur Chefsache machen: Klimapolitik, Energiewende, Verkehrswende, Flüchtlingspolitik und – : die vielgestaltigen neuen Aufgaben, die heute zur Außenpolitik gehören: Konferenzen und Besuche am laufenden Band.

Trotz Richtlinienkompetenz kann ein Kanzler in einer Dreier- Koalition ideenpolitisch unterschiedlicher Parteien (sozialdemokratisch-liberal-grün) nicht mit Machtworten regieren (wie dies Scholz ausnahmsweise bei der Verlängerung der Atomkraft tat). Kritik hieran ist wohlfeil. Eine Kombination von Stoizismus, der sich nicht zu schnell beeindrucken lässt, und dem heutigen Hyperaktivismus der Politik ist hingegen notwendig und nicht jedermanns Sache. Scholz kann es.

Die experimentelle Fortschrittsregierung muss 2022 und 2023 unter Bedingungen der Knappheit und des Krieges funktionieren. Ein besonders akuter und prioritärer Ausschnitt davon ist die verteidigungspolitische Zeitenwende. Wie sie geht, zeigen Polen, Tschechien, Finnland und die baltischen Staaten. Sie erledigen schnell die nötigen Hausaufgaben und stärken mit der Nato die europäische Verteidigung insgesamt, vor allem an der Nordostflanke.

Inzwischen will die Bundesregierung Leopard-2-Panzer aus den Beständen der Schweiz zurückkaufen, um Lücken, die durch Lieferungen an die Ukraine entstanden sind, wieder aufzufüllen. Was man in Bezug auf beide Länder zunächst gar nicht glauben mag: Die Schweiz hatte mehr Panzer als die Bundeswehr. Die Schweizer Armee hat 134 Leopard-II-Panzer im Einsatz sowie 96 ‚eingemottet'.

Wenn diese verkauft würden, so würde dies die eidgenössische Verteidigungsfähigkeit nicht schwächen. Gebirgsgrenadierkompanien sind wichtiger. Medwedew und Co. würden die Schweiz auch nicht zerstören, wie es der verrückte Gaddafi dem Land nach der Minarettverbotsinitiative angedroht hatte.

Die letzte Phase des Krieges?

Die harten Kämpfe im Donbass gehen unvermindert weiter. Insbesondere die erbitterte und verlustreiche Schlacht um Bachmut, die seit Monaten dauert, ist – wie vor kurzem Mariupol – zum Symbol für weitere ‚Fortschritte' im Zermürbungskrieg geworden. Keine Seite will deshalb zurückweichen. Der Nachbarort Wuhledar wäre strategisch bedeutsamer. Für die ukrainische Gegenoffensive ist ohne Zweifel ein Durchbruch nur mit schweren westlichen Panzern möglich.

Die Feier der Ankunft der ersten fünf Leopard-Panzer aus Polen sprach für sich. Selenski und sein Verteidigungsminister Reznikow setzen optimistisch auf einen Sieg bis Ende Jahr. Im Theorieseminar in Wiesbaden werden dafür Szenarien geübt, die Praxis im militärischen Ernstfall ist jedoch noch einmal etwas ganz anderes, zu viele überraschende Ereignisse sind im Spiel.

Auch Putin gibt in der Heimat die Parole aus: „Alles für den Sieg!" Der härteste Satz in seiner Rede zur Lage der Nation lautete: „Auf dem Schlachtfeld ist Russland nicht zu besiegen!" Diese Parolen zur letzten Entschlossenheit sind ernstzunehmen. Alle Beobachter rechnen mit Offensiven in den nächsten

Monaten, wenn die Schlammperiode zu Ende ist. Niemand weiß indessen genau, wie sie aussehen werden und was sie vermögen.

Auch der Besuch von Scholz bei Biden war wohl eher ein weiteres Zeichen entschlossener Gemeinsamkeit gegenüber Russland und der eigenen Bevölkerung sowie vor allem eine wechselseitige persönliche Versicherung. Inhaltlich brachte er nichts, was bezeichnend ist für den gegenwärtigen Zustand des Krieges, der feststeckt.

Dazu gehört der Kriegsunternehmer Prigoschin in dickem Kampfanzug vor Bachmut, Außenminister Lawrow, der in Indien für die Rede, in der er Russland als Opfer stilisiert, ausgelacht wird, und der Verteidigungsminister Schoigu, der weit entfernt von der Front seine Truppen inspiziert.

Wer einmal ein Bild von Schoigus Wohnhaus gesehen hat, der ahnt, wohin ein Teil der Gelder für die Modernisierung der Armee geflossen sein könnte. Sein Chef Putin war im Unterschied zu Selenski nie an der Front eines Krieges, den er verschuldet hat. Dafür schwört er seine Leute vom Inlandsgeheimdienst (FSB) auf den verstärkten Kampf gegen Saboteure ein. Vorwände für Schlimmeres, bzw. „ukrainische Faschisten, die Russland angreifen", werden sie immer finden, was seit dem Tschetschenienkrieg ein bekanntes Muster ist.

Putin wird zweifellos in die Geschichtsbücher eingehen, was schon immer ein krankhafter Ehrgeiz war, aber anders als es sich der Eroberungszar imaginiert hatte. Erleiden in der Realität müssen diese Phantasie andere: die Soldaten, die verheizt werden, die Zivilbevölkerung und das Land, das in Zukunft einen besseren Patriotismus braucht.

14. März 2023

Die Welt neu sehen lernen

Die geographische Nähe spielt eine existentielle Rolle, wenn wir die Welt beziehungsweise einen Ausschnitt davon wahrnehmen. Das ist auch legitim. Die Dringlichkeiten ordnen wir selber.

Für die Europäer waren die Jugoslawienkriege in den 90er Jahren mit der langen schmerzhaften Belagerung von Sarajewo – der multikulturellen Metropole, quasi dem Inbegriff von Europa – nahe, manchem politisch sogar besonders nahegegangen, weil der funktionierende Vielvölkerstaat aus der widerständigen Zeit des 2. Weltkrieges und als Modell eines ‚Selbstverwaltungssozialismus' großen politischen Kredit genoss bis hinein in programmatische Diskussionen der europäischen Sozialdemokratie.

Der allmähliche Zerfall dieser Illusionen seit den 80er Jahren nach Titos Tod zwang dazu, wieder genauer hinzusehen, die konfliktreiche Vielfalt der Regionen und Kulturen und mehr als nur die eigenen Vorurteile zur Kenntnis zu nehmen. Heute werden die Staaten, welche seit langem in die EU drängen, wieder sichtbarer: Serbien, Montenegro, Nordmazedonien, Albanien, Kosovo, Bosnien-Herzegowina.

Geographie, Geschichte, Aktualität

Der Ukraine- Krieg zwingt uns aktuell dazu, obwohl Europa ‚den Balkan' noch immer nicht kennt, Osteuropa insgesamt, einschließlich Russland, genauer in den Blick zu nehmen – geographisch, historisch und politisch. Wir lernen, die Welt neu zu sehen:

– Dabei sollte man sich in einem ersten Schritt nicht zu schade sein, die Landkarte in die Hand zu nehmen, um zu wissen, wo die Orte mit den vielen Geschichten, Städte, Regionen und Länder sind. Nach der Geographie als erster Orientierung kommt die Geschichte, von der man nie genug wissen kann, um zu verstehen:

- *Geschichte*, die Identitäten prägt. Die Gegenwart, die unser neuerliches Interesse an Geschichte (der Ukraine und Russlands zum Beispiel) weckt, geht aber in Geschichte nicht auf, also müssen wir uns unweigerlich auch mit unserer Gegenwart, in die wir involviert sind, beschäftigen:
- Die *aktuelle Gegenwart* absorbiert unsere Aufmerksamkeit und oft auch unsere Kraft, so dass wir auf eine gewisse Arbeitsteilung auch im Wissen und dessen Übernahme angewiesen bleiben. Ereignisinflation und Medienüberflutung haben außerdem immens zugenommen.

Sie erleichtern und erschweren gleichzeitig die Rezeption, die so zunehmend auch eine ohne Bewusstsein wird. Die bewusstmachende Kritik bleibt notwendig. Wieviel können wir überhaupt aufnehmen und verarbeiten? Schwierige ethische und erkenntnistheoretische Fragen der Indifferenz und Ignoranz stellen sich, die wir selbst beantworten müssen. Eine buchstäblich gewaltige unbewältigte Geschichte ragt in die Gegenwart hinein und nimmt uns gefangen.

Für beides – Geschichte und Gegenwart – haben wir nur begrenzt Zeit, und wir interessieren uns als engagierte Beobachter für die Welt jeweils von einem bestimmten Ort in Raum und Zeit aus. In einem gewissen (Aus-)Maße, das in der wissenschaftlich-technischen Zivilisation größer geworden ist, bleiben wir ‚weltfremd'. Dazu kommen die modernen Medien der Vermittlung, die selektiv sind. Die Komplexität lässt sich in den Medien nicht abbilden. Sie sind zudem als Geschäftsmodell mehr an Aufmerksamkeit als an Wissen interessiert.

Was wissen wir heute von der Welt ohne Medien? Welche Bilder sehen wir im Fernsehen? Welche Bücher, Zeitschriften und Zeitungen lesen wir? Und welchen Einfluss hat das Internet und unser Umgang mit ihm? Was wissen wir vom Hörensagen? Die Umgebung im weitesten Sinn des Wortes, einschließlich der konsumierten Medien und der sozialen Milieus, wirkt wie ein Filter für Weltkomplexität, steigert und reduziert sie zugleich.

Die Sowjetunion war lange für viele ein ‚gutes Imperium', das für ‚Frieden und Sozialismus' in der Welt stand, ähnlich wie die USA als ‚wohlwollender Hegemon' für ‚Freiheit und Demokratie'. Die Bündnissysteme wirkten sich jedoch nach innen verschieden aus mit großen Wirkungen bis heute. Der Kommunismus war anfangs eine planetarische Utopie.

Für Lenin war klar, dass er nur erfolgreich sein würde, wenn die Weltrevolution gelingt. Ein Sozialismus in einem Land, gar in einem rückständigen Land, konnte nur scheitern. Aus der Diktatur des Proletariats wurde eine Diktatur der Partei über das Proletariat und schließlich die Diktatur des Diktators, des gottgleichen Stalin. Der Stalinismus ist bis heute in Russland nicht aufgearbeitet. Am 2. Februar 2023 wurden zum 80. Jahrestag Wolgograd wieder in Stalingrad umbenannt und neue Stalinbüsten enthüllt.

Die Sowjetunion wurde dennoch internationalistisch zum „Heimatland aller Werktätigen". Nichts hat Chruschtschow bei seinem zweiwöchigen Amerika-Besuch im Herbst 1959 mehr erstaunt und frappiert, wie die Reaktion der dortigen Arbeiterschaft, die sich vom Kommunismus nichts erhoffte.

In der Konkurrenz um das Paradies auf Erden hatte die irdische Religion des Kommunismus verloren, also verlegte man sich auf den Weltraum bis es zum Sputnik-Schock, der dem Westen imponierte, kam. Die Sowjetunion wurde nach dem 2. Weltkrieg als Atommacht eine Weltmacht und hat dies nach 1991 an Jelzins und Putins Russland übergeben. Wir leben noch immer im Atomzeitalter, daneben sind andere Epochenkennzeichnungen sekundär.

Das verschaffte der Sowjetunion auf wissenschaftlich- technisch- militärisch-industriellem Gebiet nach Stalins Tod 1953 noch einmal Reputation. Die Technikfaszination ersetzte Gott, und man sprach, auch wissenschaftlich seriös, in den 60er Jahren von der Systemkonkurrenz.

Dies war auch und gerade im Verhältnis DDR und BRD so, und die Sozialwissenschaften stellten der DDR in manchen Punkten des Systemvergleichs kein schlechtes Zeugnis aus. Die ‚arbeiterliche Gesellschaft' (Engler) setzte auf die wissenschaftlich-technische Intelligenz bis hin zur Kybernetik als Steuerungswissenschaft und auf die Jugend, die nach der Niederschlagung des Prager Frühlings 1968 allerdings nicht mehr zu begeistern war. Die harte Breschnew-Doktrin der begrenzten Souveränität setzte sich durch.

Vor allem Wissenschaftler und Intellektuelle, welche den westlichen Kapitalismus und ‚Amerikanismus' als oberflächliche ‚materialistische' Lebensform kritisierten, verklärten oder rechtfertigten zumindest die Sowjetunion bei aller Kritik als eine Macht, welche Unterdrückung, Kolonialismus und Rassismus abschafft oder „strukturell" schon abgeschafft hatte :

„Der schlechteste Sozialismus ist besser als der beste Kapitalismus", so der berühmte marxistische Philosoph Georg Lukács in den 60er Jahren des ‚Amerikanischen Jahrhunderts'. Dazu ist das 'sowjetische Jahrhundert' (Schlögel 2017) die Kontrastfolie. Der Sozialismus als (Welt-)System hatte einen antifreiheitlichen Kern.

Dabei wurde vieles, vor allem die Gewalt ausgeblendet. Die total Aufgeklärten gingen wie ideologisch Verblendete durchs Land. Das Imperiale und Koloniale dieses gleichmacherischen Sozialismus der 'sowjetischen Menschen' wurde gar nicht erst wahrgenommen:

„Die meisten Wissenschaftler waren vor allem in Moskau und höchstens noch in Leningrad/Petersburg unterwegs, schon weil dort die Archive konzentriert sind. Wenn sie in Georgien und Zentralasien geforscht haben, lernten sie in den seltensten Fällen die lokalen Sprachen und reproduzierten stattdessen russische Narrative. Die Unterdrückung von Kulturen wurde ausgeblendet und in eine Fortschrittserzählung verwandelt", so die Osteuropa-Historikerin Botakoz Kassymbekova (Berliner Zeitung 5.3.2023)

Die Rolle der akademischen Autorität selbst, die gerne belehrend auftritt, wird nicht infrage gestellt: „Die akademische Welt reproduziert oft koloniale Hierarchien." Die kasachische Historikerin führt weiter aus: „Wenn man schaut, wer aus der ehemaligen Sowjetunion an westlichen Universitäten russische

Geschichte unterrichtet und darüber publiziert, dann sind das meistens Menschen aus Moskau und Petersburg. Ukrainische, kasachische und tschetschenische Stimmen dagegen werden kaum gehört.

Russische Wissenschaftler gelten oft als Experten für ganz Osteuropa und sogar für Zentralasien und den Kaukasus, sie werden als solche eingeladen und gehört, dabei haben sie einen kolonialen Blick auf diese Regionen. Wissenschaftler von dort werden dagegen nie eingeladen, um über Russland zu sprechen, obwohl sie Russland aus einer ganz anderen Perspektive kennen" (a.a.O.). Es kommt darauf an, mit wem man spricht. Das gilt generell, aber auch ganz besonders für heikle Themen wie Dekolonisierung oder Nationalismus.

„Es ist ein imperiales Standardnarrativ, die nach Unabhängigkeit Strebenden als gefährliche Nationalisten abzustempeln. Über Russland ist dieses Narrativ in den Westen gekommen. Genau wie die Erzählung, es handle sich bei den Tschetschenen um islamistische Terroristen und Banditen" (a.a.O.).

Die Tschetschenen sind 1944 nach Zentralasien deportiert worden wie andere Nationalitäten auch: „die Wolgadeutschen, die Krimtataren, Inguschen, Karatschaier, Kalmücken und Balkaren." Die Dekolonisierung hat nur teilweise stattgefunden, zum Beispiel in Kirgistan und Kasachstan, das sich heute langsam auf einen eigenen Weg zwischen Russland und China begibt (a.a.O.).

Dieser antiimperiale, antikoloniale, antirassistische Blick ist wichtig und überaus lehrreich. Der Ukraine- Krieg zwingt uns dazu. Gleichzeitig überschätzen die Europäer die Bedeutung dieses Krieges, der uns aufrüttelt. Dies musste auch Kanzler Scholz erfahren, als er den brasilianischen Staatspräsidenten, seinen Parteifreund Lula um Unterstützung bat. Die Welt ist nicht Europa.

Im Raum erfahren wir die Zeit

Wo man sich aufhält, so sieht man die Welt und was man von ihr erfährt. Im ‚europäischsten' Kontinent Lateinamerika spielt der Ukraine-Krieg tatsächlich kaum eine Rolle. Was vor allem beschäftigt, ist in Argentinien die Inflation, in Kolumbien die Korruption und in Ecuador die Gewalt in den Städten.

Die russische und chinesische Propaganda wirken sich weltweit aus, nicht nur hier. Der Antiamerikanismus tut sein Übriges. Nur Utopisten und Fanatiker glauben, dass alle ihrer hypermoralischen Weltanschauung folgen. Oft hat eine solche Weltanschauung nur, wer die Welt im Kleinen wie im Großen nicht zur Kenntnis nimmt. *Aufklärung* bedeutet insofern, zur *Kenntnisnehmenkönnen*, was *der Fall ist*.

Realismus nennen wir dagegen diejenige politische Theorie, welche entgegen verführerischer simplistischer Tendenzen, die Komplexität zu reduzieren, den Blick in die Welt zu schärfen und zu verbessern versucht. Er ist keine Anleitung zur bequemen und flexiblen Anpassung an die herrschenden Verhältnisse, sondern bedeutet im ethischen wie erkenntnistheoretischen Sinne eine Aufmerksamkeitssteigerung. Das betrifft auch und vor allem die vielen Einzelnen, die selbstbestimmt leben wollen.

Wer unterwegs ist (das muss keine Weltreise sein!), offen und neugierig bleibt, lernt dazu. Gleichzeitig wird einem im informativen Austausch und der persönlichen Begegnung bewusster, wieviel man nicht weiß. Das schützt vor theoretischer und politischer Besserwisserei, denn in Wahrheit *glauben wir viel* und *wissen wenig*.

Deshalb gilt noch immer, wenn auch unter anderen Umständen, das Lebensmotto von Vaclav Havel vom ‚Versuch, in der Wahrheit zu leben‘, was schließlich zur samtenen Revolution in der Tschechoslowakei führte. Die Reflexion ist eine sanfte Macht, die Bornierungen durchbrechen kann.

Dabei muss man sich zuallererst an die eigene Nase fassen, denn kennen ‚wir Europäer‘ Europa? – : den Balkan, Osteuropa, das Mittelmeer, welches die Römer 'mare nostrum' nannten, wo gerade das letzte Land des arabischen Frühlings, Tunesien, mit seiner Demokratie zu scheitern droht. Es ist brennende Aktualität, dass die ganze Region vom Mittelmeer bis zur Sahelzone immer mehr ins Rutschen kommt.

Aber beginnen wir vor unserer eigenen Haustüre in der *Region Berlin-Brandenburg* in der *neuen Mitte Europas*. Studierende, die hierherkommen, sollten zuerst die Landkarte zur Hand nehmen, um zu sehen, wo sie sind, bevor sie die Geschichte vertiefen und die tagespolitischen Auseinandersetzungen suchen. In der mit Abstand größten und schwierigsten Stadt Deutschlands, umgeben von einem großen und größtenteils dünnbesiedelten Flächenland mit seinen zahlreichen Dörfern und (Ackerbürger-) Städtchen. Der Kontrast könnte kaum deutlicher sein.

Eine vor allem verwaltungstechnisch begründete Fusion mit ihrem unbekannten, von der Hauptstadt der DDR wie der neuen BRD gebeutelten Land lehnten die Brandenburger 1996 in einem Volksentscheid ab. Das neue Bundesland teilt zudem eine lange Grenze entlang der Oder mit dem großen, ebenfalls weitgehend unbekannten Nachbarland Polen. Auch hier ist der Kontrast deutlich und in anderen Hinsichten herausfordernd.

Man gewinnt den Eindruck, dass ‚die Deutschen' mit dem Rücken zu Polen leben, während das umgekehrt nicht der Fall ist. Dazu kommt aus historisch-politischen Gründen viel zerstörtes Vertrauen. Der neugierige und produktive Austausch mit den benachbarten Städten Poznan und Wroclaw findet nicht derart statt, wie es sein könnte. Die Vision einer gemeinsamen Zukunft wächst auf regionaler Ebene, auch grenzen – überschreitend, zum Beispiel in der Metropolregion Stettin.

Beginnen wir also bescheiden und bleiben bescheiden, aber aufmerksam und innovativ: „Im Raume lesen wir die Zeit" (Schlögel 2003) – geographisch, historisch und aktuell sowie translokal, transregional, transnational und transkulturell. Eine räumlich gesehen Welt ist reicher, komplexer und mehrdimensionaler (S.15), was ein sinnvoller Ansatz ebenso nötiger wie schwieriger Zivilisationsgeschichte gegen die Gewalt ist.

‚Trans' heißt unterwegs sein. Das kann durchaus im Ort und vor Ort sein, um die Welt zu erfahren und durchlässig für sie zu bleiben. Lernen wir also, nach dem Ende der Großen Erzählung, die Welt wieder neu zu sehen.

20. März 2023

Demokratiepolitik ist kein Modethema

Der Deutsche Bundestag ist das größte demokratische Parlament der Welt. Er ist zu groß und muss kleiner werden. Aber wie?

736 Abgeordnete sind es derzeit, nach der dem alten Wahlrecht sind es 598. Die Ampelreform sieht 630 Sitze vor, davon 299 in Wahlkreisen gewählt sowie 331 über Parteilisten verteilt. Die Zweitstimme wird verstärkt. Eine Wahlrechtsreform ist notwendig, aber heikel, denn die Systematik des Wählens muss für die Bürger nachvollziehbar bleiben. Die Wahl ist die wichtigste Institution der Demokratie.

Das sind grundlegende Entscheidungen, für die man einen demokratischen Konsens suchen muss. Der 17. März war kein guter Tag in der Geschichte des deutschen Parlamentarismus, für den die repräsentative Demokratie nicht nur das ‚dominierende' Prinzip der Demokratie, sondern auch die ‚wahre Form' der Demokratie (Böckenförde) sein soll. Kritisch hat man deswegen auch schon von ‚repräsentativem Absolutismus' (Narr) gesprochen.

Umso vorsichtiger und seriöser müssen demokratiepolitischen Überlegungen sein, wenn es im Makrobereich um nicht weniger als die Spielregeln der Demokratie geht. Demokratie darf nicht zu einer Scheinetikette der Regierenden werden (siehe dazu den Blog „Demokratiepolitik im Großen", 16. November 2022).

Dieser Demokratieabbau kann nicht durch Demokratiepolitik im Kleinen, durch Bürgerkommune als Beteiligungskommune, wieder kompensiert werden (siehe dazu den Blog „Demokratiepolitik im Kleinen", 28. November 2022). Das gilt auch für die moderne direkte Demokratie im Großen, die nachvollziehbare und verbindliche Ergebnisse für Bürger und Bürgerinnen zeitigen muss. Sie kann nicht durch losbasierte Bürgerräte ersetzt werden.

Demokratiepolitik ist alles andere als ein Modethema. Weder der Begriff der Demokratie noch gar der Begriff der Demokratisierung sind heute in der Tiefe und Breite geklärt. Letzterer war in den 60er Jahren geradezu eine Ersatzreligion für progressive Kräfte. Man sieht heute, was daraus geworden ist (im Arbeits- und Wirtschaftsleben, bei den Medien, an den Hochschulen, in der EU). Das Thema hat sich nicht erledigt, im Gegenteil. Demokratisierung der Demokratie und eine Demokratiepolitik, die dies unterstützt, sind neu zu denken.

Die Partei ‚DIE LINKE' sprach von der „Verkleinerung der Opposition" statt von der notwendigen Verkleinerung des Parlaments, und das Schwergewicht Wolfgang Schäuble, der vormalige Parlamentspräsident, mit seinen mehr als 50 Jahren Parlamentserfahrung sprach sogar von der „Verfälschung des Wählerwillens". Das wirkt verheerend in einer Situation, wo das politische Vertrauen der Bevölkerung in die liberale Demokratie ohnehin nicht groß ist und in Deutschland zudem durch ein deutliches West-Ostgefälle geprägt ist.

Die größte und größer werdende Partei der Nicht-Wähler ist besonders unzufrieden mit der repräsentativen Demokratie, was zum Teil in neue aggressive Allianzen der Staatsfeindlichkeit umschlägt. In Ostdeutschland wollen bis zu 30 Prozent AfD wählen, darunter viele Jugendliche. Bald wird ihre Regierungsbeteiligung da und dort nur noch durch eine Allparteienregierung zu verhindern sein, was wiederum mögliche Proteste beschleunigt.

Die CSU erwägt eine Verfassungsklage, die chancenreich ist. Die Parlamentsmehrheit kann durch das Verfassungsgericht noch korrigiert werden, was zugleich demonstriert, wie wichtig die Gewalten- und Machtteilung für eine funktionierende rechtsstaatliche Demokratie ist. Sie ist eine schützende Bedingung der Freiheit und damit auch der Demokratie im liberalen Verständnis.

In der EU ist dies seit längerem ein großes Problem im Verhältnis zu Polen und Ungarn. Auch dort gingen Menschen auf die Straße gegen eine problematische Justizreform, für eine unabhängige Justiz, die Rechte von Minderheiten und die Freiheit der Einzelnen. Dazu kam der Frauenstreik in Polen gegen die katholisch-konservative Regierung mit ihrer Parlamentsmehrheit, die ein striktes Abtreibungsverbot durchsetzen wollte.

In Israel gibt es zurzeit heftige Massenproteste gegen die beabsichtigte Justizreform der rechtslastigen Regierung. In Israel existiert keine feste Verfassung, daher auch kein Verfassungsgericht, aber ein ziemlich starker Oberster Gerichthof, an dessen Macht nun gerüttelt wird. Montesquieu spricht von der „ewigen Erfahrung", „dass jeder Mensch, der Macht hat, dazu getrieben wird, sie zu missbrauchen. Er geht immer weiter, bis er an Grenzen stößt". Worauf der ebenso beachtliche Satz folgt: „Sogar die Tugend hat Grenzen nötig" (Montesqieu, Vom Geist der Gesetze (De L'Esprit des Loix, 1748), Stuttgart 1994, S. 215).

In der konfliktreichen Geschichte der Demokratie war die politische Rolle von (Verfassungs-) Gerichten seit je umstritten und wird es bleiben. Erst recht ist das in der EU der Fall, die mehr ein Rechtsstaat als eine Demokratie ist (Dahrendorf). Europa hat höchstens in Ansätzen (Grundrechtecharta) eine Verfassung, die 2005 demokratisch an Frankreich und den Niederlanden gescheitert ist. Für einen neuen Anlauf zur Veränderung der Verträge nach Art. 48 EUV müsste man zuerst einmal die Lehren aus dem ersten Scheitern ziehen (Kleger, Der Konvent als Labor 2004).

Die Linke und die CSU sehen sich in ihrer parlamentarischen Existenz bedroht durch den Beschluss der Ampelkoalition vom 17. März. Dabei geht es primär um die sogenannte Grundmandatsklausel. Die Aufregung bei der CSU kann man verstehen, denn würde sie in allen 46 Wahlkreisen in Bayern das Direktmandat erringen, bundesweit aber unter der 5 % Klausel bleiben, hätte sie keinen Abgeordneten im Parlament, das zurecht als nationale Bühne und Zentrum der politischen Auseinandersetzung in Deutschland gilt, und das in einem föderalistischen Staat (Bundesrepublik), der den regionalen Proporz beachtet.

Die schwächelnde Linke ist zudem mit Fraktionsstärke (39 Mitglieder) im Parlament vertreten, weil sie mit Gysi, Lötzsch und Pellmann drei Direktmandate im Osten, in Berlin und Leipzig, gewann. Das Direktmandat hat eine besondere Bedeutung im Verhältnis von Abgeordneten und Parlament und damit in der Demokratie der Bürger. Unstrittig ist, dass, wer die meisten Stimmen in seinem Wahlkreis erzielt, ins demokratisch gewählte Parlament einziehen soll. Er/sie genießt ein besonderes Vertrauen der Wähler, welches er/sie durch Arbeit und Kommunikation vor Ort verdient.

Solche Abgeordnete bleiben oft auch von Fraktionen und Parteien unabhängigere eigenständigere Köpfe – Normenklarheit im doppelten Sinne des Wortes: den Wählern und dem eigenen Gewissen gegenüber, wobei Gewissen etwas mit Wissen zu tun hat, wissen, was vor Ort vor sich geht. Diese Wahl ist für die Wählenden oft wichtiger als die Parteiliste, bei der die Parteifunktionäre eine maßgebliche Rolle spielen, für die sie eine gewisse Loyalität einfordern (Müntefering).

Damit wird das Eigeninteresse der Parteien und ihr parteienstaatliches Übergewicht sichergestellt. Die Machtkämpfe um die Listenplätze – die Rangliste und die Parität- bis hin zur ‚persönlichen Verfeindung' tun ein Übriges, um die Politik- und Parteienverdrossenheit weiter zu steigern. Das beginnt schon auf der kommunalpolitischen Ebene.

Bleiben wir aber vorerst auf der Makro-Ebene: Am Vorabend der historischen Abstimmung über die Wahlrechtsreform debattierte der Bundestag am 16. März auch über das sogenannte ‚Demokratiefördergesetz' der Ampelkoalition. Es gehört ebenfalls zu ihrem demokratiepolitischen Reformprogramm, welches im Koalitionsvertrag vom 24. November 2021 die Absenkung des Wahlrechtsalters auf 16 Jahre, die Modernisierung des Staatsbürgerschaftsrechts, die Teilhabe von Migranten, die digitalen Bürgerrechte, die Einberufung eines neuen Konvents sowie Transparenz und Lobbyregister vorsieht.

Primär geht es dabei aber (unter falschem Namen) um eine staatlich wehrfähig gemachte Demokratie gegen ihre „größte Bedrohung durch den Rechtsextremismus", so Innenministerin Faeser. In diesem Zusammenhang vor allem soll die staatlich geförderte Zivilgesellschaft mit ihren zahlreichen Initiativen, insbesondere in Ostdeutschland, gestärkt werden.

Dazu gehört auch das demokratiepolitische Handlungskonzept ‚Tolerantes Brandenburg', welches 1998 gegründet und seitdem stets weiterentwickelt worden ist. Es ist in mancher Hinsicht bei der Prävention von Fremdenfeindlichkeit, Rassismus und politischer Gewalt zum Vorbild für andere Bundesländer geworden, weil es den durchsetzungsfähigen starken Rechtsstaat mit lebendiger liberal-toleranter Bürgergesellschaft zu verbinden versucht.

Das ist ein wichtiges und berechtigtes Anliegen, nur deckt es weder den Begriff der Zivilgesellschaft noch den der Förderung von Bedingungen der Demokratie ab, die in der wachsenden und vielfältigen Bürger/innengesellschaft stecken. „Gegen Antidemokraten zu sein, macht einen selbst noch nicht zum Demokraten" (Linda Teuteberg). Niemand wird als Demokrat geboren, es ist ein Lernprozess.

Die Debatten der letzten Zeit zeigen, wie wenig zusammenhängend demokratiepolitisch gedacht wird, was der gegenwärtigen komplexen Demokratie in der Vertrauenskrise am meisten nützen würde. Das heißt: eine begrifflich klare, verständliche, breite und nachhaltige Debatte über die Zusammenhänge von Demokratie als Regierungs- und Lebensform ist nötig, die selbstkritisch eigene Erfahrungen und Anschauungen berücksichtigt. Dabei sollten keine Paralleluniversen zwischen Beteiligungsaktiven und Indifferenten entstehen, Ansteckungseffekte müssen möglich sein.

Die Schwierigkeiten der Parteiendemokratie und ihres notwendigerweise kompromisshaften, staatspolitisch verantwortlichen Regierens sind dabei genauso mitzubedenken wie die vielfältigen Möglichkeiten bürgerschaftlichen Engagements, das im Ehrenamt nicht aufgeht. Dazu zählen die direkte Demokratie wie die zahlreichen neuen Formen der Bürgerbeteiligung (Bürgerhaushalte, Bürgerbudgets, Beteiligungsräte, Jugendbeteiligung, Bürgerräte, Stadtforen). Die inzwischen zahlreichen (Bei-) Räte sollten ebenfalls nicht unverbunden bleiben.

Daraus können neuen Formen der Kombination von Demokratiemodellen (repräsentativ, partizipativ, deliberativ) auf allen Ebenen (kommunal, regional, national, europäisch) erwachsen – nicht grenzenlos, aber grenzen-überschreitend. Was zunächst wie ein Gedankenexperiment politischer Theorie anmutet, was legitim ist, kann in der Praxis schrittweise erprobt werden, je nach den zivilen Potentialen von Bürgersouveränität.

So lässt sich demokratische Legitimität neu zusammensetzen und über Wahlen hinaus verbessern. Das gilt sogar für die exekutivlastige europäische Ebene, wenn etwa die Bürgerinitiative (EBI) an den politischen Gesetzgeber – Parlament und Rat- adressiert und zumindest zu einer Vetoinitative ausgebaut werden kann. Dann wird sie auch ein direktdemokratisches Instrument der Unionsbürgerschaft und nicht bloß Agendasetting für die Kommission. Das erfordert nicht nur demokratisches Denken, sondern auch einen langen Atem.

24. März 2023

Die Welt im Umbruch

Der Staatsbesuch von Xi Jinping in Moskau am 21. März hat Bedeutung für die ganze Welt, und die ganze Welt schaute zu, bis hinein in die beeindruckenden Räume der großen Herrschaft mit ihrem Zeremoniell, den langen Wachsoldaten an den schweren goldenen Türen, die ihre Hälse verdrehen wie eine Eule, wenn der kleine Zar eintritt.

Am Wochenende hat Putin den herrschaftlichen Kreml kurzzeitig verlassen und erstmals die besetzten Gebiete im Ukraine-Krieg besucht. Zuerst war er überraschend auf der Krim, in Sewastopol, dem legendären Zentrum der Schwarzmeerflotte eingetroffen. Kurz zuvor gab es einen brisanten Luftzwischenfall über dem Schwarzen Meer, wo russische Kampfflugzeuge eine amerikanische Aufklärungsdrohne zum Absturz brachten, was US-Militärs für ein „unprofessionelles Manöver" hielten. Russland betrachtet die Region als sein Territorium. Der amerikanische Generalstabschef Milley reagierte sofort: „Wir suchen keinen militärischen Konflikt".

Ständig ist heute von Zeichen und Signalen wie auf hoher See die Rede, in einer Zeit, in der kaum noch persönlich miteinander geredet wird und auch gar keine Zeit dazu verbleibt. Von der Wirtschaft über das Militär bis zur Politik geht es nur noch und vor allem um „schnelle Entscheidungen".

Es ist deshalb schon beruhigend, wenn man hört, dass der amerikanische und russische Verteidigungsminister, Austin und Schoigu, miteinander telefoniert hätten.

Das altmodische sagenhafte „rote Telefon" aus dem Kalten Krieg gibt es immer noch. Den Kalten Krieg indes meinte man überwunden zu haben. Stattdessen ist in der Jetztzeit von einem neuen Kalten Krieg die Rede und einer multipolaren Welt, deren Gegensätze wachsen.

Putins Angriffskrieg auf die Ukraine hat die Welt schlagartig wieder militarisiert. Der neue Generalinspekteur der Bundeswehr Carsten Breuer meinte, „es gehe darum, den Krieg in Deutschland denken zu müssen, ihn denken zu können, damit er nicht eintritt." Dabei steht Altbekanntes wie der klassische Infanteriekrieg in Schützengräben im Zermürbungskrieg an einer langen Frontlinie in der Ostukraine neben neuen Formen des Cyber- und Informationskrieges. Die hybride Kriegsführung ist heute ein weites Feld. Allein in dieser Welt sich zurecht zu finden, wird für eine neue Verteidigungs- und Sicherheitspolitik überall schwierig. Die nationale Sicherheitsstrategie dafür ist in Deutschland bezeichnenderweise noch nicht erarbeitet.

In Demokratien müssen zudem Bürger an einer soliden Landesverteidigung beteiligt sein, nur schon deshalb, weil sie sehr viel Geld kostet, was wieder an anderen Orten fehlt. Das 2 Prozent-Ziel der Nato hat inzwischen erst sieben von 30 Mitgliedern erreicht, und muss laut Stoltenberg schnell erheblich ambitionierter werden. Die Nato setzt auf Aufrüstung und Abschreckung gegen Russland. Dafür hat Deutschland eine Verantwortung inne, aber keine Führungsrolle, ebenso wenig wie Frankreich. Deutschland und Frankreich sollten sich vielmehr den europäischen Nordosten zum Vorbild nehmen. Das genügt.

Sprechen wir an dieser Stelle aber zuerst von der Gipfelebene, aus Anlass des Xi Besuchs in Moskau.

Ein zweites Bild sandte Putin zuvor aus der schwerstzerstörten Stadt Mariupol, „dem Zufluchtsort für alle, die es im Donbass nicht aushielten" (Schlögel). Das Staatsfernsehen zeigte Putin mit Bürger/innen, die über ihre neuen Wohnungen schwärmten. Wie schon das zerstörte Grosny wird auch diese Stadt am Assowschen Meer von Russland auf seine Weise wieder aufgebaut. Die Zerstörungen nach dem Urbanizid werden nicht gezeigt, seine Spuren sollen schnell und gründlich verschwinden wie auch die Erinnerung daran. Wo bleiben die vom Krieg Vertriebenen? Wie sollen sie wieder integriert werden? In welche politischen Strukturen?

Mariupol ist jetzt russisches Staatsgebiet, und der russische Staat kümmert sich um den Wiederaufbau. Genau das soll der eigenen Bevölkerung und der Welt vor dem Xi-Besuch vermittelt werden. Gleichzeitig wird damit ostentativ deutlich gemacht, dass über die annektierten Gebiete nicht mehr verhandelt wird. Vielmehr ist die Anerkennung des neuen russischen Staatsgebiets als Kriegsbeute die Voraussetzung dafür, dass es überhaupt zum Frieden kommt. Putin erklärte sich unter diesen Bedingungen stets offen für Verhandlungen, was er auch gegenüber Xi sofort zum Ausdruck brachte, der als möglicher Friedensvermittler auf der Weltbühne erscheinen will. Das gelang schon zwischen Saudi-Arabien und dem Iran.

Wie allerdings lässt sich diese russische Position von Recht durch Stärke mit der territorialen Integrität in Chinas 12 Punkten für den Frieden vereinbaren? Souveränität und Menschen-/ Bürgerrechte sind zwei Seiten einer Medaille. Sie sind zugleich der grundlegende Baustein einer internationalen Friedensordnung. Die strategische Partnerschaft, an der Russland und China, die Freunde Putin und Xi, wie sie sich selbst nennen, seit längerem arbeiten, zielt aber auf eine neue Weltordnung, die nicht mehr von den USA bestimmt wird. China sieht sich zudem als Partei des globalen Südens.

Die wechselseitige Rückendeckung, gegebenenfalls auch militärisch, für die prätendierte Weltmachtrolle in Konkurrenz zu den USA steht im Vordergrund und nicht der Ukraine-Krieg, den beide nicht einmal so nennen. Auch hier, nicht nur auf Seiten des Westens gibt es einen Zusammenhang von Werten und Interessen. Es werden bestimmte Werte beansprucht und die eigenen nationalen Interessen durchgesetzt.

Das ist keine selbstquälerische Frage für Russland und China, die beide extrem nationalistisch und imperialistisch sind. Die beiden absoluten Herrscher sehen ihre Länder nicht als Autokratien wie ihre Antipoden, sondern beanspruchen ebenfalls die Demokratie (Demokratie als Scheinetikette) und bekräftigen sich genau darin, in Absetzung freilich von der „schädlichen" amerikanischen Demokratie und ihrem Hegemonieanspruch nach dem vermeintlichen „Ende der Geschichte" 1989. Xi hat dafür am 6. März scharfe Worte gefunden, und Außenminister Qin Gang warnte: die Chinapolitik der Vereinigten Staaten werde „katastrophale Folgen" haben.

Xi, der eben noch vom Volkskongress ohne eine Gegenstimme gewählt worden ist, ist davon „überzeugt, dass Putin nächstes Jahr wiedergewählt wird". Putin selber sah sein Land lange als „gelenkte Demokratie", jetzt ordnet er alles dem Krieg unter: „Alles für den Sieg!".

Beide Führer sehen sich bestätigt (Duma, Volkskongress) und von einer großen Bevölkerungsmehrheit getragen. Es gibt keinen Führer ohne diese Masse, in der viele Einzelne sich in Bezug auf die imperiale Größe der Nation etwas größer fühlen können.

Wang Huning, der Denker hinter Xi, unternahm 1988 mehrere Reisen durch Amerika. Seine Frage war stets, wie hält das zusammen? (Tagesspiegel, 3.3.2023). Die Frage des Zusammenhalts ist auch bei uns in den letzten Jahren auffällig inflationär geworden. Wie sein großer Vorgänger der französische Aristokrat Alexis de Tocqueville im 19. Jahrhundert (1831/32) beobachtete der Kommunist Wang als Nicht-Demokrat mit scharfem Tatsachenblick, der gleichermaßen erstaunt und kritisch ausfällt. Beide schrieben Bücher darüber: Tocqueville, Über die Demokratie in Amerika 1835 und Wang, America against America, 1991. Es ist eine aufschlussreiche Übung in politischer Theorie, Sätze aus beiden Büchern miteinander zu vergleichen und sich zu fragen, wer sie geschrieben hat: Tocqueville oder Wang? (siehe FAZ 22.3.2023).

Woran muss man glauben, um die liberale Demokratie für möglich zu halten? Freiheit und Demokratie gehen für China nicht zusammen. Das Experiment der Freiheit wird nicht eingegangen, das der sozialen und ökonomischen Gleichheit für ein großes Land sehr wohl. Auf den Sieg über den Hunger ist man stolz. Die liberale Demokratie hingegen wird mit Individualismus, Anarchie, Unruhe und Tumult assoziiert (Tiananmen 3./4. Juni 1989). Die kulturelle Dekadenz sei eine Folge davon (so sieht es auch die „russische Welt"). Und vor allem: eine demokratische individualistische Gesellschaft, wie sie schon Tocqueville beschrieben hat, ist nicht regierbar!

Die Vermittlung im Ukraine-Krieg ist ein freundliches Angebot, spielt aber für China keine Hauptrolle. Xi bekräftigt vielmehr bei seinem Moskau-Besuch, dass er auf Putin setzt, der 2024 wiedergewählt werden soll. Wie Putin seinerseits das chinesische Angebot liest, können daraus keine Friedensverhandlungen entstehen. Die Positionen bleiben im Frühling, nach überstandenem harten Winter, vielmehr erst recht verhärtet und in der Sache konträr. Xi, der den Angriffskrieg Russlands nie verurteilt hat, konnte und wollte diese Prämissen nicht verändern. Alle Hoffnungen haben getrogen. Nicht einmal ein Telefonat mit Kiew, worüber spekuliert worden ist, hat stattgefunden. Putin ist vielmehr nach Peking eingeladen worden.

Der Krieg auf dem buchstäblichen Schlachtfeld mit Bachmut als beredtem Symbol geht unvermindert weiter, ebenso Drohnenangriffe auf nicht- militärische Ziele wie Schulen und Wohnheime. Dieser Drohnenkrieg, auf den zunehmend gesetzt wird, ist neu und günstiger als Raketen. Die Munition wird auf beiden Seiten zum Problem, soviel wird tagtäglich verschossen. Neue Formen der Alltagsnormalität neben dieser absurden Anormalität des Krieges, der im ganzen Land die Sirenen heulen lässt, setzen der Bevölkerung zu. Nirgendwo ist man sicher. Das kann man Terror nennen.

Der Krieg könnte sogar noch eskalieren im Zuge der Lieferung von Kampfjets und Angriffen auf die Krim. Die schweren westlichen Panzer, die eine Gegenoffensive ermöglichen, treffen erst allmählich ein. Verteidigungsminister Schoigu sprach während des Besuchs aus China davon, dass die Stufen zum atomaren Konflikt weniger werden. Nicht einmal in dieser Hinsicht kann Xi die Welt beruhigen, was angesichts der militärischen Zuspitzungen im südchinesischen Meer, wo China täglich westliche Aufklärungsflugzeuge in brenzlige Situationen verwickelt, nicht verwundert.

Viel zu wenig nimmt Europa zur Kenntnis, wie aggressiv dort die vermeintlich freundliche chinesische Außenpolitik, die mehr als Russland auf einen funktionierenden Welthandel angewiesen ist, auftritt. Allein die Entwicklung des Verhältnisses zu Australien in den letzten zehn Jahren spricht Bände. Der U-Boot-Pakt von USA und GB mit Australien verärgert China. Er ist Teil des neuen Sicherheitsbündnisses „Aukus", das sich für einen offenen und freien Indopazifik einsetzt.

Australien soll mit der Zeit eine eigene Atom-U-Bootflotte aufbauen können als strategisches Gegengewicht zu China, das inzwischen (schnell und fast unbemerkt) die größte Marine der Welt hat. China benötigt hier die Rückendeckung Russlands für den militärischen Konflikt mit den USA genauso wie diese, die Allianz mit Japan, den Philippinen, Indonesien, Südkorea und Australien zügig ausbaut und Manöver durchführt. Hier dreht sich die Rüstungsspirale.

Während des Besuchs von Xi in Moskau besuchte der japanische Premierminister Kishida gleichzeitig Kiew. Er ließ sich auch durch Butscha führen und war tief beeindruckt. Japan hat seinen verfassungsmäßigen Pazifismus aufgegeben und rüstet gewaltig auf, ähnlich wie Polen in Europa, das Himars-Raketen an der russischen Grenze stationiert. Japan unterstützt die Ukraine nicht militärisch, wohl aber humanitär und ökonomisch. Der Wiederaufbau verschlingt schon jetzt enorme Summen, die sich noch steigern werden. Der ersehnte EU-Beitritt wird absehbar nicht so schnell kommen, wie er erwartet wird.

Indien spielt als größte moderne Demokratie noch einmal eine ‚geozivilisatorische' Sonderrolle im weltweiten Kulturkampf der Demokratien. Kooperationen werden, gerade auch von Deutschland, emsig gesucht und neue Bündnisse werden versuchsweise gebildet, die zweifelsohne regional- wie weltpolitisch eine zukunftsträchtige Rolle spielen. Strategien stoßen dabei aufeinander. Die USA haben ihre Indopazifik-Strategie, China und Russland eine strategische Partnerschaft, die USA und Europa ein atlantisches Bündnis.

Wären die betroffenen Staaten im Pazifik nicht so verschieden, könnte man sogar von einer 'neuen Nato' sprechen. In Europa ist die Nato als Reaktion auf den russischen Angriffskrieg wieder erstarkt, nachdem sie vor kurzem noch als „hirntot" (Macron) erklärt worden ist. Das sind alles in allem keine beruhigenden Entwicklungen, zumal weder Russland noch China auch nur zu den geringsten Legitimitätskonzessionen bereit sind. Im Gegenteil: China reagiert besonders empfindlich und gereizt auf jeden Schritt: jüngst auf den ersten Taiwan-Besuch eines deutschen Regierungsmitglieds seit 26 Jahren (Stark-Watzinger): „Die Reise nach Taiwan ist ein ungeheuerlicher Akt" (Wang Wenbin).

Taiwan ist jedoch kein Büttel der USA, es hat den Ukraine-Krieg aufmerksam verfolgt und seine eigenen Konsequenzen daraus gezogen. Der Taiwan-Kenner Stephan Thome spricht von der „Helmut-Schmidt-Schule der totalen Taiwan-Ignoranz" (im Tagesspiegel, 20.3.2023, S.17). Dabei ist Taiwan „eigentlich ein linker Traum: eine Demokratie, die eine Diktatur überwunden hat, regiert von einer Single-Frau aus einfachen Verhältnissen, die sich für indigene und queere Menschen einsetzt, ein Sozialstaat mit Gewerkschaften und Zivilgesellschaft" (Tagesspiegel, a.a.O.).

Die Welt, nicht nur Europa, ist im Umbruch. Beides hängt freilich miteinander zusammen, weshalb man sich mit der Welt im Ganzen, welche die ambitionierte und gefährliche Politik der Supermächte im Auge haben, wieder beschäftigen muss, auch als kleines Land und aus der Froschperspektive. Das ist natürlich eine Überforderung, aber manche Entwicklung bahnte sich schon seit längerem an (z.B. die weltwirtschaftliche Herausforderung durch China). Diese werden aber erst jetzt unter dem Druck von Notständen zur Kenntnis genommen. Eine globale Finanzkrise wie 2007/2008 würde zum Beispiel alles noch einmal überschatten Das heißt in der Konsequenz: Wir müssen auf die neue Krisenrealität antworten und können nicht vor ihr fliehen oder resignieren. Welche Krisen sind wie beherrschbar? ist zur vordringlichen Frage geworden.

Das betrifft in unserer geographischen Nähe wegen des Ukraine-Krieges das besondere historisch-politische Verhältnis Deutschlands zu Russland (siehe Financial Times, 22.3.2023). Das betrifft aber auch das neue ‚great Britain' nach dem Brexit, das von großen Streiks erschüttert wird und in Churchill-Manier die Ukraine wie die USA gleichermaßen vorbehaltlos unterstützt. Es betrifft ebenso die alte 'grande nation' mit ihrem ‚Alleinherrscher' Macron, der seiner Bevölkerung unter heftigen Protesten gerade eine Rentenreform aufdrückt. Von überallher ist auf die Welt mit einem hegemonial-imperialen Blick geschaut worden. Diese Welt fällt nun in Stücke auseinander, die wieder neu zur Kenntnis zu nehmen sind.

Auch Frankreich, das stets in der zivilisatorischen Missionskonkurrenz der Menschenrechte mit den USA stand, befindet sich seit vielen Jahren in einer Mehrfachkrise. Politisch ist das überkommene Präsidialsystem der V. Republik zu nennen, in der die parlamentarische Demokratie keine große Rolle spielt. Dazu kommt der Konflikt zwischen den global vernetzten Eliten in den Zentren und der Bevölkerung auf dem Land. Die Bedeutung von Frankreich schwindet zusehends durch die Schwerpunktverschiebung von Westeuropa nach Osten und vom Atlantik zum Pazifik. Das Ende von „Franceafrique" kommt hinzu.

Die Welt in Asien, Australien, Europa und Afrika ist im Umbruch mit Folgen, die uns noch lange beschäftigen werden.

3. April 2023

Zivilisationsökumene?

‚Zivilisationsökumene' ist ein ungewöhnlicher Begriff (Lübbe 2005). Lübbe beschreibt damit sehr dicht, aber gleichwohl empiriegesättigt die global gewordene wissenschaftlich—technische Zivilisation europäischen Ursprungs. Im Zentrum dieses Verständnisses von Zivilisation, quasi als ihr Motor, steht die neuzeitliche moderne Wissenschaft (science).

Diese verlangt von uns keine Bekehrung, obwohl es viele Wissenschaftsgläubige gibt. Curiositas (*Neugierde*) begründet vielmehr ihre Legitimität, die einen Großteil der eigenen Selbstbehauptung und *Legitimität der Neuzeit* als Zeit des Fortschritts ausmacht, die nicht bloß eine Säkularisierung christlicher Gehalte ist. Siehe dazu die bekannten Titel des Philosophen Hans Blumenberg: Die Legitimität der Neuzeit 1966 und Der Prozess der theoretischen Neugierde 1973.

Dazu kommt in der Moderne immer mehr und geradezu überwältigend ihre *Relevanz*, die in der Verknüpfung des wissenschaftlich-technisch-militärischen Komplex auch – euphemistisch ausgedrückt – problematische Seiten hat.

Für Lübbe als Kulturphilosoph des Fortschritts und der Fortschrittskonflikte sowie als politischer Theoretiker, der den Common sense des sozialdemokratischen Fortschritts stets gegen seine Kritiker verteidigt hat, geht es vor allem um folgende Punkte:

1. die evidenten Lebensvorzüge der technischen, organisatorischen und kulturellen Nutzung wissenschaftlichen Wissens und

2. darum, dass die damit verbundenen Modernisierungsschübe die Werte der kulturellen Herkunftswelten nicht in Frage stellen, vielmehr sogar begünstigen können.

3. Dies führt zur These, dass die global gewordene Zivilisation ökumenisch, also eine Zivilisation der Vielfalt, regional wie national, bleibt, was zur weiteren These führt,

4. dass mit den Lebensvorzügen dieser Zivilisation die Kooperations-, ja sogar die Demokratisierungszwänge weltweit wachsen.

Dass die Lebensvorzüge der modernen Zivilisation *missionsunbedürftig* und *herkunftsindifferent* sind, wird in weiteren Kapiteln ausgeführt (69ff und 72ff). Schwieriger wird es mit der *Globalisierung* und dem *demokratischen Common sense*. Die Punkte 3 und 4 sind deshalb weniger selbstverständlich, und wir werden überprüfen, ob und inwiefern die Zivilisationsökumene zur heutigen Weltlage und ihrer Problematik passt.

Politiktheoretische Beschreibung der Welt. Weltzivilisation ohne Weltstaat: Staaten, Nationen und Regionen

Die Tendenz der Einheitszivilisation führt nicht zum Weltstaat, der die großen Weltprobleme der Erdpolitik lösen soll, sondern zur Pluralisierung der Staatenwelt. Die Zahl der souveränen Mitglieder der UNO wächst: derzeit sind es

195 mit völkerrechtlicher Staatsqualität. In Osteuropa und Mittelosteuropa hat sich nach dem Ende des Ersten Weltkriegs bis zur Auflösung der Sowjetunion 1991 die Zahl der Staaten mehr als versiebenfacht (!) und ist noch nicht am Ende (103). Dabei wird vom ‚heilen Westen' aus gerne überheblich postnational gegen rückständige Nationalismen argumentiert. Lübbe spricht dagegen von „neuen Nationalismen in emanzipatorischer Absicht" (110ff).

Um sich in der heutigen pluralisierten Staatenwelt zurechtzufinden, ist es wichtig, über einen genauen deskriptiven und analytisch brauchbaren Begriff von *Nation* und *Nationalismus* zu verfügen, der eine differenzierte Wahrnehmung und Diskussion erlaubt. Aus historisch- kulturellen Gründen ist dies schwieriger als beim rational-funktionalen *Staatsbegriff.*

Bei den Regionalismus-Vorstellungen (dem ‚kleinen Nationalismus') gilt es ebenfalls vorsichtig zu sein, wenn man sie nicht unbedacht aus dem europäisch-amerikanischen Kontext auf große Länder wie Russland oder China übertragen will. Föderalismus hingegen ist als strukturelles Lösungskonzept überall auf der Welt ein Seminar wert, das den vorgegebenen Bedingungen angepasst werden kann. Zur politischen Theorie gehören solche Gedankenexperimente, die freilich in der demokratischen Praxis Schritt für Schritt zu erproben sind.

Lübbes Position zum neuartigen ‚Staatsgebilde' EU (sui generis), das er sehr wohl zur Kenntnis nimmt, ist schon lange bekannt und politisch verbreitet. Es wird und soll kein ‚Superstaat' wie die Vereinigten Staaten werden bei aller neuartigen supranationalen und transnationalen Politik (Abschied vom Superstaat, 1994). Die europäischen Nationen bleiben gerade für eine solche Politik wichtige Akteure, ohne die es mit der demokratischen Integration nicht (weiter-)geht. In der Potsdamer Reihe ‚*Region-Nation-Europa*' haben wir uns seit den 90er Jahren kontinuierlich mit diesen Themen beschäftigt, transregional und transnational, in Bezug auf Europa aber konstruktiver als Lübbe bis hin zu einer *europäischen Verfassungsdiskussion.*

Der schwierigste Begriff bleibt die Nation. Nationale Orientierung als Selbstbehauptung darf man jedoch nicht mit aggressivem Nationalismus verwechseln. „Emanzipation aus Abhängigkeiten von großen Herrschaftssystemen mit faktischer Dominanz von Mehrheitsnationen" ist vielmehr legitimer Nationalismus (113).

Überraschend friedlich war dies in großem Ausmaß bei der Pluralisierung der Staatenwelt in Osteuropa der Fall, worüber man immer noch staunen sollte. Die aktuelle Ausnahme, die uns zwingt, diese Realitäten wieder genauer zur Kenntnis zu nehmen, ist der Ukraine-Krieg gegen den groß-russischen Imperialismus seit 2022, der Europa bedroht.

Als wichtigste Voraussetzung friedlicher Staatsneubildungsprozesse wollen wir hier lediglich festhalten: „die Legitimität des Anspruchs der Nation auf Selbstbestimmung" (114). Lübbe zieht daraus sogar die Folgerung: „Je irresistibler und effektiver sich das Prinzip der Selbstbestimmung im emanzipativen Nationalismus zur Geltung bringt, um so bedeutungsloser wird zugleich die inhaltliche Beantwortung der Frage, was denn eigentlich eine Nation sei" (115). Zudem ist es einseitig, sich bei der Neubildung selbstbestimmungskompetenter politischer Körperschaften allein auf souveräne Staaten zu beschränken, denn auch die Föderalisierung von ‚unitarischen' Staaten gehört dazu.

Der Grad bürgerschaftlicher Identifikation wächst mit der regionalen und lokalen Selbstverwaltung, die demokratischer ausgestaltet werden können. Wenn auch nicht die Welt im Ganzen, so können wir doch unsere kleinen Welten verändern. Föderalistischer Regionalismus ist außerdem von sezessionistischem Regionalismus zu unterscheiden, wie man an den Beispielen Schottland, Katalonien, Südtirol und Jura sehen kann. Technokratische Verwaltungsreformen mit ihren Zusammenlegungsbefehlen stoßen hingegen überall auf Widerstand.

Auch die Utopie eines *Weltstaates*, der aus Hobbesscher Sicht für die Herstellung des Weltfriedens theoriekonsequent sein könnte, wird mit der UNO abgelöst durch einen *Bund* souveräner Staaten. Aufgrund der Vetomacht der Supermächte im Sicherheitsrat ist das nicht einmal ein durchsetzungsfähiger

Minimalstaat, der aber multilateral von zahlreichen Organisationen und Kooperationen zum Beispiel in einem Getreideabkommen oder einer Geberkonferenz für den Jemen lebt.

Genauso wie die europäische Einigung bis hin zu historisch beispielloser Solidarität in der Coronakrise oder bei der Unterstützung des ukrainischen Widerstands gestärkt werden kann. Die ökumenische Weltzivilisation ist jedoch, obwohl eine technische Einheitszivilisation, bezeichnenderweise kein Weltstaat und die EU kein patriotischer Bundesstaat wie die USA.

Die realen Kooperationszwänge haben zugenommen, wenngleich wir in einer unfriedlichen und gefährlichen Weltrisikogesellschaft leben, in der es in Europa und durch die UNO gegenwärtig nicht einmal gelingt, eine entmilitarisierte Zone um das größte AKW Europas Saporischschja einzurichten. Tschernobyl 1986, als Ausgangspunkt der neueren Diskussion über Risikogesellschaft (Beck), lag auch in der damals noch sowjetischen Ukraine.

Die neuen Kontingenzerfahrungen haben nicht nur militärisch, einschließlich der nuklearen Karte „Russland kann auch die USA vernichten", sondern ebenso durch die sich verschärfende Klimakrise und ihre Folgen sowie den globalen Finanzmarktkapitalismus dramatisch zugenommen.

Die Globalisierung, auch die ökonomische Globalisierung, ist nicht zu Ende, wie die aktuellen Welthandelsdaten der Jahre 2020/2021/2022 zeigen. Organisatorisch verbreitet sich die Globalisierung durch Autarkieverluste und mannigfache Kooperationszwänge, von denen man sich nicht entkoppeln kann (89ff). Daraus resultieren jedoch nicht automatisch Demokratisierungszwänge.

Die Systemrivalität zwischen den Supermächten entbrennt vielmehr neu. Sie müssen sich neue Bündnispartner suchen. China nimmt dabei für sich selbst und die Länder des globalen Südens ein „Recht auf Entwicklung" in Anspruch. Es wird zum Gläubiger für zahlreiche Infrastrukturprojekte in Asien und Afrika. Chinas Engagement, eben selbst noch ein Entwicklungsland, oder

Nicht-Engagement wird für die Klimapolitik der Welt ebenso entscheidend sein wie für den Weltfrieden durch Rüstungskontrolle.

Vernetzungsdichte und Interdependenz nehmen mit der ökonomischen, technischen und organisatorischen Globalisierung zu. Die Ablösung der Informationsnetze von den Verkehrsnetzen war ein „Ereignis von zivilisationsrevolutionärer Bedeutung" (123). Damit geht ebenso eine Politisierung der Wirtschaft einher, welche die lokale und regionale Verletzlichkeit erhöht. Die forcierte Digitalisierung und der Kampf um die Vorherrschaft bei der künstlichen Intelligenz werden dies noch einmal potenzieren.

Bei allen Kooperationen und Regierungskonsultationen (von Deutschland neuerdings mit Indien, Japan, Kanada, Brasilien u.a.) überlagern politische Rivalitäten alles und lenken von wichtigen Fragen ab. Wie in der Finanzbranche ist die Entwicklung zyklisch. Mehr als Gier ist der Neid, die Demütigung und der kränkende Vergleich bei den Protagonisten der Motor der Zerstörung. Sie sind in der großen Konkurrenz die ‚Big Egos', ebenso gibt es den starken ‚Egoismus des großen Wir'.

Interdependenzen und Netzverdichtung zwingen theoretisch zu Kompromissen und Kooperation, wenn wir nicht in die Logik von Nullsummen- oder Negativsummenspiele geraten wollen. Aber zur Realität gehört auch, dass Menschen sich irrational verhalten. Dann nehmen sie bisweilen sogar bewusst oder unbewusst Schäden in Kauf bis hin zur Selbstzerstörung. Die Enge von Abhängigkeiten kann zu einem gewaltsamen Ausweg führen.

Der ‚emotional state of nations' (Gardels), die kollektive Psychologie der Kränkungen und Herabsetzungen gehört zur anderen Seite der Globalisierung, die zu beachten ist. Dabei spielt oft eine spezifische Vergangenheitsfixierung ('neue Achsenmächte') die größere Rolle als die Zukunftsorientierung, die für das Fortschrittsdenken typisch ist.

Hermann Lübbe ist dagegen, wie Raymon Aron oder Steven Pirker, mit seiner Zivilisationsökumene ein typisch liberaler, rationalisierender Fortschrittsoptimist, der Emotionen und kollektive Psychologie wegrationalisiert. Der französische Politologe Dominique Moîsi hat dazu 2009 das passende Buch geschrieben: „The Geopolitics of Emotions".

Es gibt aber keine zwangsläufige Entwicklung zur westlichen Demokratie. Mit Trump offenbaren sich weltweit für alle die Schwächen der führenden Nation der Freiheit, an die der ukrainische Präsident Selenski in seinem Kampf gegen den groß-russischen Imperialismus appelliert und auf die er wie Europa baut. Präsident Biden will zudem das demokratische Taiwan gegen China verteidigen.

Am Beispiel Russlands zeigte sich deutlich, dass selbst wirtschaftliche Verflechtung kein Schutz gegen Aggressionen bietet. Modernisierungspartnerschaften sind nicht per se Demokratisierungspartnerschaften. Automatismen gibt es auf dem Feld des Politischen nicht, vielmehr ist mit Kontingenzen zu rechnen: wäre Lord Halifax und nicht Churchill Premierminister geworden, wäre der 2. Weltkrieg vielleicht mit dem Sieg Hitlers zu Ende gegangen.

Die „säkularisierungsresistente Modernität" der USA ist für Lübbe zurecht das Beispiel einer nachaufgeklärten (Bürger-) Religion : mit der „hochföderalen Verfassung, die in ihrer Effizienz die unangefochtene Legitimität und Macht des Gesamtstaats trägt und erhält und darüber hinaus der Patriotismus eines Staatsvolks, das sich gerade in seiner religiösen, ethnischen und sonstigen historischen Heterogenität durch die Verfassung des Gesamtstaats *freigesetzt* und *geschützt* weiß "(109f.).

Die Stärke der westlichen Demokratie ist ihre Fähigkeit zur Selbstkorrektur, ihre Schwäche ist die Doppelmoral.

Die letzte Offensive

Im Frühling wird allenthalben die große Gegenoffensive der ukrainischen Armee erwartet. Seit Herbst 2022 hat sich die lange Frontlinie in der Ostukraine kaum verschoben. Zuvor hatte die Ukraine überraschend Geländegewinne in der Region Charkiv erzielt. Auch die Stadt Cherson im Süden, die als erste von der russischen Armee besetzt worden ist, konnte unter großem Beifall der Bevölkerung zurückerobert werden. Nach einem Jahr der Invasion halten russische Truppen noch immer ca. 18 Prozent des Landes besetzt.

Im September hatte Russland seine Streitkräfte durch eine Teilmobilmachung noch einmal verstärkt. Seitdem baut es sukzessive seine Verteidigungslinien im Donbass und auf der Krim weiter aus. Seit der formellen Annexion der neuen ukrainischen Gebiete ist Putin fanatisch gewillt, „alles für einen Sieg" zu mobilisieren.

Und das in einem Krieg, der von einem faktischen Angriffskrieg in einen „Verteidigungskrieg" umdefiniert worden ist, in dem es nun um nicht weniger als die „Existenz Russlands" geht in einem ‚total' gewordenen hybriden Krieg gegen die ‚globale Nato'. Die gescheiterte ‚Spezialoperation' gegen das „neonazistische" Kiewer Regime im Februar 2022 hat sich ausgeweitet und immer neue gesteigerte Bedeutungen mit weltpolitischen Auswirkungen erhalten.

Russland, das größte Flächenland der Welt, ist damit politisch-mental wieder in einen Weltkrieg wie im 2. Weltkrieg gegen die Nazis versetzt – ‚reenactement'. Und die Ukraine bildet dafür seit der Maidan-Revolution nur die Speerspitze, und selbst das kleine Finnland, das soeben als 31. Mitglied der Nato beigetreten ist, wird zu einer Bedrohung (dabei war und ist es umgekehrt!).

Die selbst herbeigeführte Natoisierung Europas erhöht für Russland das Risiko eines Konflikts (Schoigu) – auch eines atomaren Konflikts? Diese verdrängte Realität bewegt sich nach wie vor zwischen der bewussten Manipulation von Ängsten durch Putin (Kaliningrad, Belarus) und verbalen Beschwichtigungen, bei denen man sich in Europa ausgerechnet auf China verlassen will.

Scholz und Macron tun das, während der amerikanische Generalstabschef versichert (und es ist wohl die einzige realistische Versicherung), dass die USA die stärkste Militärmacht bleiben müssen. Was sie technisch auch sind, die Rüstungsausgaben sind entsprechend. Bei aller berechtigten Kritik an der Politik der amerikanischen Führungsmacht (Beispiel Irak), wird dies angesichts des Ukraine-Krieges und der Konflikte im Indopazifik wieder evident. Den kleineren Ländern bleiben derweil nur der Natoschutzschirm und die Wehrpflicht, um wehrfähige Demokratien zu bleiben.

Stand 2022 gab es die Wehrpflicht noch in Dänemark, Schweden, Finnland, Zypern, Griechenland und der Schweiz. Die Ukraine führte die Wehrpflicht 2014 wieder ein, 2015 folgten Litauen, Norwegen (erstmals auch für die Frauen), Litauen, Lettland, Niederlande und Polen, wobei es verschiedene praktische Ausführungsformen davon gibt. Herrschende Zeittrends sind indessen von historisch gut begründeten politischen Traditionen, die national, liberal und pragmatisch unterschiedlich interpretiert werden können, generell zu unterscheiden. Politische Theorie der Bürgerschaft und Demokratie ist darin involviert. Um diesen Realitätsbereich kommt man nicht herum.

Letzteres ist allerdings in den schnellen modernen Zeiten nicht immer leicht zu unterscheiden und zu erfassen, was zu den bekannten Orientierungsproblemen zwischen Trends und Traditionen führt. ‚Flexible Anpassung' ist dafür zu einem ebenso nichtssagenden wie verführerischen Konzept geworden.

Es gehört mittlerweile zu den Volatilitäten gerade auch der demokratischen Politik, die sich in verschiedenen Ländern und auf allen Ebenen um entscheidende Mehrheiten bemühen muss. Die ursprüngliche Wehrpflicht, nach der ein französischer Bürger auch ein Soldat ist, stammt von der ‚Leveé de masse'. Selbstverständlich gehört heute normativ ein Recht auf Kriegsdienstverweigerung und Zivilschutz dazu – ein typischer Anwendungsfall des Verhältnisses von Solidarismus und Liberalismus mit seinem philosophischen Prinzip der größtmöglichen Freiheit des Einzelnen im konkreten Ernstfall.

Die Kiewer Regierung lässt keinen Zweifel daran, das gesamte Staatsgebiet bis zum Rückzug der russischen Truppen zurückerobern zu wollen, einschließlich der Krim; vorher gibt es definitiv keine Friedensverhandlungen. Erst jüngst lehnte Selenski den Vorschlag des brasilianischen Staatspräsidenten Lula ab, die Krim als Verhandlungsmasse zur politischen Disposition zu stellen. Umgekehrt ist für Putin die Anerkennung der eroberten Gebiete, die jetzt verfassungsmäßig zur russischen Föderation gehören, Vorbedingung für Friedensverhandlungen.

Die beiden entschlossenen Positionen sind konträr, und in der Folge wird weitergekämpft bis zur Niederlage oder zur Erschöpfung einer Partei. Putin will und kann als Autokrat nicht verlieren, die Ukrainer können und dürfen nicht verlieren. Sie rufen ihre Landsleute vielmehr dazu auf, die umkämpften Gebiete zu verlassen. Was würde also jetzt ein Waffenstillstand helfen? Wäre er nur eine taktische Finte? Auch die amerikanische Außenpolitik schließt zum jetzigen Zeitpunkt diesbezügliche Verhandlungen aus (Blinken).

Die Abnutzungskämpfe im Donbass haben zu schweren Verlusten an Menschen und Material auf beiden Seiten geführt. Die motivierten Menschen sind nicht leicht zu ersetzen bei einer Gegenoffensive, die nicht nur gut ausgebildete Soldaten erfordert, sondern noch mehr motivierte Soldaten, bei hohen Verlusten, mit denen bei solchen Aktionen von vornherein gerechnet wird. Am vorteilhaftesten ist eine Übermacht im jeweiligen Frontabschnitt, um wenigstens partielle Durchbrüche erzielen zu können. Solche Nadelstiche sind noch einmal etwas anderes, als raumgreifend die Halbinsel Krim zu erobern, die Russland „mit allen Mitteln" verteidigen will.

Die ukrainischen Offensivfähigkeiten hängen entscheidend von den westlichen Waffenlieferungen ab, deren Unterschiedlichkeit weitere Probleme im Gefecht und Verbund der Waffen aufwerfen. Das ist seit langem bekannt. Der ukrainische Oberbefehlshaber Walerij Saluschnyj nannte im Dezember 2022: 300 Kampfpanzer, 700 Schützenpanzer, 500 Haubitzen (FAZ, 29. März 2023, S.3).

Polen ist bereit, zusätzlich seine MIG 29-Kampfflugzeuge zur Verfügung zu stellen, und die EU fährt in einer einzigartig abgestimmten Aktion ihre lange vernachlässigte Munitionsfabrikation wieder hoch, um überhaupt unterstützen zu können. Inzwischen müssen die Ukrainer, die ein akutes Munitionsproblem haben, sogar ihre Granaten rationieren.

Die USA bewilligt als wichtigster Verbündeter weitere Hilfen in Milliarden-Höhe, während Selenski seinen engsten Verbündeten Polen besucht, das bedingungslos auch mit dem Herzen im Krieg und seinen alltäglichen Erfordernissen ist. Gleichzeitig tagen die Nato-Außenminister, um den Nato-Gipfel im Juli vorzubereiten, der einen dauerhaften und gerechten Frieden mit konkreten Sicherheitsgarantien vorbereiten soll. Bei der Nato geht es um die dringende Erhöhung der Verteidigungsausgaben, die osteuropäische Länder als bedingungslose Unterstützer verdoppeln wollen, während Länder wie Deutschland, Kanada und Italien nicht einmal das schon lange diskutierte 2 %-Ziel einhalten können.

Ob die zugesagten Waffen rechtzeitig kommen, ist fraglich, ebenso problematisch sind die Munitionsbestände und ihre Produktion sowie die Reichweite der Raketen. Dazu kommen die Witterungsbedingungen, die feste Böden für die Kettenfahrzeuge erfordern. Die geplante Gegenoffensive ist also von mehreren Bedingungen und Faktoren abhängig, die zusammenspielen müssen. Vermutet wird, dass die erwartete Offensive in Saporischschja beginnt und in Richtung Süden zielt nach Melitopol, das jetzt schon bezeichnenderweise unter Beschuss steht, um schließlich die Landbrücke zur Krim zu kappen.

Dazu kommt ein Gegner, der durch mehrere Verteidigungslinien vor allem gegen Panzer vorbereitet ist, aber ebenso Munitions- und Logistikprobleme hat. Über seine genauen Stärken ist wenig bekannt und wird viel spekuliert. Die Überschätzung wie die Unterschätzung sind deshalb gleichermaßen eine Gefahr.

Die Aufmerksamkeit auf die sogenannten Wagner-Söldner des russischen Kriegsunternehmers Prigoschin und seines groß inszenierten Kampfes um Bachmut hat von der realen Verfassung der regulären russischen Armee abgelenkt. Die Ende Januar gestartete Winteroffensive scheint indessen insgesamt trotz kleinen Geländegewinnen gescheitert zu sein, hat aber die ukrainischen Verteidiger enorm viel gekostet.

Auch die beabsichtigte komplette Zerstörung des ukrainischen Energiesystems hat zwar viele Schäden zugefügt und die Bevölkerung terrorisiert, ist aber dank des großartigen Einsatzes ziviler Handwerker nicht gelungen. Auch im harten Winter hat die Ukraine dem anhaltenden Zerstörungskrieg standgehalten.

Der ETH-Militärökonom Keupp wagt die Prognose (am 3.4.), dass Russland im Oktober den Krieg auch aufgrund des enormen Munitionsverbrauchs verloren haben wird. Wir erinnern uns an viele frühere Prognosen von Militärexperten, die weit daneben lagen. Darunter auch die Hoffnung von optimistischen Nato-Generälen, dass die Ukraine im Sommer die Krim wieder zurückerobert haben wird. Das ist mehr eine Hoffnung als eine Prognose.

Angesichts dieser langwierigen misslichen Umstände wundert es nicht, dass es wieder ein ‚Manifest für den Frieden' gibt, diesmal „aus der Mitte der Gesellschaft" im Geiste Willy Brandts mit vielen älteren verdienten Sozialdemokraten; das Durchschnittsalter der rund 200 Personen liegt schätzungsweise über 70. Sein Sohn Peter Brandt, inzwischen selbst emeritierter Historiker, ist Erstunterzeichner. Von ihm geht die Initiative aus.

Diesmal geht es nicht gegen Waffenlieferungen wie beim Aufruf von Sarah Wagenknecht und Alice Schwarzer im Februar, den Viele in Deutschland teilen, sondern um eine diplomatische Initiative, die Bundeskanzler Scholz gemeinsam mit China, Brasilien und Indonesien herbeiführen soll. Die älteren Genossen haben dabei selbst viel aufzuarbeiten und zu reflektieren, siehe nur das Buch von Reinhard Bingener und Markus Wehner „Die Moskau Connection" (2023). Auch über die Klimastiftung MV von Ministerpräsidentin Manuela Schwesig wird es noch viel zu reden geben.

Anette Kurschus, die Ratsvorsitzende der Evangelischen Kirche Deutschlands, predigt an Ostern, dass man „Verhandlungen herbeiverhandeln soll". Diplomatie und Waffenlieferungen Schließen sich in der Tat nicht aus. Vielfach wird aber noch immer die Subjekthaftigkeit der Ukraine, der genozidale Charakter des Krieges und Putins Desinteresse an Verhandlungen verkannt. Doch der ersehnte Friede wird nicht einkehren, wenn nur große Länder (wie früher Deutschland und Russland) miteinander sprechen. Diese Lektion sollte man gelernt haben.

Der Krieg in der Ukraine ist in vollem Gange, die Diplomatie nunmehr ebenfalls, naturgemäß mehr hinter den Kulissen als offen sowie von verschiedenen Seiten aus, allerdings eher undurchsichtig und von zahlreichen Desinformationskampagnen begleitet. Der amerikanische Außenminister Blinken deutete an, dass man über die Grenzen der Ukraine verhandeln könne, wenn es die Ukraine wolle. Dahinter kann natürlich mehr vermutet werden.

Die dafür eingerichteten Thinktanks arbeiten mit verschiedenen Szenarien und Lösungsvorschlägen. Von solchen professionellen Ratschlägen gibt es bei aller Ratlosigkeit mehr als genug. Und selbstverständlich wird das schwierige Thema in der ukrainischen Regierung und ihrem Umkreis selbst umstritten sein, wenngleich Selenski bekräftigt, „die Befreiung der Krim sei alternativlos". „Dort herrscht unter russischer Flagge das Böse" (8.4.). Selbst an Ostern, deren Hoffnung „eine Zivilisation ist, die auf Liebe gegründet ist" (Franziskus), bleibt es normal und richtig, den Feind, der einen vernichten will, als böse zu bezeichnen.

Die Ukraine hat seit Butscha, erst recht seit der Annexion der vier Gebiete im September 2022, Verhandlungslösungen mit Putin und dem ‚Terrorstaat' abgelehnt, außer wenn es um Gefangenenaustausch und das Getreideabkommen ging. Sie verlangt auch eine Reform des UN- Sicherheitsrates, in dem seit April Russland turnusgemäß wieder den Vorsitz innehat. Der Auftritt der russischen Kinderrechtsbeauftragten, Frau Lwowa-Belowa, die seit Mitte März mit internationalem Haftbefehl, ebenso wie Putin, gesucht wird, sorgte dort für Empörung selbst unter gemäßigten Diplomaten.

Das höchste internationale Gremium wird so, einmal mehr (Powell), zum Podium im Informationskrieg um Doppelmoral und die neuen Weltordnung – mit der Welt als verdutztem Zuschauer. Der Krieg hat weltpolitische Dimensionen erreicht, ohne dass man wüsste, wie entschieden werde könnte, wie es weitergeht. Wir stehen nicht nur im brutalen realen Krieg tagtäglich vor einem Patt, sondern derzeit auch weltpolitisch – mit ungewissem Ausgang. Der alles absorbierende amerikanische Wahlkampf für 2024 kommt inzwischen langsam auf Touren: Trump wirft Präsident Biden vor, die Nation in einen Atomkrieg zu führen.

Anfangs April befinden sich die EU-Kommissionspräsidentin von der Leyen und der französische Staatspräsident Macron, der es innenpolitisch mit nicht weniger als einem Generalstreik zu tun hat, auf Staatsbesuch in China. Nachdem der Besuch von Xi in Moskau nicht die erhofften Fortschritte brachte, will Macron erneut darauf drängen, dass China Einfluss auf Putin nimmt.

Von der Leyen warnt China, das zur „mächtigsten Nation der Welt" werden möchte, außerdem vor Waffenlieferungen an Russland. China ist an guten wirtschaftlichen Beziehungen zu Europa interessiert, während es gleichzeitig brenzlige Militärmanöver vor Taiwan abhält. So funktioniert heute Weltpolitik, die uns einlullt und zugleich den internationalen Frieden gefährdet.

Lawrow spricht anlässlich seines Türkei-Besuchs (7.4.) von Friedensverhandlungen mit der Ukraine nur im „Zuge einer neuen Weltordnung, die nicht mehr unter der US-Herrschaft" stehe. Was heißt das genau? Die russischen Interessen seien zu berücksichtigen. Was ist damit gemeint? In welchem Paralleluniversum lebt die russische Außenpolitik?

Lawrow droht auch mit dem Scheitern des Getreideabkommens im Mai, das unter Vermittlung der Türkei und der Uno zustande gekommen ist. Die Türkei fürchtet eine weitere Verschärfung des Krieges während der kommenden Monate. Folgt nach der achtmonatigen Zermürbungsschlacht im Donbass mit Bachmut als Symbol nun die Entscheidungsschlacht um die Krim?

Was China hören will

Zur gleichen Zeit, wie die deutsche Außenministerin Baerbock zum ersten Mal China besucht, was ein heikler Besuch ist, der in Deutschland große Aufmerksamkeit findet, besucht der brasilianische Staatspräsident Lula China und findet in den chinesischen Medien eine weit größere Aufmerksamkeit als der deutsche Besuch.

China ist der wichtigste Handelspartner Brasiliens und einer der größten Investoren. Brasilien erhofft sich darüber hinaus einen Wiederaufforstungsfonds zur nachhaltigen Entwicklung (FAZ, 4.4., S.2). In Shanghai nahm Lula an der Amtseinführung seiner Parteifreundin, der früheren Staatspräsidentin Rousseff teil, die zur Chefin der BRICS-Entwicklungsbank ernannt wurde.

Lula schlägt die Schaffung einer Währung für die BRICS-Staaten vor, womit er den Dollar als internationale Handelswährung ablösen will (a.a.O.). Da hört Chinas Führung, das sich auf die Seite des globalen Südens stellen will, aufmerksam zu. BRICS steht als Abkürzung für die Staaten Brasilien, Russland, Indien, China und Südafrika. Jährliche Treffen gab es 2009 in Jekaterinburg, 2010 in Brasilien, 2011 in China und 2012 in Indien.

Auf Einladung Chinas war Südafrika 2011 erstmals dabei. Im Zuge des Ukraine- und Taiwan-Konflikts streben diese Staaten über Fonds und Zertifikate hinaus nach vermehrtem politischem Einfluss in Konkurrenz zum informellen Forum der G7 (Deutschland, Frankreich, Italien, Japan, Kanada, USA, GB).

Neben die wirtschaftliche Konkurrenz zur Weltbank und dem IWF tritt somit zunehmend eine politische Komponente, die sich strategisch bewusster positioniert, nachdem die G8 mit Russland 2014 in Sotschi gescheitert ist. Die strategische Partnerschaft zwischen Russland und China wird derweil gleichzeitig ausgebaut.

Die westliche Diplomatie baut darauf, dass Xi auf seinen Freund Putin Einfluss nimmt, den zerstörerischen Ukraine-Krieg zu beenden – eine Hoffnung, die am 21.März in Moskau enttäuscht worden ist. Dennoch geben Macron und von der Leyen mit ihrem China-Besuch im April mit ihren diplomatischen Bemühungen nicht auf.

Auch Staatspräsident Lula bietet einen Vorschlag zur Vermittlung zwischen Russland und der Ukraine an. Ihm schwebt ein „Friedensclub" vor, der auch die Rückgabe besetzter Gebiete verhandeln könnte – ein Vorschlag, den Selenski umgehend vehement zurückwies.

Zudem schob Lula die Verantwortung für den Krieg schon anlässlich des Scholzbesuchs in Brasilien am 31. Januar 2023 sowohl Putin als auch Selenski zu. Nächste Woche wird Außenminister Lawrow in Brasilia erwartet. All das verärgert die kämpfende Ukraine, und es ist nicht zu sehen, inwiefern diese diplomatischen Initiativen realistisch sein könnten. Vielmehr rücken Friedensgespräche gerade wieder in weite Ferne.

Auch Baerbock appelliert bei ihrem China-Besuch zu Recht an die Verantwortung Chinas als ständigem Mitglied des UN-Sicherheitsrates, den Krieg in der Ukraine, den es lediglich als „Konflikt" wahrnimmt, zu stoppen. Ähnlich indifferent sieht das großmächtige China wohl auch die kleinen Minderheitenkonflikte. Vor ihrer Abreise nannte Baerbock als „Kompass der europäischen

Chinapolitik: China als Partner, Wettbewerber und systemischer Rivale" (FAZ, 14.4.).

Die chinesische Kommunistische Partei ist die größte Organisation der Welt. Sie hat mehr Mitglieder als Deutschland Einwohner. Seit Mao Tsetung, der 1949 die Volksrepublik China ausrief, hat kein Parteiführer wie Xi Jinping diese absolute Macht innegehabt und das gesamte politische System vertikal dieser Organisation unterstellt mit dem Militär als Machtbasis, das gewaltig aufgerüstet worden ist.

Gibt es diese europäischen Gemeinsamkeiten, die Baerbock so auffällig häufig als Versicherung betont, wirklich – in der Regierung, in EU-Europa, im atlantischen Bündnis? Bisher existiert noch nicht einmal eine nationale Sicherheitsstrategie. Kurz zuvor hatte Macron als smarter Gaullist, dessen 5.Republik gerade auseinanderfällt, Europa – als Vasall der USA? – zu einer eigenständigeren Taiwanpolitik aufgerufen. Welches Europa?

Europäische Souveränität innerhalb Europas wie gegenüber den USA, etwa in der Verteidigungspolitik ist seit langem das Lieblingsthema des französischen Präsidenten, auf das Deutschland seit 2017 nicht konstruktiv geantwortet hat. Hinzu kommen die Verschiebungen nach Nord- und Osteuropa seit den Dringlichkeiten des Ukraine-Krieges, in dem Frankreich zurückhaltend agierte.

In China heißt es dazu: letztendlich entscheide ohnehin Scholz, und die deutschen Unternehmen hätten ihre Tätigkeiten nicht zuletzt aufgrund der Energiewende, die Abhängigkeiten vergrößert und nicht verkleinert, ausgeweitet. Entkoppelung kommt in einer globalisierten Welt ohnehin nicht in Frage.

Wohl aber lassen sich Abhängigkeiten etwa durch Diversifizierung und den Schutz kritischer Infrastruktur verringern. Das ist die Reaktion auf die großmächtige unkritische Moskau-Connection mit ihren fatalen Folgen. 50 Prozent des Welthandels, davon 70 Prozent der Chipwirtschaft führen durch die Straße von Taiwan, weshalb die tagtäglichen gefährlichen Konflikte dort Europa keineswegs gleichgültig lassen können. Der Wandel durch Handel ist krachend gescheitert.

Hier aber scheint noch weniger chinesische Beweglichkeit absehbar als in Bezug auf Russlandeinfluss, Rüstungskontrolle oder den Klimawandel. Xi Jinping selber hat sich, nach seiner Hongkong-Lösung, in die Situation manövriert, dass nur noch ein militärischer Ausweg wahrscheinlich scheint (Adrian Geiges, 14.4.). Die simulierten Angriffe deuten darauf hin. Die mäßigen wirtschaftlichen Erfolge innenpolitisch könnten zu einer außenpolitischen Kompensation verführen.

„Wertegeleitete" Außenpolitik erfordert „Klartext", wofür Baerbock einerseits gelobt wird: Sie gibt „Contra" und zeigt „Kante" und einen „Zeigefinger" Richtung Europa, lautet der Tenor in den deutschen Medien überwiegend, jedenfalls mehr als Kanzler Scholz zuvor. Andererseits warnt der konservative Flügel der SPD schon jetzt vor einer „Anti-China-Strategie".

In Bezug auf die Menschenrechtslage kontert der chinesische Außenminister QuinGang: „Wir brauchen keine Lehrmeister aus dem Westen"(14.4.). Der Ton hat sich verschärft – auf beiden Seiten. Auch eine Vermittlerrolle im Ukraine-Krieg stellt Quin Gang nicht in Aussicht. Vielmehr führt die erste Auslandsreise des neuen chinesischen Verteidigungsministers, des bekannten Viersterne-Generals Li Shangfu, bezeichnenderweise nach Moskau.

Die politischen Schwerpunkte der Weltpolitik haben sich deutlich verschoben. Deutschland, Frankreich und EU-Europa ohne einheitliche Adresse überschätzen sich.

Realpolitik, Moral und Doppelmoral

Wenn hundert europäische Politiker nach China reisen, was jetzt angesagt ist, dann haben sie hundert Ansichten und kaum eine Ahnung vom riesigen Land, wenn dagegen 100 Chinesen nach Europa kommen, haben sie eine Ansicht und eine Strategie, bis hin zum Hamburger und Triester Hafen.

Wir können uns China, obwohl 'systemischer Rivale', als Feind gar nicht mehr leisten, zu sehr sind wir weltwirtschaftlich mit dem Land verflochten. Außenministerin Baerbock spricht über einen realen Krieg zwischen China und Taiwan, von dem seit langem ständig geredet wird, als von einem „Horrorszenario" auch für Europa. Das sind realistische Worte, die man noch ergänzen kann.

Denn gleichzeitig zum G7-Aussenminister -Treffen in Japan, das vor einer „gewaltsamen Änderung" der Weltordnung warnt (18. April 2023), besucht der neue chinesische Verteidigungsminister drei Tage lang Moskau, um vor allem die militärische Kommunikation und Kooperation zu verbessern. Diese sei so gut wie noch nie und werde weiter ausgebaut, versichert Li Shangfu, der an einem Tisch mit Schoigu und Putin sitzt.

Russland nur als „Juniorpartner" und „Rohstoffkolonie" Chinas zu taxieren, ist zwar im Schwange, greift aber zu kurz und ist zu leichtfertig. China benötigt die Rückendeckung Russlands in seinem ‚Indopazifikkrieg", in dem jetzt permanent ein Atom-U-Boot auf Patrouille ist (NZZ, 18.4., S. 3). Russland hat zudem überraschend mit seiner Pazifikflotte, deren Hauptquartier in Wladiwostok liegt, ein Manöver durchgeführt (mit einem Raketenkreuzer, 20 U-Booten und 60 Kriegs- und Landungsschiffen).

Dabei geht es auch um die Kurilen-Inseln im Konflikt mit Japan, bezüglich deren es seit dem 2. Weltkrieg keinen Friedensvertrag gibt. Der Krieg um die Falkland-Inseln zwischen Argentinien und GB 1982 mit einer eifrigen Maggie Thatcher lässt grüßen. Zudem zündelt Nord-Korea mit gefährlichen Waffen gegen Südkorea, Japan wie die USA. Das arme Land investiert in Forschung

und Rüstung für seine gefährlichste Waffe, damit sich eine korrupte Autokra-
tendynastie erpresserisch an der Macht halten kann.

An vielen Punkten kann es in dieser Weltregion jederzeit zu unkontrollier-
baren militärischen Vorkommnissen kommen mit großen Folgen. Diese Lage
gleichzeitig mit mehreren Konfliktherden, die brenzlig sind, produziert natur-
gemäss Unsicherheit und Angst, wenngleich Angst keine produktive politische
Emotion ist. Die Aufklärung hat deshalb einen schweren Stand, weil sie auf
dieser Ebene kaum mit realen Handlungskorrespondenzen verbunden ist.
Desinformationskampagnen und Verschwörungstheorien der Gegenaufklärung
blühen stattdessen, was die allgemeine Orientierung für die ohnmächtig Vielen erschwert.

Gleichwohl hat die deutsche Außenministerin mit klaren Worten die Verantwortung Chinas als ständiges Mitglied des UN- Sicherheitsrates zu Recht
deutlich angesprochen, den zerstörerischen Angriffskrieg in der Ukraine zu
beenden. So viel Moral muss sein, denn auch China hat sich auf die ent-
sprechenden internationalen Konventionen verpflichtet.

Zudem steht seine Hochhaltung der territorialen Souveränität eines Landes, ja
aller Länder, in krassem Widerspruch zur Neutralität gegenüber Russland in
diesem Angriffskrieg gegen die Ukraine. Mit Kohärenz und klarer Linie wäre
schon viel gewonnen.

Bisweilen hat man jedoch den Eindruck, die heutigen weltpolitischen Akteure
hätten keine Moral, obwohl die sich verschärfende Systemrivalität durchaus
mit Missionen zu tun hat, und zwar mit nichts weniger als den höchsten
Missionen einer gerechten Weltordnung. Für Russland ist der Ukraine-Krieg
schon lange ein globaler Konflikt mit dem Westen. Der moralisch-politische
Kampf um die Doppelmoral auf der Weltbühne der Uno macht das Ganze
noch einmal gefährlicher.

Für die USA wiederum geht es um eine „regelbasierte Weltordnung", wie Verteidigungsminister Austin bei der Ramstein-Konferenz mit 54 Unterstützerlän-

dern erneut bekräftigte (21. April). „Rote Linien" für Waffenlieferungen, selbst für Kampfjets, scheint es nicht mehr zu geben, ein Nato-Beitritt, auf den die Ukraine drängt, wird allerdings weiterhin ausgeschlossen, denn Russland kann und soll nicht geopolitisch ausgeschaltet, wohl aber der imperiale Anspruch zurückgewiesen werden, was wiederum eine klare Bedingung für die Beendigung des Krieges sein wird. Das ist bisher noch Theorie.

Bei der knallharten Großmachtkonkurrenz geht es nicht 'nur' um das aufstrebende China bis hin zum politischen Makler, etwa im Nahostkonflikt, und zur Garantiemacht sowie die russische Welt Putins und die US-amerikanische Hegemonie, sondern um die Außenpolitik größerer Länder überhaupt, um die wiederum im Systemkonflikt heftig gebuhlt wird. Nehmen wir zum Beispiel Brasilien, das Bundeskanzler Scholz zu Beginn dieses Jahres besuchte.

Lula fordert gerade die USA auf, keine Waffen mehr an die kämpfende Ukraine zu liefern. Damit kann er sich freilich nicht mehr an die Spitze einer diplomatischen Friedensinitiative stellen. Er irritiert vielmehr Europa und die USA, die auf ihn gesetzt hatten. Für die Chinesen steht er hingegen auf der richtigen Seite der ‚Schwellenländer' der Brics-Staaten.

Für den politischen Westen enttäuschend steht der Gegner von Militärdiktator Bolsonaro, dessen Anhänger kürzlich den Aufstand gegen die Demokratie probten, jedoch auch auf seiten Russlands, das für seinen Vermittlungsplan offen ist und von dem Brasilien ausserdem als großer Agrarproduzent billigen Dünger bezieht. Aussenminister Lawrow bedankte sich am 17. April ausdrücklich bei seinem Besuch für diese Unterstützung, bevor er nach Kuba weiterreiste. Mit dem Iran pflegt Lula wohl auch Beziehungen, wie so viele, denen ihre Geschäfte wichtiger sind als die politische Moral, wenn sie nötig wird.

Die letzten Wochen müssen für die absolute Herrschaft von Xi Jinping ein Traum gewesen sein, ist doch durch die zahlreichen Staatsempfänge seine Hierarchie vor aller Augen sichtbar national wie international bestätigt worden. Neben dem Auffälligen und Offensichtlichen gibt es indes viele Grauschattierungen, gerade in der Aussenpolitik.

Die Gemengelage, in die auch der Westen einbezogen ist, dreht sich heute vor allen Dingen um die *Energie*, von der die moderne materielle Zivilisation in hohem Masse abhängig ist. Energiepolitik wird immer mehr zur globalen Machtpolitik. Viele machen gerade jetzt Geschäfte mit den Saudis, was den Opportunismus gegenüber der alten Öllobby pflegt. Am 19. April sahen wir erstmals überraschend ein historisches Bild, das assoziativ an frühere Friedensposen mit anderen Akteuren (Clinton, Peres, Sadat) erinnerte, in den Zeitungen: der chinesische Aussenminister mit den Aussenministern aus dem schiitischen Iran und dem wahhabitischen Saudi-Arabien (SZ, S.6).

Diese „arabische Zeitenwende" (FAZ, 21. April, S.1) wird angeführt von China und den Autokraten am Golf: „Noch ist die Region dem Westen nicht entglitten"(a.a.O.), aber die Machtverschiebung in der Region spielt dem iranischen Regime und seinem Schattenkrieg gegen Israel in die Hände. Wir erinnern uns an den Satz von Angela Merkel, den Helmut Schmidt nicht in diesen Worten sagen wollte: „Die Existenz Israels gehört zur deutschen Staatsräson."

Der Ökonom, ehemalige Chef der Weltbank und amerikanische Finanzminister Lawrence Summers stellt treffend fest: „I do think in many ways the most profound question for American foreign policy, and its one that very much implicates economis policy, is that as right and just as we feel we were, there are just a large number of countries that are not aligned with us or that are only weakly aligned with us. I heard a comment from somebody in a developing country who said, „Look, I like your values better than I like Chinas. But the truth is, when we are engaged with the Chinese, we get an airport. And when we are engaged with you guys, we get a lecture" (https://foreignpolicy. com/2021/05/01/chibok-girls-boko-haram-nigeria-africa-terrorism/).

Der Optimismus der 2000er und 2010er Jahre wird durcheinandergebracht. Selbst die Weltbank sieht die globale Entwicklung des Fortschritts inzwischen in der Krise, was etwas heißen will, siehe: The long, slow death of global development (Oks/Williams in: American Affairs, 2022, Nr.4).

Stichwort ‚Lecture' oder Lektionen erteilen: Die Chinesen lehnen „Lehrmeister aus dem Westen", etwa in Bezug auf Menschenrechte, ausdrücklich und scharf zurück. Dabei geht es nicht um die „Erziehung der ganzen Menschheit", wie der bayrische Ministerpräsident Söder insinuiert oder um eine „Anti-China-Strategie", wie der ‚Seeheimer Kreis' befürchtet, das wäre die falsche Debatte, sondern um schlichte, aber grundlegende Konventionen.

Die Umerziehungslager für die muslimische Minderheit der Uiguren widerspricht diesen. Diesbezüglich kann man wirklich (im Unterschied zu Söder) von ideologischer Erziehung mit staatlicher Gewalt sprechen, und hier muss Klartext gesprochen werden genauso wie angesichts von Tibet und Hongkong. Nicht einmal anwaltschaftliche Politik, geschweige denn Opposition von Minderheiten und abweichende Meinungen sind möglich.

Während des Chinabesuchs der deutschen Außenministerin sind zwei Bürgerrechtsanwälte verhaftet worden, was einmal mehr beweist, dass auch die Repression nach innen in den letzten Jahren noch deutlich stärker geworden ist, ebenso wie in Russland oder im Iran. Stellvertretend für diese Anwälte und unterdrückten Oppositionen muss eine wertegeleitete Außenpolitik dafür die Stimme erheben, ansonsten verschwinden und verstummen sie.

Klartext ist nötig, verpflichtet aber auch. Uiguren selbst haben zuvor darum dringendst gebeten. Das ist gegenüber dem mächtigen und empfindlichen China so wichtig wie gegenüber dem Gottesstaat Iran und seiner gewaltsamen, ja terroristischen Unterdrückung der Frauenrevolte, was weit mehr ist als feministische Außenpolitik. Auch hier dürfen die realistischen Worte, aus denen Konsequenzen gezogen werden, nicht fehlen.

Auch in der Außenpolitik gibt es eine Moral und nicht nur wirtschaftliche und nationale Interessen, die wiederum nicht völlig moralfrei sind. Ökonomie und Moral derart gegeneinander auszuspielen, Ist ein Fehler, der in der deutschen Tradition der Philosophie Tradition hat, genauso wie die pauschale Kritik am Utilitarismus als unzulänglicher Moraltheorie. Beides ist differenzierter zu sehen und miteinander zu verbinden und nicht durch hehre Bekenntnisse oder starke Sprüche zu verdecken.

Vor allem sind die gegenwärtigen Fragen des Weltfriedens, der Entwicklung und des Klimawandels inhaltlich und politisch klug zu diskutieren, dort, wo es möglich ist mit Verhandlungsgeschick, Geduld und Kompromissbereitschaft, und dort, wo es nötig ist mit militärischer Abschreckung und Entschlossenheit. Kluge Macht in jeder Hinsicht ist gefragt.

Politik ist sowohl der anspruchsvolle Versuch, friedlich Lösungen zu suchen, wie Feinde, die einen vernichten wollen, zu bekämpfen. Die Demokratie wie die Staatenwelt sind nicht feindlos, wie eine realitätsblinde Theologie annimmt, die andererseits nicht weniger als die Apokalypse verhindern will (siehe Antje Vollmers Vermächtnis einer Pazifistin, in: Berliner Zeitung, 23.2.2023).

Einerseits wird hierbei von nicht wenigen an der letzten politischen Utopie von Europa und der Überwindung der Nationalstaaten festgehalten, gleichzeitig wird die reale Gefahr des russischen und chinesischen Imperialismus heruntergespielt. Nicht zufällig ist auf pazifistischer Seite eine gewisse Empathielosigkeit gegenüber dem Überlebenskampf der Ukrainer zu konstatieren. Das Notwendige in der Zeit wird nicht wahrgenommen.

Ein objektives Problem allerdings ist, dass die moderne entzauberte Welt in unterschiedliche, durch Religion oder Weltanschauungen definierte Wertsphären zerfällt (Max Weber), was durch eine absolut gesetzte funktionale Theorie der Differenzierung für eine erfolgreiche Moderne noch gesteigert wird. Universelle Moral in der Außenpolitik wurde allzu oft als nationaler und imperialer Eigennutz entlarvt, nicht zuletzt auf westlich-liberaler Seite. Das ist ein Problem heutiger Weltpolitik.

Letztlich ist die Moral der Außenpolitik, auch als vermeintlich gemeinnütziges Motiv, doch nur primär auf ein bestimmtes eigenes Kollektiv gerichtet. Internationale Politik, buchstäblich genommen, ginge darüber hinaus. Außenpolitik ist jedoch nur zum Teil inter-nationale Politik, wofür auch der schöne Terminus ‚Weltinnenpolitik' (Weizsäcker) geprägt worden ist.

Politik bleibt aber im Unterschied zu Moral auf eine geographische Einheit nach innen und außen, gerade als demokratisch legitimierte, verantwortlich bezogen. Ihre Ziele lassen sich außerdem nicht in Frieden einerseits (Sternberger)und Feindbekämpfung andererseits (Schmitt) aufspalten. Auch Werte (unsere Werte!) und Interessen lassen sich zwar unterscheiden, aber nicht trennen. Selbst die Mitgliedstaaten der supranationalen EU haben aktuell unterschiedliche Interessen im Umgang mit China.

Die Wehr- und Bündnisfähigkeit für Freiheit und Demokratie, einschließlich unermüdlicher Diplomatie, gehören zur Moral der Außenpolitik, die nicht im machiavellischen Sinne eine Sphäre höherer Amoralität werden darf. Bezugspunkte einer verbindend-verbindlichen Moral der Außenpolitik sind deshalb:

- Kohärenz und Klugheit
- internationale Konventionen (Uno-Charta, Allgemeine Erklärung der Menschenrechte)
- Zivilisation
- anwaltschaftliche Politik, internationale Organisationen, transnationale Solidarität.

Das große Wort ‚Zivilisation' bedarf noch der Erläuterung, zumal es heute wieder (und nicht erst seit Huntington 1993) in den sich verschärfenden Systemkonflikt hineingezogen wird beispielsweise als ‚russische Zivilisation' bzw. ‚eurasische Zivilisation vs. westlich-amerikanische Zivilisation'.

An dieser Stelle, wo es um Krieg und den Weltfrieden geht, sei nur auf das Kapitel Weltgeschichte Europas oder auch europäische Geschichte der Welt nach 1945, nach der bisher größten Zäsur, dem Ende des 2. Weltkrieges, der militärisch entschieden wurde, hingewiesen (siehe Paul Betts, Ruin und Erneuerung, siehe auch den Blog ‚Zivilisation' vom 22. August 2022).

Der „Zivilisationszusammenbruch" (Elias) eröffnete normativ-politisch ein neues Kapitel der Weltgeschichte. Die internationale Gemeinschaft der siegreichen alliierten Staaten sah sich nach der Erfahrung des 2. Weltkrieges, des ersten globalen Krieges, verpflichtet, neue rechtliche Kategorien wie „Völkermord" und „Verbrechen gegen die Menschlichkeit" einzuführen. Bei den Nürnberger Prozessen (1945/46) wurde im Namen der Zivilisation Anklage erhoben. Es entstand eine Moralpolitik der Menschenrechte, die freilich kontrovers blieb.

Gerade der formlose und umstrittene Begriff der Zivilisation, „die europäischste aller Ideologien und die am höchsten geschätzte", ermöglichte dem Wiederaufbau aus den Ruinen einen Sinn zu geben, so die These von Betts (S.9). Darauf folgt die nicht minder interessante zweite These: Es hilft, „im Schatten einer viel größeren Krise als heute (!)" beim neuerlichen Nachdenken über die nötige friedliche Koexistenz. Das greifen wir gerne auf.

Bei allem Versagen der Zivilisation, damals wie heute, der Zivilisationsbegriff ist wandelbar. Er bezieht die UN-Charta von 1945 ebenso ein wie den tätigen „Weltzivilisationsbegriff" der Unesco, wo es um den Schutz der Kulturgüter geht – in Syrien wie in der Ukraine. Sogar eine ‚Zivilisierung des Krieges' zum universellen Schutz der Zivilbevölkerung wurde mit der Genfer Konvention vom August 1949 anvisiert, was damals die sowjetische Delegation besonders vorangetrieben hat. Die Vision eines internationalen Friedens ist während des Kalten Krieges nie verschwunden, wobei man optimistisch auf die Konvergenzbereiche Wissenschaft und Menschenrechte setzte.

Das Atomzeitalter ist freilich immer noch nicht zu Ende. Eine Mode war und ist es im Unterschied zu vielen, allzu vielen modischen Diskussionen über Etiketten und Standortbestimmungen nicht. Vielmehr ist die verdrängte Apokalypse mit den Atomkriegsdrohungen und dem Klimawandel empirisch wieder zurückgekehrt. Ob die angesprochenen Korrektive für die Selbstkorrektur reichen werden, ist die wohl dringendste ernste Frage.

Was heißt „Vierte Politische Theorie"?

„Die Vierte Politische Theorie" lautet der Titel eines Buches von Alexander Dugin (geb. 1962), der ein bekannter Autor im postsowjetischen Russland ist. In Europa ist er unter politisch Interessierten bekannt geworden durch seine Bücher über Geopolitik und als Führer der nationalbolschewistischen Partei, die 1992 gegründet worden ist und an die Tradition der 20er Jahre anknüpft.

Dugin gilt auch, was umstritten ist, als selbsterklärter intellektueller Führer der sogenannten ‚Eurasischen Bewegung' sowie als Einflüsterer und Verteidiger von Wladimir Putin, über den er als „Phänomen" ein eigenes Buch geschrieben hat (2019). Er lehrt an der Lomonossov-Universität in Moskau. Ausführlicher zur intellektuellen und politischen Biographie Dugins, die hier nicht im Zentrum steht, siehe: Andreas Umland, gegneranalyse.de und andere Aufsätze dieses Autors.

Alain Soral bezeichnet die 234 Seiten ‚Vierte Politische Theorie' (englisch 2012, deutsch 2013) als „Kampfmanual für den kulturellen Guerilakrieg". Dugin zeige, „dass eine multipolare, auf authentischen Werten gegründete Welt nur dann geschaffen werden kann, wenn man dem atlantischen Westen und seinen falschen Werten resolut den Rücken kehrt."

Wie ist dies zu erreichen?
„Nur durch die bedingungslose Erhaltung der geopolitischen Souveränität der Großmächte auf dem eurasischen Kontinent – Russland, China, Iran und Indien –, die die Freiheit aller sonstigen Weltvölker gewährleisten" (S.8).

Beide Zitate sagen schon alles über die Grundausrichtung von Dugins politischer Theorie, seiner Schüler und Sympathisanten der internationalen neuen Rechten auf der ganzen Welt.

Wogegen es diesen politischen Kriegern in ihren Netzwerken missionarisch geht, liegt auf der Hand. Mit welchen Konzepten und Argumenten sie verführen, ist dagegen weniger bewusst und bekannt. Sie verändern sich, obwohl vieles gleich bleibt. Das ist intelligente Dogmatik. Auf ihre Grundzüge wollen wir im Folgenden etwas näher eingehen.

Wie der deutsche Nationalbolschewist Ernst Niekisch (1889-1967) in den 20er und 30er Jahren – mit seiner Zeitschrift ‚Widerstand' in Berlin –, der eine Fusion von Kommunismus und Nationalismus anstrebte, will heute der russische Nationalbolschewist und Eurasier Dugin im Widerstand gegen den Liberalismus, der im Westen gesiegt hat und sich unter amerikanischer Führung über die gesamte Welt verbreite, vorgehen: „Liberalismus ist das graue Schicksal der menschlichen Zivilisation" (S. 151). Er verkörpert die „wichtigsten Vektorlinien der Moderne".

Auf S.152 definiert Dugin den Liberalismus genauer. An erster Stelle steht demnach das „Bild des Individuums als Maß aller Dinge", danach folgt der Glaube an das Privateigentum, an den Vertrag, die Gewaltenteilung, den Markt u.a.. Die historischen Prinzipien sind von Locke, Mill, Kant, Smith, Bentham und Benjamin Constant entwickelt worden bis hin zur neoliberalen Chicagoer Schule im 20. Jahrhundert und Karl Raimund Popper als emigrierter Theoretiker der offenen Gesellschaft (S. 152f.).

Die „Freiheit wovon" hat als treibendes Prinzip dogmatischen Charakter (S. 153). Staat und Nation sind demgegenüber sekundär. Die Freiheit von Vergesellschaftung und Umverteilung unterscheidet die Liberalen von den Linken jeder Couleur. Dagegen hatte die theoretische Auseinandersetzung mit der marxistischen Kritik durchaus Folgen bis hinein in den Sozialliberalismus, der auch in den 60er Jahren neu entstanden ist (die letzte Chance der Liberalen, Flach 1971). Auf die verschiedenen Varianten des demokratischen Sozialismus können wir hier nicht eingehen.

Sowohl auf der linken wie der liberalen Seite unterscheidet Dugin jedoch durchaus kenntnisreich Varianten, das gilt auch für die Konservativen und die Rechten. Sein hauptsächlicher Einsatzpunkt ist indessen ganz eindeutig: der „liberale Endsieg der 90er Jahre" (S. 158) und das „amerikanische Jahrhundert" (S. 159).

„1991 wurde mit der Auflösung der Sowjetunion klar, dass das ‚Ende der Geschichte' keine marxistische, sondern eine liberale Gestalt annehmen würde, woraufhin Francis Fukuyama hurtig der Menschheit verkündete, das ‚Ende der Geschichte' sei der Weltsieg des Marktes, des Liberalismus, der USA und der bourgeoisen Demokratie" (S. 158).

Damit sind wir direkt im politischen Zentrum, das Dugin aggressiv mit Putin verbindet, denn die USA waren von diesem Zeitpunkt an „nicht nur eine von zwei Supermächten, sondern der einzige weltweite Protagonist mit unangefochtener Vormachtstellung"(S. 159).

Dugin zitiert an dieser Stelle den sozialistischen französischen Außenminister Hubert Védrine, der von „Hypermacht"(statt Supermacht) sprach, um die „asymmetrische Übermacht" herauszustellen (S. 160). Dugin formuliert nun die These, dass die USA den kalten Krieg gewonnen hätten, weil sie sich auf „den Boden der liberalen Ideologie gestellt hätten" (S. 160). Und zitiert als Beleg den amerikanischen Neokonservativen, der das begriffen hat: „Das 20. Jahrhundert war das Jahrhundert des amerikanischen Aufstiegs, aber das 21. wird das amerikanische Jahrhundert sein" (William Kristol, S. 160).

Die folgenden Seiten lesen sich wie Zitate aus Putins 45minütiger antiamerikanischer Wutrede – „gegen die Kolonisten im Westen" – am 30. September 2022 im Kreml nach der Annexion der vier ukrainischen Gebiete, die er – fanatisch geworden – koste es, was es wolle, nicht mehr hergeben will. Dugin folgt dem Denken der „Neocons", wenn fortan die ganze Welt ein „Weltamerika" werden soll und „der american way of life obligatorisch für alle".

Die USA ist kein normaler Nationalstaat mehr, wird konstatiert. Warum also soll es Russland werden? Wie kann es das werden? Für die Putinisten ist die „Umschmelzung der bestehenden Weltordnung in eine neue, strikt ame-

rikanische Form" das neue amerikanische Jahrhundert (S. 161). „Der Liberalismus, der seine formellen Gegner besiegt hat, durchdringt alles", spricht
der politische Theoretiker Dugin auf der Suche nach der vierten Groß-Theorie
nach (post) Faschismus, Marxismus und Liberalismus.

Die argumentative Verknüpfung mit Putins ‚russischer Welt' liegt auf der
Hand. Da die Neocons die USA nicht mehr als „Nationalstaat, sondern als
Avantgarde der liberalen Ideologie verstehen", die ohne Ausnahme" in die
Tiefen aller Gesellschaften und Staaten eindringen" soll (S. 161), erhält dieser
Imperialismus eine zivilisatorische Mission.

Von amerikanischer Seite wird in dieser weltweiten Auseinandersetzung der
geringste Widerstand gebrochen, „wie es in Serbien, Irak und Afghanistan
geschehen ist" (S. 161). Dugin zitiert Präsident Putins erste offene Wutrede
an der Münchner Sicherheitskonferenz am 10. Februar 2007, wo er „Amerikas
maßlose Gewaltanwendung bei internationalen Konflikten wie dem im Irak
nannte".

„Solche Strategien meinte er, setzten das internationale Recht außer Kraft
und führten zu einem Rüstungswettlauf" (165). 2022 wird diesbezüglich ein
neues Allzeithoch erreicht, wobei die US-Ausgaben mehr als doppelt so hoch
sind wie die Rüstungsausgaben von China und Russland zusammen (Sipri-Re-
port).

Dugin vergisst auch nicht, darauf hinzuweisen, dass die Neocons aus dem
Trotzkismus hervorgegangen sind, was zumindest für prominente Einzelne
zutrifft. Die Verhältnisse sind jedoch auch im amerikanischen Neokonservativismus zu verschiedenen Zeiten etwas komplizierter ebenso wie natürlich der
permanente interne Konflikt in den USA mit den „Isolationisten" seit dem 1.
Weltkrieg.

Dugin gibt hier der Ideologie der ‚Neocons' wie überhaupt der Ideologie eine
überragende Bedeutung. Das verbindet die politischen Denker Georg Sorel,
Armin Mohler, Alain de Benoist und Antonio Gramsci, der Gründer der ita-

lienischen Kommunistischen Partei war – „Kulturrevolution von rechts" (Benoist).

Das verdeutlicht auch der Hinweis auf den zwar stets minoritären, aber internationalistischen Trotzkismus (4. Internationale), den man ebenso bei Armin Mohler (‚Die konservative Revolution' 1949/1989) findet. Der Internationalismus ist ihm eigen über Nationalsozialismus und Stalinismus rechts und links hinaus. Es sind bewaffnete Intellektuelle, die aus revolutionärer Überzeugung zur Gewalt bereit sind.

Wichtiger an dieser Stelle ist jedoch die Beobachtung, dass sich der Inhalt des Liberalismus selber wandelt, was vielfältig der Fall ist. Dugin spricht indes in großen epochalen Worten vom Übergang der Moderne zur Postmoderne. Was heißt das? Das letzte 14. Kapitel trägt unmissverständlich die programmatische Überschrift „Gegen die postmoderne Welt" mit dem politischen „Übel der Unipolarität" (212).

Postmoderner Liberalismus

In der Postmoderne ist der Liberalismus laut Dugins Diagnose keine frei gewählte Philosophie mehr: "er wird unbewusst, selbstverständlich und instinktiv" (S. 162). In genauer Entsprechung zur Definition des Liberalismus (152) entsteht so ein „postliberales Gruselkabinett" (S. 163). Das heißt:

- das Individuum wird durch das Dividuum abgelöst;
- das Privateigentum wird zum Besitzer des Menschen;
- die Chancengleichheit wird zur Gesellschaft des Spektakels;
- die Welt wird zum technischen Modell;
- die Zivilgesellschaft verdrängt den Staat und wird zum kosmopolitischen Schmelztiegel;
- die Demokratie wird zur ständigen elektronischen Volksbefragung u.a.

Interessant ist einerseits der Hinweis auf das Buch von Guy Debord, Die Gesellschaft des Spektakels 1967, das schon den Pariser Mai 1968 beeinflusste und vieles von dem vorwegnahm, was Dugin heute die „grotesken Sitten der postmodernen Kultur" nennt (S. 163). Das bürgerliche Individuum ist im permanenten medialen Spektakel nur noch Rolle und sonst nichts (siehe auch die Soziologie von Erving Goffmann). Davon trifft vieles zu, aber nicht alles, zumal verschiedene Milieus und Berufe zu beachten sind.

Es geht um ständige Werbung, Inszenierung und Propaganda (die gleichwohl noch immer zu unterscheiden sind!), die sich in ihrer Präsenz, Intensität und technischen Raffinesse aber zweifellos enorm gesteigert haben in unseren schnelllebigen Zeiten, insbesondere auch hybriden Kriegszeiten, bei denen wir nicht mehr mitkommen. Die Nachrichtendienste (nicht nur die militärischen in jeder Kompanie) sind deshalb noch wichtiger geworden im Kampf um die Wahrheit. Es gilt ständig zu prüfen und zu differenzieren, um urteilsfähig zu bleiben, was schwierig geworden ist.

Der andere Hinweis, der aufschlussreich ist, gilt dem Liberalismus in Russland. „Es gibt Liberale, aber keinen Liberalismus" (164). Die Mehrheit der Liberalen habe sich rasch zu Unterstützern Putins gewandelt, darunter auch Leitfiguren wie Gaidar und Chubais, schreibt Dugin (S. 165).

Der Ökonom Gaidar war kurz Premierminister der Russischen Föderation und entwickelte die „Schocktherapiemethode" für den Übergang zur Marktwirtschaft, und Chubais, stellvertretender Premierminister unter Jelzin, wurde mit der Privatisierung der russischen Industrie beauftragt.

Chodorkowsi ist in den Augen von Dugin dagegen wohl ein „wahrer Liberaler". Geboren 1963 in Moskau war der Unternehmer 2004 der reichste Mann Russlands und wurde zum Putinkritiker und Rivalen. Er war zehn Jahre in Haft und lebt heute in London, von wo aus er die Opposition im Land unterstützt. Sein neuestes Buch trägt den Titel „Wie man den Drachen tötet" und ist ein Handbuch für angehende Revolutionäre (2023). Was nach Putin kommt, weiß niemand, viele befürchten einen Bürgerkrieg.

Unter dem Titel „Kreuzzug gegen den Westen" (S. 166ff) folgt Dugins persönliches Glaubensbekenntnis: „Ich glaube" (wie in der katholischen Kirche), dass der Postliberalismus abgelehnt und zurückgewiesen werden muss, auch wenn „die volle Kraft der Trägheit der Moderne, der Geist der Aufklärung und die Logik der politischen und wirtschaftlichen Geschichte der europäischen Menschheit in den letzten Jahrhunderten voll hinter ihm stehen"(S. 167).

Das ist viel auf einmal, und das große „Nein" fällt entsprechend bedeutungsvoll aus. Es will als „Vierte Politische Theorie" zur neuen Sammlungsbewegung werden. Man kann das eine neue philosophisch-politische Querfront des Widerstands nennen, der letztlich eine neue revolutionäre Weltordnung anstrebt.

Vieles wird hier zusammengebracht und vermengt: Postliberalismus, Postmoderne und Globalisierung. Auf der höchsten esoterischen Ebene metaphysischer Kräfte beruft sich Dugin dabei immer mehr auf Martin Heidegger, den die Franzosen gerne (ohne den Namen zu nennen) schlicht ‚le philosophe' nennen, so wie im Mittelalter Aristoteles ‚der Philosoph' genannt wurde. Alle wussten, wer gemeint war.

Feinde der offenen Gesellschaft und der Würde der Einzelnen

Eine solche internationale Gemeinde hat auch Heidegger, der Jahrhundertphilosoph von „Sein und Zeit" (1927) und Meisterdenker aus Deutschland. Was sich allerdings hinter seiner verschlüsselten „Entschlossenheit" verbirgt, ist der Hass auf das „Gestell" (moderne Technik), die Wissenschaft, die nicht „denkt", und das öffentliche „Gerede" (die liberale Öffentlichkeit) – all das, was Popper die offene Gesellschaft nennt (1945).

Mit Heidegger überhöht sich Dugin (S. 40), der russische Nationalbolschewist, zum Philosophen. „Dasein" als Akteur heißt ein eigenes Kapitel (S. 31ff), zuvor lesen wir das Unterkapitel Heidegger und das ‚Ereignis', das bezeichnend ist für Dugins Denkstil, der sich durch philosophischen Tiefsinn wichtig machen will, obwohl nichts dahintersteht, außer gefährliche Unheimlichkeiten. Auf welches Ereignis warten wir? Auf Gott oder Godot? Wer ist Godot?

Dugin nennt die Stelle „die tiefste – ontologische – Begründung für die Vierte Politische Theorie"(S. 27). Er folgt Heideggers berühmter Herleitung der These von der Seinsvergessenheit im Rückgang auf die Vorsokratiker, die sich auf dem Weg in den Nihilismus manifestiert und schließlich zur Herrschaft des „Gestells" bzw. der modernen Technik führt. Die nächste Aussage wird deutlicher:

„Heidegger hasst den Liberalismus zutiefst, und hielt ihn für den Ausdruck der ‚Quelle des rechnenden Denkens', welche im Herzen des abendländischen Nihilismus angesiedelt ist" (S. 28). Die Postmoderne, unter der Dugin allzu viel pauschal zusammenfasst, ist für ihn die endgültige Seinsvergessenheit.

Dagegen steht der im Grunde banale Begriff „Ereignis" als Geheimnis, mit dem Heidegger die „Wiederkehr des Seins" bezeichnet, die sich in der dunkelsten Nacht ereignen soll. Dugin überträgt das auf die aktuelle Geschichte, denn in der heutigen Krisenzeit kann es „schwärzer" nicht mehr kommen (29). Aber was kommt mit der ‚Vierten Politischen Theorie'? Heideggers Ereignis?

In diesem Zusammenhang muss auch Russland seinen eigenen Weg gehen, um aus der globalen Sackgasse herauszukommen im Widerstand gegen die unipolare Weltordnung (S. 30). Zunächst wird die Vierte Politische Theorie jedoch in den üblichen akademischen Zirkeln in Moskau und Sankt Petersburg diskutiert, mit alten Bekannten wie Alain de Benoist (geb. 1943), dessen Klassiker über Klassiker von links, wie rechts er besonders lobt (S. 51): Vue de droite, Paris 1977.

Dass sich diese nichtliberalen ‚Konservativen' von den koalitions- und regierungsfähigen Liberalkonservativen abgrenzen, wissen wir seit den Debatten über amerikanischen und deutschen ‚Neokonservativismus' (was ist das?) und ‚Neue Rechte' (die Nouvelle Droite kennen wir) in den 80er Jahren. Vieles an bekannter Liberalismuskritik von rechts, die sich zum Teil mit der von links überschneidet, wiederholt sich. Alain de Benoist für Frankreich und Armin Mohler für Deutschland spielten dabei ein produktives Paar.

Die alten Bekannten, die noch Lebenden und die Verstorbenen (Carl Schmitt 1888-1985) treffen sich im Geiste und auf Konferenzen wieder. Wer sind die Jungen? Wovon lassen sie sich überzeugen? Was also ist neu im Zusammenhang mit der Vierten Politischen Theorie und ihrer zweifelhaften Interessantheit? Was sind ihre positiven Aspekte?

Dugin schreibt zutreffend, dass das „historische Subjekt der liberalen Ideologie das Individuum ist (S. 36). Politisch müsste man noch hinzufügen: das Individuum und seine Zustimmung, darum bleibt auch der politische Kampf einer um Zustimmung. Der liberale Staat, der nicht schwach sein muss, ist sodann auf einer Zustimmungstheorie begründet (Locke, Spinoza). Richtig und wichtig ist auch der Zusammenhang mit der Freiheit. Mit welcher Freiheit? Darüber gibt es eine Debatte, die wohl nie zu Ende sein wird.

Prioritär für den Liberalen ist die „Freiheit von" (John Stuart Mill). Über die Freiheit wozu schweigt sich der Liberalismus aus, behauptet Dugin (S. 37). Das muss nicht so sein, was zu den Schwierigkeiten demokratischer Politik führt. Faschismus und Kommunismus haben sie totalitär abzukürzen versucht und das Ziel der Geschichte oder das Glück auf Erden diktatorisch zu erzwingen versucht.

Aufgrund solcher unermesslich gewalttätigen totalitären Erfahrungen und nicht aufgrund von Texten wissen wir heute, warum wir den Individualismus und den Wert der Einzelnen verteidigen, da kann sich Professor Dugin, der Akademiker, lange darüber aufregen, wie unzulänglich die Platon-, Hegel- und Marx-Exegesen in Poppers zweibändigem Werk ‚Die offene Gesellschaft und ihre Feinde' sind, das oft zitiert und selten gelesen wird.

Dugin sieht Heideggers „Dasein" als Subjekt der Vierten Politischen Theorie. Er meint tatsächlich, Heidegger tauge als „Grundlage einer ausgereiften und gut entwickelten politischen Philosophie" (S. 40). Kühn will er in einen neuen ‚hermeneutischen Kreis' jenseits des Individuellen des Liberalismus vorstoßen. An dieser Stelle tritt nun auch Carl Schmitt prominent auf mit einem „vierten Nomos der Erde". Mit ihm will Dugin das „kolossale erkenntnistheoretische Erbe der Geopolitik offenbaren" (S. 43).

„Räumlichkeit" und „Ethnos"(und nicht Demos) spielen fortan argumentativ eine große Rolle, während die Fortschrittstheorie als rassistisch zurückgewiesen wird. Ethnos, Ethnizität und Ethnozentrismus sind von größtem Wert für die Vierte Politische Theorie, bei der ansonsten vieles bewusst offenbleibt. Der Marxismus wird gleichwohl benutzt bei der „Enttarnung der bourgeoisen Großerzählungen" (S. 50), obwohl sein Selbstverständnis falsch ist.

Die Negation des Liberalismus bleibt dagegen kompromisslos und unmissverständlich: „Wenn wir das Individuum als konstitutive Figur des sozialen und politischen Systems untergraben, können wir dem Liberalismus ein Ende machen" (S. 52). Das ist die Mission.

Das Individuum soll abgeschafft werden, die Freiheit dagegen wird in all ihren Aspekten, auch den gefährlichen, bejaht (S. 53f). Das heißt „Daseinsfreiheit" für den homo maximus, nicht jedoch für den kleinen Mann des Heideggerschen „Man", die „uneigentliche Existenz des Daseins" (Sein und Zeit, Viertes Kapitel, & 27). Die Masse will und soll geführt werden, und die Denker wollen die Führer geistig führen.

Für politische Fragen sind jedoch weder Dugin noch Heidegger geeignet oder gar zu empfehlen, wenn auch aus unterschiedlichen Gründen. Heidegger ist der Stichwortgeber der Identitären, rechts wie links. Die konkreten politischen Feinde, mit denen man sich auseinandersetzen muss, nennt Dugin freilich schon. Es sind diejenigen, die „Gott, Tradition, Gemeinschaft, Ethnizität, Imperien und Königreiche" ablehnen (S. 167), was zum Verlust der Identität führt. Welcher? Und welche wird dagegen ins Feld geführt?

Mit Faschismus (nicht nur Mussolini), Kommunismus (nicht nur Stalin, obwohl Stalinismus und Nationalismus in Russland nicht aufgearbeitet sind) sowie Liberalismus (nicht nur der hegemonial normative aus den USA) wird man sich weiterhin intensiv beschäftigen müssen. Der Faschismus ist heutzutage gar nicht so einfach zu definieren, wo alles durcheinandergeht.

Ist Dugin ein Faschist – ohne Rassismus (S. 43 ff)? Er dreht den Spieß um: „jeder Westler ist ein Rassist" (Spiegel-Interview Nr. 29/2014). Und was ist der ‚Putinismus'? Was der ‚Trumpismus'? Man kann sich lange und umständlich bei ‚Etikettierungen' aufhalten. Der Streit um Worte bzw. ‚Sein und Heißen' ist selbst ein Politikfeld, unweigerlich.

Indessen ist auch klar: Etikettierungen, Bekenntnisse und Unterstellungen sind noch keine überzeugende Argumentation. Die ‚Vierte Politische Theorie' führt weg von wirklich seriöser und konstruktiver politischer Theorie, die in unseren verwirrten Zeiten nötiger denn je ist. Objektiv und ehrlich sollte man dabei Wahrheit und Wahrhaftigkeit beachten bei allen Emotionen und Ressentiments, die wir alle haben.

Das bedeutet nötige Arbeit (nicht nur des Begriffs) an Zivilisation und Zivilisierung, Zivilität als Kombination von Freiheit und Einschränkung, robuste Zivilität als persönliche Haltung und politische Verantwortung für Zivilisation als Prozess, für Föderalismus und Demokratie, die ‚Humanisierung des Staates' (Elias) sowie und nicht zuletzt für stabilen und gerechten Frieden.

Im Zentrum einer solchen Politik der Würde steht: Das zweifelnde, bisweilen verzweifelte und oft mutige ‚Individuum im Widerspruch' im ‚Versuch, in der Wahrheit zu leben' (Havel). Jedes von ihnen benötigt Verteidiger und Anwälte.

Der 9. Mai 2023

Nach den heftigen russischen Luftangriffen mit Drohnen, Marschflugkörpern und Gleitbomben, die durch das Radar nur schwer zu erfassen sind, am Vorabend des 9. Mai in Moskau spricht der ukrainische Präsident Selenski von der „Rückkehr des Bösen" in anderen Städten als im 2. Weltkrieg. Angriffsziele sind Wohnungen der Zivilbevölkerung und die Stromversorgung. Das Böse ist mehr als eine Redensart, es ist die Entfesselung von massiver Gewalt.

Der Tag des Sieges über Nazideutschland wird unter Putin besonders gepflegt und ist inzwischen ein Volksfest, das als Kitt der russischen Bevölkerung wirkt. Putin spricht dies in seiner kurzen Rede mit einer Schweigeminute des Gedenkens an. Das Gedenken an die Opfer für die Heimat ist „heilig".

Auf den konkreten Kriegsverlauf in der Ukraine geht er nicht ein. Allerdings spricht er von einem „Krieg", und zwar explizit von einem Krieg gegen das „bedrohte Russland", worin er nun die annektierten ukrainischen Gebiete als russisches Staatsgebiet, die unter seinem Schutz stehen, einbegreift. Dies sei jetzt das „Allerwichtigste".

Vom Ukraine-Krieg spricht er weiterhin von einer „Spezialoperation", die „tragisch" geworden sei, weil die Ukrainer vom Westen gegen Russland benutzt würden. Weitere Kriegsziele als den Donbass nennt er nicht. Die „Zivilisation" sieht er jedoch bei dieser Auseinandersetzung „am Scheideweg", da es um eine multipolare Weltordnung gehe, welche die Völker (Ethnien) nicht unterdrücke.

Es werde vergessen, wer Europa vor dem Nazismus befreit habe, wobei er die alliierten Soldaten erwähnt. „Wir haben es wieder mit Faschisten zu tun." Die Sicherheit liegt für Russland allein in den Atomwaffen, die bei der Militärparade, neben veralteten Panzern, selbstverständlich wieder vorgezeigt werden, wobei auf den prestigeträchtigen Überflug einer Fliegerstaffel diesmal verzichtet wird.

Ansonsten ist man offenbar nervös bezüglich der eigenen Sicherheit und wohl auch gegenüber der ‚letzten‘ Großoffensive der Ukraine, die russisches Gebiet erreicht und immer mehr Menschen, Munition und Material verschlingt. Dies wird auch im großen Russland zunehmend verspürt. In einer der letzten langen Reden sprach Putin davon, dass Russland „auf dem Schlachtfeld nicht zu besiegen sei“.

Er rechnet offenbar noch immer mit der Zeit (chronos) an seiner Seite (während im Westen in dieser Zeit verschiedene politisch folgenreiche Wahlen stattfinden) und einem langen Krieg. Normalität wird indes lediglich an der Oberfläche vorgespielt. Putin sitzt scheinbar fest im Sattel. Neben Diktator Lukaschenko aus Belarus, der an seiner Leine ist, sind weitere sechs Staatschefs aus Zentralasien und dem Kaukasus bei der Feier anwesend, was der Welt signalisieren soll, dass das große Russland nicht zu „isolieren“ ist.

Putin braucht den Krieg (NZZ, 8.5., S.13), der ihn erst recht unersetzlich macht: „Im Krieg wird die Machtvertikale des allgegenwärtigen Staates mit Spitze und Zentrum allmächtig.“ Wer abweicht, gilt als Volksfeind, dafür genügt schon eine Kleinigkeit, etwa eine kritische Anmerkung zur Armee, die am 9. Mai zahlreich mit allen Einheiten und einem lauten Hurra paradiert. Sie verkörpert den strammen Hurra-Patriotismus, den viele Zuschauer mit ihren Familien mitfeiern. Ist es nur Spektakel, eine Show oder lediglich Propaganda?

Der 9. Mai 2023 ist politisch bei solchen ‚Zustimmungsraten‘ jedoch weit ernster zu nehmen, wenn der eigene Angriffskrieg in einen „Überlebenskampf gegen den Westen“ umgebogen wird. „Putin spricht den Märtyrer-Komplex an, der in der Tradition des russischen Selbstbildes eine zentrale Rolle spielt. „Das Land wird immer stärker auf die Unvereinbarkeit zwischen „russischer Welt“ und „dem „Westen“- den „westlich globalistischen Eliten“- eingeschworen, womit es hinter Chruschtschows Formel von der friedlichen Koexistenz zurückfällt, so Rudolf G. Adam (NZZ, 8.5.). Frieden ist nur in einer „neuen Weltordnung“ (Lawrow am 7.4.) möglich. Wie aber sieht diese neue Weltunordnung aus und wie wird sie durchgesetzt? Um welchen Preis?

Nur im existentiellen Krieg ist Russland mit dieser Weltanschauung wieder „die global gefürchtete Supermacht, die die Sowjetunion einmal war" (a.a.O.) und so den USA ebenbürtig bis hin zu einer neuen Kubakrise. Der Diplomat Adam kommt demnach zur These, dass Putin eine „nationalistische Version der Breschnew-Doktrin" fortsetzt, nun geopolitisch statt ideologisch begründet. Europa wiederum, ehemals ein Friedensprojekt, spricht heute in Reaktion darauf ebenfalls vom ‚geopolitischen' Europa (Scholz im Europaparlament am 9.5.), dennoch ist Europa „keine Supermacht", so Scholz im Unterschied zu den Ambitionen des französischen Staatspräsidenten Macron.

Über 'soft power' verfügt der russische Imperialismus nicht mehr. „Ein anhaltender Krieg ist für Putin die beste Rückversicherung gegen einen Nato-Beitritt der Ukraine" (a.a.O.), auf den Selenski verständlicherweise so sehr drängt. Er braucht Sicherheitsgarantien, vorher wird es keinen Waffenstillstand geben, es sei denn, man nimmt die Teilung des Landes in Kauf.

Dieser Krieg wird auf dem Schlachtfeld entschieden, da haben beide, Selenski und Putin recht. Putin will keinen Frieden und glaubt auch nicht – wie Liberale – an Verträge, die er schon mehrfach gebrochen hat. Seine wichtigste Machtwährung ist die militärische Gewalt. Laut Adam müssen sich die Ukraine und ihre Unterstützer deshalb auf einen langen, weiterhin zermürbenden Krieg mit hohen Kosten einstellen, so das bittere Fazit, denn „Russland will keine abschließende Klärung der Grenze und kein Konfliktende."

300 Jahre Flüchtlingsgemeinde

Die Französisch-Reformierte Gemeinde ist ein Pfeiler des Neuen Potsdamer Toleranzedikts (2008). Und das ist kein Zufall! Die Flüchtlingsgemeinde ist eine offene Kirche, die sich in der Hospizarbeit, im Kirchenasyl und mit ihrem Eine-Welt-Laden (Fair Trade), der 1989 eröffnet worden ist, engagiert.

Die Gemeinde hat sich mit ihrer Pastorin Hildegard Rugenstein von Anfang an (und immer wieder) am bürgerschaftlichen ‚Toleranzedikt' als Stadtgespräch beteiligt. Sie hat es mit einem verbindlich-verbindenden Bekenntnis (auf den Seiten 76, 77 und 78) – von mehr als 27 Personen erarbeitet und unterschrieben – bereichert.

Inzwischen sind mehr als 17 000 Exemplare in der Stadt verteilt, es ist im Netz und wird von der Landeshauptstadt Potsdam unterstützt. Das achtmonatige intensive Stadtgespräch hat da und dort Spuren hinterlassen. Neue Kontakte sind entstanden. Personen mit unterschiedlichsten Berufen und Herkünften wollten deshalb diesen Schatz nicht wieder verspielen und haben den Verein ‚Neues Potsdamer Toleranzedikt – Gemeinsam für eine weltoffene Stadt' am 29. Oktober 2009 in der Französischen Kirche gegründet. Sie wollten den Schwung aufnehmen und weiterführen: 'HelpTo', 'Anders als du glaubst', 'Brandenburg zeigt Haltung', sind daraus erwachsen.

Die 1753 erbaute Kirche, welche die Gläubigen ‚Tempel' (le temple réformé) nennen, verknüpft die alte Tradition der Einwanderung, Integration und Toleranz mit neuen Herausforderungen. Verschiedene unvergessene Veranstaltungen des Neuen Toleranzedikts haben in den letzten Jahren dort stattgefunden.

Darunter eine mehrmalige originelle Aufführung mit Schulkindern von Lessings Theaterstück „Nathan der Weise" zusammen mit dem ‚Poetenpack' sowie eine kontroverse Diskussion über die neue Synagoge unter dem Motto: das geduldige Zuhören wollen wir ebenso einüben wie das Debattieren. Das konventionell-unkonventionelle Zusammenkommen sowohl in der Kirche (mit Breakdance!) wie im Hugenottengarten im Holländischen Viertel war jedes Mal erquicklich und weiterführend.

Für eine Ost-West-Stadt wie Potsdam, die ständig wächst und sich neu mischt, bleibt eine zivile Tugend wie die Toleranz als notwendige Ergänzung der wachsenden individuellen Freiheit lebenswichtig. Im neuen Toleranzedikt haben wir (nach vielen Gesprächen und zahlreichen Wortmeldungen) Toleranz als Geduld, Offenheit und Zivilisierung von Differenzen definiert (Seite 22).

Definitionen sind zweckmäßig oder nicht. Das Spektrum der Toleranz als Verhaltenstugend kann noch nuancierter und zugespitzter sein, wenn wir einer Philosophie der Alltagssprache folgen, die mit Lebensformen verknüpft ist.

Dann lässt sich auch programmatisch an den besten Satz aus Preußen anknüpfen: Jeder nach seiner Façon – mit so viel Toleranz wie möglich, wollen wir ergänzen. Das schließt das schwierige Thema der Grenzen von Toleranz ein, die ebenfalls mit Entschiedenheit markiert werden müssen. Beides schließt sich nicht aus. Wo und wie? Das ist immer wieder eine Frage der eigenen Urteilskraft.

Man sieht aber auch, dass es nicht ohne Konflikte geht, gerade dann, wenn wir einen demokratischen Individualismus leben möchten, für den wir eine Mitverantwortung tragen. Sie darf nur ein gewisses Maß an Gleich-Gültigkeit erreichen, wofür es keine allgemeine streng wissenschaftliche Anleitung für alle Fälle gibt. Vielen ist Toleranz zu wenig (sie wollen Wertschätzung, Akzeptanz, Gerechtigkeit).

Selbstverständlich ist sie aber nach aller Lebenserfahrung nicht, weder alltäglich noch politisch. Ist sie ersetzbar? Warum nicht? Diese Frage sollten wir uns in Ruhe selbst beantworten können. Dies ist wichtig, um nicht wieder einer verführerischen Großideologie, die alles besser weiß, zum Opfer zu verfallen. Für sie war und ist Toleranz tatsächlich zu wenig – mit Folgen, das kann man wissen.

Die Lebensphilosophie mit dem methodischen Ausgangspunkt der normalen Alltagssprache ermöglicht zumindest das inklusive Gespräch mit allen, die ihre eigenen Erfahrungen mit Toleranz und Intoleranz einbringen können. Daraus wiederum können und sollen breite Bündnisse entstehen, die effektiv sind und zugleich nachhaltig in die Tiefe gehen, um die *liberale* Demokratie schützen.

Die Politik in Ostdeutschland nennt dies die Stärkung der Zivilgesellschaft, die heute weiter ist als noch in den 90er Jahren. Diese Absicht steht hinter dem ‚Toleranten Brandenburg' seit 1998 und dem neuen Potsdamer Toleranzedikt seit 2008. Eine solche Tradition können wir als selbstgewählte Tradition fortführen. Sie bildet unseren Toleranztest und ist demokratiepolitisch relevant.

Die Refuge Berlin Brandenburg der hugenottischen Migration seit 1672 ist das Beispiel einer nicht konfliktlosen (wo gibt es das?), aber *gelungenen* Integration (sie kann auch scheitern!), man kann sogar von der nachfolgenden Geschichte her sagen: *erfolgreichen* Integration. Letzteres gilt für die französisch-deutsche, wie vor allem berlin-brandenburgischen Geschichte (Hugenotten-Museum Berlin 2021).

Das ist eher selten und deshalb bis heute präsent, was für viele andere Einwanderungsgruppen nicht zutrifft (siehe Enzyklopädie Migration in Europa, Paderborn 2007). Diese (Erfolgs-) Geschichte darf jedoch heute nicht zum bloßen wohlfeilen Marketing-Artikel werden, sondern sollte als Anknüpfungspunkt ernster und gedanklich produktiver genommen werden.

Die in den 90er Jahren mühsam und liebevoll renovierte älteste Kirche Potsdams, die 1968 geschlossen und als Abstellschuppen vernachlässigt worden war, steht in der Stadtmitte quasi als architektonischer „Fremdkörper" vor dem großen, achtstöckigen, verschachtelten Bergmann-Klinikum aus der DDR-Zeit in einem *besonderen Ensemble* neben dem sowjetischen Ehrenmal, der größten katholischen Kirche Peter und Paul, dem Skaterplatz mit Graffiti-Wänden, Ruhe- und Spielwiesen, Busbahnhof und Taxistand.

Der Bassinplatz ist insgesamt ein, aus den Kontingenzen der Geschichte heraus, Stein gewordener *Platz der Toleranz* und nicht Ausdruck eines intoleranten Purismus. Die ungewöhnliche Kuppel und die barocke Orgel machen diesen schmucklosen Tempel, in der man sich statt der Bilder auf das Wort der Bibel konzentrieren soll, besonders. Friedrich II. hat sie finanziert und seine beiden größten Baumeister: Knobelsdorff und Schinkel, waren an ihr beteiligt. Der religionsindifferente Stoiker Friedrich hätte am liebsten ein Pantheon für alle Konfessionen geschaffen.

Vor 300 Jahren stand die Schweiz im Zentrum einer europäischen Flüchtlingskrise. Als Page ihres Schleppers verkleidet, will die junge Hugenottin Anne-Margerite Petit, zusammen mit 60 000 Glaubensflüchtlingen, von Lyon nach Genf, das sich noch heute als ‚cité de refuge' versteht. Über ihre abenteuerliche Flucht verfasst sie einen Bericht (Amsterdam 1760). Aber auch in Genf muss sie weiterziehen, denn Frankreich übte Druck auf die Calvin-Stadt aus, welche aus amerikanischer Sicht das „protestantische Rom" geworden ist.

Von Genf aus zweigten die Wege der Waldenser, dieser Protestanten vor der Reformation, in die schwer zugänglichen Bergtäler ab. Die Waldensergemeinden sind wichtige Zufluchtsgemeinden bis heute geblieben, trotz schwerster Bedrängnisse. Im heutigen Europa will man die Erinnerung an die gefährlichen Fluchtwege wachhalten. Es galt, die katholischen Kantone von Genf aus über Lausanne, Bern in die Zwinglistadt Zürich bis zur Grenzstadt Schaffhausen sorgsam zu umgehen. Von dort ging es weiter nach Norden, oft nach Deutschland, das nach dem 30jährigen Krieg entvölkert war (siehe NZZ, 7. November 2015).

Das Edikt von Potsdam 1685 war in diesem Zusammenhang ein rechtzeitiger subversiver und zweckmäßiger Schritt der Peuplierungspolitik aus Solidarität und Mitleid mit den protestantischen Glaubensgenossen. Seine 14 Artikel waren von A bis Z durchdacht und konnten weitgehend eingelöst werden. Symbolpolitik war es nicht.

Die Gemeinde war eine Umsetzung davon. Sie wurde am 11. Juli 1723 gegründet und feiert in diesem Jahr 300 Jahre ,Geist und Freiheit' mit zwei Festgottesdiensten am 9. Juli und am 23. September sowie einer Ausstellung im Jan Boumann-Haus im Holländischen Viertel (Mittelstraße 8, 2.6. bis 5.11.).

„Ihr seid das Salz der Erde" (Matthäus 5, 13-16).
„Wenn das Salz seinen Geschmack verliert, womit kann man es wieder salzig machen?"

Mehr Informationen:
www.potsdamer-toleranzedikt.de

1. Juni 2023

Entscheidungen in Hiroshima

Der japanische Premierminister Kishida sprach von einem „historischen Gipfel", und er versprach, „dass die führenden demokratischen Volkswirtschaften" alles tun werden", um einen „atomaren Konflikt zu verhindern". Einen symbolträchtigeren Ort für dieses Versprechen des Nuklearpazifismus als Hiroshima lässt sich nicht finden.

Der G7-Gipfel in Hiroshima vom 19. bis 21. Mai fällte wichtige ‚weltpolitische' Beschlüsse. Er bekräftigte wie kein Gipfel zuvor die Politik der nuklearen Abschreckung und ging gerade nicht in Richtung der Ächtung und Abrüstung von Atomwaffen, obwohl sich die maßgeblichen ‚Staatenlenker' vor dem allein noch übrig gebliebenen ‚Atomic dome' ins Bild setzten.

Nach einer riskanten Reise durch die Hauptstädte Europas: Berlin, Paris, London, trifft auch der ukrainische Präsident Selenski überraschend in Hiroshima ein und erhält vom amerikanischen Präsidenten Biden, der Nr.1 der Staatenlenker, die lange ersehnte Zusage für die Lieferung von F16 – Kampfjets, womit die letzte rote Linie, die auch Biden bewusst lange eingehalten hatte, bei den westlichen Waffenlieferungen überschritten wird.

Die ukrainische Führung weiss, was sie will: mindestens vier Geschwader mit 48 Flugzeugen (26.Mai). Die Ausbildung soll mindestens 5 Monate dauern. Wäre dies der „gamechanger", nachdem nun langsam die schweren Panzer eintreffen, und neue Verbände und Gefechtsverbünde eingeübt werden (Schlachten in Richtung Südosten?).

Selenski ist der strahlende symbolische Sieger des Gipfels. Ob er damit die Welt dem Frieden näherbringt, wie er sagt, ist die Frage. Aber nicht nur das aggressive Russland steht im Vordergrund der Aufmerksamkeit des Gipfels, sondern ebenso China und Nordkorea sowie die Diplomatie mit Südkorea, Japan, Brasilien und Indien. Die Welt ist komplizierter geworden, es ist mehr als ein neuer kalter Krieg.

Die Signale an Moskau sind eindeutig, indem die Sanktionen weiter verschärft werden, und die militärische Unterstützung sichtbar über das Jahr 2023 hinausgeht, was auch Kanzler Scholz unterstreicht, nachdem Großbritannien (einmal mehr) und die Niederlande bei der europäischen Kampfjetallianz vorgeprescht sind. Russland reagiert wie üblich, nur diesmal noch deutlicher und spricht von einer „kolossalen Provokation", während Biden Selenski das Versprechen abringt, die Kampfjets nicht für „Angriffe gegen Russland" einzusetzen. Die Militärhilfen werden noch einmal aufgestockt, und China wird geradezu verzweifelt gedrängt, diplomatisch auf Russland einzuwirken.

Am 26.5. lesen wir von einem Treffen zwischen dem russischen Außenminister Lawrow und dem chinesischen Diplomaten Hui, der in Europa für eine politische Lösung im Ukraine-Krieg unterwegs ist. Im Subtext läuft hier ab, dass viel Diplomatie im Gange ist, obwohl oder weil gerade gleichzeitig die Zusammenarbeit zwischen Russland und China weiter gestärkt wird. China spielt sein eigenes Spiel, und Russland zeigt sich von den weiteren Sanktionen unbeeindruckt.

Ausweitungen des Krieges?

Ausweitungen des Krieges in der Ukraine sehen Biden und seine Berater sehr wohl. Die kommenden Offensiven sind zwischen den militärischen Oberbefehlshabern Saluschny und Cavioli abgesprochen. Die weltpolitische Hauptsorge gilt indes weiterhin China, was nicht bedeutet, dass Europa für Amerika unwichtig wird, obwohl der anstehende amerikanische Wahlkampf einiges offen lässt. Die geostrategische Wende vom Atlantik zum Pazifik ist jedenfalls nicht total.

Biden, der aus dem Irakkrieg, den er 2003 anfangs befürwortete, gelernt hat, will den Krieg einhegen, um einen Konflikt zwischen Nato und Russland zu vermeiden, während sich Russland von Anfang an im Konflikt mit der Nato sieht, was sich noch verstärkt hat. Welche Eskalationen können sich daraus ergeben? Wenn auch die Wahrscheinlichkeiten unvorhersehbarer Ereignisverläufe unterschiedlich eingeschätzt werden (gerade Experten halten den Atomkonflikt für sehr unwahrscheinlich!), bereitet man sich militärisch gleichwohl auf alle Szenarien vor (siehe: Was der Einsatz von Atomwaffen bedeutet, NZZ, 24.5.). Am 24. Mai ist die USS-Gerald Ford, das größte Kriegsschiff der Welt in den Oslofijord eingelaufen – zur Sicherheit Norwegens sagt die Nato, zur Einschüchterung sagt Moskau.

Politisch hinkt man hinterher, indem man fast nur noch reagiert, aber nicht mehr vorausschauend (strategisch?) agieren kann, auch weil zu viel auf einmal zu bewältigen ist. Heute in einer Welt in Stücken ist ein Blick aufs globale Ganze kaum mehr möglich. Selig ist, wer Luhmann nicht gelesen hat. Die Netzwerkwelt ist dafür eine notdürftige (geschwätzige) Kompensation. Die Sprache der Politik hingegen ist aufschlussreich.

Die Rhetorik der Bedrohung, der Erpressung und Angst begründet semantisch wiederum eine eigene Welt, wobei die „Angstbremse" politisch unterschiedlich eingeschätzt wird (siehe Robert D. Kaplan, The Tragic Mind: Fear, Fate, and the Burden of Power, 2023). Angst und Politik bilden in der neuzeitlichen (Staats!-) Politik einen grundlegenden und konstitutiven Zusammenhang, geht es doch vor allem um Schutz vor Gewalt. Staaten vertreten Interessen sagt der Realismus zurecht, bei dem es nicht primär um moralische Wertungen geht. Darunter sind, innen- wie außenpolitisch relevant, vor allem die Sicherheitsinteressen! Der moderne Staat ist per se ein Sicherheitsstaat. Dazu gehören auch Waffen, wenn es konkret wird.

Waffen wie Marschflugkörper, die nicht nur von den USA, sondern auch von Großbritannien und Deutschland (‚Taurus‘) zur Verfügung gestellt werden, haben inzwischen Reichweiten, worauf man bisher penibel geachtet hatte, erreicht, die einen Angriff auf die Krim ermöglichen. „Ein Angriff auf die Krim ist ein Angriff auf Russland,“ so unmissverständlich der russische Botschafter Antonow in Washington am 22. Mai.

Bereits im Januar warnte angesichts bevorstehender Panzerlieferungen der Sprecher des russischen Parlaments Wolodin, ein enger Verbündeter von Putin, vor einer „globalen Katastrophe“. Die Drohung mit dem Atomkrieg begleitet den Ukrainekrieg von Anfang an. Paradox gesprochen, lassen sich die kämpfenden Ukrainer und ihre unbedingten Unterstützer davon am wenigsten beindrucken. Bei Medwedew, den Propagandisten des Staatsfernsehens und den zahlreichen Akademikern bis hinauf ins Verfassungsgericht gehört die Rede von Präventiv- und Atomschlägen zum Stammtisch, der weit ins Land hinein Verbreitung findet. Sie haben schon längst verbal wie inhaltlich alle Tabus gebrochen. Putin ist nicht allein.

Der erfahrene Stratege Henry Kissinger, der „Metternich des amerikanischen Jahrhunderts“ (Fischer), der am 27. Mai hundert Jahre alt wird, hebt in seinen aktuellen Erwägungen noch die besondere Bedeutung von Sewastopol, Stützpunkt der Schwarzmeerflotte, für Russland hervor und schlägt eine Verhandlungslösung vor, die auf die Krim verzichtet, dafür aber die Ukraine in die Nato aufnimmt (18.5.; siehe auch das Interview in ‚Die Zeit‘, 25. Mai). Er sieht nicht alle Schuld bei Putin und hält auch die Einrichtung eines Sondertribunals für falsch.

Überhaupt die Krim? Wird sie „das Endspiel darstellen" (Umland, 17. Mai NZZ, S.17). Optimisten unter den amerikanischen Militärexperten sprechen von der erwarteten, lange vorbereiteten Großoffensive als einem Blitzkrieg mit Wucht. Manöver, von denen es Bilder gibt, deuten auf den Südosten hin (den Fluss Dnepr und Cherson). Die Ukraine nimmt sich jedenfalls die nötige Vorbereitungszeit, was für die Logistik genauso wichtig ist wie für die Front, die neue Soldaten benötigt, während Russland neue Verteidigungslinien baut. Was wird standhalten? Der Krieg als konkretes Geschehen wird buchstäblich auf dem Schlachtfeld entschieden.

Strategen und Bürgermeister

Die sogenannte Zeitenwende, von der inzwischen in vielen Bereichen geredet wird, hat auch eine ernste nukleare Dimension: die alte Angst vor dem Atomkrieg, die in den Bevölkerungen von Deutschland und Amerika schon einmal tief eingeschärft worden ist. Die Sirenen von damals stehen immer noch, auch wenn sie nicht immer funktionieren und die Schutzräume nicht zur Verfügung stehen.

Wir leben immer noch im Atomzeitalter bei allen historisch-politischen Brüchen und mehr als zahlreichen Veränderungen, die unsere beschleunigte Zeit kennzeichnet. Das ist keine modische Feststellung und mehr als eine lediglich verteidigungspolitische Zeitenwende, die nun national und europäisch dringlich schneller konkret werden muss, wobei zunächst alle ihre Hausaufgaben zu machen haben. Danach erst geht es ebenso um eine bessere Koordinierung, militärisch gesprochen: um Interoperationalität. Politisch gilt für alle Staaten in Europa, dass es nun um Frieden nicht *mit*, sondern *vor* Russland gehen muss, so der Realist gewordene Joschka Fischer (Tagesspiegel, 27. Mai).

Die Strategen blieben schon immer unter sich und außerhalb auch der (antiken) Demokratie der Bürger: weder waren sie gewählt, noch konnten die Entscheidungen der Militärführer demokratisch beeinflusst werden, was für die Außenpolitik generell weithin noch heute der Fall ist. Oft stammten die

Strategen auch aus bestimmten Familiendynastien. Sie sind mehr (oder etwas anderes) als bloße Politiker oder Staatsmänner.

Sie lenken heute als Präsidenten, Autokraten oder Diktatoren große Militärmächte mit einem Stab von Beratern, die freilich aus verschiedenen Denkschulen kommen können. Dazu kommt die immer größer werdende Abhängigkeit von schnellen Geheimdienstinformationen. Die Beziehung zwischen Entscheidungen der Politik und dem Eigengewicht der Militärs ist schwierig.

Kann man noch auf die Weisheit der Staatenlenker setzen beim heutigen Stand der Technologien? Oder ist der Kulminationspunkt menschlicher Selbstüberschätzung technologisch erreicht. Erreichen mithin die Bürgermeister und Meisterbürger der Demokratie nicht mehr die selbstläufigen zivilisatorischen Entwicklungen, welche die Menschheit, wie wir sie kennen, bedrohen, weil sie ‚out of control' sind und auch gar nicht mehr verantwortungsvoll gesteuert werden können.

In Bezug auf *Strategiefähigkeit* gibt es allerdings eine außenpolitische Elitenkonkurrenz. Wir wollen hier die Staaten im Atomzeitalter auf Atommächte, die man begrenzen wollte, eingrenzen, wobei zu beachten ist, dass 90 % der Atomwaffen auf dieser Erde im Besitz der USA und Russlands sind. Wie beeinflusst man jedoch Supermächte, die miteinander konkurrieren? Und was vermögen sie in Bezug auf die Nichtproliferation von solchen Waffen etwa in Pakistan oder Iran?

Trotz Abrüstungsverträgen gilt die Doktrin der nuklearen Abschreckung: die MAD (mutual assured destruction), die Verpflichtung beider Seiten zur Vernichtung, auch der Menschheit. Es existiert ein Atomwaffensperrvertrag, der 1968 geschlossen worden ist, und ein Atomwaffenverbotsantrag, den 90 Staaten unterzeichnet haben, nicht aber die Atommächte und Nato-Staaten, einschließlich Deutschland. Im Wahlkampf 2021 hatten die SPD und die Grünen noch den Abzug der Atomwaffen aus Deutschland gefordert.

Nach 2022 ist dies kein Thema mehr, dafür die nukleare Teilhabe, die Teil des strategischen Nato-Bündnisses ist. Das Bombergeschwader in Büchel in der Eifel transportiert im Ernstfall US-Bomben mit der Zerstörungskraft von mehrmals Hiroshima (siehe die Dokumentation „Putins Tabubruch – die neue Angst vor der Bombe", ZDF 23. Mai).

„Mayors for Peace" ist eine transnationale internationale Organisation von Städten, die sich für atomare Abrüstung einsetzt. 1982 wurde sie auf Initiative des Bürgermeisters von Hiroshima gegründet. Inzwischen gibt es 8234 Mitgliederstädte in 166 Ländern, die Einfluss zu nehmen versuchen, die weltweite Verbreitung von Atomwaffen zu verhindern. Bis 2020 sollte die Welt atomwaffenfrei werden, auch Präsident Obama verfolgte dieses Ziel, für das er den Friedensnobelpreis bekam.

Der Uno-Beschluss einer Nuklearwaffenkonvention sollte durchgesetzt werden. In Potsdam gibt es einen Gedenkstein vor dem Truman-Haus in Babelsberg und einen Hiroshima-Nagasaki Platz wie einen zivilgesellschaftlichen Verein, der sich um diese Anliegen kümmert, um das schwierige Thema im Bewusstsein zu halten. Die Flagge der „Bürgermeister für den Frieden" ist hier bekannt. Präsident Truman hatte die Entscheidung zu den Atombombenabwürfen am 6 und 9. August 1945 im Verlauf der Potsdamer Konferenz getroffen. Hätte der Krieg nach dem 8. Mai geendet, hätte es auch Deutschland treffen können. Siehe dazu die Ausstellung „Roads not taken" im Deutschen Historischen Museum in Berlin 2023, die an die Zufälle der Geschichte erinnert, die gerne verdrängt werden.

China und Nordkorea

China reagiert empört auf die westliche Kritik und sieht sich durch die Beschlüsse in Hiroshima „verleumdet". Was heißt „angemessen" mit China umgehen? Scholz unterscheidet neuerdings scharf zwischen „decoupling" und „derisking". Aber nicht nur Biden und das Pentagon in seinem Strategiepa-

pier, auch der britische Premierminister Sunak, der Selenski am freundschaft-
lichsten verbunden ist, sieht „China als größte Herausforderung der Zeit".

Am meisten Sorge bereiten Strategen wie dem ehemaligen Bush-Berater Ka-
plan oder Kissinger, der Sicherheitsberater von Nixon war, der Umgang der
USA mit China (NZZ, 17. Mai). Auffällig sind auch die oft pessimistischen Prognosen amerikanischer Militärs, wobei der Taiwan-Konflikt mit unabsehbaren
Folgen nicht unvermeidlich sein muss. Sie fürchten (mehr als im Fall der
Ukraine), dass die Militärhilfen der USA den 3.Weltkrieg provozieren werden.
Die Beziehungen zwischen den USA und China können sich indessen ändern
und folgen keiner Naturgesetzlichkeit: Tauwetter ist genauso möglich wie das
plötzliche Gegenteil durch unvorhergesehene Ereignisse, die nicht unter Kontrolle sind – Zwischenfälle in der Luft oder auf See.

Ein dritter Konfliktherd mit nuklearer Dimension, der sich in den letzten Jahren verschärft hat, ist vor allem für Südkorea und Japan, ja sogar für den
‚Erzfeind' USA (wieder) existentiell geworden: die Raketentests Nordkoreas
mit immer größerer Reichweite. Für Japan ist es der wichtigste Gipfel der
Nachkriegsgeschichte. Es hat seinen verfassungsmäßigen strukturellen Pazifismus in der Konfrontation mit China aufgegeben und seinen Verteidigungshaushalt verdoppelt. Die Wiederannäherung Japans an Südkorea ist ein großer
Schritt, der in gemeinsamen Manövern Ausdruck findet.

Nach dem Gipfel in Hiroshima besucht Bundeskanzler Scholz Südkorea, um
Investitionen in die Chipwirtschaft voranzubringen. Dabei benutzte er die Gelegenheit, die berühmte Grenze des geteilten Landes, den 38. Breitengrad
in der Nähe von Seoul zu besichtigen, wo sich Millionen Soldaten gegen-
überstehen. Bis heute gibt es keinen Friedensvertrag. Der Koreakrieg befestigte anfangs der 50er Jahre die Blockbildung des Kalten Krieges in Europa.
Deutschland wird angesichts dieser Grenze bewusster, was für ein Glück 1989
seine Wiedervereinigung war (Scholz) – fürwahr.

12. Juni 2023

Der erfolgreichste Populist Europas

Der viermalige Ministerpräsident Silvio Berlusconi ist am 12. Juni mit 86 Jahren gestorben. Er hat Italien wie kein anderer in den letzten 50 Jahren geprägt. Der reichste Mann des Landes, der zunächst als Bauunternehmer in Mailand reich wurde, dann erfolgreich in den neuen kommerziellen TV-Medienmarkt einstieg und zum Medienmogul aufstieg, was ihm 1993 beim Einstieg in die Politik in den Sattel verhalf.

Die drei nationalen privaten Fernsehanstalten gehören heute zu seinem Imperium. Seine Symbiose von Medien und Politik ist ein Signum unserer Zeit. Italien ist damit seiner Zeit wieder einmal vorangegangen, ohne dass man dies progressiv nennen kann.

„Forza Italia" mobilisierte mit einer Medienkampagne als Medienpartei erfolgreich auf neue Weise. Die einst mächtigen traditionellen (Weltanschauungs-) Parteien, die in den 90er Jahren in ihrem Korruptionssumpf versanken, sahen buchstäblich alt aus. Seit 1994 wurde Berlusconi viermal Ministerpräsident, neun Jahre insgesamt, wobei er erstmals auch Neofaschisten (1995 -2009 noch die Alleanza Nazionale) und die rechtspopulistische sezessionistische Lega Nord von Salvini an der Regierung beteiligte.

Er formte historisch einen rechten Block, bei der er jüngst nur noch Juniorpartner unter der Führung der postfaschistischen ‚Fratelli d'Italia' (gegründet 2012) von Ministerpräsidentin Georgia Meloni war, die im Oktober 2022 mit 26 % der Stimmen mit Abstand gewann. Der kranke Berlusconi war nicht einmal mehr Minister, sondern nur noch Senator, obwohl er einst die trotzige und stolze Meloni als Ministerin für Jugend und Sport in sein viertes Kabinett 2008-2011 geholt hatte.

Während dieser Zeit war Berlusconi nicht nur erfolgreicher Unternehmer, sondern auch Eigentümer und Präsident des populären AC Milan. Mit seinen Medien und dem Sport erreichte er die Massen: Masse und Macht, „Forza

Italia"! Das war sein Erfolgskonzept. Erfolgreiche Populisten brauchen populäre Anknüpfungspunkte und Verbreitungsorte. Wo die Linke früher erfolgreich war, da war sie populär und betrieb eine kluge Politik für möglichst viele.

Inhaltlich wollte Berlusconi, meist gutgelaunt bis ungestüm, Optimismus verbreiten und nicht Angst wie die vielen kleinen hässlichen Populisten von heute. Berlusconi verhieß neue Arbeitsplätze und weniger Steuern, leichteres Leben und viel Spaß. Er kam aus den „Schützengräben der Arbeit", wie er selbst sagte, und nicht aus der Klasse der Berufspolitiker. Der Begriff ‚politische Klasse'/'classe politique', marxistisch nicht korrekt, stammt vom italienischen Elitentheoretiker Gaetano Mosca (1896).

Zugleich beerbte der selbstbewusste, unternehmerische, mächtige Berlusconi die bisherigen traditionellen Parteien, vor allem die DC, die katholische Christdemokratie, in der Andreotti lange Zeit die Fäden zog, und die Sozialisten von Craxi, der 1983-87 noch Ministerpräsident war, sein direkter Mailänder Konkurrent, den Ton angab bis er ins Exil musste.

Auch die italienischen Kommunisten boten lange ein hoffnungsvolles nationales Band bis zum ‚compromesso storico' 1973-78 (Berlinguer, Moro). Die Auflösung des PCI 1991 markierte eine neue Ära, überhaupt der Linken in Europa. Daraus entstand schließlich nach dem Wahlbündnis ‚Ulivo' 2007 der Partito Democratico (PD).

Berlusconis immenser und kontinuierliche Erfolg lässt sich nicht nur mit der Person Berlusconi und seiner neuartigen politischen Bewegung erklären, sondern muss ebenso den Niedergang der traditionellen Parteien, der Christdemokraten, der Sozialisten und Kommunisten berücksichtigen.

Berlusconi wuchs nicht nur wegen seiner Medien, mit denen er auch einen Teil der Eliten auf seine Seite ziehen konnte, was man gar nicht genug gewichten kann (vielmehr empirisch genauer analysieren muss), sondern auch wegen der Schwäche und Zerstrittenheit seiner Gegner und Konkurrenten, denen es nicht mehr gelingt, einen starken Block gegen die neoliberale-rechte-nationale Hegemonie aufzubauen und vernünftig zu regieren.

Der von seinem medialen Imperium mit herbeigeführte Strukturwandel der Öffentlichkeit durch Personalisierung und Skandalisierung der Politik nützte Berlusconi und seiner Inszenierung einer simulierten Demokratie. Skandale konnten ihm nichts anhaben, im Gegenteil. Die One-Man-Show des Selfmade-Man hatte viele Helfer und Profiteure sowie kreative Köpfe der Werbung und des Marketings. War es eine Blaupause für Donald Trump, der aus dem Reality-TV kam?

Zwischen Trump und Berlusconi gibt es signifikante Unterschiede. Berlusconi war kein Souveränist. Im Unterschied zu Salvinis Padanien hat er die EU nie abgelehnt. Er hasste die Flüchtlinge, die Einwanderer und Süditaliener nicht, war jedoch im Unterschied zu Meloni ein Putin-Freund (und umgekehrt). Der Macho hat sich sogar bewusst Mussolini-Allüren wie Putin geleistet, und er hat ihn wieder salonfähig gemacht.

Eigentlich war Berlusconi ein Wirtschaftsliberaler mit einigen Leichen im Keller. 2013 wurde er wegen Steuerbetrug rechtskräftig verurteilt. Anders als Trump ist er ein Unternehmer und kein vollmundiger Spekulant, der vor allem geerbt hat. Berlusconis Vater war Bankangestellter, seine Mutter Hausfrau. Seine Rhetorik von unten war nicht nur aufgesetzt.

Beide haben jedoch die Grundsätze des demokratischen Rechtsstaates nie verinnerlicht, vor allem die Unabhängigkeit der Justiz ist den selbstverliebten Machos ein Dorn im Auge. Trump hat auch wirtschaftlich nur überlebt mit einem Heer von Juristen. Nicht verwunderlich, dass er heute, wo er die demokratische Wahl immer noch nicht anerkennt, von einem „politischen Auftragsmord" durch die Justiz spricht.

Demokratische und legale Regeln können beide nicht ertragen, was vielen Möchtegern-Anarchisten bis hin zu den Libertären imponiert. Trump und seine fanatischen Anhänger sind dabei kaum einzuhegen, während EU-Europa jahrzehntelang mit Berlusconi gut gelebt hat, wenn auch naserümpfend. In dieser Zeit ist weder Europa noch Italien demokratischer geworden. Vielmehr leben wir in einer veritablen Demokratiekrise.

Berlusconi hat Italien 2010/2011 beinahe in den Abgrund getrieben mit seiner Weigerung, den Ernst der Lage zu erkennen. Die Wirtschafts- und Finanzkrise hatte Italien verspätet, dafür umso heftiger erfasst. Berlusconi war wie alle erfolgreichen Populisten ein besserer Wahlkämpfer denn ein guter Regierender, der auch moderieren und Kompromisse schließen kann, um drängende Probleme zu lösen.

Der nicht unbedeutende Staatspräsident Napolitano hat wohl mit Rückendeckung Brüssels seine Ersetzung durch das Technokraten-Kabinett des Wirtschaftsprofessors und ehemaligen EU-Kommissars Mario Monti 2011 bis 2013 betrieben. Was für ein Versagen der demokratischen Parteien! Einmal mehr, nun einschließlich Forza Italia.

Die Märkte beruhigten sich daraufhin, und Italien schlitterte in die schlimmste Rezession der Nachkriegszeit. Die Frustrationen und Abstiegsängste der Mittelschicht sind heute das Rohmaterial der Politik. Populisten wecken große Erwartungen und erzeugen herbe Enttäuschungen. Sie bieten viel Show, aber Politshows laufen sich tot.

16. Juni 2023

Altes und Neues über die Hugenotten

Die Hugenottengeschichte, obwohl sie bis ins 16.Jahrhundert zurückreicht, ist noch immer präsent, und zwar sowohl in Frankreich wie in Deutschland und anderen Länder. Das Schlüsseljahr ist 1685. Seit diesem Wendejahr lässt sich eine inner- und außerfranzösische Hugenottengeschichte unterscheiden (François, Berlin 2021). Das Edikt von Potsdam spielt in diesem Zusammenhang eine besondere Rolle. Wir werden darauf zurückkommen.

Wir werden im Folgenden auf die gewalttätigen, ja besonders grausamen konfessionellen Bürgerkriege der frühen Neuzeit, die Flucht der Hugenotten, ihre Aufnahme und Integration eingehen. Die Verarbeitung dieser Erfahrungen hat grundlegende Konzepte der neuzeitlichen politischen Theorie und Ideengeschichte geprägt, ohne die wir heute nicht weiterkommen.

Die Gegenwart einer begriffenen Vergangenheit kann dabei helfen, denn wir reden heute allzu schnell und oberflächlich von Spaltungen. Wir neigen zur Hysterie und das Wichtigste verlieren wir darüber oft aus dem Blick. Wir sollten uns aber deutlicher und präziser daran erinnern, was die Spaltung von kalten und heißen Bürgerkriegen bedeutet und wie es dazu kommen kann. Dies lässt uns bewusster werden, was elementare Bedingungen von Ordnung, Normalität und Zivilisation sind: bewusstes, nicht perfektes Leben ist möglich.

Das staatliche Gewaltmonopol, rechtsstaatlich durchgesetzt, gehört zentral dazu. Es ist eine grundlegende Bedingung auch und gerade der konfliktreichen modernen Demokratie. Gewalt aus Hass und Fanatismus sind keine legitime Mittel in der rechtsstaatlichen Demokratie, die versucht, das ursprüngliche Widerstandsrecht überflüssig zu machen. Dies alles ist nicht selbstverständlich und voraussetzungsreich, obwohl es erkenntnistheoretisch einfach ist. Einfach, aber schwer zu praktizieren; fragil und gefährdet, wenn man es nicht pflegt und offensiv verteidigt. Dazu gehört der staatliche Schutz der Menschen vor Gewalt, und die Verhinderung der Hölle jeder Selbstjustiz.

Die Erkenntnisse der frühen politischen Aufklärung des 16. und 17. Jahrhunderts aus leidvoller historischer Erfahrung sind nicht überholt oder aufgehoben durch die spätere Aufklärung. Sie sind eher vergessen und unterschätzt – *unterschätzt* auch *durch unsere Selbstüberschätzung*. Diese hat mit der modernen Attitüde einer allzu selbstgewissen Aufklärung zu tun, welche die technologische und politische Selbstüberschätzung auf eine Spitze treibt, welche die Menschheit, wie wir sie bisher kennen, bedroht. Deshalb haben wir tiefgreifende Krisen und keine Lösungen.

Konfessionelle Bürgerkriege

In Frankreich im 16. Jahrhundert wurde versucht, die von Calvin geprägte protestantische Bewegung kleinzuhalten und zu unterdrücken. Zwischen 1562 und 1580 kommt es zu sieben, „oft brutal extrem geführten Religionskriegen", die man die Hugenottenkriege nennt (François: 17). Katholische und hugenottische Partei führten den Kampf derart militant und unversöhnlich, dass keine Variante von oben, Frieden zu stiften, Erfolg hatte.

In diesem Umfeld entwickelte der Jurist Jean Bodin (1576) seinen Begriff der Souveränität bzw. der 'souveränen Gewalt', den die antike und mittelalterliche politische Theorie nicht kannte. Er wird zu einem Kernelement des neuzeitlichen Staates, der wiederum strukturell bei allen Transformationen (durch Verfassung, Wohlfahrt und Leistung) zu einem tragenden Grundkonzept der modernen Politik geworden ist.

Die Gruppe der bezeichnenderweise sogenannten 'politiques', denen Bodin angehörte, wurde mithin zum Erfinder eines bestimmten Verständnisses von Politik (souveräne Staats- und Sicherheitspolitik!) zur Lösung grundlegender Konflikte, die verbindlich zu entscheiden sind, was wir nicht missen können.

Die Bürgerkriegsparteien waren sich nur darin einig, aus dem französischen Königreich ein konfessionell einheitliches Land zu machen. Die Spaltung war nicht eine unter anderen, sondern ging bis zum Äußersten, was die blutige

Bartholomäusnacht 1572 – dem ersten Pogrom der Neuzeit – und die fanatischen Bilderstürme erklärt, was wir heute vielleicht Kulturkämpfe nennen würden.

Erst in der Folge des achten Krieges kam es 1598 zum historischen Edikt von Nantes, welches den Calvinisten Toleranz im katholischen Königreich gewähren sollte. Staatsreligion blieb indes der Katholizismus, was die Abhängigkeit dieser Toleranz vom Monarchen demonstrierte. Es war eine typisch beschränkte Erlaubnis-Toleranz von oben, die bei Machtkämpfen in der Folge jederzeit wieder willkürlich werden konnte.

Die Toleranz im Konflikt blieb von der absolutistischen Herrschaft der Monarchie und ihrer katholischen Auslegung abhängig, und der Widerstand dagegen war von der *jeweiligen Lehre vom Widerstandsrecht*, welches Luther, Calvin und Zwingli theologisch unterschiedlich interpretierten, abhängig.

Ab 1681 wurden die verbliebenen Protestanten immer mehr zur Konversion gezwungen. Ein probates Mittel dafür waren die berüchtigten „Dragonnades", die in der bis zur Konversion erzwungenen Beherbergung von königlichen Soldaten bestanden. Mit dem Edikt von Fontainebleau, das Ludwig XIV. am 18. Oktober 1685 erließ, wurde schließlich die reformierte Häresie in Frankreich ausgelöscht. Der Sonnenkönig war mit seinem Versailles auf dem Höhepunkt königlicher Macht und beanspruchte die Hegemonie in Europa.

1685

Ca. 200.000 Hugenotten suchten daraufhin Zuflucht in calvinistischen Ländern und Regionen, obwohl das Edikt von Fontainebleau diese Ausreise hart bestrafte. So begann eine gefährliche Fluchtbewegung auch mit Schleppern. In Ländern wie England, den Vereinigten Niederlanden oder der freien Stadt Genf wurden die Glaubensflüchtlinge großzügig aufgenommen.

In kurzer Zeit wurden sie selbst zu Engländern, Niederländern oder Schweizern, die sich dem Kampf gegen die Intoleranz der französischen Monarchie und der katholischen Kirche verschrieben, was auf ganz Europa ausstrahlte. Sie veränderten die Diskurse, denn das Französische war die Lingua franca der damaligen Zeit – in Wissenschaft und Politik.

Die „antiklerikale, religionskritische und Toleranz einfordernde Orientierung"(François) prägte die *französische Form der Aufklärung* (Bayle, Voltaire) bis zur Revolution 1798, die im Unterschied zur amerikanischen Revolution auch eine gegen die Religion war.

Das Edikt von Potsdam, das unmittelbar (22 Tage nur!) nach dem Edikt von Fontainebleau erschien, war zweisprachig: deutsch und französisch. Es gehört zu einer Reihe von Ansiedlungspatenten, die sich auch anderswo finden. „Gleichzeitig diente es wiederum als Vorbild" mit seinen großzügigen und weitreichenden Privilegien, die nicht nur Hugenotten gewährt wurden (ausführlich Lachenicht: 49ff).

Wie Hugenotten Stadt und Land prägten

Die Ausstellung zum 300jährigen Jubiläum der Flüchtlingsgemeinde in Potsdam im Jan Bouman-Haus im Holländischen Viertel (2. Juni bis 5. November) zeigt, wie Hugenotten die Stadt geprägt haben. Als erster Pastor wirkte Le Cointe, der noch persönliche Erfahrungen mit der Verfolgung in Frankreich hatte. Auch Anne Marie Baral (1728-1805), die zu einer wichtigen Produzentin im Seidenbau wurde, wird vorgestellt.

Erinnert wird ebenso an Wilhelm Sankt Paul, der von 1821 bis 1844 Oberbürgermeister war sowie an Adolphe Briet (1822-1905), der am Aufbau des Oberlinhauses beteiligt war. Viele wären noch zu erwähnen: Lehrer, Handwerker, Unternehmer…

Manche Pastoren haben ihre Gemeinde durch schwierige Zeiten geführt. Auch die Pastorin Hildegard Rugenstein erhält zurecht ihren Platz in der Ausstellung. Sie hatte den aufgegebenen verfallenen ‚Tempel' nach der Wende 1989 buchstäblich wieder reformiert (siehe die Bilder in der Festschrift 2023) und der Gemeinde wie der Stadt Potsdam in vielen Jahren zahlreiche Impulse gegeben (siehe den Blog www.heinzkleger.de/300-jahre-fluechtlingsgemeinde).

Dadurch wirkt die heutige Ausstellung nicht nur historisierend, sondern aktuell und anregend. Hoffentlich reißt dieser Faden nicht ab und einige Anstöße finden eine Fortsetzung. Der Grund ist gelegt. Das Taufgeschirr im Koffer bleibt Sinnbild von Flucht und Verfolgung.

So großzügig, rechtzeitig, originell, durchdacht (siehe die 14 Artikel des Potsdamer Edikts www.potsdamer-toleranzedikt.de/das-neue-potsdamer-toleranzedikt) und anreizbasiert die Aufnahme der Hugenotten in Brandenburg-Preußen auch war, sie führte nicht nur zu Konflikten mit den lutherischen Geistlichen, die von der Kanzel herab ihre Polemiken äußerten, sondern auch mit der einheimischen Bevölkerung, was man heute ‚Mehrheitsgesellschaft' nennt.

Am Beispiel der erfolgreichen Migration der Hugenotten kann man für heute noch (und wieder) lernen, dass Integration nicht ohne Spannungen für beide Seiten, die starke emotionale und materielle Aspekte beinhalten, sowie ohne Toleranz als Lernprozess abgeht. Das ist nicht nur ein kognitiver Prozess.

Gerade die moderne liberale Toleranz, heute mehr denn je, ist nicht der Königsweg der Harmonie, sondern ein anspruchsvoller Weg der Geduld, Offenheit und Neugierde, der es mit zahlreichen Konflikten zu tun hat. Insofern bedeutet Toleranz Stärke und nicht Schwäche, für die vermeintlich Starke (Großmäuler) nur Häme übrighaben, wobei natürlich das Problem der Selbstaufgabe durch (falsche) Toleranz existiert.

Toleranz und Entschiedenheit (Politik hat mit Entscheidungen zu tun) schließen sich indessen nicht aus: Über der Toleranz steht die Urteilskraft, und zur regierenden Demokratie gehören Beschlüsse.

Toleranz schließt mithin Widerspruch nicht aus, sondern ein. Sie muss infolgedessen sozial und sachlich in die Breite gehen können, wenn sie demokratiepolitisch relevant sein will. Sie erlebt und kennt aufgrund von Lebenserfahrungen und als historische Erfahrung in der Realität wie in der Theorie Grenzen des Erträglichen, die markiert werden müssen. Wir versuchen tolerant zu sein, aber nicht indifferent. Das ist ein großer Unterschied.

Ideale Migranten?

Am Beispiel der Hugenotten stellt sich auch die grundsätzliche und keineswegs überflüssige Frage: Was heißt Integration? Welche Dimensionen umfasst sie? Integration ist ein zentraler Begriff soziologischer Theorie (Durkheim, Parsons, Habermas u.a.) und zugleich in den letzten Jahren, seit der verspäteten Anerkennung Deutschlands als „Einwanderungsland", ein inflationär gebrauchter Begriff geworden.

Ist sein Gebrauch genügend reflektiert? Städtische Integrationskonzepte (Stuttgart 2001, Hamburg 2006, München 2008, Frankfurt a. M. 2010, Potsdam 2016 u.a.) haben dazu gezwungen, die verschiedenen Dimensionen (zwölf), ihre Schwierigkeiten und Handlungsbedarfe präziser zu erörtern (ausführlich Kleger 2016 und 2017). Ein besonders wichtiger Faktor und Indikator der Integration ist beispielsweise die Sprache.

Die dritte und vierte Generation der Réfugiés benutzte im Alltag das Französische kaum noch. Kinder lernen schnell, während die Eliten das Französische als Lingua franca pflegten.

Die Potsdamer Dissertation von Manuela Böhm: Sprachenwechsel, Akkulturation und Mehrsprachigkeit der Brandenburger Hugenotten vom 17. bis 19. Jahrhundert belegt und analysiert diese wichtige Alltagsdimension des komplexen Miteinander.

Über Jahrzehnte führten Konflikte, Vermischungen und Integrationsprozesse dazu, dass vor allem die einheimischen Eliten in Brandenburg-Preußen Teile des Selbstverständnisses der hugenottischen Eliten aufnahmen und akzeptierten und so die vormaligen starken wechselseitigen Stereotype ihre negative Macht verloren.

Dies wirkte sich im Selbstverständnis wie der Erinnerungskulturen beider Seiten aus, so dass die Hugenotten zu den „besten Deutschen" (François) mutierten, was freilich eine kompensatorische Übertreibung beider Seiten darstellt: Die Hugenotten lobten ihr neues Land ebenso überschwänglich wie sie zum „Erfolgsmodell gelungener Integration" (Lachenicht) wurden.

Heute wird wieder eine „besondere Willkommenskultur" angemahnt. So beim Wirtschaftsforum Ostdeutschland in Bad Saarow am 10. Juni 2023, wo man händeringend nach Fachkräften aus dem Ausland sucht. Es gibt noch immer viele Vorurteile gegenüber Ostdeutschland und wieder – wie schon in den 90er Jahren – ist jeder rechtsextreme Vorfall einer zu viel.

Man will nicht wieder ein kompromittiertes Land werden nach der mühevollen Aufbauarbeit und vor den ebenso großen wie heiklen Transformationsprozessen der Wirtschaft von heute. Die Zivilgesellschaft ist gegenüber den 90er Jahren ohne Zweifel stärker geworden, was es zu konsolidieren und auszubauen gilt.

Ein ‚verordneter Patriotismus' wird dabei nicht helfen. Ideale Migranten gibt es nicht. Wenn Arbeitskräfte gebraucht werden, „so kommen Menschen", so schon Max Frisch 1965 bei den ersten ‚Gastarbeiterinitiativen'. Die harten Faktoren müssen dafür ebenso stimmen wie die sogenannten weichen, die politisch mehr herauszustellen und zu pflegen sind.

Nach 25 Jahren ‚Tolerantes Brandenburg' als demokratiepolitisches Handlungskonzept ist deshalb ein neuer Anlauf nötig, immer wieder.

Die vollständigen Literaturangaben zu diesem Text finden Sie ab Seite 642.

Sich verbünden lernen

Aus Anlass des 25 jährigen Jubiläums des Handlungskonzepts ‚Tolerantes Brandenburg' fand im Landtag am 21. Juni eine Debatte darüber statt.

Die regierende SPD hält das Konzept heute für wichtiger denn je: „Wir müssen uns mehr verbünden. Wir brauchen einen neuen Schulterschluss von Staat, Wirtschaft und Zivilgesellschaft", so der Fraktionschef der SPD Daniel Keller. Die Begründung ist ebenso triftig: „Heute gibt es politische Kräfte, die reale Herausforderungen und Krisen nutzen, um das Vertrauen der Menschen in demokratische Institutionen zu untergraben."

Die Situation ist heute eine andere als in den 90er Jahren, als Schulklassen aus Berlin, mitten in Brandenburg, nicht mehr gerne ins Umland reisten. Brandenburg war aufgrund der verbreiteten Fremdenfeindlichkeit und zahlreicher gewalttätiger Übergriffe ein kompromittiertes Land, weswegen mit dem Handlungskonzept ‚Tolerantes Brandenburg' von Seiten der Regierung etwas getan werden musste, nachdem jahrelang die fremdenfeindlichen Vorfälle bagatellisiert worden sind.

Zu den Veränderungen seitdem gehört, so Ministerpräsident Woidke, dass „stärker als jemals zuvor" rechtsextremes Gedankengut über Parlamente transportiert werde. „Das trifft auch auf dieses Haus zu. Es spricht Bände, dass die zweitgrößte Fraktion dieses Hauses ein rechtsextremistischer Verdachtsfall ist" (PNN, 22.6.). Die AfD liegt derzeit in den Umfragen vorn. Als sie bei den letzten Jugendwahlen in Ostdeutschland gut bis sehr gut abschnitt, kümmerte es niemanden, wie es dazu kommen konnte.

Sie hat inzwischen ihre eigene Öffentlichkeit, mit der man sich beschäftigen muss. Statt Panikmache, sollte man stattdessen kontinuierlich etwas tiefer bohren, um dem Einstellungswandel auf die Spur zu kommen, und sich mit den realen Problemen und Menschen vor Ort konfrontieren.

Die Handlungs- und Bündnisfähigkeit beginnt nicht erst auf der Ebene von Organisationen, sondern – wenn man Zivilgesellschaft (besser: Bürgergesellschaft) wirklich ernst nimmt – mit den Personen, die zugänglich und zugewandt sind. Wir müssen überall auf Personen (nicht nur als Wähler) zugehen, miteinander leben und sprechen sowie das öffentliche Überzeugen stärken, welches grundlegend ist für die Demokratie.

Woidke sieht sein Land auf einem wirtschaftlichen Erfolgskurs, der durch den Rechtsextremismus gefährdet ist, und er baut auf den starken Staat. Starker Rechtsstaat und starke, vielfältige, zahlreicher gewordene Zivilgesellschaft schließen sich nicht aus und sind auch keine Antagonisten, sondern treten in ein zwar nicht konfliktfreies, aber konstruktives Wechselspiel. Im Landtag lehnten alle anderen Parteien den AfD-Vorstoß ab, das ‚Tolerante Brandenburg' abzuschaffen.

Das ist ein gutes Zeichen und Ausdruck eines bekräftigten Verfassungskonsenses, den man in den heutigen schnellen und verwirrten Zeiten besonders hochhalten und immer wieder verdeutlichen muss. Es ist auch ein Reifezeugnis der Parteiendemokratie, so schwierig das Regieren in Koalitionen Bedingungen derzeit geworden ist, was zwangsläufig zu Enttäuschungen führt.

Auch der Fraktionschef der CDU Jan Redmann hat recht, wenn er sich gegen eine reine Anti-AfD-Allianz wendet, „die so langweilig sei wie ein Brandenburger Kiefernwald" und ihren Vormarsch nicht stoppe (PNN 22.6.). Es sei deshalb „dringend nötig", das Konzept weiterzuentwickeln. Aber wie?

Dazu hätte man in all den Jahren auch einmal einen Gedanken beisteuern können. Wie gewinnen Parteien noch Menschen für die Demokratie, wenn diese hören oder lesen, dass sie schon auf der untersten kommunalpolitischen Ebene gute Leute wegen ‚persönlicher Verfeindung' (Mobbing) verlieren (wie in Potsdam jüngst wieder geschehen). Demokratiepolitik ist kein Modethema, welches insbesondere auch, aber nicht nur die Parteien betrifft.

Das ‚Tolerante Brandenburg' mit seinen 46 Kooperationspartnern, darunter der Landessportbund, die Johanniter-Unfallhilfe, das Tourismus-Marketing u.v.a. – „ein Filz" (Berndt, AfD) ist das nicht! – sollte man als ein demokratiepolitisches Konzept verstehen, vertiefen und ausbauen.

Auf Landesebene ist es zugleich so etwas wie ein ‚politisches Glaubensbekenntnis' oder ein ‚Leitbild', auf das allerdings häufiger und gezielter öffentlichkeitsoffensiv Bezug genommen werden muss. Das gilt für die Demokratiepolitik generell, insbesondere für die Demokratiepolitik im Kleinen, die zahlreicher und vielfältiger geworden ist in den letzten zehn Jahren, aber zu wenig bekannt.

Alfred Roos ist seit Mai 2023 neuer Leiter der Koordinierungsstelle in der Staatskanzlei. Er sieht die Aufgabe des Toleranzbündnisses nicht primär darin, die AfD zu bekämpfen. Das ist zunächst Aufgabe der Parteien. Drei Punkte sind ihm wichtig:

- klare politische Signale von Parlament und Regierung;
- die Unterstützung der zivilgesellschaftlichen Strukturen;
- die staatliche Repression bei Verfassungsfeinden durch Polizei, Justiz und Verfassungsschutz (PNN, 21.6.).

Er sieht die praktische Notwendigkeit, im Cottbusser Raum die Mobilen Beratungsteams (MBT) und die Schulberatung zu verstärken. Darauf weist auch der Brief eines losen Bündnisses zivilgesellschaftlicher Vereine unter dem Titel „Ein Einzelfall, unter Tausenden" hin, der sich mit den Lehrern aus Burg, Landkreis Spree-Neiße, solidarisiert. Sie kennen die seit Jahrzehnten gewachsenen rechtsextremen Strukturen vor Ort, die sich auch im Schulalltag niederschlagen, und fordern einen Fonds für politische Bildung an den Schulen sowie die verbesserte Ausbildung von Lehrkräften in diesen Belangen.

Effektives Beratungsnetzwerk

Ein Blick von außen identifiziert 2017 folgende Stärken des demokratiepolitischen Handlungskonzepts: „Die effektiven Informations- und Kommunikationsstrukturen im Beratungsnetzwerk, die zentrale Rolle der Koordinierungsstelle und der Kernakteure wie der mobilen Beratungsteams (MBT) und der regionalen Arbeitsstellen für Bildung, Integration und Demokratie (RAA), das Mitwirken zahlreicher Kooperationspartner, der parteiübergreifende Grundkonsens und das konstruktive Zusammenwirken aller demokratischen Kräfte sowie die finanzielle und personelle Stabilität und Kontinuität der Arbeit" (Schubarth, Kohlstruck, Rolfes).

Als neue Bewährungsproben kamen 2015 und 2016 die Flüchtlingsaufnahme und das Erstarken des Rechtspopulismus nunmehr auch in Gestalt einer starken Oppositionspartei im Landtag hinzu. Umso dringlicher stellt sich die Frage, wie das Verhältnis von Rechtsextremismus-Bekämpfung, Demokratieförderung und Integrationsproblematik zu verstehen und zu gestalten ist.

Am 26.11.2015 kam das ‚Bündnis für Brandenburg' aus aktuellem Anlass ergänzend hinzu, aus dem zum Beispiel das Flüchtlingshilfeportal ‚HelpTo', das noch in zwölf weiteren Bundesländern Fuß fassen konnte, finanziert wurde. Ab März 2022 wird es auch für die Flüchtlinge aus der Ukraine benutzt. Nicht nur die Probleme für die Kommunen wiederholen und verstärken sich, der russische Angriffskrieg, fügt zudem der Extremismus-Problematik noch eine weitere Facette hinzu.

Brandenburg zeigt Haltung

Die Initiative des Neuen Potsdamer Toleranzedikts „Brandenburg zeigt Haltung!" ruft zu Solidarität und Zusammenhalt in der Corona-Pandemie auf. Sie bezieht im Januar 2022 klar Stellung gegen die zunehmenden Aktionen von Kritikern an der sogenannten Corona-Diktatur der Regierung, wo vielerorts rechtsextreme Gruppen und Verschwörungstheorien den Ton angeben: Es ist deshalb an der Zeit, der stillen Mehrheit eine Stimme zu geben, was den Aufgaben eines demokratiepolitischen Handlungskonzepts entspricht, wenn lautstarke Minderheiten alles übertönen und zu einer neuen Delegitimierung des Staates beitragen, bei der die bekannten politischen Grenzen verwischen und Orientierung schwierig wird.

Orientierung gibt Halt, und Haltung bedeutet, aus Anstand Abstand zu bewahren gegenüber undemokratischen Umtrieben und demagogischer Hetze, nicht zuletzt gegen demokratisch gewählte Politiker. Gewalt und Hass bilden dabei die rote Linie, denn Hass ist keine Meinung und Gewalt ist stumm. Ansonsten sollte man Brücken bauen und reden, solange es geht.

Ist Toleranz ein Wert, eine Tugend oder eine Haltung? Eine Verhaltenstugend zwischen Offenheit und Entschiedenheit könnte eine Antwort lauten. Entschiedenheit wofür? In der Politik geht es nicht ohne Entscheidungen. Toleranz muss sachlich und sozial in die Breite gehen, wenn sie demokratiepolitisch relevant werden will. Sie ist eine Stärke, es gibt aber auch das Problem der Selbstaufgabe durch (falsche) Toleranz.

Zusammenhalt bekommt im Flächenland Brandenburg einen präzisen *pragmatischen* Sinn. Im Rahmen von ‚Brandenburg zeigt Haltung' fanden Veranstaltungen an 20 Orten in verschiedenen Regionen Brandenburgs statt: mit dem Landkreis Oberspreewald-Lausitz, mit Elbe-Elster, Brandenburg an der Havel,

Cottbus, Senftenberg, Frankfurt an der Oder, Fürstenwalde, Bernau, Schwedt, Bad Belzig und anderen Orten.

Bürgerinnen und Bürger aus diesen Orten, in kleineren und größeren Zusammenschlüssen, in lokalen Bündnissen und Vereinen wenden sich im Rahmen des ‚Toleranten Brandenburg' gegen die zunehmend rechtsextreme, verschwörungstheoretische und antidemokratische Stimmungsmache bei den sogenannten Corona-Demonstrationen, die immer zahlreicher stattfanden. Sie alle sind Säulen der aufmerksamen und lebendigen Zivilgesellschaft vor Ort,

Das Tolerante Brandenburg bietet ihnen ein Dach, Unterstützung und Verbindung. Letzteres ist eine ebenso notwendige wie elementare Voraussetzung der Demokratiearbeit gerade in einem dünnbesiedelten Flächenland. Die Verbindung sollte freilich zu noch mehr Kommunikation und Austausch unter den handelnden Personen führen und noch mehr erreichen. Das heißt, sich verbünden lernen.

Überlebenskämpfe

Letztes Jahr wurde bereits weitherum und deutlich vernehmbar die Befürchtung geäußert, dass der große Kachowka-Staudamm am Dnipro gesprengt werden könnte, um den Ukrainern die Zurückeroberung von Cherson zu erschweren.

Das südukrainische Cherson war als erste Stadt von den Russen besetzt worden. Auch die nicht-erfolgte, international stets geforderte Demilitarisierung um das AKW Saporischschja, des größten in Europa, blieb als in Kauf genommener Super-Gau bestehen (Kühlwasserproblem, Verminung, Beschuss, Terrorakt). Das war und ist alles andere als bloßer Alarmismus.

Mit der Flutkatastrophe hat sich die reale Gefahr noch vergrößert, weshalb man sich auf alle möglichen Szenarien mit Übungen der ABC- Abwehr, die Journalisten einschließt, vorbereitet. Die (Umwelt-) Katastrophe indes, der ‚Ökozid', ist eingetroffen. Das befreite Cherson wird überflutet und gleichzeitig wird es während der Rettungsmaßnahmen beschossen. Der furchtbare Zerstörungskrieg geht in neuen Dimensionen weiter. „Wir müssen uns darauf einstellen, dass der Krieg noch sehr lange dauern wird" (Scholz, 2. Juli).

Putin ist noch nicht am Ende trotz der Meuterei von Prigoschins Truppe, die in 30 Ländern aktiv ist. Prigoschins Rebellion richtete sich gegen die militärischen Versager in den eigenen Reihen: den Verteidigungsminister Schoigu, ein Nichtmilitär, der mit dem völlig verkalkulierten Angriffskrieg auf das größte Land Europas zum Marschall geworden war, und den Generalstabschef Gerassimow (siehe auch: Edward Luttwak, in: NZZ, 1.7., S.16). Die heutigen „Helden Russlands", die schlimmer und erfolgreicher sind als alle Fremdenlegionäre zusammen, bestehen in einem internationalen Unternehmen mit Sitz in Sankt Petersburg.

Putin selber hatte das „Frankenstein-Monster" Prigoschin herangezogen (Rüesch, NZZ, 1.7.). Allein in Moskau verfügte er über keine Machtbasis, während Putin selber, militärisch inkompetent, ein schlechter Stratege, gewiefter Taktiker und alter Bürokrat geblieben ist.

Erfolgreich waren die Wagner-Söldner nicht nur im ehedem französischen Kongo, in Syrien und Libyen, sondern auch in Mali, siehe dazu die Dokumentation von Bettina Rühl im Deutschlandfunk: „Eure Demokratie wollen wir nicht". Es gibt heute bei knapp 200 Nationen sage und schreibe schätzungsweise noch gut 30 liberale Demokratien, Tendenz abnehmend.

„Die Schwächung des Putin-Regimes bedeutet keineswegs, dass es vor dem Fall steht", so die These von Andreas Rüesch (NZZ, 1.7.). Die Drahtzieher der Entmachtung müssten aus dem Regime selbst kommen. Der gewiefte Diktator hat jedoch alle wichtigen Schlüsselpositionen mit seinen Leuten, auf deren Loyalität er zählen kann und die er oft aus Sankt Petersburger Zeiten noch kennt, besetzt.

Er hat bewusst auch keinen ‚Kronprinzen' aufgebaut, wie es die ‚dynastische Diktatur' in Nordkorea oder die ‚Parteidiktatur' in China tun müssen. Putin benötigt das Image der ‚Unersetzlichkeit', was er durch die Garantie von Stabilität im riesigen Land aufrechterhalten muss, die wiederum schnell Risse mit ungeahnten Konsequenzen bekommen kann.

Über bewaffnete Einheiten verfügt zudem nicht nur die Armee, sondern ebenso die Nationalgarde, der Inlandgeheimdienst und die präsidiale Leibgarde (siehe NZZ, a.a.O.) : „Zur archaischen Moskauer Herrschaftspraxis gehört, ständige Rivalitäten zwischen diesen Teilen des Sicherheitsapparates zu schüren, damit sich deren Exponenten nicht verbünden" (Rüesch).

Es gibt also keinen „eleganten institutionellen Weg" der Machtablösung im Putinismus. Jede Diktatur muss deshalb gesondert analysiert werden genauso wie jede Demokratie, die nicht frei von Macht und Machiavellismus ist.

Ebenso wird am Boden der infanteristische Kampf am langen Frontabschnitt in den annektierten Gebieten täglich härter und verlustreicher. Im kompletten

Osten des Landes ist außerdem immer noch und immer wieder Luftalarm. Die Russen bekommen Nachschub an iranischen Drohnen, und die Drohnenangriffe hören nicht auf. Geht ihnen bald die Munition aus?

Buchstäblich um jeden Quadratmeter wird um ukrainisches Land gekämpft, auch immer noch um Bachmut, man glaubt es kaum. Einzelne zerstörte Dörfer erobert die ukrainische Armee zurück, sie kann somit Nadelstiche setzen. Zum Beispiel wird ein Brückenkopf am Dnipro errichtet.

Für den Durchbruch einer *Großoffensive* in *Richtung Krim* fehlt indessen die *Lufthoheit*, dazu kommen die russischen Kampfhelikopter, die ‚Alligatoren‘, die man mit Infanteriewaffen nicht frühzeitig genug erreichen kann. Die russische Armee *hatte Zeit*, starke mit Beton und Stahl verstärkte Verteidigungsanlagen, oft Mehrfach-Zickzack- Gräben, wie aus der Luft ersichtlich, mit Minenfeldern und Panzersperren aufzubauen. Sie sind nur schwer zu überwinden.

Starke ukrainische Panzerverbände sind noch nicht in Sicht, obwohl „brennende Leoparden“ für die russische Propaganda bereits eine große Rolle spielen. Infanteristen statt Minenräumpanzer robben derweil durch die ausgelegten Minenfelder. Die furchtbaren Verletzungen junger Männer werden täglich häufiger. Minenpläne (auch für die Zukunft der Minenräumung) sind keine erstellt worden!

Die dringend benötigten Kampfjets (F16) sollen nun geliefert werden, die Ausbildung von Piloten, die mindestens 5 Monate dauert, ist im Gange. Diese rote Linie, wozu die Polen schon 2022 gedrängt haben, ist am Gipfel in Hiroshima vom 19. bis 21. Mai von den Amerikanern aufgegeben worden.

Die letzte rote Linie hat Präsident Biden offenbar am 30. Juni mit der Bewilligung von ballistischen Raketen, die 300 Kilometer Reichweite haben und damit die ganze Krim und russisches Kernland (Rostow, Woronesch) erreichen können, überschritten. Obwohl die Ukraine von Anfang an hartnäckig auf dieser Forderung bestanden hat, bremsten die Amerikaner immer wieder mit Bedacht, um den Krieg einhegen zu können. Wie wird Russland darauf reagieren? Mit einer neuen Eskalationsstufe, mit der von Anfang an gedroht worden ist?

Putin ist nicht allein, und vor allem: er ist es nicht allein. Von den militanten Dauergästen des Staatsfernsehens einmal abgesehen, beginnt der Krieg gegen den Westen *im Kopf* mit Vorstellungen von der „Zivilisation der Zivilisationen" und" großen Ideen für große Nationen", die überdreht sind (siehe auch Dugin, Blog 2.Mai).

So empfiehlt der bekannte Politikwissenschaftler und Politikberater Karaganow, jetzt mit der nuklearen Eskalation zu beginnen, die viele Stufen kennt (Juni 2023). Er habe die amerikanische Nuklearstrategie studiert, sie „würde für Posen nicht Boston opfern". Europa sei kein Modell mehr für Russland, das vielmehr Zentrum eines neuen Eurasiens werden müsse.

Er ist ein Mann Putins, um den Westen, besonders Europa und dabei insbesondere Deutschland, das man politisch spalten will, einzuschüchtern. Posen liegt nahe bei Berlin. Die Polen wissen das. Ein polnischer Freund nannte Karaganow, den mächtigen Akademiker, von denen es in Russland viele gibt, deshalb treffend einen „glatzköpfigen Lawrow".

Den Ukrainern hilft im Moment nur, dass sie weiter rüsten und schneller vom Westen gerüstet werden. Sie brauchen jetzt vor allem Waffen, Munition und Luftüberlegenheit. Die Taktik kennen sie selbst.

Waffen für den Frieden

Am 15. Juni hielt der ukrainische Präsident Selenski vor der Schweizer Bundesversammlung in Bern eine Rede, per Video zugeschaltet. Die Ratsbüros hatten seinem Ersuchen stattgegeben. Nicht alle fanden das gut.

Die Superpatrioten der Schweizerischen Volkspartei (SVP) fehlten ostentativ mit dem Argument, dies bedeute einen Eingriff in innere Angelegenheiten. Der Bundesrat sei dafür der richtige Ansprechpartner, nicht das Parlament. Die Veranstaltung sei eine „Showeinlage".

Die SVP, die erfolgreichsten Direktdemokraten Europas, sind zurzeit wieder auf den Barrikaden für ihre Neutralitätsinitiative, die zur „strikten Neutralität" zurückführen soll, fest verankert in der Verfassung. Diese steht in der heutigen geopolitischen Lage jedoch einer Neuausrichtung der Neutralität im Wege. Wie wird ihre Glaubwürdigkeit wiederhergestellt? Darauf spitzt sich die sachliche Diskussion zu. Wir kommen darauf zurück

Auch die ‚Freiheitlichen', die FPÖ, verließ in Wien während Selenskis Rede das Parlament und hinterließ auf ihren Plätzen Schilder mit den Aufschrif-

ten: „Platz für Neutralität" und „Platz für Frieden". Die Proteste der Nationalkonservativen in beiden Ländern sind symptomatisch. Ihr Patriotismus ist
engstirnig und unsolidarisch geworden, er demonstriert auch keine *moderne
Wehrfähigkeit* mehr.

Die Rede von Selenski ans „liebe Schweizer Volk", in der er, wohlwissend
um die Kontroversen im Land, um Waffen bittet und die Schweiz zu einer
Friedenskonferenz auffordert, wird am Schluss von den anwesenden Parla-
mentariern zurecht mit stehenden Ovationen bedacht.

Selenski bedankte sich auch für die Unterstützung der europäischen Sanktionen, weshalb nun die Schweiz ebenfalls zu den „feindseligen Staaten" des
Putin/Lawrowschen Russland zählt, obwohl sie zweifellos härter gegen russische Oligarchen und Spione vorgehen könnte und sollte.

Die Schweizerische Neutralität ist heute bei wachsender globaler Unsicherheit
wieder grundsätzlich umstritten. Sie wurde freilich schon zu meiner Schulzeit
kontrovers diskutiert und dann immer wieder, siehe zum Beispiel die Diskussion mit Bundespräsident Koller zur „Stiftung für Solidarität (Wozu noch
Solidarität? 1997).

Sie galt als staatspolitische Maxime eines Kleinstaates, mit der die Schweiz
mitten in Europa gut gefahren sei und weltpolitisch-außenpolitisch ihre „guten Dienste" anbieten konnte als Vermittler, wenn Konfliktparteien diplomatisch nicht mehr miteinander sprechen konnten (zum Beispiel der Iran mit
den USA). Diese Angebote bleiben bestehen, das Personal, die Erfahrung und
Kompetenzen sind vorhanden. Genf ist weiterhin ein guter Ort der Vermittlung.

Ich muss ehrlich sagen, ich habe die Neutralität als eine Eigenheit der
schweizerischen politischen Philosophie im Unterschied zur direkten Demokratie und zum Föderalismus, ja sogar zur Konkordanz als Regierungssystem
mit der Sozialdemokratie als Juniorpartner (obwohl ich die linke Mitte präfe-
riert hatte) nie verstanden.

In der Armee haben wir immer „blau gegen rot" geübt. Die Panzer des Warschauer Pakts und ihre Angriffstaktik haben wir gekannt und uns darauf eingestellt. Diesen Preis der „bewaffneten Neutralität" hat das Volk bezahlt, und
den globalen Schutzschirm boten die Nato und die USA.

Ich bin heute noch der Überzeugung, dass die Milizarmee einer Berufsarmee
vorzuziehen ist, wofür freilich ein persönlicher Preis zu zahlen ist. 1973, als
ich die Rekrutenschule besuchte, putschte das chilenische Militär gegen den
demokratisch gewählten Präsidenten Salvador Allende. Eine lange blutige Mi-
litärdiktatur folgte, das war Anschauungsunterricht genug.

Im schweizerischen (durchaus machiavellischen) Republikanismus verband sich
der Milizgedanke auch mit einem geradezu mythisch überhöhten Verständnis
von Widerstand und Wehrfähigkeit, was auch problematische Aspekte hat.
Was immer davon in der medialen Spaßgesellschaft noch übriggeblieben ist,
jedenfalls sollte klar und deutlich geblieben sein, dass die Schweiz und die
Schweizer das in Artikel 51 der Uno-Charta garantierte Recht auf Widerstand
eines Opfers von Aggression teilen.

Die neutrale Schweiz darf sich niemals zum Komplizen eines Aggressors machen. „Die Quellen der Aggression liegen außerhalb unserer Grenzen" (Selenski). Der militärische Widerstand gegen einen scheinbar übermächtigen
Gegner sollte auch und gerade für die Réduit- und ‚Igel'- Schweiz nachvollziehbar sein.

Der Historiker Marco Jorio erwähnt ein aufschlussreiches Vergleichsbeispiel
aus der Zeit des Völkerbundes (1920-1946), dessen Idee von Hugo Grotius
1625 entwickelt worden war. Als das faschistische Italien 1935 Abessinien
überfiel als Experimentierfeld entgrenzter imperialistischer Gewalt mit Giftga-
seinsatz, erklärte der Völkerbund Italien zum Aggressor und verhängte Wirt-
schaftssanktionen (NZZ, 4.Juli).

Der populäre Bundesrat Guiseppe Motta (CVP) aus dem Tessin, der für das
Außendepartement (Minister kennt der Bürgerstaat nicht) zuständig war, fürch-

tete nicht nur wirtschaftliche Schäden, sondern vor allem, dass sich Mussolini das italienischsprachige Tessin einverleiben könnte. Der Bundesrat beschloss daraufhin die Übernahme der Sanktionen, soweit sie die wirtschaftlichen Interessen der Schweiz sowie die Neutralität nicht tangierten.

In die massive Kritik kam Motta allerdings, weil er das Waffenausfuhrverbot für Italien wie für das angegriffene Abessinien gleich behandeln wollte. Er begründete dies mit Artikel 9 der Haager Konvention, die eine Gleichbehandlung der Kriegsparteien vorsieht. Die schärfste Kritik artikulierte der griechische Politiker, Diplomat und Völkerrechtler Nikolaos Politis (1872-1942), dessen Argumente noch heute zu überzeugen vermögen. Ich folge hier Marco Jorio (NZZ, 4. Juli).

Das Gleichbehandlungsgebot sei mit dem Völkerbund abgeschafft, und das internationale Recht habe sich verändert, das heißt: Auch der Neutrale müsse jetzt, als Mitglied des Völkerbundes, heute der Uno, zwischen Aggressor und Opfer unterscheiden, so argumentierte der Völkerrechtler stringent.

Politis war Verfechter des „gerechten Krieges", für den es verschiedene Theorien und Kriterien gibt, in dem es aber generell untersagt war, dem Aggressor zu helfen. In der frühen Neuzeit sei das an Recht und Ethik gebundene Konzept des „bellum iustum" von der unbegrenzten Souveränität der Staaten mit ihrem Recht auf Krieg, dem ius ad bellum, abgelöst worden. In der Haager Konvention von 1907 sei schließlich der Neutrale zur Gleichbehandlung beider Kriegsparteien verpflichtet worden. Nach Politis, der auch als Hochschullehrer gearbeitet hat und französisch schrieb, beendete der Erste Weltkrieg das System des Rechts auf Krieg und Neutralität.

Mit der Gründung des Völkerbundes sei der gerechte Krieg wieder zur Norm des Völkerrechts geworden, und das Recht auf Neutralität obsolet. Jorio, der ein umfassend akribisches Buch zu 400 Jahren schweizerische Neutralitätsgeschichte geschrieben hat (2023), vertritt nun die Auffassung, dass sich die Schweiz in dieser Frage seit 1935 kaum bewegt habe (NZZ, 4. Juli 2023, S.8).

Sie hält vielmehr unverändert an der veralteten Haager Konvention und am Gleichbehandlungsgebot fest.

Diese Richtschnur führte dazu, den Verkauf von bereits eingemotteten Leopard-Panzern, die im Widerstandskampf der Ukrainer dringendst gebraucht werden, zu verbieten. Statt einer Neuausrichtung der Neutralitätspolitik „sabotiert die Schweiz mit ihrem extremen, pazifistisch und moralistisch inspirierten Waffenausfuhrverbot, das weit über jede neutralitätsrechtliche Verpflichtung hinausschießt, das in Artikel 51 der Uno-Charta garantierte Recht auf Widerstand des Aggressionsopfers Ukraine" (Jorio, a.a.O.).

Die Schweiz sollte aufhören, „weiterhin das tote Ross der Haager Konvention zu reiten", so die Schlussthese des Aufsatzes, der gegen eine dysfunktional gewordene Neutralität argumentiert, die auch bei wohlmeinenden Kooperationspartnern in Nato und EU zunehmend nur noch auf Unverständnis stößt. Aber auch das merken unsere Superpatrioten nicht, so verbohrt sind sie mittlerweile geworden – Militärköpfe ohne weiteres Verständnis für ein Militär, das die Freiheit des Landes wie der Einzelnen verteidigt.

11. Juli 2023

Sicherheit für die Ukraine und Europa

Selenski erwartet vom historischen Natogipfel am 11./12. Juli in der litauischen Hauptstadt Vilnius das klare Signal, in die Nato aufgenommen zu werden. Dafür wirbt er seit langem mit mäßigem Erfolg, dafür reiste er zuvor auch nach Prag und Bratislava und erstmals in die Türkei.

Erdogan spielt eine Schlüsselrolle als Vermittler zwischen Moskau und Kiew. Als einziges Nato-Land beteiligt sich die Türkei nicht an den Sanktionen gegen Russland und baut gleichzeitig seine Energieabhängigkeit von Russland aus. Es verhandelt aber auch das überlebenswichtige Getreideabkommen und den Gefangenenaustausch.

Selenski legte bei Erdogan zudem ein gutes Wort für Schweden ein, dessen Nato-Beitritt die Türkei wegen der Nichtauslieferung von ‚kurdischen Terroristen' sowie der neulichen öffentlichen Koranverbrennung, die gerichtlich bewilligt worden ist aufgrund der Meinungsfreiheit, verzögert. So spielen liberale Toleranzprobleme in die große Weltpolitik hinein, nicht zum ersten Mal.

Für den unersetzlichen Stoltenberg, dessen Vertrag wieder verlängert worden ist, liegt Schwedens Nato-Mitgliedschaft in Reichweite. Bevor der Gipfel in Vilnius beginnt, werden sich Kristersson und Erdogan persönlich treffen. Letzterer verknüpft offenbar seine Zusage mit der Forderung nach F-16 Kampfflugzeugen, die wiederum nur die USA liefern können (siehe FAZ, 8. Juli). Erdogan spielt sein eigenes Spiel mir Europa und der Nato, genauso wie Orban. Man spricht schon von der ‚Orbanisierung'.

Ebenso kompliziert sind die Verhandlungen über die Aufnahme der Ukraine. Die Nato-Mitglieder sind in dieser Frage gespalten. Eine Aufnahme während des Krieges kann nicht erfolgen, weil sonst die Bündnisverpflichtung nach Artikel 5 greifen würde. Wie steht es aber mit einer Sicherheitsgarantie nach dem Krieg? Feststeht im Moment lediglich, dass die Nato-Ukraine Kommission in einen Rat verwandelt wird, den Selenski in Vilnius erstmals besuchen wird.

Am kommenden Gipfel wird die Nato noch einmal kräftig in die Rüstung investieren. Mindestens 2 % des Bruttoinlandprodukts sollen künftig dauerhaft in die Verteidigung investiert werden. Elf Staaten werden 2023 dieses Ziel erreichen, 2014 waren es drei. Daran sieht man, was die ‚Natoisierung Europas' bedeutet. „Deutschland liegt immer noch weit hinten: mit 1,57 Prozent auf dem 21. Platz" (FAZ, 8. Juli).

In diese Zeit fällt die heikle Entscheidung der USA, die von vielen Staaten geächtete Streumunition an die Ukraine zu liefern. Obwohl auch Russland solche Munition verwendet, wird diese Entscheidung als weitere Eskalation gewertet, so vom russischen Botschafter Antonow in den USA (8. Juli).

Die Kämpfe auf dem Gefechtsfeld werden täglich brutaler und verlustreicher. Das perspektivische Bild ist eindeutig: es gibt mehr neue Eskalationen und keine Verhandlungen, wobei die Eskalationsspirale ganz konkret von bestimmten Waffen und Munition abhängt, und damit tagtäglich von bestimmten militärisch- politischen Entscheidungen. Darüber hängt auch das Damoklesschwert der taktischen Atomwaffen.

Selenski räumt ein, dass die Gegenoffensive nicht schnell genug vor sich geht. Der Oberbefehlshaber der ukrainischen Armee Valery Zaluzhny äußerte seine Frustrationen und wünscht sich „shells, planes and patience" (Washington Post, June 30). Die 18 deutschen Leopard-Panzer sind inzwischen an der Front angekommen. Der Bundestagsabgeordnete Marcus Faber aus Sachsen-Anhalt macht sich in der Ukraine darüber ein anschauliches Bild, das er im Verteidigungsausschuss des Bundestages weitergeben wird (Welt TV).

Die neuen Verbände sind einsatzbereit, schrecken aber noch vor den vielen Minen zurück, die inzwischen von Raketenminenwerfern breit gestreut werden. Gut ein Drittel der großen Ukraine ist inzwischen vermint. Neben die Panzerminen kommen die besonders tückischen, verbotenen Personenminen mit geringem Funktionsdruck hinzu.

Als „freundschaftlich" bezeichnete der deutsche Verteidigungsminister Pistorius wohlwollend die Beziehung zur Schweiz, obwohl er sich zu den 96 Kampfpanzern, welche die Schweiz über Deutschland in die Ukraine weiterreichen sollte, eine „andere Entscheidung" gewünscht hätte (FAZ, 8. Juli). Er hofft nun auf eine positive Entscheidung im Herbst, wenn die zweite Kammer über 25 Leo-Panzer beschließt, welche Lücken bei der Bundeswehr schließen sollen.

Gute politische Entscheidungen haben grundsätzlich alle ihre (günstige) Zeit (kairos!). Und demokratische Entscheidungen sind darüber hinaus besonders schwierig und anstrengend; demokratisches Regieren muss zudem verantwortet werden. Die Kriterien der Politik und des Politischen sind andere als in der Naturwissenschaft (science). Die Schweiz ringt gegenwärtig heftig intern und demokratisch um ein neues Selbstverständnis ihrer Neutralitätspolitik (siehe den Blog „Waffen für den Frieden" vom 6. Juli).

Bern und Wien unterzeichneten am 7. Juli im Beisein von Pistorius die „Absichtserklärung", der Luftverteidigungsinitiative „European Sky Shield", dem bisher 17 Nato-Staaten angehören, beizutreten. Wie ist dies mit der Neutralität beider Alpenländer zu vereinbaren? Scharfe Kritik gibt es sowohl in Österreich (FPÖ) wie in der Schweiz (SVP) von einer starken nationalkonservativen Opposition.

Skeptisch-konservative Köpfe argumentieren, dass man aus der Geschichte auch lernen kann, wie man es besser nicht machen sollte (so der Historiker und langjährige Diplomat Paul Widmer, NZZ 21. Juni 2023). Kann man aber in der heutigen Situation politisch befreundet und nicht verbündet sein? (FAZ, 8. Juli).

Bidens Plan

Der amerikanische Präsident Biden fand am Sonntag, den 9. Juli, im Interview bei CNN vor der Woche des historischen Nato-Gipfels in Vilnius, deutliche Worte. Selenski drängt ebenso wie die baltischen und osteuropäischen Staaten auf einen Beitritt in die Nato, sie wollen keinen „Gipfel der leeren Worte".

Biden wird der Ukraine mitten im Krieg jedoch keinen Beitritt versprechen: „Dann sind wir alle im Krieg". Ein Krieg der Nato mit Russland ist nicht die Linie der amerikanischen Politik, mögen dies noch so viele gehässige unwissende Antiamerikanisten unterstellen und einige Verbündete sogar wünschen. Letztere wissen nicht, was sie sagen.

Bidens Position ist klar: die Ukraine wird nicht Nato-Mitglied, solange der Krieg läuft. Es kann aber danach mit einer besonderen Militärpartnerschaft wie Israel rechnen. Modell Israel also: Diese Unterstützung ist massiv, und zwar sowohl finanziell, militärisch wie technologisch. Sie soll eine gerüstete Verteidigungsbereitschaft ermöglichen, die Russland vor künftiger Aggressivität abhält.

Israel hat eine Beistandsgarantie, wie sie Artikel 5 des Nato-Vertrags vorsieht, nicht. Die Statuten sind diesbezüglich unmissverständlich. Wenn Selenski sagt, dass die Ukraine, was die Waffen und die Werte betrifft, de facto bereits in der Nato sei, so hat er recht und unrecht. Der Satz ist natürlich ein gefundenes Fressen für die russischen Propagandisten, die niemals einen Frieden schließen werden mit dem sogenannten „Kiewer Regime", das sie angeblich bedroht.

Die Nato sollte sich tunlichst nach dem Tempo der USA entwickeln, das 70 % des Nato-Verteidigungshaushalts aller Länder bestreitet. Die wichtigen Entscheidungen fallen in Washington und nicht in Brüssel oder Vilnius und schon gar nicht in Paris oder Berlin (Gideon Rachman, in ‚Financial Times').

Die Ukraine macht verständlicherweise Druck für einen schnellen Beitritt, auch auf Deutschland. Die Einheit der 31 Mitglieder wird auf die Probe gestellt. Was sind die verantwortungsvollen weitreichenden riskanten Entscheidungen in dieser Situation? Können wir die Problematik analytisch angehen?

Der ehemalige Generalsekretär der Nato Rasmussen (2009-2014), der frühzeitig vor der Aggressivität Putins gewarnt hat, plädiert heute wie ehedem 2008 schon Bush junior und Condoleezza Rice dafür, die Ukraine baldmöglichst in die Nato aufzunehmen: „Putin hat kein Vetorecht". Die Bedenken, dass rote Linien überschritten werden, weist er zurück. Im Gegenteil: Erst klare Verhältnisse würden Europa wieder den Frieden bringen (im RDN-Interview, 10.7.).

Bisher hatte Putin wohlweislich einen Bogen um die Nato-Staaten gemacht und zum Beispiel die kleinen baltischen Staaten verschont. Ja, er hat zur Gewalt gegriffen. Vor der Ukraine in Tschetschenien, Georgien und Syrien. Man darf ihm deshalb nicht die Interpretations- und Entscheidungsgewalt über die roten Linien überlassen trotz seiner schrecklichen Drohungen.

Es ist daher mehr als verständlich, wenn die estnische Premierministerin Kaja Kallas gegenüber ‚Financial Times' frustriert zum Ausdruck bringt, dass „die Diskussion über Sicherheitsgarantien das Bild verwischt. Die einzige Sicherheitsgarantie, die wirklich funktioniert, gibt die Nato-Mitgliedschaft." Ein Zeitplan ist indes schwierig, da wir nicht wissen, wann dieser Krieg zu Ende ist. Und was Kriegsende heisst. Und ob ein Waffenstillstand hält.

Selenski, der lange und intensiv für den Nato-Beitritt geworben hat, ebenso wie Rasmussen/Jermak, die hinter den Kulissen aktiv waren, reist am Dienstag, dem 11. Juli, schwer enttäuscht und verstimmt nach Vilnius. Auf ‚Telegram' hält er die Abschlusserklärung, die schon vorliegt, für „respektlos" und „absurd", weil sie keinen konkreten Zeitplan enthält. Dies spiele Moskau in die Hände. Er wird am Mittwoch erstmals dem neu konstituierten Nato-Ukraine-Rat beiwohnen, der künftig viermal im Jahr tagt.

Trotzig verkündet er: „Die Ukraine wird nach dem Krieg Nato-Mitglied sein."
Er wird noch und weiterhin Gespräche führen mit den „Bremsern" USA und
Deutschland, mit Biden und Scholz.

Die Formulierungen in den Statements von Stoltenberg und Biden am ersten
Tag sind diplomatisch sprechend: „Man will die Ukraine an die Nato her-
anführen" (Stoltenberg), und „die Ukraine soll in Zukunft beitreten können.
Putin wird nicht die Oberhand behalten" (Biden). Beide bedanken sich wech-
selseitig für die jeweilige Führungsstärke. Im ‚Familienbild am Dienstag' steht
Sunak neben Biden, dahinter stehen Macron und Scholz.

Das Treffen ist historisch, bevor es beginnt, denn mit Schweden verstärkt sich
die Nato nicht nur in der Ostsee. Erdogan hat dem großen Druck der USA
nachgegeben. Die F16-Kampfflugzeuge sind für ihn von großer Bedeutung.
Seine Einwände waren lediglich Vorwände und gehören zu den bekannten
Inszenierungen des Sultans, um sich wichtig zu machen. Orban trottet nach.

Die Unterstützung der Ukraine bleibt groß und wird massivst verstärkt:

- die USA und Deutschland beschließen weitere Waffenpakete, letztere mit 700 Millionen Euro, gezielt vor allem für die Luftverteidigung,
  Artillerie und Panzer; dadurch entstehen wieder Lücken in der Bun-
  deswehr. Langstreckenwaffen wie das ‚Taurus'-System werden bewusst
  nicht geliefert. Frankreich hat inzwischen Marschflugkörper mit großer
  Reichweite zugesagt, worauf Russland prompt reagiert.
- Neue konkrete Abwehrpläne für alle Heeresteile, ja selbst für den
  Cyberspace und den Weltraum werden zudem beschlossen. Die Militarisierung der Welt schreitet voran, der hybride Krieg wird konkret und
  Sicherheit zum überragenden, alle Bereiche infiltrierenden Thema.
- Die militärisch wichtige Interoperationalität der Nato, die bei ‚Air de-
  fender' geübt wurde, wird weiter verbessert. Sie nimmt Finnland und
  Schweden als neue Mitglieder auf, macht somit die Ostflanke vertei-
  digungsfähig und zeigt darüber hinaus globale Präsenz mit Gästen
  aus Japan, Australien und Neuseeland in Litauen. Der Krieg ist be-

reits ein ‚Welt'-Krieg geworden mit neuen überraschend gefährlichen Dimensionen. Der Kampf um die neue Weltordnung hat begonnen, der Ausgang ist ungewiss.

Währenddessen geht die ukrainische Gegenoffensive langsam und stetig weiter. Ein Gebiet, welches die russische Winteroffensive besetzen konnte, wird zurückerobert. Der Krieg wird täglich brutaler und verlustreicher, einschließlich der zurecht geächteten Streumunition, die für die ukrainische Offensive gegen die großen russischen Verteidigungsanlagen nützlich werden könnte.

Bringen die F16 die Wende? Nach dem Bruch des Kachowka-Staudamms am Dnipro wird eine weitere Katastrophe um das größte AKW Europas Saporischschja befürchtet, nichts mehr wird ausgeschlossen. Die Intensität des Krieges könnte nicht größer sein. Die militärischen Steigerungen nehmen zu.

Putin spielt offenbar mit der Zeit eines Zermürbungs- und Zerstörungskrieges. Beide Seiten wollen ihn mit aller Kraft gewinnen. Russland, das man nie unterschätzen darf, spekuliert darauf, die Widerstandskraft des ‚kollektiven Westens' (so spricht man in Russland) auf die Dauer zu schwächen. In den USA sind nächstes Jahr Wahlen. Es ist rational und klug, wenn die Nato jetzt der vorsichtigen Leitung Amerikas folgt.

Ohne Biden befänden wir uns im Weltkrieg. Für ihn sollten wir eine Lanze brechen. Wir können nur mit Bangen nach Amerika blicken. Die Republikaner sind nicht mehr die Partei des verstorbenen Patrioten John McCain, der Obama zu seinem Sieg noch gratulierte, obschon das seinen eigenen Anhängern missfiel.

The Good, the Bad and the Ugly

Berlusconi, „der erfolgreichste Populist Europa" (siehe den Blog vom 12. Juni), oder, wie andere sagen: „der Vater aller Populisten", ist mit dem Wort Populismus noch nicht erfasst oder erklärt.

Das Phänomen Berlusconi fasziniert und beschäftigt weiter, auch nach seinem Tod, mit Staatstrauer und Staatsbegräbnis im Mailänder Dom, die wichtigsten politischen Amtsträger in der ersten Reihe. Der Kardinal preist den „Leader" in seiner Predigt, die katholische Kirche sah dabei über manche Eskapaden hinweg, der katholische Konsens bröckelt ohnehin. Selbst Papst Franziskus ist mit seiner Politik für die Armen, bei vielen Italienern nicht beliebt.

‚Forza Italia' ist wohl die erste Partei, die zusammen mit Werbefirmen entwickelt worden ist. Als erfolgreicher Medienunternehmer hatte Berlusconi die Medien- und Marketingkompetenz im eigenen Haus. Und was ebenfalls nicht zu unterschätzen ist: er hatte attraktive Stellen für viele prekäre intellektuelle Existenzen zu bieten – nicht nur Redaktorposten, sondern Karrieremöglichkeiten zuhauf, mit denen man/frau brillieren konnten. Das ist schon für den Erfolg von Mussolinis Faschismus soziologisch zu beachten, der Schwenk der Intellektuellen (im weitesten Sinne).

Das verstärkte zweifelsohne die Wirkung, ist aber nicht der einzige Grund dafür, weshalb viele Italiener diesen Mann immer wieder wählten – viermal wurde Berlusconi Ministerpräsident! Einerseits gab es nach dem Zusammenbruch der großen historischen Democrazia Cristiana im katholischen Land schlicht keine große konservative Partei mehr, es gab also ein großes Vakuum.

Zum anderen fürchten Italiener, zumal die selbständig Erwerbenden den Staat. Berlusconi versprach den Staat, besonders die Steuerbehörden, zurückzuhalten. Das ist mehr oder weniger bekannt. Was jedoch nördlich der Alpen zu wenig gesehen wird, ist die *Rolle der Imagination* in der Politik. Sie

wiederum hängt eng mit der politischen Rolle der Rhetorik und dem meister-
haften Einsatz der Medien zusammen.

Mit dem Projekt einer Brücke über die Meerenge von Messina zum Beispiel
sprach Berlusconi die kollektive Phantasie der Italiener an. Nicht umsonst
wird das Projekt, das wirtschaftlich wenig sinnvoll ist, von der jetzigen Regierung wieder aus der Schublade geholt. Das ist ein Aspekt, der bisher unter-
belichtet blieb: Berlusconi hatte Ideen und Visionen, ein Langweiler, Bürokrat,
Funktionär, Fanatiker oder Sektierer war er mitnichten.

Mit dem Fernsehen (Unterhaltung) und dem Sport (Fußball), beides Massen-
phänomene, verband er Visionen, die begeisterten, und nicht bloß Geschäfte.
Unter seiner Förderung wurde der AC Milan mehrmals Championsleague-Sie-
ger. Die guten Spieler kannte er persönlich. Heute ist der Klub an Chinesen
(?) verkauft. Was sagen jetzt die Fans dazu?

Mit seinen berühmt- berüchtigten Witzen unterhielt er die Leute. Er war ein
von der Pike auf gelernter Entertainer als Musikant auf Schiffen und wurde
ein überaus erfolgreicher politischer Entertainer, der sogar neue politische
Koalitionen schmieden konnte. Er war keineswegs nur von „Dummköpfen"
umgeben, erwähnt sei nur der langjährige Wirtschafts- und Finanzminister
Tremonti, der für das Bürgertum eine Garantie liberaler Politik war.

Weil Berlusconi seine Landsleute kannte, kompensierte er wohl die Sorge vieler Italiener, dass sie vom Ausland nicht für voll genommen werden. Es gab
einen geheimem Stolz auf die Chuzpe von Berlusconi, so auch im krassen
Fall, als er den Europapolitiker Schulz im größten Parlament der Welt im Juni
2003 einen „Kapo" nannte.

„Diese Szene hat mein Leben verändert", sagt der nachmalige, 100 % Kanzlerkandidat der SPD (2017) Martin Schulz (im Interview in der ‚Zeit' am
29.6.2023, S.11). Berlusconi verglich Schulz mit einem KZ-Wärter. Wie kam
es zu diesem Eklat? Schulz antwortet (alle nachfolgenden Zitate stammen
aus diesem Interview):

„Ich hatte Berlusconi ziemlich provoziert, das muss man sagen". Italien hatte gerade die Ratspräsidentschaft der EU übernommen. Der erfahrene Europaparlamentarier Schulz stellte für seine Fraktion drei Fragen:

1. Was tun Sie für die beschleunigte Einführung einer Europäischen Staatsanwaltschaft?

2. Was für die Einführung eines Europäischen Haftbefehls?

3. Was für den Dokumentenaustausch in grenzüberschreitenden Strafverfahren?

Das traf Berlusconi „politisch, aber auch persönlich" (Schulz).

Die informierten Interviewer der ‚Zeit' werfen ein: „Am Anfang Ihrer Rede hatten Sie Berlusconi auf den „Intelligenzquotienten" seiner Minister angesprochen. Im Grunde genommen haben Sie gesagt: Ihre Leute sind blöd!" Schulz: „Ich bezog mich auf einen Minister der Lega Nord, der sich offen rassistisch geäußert hatte. Parlamentarismus hieß und heißt für mich, man muss so deutlich reden, dass die Leute einen Unterschied machen können zwischen dir und deinem politischen Wettbewerber."

Dann folgte die berühmte Szene, die in die Geschichte einging. Berlusconi, der innerlich bebte, sagte, in Italien werde gerade ein Film über nationalsozialistische Konzentrationslager gedreht und wandte sich direkt an Schulz: „Ich würde Sie für die Rolle des Kapos vorschlagen. Sie sind perfekt dafür!"

Im Plenum herrschte Empörung. Schulz antwortete knapp und beherrscht: „Mein Respekt vor den Opfern des Nationalsozialismus verbietet es mir, darauf einzugehen."

Schulz, der schon 9 Jahre im Parlament gearbeitet hatte, wurde mit einem Schlag berühmt: „Das ist der Beweis dafür, dass du mit seriöser Arbeit weniger Aufmerksamkeit erzielst als mit Krawall"(Schulz). Es wird kolportiert, typisch Berlusconi, dass er Schulz eine Rechnung schicken wollte für die Publicity, die er ihm verschafft hatte.

Berlusconi war der Auffassung, er sei „ironisch" gewesen, Schulz habe ihn vielmehr ernsthaft angegriffen. Eine Entschuldigung blieb aus, die meisten EU-Parlamentarier stellten sich hinter Schulz (Spiegel, 2.7.2003). Der Lega Nord Politiker Calderoli hingegen lobte Berlusconi: „Der von Berlusconi gegen Herrn Schulz abgefeuerte Kanonenschuss macht mich sehr glücklich Endlich spricht jemand Klartext zu diesen Linken. So werden wir uns wieder Respekt verschaffen" (a.a.O.).

Bedeutet das Sympathie mit Berlusconi? Sympathie ist das falsche Wort, eher ist es interessierte Antipathie zu einem gewichtigen politischen Gegner, den man nicht unterschätzen darf. Schulz beschreibt ihn als „hemmungslosen Rechtspopulisten". Irgendwelche Sympathie hatte ich nie, dazu bin ich politisch zu links geprägt, was nicht als Verdienst hervorgehoben werden soll.

Jenseits von politischer Gesinnung und Moral muss es heute jedoch vor allem darum gehen, den Erfolg von Berlusconi zu erklären und die Mechanismen der Massenkommunikation zu verstehen. Aufklärende empirische Öffentlichkeitsforschung, die ihre Ergebnisse vermitteln kann, ist dringend nötig.

Ansonsten laufen uns die Aktualitäten davon und wir werden von der schnellen politischen Wirksamkeit eigener Öffentlichkeiten (z. B. die der AfD) überrascht.

Fortschritte, aber kein Durchbruch

Eine ungewöhnlich lange (mehr als 1000 Kilometer) unheimliche Frontlinie in den annektierten Gebieten, die mit Minenfeldern, Panzersperren und Schützengräben vorbereitet werden konnte, lässt die am 4. Juni angekündigte ukrainische Großoffensive langsam vorankommen.

Angriffe erfordern zudem im Unterschied zur Verteidigung immer ein Überlegenheitsverhältnis bei der Zahl der Soldaten, die in mehr als Kurzlehrgängen ausgebildet sein müssen, um in größeren Verbänden koordiniert kämpfen zu können. Dazu kommt, vielleicht als größtes Handicap, die fehlende Luftüberlegenheit.

„Der erhoffte schnelle Durchbruch durch die russischen Verteidigungslinien ist ausgeblieben", so Andreas Rüesch in einer differenzierten Zwischenbilanz am 29. Juli 2023 (NZZ, S.3). Die Gebietsgewinne sind gering und mit einem hohen Preis bezahlt. Es fehlen unter anderem Minenräumfahrzeuge und Flugabwehrsysteme.

Die Infanteristen kämpfen in kleinen Einheiten und befinden sich im „Abnützungskrieg" (a.a.O). Die Hoffnung des Generalstabs in Kiew war und ist es, in einen „Bewegungskrieg" übergehen zu können Richtung Melitopol und Asowsches Meer.

Ein wichtiges militärisches Ziel wäre die 30 Kilometer hinter der Front gelegene Eisenbahnlinie, welche die russischen Truppen versorgt. Auch die Angriffe auf die nicht nur symbolisch herausragende Kertsch-Brücke gelten der lebenswichtigen Versorgung. Überhaupt gerät jetzt die Krim aufgrund der Reichweite der westlichen Waffen verstärkt ins Visier, was noch einmal zu Eskalationen führen kann.

Rüesch spricht (a.a.O.) davon, dass der russische Gegner von westlicher Seite unterschätzt worden sei und von Fehlern sowie mangelnder Ausbildung auf ukrainischer Seite. Dieser Vorwurf trifft auch die Nato (-Ausbilder).

Die optimistischen Amerikaner verschweigen nicht, dass sie sich schnellere Erfolge gewünscht hätten. Ich erinnere mich an Prognosen von Militärexperten, die schon 2022 davon gesprochen haben (Hodges), dass die Ukrainer im Sommer 2023 die Krim zurückerobert haben würden. Dennoch behauptet Generalstabschef Mark Milley, dass die Offensive weit vom Scheitern entfernt sei.

Die USA baut derweil ihre Militärhilfe weiter aus: F16 Piloten werden ausgebildet, Streumunition wird ebenso geliefert wie weitere Schützenpanzer. Die Nato setzt zurecht auf Geduld und Hartnäckigkeit. Vor Herbst wird der Kleinkrieg realistischerweise nicht aufhören.

Putin auf der anderen Seite versucht im internationalen hybriden Krieg und gegen innen gezielt eine Stimmung zu erzeugen, welche die Gegenoffensive als gescheitert darstellt. Eine Strategie, wie Russland die 2022 annektierten Gebiete halten und entwickeln will, ist jedoch in diesem Zermürbungs- und Zerstörungskrieg auch von Ferne nicht in Sicht.

Die hohen eigenen Verluste werden vielmehr verschwiegen und heruntergespielt. Die Spezialoperation hat mittlerweile das ganze Land als (Verteidigungs-) Krieg erfasst. Und wie die verschiedenen Stimmen der Generäle (die es unter Stalin nicht gegeben hätte) die militärische Lage einschätzen, wird für Außenstehende nicht erkennbar.

Das große Land (zweimal so groß wie die USA) wie das verschanzte Militär vor Ort, das seinen Terror gegen die ukrainische Zivilbevölkerung (auch wieder Odessa) fortsetzt, liegen im Dunkeln.

Damit ist viel im Dunkeln.

Politische Philosophie mit Realitätssinn und pragmatischer Vernunft

Was heißt ‚Realitätssinn', wenn wir nicht wissen, auf welche Realität wir uns beziehen sollen? Realität erscheint subjektiv als das Allereinfachste – jeder beruft sich darauf -, aber objektiv als das Komplexeste, Facettenreichste, je nachdem aus welcher Sicht davon die Rede ist. Wie beziehen wir uns also auf die Welt? Bei den folgenden Überlegungen soll 'nur' die politische Welt der Staaten und ihr gegenwärtiger Kampf um die Weltordnung im Vordergrund stehen.

Diese Welt in Bewegung lässt sich nur noch schwerlich in den gewohnten fixen Koordinaten wahrnehmen. Sie bedarf einer sich verändernden Sicht, nur schon von Europa aus: Osteuropa, Russland, China, Afrika sind wieder neu zur Kenntnis zu nehmen und in Rechnung zu stellen. Politische Relationen der Größe, Macht und Bedrohung sind zu beachten, und die jüngste Geschichte aufzuarbeiten.

Mit Realismus ist hier in erster Linie politischer Realismus gemeint, auf den sich die pragmatische Vernunft kluger Macht beziehen soll. Dabei gibt es durchaus Lektionen, welche die Machiavelli-Linie politischer Philosophie erteilen kann, zum Beispiel die, dass eine feindliche Macht nicht wegen wirtschaftlicher Interessen aufhört (die Illusion des Wandels durch Handel), feindlich zu sein. An der deutschen Chinapolitik erkennt man, welche Folgen die Missachtung dieses Grundsatzes haben kann.

Wegen der Geschäfte der deutschen Industrie redete man sich China lange schön. Die Handelsnation Deutschland will und muss mit China weiter zusammenarbeiten, das ist keine Frage. Aber wie? Deshalb wurde seit längerem eine China-Strategie gefordert, um aus den gröbsten Fehlern des Umgangs mit Russland zu lernen. Seit Juli 2023 liegt sie in 61 Seiten vor. Jetzt fordert die Regierung die großen Unternehmen dazu auf, „ihre Risiken in China zu verringern". De-risking und nicht Entkoppelung, das heißt: Diversifizierung, lautet nun die Devise.

China ist damit strategischer Rivale geworden im globalen Wettbewerb. China reagierte prompt: „Wir sind kein Gegner". Von einer Chinapolitik werden Strategien erwartet, die unter den verschiedenen Ressorts abgestimmt sind. In Deutschland wird darüber hinaus auch eine „nationale Sicherheitsstrategie" gewünscht und ein „nationaler Sicherheitsrat" gefordert. Zumindest das Wort ‚Strategie' ist im Schwange. Womöglich erwartet man sich zu viel davon.

China hat eine Strategie, das ist keine Frage, vielleicht sogar eine Doppelstrategie, eine geschmeidige nach außen hin und eine sehr grundsätzliche der Kommunistischen Partei. Die Großideologie ist nicht verschwunden. Chinas maßlose ‚Wolfdiplomatie' im südchinesischen Meer ist offensichtlich und für seine Nachbarn bedrohlich. Seine Langfriststrategie ist darüber hinaus darauf angelegt, dass die USA einmal nicht mehr die Kraft und den Willen zur Eindämmung haben werden. Die Kritik am dekadenten Westen ist ideologisch ebenso verbreitet wie in Russland.

Für die Strategie des Pentagon andererseits ist China der strategische Rivale und Russland das aktuelle Problem. Viel wird davon abhängen, wie sich die ’strategische Partnerschaft' zwischen Russland und China, die einstweilen auch und vor allem die Freundschaft zwischen Putin und Xi ist, weiterentwickelt – wirtschaftlich, militärisch und politisch. Europa hat zumindest, nach seiner Russland-Naivität, auch seine politische China- Naivität verloren. Es wird wohl nicht wieder vorkommen, dass Deutschland einen führenden Roboterbauer wie Kuka an die Chinesen verkauft.

Der realistische Ansatz mag theoretisch (zu) einfach sein, er verlangt aber zumindest akribisches Faktenwissen in Wirtschaft, Technik und Militär. Da haben es gutmeinende Idealisten einfacher. Realismus darf auch nicht mit Bellizismus oder gar Imperialismus verwechselt werden. Nur selbstbezügliche Diskurse in bestimmten Milieus bei den Linken, an den Unis und in den Kirchen können so argumentieren. Die Frage ist vielmehr, wie man an Freiheit,

Frieden und Gerechtigkeit festhalten kann in einer unfriedlichen, ungerechten und gewalttätigen Welt.

Aufklärung mit Realitätssinn und pragmatischer Vernunft bedeutet an der Verwirklichung der oben genannten Ziele festzuhalten, aber nicht unter Absehung der Realitäten, die gerade bei Überlegungen, auch ethischen, zu beachten sind, die ein Philosophieren in der Zeit (und nicht nur nach Kanon) bedeutet, wo es auf ‚kairos' und ‚Urteilskraft' ankommt – Aufklärung post et secundam Aufklärung.

Auch bei der gängigen Redeweise von einer multipolaren Welt gilt es, vorsichtig und realistisch zu bleiben. Denn die Kritik an US-amerikanischer Dominanz kann sich als Wunsch nach einer multipolaren Welt tarnen. Beim großrussischen Antiamerikanismus ist das offensichtlich. Wird die Welt aber dadurch gerechter oder friedlicher? Im 19. Jahrhundert mag dies einigermaßen funktioniert haben.

Heute gibt es rechte und linke Vorstellungen, dass den Großmächten eigene Einflusssphären zugestanden werden müssen, dann erst finde man zu einem neuen Gleichgewicht der (Super-) Mächte. Wo bleiben dann die kleineren Staaten? Wo die Nachbarn der Großmächte? Wo der Kampf der Demokratien gegen die Diktaturen?

Das wäre dann der übelste unkritische Realismus. Dagegen nimmt sich Präsident Bidens Plan einer Liga der Demokratien, von der er in Kiew und Vilnius sprach, die größer werden sollte, wie ein helles Licht am Horizont aus. Aber ist eine Einheitsfront verschiedener demokratischer Länder auch realistisch? Und wie steht es mit dem Vorbild Amerika selber? Nächstes Jahr werden wir mehr wissen, gegenwärtig wird der ehemalige Präsident Trump für die ganze Welt nachvollziehbar und zurecht wegen einer Verschwörung gegen die Demokratie angeklagt, was ein historisch einmaliger Vorgang ist.

Bei diesem zweifelsohne notwendigen Bündnis der Demokratien kämen im 21. Jahrhundert noch zwei neue Faktoren hinzu: möglicherweise die Notwendigkeit einer asiatischen Nato (mit Japan, Australien, Südkorea, Indonesien u a.) gegen die chinesische Vorherrschaft und die Berücksichtigung von Staaten wie Indien, die zwar heftig umarmt werden, sich aber nicht in ein amerikanisch-europäisches Bündnis einfügen möchten.

Auch das transatlantische Verhältnis zwischen Europa und den USA wird absehbar, nur schon wegen der gestiegenen Verteidigungsausgaben, neuen Spannungen ausgesetzt. Eine große Gefahr ist dabei in einem isolationistischen Präsidenten zu sehen. Die USA verfügt über den größten Binnenmarkt, eine eigene Leitwährung und über die mit Abstand stärkste Armee, die mit Kriegsschiffen und Flugzeugen überall auf der Welt imponiert, Ende Juli sichtbar im Persischen Golf. Der Kampf um die neue Weltordnung auf den Weltmeeren und in der Luft ist entbrannt. Auch Putin versucht am Tag der Marine in Sankt Petersburg mit 30 neuen Kriegsschiffen mitzuhalten (30.7.).

Der geforderte Realitätssinn muss sich unter aufklärenden Bedingungen (Aufklärung als Philosophie und Kultur) immer wieder bewähren und neu erarbeiten. Sein Wissen ist fallibel, seine Bedingungen verändern sich. Aufklärungsfähigkeit bedeutet formal: Desinteresse am Sosein der Wirklichkeit. Erst diese Voraussetzung ermöglicht wissenschaftliche Objektivität und subjektive Wahrhaftigkeit. Stattdessen kann man sich auch in die eigene Tasche lügen.

Die Wirklichkeit bildet faktisch einen Widerstand. Was verhindert Aufklärung? Wer kann sich Aufklärung leisten? Wir müssen auf die Selbstkorrekturmöglichkeiten der liberalen Demokratien bauen und vertrauen, bei denen selbständige und mutige Individuen ebenso wichtige Bausteine wie Institutionen sind. Es ist kein Zufall, dass sich in unseren unübersichtlichen und unsicheren Zeiten auf verschiedenste Weise, esoterisch wie exoterisch, ein Verschwörungsdenken als gezielte Gegenaufklärung breitmacht.

Im internationalen hybriden (Informations- und Propaganda-) Krieg umso mehr. Die Manipulations – und Fälschungsmöglichkeiten haben sich ebenso technisch potenziert wie die Überwachungsmöglichkeiten, die zum Beispiel von China in den Iran exportiert werden. Der Cyberspace kommt als neuer

Raum hinzu. Die Kampfzonen verbreitern sich damit, das Sicherheitsdenken und mit ihm der (Sicherheits-) Staat nimmt objektiv immer mehr überhand, entgegen allen anderen besten Absichten.

Die Konstitutionalisierung internationaler Politik ist ein Ideal, das heute ferner scheint als noch in den 80er und 90er Jahren. Zwei Großmächte und die regionale Mittelmacht Iran müssen gegenüber den jetzigen Regeln als revisionistisch bezeichnet werden. Sie versprechen sich eine Stärkung ihrer Position aufgrund von Recht durch Stärke, ja Aggressivität nach innen wie außen, während die USA und Europa das Völkerrecht verteidigen, aber nicht durchsetzen können. Aus dieser Schwäche heraus (und eigenen Fehlern) gewinnt die Abschreckung wieder an Bedeutung.

Es läuft gerade sehr im Sinne der Realisten im Zusammenhang mit der weltweiten Militarisierung, ausgelöst durch Putins Angriffskrieg gegen die Ukraine., der sie angeblich „entmilitarisieren" und „entnazifizieren" soll. Realisten stellen indes keine einheitliche Schule dar, siehe nur die unterschiedlichen Positionen etwa von Kissinger oder Hodges (FAZ, 5.8.) zur Beendigung des Ukraine-Krieges.

Will man ihn gewinnen oder nicht? Und was heißt das jetzt im Sommer 2023? Das sind die Fragen konkreter Urteilskraft in Bezug auf das reale Kriegsgeschehen, aus denen man durch ‚Kapitulationspazifismus' fliehen kann.

Selbstverständlich kann man den differenzierungsfähigen Realismus innerhalb der internationalen Beziehungen (IB) theoretisch zu einfach finden. Trotzdem ist es nicht zu simpel, sondern lehrreich und elementar (im Sinne der Aufklärung) festzuhalten, dass es meist im Sinne der Realisten lief. Wenn zum Beispiel der kalte Krieg nicht zum heißen wurde.

Die Sowjetunion respektierte den Westen nicht wegen der Ostermärsche und ihrer Aufforderung zum unilateralen Abrüsten. Gleichwohl sind Kants ‚Präliminarien des Überlebens' (im ‚Entwurf zum ewigen Frieden' 1795) mehr als aktuell, und der Nuklearpazifismus für die Menschheit weiterhin überlebensnotwendig.

Ziel wäre eine Konstitutionalisierung der internationalen Beziehungen, aber ohne die Realitäten auszublenden. Das war schon der Versuch von Roosevelt mit den Vereinten Nationen als „verbessertem Völkerbund". Die großen Ziele zu realisieren, ist Aufgabe der politischen Urteilskraft. Da kommt es manchmal zu Widersprüchen, die strittig sind bis hin zur falschen moralisch-politischen Ausgrenzung des Gegners.

Man denke in Deutschland nur an die Nachrüstungsdebatte in den 80er Jahren oder an die Lieferung schwerer Waffen an die Ukraine 2022, die im Sommer 2023 wieder von entscheidender Bedeutung sind: Kampfflugzeuge und Marschflugkörper, wenn man den Krieg wirklich gewinnen will. Um ein größeres Übel zu vermeiden, muss manchmal ein kleineres in Kauf genommen werden, aber das wollen die ‚schönen Seelen' (Hegel) nicht hören.

Wenn ein Verteidigungskrieg ein gerechter Krieg gegen einen mächtigen Feind, der einen vernichten will, ist, so hat das in der politischen Theorie Konsequenzen. Die letzte Entschlossenheit, der Ukraine beizustehen, scheint zu fehlen, was sich jetzt (kairos) in bestimmten militärpolitischen (Nicht-) Entscheidungen (phronesis) manifestiert.

Man verteidigt zurzeit das Völkerrecht wie noch nie und versucht auch Lehren aus dem Fall Milosevic zu ziehen, trotzdem versagt der UN-Sicherheitsrat als oberster Wächter des Friedens. Der Krieg ist ein großer Rückschritt und muss trotzdem mit all seinen Folgen bewältigt werden. Damit verstärken sich die Krisen wechselseitig, und die globale Unsicherheit wird insgesamt gefährlich größer. Die Zukunft erscheint wie eine Wand.

Der notwendige Handlungsoptimismus ist bezeichnenderweise nicht mehr futurozentrisch, sondern zunehmend hyperaktiv und totalpragmatisch.

Es existiert ein Konflikt zwischen Frieden und Gerechtigkeit, der bis zum Herbst größer werden könnte, je nach Kriegsverlauf: Die Ukraine kämpft für einen gerechten Frieden, während viele im Westen bereit sind, Frieden zu schließen (genauer: einen Waffenstillstand), auch wenn dieser ungerecht, das heißt ohne die Wiederherstellung des Status quo ante sein sollte.

Jelzin wollte Russland wieder zu einem normalen Nationalstaat machen, während Putin zweierlei erreichen will: die ‚Reichsidee' des Russkj Mir und die Regeln von Jalta. Solange er beides will, wird es einen gerechten Frieden mit Russland nicht geben. Kann Russland heute den Frieden zu seinen eigenen Bedingungen diktieren, wie Medwedew meint (8. August 2023)?

Die Konferenz von Jalta vom 4. bis 11. Februar 1945 fand auf Einladung der Sowjetunion statt. Stalin willigte ein, drei Monate nach der Kapitulation Deutschlands Japan den Krieg zu erklären. Es ging um die Zukunft Europas, die Besatzungszonen wurden aufgeteilt, auf Druck Churchills erhielt auch Frankreich eine Zone. Roosevelt ergreift die Initiative zur Gründung der UNO, was im Oktober 1945 offiziell in San Francisco geschieht. Ziel ist es, einen dritten Weltkrieg zu verhindern, von dem Präsident Biden vor kurzem sagte, er sei wieder so nah wie zur Zeit der Kuba-Krise von 16. bis 29. Oktober 1962.

Starke Machtungleichgewichte begünstigen Kriege. Friedensordnungen von langer Dauer konnten oft nur nach langanhaltenden Konflikten etabliert werden. Zuerst mussten die Ungleichgewichte beseitigt werden: so beim westfälischen Frieden nach dem 30jährigen Krieg, der Wiener Kongress nach den Napoleonischen Kriegen und Jalta auf der Krim gegen Ende des Zweiten Weltkriegs. Während Versailles 1919 gescheitert war. Aus den Trümmern von Imperien wachsen bis heute immer noch Nationalstaaten wie die Ukraine, die sich auf das Selbstbestimmungsrecht der Völker berufen und sich als völkerrechtliches Subjekt konstituieren.

Präsident Roosevelt versprach sich viel von den United Nations, wie die Anti-Hitler Koalition seit 1942 hieß. Sie sollte auch Stalin einbinden. Stalin indessen wollte die Westverschiebung Polens. Er hatte Polen und Finnland überfallen sowie die baltischen Staaten annektiert. Der Holodomor war ebenso bekannt wie der Große Terror. Truman, der Nachfolger von Roosevelt, wurde schnell wieder ‚Realist'.

24. August 2023

Waffenstillstand oder Frieden

US-Dienste halten Mitte/Ende August den Erfolg der ukrainischen Gegenoffensive für unwahrscheinlich (Zeit online, 19.8.). Der Herbst und damit die ‚Schlammperiode' rücken näher, der Erfolgsdruck von außen wird größer, und die militärische Situation, die zu entscheiden ist, wird definitiv schwieriger.

Die USA haben der Freigabe von F16-Kampfflugzeugen aus Dänemark und der Niederlande zugestimmt (18.8). Die Ausbildung von Piloten und Technikern wird jedoch vor 2024 nicht abgeschlossen sein. Die Lieferung von schweren Abrams-Panzern wird ebenfalls in Aussicht gestellt. Die ‚Washington Post' indessen relativiert, dass die Ziele der Offensive bis Ende Sommer nach Melitopol und ans Asowsche Meer vorstoßen zu können, wohl nicht erreicht werden können.

Die Kiewer Führung reagiert verärgert auf die skeptischen Stimmen, die aus beiden Parteien des US- Kongresses kommen. Über Richtungsstreitigkeiten, die es in Kiew und im ukrainischen Militär sicherlich auch gibt, wissen wir nichts Genaues. Einmal mehr geht es um das Tempo, die Zeit sowie die nötigen Entscheidungen und Taktiken.

Nach zahlreichen Angriffen auf die größte Brücke Europas, die Kertsch-Brücke, sind die russischen Truppen von der Versorgung nicht abgeschnitten. Die Logistik ist ebenso kriegsentscheidend wie die verminten Verteidigungslinien, die aufzubauen Russland genug Zeit hatte. Wieder beginnt das zermürbende Spiel mit der Zeit und den Ressourcen.

Militärexperten (Gressel) sprechen jetzt schon davon, dass der Krieg bis 2025 dauern wird. Das liegt nicht nur am aufreibenden Frontkampf, sondern ebenso darin, dass die hauptsächlichen Akteure – die USA, der Westen, Putins Russland – keine klar erreichbaren politischen Ziele haben (Wallstreet Journal 20. August). Schon immer hat man in der Analyse zurecht postuliert, dass

Putin auf Zeit spielt und die Kriegsziele des Westens nicht eindeutig definiert sind. Letzterer geht einen unterstützenden Mittelweg.

Wer hält das durch? Wenn kein Ende in Sicht ist, die sinnlose Zerstörung weitergeht, bei Abwanderung und ‚tit for tat'-Taktiken. Von Gedankenspielen für Verhandlungen zu einem Waffenstillstand bis hin zu Gebietsabtretungen und Teilungen nach dem Korea-Modell hört man allenthalben. Sie nehmen zu und lassen aufhorchen, wenn sie selbst aus dem Zentrum der Nato kommen (Jessen). Ausgeplaudert wird, was hinter vorgehaltener Hand gesagt und gedacht wird.

In den USA hat man den Korea-Krieg nicht vergessen. Wie sollte man auch? Seine Folgen sind bis heute präsent und ernsthaft aktuell, und die Namen seiner Protagonisten Truman, General McArthur, Außenminister Dean Rusk und Präsident Eisenhower populär. Am 18. August 2023 haben sich die Staatschefs von Südkorea und Japan, das seinen Pazifismus abgelegt hat, mit Präsident Biden auf Camp David zu einer historischen Verabredung getroffen aus Angst vor Nordkoreas Atomwaffen-Programm und der chinesischen Aggressivität, die zugleich die militärische Einkreisung Taiwans übt.

Die USA haben 80 000 Soldaten in beiden Ländern stationiert, deren einstige Feindschaft in ein Tauwetter übergegangen ist. Viel hat sich in kurzer Zeit tiefgreifend verändert. In den USA gibt es Stimmen in beiden Kongressparteien, die als Lehre aus dem Korea-Krieg, der im Juni 1950 begann, darauf hinweisen, dass der Waffenstillstand vom 27. Juli 1953 am 38. Breitengrad noch immer hält.

Einen Friedensvertrag in den frostigen Nicht-Beziehungen gibt es nicht, vielmehr ist die längste bestbewachte Grenze der Welt zu besichtigen. Ein Waffenstillstand zur Beendigung des Ukraine-Krieges könnte deshalb realistischer sein als irgendeine Form von Friedensvertrag (so Amos Michael Friedländer, NZZ 15.8., S.14).

Den Waffenstillstand könnten die USA auch in der Ukraine erzwingen, so wie Stalins Nachfolger es gegenüber Maos China taten, das im Unterschied zu Kim il Sung weiterkämpfen wollte. „Doch wahrscheinlich ist das nicht" (a.a.O.), was einmal mehr demonstriert, dass ‚Realismus' eine komplizierte Sache ist (siehe den Blog „Politische Philosophie mit Realitätssinn und pragmatischer Vernunft"). Was alles kann, und soll auf dem Spiel stehen? Komplexe und schwierigste Abwägungsprozesse sind vonnöten.

Konflikte zwischen führenden Militärs und verantwortlichen Politikern, die regieren, sind im Ernstfall aus sachlichen und persönlichen Gründen unvermeidlich: im Korea-Konflikt ebenso wie in der Kuba-Krise wie im Sommer 2023 in der Ukraine. Wichtige militärpolitische Entscheidungen stehen unmittelbar an und radikale Vorschläge bis hin zu Kurzstreckenraketen mit Streumunition gegen die russischen Schützengräben liegen auf dem Tisch, wenn man den Krieg *gewinnen* und nicht nur *nicht verlieren* will. Auch Präsident Biden (nicht nur Scholz) zögert.

Von der ukrainischen Seite aus sind politische Spekulationen nicht erwünscht, sie helfen in der derzeitigen Kampfsituation nicht weiter. Dabei geht es nicht um eine politische Theorie des Krieges, sondern schlicht um Fragen des einfachen Infanteristen, die zentral sind. Wie konnte man beispielsweise die Minenfelder nur unterschätzen?!

Diese Befehlshaber der Nato waren schon lange nicht mehr im Feld. Ihnen fehlt offenbar die Erfahrung aus Südkorea. Außerdem werden die nötigen Minenräumer und Kampfhelikopter nicht rechtzeitig herbeigeschafft. Die Strategen von den Militärakademien sind auf eine andere Kriegsführung: Flugzeuge, Raketen und Drohnen eingestellt, während das Gefechtsfeld für die Soldaten an die Stellungskriege des 1. Weltkriegs gemahnt.

Am 19. August trifft eine russische ballistische Rakete das Stadtzentrum von Tschirnihiw im Norden der Ukraine. Der russische Terror auf das ganze Land hält an. Einmal mehr wird man sagen, es werden keine zivilen Ziele getroffen, sondern es wird unterstellt, die Gebäude (in diesem Fall ein Theater, die Universität und eine Bushaltestelle) werden militärisch zweckentfremdet. Das Befehlszentrum in Moskau, welches diese Meldungen „automatenhaft" verbreitet, ist vom realen Geschehen und seinen Örtlichkeiten weit entfernt.

Es bleibt ein „sehr, sehr schwieriger Kampf", wird der Joint Chief of Staff, General Mark A. Milley zitiert, den die Soldaten und die Bevölkerung zu erleiden haben. Die russische Armee hatte genügend Zeit, die im Herbst 2022 annektierten Gebiete im Donbass zu sichern – wie von Putin fanatisch versprochen!

Dieser grundlegende Wendepunkt im Krieg, der vorher noch andere Optionen kannte, hatte die großflächige Invasion, die gescheitert war, für Putins Russland in einen propagandistisch ausbeutbaren ‚Verteidigungskrieg' gegen den Westen, der Russland angeblich zerstören will, verwandelt. Dieser ‚Kampf der Zivilisationen', der als ‚existenziell' gesehen wird, hält gefährliche Weiterungen bereit.

Umgekehrt wird für die Ukraine unter diesen Besatzungs-Bedingungen der gerechte Verteidigungskrieg zu einem geradezu übermenschlichen ‚Offensivkrieg' mit berechtigten territorialen Maximalforderungen, die von der großen Mehrheit der Bevölkerung geteilt werden. Eine alternative Option gibt es nicht mehr. Schätzungsweise 500.000 ukrainische Soldaten stehen 1,3 Millionen russischen, einschließlich Söldner, gegenüber.

Dazu kommt: „Für Putin sind Soldaten Verbrauchsmaterial" (Irina Rastorgujewa, NZZ 18.8., S.9). „Der sowjetische Soldat ist der billigste Soldat. Der geduldigste, der unprätentiöseste. Nicht versorgt, nicht geschützt. Reines Verbrauchsmaterial", schreibt die belarussische Schriftstellerin Alexijewitsch über den Krieg in Afghanistan (a.a.O.).

Inzwischen hat die russische Armee seit dem 22. Februar 2022 etwa dreimal so viel Verluste wie während des ganzen *Afghanistankrieges* 1979-1989 erlitten und neunmal mehr wie während des ersten *Tschetschenienkrieges* 1994-1996.

28. August 2023

Der Kampf um eine neue Weltordnung

Die einfachste Einteilung der Welt ist immer noch die nach Himmelsrichtungen: der Osten, der Süden, der Westen und der Norden. Es ist auch diejenige, mit der man die Welt am wenigsten zur Kenntnis nehmen muss – in ihrer vielfältigen Geographie, Geschichte und politischen Selbstwahrnehmung. Die Zäsur der europäischen Revolutionen von 1989 hatte da schon Einiges verändert, aber nur für Europa und das auch nur selektiv. Europa ist aber nicht die Welt, je länger je weniger.

Die aufstrebende Supermacht China bemüht sich darum, den vernachlässigten globalen Süden zu vertreten. Aber auch der ‚globale Süden' ist kein einheitlicher Akteur. Der alljährliche fünfzehnte Gipfel der BRICS-Staaten vom 22. bis 24. August 2023 in Johannesburg offenbarte dies einmal mehr gerade auch im Versuch, eine stärkere einheitliche Stimme in der Weltpolitik vor allem gegenüber den USA artikulieren zu können.

Das heterogene Bündnis wird ebenso überschätzt wie es vor allem auch unterschätzt wird, was die objektive Urteilsunsicherheit widerspiegelt gegenüber einer Welt, die man nicht kennt. 67 Länder sind eingeladen, darunter 53 afrikanische.

Das Etikett dieser Vereinigung wichtiger Schwellenländer stammt von O'Neill, dem Goldmann Sachs Ökonom. Die Großbuchstaben stehen für Brasilien, Russland, Indien, China und Südafrika, die 42 % der Weltbevölkerung umfassen. Die Supermachtdiktatoren Xi und Putin wollen den Einfluss dieser Gruppe ausweiten, die weder ein Sekretariat noch einen gemeinsamen Vertrag kennt.

Dabei geht es klar und offen um eine Großmachtpolitik, welche den Einfluss der USA zurückdrängen will. Xi, der groß als Staatsbesuch empfangen wurde, sprach von einem historischen Startpunkt, und Putin ließ sich per Video zuschalten, nachdem Südafrika den internationalen Haftbefehl gegen ihn, bei allen Vorbehalten, wohl doch vollstreckt hätte – eine erste Blamage für Putins Ambitionen.

Gastgeber Südafrika, welches der früheren Sowjetunion aus politischen Gründen und China wegen großzügiger Energielieferungen viel schuldet, steckt in einem strategischen Dilemma (Handelsblatt 26.8.). Wie weit kann die Abgrenzung zum Westen gehen? Untereinander, zum Beispiel die Riesen China und Indien, sind in wichtigen Fragen, wie gegenüber dem Westen uneins. Der „Diktatoren-Clique" trauen kritische Stimmen als Allianz auch „im Keim keine eigene Weltwirtschaftsordnung" zu (NZZ, 25.8., S.14).

Der brasilianische Staatspräsident Lula sprach davon, dass man keinen Gegenentwurf zu G7 und G20 bilden wolle (23.8.). Das will aber BRICS im Kosmos von China zweifelsohne. China und Russland wollen mehr Verbündete aufnehmen und stärker werden. Die Liste der Kandidaten ist lang: ‚World of Statistics' behauptet am 12. August 23 Länder von Algerien über Cuba u.a. bis Kuwait und Marokko bis Venezuela und Vietnam.

Man kann auch ironisch sagen, die ganze Bewegung sei lediglich eine Plattform der Beschwerde gegen den bösen amerikanischen Westen: „Resentments makes the world go around" (Janan Ganesh, in Financial Times, 22.

August). Das gilt für Länder wie größtenteils ihre politischen Führer als „relative outsiders": „There is no understanding modern Russia without a sense of its ressentiment as a shrunken empire." Das ist objektiv richtig. Tatsächlich spielen Gefühle und Empfindlichkeiten politisch eine große Rolle, was man an Kleinigkeiten etwa im Verhältnis des indischen Premierminister Modi und Chinas Präsident Xi ablesen konnte.

Mehr temporäre Konstellationen und Koalitionen von Fall zu Fall sind jedoch möglich. Das schwächt den Westen und seine (universalistischen) Werte, wohl mehr in Bezug auf Demokratie als den eigentlich zentralen attraktiven Wert der Freiheit. Es entsteht so immer mehr eine multi-alliierte Welt als eine alliierte. Das bedeutet mehr Opportunismus eigener Interessen. Der von der funktionalen Systemtheorie beschriebene und empfohlene Werteopportunismus hat in diesen Fällen allerdings auch einen politischen Preis (für Südafrika, Thailand usw.).

Für viele Länder eröffnet der Beitritt Chancen, die Außenhandelsbeziehungen von Großmächten unabhängiger zu machen und zu verbessern, da die Verhandlungspositionen von Brics bei Handelsabkommen stärker werden, dennoch will man es auch mit den USA nicht verderben. Der Handelskrieg mit Konsequenzen ist im vollen Gange. Es geht um mehr Einfluss auf die ‚global governance' der Uno, der Weltbank und des Internationalen Währungsfonds (IMF).

Der ehemalige Arbeiterführer Lula da Silva ist in Johannesburg mit allen Ehren empfangen worden. Von ihm und seiner Partei (PT) ist einmal die globalisierungskritische Parole ausgegangen: „Ein andere Welt ist möglich", Porto Alegre war die Welthauptstadt der Demokratie. Mit ihm reiste auch die Genossin Dilma Rousseff an, seine Nachfolgerin im Präsidentenamt 2010-2016. Seit März 2023 leitet sie die Entwicklungsbank der Brics-Staaten in Shanghai (NDB) und ist damit eine zentrale Figur des Treffens (NZZ, 25.8., S.18).

Als Ökonomin und Politikerin ist sie in Brasilien inzwischen sehr umstritten. Ideologisch steht sie China näher als den USA: Die Handelsrestriktionen gegen China hat sie als „neue Kriegsform" bezeichnet. Die Bank, die sie führt, soll mehr Projekte finanzieren in den 5 Währungen der Brics-Staaten (Real, Rubel, Rupie, Renminbi, Rand). Das Fernziel ist eine gemeinsame Währung, die in Johannesburg noch nicht beschlossen worden ist. Das Kreditvolumen der Entwicklungsbank erreicht jedoch dasjenige der Weltbank bei weitem noch nicht.

Bezüglich China dachten früher viele, dass es wegen seiner Marktwirtschaft nicht autoritär sein kann, doch es blieb autoritär und weit mehr als das! China kennt uns besser als wir China. In der technokratischen Ära von Deng Xiaopings schien es eine Machterosion der KP zu geben. Falls nun das System unter Xi wieder zum vollständigen Primat der Politik über die Wirtschaft zurückkehrt, könnte China wirtschaftlich stark zurückfallen, was interne Probleme hervorruft, die außenpolitisch durch Krieg kompensiert werden. Gegenwärtige Vorbereitungen deuten darauf hin.

Russland ist demgegenüber ein zerfallendes Reich mit einer langen Grenze zu China. Wie es also um die internationale Ausstrahlung beider Mächte weiterhin bestellt ist, bleibt historisch offen. Dass sie sich um strategischen Einfluss auf andere Länder, insbesondere auch in Afrika bemühen, ist indessen ein hartes Faktum. Für Russland erledigt dabei immer noch die Söldner Armee Wagner einen Großteil der Schmutzarbeit so wie einst die Fremdenlegionäre Frankreichs, dessen Politik in Afrika versagt. Die Doppelmoral der letzten Jahrhunderte rächt sich.

Macron wäre gerne nach Johannesburg eingeladen worden. Die Zeit der ehemaligen Kolonialmächte ist indessen endgültig vorbei. China geht subtiler vor, und der Westen schaut weitgehend zu, wenn die Militärs die Macht ergreifen: in Guinea, Burkina Faso, Mali, Niger, Tschad und Sudan als „populäre Putschisten" (siehe Die Zeit, 24. August, S.7).

Brasilien und Südafrika sind Mittelmächte ohne internationale Ausstrahlung. Die Friedensbemühungen von Staatspräsident Lula haben das jüngst ebenso demonstriert wie eine Gruppe afrikanischer Staaten, die von Putin empfangen worden sind. Welche Ausstrahlung Russland noch hat, wurde beim Afrika-Gipfel in Sankt Petersburg Ende Juli sichtbar. Trotz Gratis-Getreide konnten Putins Angebote nicht locken.

Indien wiederum ist hochgradig kapitalistisch und politisch voll Gewalt und Chaos. Vom Westen umworben, dem erst kürzlich als viertes Land der Welt mit ‚Chandrayaan 3' eine Mondlandung gelang, ist Indien kein Gegenpol zum Westen. Bleibt nur China, auch militärisch, freilich auf eine unberechenbare Weise, in dessen Gesellschaftsordnung der Unfreiheit jedoch niemand leben möchte.

Am 24. August kündigt der südafrikanische Präsident Ramaphosa eher überraschend an, dass sich die Brics-Gruppe um sechs Mitglieder erweitert. Der Iran, Saudi-Arabien, die Vereinigten Arabischen Emirate, Ägypten, Äthiopien und Argentinien sollen Anfang 2024 beitreten. Das ist eine Verstärkung. Die globale Wirtschaftsleistung der teils rohstoffstarken Länder steigt damit auf 37 %.

Der Mittlere Osten rückt stärker ins Zentrum der Reichen und der Investoren. Die Welt wird tatsächlich multipolarer. Es wird mithin genauer zu beobachten sein, was das

- wirtschaftlich und fiskalpolitisch,
- politisch sowie
- geopolitisch und militärisch

bedeutet. Der Widerspruch zum Beispiel zwischen Ramaphosas Programmrede für eine bessere Welt und der repressiven Innenpolitik des Iran, die gerade (Kopftuch-) Gesetz geworden ist, sticht sofort ins Auge.

Was bedeutet dieser Kampf um eine neue Weltordnung politisch? Was bedeutet er vor allem für die gefährliche gemeinsame antiwestliche Großmachtpolitik von Russland und China, die gerade ein dreiwöchiges Marinemanöver im Japanischen Meer und Beringmeer beendeten? Das sind die vordringlichen Fragen.

Der ‚freie Westen' wird sich auf die neue Situation einstellen müssen, ob er will oder nicht. Seine Werte kommen international noch stärker auf den Prüfstand. Er ist jedoch nicht abzuschreiben, wenn es gelingt, faire Partnerschaften für eine gute Entwicklung einzugehen und aufzubauen. Einfach wird das nicht.

Welcher Konsens trägt noch?

Diese Frage kann man sich überall stellen, in jedem Land und jeder Region und zu allen Zeiten. Kon-sensus (lateinisch), wörtlich: man/frau stimmen zusammen, stimmen überein, was weniger (das heißt: arationaler) oder mehr (das heißt: stärker) sein kann als ein rationaler Konsens.

Das kann selbstverständlich Common sense (sensus communis, senso commune, sens commun oder Gemeinsinn) werden oder umstritten sein und umstritten bleiben. Oft ist es ein *faktischer Mehrheitskonsens*, allerdings ein deutlicher und erheblicher, und nicht nur ein knappes (möglicherweise sogar umstrittenes) *Abstimmungsergebnis*, das ebenfalls den Ausschlag geben kann (siehe Al Gore vs. Bush Junior 2000).

Gleichwohl wird immer zeitlich wie örtlich ein Konsens beansprucht werden trotz Dissens und Dissenters, Anormalität und Auseinandersetzung. Die Argumentationsfigur des Konsenses bleibt tragend, obwohl die Auseinandersetzung weitergeht und prinzipiell unabgeschlossen bleibt. Konsense tragen buchstäblich die Beschlüsse der Demokratie und die Entschlüsse der Menschen. Sie werden argumentativ unterstellt und behauptet.

Wenn keine parlamentarisch gestützte Regierungsmehrheiten möglich sind, bleiben technokratische Kabinette (wobei die politische Theorie der Technokratie ihre eigene (französische) Tradition hat). Deren Wertefundament ist die Meritokratie. Technokratische Kabinette sind nicht nur in akuten Krisensituationen oft beliebter als (partei-) politische. Sie sind eine in der Politologie unterschätzte Variante mit Variationen in verschiedenen Ländern.

Gerade Südeuropa hat Erfahrungen damit, in Italien zuletzt die Regierung von „Supermario" Draghi (2021/22); er war von 2011 bis 2019 Präsident der Europäischen Zentralbank. Parteien scheinen in Europa kaum noch stabil zu sein. Ohne sie überall gänzlich abschreiben zu wollen, gewinnen dennoch neuartige kurzlebige Bewegungen überraschend schnell an Bedeutung und ersetzen traditionelle Parteien.

Sie bilden inzwischen eigene Öffentlichkeiten und neue Vernetzungen. Es gibt viele fluide Kooperationen und taktische Allianzen, die volatil sind – im Großen wie im Kleinen. Geschichtsbewusstsein ist wichtig, aber seine Bedeutung schwindet in der schnelllebigen Gegenwart, die uns absorbiert. Investoren sagen: „the market has no Memory". Das gilt leider generell.

Auch in dieser Hinsicht war Berlusconi, der Besitzer von Mediaset, ein Vorreiter, was aufs Engste mit den Veränderungen der allgegenwärtigen bewusstseinsenteignenden Macht der Mediengesellschaft und ihren Strukturen zusammenhängt. Berlusconi sprach die Menschen bei seinen Fernsehansprachen nicht als „cittadini", sondern als „telespettatori" an. ‚Forza Italia' und technokratische Kabinette sind zwei Seiten derselben Medaille. Auf andere (französische)Weise trifft dies wohl auch auf Macrons ‚République en marche' zu.

Aktuell und systematisch zugleich frage ich mich, welcher Konsens noch hält. Welcher ist strapazierfähig in einer liberalen Demokratie im Dauerstress? Aufbauend auf den beiden Blogs über das Phänomen Berlusconi (12. Juni und 24. Juli) wird das hier am Beispiel von Italien erörtert.

Genauso gut und aufschlussreich könnte man die aktuellen Beispiele Israel und USA diskutieren. Über letztere werden wir anlässlich der Präsidentschaftswahlen nächstes Jahr noch mehr als genug erfahren, denn dieses Ereignis wird große Rückwirkungen auf Europa und die Welt haben.

Politische Theorie kann das grundlegende Thema ‚Konsens' nicht ohne genaue Kenntnisse der Geschichte, die jeweiligen Kontexte von Konsens erörtern. Erinnerungskulturen spielen dabei ebenso eine Rolle wie Fortschrittsorientierungen. Analytisch lassen sich verschiedene Ebenen unterscheiden:

- als höchste normative Ebenen die *Verfassungsnormen*, der Verfassungskonsens, sodann

- der *Wertekonsens*, auch als Alltagskultur der Menschen, sowie
- die *Verfahrenskonsense*. Was alles vermag der Prozeduralismus zu absorbieren? Und welche Verfahren fallen unter die Demokratie?

Was das aktuelle Italien betrifft, so gibt es einen neuen Mehrheitskonsens, seitdem Meloni als erste Frau das Land regiert. Er ist gegen Migranten und als rechte Regierung natürlich pauschal gegen die Linken bzw. alles Linke gerichtet – Affekte werden bedient, Argumente sind nicht mehr nötig- sowie betont für die traditionelle Familie, obwohl die Geburtenrate sehr niedrig ist. Dieser Konsens ist, wie faktische Mehrheitskonsense immer, in sich widersprüchlich.

Während Meloni deutlich für die NATO im Ukraine-Krieg und für die EU eintritt (bei allen „Allergien gegen Deutschland") ist dies bei ihrer Wählerschaft und den Parteien, die sie unterstützen, weit weniger klar. Auch sie regiert in einer schwierigen Koalition und hat Mühe mit den eigenen Faschisten.

Dasselbe gilt gegenüber dem sogenannten katholischen Konsens, dem typischen Wertekonsens Italiens. Beim *katholischen Konsens* muss man drei Dimensionen unterscheiden, was auch bei anderen substantiellen Wertekonsensen zu beachten ist:

- Katholisch als Alltagskultur, was in Italien auch dazu führte, dass Kommunisten (PCI) ihre Kinder zur Taufe und in den Religionsunterricht brachten.
- katholische Kirche als Institution und
- politischer Katholizismus.

Nach dem Untergang der mächtigen Democrazia cristiana (DC), die bis 1994 ununterbrochen regierte, gingen die Katholiken politisch unterschiedliche Wege. Der politische Katholizismus hatte kein einigendes Projekt mehr, und der katholische Konsens gehört der Vergangenheit an. Der argentinische Papst Franziskus bemüht sich heute um humanitäre Korridore für Flüchtlinge und macht sich damit unter Christen keine Freunde mehr: „soll er sie doch im Vatikan unterbringen".

Bleibt der Verfassungskonsens, der in Italien nach dem Krieg auch als antifaschistischer lange – bis hin zum Compromesso storico (Moro, Berlinguer) 1978? – gehalten hat. Interessanterweise war sogar von einer ‚Zivilreligion des Antifaschismus' (Campani) die Rede, der Christen und Kommunisten umspannte. Doch auch diesbezüglich gab und gibt es kontroverse Erinnerungskulturen, die Konsens bekräftigen oder spalten.

Überzeugende Staatspräsidenten wie Pertini, Scalfaro, Napolitano, Matarella, die im politischen System Italiens eine gewisse, nicht unerhebliche Rolle spielen, tragen das Ihre zum Verfassungskonsens bei, indem sie ihn verkörpern. Wie wirksam und tragfähig ist dieser jedoch noch in einer defizitären Wähler- und Parteiendemokratie in der Krise? Die Abscheu vor den Machenschaften der Politik ist groß, was nicht nur die Korruption betrifft.

Die Wahlbeteiligung geht derweil dramatisch zurück, in den Regionalwahlen wie jüngst in der Lombardei und Latium teilweise unter 50 %. Womit wir bei den Regierungskonsensen sind, die nie lange halten. Seit dem 13. Juli 1946 (De Gaspari) gab es 31 Regierungen. Ab dem 22. Oktober 2022 ist die trotzige Giorgia Meloni, die kein Politikeritalienisch spricht, „Presidente del Consiglio dei Ministri", vergleichbar dem deutschen Bundeskanzler.

Diese Regierung gilt als die rechtslastigste seit Mussolini. Die Fratelli d'Italia, die Nachfolgepartei der Alleanza Nazionale (1995-2009), die wiederum die Nachfolgepartei des Movimento Sociale Italiano ist, sind ‚Neofaschisten' und keine Postfaschisten, was eine oberflächliche und nichtssagende Benennung bzw. genauer: Entnennung ist.

Herrscht also ein faktischer Mehrheitskonsens als rechter Konsens, den Berlusconi geschmiedet hatte, statt ein linker? Oder geht es tiefer, und die Regierungen gelten als gleichermaßen abgehoben wie die Politik im Singular, gleich welche Parteienkonstellation vorherrscht?

Sind somit Regierungen lediglich geschäftsführende Verwaltungen oder gar Verfassungsinstitutionen kapernde Mächte geworden? Werden so die Politiker in den abendlichen Fernsehshows, die sich bekriegen, eine Parallelwelt zur Welt der normalen Leute? Und die Rechten sind in diesem Wrestling der medialen Spaßgesellschaft und Zuschauerdemokratie unterhaltsamer als die Linken? Ist das aus der Politik geworden?

Die Rüstungskontrolle ist mausetot

„Die Tore zur Hölle hat sich die Menschheit selbst gebaut. Der Einsatz nur eines Teils der derzeit existierenden mehr als 12 000 Kernwaffen würde reichen, menschliche Existenz weitgehend zu vernichten…" (so Oliver Thränert, Center for Security Studies der ETH Zürich, in: NZZ, 26.8.2023, S.17).

In den USA wurde die Rüstungskontrolle in den Formen bilateraler und multilateraler Diplomatie erfunden, um dieses ‚Ende der Geschichte' zu verhindern. Sie ist aktuell in großer Gefahr (siehe auch Wolfgang Richter, SWP aktuell, 7.5.2020). In den 70er, 80er und 90er Jahren war Abrüstung noch ein gängiges und kontinuierliches Prüfungsthema in der internationalen Politik (an der Universität Potsdam Wolfgang Kötter).

„Doch heute ist die Kontrolle der nuklearen Rüstung mausetot" (so die These von Thränert), und zwar nicht nur wissenschaftlich, sondern auch und vor allem politisch. Und das zu einem Zeitpunkt, wo sie drängender und dringender ist, denn je. Es existiert nur noch der New START- Vertrag (Strategic Arms Reduction Treaty) vom Juli 1991, der 2009 ausgelaufen ist und 2010

(Prager Vertrag) wieder erneuert werden sollte. Dabei geht es um die gemeinsame Reduzierung von strategischen Trägersystemen für Nuklearwaffen.

2026 läuft das Abkommen aus, und über die Verhandlung neuer Verträge wird nicht einmal geredet. Die Rüstungskontrolle wäre aber bei den gegenwärtigen geopolitischen Zuspitzungen und atemberaubenden technologischen Entwicklungen, die außerhalb der menschlichen Übersicht und Kontrolle sind, das wichtigste öffentliche Thema im Interesse der Menschheit.

Präsident Obama sprach noch 2009 in Prag, wofür er den Friedensnobelpreis bekam, von der Vision einer atomwaffenfreien Welt. Wie weit sind inzwischen Wunsch und die Realitäten, Rhetorik und Politik auseinander! Bei Obama kann man allerdings auch studieren, was ,Politik als Rhetorik' bedeutet.

Die Angst vor dem Atomkrieg, die keine irrationale ist, und das Interesse an Zusammenarbeit, das rational ist, motivieren Rüstungskontrollverhandlungen als ein eigenes Politikfeld. Die USA hegten in Europa nach 1945 keine Expansionspläne, während die Sowjetunion nach dem gewonnenen Krieg eine Status-quo-Macht geworden war (ich folge der Kurzanalyse von Thränert).

Infolgedessen versuchte sie, dass historisch Erreichte im Kampf gegen das Böse durch Entspannungspolitik zu sichern. Die Rüstungskontrolle war ein Teil davon und zugleich der Versuch, sich neben den USA als gleichrangige Supermacht zu etablieren, nachdem sie am 29. August 1949 im heutigen Kasachstan ihre erste Atombombe zündete. Zuvor änderte sich mit dem Abwurf der Bomben über Hiroshima und Nagasaki im August 1945 die Welt. Dem ging ein Wettlauf der Wissenschaftler mit Briefen an Roosevelt und Stalin voraus, der wiederum zu einem Wettbewerb der Systeme führte, in den der wissenschaftlich-technische Komplex bis heute eingebunden ist.

Nicht zu unterschätzen ist der erfahrene Schrecken, den die Kuba-Krise 1962 auf beiden Seiten und international ausgelöst hatte, „als es nur mit einer gehörigen Portion Glück gelungen war, einen Atomkrieg zu verhindern" (Thränert). Heute ist Russland nicht am Status-quo interessiert, sondern eine revisionistische imperiale Macht, wie die flächendeckende Invasion der Ukraine 2022 drastisch gezeigt hat. Tabus gibt es keine mehr.

Rüstungskontrollverhandlungen bedürfen ganz besonders der Ressource Vertrauen, wenn es über Abgründe hinweggeht. Der Wille zur Selbstbehauptung ist allen Lebewesen und politischen Kollektiven eigen. Sich durch Verträge, Regeln und Abmachungen aller Art ‚abrüsten' zu lassen, setzt deswegen sehr viel Vertrauen voraus, das rasch wieder verloren gehen kann. Sie bedürfen außerdem verifizierbarer Überprüfungen, die politisch zugelassen werden müssen. Dieses Vertrauen ist derzeit im Verhältnis zwischen Russland und den USA, der einstigen Anti-Hitler Koalition, nicht nur verspielt, sondern gründlich zerrüttet.

Russland hat gemäß Thränert schon vor Jahren neue Marschflugkörper stationiert, die gegen den INF- Vertrag (Intermediate-Range Nuclear Forces) von 1987 (Reagan/Gorbatschow) verstießen, worauf Präsident Trump, den Vertrag kündigte, was die Nato unterstützte. Neue Verträge bedürfen bei dieser Materie zudem eine Zweidrittelmehrheit im US-Senat, was bei der derzeitigen politischen Polarisierung kaum vorstellbar ist. Das sind denkbar schlechte Voraussetzungen für eine Politik der Abrüstung.

Vor allem aber hat sich die internationale Lage mit dem dritten atomaren Akteur China, der Weltmachtambitionen hat, dramatisch verkompliziert. Das Land rüstet schnell und massiv auf und will seinen Aufstieg nicht durch Rüstungskontrollen behindern lassen. Auf den Weltmeeren wird dies demonstrativ und konfliktiv sichtbar, wo die Flotte jedes Jahr um die Größenordnung der französischen Marine zunimmt. Dazu kommen Flugzeugträger. Das erinnert ans Wilhelminische Deutschland und die Tirpitzsche Flottenpolitik.

Die kommunistische Diktatur würde die für Rüstungskontrollen nötige Transparenz nicht zulassen. Ohne den Einbezug Chinas machen Abrüstungsverhandlungen jedoch keinen realistischen Sinn. Und Europa? Ist es zur Zuschauerrolle verdammt? Und wie geht es mit der nötigen Abschreckung gegen Russland um? Was heißt hier Verteidigungsfähigkeit? Putin hat zurecht Angst vor allem vor der konventionellen Stärke der Nato, genauso wie Nordkorea und Iran.

Die politische und sachliche Komplexität des Problems, das ohnehin schwierig ist, hat sich damit noch einmal enorm vergrößert und verschärft. Weder die militärtechnologische Entwicklung noch die geopolitischen Konflikte sind unter Kontrolle. Fördern neue Waffensysteme, die an Rasanz und Vielfalt zunehmen, die strategische Stabilität oder wird sie unterlaufen? Zahlreiche detaillierte schwierige militärtechnische und taktische Fragen mit großen Auswirkungen stellen sich.

Allein schon diese Komplexität führt zur kognitiven Verzweiflung. „Einfach den Dingen ihren Lauf lassen" (Thränert), ist jedoch auch keine Lösung und widerspricht den Möglichkeiten des Politischen als Handelnkönnen, wozu auch der Mehrwert der stark personenabhängigen Diplomatie mit politischer Macht gehört.

Wie der Ukraine-Krieg ausgeht, weiß im Sommer 2023 niemand, wie es mit dem Putinschen Russland weitergeht, ebenso wenig. Auf die Kremologie ist kein Verlass und ständiger Alarmismus in Bezug auf China klärt nicht auf. Warum kann es nicht (krisenbedingt) zu einem Tauwetter in den Beziehungen zwischen den USA und China, seinem ersten strategischen Rivalen laut neuer Pentagon-Strategie, der riesige eigene Probleme hat, kommen?

Die Spannung zwischen Struktur und Ereignis ist historisch-soziologisch allgemein gegeben. Sie begünstigt in Bezug auf die Weltgesellschaft, den Welthandel wie die Weltpolitik strukturtheoretischen Determinismus ebenso – wie gerade vor diesem Hintergrund – überraschende Ereignisse und Zufälle immer möglich sind. Diese Spannung, die zur Geschichte gehört, lässt sich nicht auflösen.

Denken wir nur an Nixons Chinadiplomatie zurück (der ansonsten nicht gut wegkommt) oder auch an die Überraschung Gorbatschow und seinen Aufstieg, mit dem niemand gerechnet hatte. Das soll an dieser Stelle nur sagen:

bei allem theoretischen Pessimismus, den wir hier nicht weiter ausführen wollen (die Blogs über den Ukraine-Krieg haben das zur Genüge getan), ist ein strenger technologischer Determinismus gleichwohl ebenso irreführend wie ein zivilisatorischer Exterminismus.

Wie also müssen wir heute ‚Abschreckung' neu denken? Vielleicht müssen wir uns dabei auch von der alleinigen Fixierung auf die Atomwaffen lösen. Die Zerstörungskraft der stärksten konventionellen Waffen erreicht heute manch atomare Waffen, was sie als bloße Drohung relationiert, wenn auch nicht relativiert, insofern als nicht-totale Kriege wieder wie im 19. Jahrhundert geführt werden können. Das heißt: die totale (Selbst-) Zerstörung ist mehr Theorie als reale Option.

Wie aber hütet man sich vor Fatalismus in der politischen Theorie bei einem so komplexen Thema? Dagegen ist schwer anzugehen, nur schon bei der möglichen Thematisierung, die mehr als notwendig ist. Wissenschaft, Öffentlichkeit und Technik müssen dabei aus sachlichen Gründen inter- und transdisziplinär zusammenspielen. Die Wahrscheinlichkeit eines Krieges ist groß, da die fragile nukleare Abschreckung aus sich selbst heraus nicht strategische Stabilität generiert.

20. September 2023

Die ‚Räterepublik' der Beiräte

Rat ist gefragt, Beiräte auch. Wie Pilze schießen sie aus dem Boden, vor allem auf kommunaler Ebene, aber auch anderswo. Was die eine Stadt hat, muss die andere auch haben. Das gehört mittlerweile zum Stadtmarketing. Beratung ist freilich immer gut, Beratungsresistenz fast immer schlecht, denn Beratung ist ein Prozess, in dem Ansichten und Argumente ausgetauscht werden und somit Lernprozesse stattfinden können.

Dazu sagt man heute in der Politikwissenschaft auch: ‚deliberative Prozesse', wobei diese unterschiedlichen Qualitäten und Settings kennen, womit dann erst eigentlich die kritische Forschung beginnen würde, abgesehen von der Macht der Verbalisierung, die sehr ungleich verteilt ist. Aufgrund der signifikanten Zunahme solcher Prozesse in den letzten 15 Jahren ist auch – in Analogie zur Legislative, Judikative und Exekutive – von ‚Deliberative' die Rede, genauer: von ‚Konsultative' (Nanz/Leggewie 2016).

Das heißt mehr Demokratie durch Bürgerbeteiligung. Das ist originell, aber was verbirgt sich dahinter? Eine verbesserte neue Demokratie oder das Gegenteil: mehr simulierte Demokratie für real weniger Demokratie angesichts überwältigender Prozesse? Dieser Frage wollen wir im Folgenden nachgehen.

Wir beginnen klein, mit den Beiräten auf kommunaler Ebene. Das Allgemeinste, was man über sie sagen kann, ist, dass sie eine beratende Funktion und meistens nur geringe Mitbestimmungs- oder gar Entscheidungs- und Kontrollfunktion haben. Sie können und wollen aber Einfluss nehmen, im besten Falle auf die Öffentlichkeit und die Entscheidungsträger, weshalb die Diskussion über ihre Wirksamkeit kein Ende nimmt. Gerade im Zusammenhang mit dem Thema der Bürgerbeteiligung und bürgerschaftlicher Selbstwirksamkeit entfacht sie immer wieder neu, so nicht zufällig auch im Beteiligungsrat der Stadt Potsdam, den es seit 2013 gibt.

Er ist Teil der neu strukturierten Bürgerbeteiligung (die selbst Resultat eines langen Beteiligungsprozesses 2010-2013 war) mit einer internen (verwaltungsbezogenen) und einer (zivilgesellschaftlichen) ‚Werkstadt für Beteiligung‘. Das ganze Experiment ist 2013-2016 vom Institut für Urbanistik wissenschaftlich evaluiert worden (2017).

In diesem Zusammenhang von Stadtpolitik, Verwaltung und zivilgesellschaftlicher Bewegung wird versucht, das Versprechen der Bürgerbeteiligung in der Stadt (‚Mitreden findet Stadt‘ im Sinne des neuen Leitbildes ‚Eine Stadt für Alle 2025‘, beschlossen 2016 von der Stadtverordnetenversammlung) zunehmend zahlreicher und vielfältiger zu realisieren.

Die neue Struktur sollte die Beteiligungskultur fördern. Auch der viele einbeziehende (digitale) Öffentlichkeitsauftritt und der Newsletter der Landeshauptstadt sind in den letzten Jahren ausgebaut geworden. Das ist Ausdruck der realexistierenden Stadtgesellschaft. Doch der Zweifel der (Selbst-) Wirksamkeit ist geblieben.

Beiräte

Der Beteiligungsrat ist nur ein Beirat. In Potsdam gibt es gemäß Hauptsatzung und auf Beschluss der Stadtverordnetenversammlung verschiedene Räte zur „Verwaltung von Interessen, die für die Landeshauptstadt von besonderem Belang sind".

Es sind dies in alphabetischer Reihenfolge:

- Behindertenbeirat
- Beteiligungsrat
- Digitalisierungsrat
- Ernährungsrat
- Gestaltungsrat
- Klimarat
- Migrantenbeirat
- Naturschutzbeirat
- Seniorenbeirat
- Wirtschaftsrat

Der jüngste Beirat wird sich dem neuen politischen Thema ‚Ernährung' widmen. Der Digitalisierungsrat ist ebenfalls neu im Zusammenhang mit dem Smart City Projekt einberufen worden. Er hat 12 Mitglieder auf Vorschlag des Oberbürgermeisters, die von der Stadtverordnetenversammlung für drei Jahre bestätigt werden müssen. Neu ist, dass in ihm auch zwei Mitglieder aus anderen Beiräten: Klimarat und Beteiligungsrat, vertreten sind.

Das ist ein Hinweis darauf, dass der Austausch und die wechselseitige Verstärkung der Beiräte ein kleiner, wenn auch wichtiger Schritt effektiver Beteiligung sind. Er sollte weiter ausgebaut werden, wofür Neugierde und ein Interesse aneinander die Voraussetzung ist, die leider zugunsten von Indifferenz und eigenem ‚Vereinspatriotismus' oft nicht gegeben ist.

Kritisch lässt sich anmerken, dass solche Räte oft von Expertenräten kaum zu unterscheiden sind. So beim Digitalisierungsrat, wo die Professoren überwiegen oder beim Gestaltungsrat, wo die Architekten den Ton angeben, aber auch beim Klimarat überwiegt die Reputation trotz der Aufnahme von zwei Jugendlichen von Fridays for Future. Expertenräte gibt es viele, auch und gerade auf einflussreichen Ebenen mit großer Reichweite (EU, Bundesministerien), die dafür immer mehr Geld ausgeben. Insofern existiert insgesamt eher eine Expertokratie als eine Bürgerdemokratie. Das gilt um so mehr, je exekutivlastiger das politische System ist.

Die wissenschaftliche Politikberatung ist seit jeher ein Kennzeichen modernen Regierens, bei dem in Krisenzeiten, wenn keine parlamentarische Mehrheit gefunden werden kann, sogar technokratische Kabinette von Fachleuten regieren (Draghi in Italien ist ein Beispiel). Sie sind oft beliebt und populär („Supermario"). Das wäre dann die Ablösung der Demokratie durch Technokratie, was ohnehin eine mächtige Entkoppelungs-Tendenz in manchen Ländern und auf der EU-Ebene ist.

Die Wissenschaft ist zweifelsohne wichtig für eine evidenzbasierte Politik. In manchen besonders zentralen Bereichen gibt sie sogar die Vorgaben, Kriterien und Ziele, die erreicht werden müssen. Aber sie regiert nicht und übernimmt dafür auch keine Verantwortung!

Stattdessen wird der Politik (im Singular) – wer ist das? – immer mehr aufgebürdet. Resultiert daraus der ungebremste Staat? Wo also beginnt die systematische Überforderung? Das wäre eigentlich die interessante Frage, die man sich von bürgerlich-politischer Seite selbstkritisch stellen müsste, über die man jedoch kaum diskutiert. Man tut so, als hätte man alles im Griff, in Wirklichkeit ist alles außer Kontrolle und für die großen Krisen gibt es keine Lösungen.

Es gibt aber auch die gegenteilige handlungsoptimistische Tendenz des kompetenten und sachkundigen Bürgers – des ‚Bürgers als Beruf' in Analogie zu ‚Politik als Beruf' (Max Weber). Das ist die partizipative Tendenz (siehe

Sintomer 2014). Daran schließen wir an mit unseren demokratiepolitischen Überlegungen zur verbesserten Bürgerbeteiligung.

Im Folgenden bleiben wir in diesem Rahmen, wenngleich das sogenannte Expertenwissen und die Technokratie mit ihrer Legitimation der Meritokratie eine eigene gewichtige Analyse erfordern würden. Zum großen und wachsenden Stellenwert des Expertentums in der wissenschaftlich-technischen Zivilisation siehe Morandi 2023, der die politische Theorie der Technokratie ernst nimmt. Über Technokratie und Populismus als zwei Seiten einer Medaille siehe auch Kleger 2018.

Für uns ist an dieser Stelle nur wichtig, in ‚deliberativ-partizipativer' Hinsicht selbstkritisch zu bleiben und bei der „professionalisierten Bürgerbeteiligung" auf solche Tendenzen (auch der Akademisierung in Sprache und theoretischer Reflexion) zu achten und diesbezüglich nicht unkritisch zu werden, wenn es beispielsweise um Stadtentwicklungen einer deklarierten ‚Stadt für Alle' geht.

Inklusion und Beteiligung müssen zusammenspielen. Die Stadtgesellschaft ist nicht nur vielfältig, sondern auch sozial geschichtet und gespalten. Nicht nur für die Wissenschaftsstadt Potsdam, die zur ’soliden Mitte' gezählt wird, ist das offensichtlich.

Beiräte werden gewählt, gelost oder berufen. Ihre demokratische Legitimation ist also ganz unterschiedlich. In Brandenburg entscheidet die einzelne Gemeinde, ob sie Beiräte einrichten will (KomVerf &19). Gewisse Beiräte vertreten zudem Interessen: zum Beispiel der Migrantenbeirat seit 1992, als er noch Ausländerbeirat hieß, der Behindetenbeirat, der eben nach langer Abstinenz wieder gewählt worden ist, oder der Seniorenbeirat mit großen Potentialen für die ehrenamtliche Arbeit.

Diese Beiräte sind ihrer Klientel verpflichtet und müssen oft anecken, wenn es zum Beispiel um den Standort eines Asylbewerberheimes oder um das Ausländeramt geht oder um Behindertengerechtigkeit oder Altersarmut und Einsamkeit. In solchen Fällen zeigt sich, wie nötig sie sind. Sie müssen zudem den Kontakt zum Land ebenso suchen wie zu den gesellschaftlichen Bewegungen, um ihrer Stimme Gehör zu verschaffen, die laut sein muss.

So ist der Migrantenbeirat auch Mitglied bei ‚Potsdam bekennt Farbe' und beim ‚Neuen Potsdamer Toleranzedikt'. Die Beiräte können sich mithin nach innen verstärken durch eine eigene Geschäftsordnung, im Austausch untereinander sowie nach außen zusammen mit Bewegungen in der Stadtgesellschaft.

Sie sind nicht bloß Gremien und als Interessenvertretung mehr oder etwas anderes als Rat, Beratung und Deliberation. Als solche sollten sie auch nicht arbeiten, wenn sie attraktiv bleiben wollen. Politische Selbstläufer wie demokratische Institutionen (Wahlen, Abstimmungen, Parlamente, Koalitions-Regierungen, Verfassungsgerichte) sind sie nicht.

Oft hat man Mühe, überhaupt engagierte ehrenamtliche Bürger und Bürgerinnen zu finden, welche bereit sind, kontinuierlich die zeitlich anspruchsvolle Arbeit, die sich schnell erweitert, zu machen. Mit der Zeit ist deshalb besonders sorgsam umzugehen. Der Bürger/ die Bürgerin hat auch noch andere Berufe und Verpflichtungen. Lückenbüßer der Politik sind sie nicht.

Ortsbeiräte

Ortsbeiräte wiederum sind nicht lediglich Beiräte im obigen Sinne. Sie haben ein Mandat und sind demokratisch gewählt, meist im Zusammenhang mit Kommunalwahlen. Sie sind Interessenvertretungen von Ortsteilen, nicht nur in Potsdam und Brandenburg. In unterschiedlichen Bundesländern heißen sie verschieden.

Die Gemeindegebietsreform 2003 hatte zur Eingemeindung der umliegenden Dörfer, zum Teil gegen ihren Willen geführt. Seitdem gibt es Spannungen zwischen den Ortsbeiräten (zum Beispiel von Groß Glienicke, Neu Fahrland oder Golm) und der SVV in Potsdam, denen sich auch der Beteiligungsrat angenommen hat. Siehe dazu die Stellungnahmen vom 3.11.2020 und 28.5.2021: „Ortsbeiräte stärken". Ein Workshop und ein Gutachten (Franzke 2021) waren die Folge.

Systematisch geht es um das Verhältnis von Dörfern, die solche bleiben wollen, und den Sichtweisen der Stadt auf Probleme wie Verkehr und Schulplanung. Planung muss heute weitgehend regional ausgerichtet sein. Das eingemeindete Land/ Umland, welche das Gemeindegebiet erheblich vergrößert hat, führt mit seinem Eigenleben indessen zu Konflikten mit der innerstädtischen Demokratie, bei dem sich die Ortsbeiräte oft übergangen und nicht gehört sehen, obwohl sie formal zur Stadt gehören. Sie wollen aber nicht bloß städtische Baulandreserve sein.

Auch bei den Stadtteilen stellt sich das Problem einer eigenen Vertretung, und man muss aufpassen, dass es nicht diesbezüglich wieder zu einem Wildwuchs der Räte (Stadtteilräte) und verschiedener Arten der Beteiligung kommt. Umgekehrt ist die Verbindlichkeit der Ortsbeiräte auch von der Landesverfassung her definitiv zu klären. Das sind kleine demokratietheoretische Probleme auf einer neuen Ebene, die aber demokratisch gewünscht waren und bestimmten stadtregionalen Entwicklungen entsprechen.

Bürgerräte

Bürgerräte sind wiederum etwas anderes. Sie stehen demokratietheoretisch in der Nähe von losbasierten Beiräten wie etwa dem Beteiligungsrat, den es nicht nur in Potsdam, sondern auch in Erfurt gibt, wenn auch in anderer Form. Ein Austausch hat immerhin schon stattgefunden, was vermehrt zu begrüßen wäre. Bürgerräte indessen funktionieren temporär für jeweils ein bestimmtes Thema. Nicht jedes Thema ist gleichermaßen geeignet.

Bürgerräte sind momentan der nächste Hype der Bürgerbeteiligung nach den ‚Planungszellen', den ‚Stadtforen' und den ‚Bürgerhaushalten'. Nicht immer ist daraus etwas geworden, was man sich überschwänglich erhofft hatte, was oft an der mangelnden Vorbereitung, der nötigen politischen Verankerung und falschen Erwartungen lag, die meistens im Kopf beginnen mit fehlenden begrifflichen Differenzierungen.

Das war schon bei der Einführung des Bürgerhaushalts in Deutschland der Fall. Dort jedoch, wo der Bürgerhaushalt in der Stadtgesellschaft angekommen ist und immer weitere Kreise zog, war nicht nur viel Beharrlichkeit, sondern auch ein intensives kooperatives Zusammenspiel zwischen Politik, Verwaltung und Bürgerschaft (siehe Dänzer/Maaß 2023) über mehrere Jahre erforderlich.

Was ist eigentlich aus den Ergebnissen des Klimarats 2021 mit 160 Menschen und 12 Sitzungen geworden, wenn heute die ‚Letzte Generation' wieder vehement einen Klimarat oder ‚Gesellschaftsrat' fordert? Auf Bundesebene will man neuerdings mit einem Ernährungsrat beginnen, den es auf kommunaler und regionaler Ebene schon gibt. Das alles wirft ein Schlaglicht auf die bestehende Öffentlichkeit sowie die Effektivität und Legitimität dieses spezifischen Politikinstruments, das letztlich von führenden Repräsentanten der parlamentarischen Demokratie (Schäuble, Bas) lanciert wird.

Auch die losbasierten Bürgerräte darf man sich nicht einfach als Ersatz der direkten Demokratie vorstellen, sondern bestenfalls als Kombination mit ihr. Dafür müssen aber zumindest ihre Empfehlungen bekannt und handlungswirksam werden. Das Empfehlungsschreiben wird dem Bundestag übergeben, so am 19. März 2021 an den Bundestagspräsidenten Schäuble über nichts weniger als „Deutschlands Rolle in der Welt".

Was ist daraus geworden? Wer verarbeitet die Ergebnisse? Welche Schlüsse werden gezogen und gegebenenfalls wie umgesetzt? Worin liegt die Verbindlichkeit und wer übernimmt die Verantwortung dafür? Kann auf diese Weise durch Bürgergutachten, die immer beachtenswert sind, die Kluft zwischen der parteienstaatlichen Demokratie und der breiten Bürgerschaft kleiner werden?

Mit neuen Formaten wie Bürgerräten, die aus Irland kommen (Irish Citizens'-Assemblys 2016-2018), wird inzwischen auch in Frankreich (Convention Citoyenne pour le Climat 2019/2020) und in Deutschland experimentiert, in Leipzig 2019 (zum Thema ‚Demokratie') und in Berlin 2022 (zum Thema ‚Klima'). In Frankreich, wo die parlamentarische Demokratie nicht so stark ausgeprägt ist wie in Deutschland, hat man den Eindruck, dass der mächtige Präsident zur Audienz einlädt. Geht also das Ganze über Anhörungen hinaus und spiegelt Bürgernähe bloß vor?

Sogar auf europäischer Ebene sollen Bürgerräte eine ‚Konferenz zur Zukunft Europas' (2021) einleiten, welche die vom französischen Staatspräsidenten in seiner Rede an der Sorbonne (26. September 2017) angekündigte „Neugründung Europas" vorbereitet (22 Seiten, wer hat sie gelesen?). Dies soll – wie schon 2003 – in einen Konvent münden und zur Weiterentwicklung eines europäischen Bundesstaates führen, der dezentral und nach den Grundsätzen der Subsidiarität und Verhältnismäßigkeit organisiert ist und die Grundrechtecharta zur Grundlage hat. So steht es 2021 im Koalitionsvertrag der neuen Fortschrittsregierung (S. 132). Das sind große Ankündigungen.

Dasselbe Problem der Verbindlichkeit existiert auch bei den verschiedenen Varianten von Bürgerhaushalten vom konsultativen Verwaltungsinstrument bis hin zum Porto Alegre-Modell. Bei diesen teils sehr aufwendigen Verfahren geht es immer auch um das Demokratieverständnis. Welche Demokratie soll wie verändert werden: die kommunale, die repräsentative, die Parteiendemokratie oder die direkte Demokratie?

Bürgerräte müssen nicht auf den politischen Bereich fokussiert sein und können sich auf unterschiedliche Ebenen beziehen (nicht nur Kommunen, sondern auch Bund und EU). Bürgerräte können also vielfältig als Beteiligungsinstrumente genutzt werden, sie können zudem demokratiestützende Erfahrungsräume (etwa auf Wahlkreisebene) und vorbildliche Diskursräume mit Moderation und Experten werden.

Schwache, unterrepräsentierte und abwesende Stimmen sollen durch Zufallsauswahl und aufsuchende Arbeit gestärkt werden (Liesenberg/Strothmann 2023), das ist das Ziel. Man wird sehen, was die weiteren Erfahrungen und

Forschungen erbringen. Man darf gespannt sein auf die Zusammenarbeit mit den Parteien in den Wahlkreisräten. Ob sich da etwas bewegen lässt?

Demokratie

Wie die 68er Studenten die sozialistische Räterepublik (Sowjets, Karl Liebknecht) mit direkter Demokratie, die sie nicht kannten, verwechselten, so darf man die parteienstaatlich parlamentarische Demokratie nicht mit Bürgerbeteiligung und Räten verwechseln. Das wäre ein Etikettenschwindel. Das heißt aber nicht, dass man das Kind der Räte mit dem Bade makrodemokratischer Einwände ausschütten muss. Die parteiliche (Berufs-) Politik kann Arbeitsteilung gebrauchen und vertragen.

Man soll nur die verschiedenen Räte kategorial und inhaltlich angemessen einschätzen und so keine falschen Erwartungen schüren, die zwangsläufig zu Enttäuschungen und Frustrationen führen müssen. Ohne den Beteiligungsrat in Potsdam hätte es keine Bürgerbudgets für den Bürgerhaushalt, keine mobile Beteiligung mit dem Planlabor auf dem Marktplatz im Schlaatz, kein neues Planungsverfahren für die Pirschheide gegeben. Das sind kleine, aber konstruktive Schritte – kleinteiliger Meliorismus, Demokratiepolitik im Kleinen.

Zur Demokratieresignation kommt es hingegen, wenn die Kommunen systematisch überfordert werden und zum Beispiel die Flüchtlingsaufnahme an Akzeptanz verliert mit Auswirkungen auf Schulen, Kitas, Unterbringung, Sprachunterricht und Integration. An diesen Schnittstellen zu den Bürgern und ihrer Lebenswelt wirkt sich schlechtes Regieren von Bund, Ländern und EU für alle nachvollziehbar dramatisch aus. Das ist politisch gefährlich.

Ebenso, wenn für Parlamente nicht genügend Zeit für die Beratung und Debatte von Gesetzen bleibt, wie jüngst beim Heizungsgesetz, wo sogar das Bundesverfassungsgericht eingreifen musste, was ein Desaster für die parlamentarische Demokratie darstellt. Das zeigt, dass Demokratiepolitik auch im Makro- beziehungsweise in Kernbereichen (abgesehen von den Problemen des Rechtsstaates!) nötig ist. Statt atemloser Aktivismus sollte man sich mehr Zeit nehmen für reflektierte Demokratiepolitik im Großen, die gleichzeitig mehrere Baustellen hat. Der Einsatz verschiedener Instrumente ist klug und wirkungsvoll aufeinander abzustimmen.

Demokratiepolitik ist kein Modethema, sondern ein komplexes, relationales Feld mit verschiedenen Bezügen, die bekannt sein müssen und keine parteipolitische Einseitigkeit vertragen. Die Mikroebene bedarf dabei mehr Aufmerksamkeit und Offensive in der Öffentlichkeit. Auch die weitgehend ehrenamtlichen Stadtparlamente mit ihren überladenen Tagesordnungen müssen aufpassen, dass sie sich nicht strukturell, sachlich und zeitlich selbst überfordern.

Dafür kompensatorisch immer neue Beiräte einzurichten, ist keine Lösung. Schlechtes Regieren und die Missachtung der föderalen Ebenen zuungunsten der Kommunen führen vor allem zur Demokratiekrise bei den Bürgern und Bürgerinnen bei allem guten Willen.

Die vollständigen Literaturangaben zu diesem Text finden Sie ab Seite 642.

Kissingers Lieblingskommunist

Am 22. September ist der ehemalige kommunistische Spitzenfunktionär Giorgio Napolitano im hohen Alter von 98 Jahren in Rom gestorben.

Geboren ist er 1925 in Neapel, dessen Wahlkreis er zeitlebens vertreten hatte. Gestorben ist er mit dem noblen Titel eines Senators auf Lebenszeit, nachdem er zweimal italienischer Staatspräsident war.

Zu seinem Staatsbegräbnis mit dem gewünschten nicht-religiösen Zeremoniell kamen auch Macron und Steinmeier, sogar der Papst erwies ihm, zum ersten Mal im Saal des italienischen Senats, die letzte Ehre.

Anhand der politischen Biographie dieses Mannes könnte man mehrere Seminare in politischer Ideengeschichte und Theorie bestreiten. Es wäre spannend, und man würde viel über Politik lernen.

1945 nach dem Krieg ist Napolitano der KPI (PCI) beigetreten. Als studierter Jurist machte er eine steile Parteikarriere: 1956 wurde er Mitglied des Zentralkomitees und 1966 Mitglied des Politbüros. Damit war er im engeren

Führungszirkel der großen Volkspartei, die einst Antonio Gramsci gründete, ebenso wie die Parteizeitung ‚L' Unità', die eine der besten Zeitungen Europas wurde. Auch Napolitano indes wurde vorgeworfen, den Stalinismus zu verharmlosen.

Schon 1953 wurde er Abgeordneter dieser Partei, die damals von Palmiro Togliatti, der sie auf einen unabhängigen Kurs zu bringen versuchte, geführt wurde (1947 bis 1964). Napolitano blieb ein verdienter langjähriger Parlamentarier, der 1992 sogar als ehemaliger Kommunist Präsident der Abgeordnetenkammer wurde. Er gehörte stets zu den Moderaten in der kommunistischen Führungsriege und zu den Vermittlern über Parteigrenzen hinweg im Parlament. Früh strebte er das Bündnis mit den Sozialisten an.

Napolitano profilierte sich als Miglioristi (Reformist) und Außenpolitiker, der auch die Sowjetunion wegen des Afghanistankrieges 1979 kritisierte. Den Weg zum ‚historischen Kompromiss' mit der Christdemokratie (Aldo Moro) unterstützte er, siehe dazu das Gespräch mit dem britischen Historiker Eric Hobsbawm 1978.

Dieser bildete für ihn die Vorstufe zur Sozialdemokratisierung der KPI. In den 80er Jahren kam es darüber zu Auseinandersetzungen mit dem sardischen Aristokraten Enrico Berlinguer, der die Partei 1972 bis 1984 erfolgreich führte. Dessen ‚Eurokommunismus' (als Begriff und Fremdkennzeichnung 1975 entstanden) mit der spanischen (Carrillo) und der französischen KP (Marchais) ging Napolitano jedoch nicht weit genug.

Berlinguer kann man vorwerfen, dass er es verpasst hat, die eigensinnige KPI wirklich von Moskau abzukoppeln. Der Eurokommunismus hätte die Alternative dazu sein sollen, war es aber nicht, auch wegen des stalinistischen Schwergewichts Georges Marchais.

Im Zuge dessen profilierte sich Napolitano immer mehr auch als Freund der USA und für eine feste Verankerung Italiens in der EU und der Nato. Den linken Fehler des Antiamerikanismus wollte er nicht wieder begehen (siehe dazu heute: Lafontaine, Ami go home! 2022).

Die KPI löste sich 1991 auf, unter Tränen vieler Genossen. Schon vorher wollte Napolitano sie umbenennen in ‚Partito del Lavoro‘. Auch der neue Vorsitzende und Politologe Occhetto folgte dieser Tendenz nach 1989. Das Resultat lautete schließlich ‚Partito Democratico della Sinistra‘, die italienische ‚PDS‘. Die Traditionalisten überlebten in der ‚Rifondazione Comunista‘.

Napolitano war, sage und schreibe, zehn Legislaturperioden lang Abgeordneter in der Camera dei Deputati. 1989 bis 1992 war er außerdem im europäischen Parlament für die europäische Linke. 1996 bis 1998 wurde er schließlich viel gelobter Innenminister der Mitte-Links-Regierung des Bolognesers Wirtschaftsprofessors Romano Prodi. Es gelang der demokratischen Linken, ein Bündnis (‚Ulivo‘) zu schmieden, das von der PDS maßgeblich mitgetragen wurde, und so den rechten Bündnisschmied Berlusconi zu schlagen.

Berlusconi, der erfolgreichste Populist Europas war schlagbar, auch von einer neuen demokratischen Linken, die mit der alten Linken, die in Italien populär war, aus verschiedenen Gründen nichts mehr zu tun hatte. Der Traditionsbruch war unwiederbringlich vollzogen, auch gegen die verständliche Nostalgie.

Die intimen Kenntnisse des italienischen parlamentarischen Systems aufgrund langjähriger Erfahrungen in verschieden Funktionen ermöglichten Napolitano sodann die politischen Meisterstücke, weswegen er als Staatspräsident zurecht weltberühmt wurde. Dafür braucht es: Persönlichkeit und System, Handlung und Struktur. Man darf beides nicht gegeneinander ausspielen. Beides ist vielmehr zu beachten und zu stärken.

Das politische System Italiens, das kein Präsidialregime ist wie Frankreich oder die USA, ermöglicht dem formellen Staatspräsidenten gleichwohl Handlungsmöglichkeiten, die in der Krise entscheidend sein können. So überlebte in der globalen Krise die italienische Demokratie.

2011 im Zusammenhang mit dem Rücktritt des Cavaliere Berlusconi, der das Land an die Wand gefahren hatte: „Italien taumelte im Sommer 2011 am Abgrund einer Staatspleite. Vor den Folgen eines Bankrotts der drittgrößten Volkswirtschaft der EU zitterte damals ganz Europa" (NZZ, 26.9.2023), beauftragte Napolitano den Ökonomen und früheren EU-Kommissar Mario Monti, über den Parteien stehend, die sich nicht einigen konnten, eine neue Regierung, ein technokratisches Kabinett zu bilden.

Das Parlament löste er am 22. Dezember 2012 auf, nachdem er den zerstrittenen Parteipolitikern zuvor gehörig die Leviten gelesen hatte: „Er hielt Italien zusammen, wenn die Politik versagte" (NZZ, a.a.O). Das ist auch eine demokratische Lektion, die man als Ration in eine ungewisse Zukunft mitnehmen sollte.

2013 trat er, inzwischen 87-jährig, auf Drängen und Bitten seine zweite Amtszeit an, die er aus Gesundheitsgründen vorzeitig beendete. Mit mehr als 8 Jahren wurde es insgesamt die längste Amtszeit eines italienischen Staatspräsidenten. 2015 wurde Matarella sein Nachfolger.

Zwischen Toleranz und Entschiedenheit. Toleranzedikt als Stadtgespräch 2008 – 2023ff

2008 sollte für die Wissenschaftsstadt Potsdam ein „neues Toleranzedikt" geschrieben werden. Zu Jahresbeginn rief der Oberbürgermeister im Nikolaisaal dazu auf.

Die inspirierende Steilvorlage aus der Geschichte bildete das historisch bekannte Edikt von Potsdam 1685, das zwar kein Toleranzedikt war – das Wort kommt in den 14 Artikeln auch gar nicht vor! –, das aber im Volksmund so heißt.

Es war ein Einladungsedikt für die verfolgten Hugenotten zum richtigen Zeitpunkt mit Privilegien und Anreizen. Provozierend für die Gegenwart könnte man sagen: Es war viel mehr als ein Toleranzedikt! Seis drum! Lassen wir diese Diskussion für Historiker auf sich beruhen.

Die interessantere Frage für uns lautet: Was könnte ein modernes Toleranzedikt von und für heute sein. Und wie macht man sowas?

Den alten Namen ‚Edikt' (als Erlass von oben) haben wir mit Bedacht beibehalten. Es schwingt in ihm noch mit, dass es etwas Verbindliches, zwar nicht im rechtlichen Sinne, wohl aber im moralischen Sinne (als ‚commitement') sein sollte, auch und gerade als bürgerschaftliches Stadtgespräch, das in die Breite geht und über Erlaubnistoleranz von oben weit hinausgeht.

Organisierte Dialoge

‚Organisierte Dialoge' hieß das organisierende Stichwort für viele kleine alltägliche und große Diskussionen an den unterschiedlichsten Orten der Stadt über 8 Monate hinweg. Es war eine aufschlussreiche und intensive Zeit mit Enttäuschungen und einem großen Eklat (Steinbach).

Am auffälligsten waren die 66 Diskussionstafeln über die ganze Stadt verteilt. Die Bilder der Ausstellung vom 10.10. bis zum 10.11. im Eingangsbereich der öffentlichen Bibliothek am Platz der Einheit vermitteln einen Eindruck, sie sagen mehr als Worte. Die Überraschung war groß, die üblichen Befürchtungen und Vorbehalte auch, von denen sich keine eingestellt haben.

Einige Thesen dienten als Denkanstoß:

- Nur demokratisch, tolerant und aufgeklärt kann heute noch auf die großen zivilisatorischen Probleme in sozialer und ökologischer Hinsicht reagiert werden.
- Weltoffenheit und Toleranz bedingen sich: Die Entwicklung der eigenen Urteilsfähigkeit im Gespräch mit anderen ist die Grundlage einer lernfähigen Demokratie. Niemand wird als Demokrat geboren.
- Liberaler Schein ist noch keine liberale Wirklichkeit. In vielen Debatten fehlt es an Toleranz.
- Die Stadtbürgerschaft ist eine Einwohnerbürgerschaft, die Kinder und

Jugendliche ebenso umfasst wie alle Ausländer.

- Grundlage urbaner Toleranz ist die Verteidigung der Stadt gegenüber den Feinden der Demokratie.
- So wie die Toleranz eine Konsequenz der Freiheit ist, ist die Solidarität eine Konsequenz der Toleranz.
- Der Freiheit und Toleranz erwachsen heute in verschiedener Hinsicht – ökonomisch, sozial und kulturell – neue Aufgaben, die nicht geringer, sondern größer werden.
- Potsdam ist reich an Möglichkeiten, die zu mehr Toleranz und Solidarität geradezu verpflichten. Wir können heute zugleich freier und reicher, solidarischer und toleranter sein.
- Eine neue Bürgerschaft fällt nicht vom Wertehimmel, sie bildet sich in Konflikt und Kooperation, Wahrnehmung und Neugierde, Unverständnis und Gespräch.
- Statt zu stören, ist gelebte Vielfalt ein Grund, stolz auf die eigene Stadt zu sein.

Wie beurteilen wir die zehn Thesen heute, nach mehr als 15 Jahren?
Was würde man ergänzen?
Was anders formulieren?
Was fehlt?

Die Ausstellung nach mehr als 15 Jahren Toleranzedikt als Stadtgespräch lädt dazu ein, sich darüber und andere Fragen Gedanken zu machen. Wir wollen es weiterführen.

Die Ausstellung soll argumentativ sein und zugleich anschaulich dokumentieren und erinnern.
An das Erreichte ist anzuknüpfen, und es ist weiterzudenken. Selbständiges Denken bedeutet immer weiterdenken, beginnt aber nicht bei null.

Ein demokratisch-bürgerschaftliches Toleranzedikt bleibt offen und unabgeschlossen.

Trotzdem versucht es, Geschichtsbewusstsein zu wahren – und das heute in einer überaus schnellen, auch schnell vergesslichen, von Medienereignissen überfluteten Welt, die uns alle überfordert und die Öffentlichkeit strukturell verändert.

Toleranzdefinition

Ein Ergebnis des Stadtgesprächs war die folgende Definition:
„Toleranz ist mehrdeutig und bedeutet Geduld, Offenheit und die Zivilisierung von Differenz" (Neues Potsdamer Toleranzedikt 2008, Seite 22).

Was ist zu ergänzen?
Was zu präzisieren? Und:

Was heißt ‚Zivilisierung von Differenzen' (Walzer)?
Vorschläge sind:

- Entschärfung des Tons?
- Realismus? Statt Moralismus?
- mehr Kompromissbereitschaft?
- Lösungsorientierung?

Oder etwas Anderes?

So viel als Einstieg in das Toleranzedikt als Stadtgespräch von 2008, in das moderne Toleranzedikt, das erste Richtige, das seinem Namen gerecht zu werden versucht.

Ergebnis war die Broschüre „Neues Potsdamer Toleranzedikt. Für eine offene und tolerante Stadt der Bürgerschaft". 17.500 Exemplare sind in der Stadt verteilt worden. Heute ist es im Netz: www.potsdamer-toleranzedikt.de

Wie lässt sich das Toleranzedikt als Stadtgespräch fortführen?

Dazu soll die kleine Ausstellung im Eingangsbereich der öffentlichen Bibliothek beitragen. Sie ist auch für Schulen geeignet und dient als Erinnerung und Anstoß.

Sache und Idee sind jedoch nicht auf Potsdam beschränkt.

Erst kürzlich stellte der Bildungsausschuss des Landtags nach den Vorfällen an einer Schule in Burg (Spreewald), in deren Gefolge – es ging um die Öffentlichmachung von rechtsextremen Umtrieben unter Schülern – zwei Lehrer, die aus der Region stammten, die Schule nach Hass und Hatz, die sie erfahren hatten, die Schule verließen, Folgendes fest: dass die *Demokratiebildung* an den Schulen einen breiteren *Stellenwert* einnehmen muss.

Das gilt freilich schulisch wie außerschulisch!
Kurze Zeit später wurde die Regenbogenfahne an der Schule gestohlen und durch eine Deutschlandfahne ersetzt.

Die Idee des Toleranzedikts geht ganz elementar und für jeden nachvollziehbar in die nötige Breite. Es kann und soll nichts verordnen, aber ‚wir' (das heißt Bündnisse bilden!) sollten zu erreichen versuchen, dass zumindest buchstäblich für alle eines gilt, dass

HEIMAT dort ist, wo man keine Angst haben muss.

Werden Menschen bedroht und angegriffen, so haben wir (der Staat sind wir) uns schützend vor sie zu stellen.

Das ist das Mindeste. Über alles andere können wir sprechen und streiten.

Auch die Abwehr intoleranter Übergriffe hat zivil und rechtmäßig zu erfolgen. Die wehrfähige liberale Demokratie lebt von der wehrfähigen Zivilität ihrer

Bürger und Bürgerinnen, die sich üben und robuster werden muss, aber nicht fanatisch verhärten darf, sowie ihrer demokratischen Institutionen (Wahlen, Abstimmungen, Parlamente, Gerichte), denen Autorität gebührt. Diese Autorität beruht auf Anerkennung. Das Gewaltmonopol des Staates ist dabei unverzichtbar und muss wieder in alle Köpfe.

Die Lausitzrunde in Spremberg, ein Bündnis aus 56 Städten und Gemeinden Brandenburgs und Sachsens stellte verständlich, deutlich und unmissverständlich fest: „Toleranz, Weltoffenheit und Geschichtsbewusstsein sind unverzichtbar für die Gestaltung des Strukturwandels und damit für die Zukunftssicherung unserer Lausitz" (25.7.2023).

Bündnisse bilden

2009 wurde in der Französischen Kirche der Verein ‚Neues Potsdamer Toleranzedikt' gegründet, um den Schwung des achtmonatigen Stadtgesprächs 2008 aufzunehmen und fortzuführen. Es ist ein zivilgesellschaftlicher überparteilicher Verein mit Personen unterschiedlicher Herkünfte und Berufe. Seine vielfältigen Aktivitäten können auf ‚Toleranzedikt Facebook' (www.facebook.com/toleranzedikt) verfolgt und diskutiert werden.

Einige wollen wir auf den zehn Tafeln der Ausstellung vorstellen.

An dieser Stelle will ich nur auf zwei hauptsächliche Bewährungsproben eines modernen Toleranzedikts eingehen:

- das ist die Flüchtlingskrise 2015 und heute sowie der verbreitete
- Hass im Netz und die damit einhergehende Vergiftung der Diskurse, die Menschen (Mobbing),   Politiker (Einschüchterung) und die demokratische Auseinandersetzung über schwierige Themen wie Migration, Integration, Islam, Klima durch eine toxische Debattenkultur belasten.

Die Beispiele sind Legion, jüngstes Beispiel ist 2023 die Attacke auf den bekannten Journalisten und Buchautor Constantin Schreiber an der Universität Jena, den wir auch in Potsdam 2017 anlässlich der Diskussion über die Moschee und ihre Gemeinde kennengelernt haben („Inside Islam").

Vor der Tür standen damals rechte ‚Identitäre' (eine Bewegung, die 2012 in Frankreich gegründet worden ist), um die Diskussionsveranstaltung zu sprengen. In Jena 2023 war es eine kleine linksradikale Gruppe von Studenten, die Schreiber mit einer Torte attackierten. Wie kam es dazu?

Es ist leider eine in Deutschland typische bezeichnende Geschichte geworden, die immer wieder mit bösartigen Verdächtigungen und Unterstellungen (Rassismus, Faschismus, Islamophobie) beginnt (siehe dazu das ausführliche Interview „Jetzt weiß ich, wo du wohnst", Die Zeit, 14.9.23).

Der deutsch-ägyptische Politologe Hamed Abdel-Samad, dem man im Holländischen Viertel mit vier Leibwächtern begegnete, bedauert den Rückzug von Schreiber aus der Debatte, aber mehr noch „die fehlende Solidarität der schweigenden Mitte" (Die Zeit, 21.9.23).

Die Erosion der Diskursbereitschaft ist eine Bedrohung für die Freiheit der Menschen, die sich trotz Gedanken- und Meinungsfreiheit rechtfertigen muss, und gleichzeitig eine Gefahr für die liberale Demokratie, die so von innen her zerstört wird, da Menschen aus Angst vor einer exponierten Meinung verstummen. Diese teils offene, teils schleichende passiv-aggressive Gegenaufklärung fordert anlasshalber eine neue Aufklärung heraus, die Bündnisse bilden muss, damit niemand allein bleibt.

Seit 1998 gibt es das Handlungskonzept ‚Tolerantes Brandenburg',
seit 2002 das ‚Bündnis Potsdam bekennt Farbe',
seit 2009 den Verein ‚Neues Potsdamer Toleranzedikt'.

Die Vielheit handelt

Oberster normativer Bezugsrahmen dieser politischen Aufklärung ist die verfassungsdemokratische Bürgergesellschaft. Als Resultat der bürgerrechtlichen Bewegung von 1989 hat sich Brandenburg 1992 eine Verfassung gegeben, die vom Volk in einer Abstimmung angenommen worden ist.

Das ist ein großer und wichtiger Bogen demokratischer Legitimität, in deren Zentrum die Freiheit steht. In der Brandenburger Verfassung wird außerdem explizit auf die Tradition der Toleranz Bezug genommen. Sie ist die notwendige zivile Ergänzung der Freiheit.

Diese Aufklärungstradition soll heute als selbstgewählte Tradition in starken Bündnissen durch Aktualisierung beharrlich fortgeführt werden. Die verfassungsdemokratische Bürgergesellschaft, die Realität und Utopie zugleich ist, bezieht alle Individuen ein, die verschieden und anders sein können.

Faktisch muss sie politisch zahlreicher werden und über die sogenannte ,bürgerliche Mitte' hinausgehen, um aktuell eine zeitgemäße Mitte mit Maß und Maßstäben bilden zu können, die auf heutige Herausforderungen, Krisen und Katastrophen antwortet.

Auch dafür, um sich verbünden zu lernen, ist eine offene tolerante Haltung nötig, die streitbar bleiben wird und kann. Toleranz schließt Konflikte und Widersprüche ein, nicht aus. Toleranzedikt als Stadtgespräch kann mithelfen, zumindest ein loses Band der Sympathie zu knüpfen.

Ein bequemer Weg der Harmonie ist es nicht. Er bedarf, um interventionsfähig zu sein, der Aufmerksamkeit, der intellektuellen Nahrung sowie Überlegung und Diskussion. Das ist die Seite der Übung in politischer Urteilskraft, der Handlungskraft entsprechen muss.

Diese Vielheit handelt („wir sind mehr"), wenn es nötig wird, zum Beispiel:

- „Potsdam baut eine Synagoge",
- „Potsdam trägt Kippa",
- „Potsdam hat Platz für eine Moschee"
- „Pogida" (Pegida aus Dresden) konnte 2016 in der Stadtgesellschaft auch nach zehn Abendspaziergängen nicht Fuß fassen.

Diese Vielheit in Bündnissen kann sogar über Potsdam hinaus Überraschendes zustandebringen. So zum Beispiel das Flüchtlingshilfeportal HelpTo (www.helpto.de.), welches das Flächenland Brandenburg abgedeckt hat und darüber hinaus in 11 weiteren Bundesländern aktiv wurde. Ministerpräsident Woidke nannte es einen „Exportschlager Made in Brandenburg".

Kleinere und größere Bewährungsproben gibt es immer wieder. Auch der Tag der Einheit am 3. Oktober 2020 war eine. Kurz zuvor im August kam es zur Erstürmung des Reichstages.

Die Frage stellte sich, was für eine Einheit hier gefeiert werden sollte, und was der Beitrag einer Ost-West-Stadt wie Potsdam nach 30 Jahren dazu sein konnte. Wie kommt hier und heute das Dreigestirn des modernen Toleranzedikts ‚Freiheit-Toleranz-Solidarität' zum Tragen?

Siehe dazu die Präambel des Neuen Potsdamer Toleranzedikt 2008. Ihr Spezifikum ist die Verbindung von Toleranz und Solidarität. Beides für sich ist einfach und schwer zugleich, ihre Verbindung zu festigen, ist erst recht nicht selbstverständlich und schwierig.

Die größtmögliche Freiheit und deren Zivilisierung ist *zentral*, die zivile Toleranz gehört notwendigerweise (auch als Zumutung, die nicht zu empfindlich sein darf) dazu und ist *einzuüben*, und die viel beschworene Solidarität muss man *können*, etwa im europäischen Städtebündnis ‚Sichere Häfen', das die Stadt Potsdam koordiniert.

Bewährungsproben

Deutschland schafft sich nicht ab, haben wir gegen Sarrazins erfolgreiches Sachbuch (eines der erfolgreichsten der deutschen Nachkriegsgeschichte, München 2010, 14. Auflage) argumentiert: Toleranzedikt als Stadtgespräch statt Sarrazin Theater, denn ein Medien- und Staatstheater war es auf alle Fälle, was sich da abspielte, mit der üblichen Neigung zur Dramatisierung: „Ich hätte eine Staatskrise auslösen können" (Sarrazin, FAZ).

Auf dem Marktplatz im Schlaatz haben wir am 30. Oktober 2010 beim all-jährlichen Toleranzfest folgende Thesen mit dazugehörigen Informationen und Argumenten den Sarrazin-Thesen gegenübergestellt:

1. Von ‚Überfremdung' durch Zuwanderung kann in Deutschland und Brandenburg nicht die Rede sein. Der Anteil der Menschen mit Migrationshintergrund in Brandenburg liegt weit unter dem Bundes-durchschnitt. Seit 2008 verlassen mehr Menschen Deutschland als kommen.

2. Brandenburgs periphere Regionen brauchen neue Leute, weil sie von Alterung und Schrumpfung besonders betroffen sind.

3. Brandenburg muss offener werden. Das Klima gilt für viele Unterneh-men noch immer als nicht besonders fremdenfreundlich.

4. Deutschland muss offener werden. Laut Allensbacher Institut stimmen 60 % der Deutschen den Sarrazin-Thesen zu, nur 13 % lehnen sie ab.

5. Deutschland kann von Staaten mit erfolgreichen Integrationsstrategien wie zum Beispiel Kanada lernen. Die Kanadier setzen nicht nur auf das Anwerben gut ausgebildeter Fachkräfte, sondern sorgen ebenso für Familiennachzug. Deutschland hat 2012 dank Einwanderung wie-der mehr Einwohner.

6. Integration braucht Zeit und Toleranz, was wir aus der Geschichte des Einwanderungslandes Brandenburg-Preußen lernen können.

Was hat sich seit diesen Diskussionen 2010 auf dem Marktplatz geändert?
Was hat die neue Fortschrittskoalition seit 2021 umgesetzt?
Die liberale Gesellschaftspolitik war ihr ein wichtiges Anliegen (siehe Koalitionsvertrag)!
Neues Staatsbürgerschaftsrecht und ein Fachkräfteeinwanderungsgesetz gibt es jetzt, nachdem in den 90er Jahren noch darüber diskutiert wurde, ob Deutschland überhaupt ein Einwanderungsland ist.

Und was haben wir aus der Flüchtlingsproblematik von 2015 gelernt?
Wir – die Kommunen, Bürger und Politiker!
Sind wir in Europa Schlafwandler der Migrationspolitik geworden?

Flüchtlingshilfe: Von der Notsituation zur Integration

Im Jahr 2015 kamen über eine Million Flüchtlinge nach Deutschland. Seitdem engagieren sich viele Menschen auf vielerlei Weise ehrenamtlich für gute Integration. Der Verein ‚Neues Potsdamer Toleranzedikt' hat im Oktober 2015 das Online-Portal www.helpto.de gestartet, um Hilfe und Koordination vor Ort zu unterstützen. Ursprünglich nur für Potsdam gedacht, wurde das Portal schnell bundesweit nachgefragt und wurde in zahlreichen Städten und Landkreisen aktiv.

Es ist inzwischen ein Portal für Flüchtlinge und sozial Bedürftige.
Ab März 2022 wird es auch für Flüchtlinge aus der Ukraine benutzt.

Die Probleme der Kommunen von 2015/16 wiederholen und verstärken sich derzeit!
Bürgermeister und Landräte aller Parteien sprechen von einer dramatischen Lage an der Zumutbarkeitsgrenze bezüglich Unterbringung, Schulen, Kita,

Sprachunterricht und Integration. Das ist politisch gefährlich. Der Deutsche Städtetag schlägt Alarm.

Wie können die Probleme angegangen werden, die nicht allein, lokal, regional oder national zu lösen sind? Diese Diskussion müssen wir jetzt sachlich und fundiert führen und schnelle Lösungen finden.
Zuwanderung zu begrenzen, ist nicht verwerflich (Gauck), und die europäisch abgestimmten Problemlösungen sind schwierig, die allerdings seit vielen Jahren ausbleiben.

Hass im Netz/Vergiftung der Diskurse

Auch und gerade schwierige Probleme der Zuwanderung, des Asyls und der Integration bedürfen demokratischer Lösungen,, die von heterogenen Bürgerschaften getragen werden. Die Kommunalpolitik ist die Schnittstelle zwischen den Bürgern und ihren Lebenswelten.

Demokratische Politik muss sich hier bewähren und technokratische Mehrebenenpolitik, einschließlich der EU, darf die Kommunen als Orte der Demokratie der Bürger und Bürgerinnen nicht vernachlässigen. Das wäre schlechtes demokratisches Regieren!

Eine Politik des (Fremden-)Hasses und der Gewalt lässt sich jedoch mit ziviler Demokratie, die auf Gewaltverzicht gründet, nicht vereinbaren. Deshalb ist auch das Gewaltmonopol des demokratischen Rechtsstaates zu achten genauso wie die Ordnungskräfte, die dies durchsetzen müssen.

Beginnen wir beim ,hatespeech' als Vorstufe einer Politik der Gewalt, die per se faschistisch ist, denn der Faschismus hat diese Politik auf der Straße erfunden.

Das neue Toleranzedikt hat (zusammen mit anderen) die erste bundesweite Kampagne www.stoppt-Hasspropaganda.de gestartet.

Zu den ersten Schritten gehört die Überprüfung der Informationen, um nicht zum Mitläufer zu werden:
„Erst prüfen, dann teilen."

Trotz geschickter Manipulationen, die technisch permanent verbessert werden, müssen wir nicht zu Handlangern viraler Hetze im Netz werden. Fake News werden oft wiederholt. So wird wahr, was sich oft wiederholt, obwohl lediglich Fehlinformationen und krasse Fehlurteile weitergeleitet und verstärkt werden.

Wir sind souveräne Bürger und Bürgerinnen (Volkssouveränität) und versuchen es, auch gegenüber nahezu überwältigender Prozesse zu bleiben. Gegen den Shitstorm als neuen Souverän kämpfen wir für unsere Rechte auch im Netz. Das Internet ist kein rechtsfreier Raum. Der Kampf um Rechte, universale Menschenrechte, Grundrechte und Grundwerte gehört zur Entschiedenheit, die der Indifferenz abgerungen werden muss.

Ausgrenzung, Hetze und Hatz gegen andere Menschen dürfen wir schon gar nicht passiv hinnehmen.
Die lauten Minderheiten gewinnen dann über die stillen Mehrheiten im Kleinen, an der Schule und im Alltag wie im Großen in der Demokratie über eigene Öffentlichkeiten die Oberhand.
Gesellschaftliche Mehrheiten können so schnell und wirksam umgedreht werden!
Die Verteidigung der Demokratie bedarf deshalb einer kämpferischen Toleranz.

Wer die Macht hat, bestimmt die Wahrheit. Manche diagnostizieren schon, dass wir in einer Zeit 'nach der Wahrheit' leben : ‚Post-Truth'- und Fake-Zeitalter.

Was ist *Wahrheit*?
Wir kommen ihr näher durch das Bemühen um Objektivität (Sachlichkeit) und subjektive Ehrlichkeit (Wahrhaftigkeit) sowie Intersubjektivität, indem wir den Austausch und das Gespräch suchen.

Die Idee hinter dem Toleranzedikt als Stadtgespräch

Die Frage ist, ob eine Toleranzdiskussion auch über aufgeregte, sachlich und emotional schwierige Themen in Ruhe und überlegt zu führen ist, zum Beispiel darüber, ob Lärmdemos vor Privathäusern ein legitimes Protestmittel sind, und *gleichzeitig* das *Nicht-Tolerierbare* entschieden und wirksam abgelehnt werden kann.

Für beides brauchen wir eine politische Kultur. Toleranz und Entschiedenheit schließen sich nicht aus.

Es gelingt:
„Das neue Toleranzedikt ist ein Pfund, mit dem sich wuchern lässt" (Märkische Allgemeine, 14.9.2012) Denn: Es war vor dem Oberverwaltungsgericht Berlin-Brandenburg (fünfseitige Begründungsschrift) mitentscheidend dafür, dass der Oberbürgermeister als direkt gewählter Repräsentant der ganzen Stadt, die Potsdamer dazu aufrufen durfte, zum Toleranzfest zu kommen und *gleichzeitig* ein friedliches Zeichen gegen Rechts zu setzen (die Blockade der Brücke nach dem Bahnhof).

Das war ein bisher einmaliger Vorgang, der am Städtetag diskutiert worden ist und in die Forschung eingegangen ist (siehe Asmus Hg., Rechte Aufmärsche und demokratische Proteste in Brandenburg, Potsdam 2013).

Der Protest blieb friedlich trotz verschiedener Gegendemonstrationen. Insofern kann man sagen, dass sich eine ganze (heterogene) Stadt erfolgreich dagegen gewehrt hat, dass Neonazis (damals die NPD) sie als Aufmarschgebiet benutzen konnte. Siehe auch die Demonstrationen gegen Pogida 2016 in verschiedenen Stadtteilen, wo erstmals bunt gemischt, jung und alt und nicht nur die ‚üblichen Verdächtigen' auf der Straße waren.

Diskursbegrenzung und Diskursvergiftung

Das Indiskutable gibt es seit je, es ist keine moderne Errungenschaft; ebenso wie es keine moderne Errungenschaft ist, das Indiskutable, das Heilige oder die Religion abgeschafft zu haben. Die Moderne und die historische Nach-Aufklärung kennt – bei aller Diskussion immer und überall – die Diskursbegrenzung und insbesondere, noch auffälliger, vielfältige und zunehmend raffiniertere Formen der Diskursvergiftung. Darauf wollen wir im Folgenden in einem ersten analytischen Durchgang eingehen.

Diskursbegrenzung

Das Indiskutable wird missbilligt, weil es der öffentlich geltenden Moral widerspricht. Darüber werden normalerweise keine Diskurse mehr geführt. Das ist durch den herrschenden Gemeinsinn gedeckt, der bestimmt, was noch zur Normalität (der Normen) gehört und was nicht. An den Verstößen erkennt man die Grenzen.

Zur Aufklärung gehört der Gedanke der Gedankenfreiheit. Die neuzeitliche Wissenschaft (science) braucht sie, um voranzukommen. Sie ist durch die theoretische Neugierde legitimiert (Blumenberg). Wissenschafts- und Gedankenfreiheit gehören zusammen. Gehört auch die Kunstfreiheit, die vielen anstößig ist, zur Gedankenfreiheit? Was alles ist durch die Kunstfreiheit gedeckt? Die Blasphemie? Darf die Satire alles? Mit diesen Fragen und Riesenschritten durch die Geschichte kommen wir schon an die Grenzen selbst unserer kleinen aufgeklärt-nachaufgeklärten Welt, die sich ganz besonders für frei und selbstverständlich tolerant hält.

Die Gedanken sind zwar frei, ihre öffentliche Äußerung jedoch nicht in gleicher Weise unumschränkt. Nichts ist grenzenlos. Grenzen spielen vielmehr in verschiedener Hinsicht eine grundlegende Rolle, die zu reflektieren und demokratisch zu entscheiden ist. Die Versammlungsfreiheit zum Beispiel als Ausdruck unmittelbarer Demokratie ist ein wertvolles Grundrecht geworden, das in einer stabilen Demokratie wie der Bundesrepublik nicht zur Disposition steht und von der Polizei selbst unter widrigen Umständen durchgesetzt werden muss. Oft sind dafür informelle Absprachen nötig.

Nach dem 7. Oktober 2023 kann ich zwar für die Solidarität mit Palästinensern demonstrieren. Kritik an der israelischen Regierung kann ich weiterhin auf die Straße tragen, nicht aber Sympathien für die Terrororganisation der Hamas, die Israel auslöschen will, und blanken Judenhass. Demonstrationen dürfen stattfinden, solange keine Hinweise auf Straftaten und Hetze im Vorfeld vorliegen. Wie weit geht die Meinungsfreiheit (Art. 5 GG)? Der Artikel kennt in Absatz 2 auch „Schranken", die „in den Vorschriften der allgemeinen Gesetze, den gesetzlichen Bestimmungen zum Schutze der Jugend und in dem Recht der persönlichen Ehre" liegen.

Das sind Beispiele für die feinen politischen Unterschiede und Ausgrenzungen auch eines liberalen Staates, zu dessen ‚Staatsraison' aus historischen Gründen das Existenzrecht Israels gehört (Merkel vor der Knesset 2008, Scholz mehrmals im Oktober 2023). Was bedeutet ‚Staatsraison'? Wir lassen hier beiseite, was Helmut Schmidt dazu gesagt hat. In Deutschland ist die Holocaust-leugnung zu Recht ein Straftatbestand. Da gibt es kein „Ja, aber..." mehr. Präsident Biden bezeichnete den Terrorangriff der Hamas als das Schlimmste, was den Juden seit dem Holocaust angetan worden ist. Und in Deutschland heißt es „Nie wieder ist Jetzt!" Eindringlicher war dieser Appell nie.

Die Sorge ist berechtigt, dass aus Bildern und Aufrufen in Zeiten des Krieges konkrete Taten werden („Neukölln zu Gaza machen"). Die Sicherheitslage ist nicht nur in Frankreich, das die größte jüdische Gemeinde und die meisten Muslime in Europa beherbergt, und Deutschland angespannt. Die Bürger, insbesondere die jüdischen Mitbürger und ihre Einrichtungen, müssen sich auf den Staat und seine Sicherheitsbehörden verlassen können. Seine gewichtigste Legitimität ist dieser wirksame Schutz von Freiheit und Leben.

Solche grundsätzlichen Unterscheidungen gehören bereits zur frühaufgeklärten Staatsphilosophie im 17. Jahrhundert, die das legitime Gewaltmonopol des Staates und seine absolute Souveränität, damals noch eine Fürstensouveränität, heute Volks- oder Bürgersouveränität begründet (Bodin, Hobbes). In der Demokratie, bzw. der Anarchie der grenzenlos freien Öffentlichkeit, sieht man dagegen die Gefahr der Anstiftung zum Bürgerkrieg, von Anfang an bis heute. Die heutige Protestgesellschaft (‚protestari': öffentlich bezeugen) in liberalen Demokratien, im kalkulierten Zusammenspiel mit den Medien, war noch keine politisch so aufdringliche Realität.

Die möglichen *Bürgerkriegsparteien* wechselten und wechseln. Der Islamische Staat (IS) hatte dem Westen offen und global den Krieg erklärt. Ein funktionierender Staat muss Bürgerkriegsparteien entwaffnen können, das ist das Mindeste, was von ihm verlangt wird. Immer mehr Staaten, ‚failed states' wie Libyen, Libanon, Syrien usw. können das nicht, sie sind ein globales Problem geworden, auch im Zusammenhang mit der Flüchtlingskrise. Kann man aber in *modernen Öffentlichkeiten* auch die Sprache entwaffnen?

Der Bürgerkrieg beginnt laut Hobbes' Theorie mit dem semantischen Bürgerkrieg, das heißt: der falschen Verwendung der Sprache bezüglich Wörter und Ideen (Behemoth 1688). Damit wird der erreichte bürgerliche Frieden wieder intellektuell infrage gestellt und real gefährdet. Es gilt deshalb die Priorität: Rechtssicherheit vor Gerechtigkeit. Dieses Prinzip soll schließlich auch für die Reformer von oben einen geregelten Fortschritt in einem rechtlichen Rahmen erlauben.

Staat und Recht versuchen im Gefolge der bürgerlichen Revolutionen, die öffentliche Sphäre freizusetzen und zugleich zu regulieren als demokratische Rechtsstaaten. Immanuel Kants politischer Reformismus bewegt sich in diesem Rahmen, zusammen mit seiner klassischen Kritik am Widerstandsrecht und dem legitimen Rechtszwang. Man kann dies Legalismus in der politischen Theorie nennen, dem auch der ethische Sozialismus gefolgt ist (Bernstein versus Lenin).

Wir haben es in der Politik grundsätzlich immer wieder mit Realismus, Moralismus und Legalismus zu tun. Zum politischen Realismus gehört zudem, die weltweite Rolle der Religionen und des Religiösen als Konfliktverschärfer genauer in den Blick zu nehmen. Dazu zählen instrumentell und strategisch genutzte religiöse Motive und politisierbare kulturelle Faktoren und Argumente.

Darum entbrennt in der liberalen Moderne, deren Freiheiten des Individualismus zweifellos größer geworden sind, erst recht ein ständiger demokratischer Streit, der stets mit den schwierigen Grenzen der Toleranz, die eine Frage der historischen Erfahrung und der Urteilskraft sind, verbunden ist. Der Legalismus ist demgegenüber (wo die Toleranz keine Rechtskategorie mehr ist) enger und strenger, man könnte auch sagen: formaler und weiter.

Die Konflikte bleiben indes weiterhin bestehen: als Moral-, Verfassungs- und Rechtskonflikte wie praktisch bezüglich der jeweils konkreten Einzelfälle, die immer aufs Neue herausfordern. Denken wir nur an den Umgang mit den Koranverbrennungen in Schweden. Vermeintlich kleine Toleranzprobleme bekommen so weltpolitische Folgen.

Auch die liberale Toleranz kennt Grenzen, die sich im Verlauf der Geschichte verschieben, progressiv wie regressiv, in Zeiten des Friedens wie der harten

Auseinandersetzungen. Die größtmögliche Freiheit ist das Prinzip der Philosophie des Liberalismus, gleichzeitig wird das Nicht-Tolerierbare klar und oft eng markiert.

Die Katholiken und Atheisten beispielsweise gehörten nicht zu John Lockes Toleranz (1689). Auch bei seinem Liberalismus avant la lettre, der in den USA, einschließlich des ‚Besitzindividualismus', erfolgreich wurde und heute weltweit seine Spuren hinterlässt, spielt eine bestimmte Theologie als Hintergrundphilosophie eine Hauptrolle, die ebenso konstitutiv ist für die universale Politik der Menschenrechte (Jefferson, Paine) – die USA als „unverzichtbare Nation" (Albright, Biden).

Du kannst glauben, was du willst, aber nicht alles öffentlich bekennen und dafür eintreten. So lautet die Hobbessche Unterscheidung zwischen ‚fides' (Glaube) und ‚confessio' (öffentliches Bekenntnis) im ‚Leviathan' 1651. In der Demokratieentwicklung führt dies hin bis zum wertvollen Grundrecht der Versammlungsfreiheit als Möglichkeit unmittelbarer Demokratie. Es wird in der konsolidierten Bundesrepublik von der Polizei durchgesetzt selbst in schwierigen Auseinandersetzungen.

Solche Bilder, etwa der Castor-Proteste seit 1995, sind in den meisten Ländern der Welt nicht zu sehen, eher das brutale Gegenteil, das einschüchtert und abschreckt. Die Klimaproteste der ‚Letzten Generation' wiederum führen gerade viele, sowohl Politiker wie gewöhnliche Bürger, an die Grenzen des Erträglichen selbst in einer liberalen Demokratie, die sich an tägliche Demonstrationen, nicht nur in Berlin, gewöhnt hat. Die meisten Prozesse dort gibt es wegen der Klimakleber.

Während der Corona-Pandemie war das Grundrecht der Versammlungsfreiheit wegen des grundrechtlichen Gesundheitsschutzes eingeschränkt. Menschenketten mit Abstand und Schutzmasken waren gleichwohl möglich, auch Demonstrationen von Gastronomen mit leeren Stühlen auf öffentlichen Plätzen (zum Beispiel auf dem Alten Markt in Potsdam). Die Bundesrepublik ist eine Grundrechte-Demokratie mit einer starken Verfassungsgerichtsbarkeit.

Mein Heimatland Schweiz dagegen ist eine spezifische Kombination von direkter Demokratie und Konkordanzdemokratie, Frankreich eine Präsidialdemokratie mit direkter Demokratie von oben (plebiszitäre Demokratie), Kalifornien wiederum eine spezifische Verbindung von Verfassungsgerichtsbarkeit und direkter Demokratie und so weiter und so fort.

Auch auf Seiten der ‚Autokratien' und ‚Diktaturen', die heute weltweit in der Mehrzahl sind, ist zu differenzieren. Innenpolitisch gilt auf Seiten der Rechten das Gleiche, wie es sich auf Seiten der Linken inzwischen eingebürgert hat, wo eine demokratische Linke im Zeitalter der *Extreme* zur tragenden Mitte gehört. Die genaue empirische Gegneranalyse ist ebenso notwendig wie ein Selbstverständnis, das selbstkritisch bleibt, wenn man politisch erfolgreich sein will.

Wir wollen dies hier nicht weiter ausführen, in Wirklichkeit ist es noch komplizierter mit dem demokratischen Regieren und der vertiefende Vergleich ist lehrreich, wofür man freilich die historischen Kontexte kennen muss. Der Fingerzeig soll lediglich darauf hinweisen, dass ‚Demokratie' ein ‚essentially contested concept' (Gallie 1956) ist und es auch bleiben wird. Allein von Krise der Demokratie und Demokratieverteidigung bloß moralisch-empört zu reden, wird sie nicht verteidigen. Dafür sind Analyse und Kritik ungenügend.

Dazu kommt, dass die Kommunen als Schnittstellen der Politik zwischen Bürgern und ihren Lebenswelten sowie hauptsächlicher (Ursprungs-)Ort der Demokratie, die im Kern lokal und städtisch ist, als bloße Anhängsel des Föderalismus systematisch vernachlässigt werden. Ihre Unterstützung muss nicht nur in der aktuellen Migrationskrise hochgefahren werden. Das wird mitentscheidend werden für das Überleben der liberalen Demokratie insgesamt.

Die Demokratie ist nach den europäischen Revolutionen 1989 nicht „feindlos" geworden, wie deutsche Intellektuelle vorschnell annahmen – weltweit nicht und selbst innenpolitisch nicht, wo der Rechtsextremismus als Hauptproblem gilt: „Rassismus tötet". Hinzugekommen ist die Gefahr des Terrorismus, darunter zahlreiche antisemitische Straftaten. Schon länger steht Deutschland in der Kritik, zu wenig gegen muslimischen Antisemitismus und Islamismus als politische Religion zu tun. Dass die Religionspolitik des Staates versagt hat, sieht man nun deutlich nach dem 7. Oktober 2023.

Dabei sind Tabus im Spiel und oft auch nur die Angst vor dem Beifall von der falschen Seite, was zur schweigenden Mitte, statt zur kämpferischen Toleranz führt. Das ist fatal. Probleme müssen jedoch angesprochen und diskutiert werden, damit man sie lösen kann. *Ignoranz* ist hier das Hauptproblem, nicht die (falsche) Toleranz. Den ‚engen Meinungskorridor' schaffen wir selbst durch falschen Konformitätsdruck, durch den die Mündigkeit abstirbt. Warum muss ständig „gewagt" werden (Demokratie, mehr Beteiligung), was selbstverständlich ist.

Der Begriff der „militant democracy" ist nicht neu (Karl Loewenstein 1937). Er wurde zugeschnitten auf die emotionalisierenden Massenerfahrungen mit dem Faschismus, dem Nationalsozialismus und dem Kommunismus. Es waren politisch bittere Erfahrungen mit neuen Medien und neuen Wahl–und Straßenkämpfen. Politische Emotionen, national und sozial, sowie charismatische Führerfiguren wurden vorherrschend, die heute nicht weniger auffällig sind.

Diesem revolutionären Emotionalismus, gepaart mit totalitären Großideologien als Krisenausgänge, war mit rationalen Diskursen nicht beizukommen. "Legalistische Selbstzufriedenheit' (Loewenstein) unterschätzt zudem die illiberalen Techniken der Politisierung wie der organisierten Machteroberung, die heute noch subtiler geworden sind. Denken wir nur an die Macht der neuen (a-) sozialen Medien, etwa an die antisemitischen Videos auf TikTok, welche die Jugendlichen radikalisieren. Die zivile Demokratie muss sich infolgedessen durch Demokraten und Institutionen verteidigen können, aufmerksam bleiben und darf nicht naiv werden, was zur heutigen allgemeinen Weltfremdheit gehört.

Ein Tiefpunkt politischer Bildung ist schließlich erreicht, wenn in der Öffentlichkeit, in den Medien wie in den Parteien, Bürgerräte mit direkter Demokratie verwechselt werden. So streut man Bürgern Sand in die Augen und erreicht das Gegenteil von weiterer Demokratisierung, was ja immer ein Programmpunkt war sowohl des (westlichen) Bundesrepublikanismus nach 1945 als auch der östlichen bürgerrechtlichen Bewegungen vor und nach 1989. Schulische und außerschulische Bildung tun not, wobei zum Bildungsbegriff die elementare Demokratiebildung gehört.

Der Mensch lebt als ‚zoon politikon' in politischen Gemeinschaften, modern sagen wir ‚Nationen' dazu. Das ist der Ansatz von Aristoteles' ‚Nikomachischer Ethik'. In ihr sind Menschen bestenfalls zu konkreter Urteilskraft fähig. Politisch relevant wird überdies die gesellschaftliche Topik. Mit anderen Worten: die relevanten Gemeinplätze für die Argumentation. In diesem Zusammenhang der öffentlichen Rhetorik als Argumentationslehre, die für demokratische Auseinandersetzungen, wo es um die Zustimmungsbereitschaft von Mehrheiten geht, grundlegend ist, empfehlen Aristoteles und Cicero elementar Wichtiges, „Selbstverständliches" zu beachten, was wieder zu fokussieren ist.

Darunter, dass bestimmte Ansichten nicht diskursfähig, sondern vielmehr moralisch-politisch zu missbilligen sind, polemisch und unversöhnlich. Diese Ethik, Topik und Rhetorik kennt moralische Pflichten wie zum Beispiel die Elternliebe, deren Verleugnung, statt erörterungsbedürftig, notwendigerweise missbilligungsbedürftig ist. An dieser Stelle muss und kann nicht mehr argumentiert werden.

Der Diskurs wird vielmehr abgebrochen, beziehungsweise gar nicht erst aufgenommen, was eine Legimitätskonzession in Richtung Vergiftung des Diskurses der Menschenverachtung wäre. Genauso gibt es Handlungen, die zu loben sind, was wir heute Wertschätzung nennen. Der Philosoph Martin Seel zählt, statt einer abstrakten Moralphilosophie, 111 Tugenden und Laster auf und erläutert sie (2011).

Die Individualität und Universalität der Tugenden scheint mir ein Orientierungsleitfaden zu sein, der allerdings in offenen kontroversen Stadt- und Dorfgesprächen immer wieder aktuell zu entwickeln ist, und zwar zusammen mit einem freundlichen Zugehen auf die verschiedensten Menschen. Das meint

Tugendethik ohne Tugendterror (in Kleger 2015), ein Beispiel dafür ist: www.heinzkleger.de/zwischen-toleranz-und-entschiedenheit-toleranzedikt-als-stadt-gespräch-2008-2023ff

Das *Toleranzedikt als Stadtgespräch* soll das *demokratiepolitische* Handlungskonzept ‚Tolerantes Brandenburg‘, das 1998 nach einer Welle des Fremdenhasses entstanden ist, sowohl kommunalpolitisch als auch ideenpolitisch vertiefen. Der letztere Aspekt wird gerne als bloss symbolisch übersehen und unterschätzt, ist aber wichtig (nicht nur symbolisch), um den rechten Hegemonieversuchen und dem Nihilismus, dessen Leere sie besetzen, etwas entgegensetzen zu können.

Das (hermeneutische verständigungsorientierte) Gespräch, „das Gespräch, das wir sind" (Gadamer), kann, ohne es zu idealisieren, als basisdemokratisches Element wirken. Es ist alltäglich bei der Begegnung von Menschen und potenziell grenzenlos in sachlicher, sozialer und zeitlicher Hinsicht. Dadurch kann die Stärke der Toleranz für ein friedliches und kreatives Miteinander ausgeschöpft werden. Daraus wiederum können im besten Fall Bündnisse entstehen, die effektiv, nachhaltig und demokratiepolitisch relevant sind.

Ein Gespräch ist nicht immer ein Diskurs, weder über die Wahrheit noch über verallgemeinerungsfähige Normen. Ein Stadtgespräch jedenfalls verfolgt unterschiedliche Gesprächs- und Diskursformate, organisierte und spontane. Die Beteiligungsmöglichkeiten sind darüber hinaus in den letzten Jahren, vor allem auf kommunaler Ebene, zahlreicher und vielfältiger geworden. Sie sind in der Lage, Diskurse zu entgiften. ‚Cancel culture‘ dagegen, ein Begriff, der seit 2018 in akademisch-kulturellen Milieus rechts wie links aufkommt, ist *Unkultur* mit einer ‚besonderen Empfindlichkeit‘ und ‚angemaßter Überheblichkeit‘.

Sie erodiert die *Diskursbereitschaft* und gefährdet die Meinungsfreiheit offener Diskurse als „Grundpfeiler einer freien Gesellschaft" (Westminster Declaration 2023). Freie Meinungsäußerung ist ein Menschenrecht (Art. 19 der Allgemeinen Erklärung der Menschenrechte). Wir wollen deshalb unser *Diskursideal*

politisch so definieren, „von Grund auf eine Atmosphäre der Meinungsfreiheit zu schaffen, indem wir das Klima der Intoleranz zurückweisen, das zur
Selbstzensur ermutigt." Und gegen die ‚Cancel Culture' gesprochen: „Anstelle von Angst und Dogmatismus müssen wir Fragen und Debatten zulassen"
(Westminster Declaration).

Bewundern oder zumindest wertschätzen, muss man können, nicht benei-
den (bis hin zum sogenannten ‚Kannibalismus'), welches durch das ständige
Konkurrieren und Vergleichen überall in der Moderne hervorgetrieben wird.
Rousseau hat dies schon 1755 kulturkritisch in seinem ‚Diskurs über Un-
gleichheit' beobachtet und analysiert. Er griff der gegenwärtigen Zeitdiagnose
weit voraus, indem er zwischen primärem (amour de soi, Selbstliebe) und
pathologischem Narzissmus (amour propre, Selbstsucht) mit seiner Grenzen-
und Rücksichtslosigkeit, die ihm entsprechen, unterschied. Letzteres gibt dem
Menschen „alles Böse" ein.

Die Autoritäten beruhen auf Anerkennung, nicht auf Zwang, auch nicht auf
Rechtszwang allein wie in der liberalen Gesellschaft, für die nicht nur die
bürgerlichen und politischen Freiheiten als Errungenschaft und die entsprechende Toleranz in ihrem Zentrum typisch sind, sondern ebenso die Verrechtlichung und der leistende Rechtsstaat als Signum der Moderne.

Neuzeitliche Staatsphilosophie, legitimer Rechtszwang und traditionale Gemeinschaften begrenzen den Diskurs und bestimmen mit, was noch als Argument gilt und was nicht. Das ist der jeweils vorherrschende Commonsense,
der auch ein sensus immunis ist gegenüber den Verführungen des Wahn-
sinns, Fanatismus, Extremismus und Totalitarismus.

Diskursvergiftung

Demgegenüber sind Correctnessregeln zumeist „Commonsense transzendent".
„Der expansive Auftritt von ihnen hat modernitätsspezifische Gründe", so die
These von Hermann Lübbe (In: Zivilisationsökumene 2005). Er erwähnt vier

hauptsächliche Fälle von solchem Correctnesseifer, welcher heute die Diskurse vergiftet:

1. die Moralisierung kognitiver Gehalte,

2. Argumente zur Sache als Zynismus-Abwertung,

3. Realitätsverluste,

4. Moral als Medium politischer Disqualifikation.

Zu 1.) Wissenschaftlichen Diskussionen geht es um Neugier für die Wirklichkeit, um Objektivität und Wahrheit. These und Antithese als Hypothesen spielen ebenso eine grundsätzliche Rolle wie ein größtmöglicher Falsifikationismus als Methode und die intellektuelle Redlichkeit als subjektive Haltung, die zudem Außenseiter-Positionen nicht nur gelten lässt, sondern als mögliches Korrektiv begrüßt. Selbstverständlich ist auch Wissenschaft ein soziales System, das nicht machtfrei und heute in vielerlei Weise und Hinsicht eingebunden und finalisiert ist.

Dennoch kann von einem Diskursideal gesprochen werden, welches sich auf andere Bereiche bis zu einem gewissen Grad übertragen lässt. Um konstruktive Kritik muss man sich bemühen. Die schnelle Moralisierung von Beschreibungen, Behauptungen und Arbeitshypothesen von vornherein, belebt dagegen mögliche Überlegungen und Diskussionen nicht, sondern zerstört sie.

Zu 2.) Argumente ad hominem (zur Person) sind nicht Argumente zur Sache (ad rem), welche die Diskussion versachlichen. Dazu gehört auch die Zynismus-Abwertung. Zynismus kann Realismus transportieren, ist indes als moralfreie, ja moralverachtende ethische Haltung beispielsweise von Lehrern gegenüber Schülern unangebracht.

Die grundsätzliche und generelle Herabsetzung von Moral als gängiger Vorwurf des politischen Moralismus ist ebenfalls abzulehnen. Mit dem Zynismus-Vorwurf ist deshalb vorsichtig und differenziert vorzugehen, wie mit dem noch gewichtigeren Vorwurf des Realitätsverlusts, welcher die politischen Debatten heute beherrscht. Er hat auch damit zu tun, dass Bürger zu wenig gehört und frühzeitig in Entscheidungen einbezogen werden.

Zu 3.) Realitätsverlust, sei es in Bezug auf den Klimawandel, sei es in Bezug auf Probleme der Zuwanderung ist wohl das häufigste polemische Argument in politischen Debatten geworden.
Es ist eine Fremdkennzeichnung, die gleichzeitig mit anderen Vorwürfen wie Ideologie, Naivität und politischem Moralismus einhergeht. Der Triftigste ist, dass sich Gesinnungsintensität und Commonsense-Schwund entsprechen, woraus moralisierende Politik oder politisierende Moral resultieren. Markige Worte indes sind zum Beispiel noch keine Migrationspolitik. Wohl aber macht es einen Unterschied, von ‚Steuerung' oder ‚Begrenzung' der Zuwanderung zu sprechen. Worte machen Politik (manchmal sogar einzelne Buchstaben: Feuerpause oder Feuerpausen), aber nicht jedes Wort muss deshalb moralisch aufgeladen werden.

Es gibt nichts Einfacheres als den schlichten Hinweis auf die (sogenannte) Realität im Singular wie gleichermaßen (erkenntnistheoretisch) Komplexeres als die *Realität* oder *Wirklichkeit* (genauer: Wirklichkeiten im Plural, in denen wir leben, Blumenberg) mit ihren verschiedenen Facetten. Denn wir sind alle „weltfremd" geworden in einer funktional differenzierten modernen (Welt-)Gesellschaft! Deshalb ist die Bemühung um (politischen) Realismus so wichtig und gleichzeitig so schwierig.

Zu 4.) Dieser Punkt verstärkt und dramatisiert die ersten drei Punkte, weil öffentlich exponierte Personen mit ihrer Integrität zentral involviert und betroffen sind. Der Verdacht gegen die Person arbeitet mit bösartigen Unterstellungen wie beispielsweise Rassismus, Faschismus oder Islamophobie, gegen die kaum argumentiert werden kann. Der mittelalterliche Pranger ist in der Moderne mit vernichtender technischer Macht zurückgekehrt. Das aufklärende ‚öffentliche Auge' der französischen Revolution (Marat) hat seine Unschuld verloren und vermag heute Personen bewusst und gezielt durch Verdächtigungen zu zersetzen. An *Personen* aber hängt letztlich Handlungsmut und Zivilcourage.

Propaganda und Desinformation sind durch die neuen sozialen Medien noch verbreiteter und raffinierter geworden, so dass schon vom ‚Post-Truth- und Fake-‘ Zeitalter gesprochen wird. Diese Tendenzen werden durch automatisierte Bots und die künstliche Intelligenz (KI) potenziert, was den Simplisten und Totalitären in die Hände spielt. Politisierte Extremisten sind zudem schnell solidarisch und fragen nicht weiter. Öffentlichkeiten, die sich abschotten, stehen so in einer bissig-polemischen Auseinandersetzung unter – bzw. gegeneinander, was bis zur Verrohung der politischen Kultur selbst in konsolidierten Demokratien führen kann. Eine Erstürmung des Kapitols wie am 6. Januar 2021 hätte man sich davor nicht vorstellen können.

Uns kann es hier nur um eine beharrliche Aufklärung anlasshalber und im Kleinen gehen in einer größeren Auseinandersetzung mit einer strategischen Gegenaufklärung, die mit bewusster Diskursvergiftung arbeitet. Neue Querfronten entstehen so (siehe Spiegel 22.10.23, WirtschaftsWoche 22.10.23). Siehe dazu auch: „Warum der Israelhass ausgerechnet jene Gruppen verbindet, die sonst wenig miteinander teilen: Islamisten und Queerfeministen, Kommunisten, türkische Nationalisten, Anhänger und Gegner des iranischen Regimes" (Cheema/Mendel in FAZ, 24.10.23, S.9).

Es gibt nicht nur alte und neue *Querfronten*, sondern ebenso Pseudofronten. Die ‚große Spaltung‘ der Gesellschaft, von der in Deutschland gerne dramatisierend gesprochen wird, ist eine solche Pseudofront. Aufregungspunkte führen zu Pseudofronten, die in Wirklichkeit „kulturkämpferisches Triggertheater" sind, das von extremen Rändern her aufgebauscht wird (siehe dazu die empirische Untersuchung von Mau/Lux/ Westheuser über Konsens und Konflikt, 2023). Sie nehmen medial und politisch den Platz realer Konflikte ein. Größer jedoch ist ein *Wertekonsens*, der *weiterführende Gespräche ermöglichen* würde. Er umspannt soziologisch eine breite Mitte bei aller Individualisierung und Interessendifferenzierung. Auf ihn muss man setzen.

Sprache und Politik, beziehungsweise die politische Sprache, ist ein mehrdimensionales (sachlich, emotional, moralisch und bezüglich unterstellter Handlungsfolgen) *komplexes Handlungsfeld*. Das gilt allein schon phänomenologisch und sprachanalytisch, noch unabhängig von Analyse und Kritik. ‚Sein und Heissen' (Lübbe) ist selbst ein politisches Handlungsfeld, das heißt: man soll und muss sich – entgegen der Empfehlung von Aristoteles – um Worte streiten! Es bleibt einem nichts anderes übrig, kämpferisch, aber sachlich. Das gilt auch für die Toleranz, die Biss und Neugierde behalten muss. Stattdessen brilliert in Zeiten des Krieges und der Dezivilisation die ‚Nulltoleranz'.

Im Unterschied zu den Wissenschaften und dem wissenschaftlich-akademischen Diskurs im engeren Sinne, wo es Terminologien gibt (Termini als definierte Begriffe), herrscht in einer freien exoterischen Sphäre des Öffentlichen keine Kunstsprache. Der Streit um Worte und Ideen (was heißt Liberalismus, Konservativismus, Nation, Freiheit, Gerechtigkeit usw.?) ist in der Politik unvermeidlich, je liberaler und demokratischer sie ist. Was darf und soll wie heißen? Ghetto, Genozid, Slums, Gewalt, Widerstand, Terror?

Dieser Streit gehört grundlegend zur Demokratie und ist unabschließbar. Gleichwohl sind reflektierte und sachliche Diskurse durch Philosophie, Politische Theorie und Bildung, Ideengeschichte und Ideenpolitik möglich, und sei es als Inseln im Meer der Praxis. Raum und Zeit für *Reflexion* sind ebenso nötig wie Handeln. Der Politik fehlt heute eher die sanfte Macht der *Reflexion* als die Betriebsamkeit und der Aktivismus, welche zunehmend überdrehen und in einer Überbietungskonkurrenz enden.

Diskursrealitäten und Diskursideale

Politisches Sprechen ist politisches Handeln. Dieses Verständnis des politischen Sprechens (mit seinen unterschiedlichen Rollen) beruht auf einem allgemeinen Begriff von Sprache, der phänomenologisch primär eine Lebensform meint. Das sind subjektiv-objektive Handlungsformen, in denen sich Theorie und Praxis durchdringen. Die politische Sprache ist ‚polemogen', freilich in ganz unterschiedlicher Intensität (siehe Julien Freund, Sociologie du conflit, Paris 1983). Das heißt: ihr Handlungssinn ist meistens auf eine konkrete Gegensätzlichkeit bezogen, was Kooperation und Konsens nicht ausschließt.

In jedem Fall ist politisches Sprechen an konkrete historische Situationen, die sich schnell verändern können, gebunden. Diese Situationen werden gedeutet, was Handlungskonsequenzen hat. Es gibt zunächst einen Primat der Interpretation (erkenne die Lage!), gleichwohl haben behauptende Sätze in der Politik eine intentionale Stoßrichtung, mit der etwas bewirkt werden soll. Zwischen der politischen Semantik und politischem Handeln besteht somit ein innerer Konnex, der das Repräsentationsmodell der Sprache sprengt. Davon geht die ‚Gebrauchstheorie der Bedeutung‘ von Ludwig Wittgenstein aus, siehe seine ‚Philosophischen Untersuchungen‘ 1960.

Nicht jedes *Gespräch* ist ein *Diskurs*. Diskurs ist im Deutschen ein schillernder Begriff geworden und wird heute mit Ansprüchen inflationär verwendet, die alltägliche Gespräche normalerweise nicht erheben. ‚Le discours‘ meint im Französischen die sichtbare Praxis dessen, was man in der traditionellen Auffassung vom Menschen als sprachfähigen Wesen ‚denken‘ nennt.

In der Perspektive des französischen Philosophen Michel Foucault und dessen strenger Analytik, was wir nicht mehr sind, wurzelt jedoch die gemeinschaftliche Produktivität von Kommunikationsprozessen nicht mehr in einem sinnstiftenden Subjekt (es ist verschwunden) und auch nicht in kommunikativer Vernunft (Habermas), sondern in historisch auftauchenden und verschwindenden Techniken oder Rhetoriken des Sprechens: sogenannten diskursiven Praktiken (siehe Archäologie des Wissens 1969).

Diskursive Praktiken bleiben wegen ihrer Alltäglichkeit und grundlegenden Einfachheit in der Regel verborgen. Foucault untersucht den Diskurs primär als Gegenstand von Macht (Diskursanalyse). Diskursivierung ist die Feinmechanik von Macht, und Macht ist produktiv. Während wir vor allem auf Repression und Verbote achten, beherrscht uns diskursive Macht, so seine Pointe, die uns zum Beispiel als „Geständnisse" beflissen die „Wahrheit" sagen lässt.

Wenn Foucault in seiner Antrittsvorlesung 1970 am Collège de France Nietz-
sche als Verbündeten im Widerstand gegen die kontrollierte Ordnung des
Diskurses anruft, dann wird klar, wie schwierig es im öffentlich-politischen
Umgang mit den Begriffen Macht, Widerstand und Wahrheit werden wird.

Dagegen ist der Diskurs-Begriff von Jürgen Habermas im Deutschen ganz anders geartet. In seinem *Diskurs* werden *Argumente* erzeugt, in ihm herrscht
das Motiv der *kooperativen Verständigungsbereitschaft*. Es geht darum, einen wirklichen, das heißt: einen wahren Konsens zu erzielen. Ohne Dissens
wäre dieser nicht nötig. Also dient der Diskurs der Fortführung konsensuellen
Handelns, und zwar in reflexiver Einstellung. Inhalte werden dabei weniger
erzeugt, als dass sie in spezifischer Einstellung bearbeitet werden.

So dient der Diskurs der Konsenstheorie der Wahrheit und als praktischer
Diskurs der Ausfilterung verallgemeinerungsfähiger Normen. Er thematisiert
problematisierbare Geltungsansprüche und ist idealerweise herrschaftsfrei.
Man kann an Habermas ‚Theorie des kommunikativen Handelns' (1981) als
normativer Grundlage für eine kritische Gesellschaftstheorie, die er seit der
Kritik an Luhmanns funktionaler Systemtheorie 1971 kontinuierlich weiterentwickelt hat, vieles kritisieren, nicht jedoch: dass er *Diskurstheorie* mit *Demokratietheorie* verwechselt hätte (Habermas/Luhmann, Theorie der Gesellschaft
oder Sozialtechnologie, S.101-141).

Letztere stützt sich, ausgehend von seinem aufklärerischen Öffentlichkeits-
begriff (1962), auf ein *deliberatives* Verständnis von Politik, welches ihre po-
lemogenen und rhetorischen Aspekte außer Acht lässt. Entsprechend heißt
sie deliberative Demokratietheorie und nicht Diskurstheorie, es ist eine von
vielen Demokratietheorien. In ihr steht weiterhin die Suche nach dem ver-
nünftigen Konsens im Fokus und nicht etwa die korporative Verhandlungs-
demokratie, der Meliorismus und der Kompromiss und schon gar nicht die
parteipolitische Polarisierung, die zum Parteienwettbewerb gehört.

Politische Debatten finden indes nicht handlungsentlastet statt, sie stehen
vielmehr unter ständigem Entscheidungs- und Zeitdruck. Die permanente Me-

dialisierung, Personalisierung und Skandalisierung kommen hinzu. Von der Politik wird zudem erwartet, dass sie entscheidungs- und auch in Koalitionen regierungsfähig ist. Nicht unendliche Diskussionen eines relativen Rationalismus (Schmitt) sind gefragt, sondern Entschiedenheit und Durchsetzungsfähigkeit bei Problemlösungen von Politikern aller demokratischen Parteien. Dabei ist auf eine neue Generation von ‚Machern' und ‚Macherinnen', die Verantwortung übernehmen, zu setzen, welche die sachlichen Schwierigkeiten und Probleme sehen.

Die parlamentarische Debatte kennt darüber hinaus nicht nur Regeln, sondern auch einen Schluss der Debatte. Rhetorisch wird mit Argumenten um die Zustimmungsbereitschaft von Mehrheiten in den Parteien, Parlamenten und der Öffentlichkeit gekämpft. Politische Argumente müssen exoterisch von Laien für Laien überzeugend (plausibel) sein und sind keine wissenschaftlichen Dispute.

Dennoch spielen auch in der demokratischen Politik, in der Verwaltung wie im Regierungshandeln, wissenschaftliche Beratung, ja *professionelle Beratung* (Beratungskulturen) generell eine immer größere Rolle, was gerne verdrängt wird. Dabei handelt es sich in der Realität eher um Experten- als um Bürgerräte, mithin um Expertokratie und nicht um eine partizipatorische Demokratie der Bürger. Das gehört zu den harten Diskursrealitäten von heute dazu, die viel mit Technik, Wissenschaft, Wissen und Macht zu tun haben. Das technokratische Regieren ist dabei zum Sicherheitsnetz geworden, das unter jedem politischen Regieren in Krisen gespannt ist, egal ob rechtsstaatliche Demokratien oder Diktaturen.

8. November 2023

Der globale Krieg

Im Oktober geht die Angst vor einem Flächenbrand im Nahen Osten um, die Angst vor einer Ausweitung des Krieges nach den furchtbaren Terrorangriffen der Hamas am 7. Oktober auf Israel. Ein Mehrfrontenkrieg droht dem kleinen wehrfähigen demokratischen Land, das inmitten eines eigenen aufwühlenden Demokratiekonflikts war, bei dem sogar die unentbehrlichen Kampfpiloten in den Ausstand traten.

Israel und der Nahe Osten

Die Schutzmacht USA schicken zwei Flugzeugträger und 100 Flugzeuge in die Region, um den Iran und die Hisbollah abzuschrecken. Die Hisbollah, die den Südlibanon als Staat im Staate kontrolliert, verfügt über so viele Raketen, dass auch das einzigartige Abwehrsystem Iron Dome überlastet werden kann.

Die Schiiten-Miliz Hisbollah und Hamas, mit dem Mullah-Regime Iran im Hintergrund, verbindet das ausdrückliche Ziel, Israel als „Krebsgeschwür" auslöschen zu wollen. Die Massaker am Samstag durch Hamas-Terroristen haben gezeigt, was das bedeutet in einem Land, das sich bisher auf seine Armee und seinen Geheimdienst sowie die schwer bewachten Grenzen verlassen konnte. Sie waren ein Schock für die Bevölkerung und die Welt, ein neues 9/11.

Der Islamische Staat (IS) hat dem Westen den Krieg erklärt, er hat militärisch mit amerikanischer Hilfe in Mossul und Raffa eine Niederlage erlitten. Die Hamas soll nun genauso militärisch zerstört werden. Sie hat Geiseln genommen und sich jahrelang auf den Krieg vorbereitet, unter anderem durch ein ausgedehntes Tunnelsystem bis zu 40 Meter Tiefe – eine Stadt unter Gaza-Stadt.

Den 7. Oktober würde sie immer wieder begehen. Eine Bodenoffensive soll dieser militärischen Infrastruktur, zusammen mit den Köpfen der Terror-Organisation ein Ende bereiten. Zweierlei steht schon fest: es wird keine Besatzung geben ebenso wie keine Hamas-Verwaltung mehr.

Die Zivilbevölkerung fordert man zum Verlassen des Gazastreifens auf, gleichzeitig wird sie von der Hamas daran gehindert, die sie als menschliche Schutzschilder benutzt. Das humanitäre Völkerrecht wird laut UN-Organisationen mit Füssen getreten. Hektische Diplomatie ist im Gange. Ägypten und Katar spielen dabei eine Schlüsselrolle.

Welche Militärschläge aus der Luft sind noch angemessen? Die überlegene Luftwaffe ist einmal mehr Israels buchstäblich durchschlagende Kraft. Eine Feuerpause wird gefordert, was Israels Regierung aus militärischen Gründen als Kapitulation ablehnt.

Die EU streitet sich über humanitäre Feuerpausen oder eine Feuerpause im Singular, sprich Waffenstillstand. Das Problem ist nicht so sehr der „Okzidentalismus", sondern die Uneinigkeit und faktische Schwäche Europas. Europa redet und redet, Russland liefert Waffen und China baut Infrastruktur. Das macht gegenwärtig den Unterschied in der Weltpolitik.

Derweil wird der UN-Sicherheitsrat – eine Friedensutopie im Niedergang- zur weltweiten Bühne der heftigen emotionalen Auseinandersetzung, in der die

Rede des Generalsekretärs Guterres für Empörung sorgt und sich der israelische Botschafter Erdan den Judenstern anheftet, was auch innerisraelische Kritik hervorruft. Der Skandal ist indessen die UN-Resolution, in welcher der Terror der Hamas keine Erwähnung findet.

Lediglich 14 Mitgliedstaaten stimmten gegen die Resolution, die eine Feuerpause von Israel fordert, um den Menschen in Gaza zu helfen; Deutschland enthält sich der Stimme. Israel spricht von einer „Schande", die „Hamas freut sich". Die zahlreichen Uno-Resolutionen gegen Israel sorgen inzwischen zählbar für ein krasses Ungleichgewicht im Verhältnis zu den „Schurkenstaaten" der Welt. Iran übernimmt im November sogar den Vorsitz des Sozialforums im Menschenrechtsrat der Uno in Genf. Es hat gegenüber den USA einen diplomatischen Sieg errungen.

„Verhältnismäßigkeit" selbst in Extremsituationen wird von außen schnell gefordert, auf Verbote und berechtigte Konventionen wird hingewiesen, wie schon bei den zahlreichen Kriegsverbrechen gegen die Zivilbevölkerung sowie dem Einsatz von Streumunition und der Reichweite von Marschflugkörpern im Ukraine-Krieg. Auch der „Krieg kennt Regeln" (Guterres), das stimmt. Tatsache ist aber auch, dass extreme Situationen besondere Reaktionen verlangen, wenn es um Existenz- und Überlebenskämpfe geht.

Das ist beim gegenwärtigen Ukraine-Krieg und dem Palästina-Konflikt schon seit langem der Fall. Von ‚Genozid' und ‚Kriegsverbrechen' wird allenthalben gesprochen. „Es ist kein Konflikt, es ist ein Genozid", liest man auf Transparenten. Die Durchsetzungsmacht des Internationalen Gerichtshofes in Den Haag (ICC), der Ermittlungen aufnimmt, ist demgegenüber beschränkt.

Die Situation im kleinen Gaza-Streifen wird vor der erwarteten Bodenoffensive im dichtbesiedelten Gebiet immer dramatischer für die Zivilbevölkerung. Es ist eine Hölle auf Erden. Präsident Biden fordert ebenso wie UN-Generalsekretär Guterres anfangs November eine humanitäre Waffenruhe. Der Zorn der Muslime in den Nachbarländern wird angesichts der Bilder aus Gaza immer größer. 100 Tausende gehen in Teheran, Ankara und Beirut auf die Straßen.

Droht ein Flächenbrand im Nahen Osten, ein Aufstand auch gegen die eigenen Regierungen? Die Amerikaner erinnern sich an den Tag, als in Teheran 1979 ihr Botschaftspersonal von fanatisierten Studenten 444 Tage lang als Geiseln genommen wurde. Und genauso an die zerstörten Kampfhelikopter in der Wüste 1980 bei der Befreiungsaktion Eagle Claw, die Jimmy Carters Menschenrechtspolitik den Garaus machte und den Weg für Reagans Politik ebnete.

Die Hamas drängt heute die Hisbollah, vom Libanon aus, eine zweite Front zu eröffnen. Mit Spannung erwartet man deshalb am 3. November die Rede ihres geistlich-politischen Führers Nasrallah, der die Massaker der Hamas verherrlicht und die USA als „Teufel" bezeichnet, aber keine Kriegserklärung ausspricht und vieles offenlässt: „Alle Szenarien sind möglich".

Die USA warnt die Hisbollah und den Iran vor Aggressionen. Anfangs November wird ein atomwaffenfähiges U-Boot der Ohio-Klasse ins Rote Meer geschickt. Normalerweise wird der Standort solcher hypermoderner Kampfkolosse, die sowohl Interkontinentalraketen wie Marschflugkörper abschießen können, nicht bekanntgegeben. Die amerikanische Abschreckung funktioniert.

Für Israel und den Westen ist die USA, dessen Außenminister Blinken sich nicht zufällig auch am 3. November in Israel aufhält, der Friedensgarant, wie schon 1973 im Jom-Kippur-Krieg als eine ähnlich bedrohliche Situation für Israel bestand. Selbst der damalige Verteidigungsminister Moshe Dayan, gewiss ein erfahrener Militär, war in Panik.

Blinken, der in Pendel-Diplomatie zwischen den arabischen Parteien ständig unterwegs ist, sieht die Zwei-Staaten-Lösung noch immer als Weg für einen dauerhaften Frieden. Ein formaler Frieden ist indessen nicht schon „dauerhaft" und schon gar nicht „ewig" (wie Kant 1795 ironisch titelte). Auch hier muss man sich als politischer Realist vor Illusionen hüten.

Die unverzichtbare Nation

Präsident Biden spricht gegenüber Israel und der Ukraine von der USA als „unverzichtbarer Nation", wobei er die gemeinsamen Werte betont. Ein solcher Wertebogen ermöglicht Gespräche und Unterstützung, er räumt aber deshalb noch lange nicht, die Schwierigkeiten der politischen Problemlösung aus dem Weg. Daraus können wiederum gravierende Differenzen und Unfrieden entstehen, etwa bei der politischen Neuordnung nach dem Irakkrieg geschehen oder, noch bevorstehend, nach dem Gazakrieg.

Die amerikanisch-atlantische Zivilreligion ist global und universal in ihrem Anspruch genauso wie der globale Krieg und die militärische Präsenz allerorten, die ihm entspricht.

„Amerika war und ist vor allem eine Idee – und zwar nach wie vor die wirkungsmächtigste politische und kulturelle Idee unserer Zeit" (Brühwiler, NZZ, 3.11.23, S.9).

John Rawls ‚Theorie der Gerechtigkeit' (1971), der ebenfalls typisch amerikanisch von der Fairness trotz ‚Gewinnern' und ‚Verlierern' in der (sportlich aufgefassten) Konkurrenzgesellschaft (Marxisten würden von Klassengesellschaft sprechen) ausgeht, erwähnt die Zivilreligion mit keinem Wort.

Die Fairnesstheorie setzt auf den rationalen Konsens. Ein Vorteil der Zivilreligion ist dagegen die rhetorische Erzeugung von Emotionen in der Ansprache an die Nation, die an Bindungen appelliert, die alle bei größtmöglicher Verschiedenheit des demokratischen Individualismus verbinden. Diese politischen Emotionen, die ihre prägende Geschichte haben, sind nicht von Vernunft allein geprägt.

„American Leadership is what holds the World together"(Biden) – das ist allerdings noch mehr als der alte bekannte Satz der amerikanischen Außenministerin Madeleine Albright, die aus Prag stammte, von der „indispensable nation". Wie realistisch ist dieser Führungsanspruch?

Oder anders gefragt: Welche realistische Politik folgt daraus? Diese Frage muss sich vor allem die Führungsnation USA selber stellen, die sich derzeit im Wahlkampf befindet, der 2024 eine neue Ausgangslage schaffen wird. Bis vor kurzem gab es den Konsens in der amerikanischen Führungsschicht, dass die USA die liberale Weltordnung verteidigen. Dass dieser Konsens noch besteht, ist freilich mit einem Fragezeichen zu versehen. Mit Bangen sieht man vor allem von Europa aus in die USA. Zudem löst das Budget-Defizit Sorgen aus, ob die immensen Ausgaben für die Streitkräfte überhaupt noch zu stemmen sind.

Vielfrontenkrieg

Auch den USA droht im Nahost-Konflikt eine Überforderung der eigenen Logistik bei einem Mehrfrontenkrieg: im Gaza-Streifen, an der Grenze zum Libanon und zu Syrien und im Westjordanland. Die Drohnenangriffe auf US-Stützpunkte im Irak und Syrien von Verbündeten des Iran sind bedrohlich.

Als Bin Laden den 11. September 2001 verursachte, haben das lediglich 3 von 53 muslimischen Ländern gutgeheißen. Sie waren gespalten. Heute stehen alle muslimischen Länder hinter Palästina, unabhängig von islamistischem Terror oder nicht. „Die Hamas hat dem Westen eine Falle gestellt" (de Villepin).

Der ehemalige französische Premierminister, gebürtige Marokkaner und Nahost-Experte de Villepin führt in einem bemerkenswerten Interview in France TV dazu aus, dass der Westen und Europa dieses Ereignis begreifen müssen, sonst seien sie als nächste an der Reihe. Zuerst Europa mit allen Migranten, die instrumentalisiert werden.

Es gibt dann nur noch Gewalt gegen Gewalt, und die Extreme werden wachsen. Der Schlüsselsatz im langen Interview lautet: „Die palästinensische Sache war eine säkulare und politische Sache. Mit der Hamas wird sie eine islamistische Sache. Diese Sache ist absolut und erlaubt keine Verhandlungen."

Seit dem 7. Oktober sind mehr als 1000 antisemitische Straftaten in Frankreich gezählt worden.

Mit welch gravierenden Gegensätzen heute umzugehen ist, zeigt sich in diesem Land schon seit vielen Jahren mit großer Heftigkeit, welches die größte jüdische Gemeinde (600.000) und die meisten Muslime Europas (6 Millionen) beherbergt. Hier gibt es in großen Teilen der linken Bewegungen die Haltung des „Islamo -Gauchisme" in unterschiedlichen Fanatisierungsgraden.

Dabei handelt es sich um eine Fusion von traditionell sozialistischem Gedankengut mit dem Islamismus, der als eine Ideologie der „Opfer des westlichen Kolonialismus" gedeutet wird. Ich kann mich noch an die Bilder von Sartre mit Ayatollah Chomeini, dem geistlich-politischen Führer der iranischen Revolution, 1978 in Paris erinnern. Besser mit Sartre irren, als mit Aron recht behalten, dachten damals viele Intellektuelle.

Inzwischen hat auch der türkische Präsident Erdogan die normalisierten Beziehungen zu Israel abgebrochen. Er bezeichnet die Hamas als eine „Befreiungsorganisation" und prangert die „Kriegsverbrechen" Israels an. Er profiliert damit die Türkei als Nato-Land neben dem Iran als führende Macht der arabischen Länder. Schon früher war die Hamas ein gern gesehener Gast bei Erdogans Partei der AKP. Die politische Weltfremdheit in Deutschland auch in Religionsfragen mit seiner großen Zahl von Einwanderern aus der Türkei verblüfft.

Verteidigungsfähig, nicht kriegsfähig

Die Frage, welche Sicherheitspolitik realistisch ist, müssen sich auch alle europäischen Länder stellen, zumal die politische Entwicklung in den USA, Russland und China unbekannt und offen ist. Vielfrontenkriege kann niemand gewinnen, auch die USA nicht. Europa muss sich darauf vorbereiten, dass die USA ihr Engagement zurückfahren wird, ob mit oder ohne Trump. Polen investiert schon jetzt massiv in die eigene Verteidigung, finanziell, militärisch und mental (trotz vertrautem Schulterschluss mit den USA).

Finnland bewacht seine lange Grenze zu Russland, einschließlich Zivilschutz für die Bevölkerung. Andere Staaten erledigen ihre Hausaufgaben nicht in gleicher Weise. Militärisch „verteidigungsfähig" müssen sie werden, nicht „kriegsfähig". Ersteres gehört zur wehrfähigen Zivilität. Wehrfähige Bürger sind *keine Bellizisten*, sondern Republikaner. Das wäre ein erster nationaler Schritt, die transnationale Abstimmung mit der gestärkten Nato ist der zweite.

Die ‚individualistischen Bürger' möchten möglichst ‚wenig Soldat' sein. Weitere Kriegsrhetorik ist deshalb überflüssig, und eine reine Berufsarmee zu vermeiden. Der Kontakt zu den Leuten, im Sinne von Volk (people), gehört vielmehr zum Militär in Demokratien, die je eigene Lösungen finden müssen. Allerdings darf man Aufrüstung auch nicht mit Ausrüstung verwechseln (Merkel).

EU-Europa indes, das perspektivisch, einschließlich der Ukraine, auf 36(!) Staaten wachsen will, ist nicht die Welt. Schon vor dem russischen Angriffskrieg, hatte sich die amerikanische Interessen- und Außenpolitik in den Pazifik verlagert. Der amerikanische Verteidigungsminister Rumsfeld sprach bei der „Koalition der Willigen" sogar vom „alten" pazifistischen, in den Illusionen des ‚ewigen Friedens' befangenen und vom neuen osteuropäischen Europa (Havel).

Der völkerrechtswidrige Irakkrieg mit seinen verheerenden Folgen war indes kein gerechter Krieg, und die Begründung des ehemaligen Generals und amerikanischen Außenministers Powell blieb eine bis heute unvergessene schlechte Szene im UN- Sicherheitsrat ebenso wie der moralische Eifer des britischen Premierminister Blair, der sich blamierte. Alle Veto-Mächte haben bis heute zum Niedergang und zur Dysfunktionalität des obersten Hüters der globalen Sicherheit beigetragen.

Nordkorea droht gegenwärtig, den amerikanischen Flugzeugträger in Südkorea zu versenken. Es hat Russland mehr Waffen geliefert, als man bisher wusste, und dafür Know-how in Raketentechnik erhalten. Der „gefährliche Moment" rückt nun näher: „Nordkorea droht USA mit einem nuklearen Präventivschlag" (Kölner Stadt-Anzeiger, 23.10.). Es gibt sie also wirklich die „Achse des Bösen", von welcher der ungeliebte Bush junior sprach.

Ukraine-Krieg

Der Ukraine-Krieg wird derweil im Aufmerksamkeitsschatten des wieder aufgeflammten Nahost-Konflikts mit derselben Brutalität von Russland fortgeführt. Um die ostukrainische Stadt Adijiwka droht jetzt, wo russische Kräfte mit einer Wucht angreifen, wie seit Jahresbeginn nicht mehr, eine ähnliche Schlacht wie seit Monaten um Bachmut an der 1000 Kilometer langen Front. Das ist eine furchtbare infanteristische Front – eine weitere Hölle auf Erden -, welche an die Abnützungskämpfe im 1. Weltkrieg erinnert in Kombination mit dem heutigen ‚Star Wars', sprich: dem modernen Drohnenkrieg. Letztere greifen lautlos an.

Die Schlammperiode hat begonnen, und ein weiterer harter Winter steht bevor. Bröckelt die westliche Unterstützung, worauf Putin setzt, der verkündete, dass „Russland auf dem Schlachtfeld unbesiegbar" ist? Kann die Ukraine den Krieg gewinnen? Oder droht ein Patt, das in Verhandlungen mündet? Die USA hat sich auch hier gemäß dem Israel-Modell zur Schutzmacht, statt einer Nato-Mitgliedschaft, erklärt, so jedenfalls Bidens Plan bei der Nato-Tagung in Vilnius.

Der ukrainische Oberbefehlshaber Saluschni räumt in einem Interview (Economist, 3. November) ein, dass der tiefe Durchbruch durch die massiven russischen Verteidigungslinien nicht gelungen sei, und er äußert die Sorge, dass es zu einem Stellungskrieg kommen werde, der für die Ukraine bedrohlich sei angesichts der überlegenen Ressourcen der Russen.

Aus mehreren Gründen ist der Krieg festgefahren. Die russische Luftüberlegenheit und die fehlenden Technologien, den Minengürtel zu überwinden, sind schon oft, auch in unseren Blogs, genannt worden. Hinzukommt zunehmend auch der schwierige Aufbau eigener Truppen. Saluschnis Bilanz ist ehrlich, nüchtern und ernüchternd.

Einmal mehr heißt es, dass die Zeit nicht auf der Seite der Ukraine steht, die seit mehr als 20 Monaten in einem aufreibenden Verteidigungskampf steht. Sie hat viel militärische Unterstützung bekommen, um sich im Krieg zu behaupten, was niemand vorausgesagt hätte, aber zu wenig, um ihn zu gewinnen.

Politik und Militär sind zwei Welten, die auch den nötigen Glauben und den starken Willen mitbestimmen, ohne die nichts geht. In der Welt des globalen Krieges gehen Politik und Militär eine gewagte und stets problematische Fusion ein. Selenski widerspricht Saluschni: „Es gibt keine Pattsituation" (Kiew, 4. November).

Das Dreieck der Atommächte

Kriege und kein Ende, und Kriege überall, sogar die manifeste Gefahr des Atomkrieges, der wieder geübt wird – gleichzeitig in Russland, den USA und Europa. Atomwaffentests werden durchgeführt. Die Duma hat den Atomaffensperrvertrag eben gekündigt, den die USA nie ratifiziert haben, und China als „Entwicklungsland" akzeptiert keine Obergrenzen.

Die politische Ohnmacht gegenüber diesem Atomdreieck steigt angesichts ohnehin schwer kontrollierbarer Entwicklungen. Nordkorea zündelt derweil mit einer Interkontinentalrakete, und selbst der zurückhaltende deutsche Verteidigungsminister Pistorius fordert einen Mentalitätswechsel: „Deutschland muss wieder kriegsfähig werden". Die Worte werden immer größer.

Wir würden den Krieg gerne als etwas Sekundäres und Abgeleitetes begreifen und zum Beispiel auf Ungerechtigkeit zurückführen. Verschwindet diese, so verschwindet auch der Krieg, so unsere naive Hoffnung. Stattdessen müssen wir wieder von der „Rückkehr des Bösen" sprechen (Selenski tut es, Biden tut es, und im Nahostkonflikt tun es beide Seiten, sogar vom Teufel wird gesprochen). Und Barbaren werden „eliminiert", nicht getötet. Es ist schwierig, angesichts dieser Barbarei und der Brutalisierung der Auseinandersetzungen noch ein moralisches Gleichgewicht zu finden und zu erhalten.

Biden mobilisiert die amerikanische Zivilreligion, die christlich-transkonfessionell und nicht antimuslimisch sowie universal-menschenrechtlich orientiert ist. Sie allein vermag die nötigen *Allianzen gegen das radikal Böse* zu schmieden, weswegen die UNO nach dem 2. Weltkrieg gegründet worden ist. Man lese nur noch einmal die Präambel zur Allgemeinen Erklärung der Menschenrechte (1948), wo von den „*Akten der Barbarei*" und vom „*Glauben* an die grundlegenden Menschenrechten" die Rede ist.

Diese Weltordnung scheint heute zerbrochen. Aus der Mehrfachkrise ist der globale Krieg, der alles buchstäblich in Mit-Leidenschaft zieht, geworden. Explodierende Verteidigungshaushalte und eine dominierende Sicherheitspolitik, die in alle Bereiche vordringt, machen dies spürbar. Kriege setzen gegenwärtig die Prioritäten und nicht die Friedensethik.

In der Welt des globalen Krieges liegen die menschheitlichen Ambitionen und die Aufmerksamkeit bei den Waffentechnologien im weitesten Sinne. So entsteht ein schwer durchschaubarer Komplex mit Forschung, Technik, Rüstung und Politik, der außer Kontrolle ist. Dennoch gibt es auch hier keine Zwangsläufigkeiten, bei allen berechtigten Befürchtungen des Exterminismus.

Alles hat seine Zeit. Zuerst muss man in Existenz- und Überlebenskämpfen reagieren können. Wir leben in Europa seit dem 24. Februar 2022 in einer solchen Zeit des Krieges sowie der offenen und schleichenden Re-Militarisierung. Das ist bei grundsätzlichen Überlegungen zu Klugheit, Moral und Recht zu berücksichtigen, die nicht naiv und unpolitisch werden dürfen.

Glaubwürdige Friedensethik

Die Friedensutopien sind gescheitert, was nicht heißt, dass Frieden kein politisches Ziel mehr ist, und die menschliche Friedenssehnsucht versiegt, im Gegenteil. Sie wächst wieder und immer wieder auffällig-unauffällig von unten und im Kleinen. Man darf sich nur nicht von Chauvinismus übertrumpfen lassen und resignieren. Überraschungen sind möglich, weil das Personal der Weltgeschichte nicht unsterblich ist.

Die Verführung zum Fatalismus ist in dieser Weltlage gleichwohl groß. Wenn Polen heute mit seinen Bürgern vier neue Panzerdivisionen aufstellt, so geht es darum, den Frieden zu sichern, und nicht Krieg zu führen. Das ist die raison d'être des neuzeitlichen Staates, und wir sollten uns als Teil des Staates verstehen und die Staatsaufgaben, auch der inneren und äußeren Sicherheit neu definieren.

Die militärischen Mittel allein reichen dazu freilich nicht aus, auch im kalten (Weltanschauung-) Krieg wurde ebenso fast ständig verhandelt, und der Sozialstaat wurde im Systemkonflikt massiv ausgebaut. Frieden schaffen ohne Waffen genügt nicht. Mit Diktatoren muss man zudem verhandeln können. Politische Vermittler werden immer gebraucht, und die kluge Macht von Regierungen kann sich darin bewähren. Regierungen können aber auch versagen.

Ein glaubwürdige Friedensethik muss deshalb die Tatsache berücksichtigen, dass imperiale Diktaturen abgeschreckt werden müssen oder wenigstens der Preis einer Okkupation hochgeschraubt werden muss. Eine robuste Verteidigung kann abschrecken, was zur Verteidigungsfähigkeit eines Volkes gehört. Für das kleine demokratische Taiwan zum Beispiel, das sich die Freiheit selbst erkämpft hat, ist das übermächtige China kein attraktives Gegenmodell.

Die liberale Weltordnung ist für die heutige globale plurale Staatenwelt nicht mehr die dominierende Leitlinie. Wegen der Mehrfachkrise und des globalen Krieges sind die Staaten pragmatischer geworden und folgen zunehmend eigenen Interessen mit neuen vorteilsgeleiteten Kooperationen. Es bilden sich neue Bündnisse: der globale Süden gegen den Westen, China und Russland bilden eine strategische Partnerschaft und Europa sucht seinen Weg als geopolitischer Akteur. Es ist offen und schwer absehbar, was daraus wird. Die politische (Welt-) Komplexität hat sich jedenfalls enorm erhöht.

Realistische Auswege durch Krisenkommunikation?

So wirft Russland den USA vor, im pazifischen Raum eine neue Nato zu formieren. Es will den USA ebenbürtig sein in der internationalen Politik, so auch im UN-Sicherheitsrat. Erst wenn diese Balance wiederhergestellt ist, und der Westen dem großen Land keine „strategische Niederlage" beibringen will, ist Putins Russland bereit zur „friedlichen Koexistenz" zurückzukehren (so Verteidigungsminister Schoigu in China Ende Oktober). Oder wendet es sich davon ab, zusammen mit China, in strategischer Partnerschaft gegen den Hauptfeind USA?

Putin demonstrierte öfters die Einsatzbereitschaft seiner Atomstreitkräfte, die USA reagierte mit dem Test der ‚Minutman III'. Jüngst startete das neue Atom-U-Boot mit dem bezeichnenden Namen ‚Imperator Alexander III.' die neue Interkontinentalrakete Bulawa mit 8000 Kilometer Reichweite. Auf der Halbinsel Kamtschatka kam sie an.

Für die Strategie des Pentagon, die China als größte geopolitische Herausforderung sieht, ist es „sehr besorgniserregend", dass China sein Plansoll beim Atomwaffenausbau übererfüllt (Spiegel 18.10.). Es rüstet schneller auf als gedacht. 2030 soll China mehr als 1000 Atomsprengköpfe besitzen, derzeit sind es 410, USA 3700, Russland 4500, laut Stockholmer Friedensforschungsinstitut.

Die riskanten Militärmanöver zu Wasser und in der Luft vor Taiwan nehmen zu. Das Pentagon hat viele Fälle von Nötigung publik gemacht. Umso wichtiger ist es, dass zwischen den USA und China auf der Ebene von Mitarbeitern der Außenministerien anfangs November wieder über Entspannung und Eskalation gesprochen wird (laut Wall Street Journal). Zumindest geht es darum, Missverständnisse zu vermeiden und wieder eine Krisenkommunikation zu erreichen (Merkur.de, 2.11.).

Diese wird im Atomdreieck schwieriger und zugleich noch wichtiger, um ein Wettrüsten zu verhindern. Dazu muss man wissen, was der andere denkt, um so aus der Welt des globalen Krieges herauszukommen. Gegenwärtig wird in dieser Welt, in der wir gefangen sind, nur gefährlich folgenreich unterstellt, dass der jeweils andere die globale Sicherheit gefährdet.

Krisenkommunikation auf höchster Ebene

Die militärisch-politische Führung Russlands (Putin, Lawrow, Schoigu) will wieder zur friedlichen Koexistenz zurückkehren, wenn der Westen, insbesondere die USA aufhören, „Russland eine strategische Niederlage" beibringen zu wollen. Man will eine ebenbürtige Rolle in der internationalen Politik einnehmen. Dabei spielt die strategische Partnerschaft mit China eine „immer größere Rolle auch im militärischen Bereich", so ausdrücklich Putin. Am 8. November empfängt er in Moskau Zhang Youxia, den zweithöchsten Befehlshaber nach Xi.

Der gegenseitige Austausch hoher Militärs zwischen Moskau und Peking hat zugenommen, ebenso wie sich der Kontakt mit Nordkorea intensiviert hat, dessen Schutzmacht China ist. Diese Achse richtet sich gegen die ‚unipolare' Weltordnung unter Führung der USA, die gleichzeitig im indopazifischen Raum, in Europa und im Nahen Osten wieder als Supermacht herausgefordert wird. Sie hat nun mit vier Atommächten als Antagonisten zu tun.

Am 9. November warnte Außenminister Blinken in Seoul bei einem Treffen mit seinem südkoreanischen Kollegen Park Jin Russland vor dem Technologietransfer nach Nordkorea, der gegen Resolutionen des UN-Sicherheitsrates verstoßen würde. Das amerikanische Allianzsystem in Ostasien aus Japan, den Philippinen, Südkorea und Thailand ist noch keine Nato. Australien versucht zu vermitteln. Vieles ist im Gange, von dem wir nichts wissen.

China hält Russland den Rücken frei im *Ukraine-Krieg*, bei dem gerade jetzt der Westen militärisch entscheidend noch einmal gefordert wäre, wenn die Ukraine den Krieg tatsächlich gewinnen soll. Die F16- Kampfjets rücken näher ans Kampfgebiet. Aber auch beim *zweiten Krieg* im Nahen Osten steht China auf der anderen, der antiisraelischen Seite.

Die USA wiederum muss aufpassen, dass es im Mehrfrontenkrieg dort einen Flächenbrand verhindern kann. Ein *dritter Krieg* im indopazifischen Raum, ausgelöst durch einen Angriff Chinas auf das demokratische Taiwan, das die USA militärisch zu beschützen versprochen hat, muss unbedingt verhindert werden – im Interesse des Weltfriedens.

Insofern ist es keine Übertreibung zu sagen, dass es am Mittwoch, dem 15. November, zur wichtigsten Begegnung für den Weltfrieden kommt, wenn in San Francisco am Rande des asiatisch-pazifischen Apec-Gipfels Biden und Xi Jinping miteinander sprechen (siehe: „Wir müssen reden", Matthias Nass, in: Die Zeit, 9. November, S.8).

Es ist beiden Seiten inzwischen bewusst, wie gefährlich der Konflikt zwischen ihnen geworden ist. Es ist der zivilisatorische Konflikt der Zukunft und für die Zukunft, ähnlich bedeutsam wie der kalte (Weltanschauung-) Krieg zwischen der Sowjetunion und den USA einer war, nur in einer ganz anderen, komplexeren und dynamischen Welt, die nicht so statisch ist, wie es physikalische Kategorien der Polarität gerne konzeptualisieren (siehe Heiduk/Thimm, NZZ 8. November, S.15).

Kein Wunder, dass China den USA vorwirft, in einer „Mentalität wie im Kalten Krieg" zu stecken und den Aufstieg Chinas durch Eindämmung (George F. Kennan 1946/47) verhindern zu wollen. Umgekehrt sind sich die Demokraten und die Republikaner ausnahmsweise darin völlig einig, „tough on China" zu sein. Für den Ausschussvorsitzenden Mike Gallagher handelt es sich um einen „existentiellen Kampf", bei dem die „fundamentalsten Freiheiten" auf dem Spiel stehen (Die Zeit, a.a.O.).

Matthias Nass zählt fünf Konfliktpunkte auf:

1. machtpolitisches Ringen um die Vorherrschaft im indopazifischen Raum

2. wirtschaftlich-technologische Konkurrenz

3. Wettrüsten, nun auch bei den Atomwaffen

4. Systemwettbewerb Demokratie vs. Autokratie/Diktatur

5. Kampf um die neue Weltordnung

In Gang gekommen sind die Gespräche zwischen China und den USA wieder – seit dem letzten Treffen Biden/Xi auf dem G20-Gipfel auf Bali im November 2022 – durch das Thema Rüstungskontrolle. Vor allem bei den Atomwaffen sollten wieder Verhandlungen in Gang kommen, was besonders schwierig ist beim Dreieck der Atommächte Russland/China/USA (siehe den Blog Der globale Krieg, 8. November).

China, das schnell und konsequent aufrüstet, lässt sich hier als „Entwicklungsland" nichts vorschreiben. Die USA muss zudem auf den mäßigenden Einfluss Chinas gegenüber Russland setzen. Und den dritten Krieg für das demokratische Taiwan gilt es zu verhindern, denn einen Vielfrontenkrieg kann auch die USA nicht gewinnen.

Zuerst wird es in San Francisco deshalb um Taiwan gehen. Bislang sind hier Kompromisse ausgeschlossen. Das große China reagiert wie schon im Falle von Tibet allergisch auf jeden kleinsten abweichenden Schritt als Majestätsbeleidigung. Schon der Besuch amerikanischer Politiker auf der Insel sorgte für große Aufregung, so wie zuvor und immer noch jedes Tibetfähnchen.

In Taiwan sind im Januar 2024 Wahlen, und China versucht das Land mit Manövern von Kriegsschiffen, Kampfjets und Landungstruppen einzuschüchtern und zugunsten der chinafreundlichen Kuomintang zu stimmen. In Führung liegt gegenwärtig die regierende Demokratische Fortschrittspartei (DPP), welche die demokratische Eigenständigkeit der Insel, militärisch gerüstet, verteidigen wird.

Man würde gerne wissen, wie das Treffen in San Francisco, von dem man erst seit kurzem weiß, vorbereitet wird. Angebahnt wurde es schon lange, unter anderen vom Nationalen Sicherheitsberater Jake Sullivan und dem chinesischen Außenminister Wang Yi. Was wird im Vorfeld von den Mitarbeitern besprochen und geklärt, welche Themen und Analysen stehen im Vordergrund, welche Think Tanks geben den Ton an, wie lauten die Vorschläge für das weitere Vorgehen usw.?

Welches Skript wird schließlich dem Präsidenten mitgegeben? Wer kommt nach Xi? Vielleicht ist ein neuer Gorbatschow in der Delegation? Wichtig ist jedoch erstmal, dass überhaupt wieder Gespräche auf verschiedenen Ebenen beginnen, und wohl eine Art Krisenmechanismus eingerichtet wird, damit wenigstens bei den permanenten Militärmanövern keine Missverständnisse entstehen. Ist das mehr als eine Beruhigungspille?

Das Gewicht der Ideologien und Strategien im Hintergrund darf man nicht unterschätzen. Sein und Sollen gehen weit auseinander. Natürlich sollte Biden Xi davon abbringen, Russland, Iran und die Hamas zu unterstützen. Das wird der alte Mann nicht können. Es ist jedoch in Xis wohlerwogenem Eigeninteresse, mit den USA einen Ausgleich zu finden und möglicherweise vertraglich abzusichern.

Denn der nächste Präsident könnte schon bald der mehrfach vorbestrafte Trump heißen, wofür Russland, das von Ressentiments getrieben wird, alles tut. Die Wahlbeeinflussung war schon einmal erfolgreich. Biden sagte im Wahlkampf Putins Tyrannei unmissverständlich den Kampf an. Die Außenpolitik Chinas ist demgegenüber geschmeidig, nach außen hin freundlich und ideologisch intransigent zugleich. Das große Land verfolgt selbstbewusst und zielsicher seine Weltmachtambitionen.

Trump würde auf Konfrontation gehen. Vielleicht denkt Xi aber auch jetzt schon, dass Konfrontation unumgänglich ist. Man würde gerne in die Köpfe schauen.

27. November 2023

Friedensstifter ohne Frieden

Das vierstündige Treffen von Präsident Biden und Staatspräsident Xi in San Francisco war Krisenkommunikation auf höchster Ebene und fast letzter und äußerster Stufe (siehe den Blog vom 15. November). Das Wichtigste: das „rote Telefon" haben wir wieder, es hat schon einmal die Menschheit gerettet. Ist dies mehr als eine Beruhigungspille?

Die Frage seit Immanuel Kants Friedensschrift von 1795 indessen ist, was friedensfördernde Maßnahmen sind. Der erklärte Wirtschaftskrieg, etwa mit den Chips, an dem beide Seiten beteiligt sind, ist jedenfalls deutlich zu entschärfen, „wenn die Traumwandler nicht in einen neuen Weltkrieg schlittern wollen" (siehe Braml/Burrows 2023).

Außerdem geht das Katz- und Maus-Spiel im südchinesischen Meer weiter (NZZ, 24. Nov., S.6). Die Region hat größte Bedeutung für die internationale Schifffahrt und den Welthandel. Kenner Südostasiens sprechen von einer „stillen Invasion" durch China (Matthias Messmer, NZZ 7. Nov., S. 7), das seinen Einfluss steigert, was zu Konflikten auch unter den sieben Anrainerstaaten (Philippinen, Vietnam, Malaysia, Indonesien, Brunei, Taiwan) führt.

Durch die meistbefahrene Meerenge der Welt wird nicht weniger als ein Viertel der weltweit gehandelten Güter und ein Drittel des verschifften Rohöls transportiert.

Sieben Länder beanspruchen das Südchinesische Meer, China mit der Nine-Dash-Line den weitaus größten Teil. Die Philippinen klagten in Den Haag dagegen (NZZ, 24.Nov.). Das Urteil von 2016 war eindeutig und ist zugleich ein lehrreiches Beispiel für die heutige internationale Problematik politischer Theorie im Spannungsfeld von Klugheit, Moral und Völkerrecht. Das Urteil lautete: die Nine-Dash-Line ist unhaltbar, ‚historische Rechte‘ können unter dem modernen Seerecht nicht geltend gemacht werden.

China ignorierte das Urteil und beharrt auf seinen historischen Rechten. Es hat zunehmend die Mittel, diese auch durchzusetzen. Aus seiner Sicht gehören ihm 90 % des südchinesischen Meeres (NZZ, 24. Nov.). Seine Marine ist inzwischen mächtiger als selbst die mächtige US-Navy (siehe auch: Die US-Navy in schwerer See, www.nzz.ch/international). Da jedes Land behauptet, im Recht zu sein, häufen sich die militärischen Beinaheunfälle.

Das moderne Seerecht hat es in sich! Wer beschäftigt sich schon damit?! So schüttet China künstliche Inseln auf, um daraus maritime Zonen abzuleiten. Der Kampf ums Recht (historische Rechte, modernes Seerecht), die Schaffung von Fakten sowie die militärische Durchsetzung der Rechte greifen ineinander. Da kann man lange Vorträge über Moral und Völkerrecht halten.

Demgegenüber entstehen die Realitäten auf andere Weise, gegen die man gegenhalten können muss, beispielsweise durch Freedom of Navigation Operations, mit denen man sich wiederum in der faktischen Nähe des Krieges befindet – Faktizität und Geltung. *Auf diese Welt, wie sie ist*, muss man sich einlassen. Realitätsverweigerung hilft nicht weiter, sondern bereitet nur den Boden für größere Konflikte.

Den logischen Schlusspunkt der sachlich aufgeklärten Argumentation bildet denn auch ein militärischer: Die „Paracel-Inselgruppe, die Spratly-Gruppe und das Scarborough Shoal" bilden ein Dreieck. Hat man an allen drei Eckpunkten Stützpunkte, so kann man den Schiffsverkehr im südchinesischen Meer kontrollieren und darin sogar Atom-U-Boote verstecken (a.a.O.). Die Rüstungskontrolle ist nicht nur mausetot, China entzieht sich ihr systematisch. Es rüstet überraschend schnell und unbemerkt auf, auch um einen Atomkrieg führen zu können.

Dafür muss man allerdings zuerst einmal die geographische Karte dieses Teils der Welt studieren, der ein gefährlicher Konfliktherd für die ganze Welt geworden ist. Dann erst kann und muss man sich mit den geopolitischen und militärstrategischen Fakten beschäftigen und daraus die notwendigen Folgerungen ziehen. Wer kann das?

Gegenwärtig sind wir in Europa, das in dieser Zeit einer neuen Geo-Ökonomie kein weltpolitischer Akteur ist, vollauf vom Ukrainekrieg seit 2022 (und weit darüber hinaus) sowie plötzlich seit dem 7.Oktober auch (wie schon 1973 wieder mit dem Existenzrecht Israels) und dem Gaza- Krieg, der für die Welt ein ähnlicher Schock war wie 9/11, absorbiert. Das ist genug, ja zu viel auf einmal. Die Fragen politischer Erkenntnistheorie stellen sich neu. Wie wird politische Theorie klug, ohne gefährlichen (oft ideologiegetriebenen) gedanklichen Kurzschlüssen zu verfallen?

Der islamistische Terrorismus hat dem Westen den Krieg erklärt. Das greift nun auch auf die Migranten in Europa über. Die europäischen Staaten sind zudem mit einer Neudefinition der inneren und äußeren Sicherheit (gegenüber Russland) sowie innenpolitisch mit dem Aufstieg einer neuen Rechten, die sich populistisch gegen den „Asyl-Tsunami" (Wilders) und gegen die EU wendet, konfrontiert. Man lese noch einmal Bin Ladens Hasspamphlet „Letter to America"(2002), um die Analogie zum heutigen Nahostkonflikt und den drohenden Flächenbrand, bzw. die Falle der Hamas zu erkennen.

In dieser weltpolitischen Situation versucht sich China als Friedensstifter zu profilieren. Es zeigt dieselbe Vorgehensweise wie beim Ukraine-Krieg: mit „prorussischer Neutralität" und „propalästinensischer Schlagseite" (NZZ, 22.

Nov., S.3), ohne Verurteilung des russischen Angriffskrieges und des Terroranschlags der Hamas. „China steht auf der Seite des Friedens" (Wang Yi am 16. Oktober).

Die strategische Partnerschaft mit Russland wird zielgerichtet sowohl wirtschaftlich wie militärisch ausgebaut mit klarer Stoßrichtung gegen die Dominanz des Westens. Und die arabischen Staatsführer finden sich zu gemeinsamen Verhandlungen nicht in Washington zusammen, sondern in Peking, das sich wieder als Zentrum der Welt sieht nach einer ‚mehrtausendjährigen Geschichte'. China zelebriert so seine historische Würde.

Inzwischen meldet sich auch Putin unter den westlichen Staatsführern wieder zu Wort beim virtuellen G20-Gipfel, der von Indien ausgerichtet wird. Die hierarchische Sprechsituation scheint ihm zu behagen. Er spricht vom Ukrainekrieg als einer „Tragödie", den er gleichentags als brutalen Zerstörungskrieg gegen die Infrastruktur des Landes fortführt (am 25. November mit dem größten Drohnenangriff seit Beginn des Krieges auf Kiew), und behauptet zynisch, dass Russland immer zu Verhandlungen bereit gewesen sei.

Chancen hätte es wohl gegeben, zum Beispiel das Istanbuler Communiqué, das ein Riesenschritt von ukrainischer Seite aus war, indem man bereit war, über die Krim neu zu verhandeln (29. März 2022). Es wurde von russischer Seite jedoch nicht aufgegriffen, vielmehr durch Butscha und die Zerstörung von Mariupol buchstäblich zunichte gemacht.

Diplomatische Strategien und strategische Interessen

Zwei diplomatische Strategien auf globaler Ebene stehen sich derzeit gegenüber: Selenskis ‚Friedensformel' (vollständiger Rückzug, Reparationen, Kriegsverbrechen) oder der Frieden zu russischen Bedingungen, der die Kapitulation der Ukraine bedeuten würde mit dem Verlust von 20 % ihres Territoriums. Deshalb steigt die politische Führung in Kiew auch nicht auf den Rasmussen-Plan ein, nämlich einen Nato-Beitritt der Ukraine zu forcieren unter Preisgabe der von Putin fanatisch annektierten vier Provinzen: Luhansk, Donezk, Saporischschja und Cherson.

Diese Gebiete braucht er als Trophäen für seine neuerliche Präsidentschaftskandidatur 2024. Derweil toben tagtäglich an dieser langen Front die heftigsten Kämpfe in kalten Schützengräben ohne Pausen. Es ist nur noch ein verlustreicher Zermürbungskrieg für beide Seiten, allerdings hat das große Russland auf grausame Weise die größeren menschlichen Reserven.

Die ‚Friedensstifter' Russland und China haben keinen dauerhaften Frieden mit Sicherheitsgarantien anzubieten. Zudem ist ihre Ausweitung des globalen Kriegs sowohl gegen die Nato wie gegen die Republik China, sprich Taiwan, nicht unwahrscheinlich. Weswegen man sich wappnen muss. Die politischen Naivitäten haben sie alle erschüttert.

Die beiden selbsternannten ‚Moderatoren' bringen auch im Nahen Osten keinen Frieden in die Welt. Die Freilassung der Geiseln und die vorübergehende Waffenruhe mit den humanitären Korridoren waren auf amerikanischen Einfluss hin und die Vermittlung von Ägypten und das kleine Katar, das Beziehungen in alle Richtungen unterhält, möglich. Welche Strategien verfolgt China, dem auch ein mäßigender Einfluss auf Russland, auf den der Westen nuklearpazifistisch setzt, zugetraut wird:

1) langfristige strategische Interessen,

2) Einfluss im Uno-Sicherheitsrat und

3) der Kampf um die neue Weltordnung.

Zu 1) Diplomatische Strategien sind von langfristigen strategischen Interessen noch einmal zu unterscheiden. Für das aufstrebende, energiehungrige China ist der Nahe Osten vor allem als Energielieferant von Interesse. Mit dem Ölstaat Saudi-Arabien (dem klassischen Verbündeten der USA seit 1943, Roosevelt und Churchill teilen die Welt noch im Krieg auf) will man es deshalb ebenso wenig verderben wie mit dem Iran und dem Irak. Man kann dieses Verhalten „opportunistisch" nennen, wenn man konzediert, dass, wenn es um Erdöl geht, alle Staaten ihre Interessen über die Moral stellen.

Das Erdöl hat die Geschichte der modernen (amerikanischen Auto) – Zivilisation ebenso maßgeblich beeinflusst wie die beiden Weltkriege (siehe Öl. Macht. Geschichte, ZDFinfo, Doku 2022). Das Treffen der Außenminister von Saudi-Arabien, Jordanien, Ägypten, Katar, Indonesien und den palästinensischen Gebieten mit Wang Yi am 20. November in Peking war ein diplomatischer Coup.

Ebenso das kürzliche Außenministertreffen mit Japan und Südkorea am 26. November in Busan. Beides zeigt, dass das große China mit seinen großen Problemen auch an Stabilität orientiert ist. Ist dies friedliche Koexistenz? Oder friedliche Koexistenz zu Chinas Bedingungen?

Zu 2) obwohl China auch zu Israel normale wirtschaftliche Beziehungen unterhält, steht Israel als Verbündeter der USA politisch auf der falschen Seite. Denn China braucht die Unterstützung der arabischen Staaten und muslimisch geprägten Länder, um auf der Weltbühne des Sicherheitsrates wegen seiner Unterdrückung der muslimischen Minderheit (Uiguren) nicht öffentlich angeklagt zu werden.

Beim kürzlichen Treffen Xi/Biden in San Francisco demonstrierten große Protestzüge mit Tibetfahnen und für ein freies Hongkong, was in den staatlich gelenkten Medien in China freilich nicht gezeigt wurde. Diese lenkten die Bilder vielmehr bewusst selektiv auf die Propaganda der diplomatischen Aktivitäten, während das Rumoren der Freiheit eine Gefährdung des kommunistischen Führungsanspruchs darstellt, der ideologisch und militärisch, auch in der militärischen Früherziehung (wie in Putins Russland) rigoros durchgesetzt wird. Chinas Größe ist ebenso pure Machtarroganz. Beides sind Militärstaaten auf ihre Weise.

Zu 3) China versteht sich zudem als Vertreter der Interessen des ‚globalen Südens', die freilich nicht einheitlich sind, und der BRICS-Staaten. Daran hat auch das Treffen mit Biden nichts geändert, dass vieles offen ließ. Hier spannt es mit Russland, wie erfolgreich wissen wir noch nicht, vermeintlich antikolonialistisch- die ‚Verflechtung von Kultur und Imperialismus' (Said)- gegen die freie Welt zusammen.

Neben allen Charmeoffensiven und kooperativen Infrastrukturprojekten, die sich immer mehr der Energiepolitik und Digitalisierung zuwenden, ist Chinas Auftreten auch im asiatischen Raum mit dem Russlands vergleichbar, Nachbarländer imperial ‚verwalten' zu wollen (Messmer, a.a.O.).

Wie weit es mit dieser Politik der Stärke und seiner unaufgearbeiteten dunklen Vergangenheit, zum Beispiel wurde Pol Pots mörderisches Terrorregime mit massiver Militärhilfe unterstützt (1975-79), kommt, wird sich in dieser potentiell konfliktreichen Weltregion, in der gerade Nordkorea ein Militärabkommen mit Südkorea kündigte, noch zeigen.

In Kiew und Israel reagiert man derweil auf die chinesischen Friedensinitiativen skeptisch bis kritisch, aber nicht ablehnend.

Der Westen mit der Ukraine gegen Russland

Die begrenzte „Militäroperation" sollte zu Beginn ein Blitzkrieg werden gegen die Kiewer Regierung. Daraus ist für beide Seiten ein langer harter Krieg geworden, der immer härter wird für die Soldaten an der mehr als tausend Kilometer langen Front von Kupjansk im Norden bis Cherson im Süden.

Militärexperten sprechen bereits von 2025, sie überspringen gerne konkrete Situationen und die Ratlosigkeit, die oft mit ihnen verbunden ist. Großen Erwartungen entsprechen große Enttäuschungen, die Prognosen liegen oft daneben. Das ist den realen Ereignissen und Handlungen nicht angemessen.

Aus dem Durchbruch der Großoffensive seit Sommer ist gegen Ende 2023 nichts geworden, außer einer großen realistischen Ernüchterung auf militärischer Seite, während die politische Führung handlungsoptimistisch bleiben muss, obwohl auch sie einen Rückgang der Unterstützung konstatiert aufgrund des neuen Fokus auf dem Nahostkonflikt seit dem 7. Oktober.

Die russischen Angriffe nehmen derweil im November bei Wintereinbruch nicht zufällig zu. Um Adijiwka und Robotyne tobt ein Kampf wie zuvor um Bachmut und Mariopul. Für jeden Meter wird gekämpft und gestorben: „Wir sind am Ende, wir sind müde" (‚Tagesschau' vom 28. November). Die kämpfenden Soldaten und mit ihnen die große Mehrheit der Bevölkerung wollen diesen zermürbenden Krieg ein für alle Mal, mit dem Ziel der Grenzen von 1991, beenden.

Sie wollen nicht ein Verhandlungsergebnis mit neuen Gründen für einen künftigen Krieg ihrer Kinder und Kindeskinder, einen Pseudofrieden. Das wäre konzeptuell eine andere Sicht und Theorie. Das sollte nicht unsere Perspektive und deren unmittelbarer Zeithorizont sein. Dafür brauchen die Ukrainer gerade jetzt wieder die Unterstützung mit Offensivwaffen, die nicht zu spät (wie die amerikanischen Abrams Panzer) und nicht zu gering an Zahl und Ausmaß kommen. Die notwendige Munition, die schon im März versprochen war, ist das Mindeste.

Der Krieg spitzt sich noch einmal zu, und die Angst des Westens, gerade auch der stark unterstützenden USA und Deutschlands vor weiterer Eskalation, wenn für Putins Russland die Krim auf dem Spiel steht, ist groß. Die Ukraine will einen Lebensnerv von Putins Invasionsarmee kappen: es ist die großartige Krim-Brücke, welche die Meerenge von Kertsch überspannt.

Sie ist nicht nur Putins Prestigeprojekt, sondern auch die hauptsächliche Nachschubtrasse für das Militär. Experten sind sich schon lange darin einig, dass der Ukraine-Krieg auf der Krim entschieden wird und durch die Unterbrechung des Nachschubs. Die Zerstörung der Brücke würde den imperialistischen Auftritt Russlands vor der Weltöffentlichkeit bloßstellen, was der deutsche Marschflugkörper ‚Taurus' könnte. Dass Scholz zögert, ist verständlich.

Zur selben Zeit spricht Putin als Präsidentschaftskandidat für den März 2024 davon, dass Russland wieder eine *Großmacht* geworden ist. Die militärischen Videos demonstrieren eine Politik der Stärke. Der Militärhaushalt ist für das nächste Jahr um 70 % gestiegen. Ein Drittel des Haushalts fließt in den Krieg, die Rüstungsindustrie ist auf Kriegswirtschaft und damit auf einen langen Krieg eingestellt.

Russland wird den Krieg nicht ‚einfrieren', aber auch die diplomatischen Aktivitäten nicht neu justieren bis zu den amerikanischen Wahlen im November 2024. Auch die USA wird sich erst dann zum Nato-Beitritt der Ukraine äußern, den Präsident Biden in Vilnius im Juli 2023 zugunsten des ‚Israel- Modells' ausgebremst hatte, sehr zur Enttäuschung von Selenski.

Ich weiß nicht, wie durchschlagend das Argument westlicher Militärexperten ist, die darauf setzen, dass das BIP der USA und Europas und damit die industrielle Kapazität immer noch weit größer ist für den Zerstörungs- und Zermürbungskrieg in der Ukraine als dasjenige Russlands. Man soll jedoch Russland nie unterschätzen, zumal in diesem Spiel auf Zeit noch andere Ressourcen eine Rolle spielen.

Keine Frage: Russland erleidet im Moment so viele Verluste an Menschen und Material wie noch nie, von "Fleischwolf" und „Knochenmühle" wird gesprochen, bei dem freigelassene Strafgefangene dezimierte Einheiten auffüllen, und eine verbreitete Korruption es ermöglicht, sich vom Fronteinsatz freizukaufen. Die Nato schätzt über 300.000 Tausend getötete oder verwundete russische Soldaten sowie tausende Panzer und hunderte Flugzeuge, die zerstört worden sind.

Die glorreiche russische Armee, die von der Vergangenheit zehrt, gibt keine guten Bilder mehr ab. Daran ändert auch die großartige Landesausstellung in Moskau mit den „Errungenschaften Russlands" nichts, darunter bezeichnenderweise die Brücke von Kertsch und der Anschluss der ukrainischen Regionen an die Russische Föderation, der bejubelt worden ist.

Dennoch verkündet Putin: „Wir werden stärker", und viele im Land folgen ihm, während die Nato eine „Ukraine-Müdigkeit" (Stoltenberg am 28. November) feststellt. Wird Russland stärker eingeschätzt als es ist? Das ist eine entscheidende Frage, die wir nicht beantworten können.

Russland als Großmacht

Putin sieht Russland wieder als Großmacht in einer Videoansprache zur Prä-
sidentenwahl im März, wo er sich noch einmal eine plebiszitäre Legitimation
verschaffen möchte. Die einfachste Definition dafür lautet: Russland hat wieder einen bestimmenden Einfluss auf die Weltpolitik. Was heißt das? Wo auf
welche Weise? Im Sinne der Wagner-Söldner? Russland ist nicht so isoliert
in der Welt, wie es seine Gegner gerne möchten, das ist wahr, aber es hat
auch erkennbar an Attraktivität und Stärke verloren.

Im ausgehenden 18. Jahrhundert, dem Jahrhundert der Aufklärung, das den
Krieg nicht besiegt hatte, waren Großbritannien als Seemacht, Frankreich,
Russland, Preußen und Österreich Großmächte. Im 20. Jahrhundert kamen
Japan und die USA hinzu, welches den Staffelstab von GB übernahm. Im
frühen 19. Jahrhundert kam der Begriff ‚Großmacht' auf, als die Hegemonie
Frankreichs nach Napoleon durch die Zusammenarbeit von Russland, Öster-
reich, GB und Preußen mit dem besiegten Frankreich abgelöst wurde (Wiener
Kongress 1815).

Der Begriff ‚Weltmacht' tritt sodann allmählich an die Stelle von ‚Reich', während ‚Supermacht' sich ausschließlich auf die ‚bipolare Weltordnung' nach
dem 2. Weltkrieg, auf den kalten (Weltanschauung-) Krieg zwischen der Sowjetunion und den USA bezieht. Nach dem Zerfall der Sowjetunion 1991 (für
Putin die größte geopolitische Katastrophe) bleiben die USA als letzte Su-
permacht(‘Weltpolizist') übrig, was nach weiteren Kriegen mit verheerenden
Folgen (Irak, IS) zum heutigen Vielfrontenkrieg (dem ‚globalen Krieg', siehe
Blog vom 8. Nov.) führt.

Die heutige alleinige Stärke, vor allem militärisch-technologisch, wie offensichtliche Schwäche (etwa gegenüber China und dem globalen Süden) macht
den gegenwärtigen ‚Aufruhr in der Welt' (gemessen an herkömmlichen Ord-
nungskategorien) aus. Man kann aber auch sagen, dass es nie eine Weltordnung gegeben hat (Kissinger), und der Kampf um sie permanent ist und
dynamisch bleiben wird.

„*Hypermacht*" wiederum ist eine Begriffsschöpfung des französischen Außenministers Hubert Védrine (1999) für die dominierende Stellung der USA nicht nur im Militärischen (die heute 2023 für Kiew, Israel, Europa und Taiwan ein Glücksfall ist), sondern auch politisch, kulturell, wissenschaftlich und medial. Dahinter steht auch eine Imperialismus-Kritik. Mit dieser Brille nimmt Putins Russland, das nach Jelzin kein ‚normaler' Nationalstaat geworden ist, die USA umgekehrt als nicht ‚normalen' Nationalstaat war.

Der „gefährlichste Philosoph der Welt" (Umbach über Alexander Dugin) nutzt diesen Gegenbegriff für den zivilisatorischen Konflikt von Putins Russland mit dem Westen (siehe auch den Blog Was heißt „Vierte Politische Theorie"?, 2. Mai 2023). Darin liegt weiterhin eine mögliche Weiterung des Krieges beschlossen, die hybrid und propagandistisch bereits existiert.

Neue Strategie des Westens?

Der besonnene Nato-Generalsekretär Stoltenberg mahnt an der Tagung der Außenminister am 28. November in Brüssel davor, Russland nicht zu unterschätzen. Gleichzeitig kritisiert er den türkischen Staatspräsidenten Erdogan, der wie ein osmanischer Scheich auftritt, in ungewöhnlich scharfen Worten, den Beitritt Schwedens, welches die Solidarität mit dem kurdischen Widerstand nicht ganz aufgegeben hat, zu blockieren.

Derweil schließt Finnland, das erste neue Nato-Mitglied, seine lange Grenze zu Russland wegen illegaler Migration (Moskaus Rache?) und ruft Frontex zu Hilfe. Estland zieht nach. Das erinnert an Vorgänge an der belarussisch-polnischen Grenze vor drei Jahren. Niemand soll sagen, dass in unserer Welt, selbst im ‚kosmopolitischen' Europa Grenzen im Sinne von Begrenzung keine Rolle mehr spielen. Sie schützen die Bürger und schaffen Sicherheit in einer unsicheren gefährlichen Welt des globalen Krieges.

Am 29. November tagt erstmals das neue Format des Nato-Ukraine Rats, der die Ukraine sowohl an die EU wie an die Nato heranführen soll. Das ist die große Perspektive für den Befreiungskampf der Ukraine, zu der sich Europa und die USA für die Zukunft verpflichtet haben. Nicht alle in Europa und im amerikanischen Wahlkampf jedoch wollen das in derselben Weise (Ungarn, Slowakei).

Biden sprach in Vilnius noch vorsichtig vom *Israel-Modell der Unterstützung*. Das war vor dem 7. Oktober, der die Existenz Israels durch einen Terrorangriff wieder bedrohlich infragestellte. Die USA reagierte sofort mit der Entsendung von zwei Flugzeugträgern und mehreren Kriegsschiffen ins östliche Mittelmeer, um den Iran und die Hizbollah abzuschrecken. Die Hamas ruft am 30. November zur „Eskalation des Widerstands" auf. Gleichzeitig hat Israel der Forderung nach einem dauerhaften Waffenstillstand vor dem Weltsicherheitsrat eine Absage erteilt.

Israel und die Ukraine haben gemeinsam, dass sie mit einem Feind kämpfen, der sie vernichten will. Es handelt sich um Existenz- und Überlebenskämpfe mit barbarischer Kriegsführung. Diktaturen, welche Freiheit und Toleranz hassen, kämpfen mit Demokratien, deren Soldaten Bürger sind. Hier kann man lernen, was demokratische Wehrfähigkeit und legitimer Widerstand heißt, worum wieder ein internationaler Deutungskampf tobt, der sich auch innenpolitisch auswirkt.

Es handelt sich um zwei Fronten in demselben Krieg. Opfer und Täter werden eindeutig und fix verteilt, und die Opfernarrative legitimieren und enthemmen. Die andere Seite müssen die bösen Täter als ‚Nazis', ‚Faschisten', ‚Juden' und ‚Imperialisten' sein. Sie können mit gutem Ge-Wissen, das Terroristen brauchen, vernichtet werden. Russen und Palästinenser sehen sich nicht als moralfreie Täter, sie verteidigen nur ihre Heimat. Nach der Annexion der ukrainischen Gebiete am 30. September 2022 wird diese verschärfte Rhetorik zugunsten Russlands nach innen wie außen vorherrschend.

Beim Nato-Rat in Brüssel geht es vor allem um die unmittelbare Lage an der Front, um Munition, Luftabwehr und eine generelle Winterhilfe, mithin um die elementare materielle Basis für den weiteren Kampf der Ukraine. Hier ist weit mehr versprochen als gehalten worden. Seit eineinhalb Jahren ist bei der gemeinsamen Rüstungsproduktion nicht viel geschehen.

In Bezug auf das Gefechtsfeld herrscht Pessimismus, der kaschiert wird, schon das „Halten gilt als Gewinnen". Gar von einer Gegenoffensive im Frühjahr 2024 redet niemand. Der beliebte Oberbefehlshaber Saluschni, der Selenski auch politisch Konkurrenz machen könnte, spricht bezeichnenderweise von „technischen Neuerungen", auf die er noch setzt, und davon, möglicherweise „nicht genügend Leute zu haben, die kämpfen können".

Saluschni erwähnt auch die russischen Kamikaze-Drohnen, die der ukrainischen Armee aus der Luft, da sie vom Radar nicht erkannt werden können, schwere Verluste beibringen, einschließlich Artillerie und Panzer. Der Wettlauf um die führende Technologie ist im vollen Gange und geht mit dem laufenden Krieg, den sie zugleich verändert, einher. Ironie der Geschichte: Die neueste Drohnenproduktion gehört zum Kalaschnikow-Konzern im Ural (ausführlich Andreas Rüesch NZZ, 30.11., S.3).

Der ukrainische Außenminister Kuleba verlangt in Brüssel vorausschauend ein transnationales Netz für die Sicherheit aller Nato-Länder. Die nationalistischen Autokraten sind im Moment weit besser in solidarischem Transnationalismus als die Demokratien, die einander mehr unterstützen müssen im Kampf um die neue Weltordnung. Das imperiale Russland will auch in Europa ein dominierender Akteur sein.

Frankreich wiederum, die ‚grande nation' redet viel von der „strategischen Autonomie" Europas. 2017 war schon die große Rede von der „Neugründung Europas", aus der nichts geworden ist. Frankreich hat indes seine Raketen für die Atom-U-Boote modernisiert. Es hat schon immer eigensinnig Europa von den USA abkoppeln wollen, während Deutschland, die Benelux-Länder und Italien diesem Pfad nicht gefolgt sind. Die ‚europäische Souveränität' ist derzeit nicht einmal in der Lage, ihre Außenpolitik in zentralen Fragen wie Ukraine, Gaza, China-Strategie etc. zu koordinieren.

Ein isolationistischer amerikanischer Präsident würde die Situation noch einmal grundlegend verändern, was nicht ausgeschlossen ist, wenn man sich
vergegenwärtigt, was es schon 1917 und im zweiten Weltkrieg (Pearl Har-
bour) brauchte, um die Amerikaner für den „crusade in europe" ((Eisenhower
zu mobilisieren. 9/11 war noch einmal ein solches absolutes Ereignis für den
weltweiten Krieg gegen den Terrorismus.

Er führte in der Folge zu zahlreichen Fehlentscheidungen (Iraqui freedom) und
vielen Verstrickungen. Der schnelle Abzug aus Afghanistan „enduring freedom" sodann war kein Sieg, sondern eine Niederlage, welche der Taliban
das Feld überließ, was Russland als Schwäche registrierte. So reihen sich
gerechte und ungerechte Kriege aneinander.

Unbestritten ist, dass Europa, gerade auch in einem fruchtbaren transatlantischen Verhältnis, das politisch notwendig ist, mehr für die Verteidigung tun
muss, national und transnational in Abstimmung mit der Nato. Polen hat das
erkannt und einen Mentalitätswechsel in dieser Hinsicht vollzogen: Wer sich
nicht selbst verteidigen kann, wird nicht darauf bauen dürfen, dass andere
es verteidigen.

Ohne die Klammer der USA wird es konventionell und nuklear nicht gelingen,
Abschreckung neu zu denken. Der worst case steht möglicherweise noch bevor: er besteht darin, dass die USA selbst die Ukraine-Unterstützung und/
oder die Nato infragestellt.

Weiter Krieg statt politische Reaktionen

„Der Krieg in der Ukraine befindet sich in einer neuen Phase", verkündet Selenski am 1. Dezember. Gleichzeitig ist die siebentägige Feuerpause zwischen Israel und der Hamas abgelaufen, und der Krieg läuft nahtlos weiter.

Es „sprechen" wieder die Waffen, während Ägypten und Katar (sowie USA und Israel) im Hintergrund weiter „vermitteln". Israel führt seinen Verteidigungskrieg offensiv mit der Flugwaffe und Bodentruppen mit 200 Zielen täglich. Besonders im Süden des Gazastreifens ist das schwierig und problematisch, wo man das Hauptquartier der Hamas vermutet.

Militärisches Ziel ist nach wie vor die komplette Zerschlagung der Hamas. Wo sind dann die Zivilisten im Gazastreifen noch sicher? Die nächsten humanitären Katastrophen bahnen sich an, während Israel einer „echten humanitären Feuerpause", sprich Waffenstillstand, den die Hamas fordert, aus militärischen Selbstbehauptungsgründen eine klare Absage erteilt, auch vor dem Weltsicherheitsrat.

Dies führt international nicht zu mehr Freunden, selbst am Weltklimagipfel in Dubai nicht, der zur selben Zeit stattfindet. Auch er wird von den geopolitischen Spannungen überlagert. Schon Guterres hat sich gegen Israel ausgesprochen, aber auch europäische Länder wie Spanien, Belgien, Irland und die EU äußern nicht die Solidarität mit dem kämpfenden Israel, die sich das Land wünscht.

Bei der Inszenierung der Freilassung der Geiseln wollten die Terroristen zeigen, dass sie „human" sind. Nach Berichten von Geiseln war jedoch Gewalt und Todesdrohung Alltag (Spiegel 26.11., Welt TV, 1. Dez.). Die Attacken vom 7. Oktober, deren Pläne vorlagen und Übungen bekannt waren, galten den Spezialisten der israelischen Armee als zu „ambitioniert" (wie die ‚New York Times' aufgedeckt hat). Das vermeintlich „imaginäre Szenario" ist Wirklichkeit geworden, einmal mehr. Die Wirklichkeit übertrifft ebenso die Phantasie wie die Realsatire die Kritik.

Die Informationen lagen vor wie schon bei 9/11. Man glaubte nur nicht an deren Realisierung, ein typisches „intelligence failure" (Masala), das vor allem für die Entscheidungsfindung der politischen Führung ein permanentes systematisches Problem darstellt. Es demonstriert aber auch, dass das militärische Expertentum, wie jedes, Fehler mit großen Auswirkungen begeht, selbst bei einem bekanntermaßen erfahrenen und guten Militär wie in Israel, welches großes Vertrauen bei der Bevölkerung genießt, von dem es ein Teil ist. Das Militär gehört hier zur Identität des Landes. Die Fehler werden im Nachhinein demokratisch aufgearbeitet werden müssen.

In nicht-demokratischen Ländern übernimmt das Militär, welches unterschiedlich organisiert ist (was vermehrt der Aufklärung bedürfte!), in Krisensituationen (die Krise dient der Legitimation) gleich selbst die Führung. Militärputsche und Militärdiktaturen sind zahlreich in der Welt, jedoch wenig empirisch-analytisch und vergleichend untersucht.

Das Verhältnis von Politik und Militär ist überall kompliziert. Und es ist erst recht im demokratischen Sinne wenig bekannt, reflektiert und diskutiert, obwohl es das Weltgeschehen mitbestimmt. Die „schmutzigen Hände" überlässt man auch regional lieber anderen im oft, aber nicht immer schmutzigen Spiel. Das ist auch in der demokratischen Politik so, die nicht per se schmutzig, aber anstrengend ist, wovor man zurückscheut.

Das Verhältnis von Informationen, insbesondere wenn (konkurrierende Geheim-) Dienste im Spiel sind und den Schlüssen, welche die Politik daraus ziehen muss, ist das grundlegende Problem, welches sich nicht so leicht auflösen lässt. Dazu kommen die Qualitäten der Recherchen (der ‚intelligence' selber oder der Nachrichtendienste im Militär) sowie die Kompetenzen auf politischer Seite, vor allem militärisch und technologisch. Wirkliche präzise Kenntnisse und persönliches Vertrauen bleiben unerlässlich.

Für die Geschichte der Geheimdienste, die so viel Einfluss auf das gegenwärtige Weltgeschehen nehmen, müsste es mehrere Lehrstühle geben. Das ist keine Verschwörungstheorie. Sie sind eine wichtige, oft fälschliche Informationsquelle für den Anlass von Kriegen und während des Krieges.

Sie kämpfen an vorderster Front: der russische Inlandgeheimdienst FSB, der Mossad, der als bester Geheimdienst der Welt gilt, aber auch der ukrainische Geheimdienst mit speziellen, teils umstrittenen Aktionen, die wir hier nicht alle aufzählen wollen. Ihre krassen Fehleinschätzungen mit ihren Auswirkungen lassen sich aktuell belegen.

Großmächte wie USA und Russland haben verschiedene Dienste (CIA, FBI, NSA; FSB, SWR), die sich mitunter auch konkurrieren, zum Schaden der Politik. Putin, als ehemaliger Oberstleutnant des KGB, der 1991 nach dem Augustputsch aufgelöst wurde, war 1998/99 Chef der Nachfolgeorganisation FSB für die Sicherheit der Russischen Föderation. Er verlässt sich heute weitgehend auf Informationsquellen seiner Leningrader ‚Silowiki' wie Patunschew und Bortnikow, beide ebenfalls Geheimdienstchefs, die indessen noch nicht sein Machtkartell insgesamt ausmachen.

Die Erfahrungen des Krieges verändern sich laufend, was im ‚endlosen Ukrainekrieg' zu einem Problem wird. Man verfolge nur den neuartigen Drohnenkrieg, der sich technisch fortlaufend selbst überbietet. Konzeptuell-strategische Überlegungen von politischer Seite spielen zudem in die Entscheidungsfindung hinein, wofür meist einzelne Personen (Selenski, Netanjahu, Putin, Schoigu und bestimmte Generäle) den Kopf hinhalten müssen. Das birgt Vorteile und Gefahren zugleich. Die Politik wechselt Oberbefehlshaber aus, umgekehrt ist dies während des Krieges kaum möglich.

Realismus und Idealismus

Beim endlosen Ukraine-Krieg, so sieht es gegen Ende 2023 aus, sprechen nur noch die Waffen, ähnlich wie schon in den Stellungskriegen des 1. Weltkrieg. Aussichtsreiche Verhandlungen gibt es nicht. Warum nicht? Darauf sind schon häufig richtige Antworten gegeben worden, auch in unseren Blogs. Vorschläge aus theoretisch- konzeptueller Sicht gab es genug, auch von Henri Kissinger, der Jahrhundert-Figur (1923-2023) in der Diplomatie und der internationalen Politik (auch als Teilfach der Politikwissenschaft). Er wurde bekannt mit dem Buch über „Atomwaffen und Außenpolitik" (1957).

In den zahlreichen ausführlichen Nachrufen aus Anlass seines Todes in diesen Tagen wurde immer wieder darauf hingewiesen, wie er, als gelernter Historiker, das präzise realistische Detail mit Idealismus verband. Sein Biograph Neil Ferguson (2015) nennt den ‚Realisten' in der politischen Analyse sogar einen ‚Idealisten' um des Friedens und der Freiheit willen, wie ich hinzufügen möchte. Dabei gibt es Irrtümer wie bei jedem Menschen und Politiker, freilich haben die Folgen bei einem amerikanischen Sicherheitsberater und Außenminister andere Dimensionen.

Sein Rat war noch im hohen Alter (und dann erst recht) von allen gefragt, was ebenso für ihn spricht, wie, dass seine Vorschläge oft kontrovers waren und teils auf heftige Ablehnung stießen. Er lehrte stoisch durch Erfahrung, einschließlich historischer Erfahrung belehrt. Kissinger war mir alles andere als sympathisch als aktiver Politiker der 70er Jahre, vor allem wegen des Militärputsches gegen Salvador Allende 1973, aber auch wegen der Intensivierung des Vietnamkrieges und der Ausweitung auf Kambodscha.

Er bekam 1973 (zusammen mit Lê Duc Tho) den Friedensnobelpreis für die Aushandlung des Waffenstillstands- und Abzugsabkommen mit Nordvietnam und galt zugleich vielen als Kriegsverbrecher. Er war objektiv ein Meister der Pendler- und Geheimdiplomatie. Zu Kissingers Realpolitik: Friedensstifter oder Kriegsverbrecher? fragt der Bayrische Rundfunk am 30. November bezeichnenderweise.

Hören wir aber zunächst zu, was er zu unseren Kriegen zu sagen hat. Apropos Kriegsverbrecher erinnere ich mich, dass er lieber davon absehen wollte, Putin als Kriegsverbrecher international zu verfolgen. Viele argumentieren heute, dass man Putin militärisch und politisch einen Ausweg offenlassen müsse, um zu Friedensverhandlungen zu kommen, die diesen Begriff verdienen.

Kissinger vertrat selbstverständlich die Position, dass Russland den Krieg nicht gewinnen dürfe, war aber auch der Meinung, dass Russland nicht die alleinige Schuld am Krieg trage, was die Dämonisierung Putins nur bekräftige. Er warnte schon 2014 vor der Komplexität des Konflikts zwischen Russland und der Ukraine.

Die russische Kriegsführung hält er heute für „rücksichtslos", und den Widerstand der Ukrainer, den der Westen unterstütze, bezeichnet er als „berechtigt". Von einem Nato- Beitritt riet er zunächst ab, wurde aber am Ende zu einem „Lobbyisten der Ukraine" für einen Nato-Beitritt, so Jermak und Selenski.

Am Weltwirtschaftsforum 2022 in Davos rät Kissinger der Ukraine zunächst noch, Gebiete an Russland abzutreten, um die Sicherheit in Europa zu stabilisieren. Wie aber konnte ein realpolitisches Einlenken gegenüber Moskau aussehen? Wahrscheinlich mit Hilfe Pekings (Kissinger reiste im Juli 2023 tatsächlich noch einmal nach China zu Xi). Siehe unser Bild.

Sollte die Krim aufgegeben oder neu verhandelt werden? Was bis Ende März 2022 auch Selenski nicht ausschloss, der heute prinzipiell mit dem „Kriegsverbrecher Putin" und dem „Terrorstaat" nicht mehr verhandeln will. Ende September bekam der Krieg mit der Annexion der vier ukrainischen Regionen tatsächlich noch einmal ein neues politisches Gesicht.

Voraussetzung wäre also ein Regimewechsel in Russland. Wie realistisch ist dies? Und in welche Richtung würde er gehen? Wünschen würde man sich einen normalen Nationalstaat, der nach Jelzin nicht zustande kam. Wünschen kann man sich viel, das ist weniger als Idealismus. Doch Selenski sucht die Entscheidung auf dem Schlachtfeld genauso wie Putin, der offenbar mit diesem Krieg wie auch immer in die Geschichtsbücher eingehen will.

Selbstverständlich hat sich der weltläufige Außenpolitiker Kissinger auch oft zum Nahost-Konflikt geäußert, der schon 1973 im Jom- Kippur – Krieg, als Ägypten und Syrien die Ergebnisse des Sechstage-Krieges von 1967 wieder revidieren wollten, weltgefährliches Ausmaß annahm. Schon damals sprach man von einer Art Kubakrise im Mittelmeer.

Freilich trägt der Krieg um die Existenz und das Überleben von Israel durch den Überfall der Hamas am 7. Oktober noch einmal ein anderes politisches Gesicht, hat aber immer noch dasselbe Gewicht und potenzielle Ausmaß. Nicht nur die USA, auch die arabischen Staaten sind in ihrer politischen Verantwortung gefragt. Die ‚Zwei-Staaten-Lösung' wird lediglich gebetsmühlenartig von allen Seiten vorgetragen. Friedensstifter indes leben gefährlich, man denke nur an Rabin und Sadat.

Erst kürzlich hat sich Kissinger noch in einem Interview zur Zwei-Staaten-Lösung geäußert (siehe NZZ, 31.10.2023), unter dem Titel „Die Führer der Welt haben versagt".

Über Klugheit, Moral und Recht

In der Ukraine und im Nahen Osten scheint nach den barbarischen Angriffen der russischen Armee und der Hamas der Frieden in weite Ferne gerückt. Nur seine *Form* und Durchführung bleibt klar: um die Wahrheit zu finden, muss man diskutieren und sich verständigen, oft heftig und schwer erträglich; politisch gesprochen: Verhandlungen und Kompromisse sind nötig. Daran führt in einer nicht-idealen Welt früher oder später kein Weg vorbei, um des Friedens und der Freiheit willen.

Bis es dahin kommt, sind große Hürden der Ignoranz und historischen Verblendung, die ebenso falsch wie gefährlich sind, zu überwinden. Das ist der schwierigere Teil, an dem Menschen immer wieder scheitern, letztlich an sich selber und ihrem „eigenen Sumpf" an Vor-Urteilen, den sie nicht austrocknen können.

Wenn wir auch auf der Ebene der großen Strukturen und Entwicklungen direkt nicht viel ausrichten können und uns ohnmächtig (ohne Macht) fühlen, so können wir hierbei doch bei uns selber beginnen – wenigstens im Versuch, mit Aufklärung zu beginnen. Dies wird umso schwieriger, je erbitterter, ja fanatisch die selbsternannten ‚Aufklärer‘, wer immer sie sind: Studenten, Theoretiker, Wissenschaftler, Publizisten, Ideologiekritiker u.a. gegeneinander streiten.

Wir leben in einer Welt zunehmender wechselseitiger Vorwürfe und der gegenseitigen Überbietung an Besserwissertum und Rechthaberei, zusammen mit geradezu ungeheuerlichen Vorwürfen und Unterstellungen, die nur auf Entwertung aus sind. Die (un)sozialen Medien wirken dabei besonders destruktiv. Mit vielen Worten wird maßlos übertrieben, sie verlieren so ihren präzisen Sinn. Für die Sprache und ihre Verständigungsmöglichkeiten tragen wir jedoch eine Verantwortung.

Ressentiments und Hass regieren zudem die politische Welt der heutigen Großkonflikte, die sich zu Zivilisationskonflikten zuspitzen. Deren Folgen schlagen bis in den Alltag hinein überall durch und sind für jeden wie untereinander spürbar. Gerade in Zeiten schneller Meinungen und des großen (medialen) Überbietungswettbewerbs steiler Thesen brauchen wir deshalb die kleinen ‚Aufklärungsräume‘ untereinander, in denen wir das Beste herauszuholen versuchen.

Begriffe von ‚Hassverbrechen‘, ‚Völkermord‘, ‚Kriegsverbrechen‘, ‚Kolonialismus‘ und ‚Rassismus‘ häufen sich und erweitern ihre Definition, was uns einfache Menschen im Alltagsleben und erst recht politisch in Schwierigkeiten bringt, Wie kommt man damit noch zurecht? Wie geht man damit um? Vielleicht helfen ein paar einfache Unterscheidungen aus der Philosophie, was wir im Folgenden versuchen.

Hass und Ideologie

Nicht nur die kritische Analyse mit ihrer „Hierarchie der unterdrückten Identitäten" ersetzt in weiten Teilen der akademischen und Medienwelt die universalistischen zivilisatorischen Minima, sondern vor allem das Unwissen und die erschreckende Ignoranz, historische Fakten differenziert wahrzunehmen und zu bewerten, lassen die einfachsten gemeinsamen Aufklärungsversuche scheitern (siehe dazu exemplarisch Montefiore gegenüber der langen und schmerzvollen Geschichte des Gaza-Streifens : Eine historische Verblendung, in NZZ, 2. Dezember, der Artikel erschien zuerst in „The Atlantic").

Montefiore geht in seiner Analyse von der auffälligen „herzlosen Unmenschlichkeit" gegenüber Hassverbrechen aus, am Beispiel der barbarischen Attacke der Hamas vom 7. Oktober und fragt sich, wie gebildete Menschen so etwas rechtfertigen können. Er nimmt dabei die „modische Ideologie der Entkolonialisierung" aufs Korn, die auch eine politische Lösung des Konflikts durch Verhandlung ausschließen würde.

Wirkliche und nicht bloss deklarierte Friedensstifter leben gefährlich. Der Slogan „Vom Fluss bis zum Meer" heißt nicht weniger als „die Tötung oder Deportation von neun Millionen Israeli implizit gutzuheißen" (a.a.O.). Merkwürdig ist, dass man „heute wieder sagen muss", dass „das Töten von Zivilisten, alten Menschen, sogar von Babys immer falsch ist".

„Wir sind doch alle Menschen", diesen einfachen, wichtigen und gewichtigen Satz sagte die 102-jährige Holocaust-Überlebende Margot Friedländer kürzlich an einem Solidaritätsabend in Berlin. Sie besucht heute, nachdem sie nach Jahrzehnten in den USA in ihre Heimatstadt zurückgekehrt ist, Schulen, um mit jungen Menschen zu reden.

Grunderfahrungen aller Menschen

Der Physiker und Philosoph Eduard Kaeser spricht von „*Grunderfahrungen*", um diesen von Margot Friedländer ausgesprochenen Universalismus zu bekräftigen (siehe: Was bleibt jetzt noch von unserer schönen Moral?, NZZ, 28. Nov., S.14). „Menschen haben das Recht, eigene Identitäten zu entwickeln, dieses Recht stützt sich aber auf das universelle Vermögen, bei Gelegenheit von trennenden Identitätsmerkmalen zu ‚abstrahieren' ". Er nennt dies auch

‚molekularen Universalismus', den wir alltäglich erleben können nicht nur im urbanen multikulturellen Umfeld.

Eine andere Grunderfahrung hatte schon Kant in seiner Schrift ‚Zum ewigen Frieden' (1795) angesprochen: „Da es nun mit der unter Völkern der Erde (...) überhandgenommenen (...) Gemeinschaft so weit gekommen ist, dass die Rechtsverletzung an einem Platz der Erde an allen gefühlt wird: so ist die Idee eines Weltbürgerrechts keine phantastische und überspannte Vorstellungsart des Rechts, sondern eine notwendige Ergänzung (...) zum öffentlichen Menschenrecht überhaupt."

Kaeser korrigiert: Die Idee der Menschenrechte ist nicht nur eine notwendige Ergänzung, sondern eine *notwendige universelle* Basis für eine moralische Gemeinschaft aller Menschen. Sie mag naiv erscheinen, aber die Verletzung bleibt eine *„punktuelle Evidenz"*, von der man sich „als Mensch" nicht abwenden kann. Das trifft ins Schwarze.

Kaeser spricht von der *„Stimme des Körpers"*, denn die Verbrechen der Menschheit widerfahren konkreten Körpern. Nichts berührt uns mehr als gequälte, verletzte und ausgemergelte Körper. Wir sind nicht nur vernünftige Wesen, sondern vor allem auch *verwundbare Menschen*: „Das Gedächtnis unseres Körpers befähigt uns (und zwingt uns oft), universelle Werturteile zu fällen: Dies ist besser als das. Nahrung ist besser als Hunger. Mitgefühl ist besser als Aversion. Ein Wort ist besser als eine Faust ins Gesicht." Auch da können die meisten mitgehen.

Das sagen uns vielleicht auch die Stimmen der Vernunft, des Glaubens oder der zufälligen historischen Identität. Umso besser, sie sollen erhalten, gepflegt und verteidigt werden. Kaeser behauptet darüber hinaus in der Sprache des Physikers, dass sie dem Grundton, den die Stimmen der Körper liefern, „aufmoduliert" sind. Der Körper widersetzt sich der totalen kulturellen Vereinnahmung.

Oft, gerade in schwierigen unübersichtlichen Situationen erweist sich unser moralischer Kompass als sprachlos, was wir schnell lediglich moralisch überkompensieren, während wir offenbar einen „viszeralen Sinn" dafür haben, was richtig und falsch ist.

Sogar Kant, der alles begründet sehen wollte, gestand:
Eigentlich bedürfe es „keiner Wissenschaft und Philosophie, um zu wissen, was man zu tun habe, um ehrlich und gut zu sein"; man könne es nicht „ohne Bewunderung ansehen, wie das praktische Beurteilungsvermögen (im gemeinen Menschenverstand) dem theoretischen (...) sogar viel voraus habe" (a.a.O., zitiert von Kaeser).

Johann Gottfried Herder (1744-1803) gilt vielen in der europäischen Aufklärung als Widerpart von Immanuel Kant (1724-1804) und als Vorläufer der ‚Cultural Studies', der die Identität und ebenso die Moral als Teil der menschlichen Identität kulturell und ethnisch durch Gruppenzugehörigkeit geprägt sieht. Diese historischen Prägungen sind gegeben und keinesfalls zu unterschätzen, aber die *Verbindlichkeit allgemeiner Normen* darf damit nicht unterlaufen werden.

Gleichheit gibt es nicht nur unter Gleichartigen. Normen (Rechtsnormen, Verfassungsnormen) sind stärker als Werte und Tugenden, die für die moralische Identität der Einzelnen und das zivile Zusammenleben der Vielen auch eine Rolle spielen. Die Moral ist ebenso komplex wie die Identität. *Klugheit* (phronesis, prudentia), *Moral* und *Recht* werden bei Kant (auch und gerade in der Friedensschrift) genau unterschieden, und ihre Zusammenhänge differenziert erwogen. Verbindliches Recht muss dabei durch legitimen Rechtszwang durchgesetzt werden *können*.

Das wollen wir hier nicht noch einmal referieren. Die kleine große Schrift (76 Seiten) gibt es als gelbes Reclam-Bändchen für alle erschwinglich, und man kann darin lesen. Auch von der „Bösartigkeit der menschlichen Natur" ist bei Kant an vielen Stellen die Rede. Ein Schwärmer ist er nicht, vielmehr werden Realismus und Idealismus in seiner politischen Theorie vermittelt

Das Böse kehrt zurück

Die barbarische Kriegsführung gegen die Zivilbevölkerung und die furchtbaren Terrormassaker haben dazu geführt, dass das Böse in die Politik zurückgekehrt ist. Und mit ihm auch die Unterscheidung zwischen dem gewöhnlich Bösen und dem radikal Bösen. *Radikal böse* ist jemand, der trotz des Wissens darüber, was gut und böse ist, sich für das Böse entscheidet. Hannah Arendt knüpft an Kant an.

Dieses Böse, mit dem man sich nicht mehr versöhnen kann, kommt für die Jüdin und politische Theoretikerin mit dem Nationalsozialismus in die Welt. Es ist mit anthropologischen Begriffen nicht zu fassen und wurde sichtbar, als die Moral bei den ganz gewöhnlichen Leuten zerbrach, was „nie hätte geschehen dürfen". Die Grundannahmen der Moralphilosophie haben „dem Sturm der Zeit nicht standgehalten."

Arendt (1906-1975) setzt sich von Kant ab, indem sie die Wurzeln des radikal Bösen nicht im Täter und dessen Motiven vermutet, sondern in der neuartigen totalitären Großideologie, der es gelingt, den Anderen bzw. die Pluralität außer Kraft zu setzen. Diesem voraussetzungsvollen Vorgang widmet sie ihr dreiteiliges politisches Hauptwerk „Elemente und Ursprünge totaler Herrschaft", englisch 1951, in deutscher Übersetzung 1955.

Seit der Beschäftigung mit der Person Eichmann (1961/1964) meint sie zudem mit der „Banalität des Bösen" den Mangel an Einbildungskraft, die Verweigerung des eigenen Urteils sowie die Unfähigkeit, sich eine Sache vom Standpunkt von Anderen her vorzustellen. Die Indifferenz des Bösen behandelt sie in ihrem Werk zunehmend als Gedankenlosigkeit und Abwesenheit des Denkens. Dieser Zusammenhang ist wohl das ethisch-politisch schwierigste Problem.

In unseren Kriegen mit Terrorattacken im Krieg und dem Abschlachten friedlicher Menschen im Kibbuzim ist ebenso die *Monstrosität des Bösen* zurückgekehrt (man lese nur den Bericht: www.rnd.de, 2.12.2023). Nach diesen detailliert geplanten Gräueltaten steht fest, dass es keine Zukunft des Nahen Ostens mit der Hamas und auch keine Zukunft der Hamas in Gaza geben kann und darf.

Das ist nicht nur eine israelische, sondern ebenso eine internationale Aufgabe, insbesondere auch für die Arabische Liga. Die Kämpfe intensivieren sich derzeit unmittelbar nach dem Einstellen der Feuerpause im Süden des Gazastreifens. Die USA versucht durch Abschreckung einen Flächenbrand durch die Verbündeten der Hamas, der „Achse des Widerstandes" der drei großen H's: Hamas, Hisbollah, Huthi, die alle von Iran unterstützt werden, zu verhindern, genauso wie es 70 % der Unterstützung der Ukraine leistet.

Der amerikanische Verteidigungsminister und ehemalige General Austin mahnt an, dass der Schutz der Zivilbevölkerung sowohl ein moralisches Gebot als auch eine strategische Verantwortung bedeutet. Kamala Harris, die amerikanische Vizepräsidentin, und der französische Staatspräsident Macron äußern von Dubai aus eine deutliche Kritik an Israels Kriegszielen wie am militärischen Vorgehen, das „zu viele zivile Opfer fordert" (2. Dezember).

Regieren unter Bedingungen des Krieges

Regieren bedeutet Prioritäten setzen, das gilt auch für demokratisches Regieren unter erschwerten Bedingungen von Wahlen, Koalitionsbildungen und Protesten. Die Parteien priorisieren gerne diejenigen Aufgaben, die sie zur Erhaltung ihrer Klientelbeziehungen und Popularität für zentral halten; je schwächer der Rückhalt ist, desto stärker wird die Priorität. In Deutschland läuft derzeit ein Experiment dazu ab.

In Zeiten des Krieges setzen die laufenden Kriege die Prioritäten mit, nicht nur für den leidigen Verteidigungshaushalt. Es sind nicht nur Zeitenwenden, sondern auch gewaltige Mentalitätsumbrüche, die wiederum, nicht so wie die schnelle Zeit, von heute auf morgen erfolgen, sondern sich allmählich, freilich unter dem Druck der Umstände einschleifen. So erwägt in diesen Tagen der ehemalige grüne Außenminister Fischer bereits die Atombewaffnung Europas gegen Russland.

Kriegführende Länder wie die Ukraine und ihre Unterstützer müssen ihre Entscheidungen den Erfordernissen des Krieges anpassen. Europa kann nicht nur mit den USA rechnen, es muss auch selber verteidigungsfähig werden. Die flächendeckende russische Invasion in die Ukraine war ein Schock genauso wie die spektakuläre Falle, welche die Hamas Israel und dem Westen gestellt hat. Es wird für Israel immer schwieriger, gleichzeitig die eigene Bevölkerung und die Zivilbevölkerung im Gazastreifen zu schützen.

Dem Recht und der Pflicht zur Selbstverteidigung gebührt der Vorrang gegen Gegner, die einen vernichten wollen. Berechtigte Forderungen von außen nach ‚Verhältnismäßigkeit‘, die Beachtung von Konventionen und Regeln werden in diesem Zusammenhang 'nachrangig', auch wenn sie beachtet werden, so doch nicht ohne unschuldige Opfer. Diese Verantwortung liegt vor allem in den Händen der Kommandeure und Soldaten, die nicht blindwütig agieren.

Die verschiedenen Perspektiven der moralischen Akteure als *Beobachter* und im Geschehen verstrickt *Handelnde* werden maßgeblich, schwierig und entscheidend. Der Zeitfaktor erhöht zusätzlich den Druck. Im Fall von Israels Selbstverteidigung führen vor allem die zahlreichen Luftschläge und die inzwischen ausgeweitete Bodenoffensive, vor der man lange zögerte, gegen das dichtbesiedelte Gaza in ein ethisches Dilemma.

Die Terroristenorganisation Hamas hat dort in Chan Yunis, der zweitgrößten Stadt, nicht nur eine Hochburg, sondern benutzt auch die Zivilbevölkerung als Schutzschilder und ihre Einrichtungen wie Schulen und Spitäler als Stützpunkte, was ein *Kriegsverbrechen* ist.

Die Ukraine wiederum versucht, die russischen Kriegsverbrechen akribisch zu dokumentieren und juristisch zu verfolgen. Zur Friedensformel gehören deshalb neben dem Abzug der Truppen ebenso die Reparationen und ein Tribunal gegen die Kriegsverbrechen. Die Bilanz für 2023 und die Aussicht für 2024 lautet folgendermaßen: „Die Ukraine erwartet das härteste Kriegsjahr: Angesichts westlicher Unentschlossenheit liegen 2024 die Vorteile bei Russland – doch auch dieses blutet aus" (NZZ, 4. Dez., S.5).

Selenski bezeichnet Russland als einen „Terrorstaat" und Putin als einen „Kriegsverbrecher", mit denen man nicht verhandeln kann. Vermittler scheinen zu fehlen. Der Krieg hat in seinem konkreten Verlauf zunehmend deutlich gemacht, dass er genozidale Züge trägt, während die Kriegsgegner Israels die Auslöschung des Landes offen und explizit zum Ziel haben, von dem sie nicht abrücken werden, soviel ist gewiss.

Politische Klugheit und legitimer Widerstand

So kommt es zu einer barbarischen Kriegsführung, obwohl auch der Krieg Regeln kennt. Nach den Erfahrungen des Zweiten Weltkriegs gehört Letzteres übereinstimmend zum Verständnis von Zivilisation. Man glaubte sogar, partei- und länderübergreifend an die ‚Zivilisierung des Krieges'.

Die vier Genfer Konventionen von 1949, die zwei Zusatzprotokolle von 1977 und das Zusatzprotokoll von 2005 bilden den Kern des humanitären Völkerrechts, das Zivilisten, die nicht an Kampfhandlungen beteiligt sind, schützen soll. Kriegsgefangene sodann dürfen weder gefoltert noch getötet werden.

Verstöße werden seit 2003 vom Internationalen Strafgerichtshof in Den Haag, der allerdings durchsetzungsschwach von den USA, Russland und China nicht anerkannt wird, geahndet. Er kann lediglich die strafrechtliche Verantwortlichkeit von Individuen feststellen, nicht jedoch von Staaten. Trotz internationalen Haftbefehls wegen der Entführung ukrainischer Kinder reist Putin am 6. Dezember in die Emirate und nach Saudi-Arabien. Themen sind der Ölpreis, der Nahost-Konflikt und der Ukraine-Krieg. Zudem wird der iranische Präsident Raisi in Moskau erwartet, wo es um Waffenlieferungen gehen wird, – alles „Friedensstifter ohne Frieden", siehe dazu den Blog vom 27. November.

Paul Betts spricht in seinem Buch „Ruin und Erneuerung" (Berlin 2022) von der „Wiedergeburt der europäischen Zivilisation" nach dem Zweiten Weltkrieg. Er belegt eindrücklich, wie viele Akteure, auch die Sowjetunion, den zivilen Aufbau ermöglichten. Diese Zivilisierung war und ist mehr als der sogenannte Westen. Es sind progressive und konservative Kräfte daran beteiligt. Die Ruinen auf unserem Bild sind auch die Ruinen der damaligen Städte, die alle wiederaufgebaut worden sind.

Siehe auch unseren Blog ‚Zivilisation' vom 22. August 2022. Das Zivilisatorische steht hier konträr gegen das Barbarische. Wenn wir von barbarischer Kriegsführung sprechen, so ist evident, was das in der heutigen Ukraine und beim Massaker von unschuldigen israelischen Zivilisten bedeutet. Auch darf man die Kausalität von Ursache und Folgen nicht verkehren und muss hier genau sein. Schwierigere Abwägungsfragen stellen sich beim Recht auf Selbstverteidigung, welches militärische Gewalt, die per se zerstörerisch ist, einschließt.

Russland hat nachweislich der Bilder, die wir zur Kenntnis genommen haben, zahlreiche zivile Ziele beschossen, die nicht-militärisch zweckentfremdet waren. Daneben gab es fehlgeleitete Raketen von beiden Seiten und sogenannte ‚Kollateralschäden' aufgrund des Luftkrieges, wie sie während des Jugoslawienkrieges in Deutschland moralisch diskutiert worden sind.

Mit dem heute häufig und wechselseitig erhobenen Vorwurf des Genozids darf indes nicht leichtfertig umgegangen werden. Juristen und Richter sind diesbezüglich vorsichtiger. Der polnische Jurist Raphael Lemkin führte den Tatbestand ‚Völkermord/genocide' 1943 ein, um ihn auf den nationalsozialistischen Massenmord an den europäischen Juden zu beziehen.

Weder die schiere Zahl noch die Tatsache, dass Nicht-Kombattanten getötet werden, noch die Brutalität sind für seine strenge Definition ausschlaggebend, sondern die offensichtliche Intentionalität, alle Juden eines bestimmten Gebietes zu ermorden, die bewiesen werden muss (siehe Konstantin Sakkas in: Tagesspiegel, 3. Nov., S.12). Das Protokoll der Wannseekonferenz und andere Dokumente haben dies bewiesen. Zwischen Kriegsverbrechen und Völkermord ist zu unterscheiden.

Wir sehen und hören täglich zahlreiche Berichte und Bilder, unabhängig überprüfen können wir das Wenigste. Wir können lediglich verschiedene Medien und Quellen zur Kenntnis nehmen, vergleichen und nachforschen. Die politische Klugheit gebietet es, von außen vorsichtig zu bleiben im permanenten Informations- und Propagandakrieg von allen Seiten.

Gedankliche und moralische Kurzschlüsse sind zu vermeiden, auch wenn die politische Positionierung klar ist. Sie ist hier auf Seiten derjenigen, die sich verteidigen gegen einen völkerrechtswidrigen Angriffskrieg und eine barbarische Terrorattacke.

Ihnen gehört unser Mitgefühl und die Unterstützung, was eine sorgfältige und selbstkritisch bleibende Analyse mit Fragen und Zweifeln nicht ausschließt, sondern vielmehr laufend im Austausch mit anderen nötig macht. Kritik an Regierungen und Protest, solange er friedlich bleibt, ist in unserer rechtsstaatlichen Demokratie nicht nur erlaubt, sondern notwendig.

Das ist eine große zivilisatorische Errungenschaft, die auch im demokratischen Israel unter schwierigen Bedingungen gegeben ist, jedoch nicht in Russland, Iran, China oder unter einer Hamasregierung, die ihre palästinensischen Rivalen ausgeschaltet hat. Sie wäre mit einer Zwei-Staaten-Lösung weder ideologisch noch politisch zufriedenzustellen.

Diese Kritik muss Andersdenkende aushalten, solange sie nicht zur Vernichtung des politischen Gegners aufrufen und Terrorpropaganda verbreiten. Die Kriminalisierung des Protests ist zu vermeiden. Sie ist, trotz markiger Worte, kein Ausdruck demokratischer Wehrfähigkeit und legitimen Widerstands, so wie die Selbstverteidigung der Ukrainer und der Israelis als Bürger/innen in Uniform.

19. Dezember 2023

Pentarchie oder Anarchie?

Der Politikwissenschaftler Herfried Münkler geht von der These aus, dass eine Pentarchie der großen Fünf: USA, Europa als geopolitischer Akteur, Russland, China und das ehemals blockfreie Indien heute zur Befriedung der Welt beitragen könnte (ders., Welt in Aufruhr, Rowohlt 2023).

Sie müssen sich dabei auf Regeln verständigen können, die sie einhalten wollen, und ihren jeweiligen Einflussbereich friedlich halten. Ein einzelner Akteur kann das nicht, die westliche Hegemonie der USA sei zu Ende gegangen. Die Pentarchie wäre Hüter dieser Ordnung, wo heute die UNO versagt.

Dazu gehört, dass der Westen auf die Durchsetzung seiner universalen Werte verzichtet. Als Basis für diese verlässliche Ordnung um des Friedens willen gilt, dass jeder Seite die Festlegung ihrer je eigenen Wertvorstellungen überlassen bleibt.

Als Vorbild gilt der Friedensschluss von Münster und Osnabrück 1648 nach dem Dreißigjährigen Krieg, „in dem die Ordnung der Staatlichkeit, vor allem auch die in der Religionsfrage, auf der Grundlage einer wechselseitigen Re-

spektierung von Werten der verschiedenen Konfessionen durchgesetzt hat"
(Münkler, in: Tagesspiegel ,13.Dez., S.12/13).

Mit anderen Worten, es ist heute wieder vermehrt *strategisch zu denken*:
„Man kann keinen alles vernichtenden Krieg riskieren, um die westlichen
Werte global durchzusetzen" (a.a.O.). Die Menschenrechts-Idiosynkrasien erscheinen vor diesem Hintergrund nicht als sinnvoll. Diese Kritik wird vor allem
an die ‚moralische Supermacht' Deutschland adressiert.

Dann müsste aber auch offen darüber diskutiert werden, dass Macht, auch
kluge demokratische Macht (bestenfalls!) die Welt regiert und nicht das internationale Recht nach bestimmten moralischen Vorstellungen. Vor allem wäre
über die polemogene Natur der Moral, die gerade in den internationalen
Beziehungen destruktiv sein kann, noch einmal selbstkritisch nachzudenken.
Ebenso über das Konzept der Technokratie, das bislang wenig verstanden wird.

Zur modernen Technokratie gehören, neben der Expertenherrschaft, Märkte
mit ökonomischen Folgen dazu. Die sieben Magnificents (wie Google, Apple,
Tesla u.a.) sind Treiber dieser Entwicklung und mächtiger als viele Nationen.
Von Europa aus gesehen, ist niemand dabei; SAP findet sich auf Rang 114.

In unserer gegenwärtigen Weltunordnung sind konzeptuell-theoretische Vorstellungen des Friedens rein spekulativ. Wir können und sollen selbstverständlich endlos weiter diskutieren über einen *Weltstaat* in Anlehnung an
Hobbes (1651), der aus seiner Sicht des Naturzustandes theoriekonsequent
wäre, oder über Kants Entwurf zum ewigen Frieden (1795) als Gegenentwurf,
der in den gegenwärtig handlungsunfähigen Vereinten Nationen teilweise Gestalt gefunden hat. Kant unterscheidet zwischen ‚foedus pacificum' (*Friedens-
bund*) und ‚pactum pacis' (Friedensvertrag).

Vielleicht auch – in Anlehnung an Kant – kann eine Weltrepublik als starker
Minimalstaat (Höffe) oder eben die *Pentarchie als machtrealistisches Konzept*
erörtert werden. Das ist Stoff für interessante Seminare, der sich mit einer
Reform der Uno verbinden ließe. Zumindest Vorschläge, die vielleicht sogar

aufgegriffen werden, resultieren daraus. Sie bleiben aber spekulativ, da real zu viele Mächte im Spiel sind. Die internationale Anarchie der großen und kleinen Leviathane ist in vollem Gange.

Warum sollte deshalb ausgerechnet die Pentarchie weltweiten Respekt als Ordnungsmacht geben können? Wäre Belgien auch ein Kandidat, wenn es Atomwaffen hätte? So viel ist in der Staatenwelt in Bewegung, dass alle großen Fünf nicht nur gegensätzliche Interessen haben sowie jeder von ihnen eigene Allianzen und Partnerschaften sucht ebenso wie viele andere aus der zweiten und dritten Reihe hinzukommen.

Es gibt tatsächlich gewichtige Nicht-Alliierte wie Saudi-Arabien, Brasilien, Indonesien u.a.. Zudem BRICS-Affine wie Ägypten u.a., die entweder rohstoffreich oder bevölkerungsreich sind. Die Welt, die wir zur Kenntnis zu nehmen haben, öffnet sich wieder. Nicht nur aufdringlich durch zahlreiche Militärputsche in Afrika. Dasselbe gilt auch positiv von Europa aus, das kaum Osteuropa oder den Balkan wirklich kennt, trotz den europäischen Revolutionen von 1989 und den Jugoslawienkriegen, die nicht weit zurückliegen.

Ebenso sehen wir gegenwärtig (hoffentlich) buchstäblich, dass militärische Abschreckung mit Flugzeugträgern offenbar noch immer funktioniert, zum Glück für Israel, Europa und Taiwan.
Die Beziehung zu den USA bleibt deshalb ein *Schlüssel*, zu dem es keine Alternative gibt: weder militärisch noch technologisch, aber auch kulturell, bei aller Kritik.

Die Vereinigten Staaten indessen werden dorthin gehen, wo es Wachstum gibt – nach Asien. Zweitens werden die USA immer weniger europa-orientiert, bedingt durch die Migration und die Demographie. Die Politiker-Generation von Albright, Biden und Blinken wächst nicht nach. Schon der Hoffnungsträger Obama war nicht auf Europa fokussiert.

Ein führender Republikaner (Mitch McConnell) hat kürzlich seine zynische Wahrheit über den Ukraine-Krieg bei CBS ausgeplaudert, indem er sagte, die Ukrainer kämpfen für uns gegen unseren Hauptgegner, ohne dass wir einen Soldaten verlieren. Das immense Unterstützungsgeld bleibt trotzdem im Land für unsere Rüstungsindustrie. Das zweitgrößte europäische Land kämpft seit 2022 historisch als Geburt einer neuen Nation mit dem größten ‚europäischen' Land, das etwas anderes ist und mehr sein will als ein normaler Nationalstaat.

Russland ist lediglich militärisch stark, könnte aber keinen konventionellen Krieg gegen die Nato gewinnen. Das weiß auch Putin, weshalb er mit den Atomwaffen droht, was in Reaktion darauf Europa zwingt, sich als Verteidigungsunion zu stärken und möglicherweise sogar nuklear zu bewaffnen. Frankreich und Großbritannien gehen dabei schon eigene Wege.

Russland ist indessen wirtschaftlich nicht stärker als Belgien oder Italien. Kritische Beobachter diagnostizieren wieder, wie schon in den 80er Jahren gegenüber der Sowjetunion vor Gorbatschow, dass sich Russland zu Tode rüstet, welches immer mehr in den Krieg investiert und die Wirtschaft auf Kriegswirtschaft umstellt.

Tatsächlich ist Russlands weitere Entwicklung schwer kalkulierbar, bleibt aber vorerst auf der harten imperialistischen Linie Putins, die Ukraine entmilitarisieren und neutralisieren zu wollen. Das muss zu einem Konflikt mit der Nato und den USA führen und in einen möglichen dritten Weltkrieg, der Europa mitbetrifft.

China wiederum ist eine Wirtschaftssupermacht und holt militärisch weit schneller auf gegenüber den großen Atommächten Russland und den USA, als vermutet worden ist. Es hat begriffen, dass Seemacht Weltmacht bedeutet. Eigene Flugzeugträger sind schon gebaut und werden noch gebaut. Mit China muss die USA zweifellos zunehmend in verschiedenen Hinsichten rechnen. Der digitale Wettlauf zum Beispiel läuft zwischen den USA und China ab.

Aber kulturell ist das Riesenreich mit eigenen Traditionen gleichwohl ein Zwerg. Denn wer möchte so leben wie die Chinesen? Der moderne Überwachungsstaat wird dort monströse Realität als Sozialexperiment. Überall rumort hier die Freiheit, wie auch in Russland, das streng autoritär regiert wird, mit viel direkter physischer Gewalt in der männlichen Gesellschaft.

Das demokratische Taiwan bietet ein attraktives Gegenmodell zu den Herrschaftsansprüchen der kommunistischen Partei Chinas, der größten Organisation der Welt, deren ideologische Macht wiederum auf dem Militär ruht.

Verteidigungsfähige Bündnisse gegen den großen Krieg

Das Problem einer neuen verlässlichen friedlichen Weltordnung ist *deutlich komplexer* als der Takt der fünf Mächte. Es muss von verschiedenen Regionen aus auf unterschiedliche Weise in verschiedenen Dimensionen angegangen werden. Die *EU* ist keine Einheit und noch kein weltpolitischer Akteur, was man im Nahost-Konflikt wieder deutlich sieht.

Die *USA* wiederum ist innerlich zerrissen, was ein großes politisches Problem und eine offene historische Frage für sich ist, genauso wie die Zukunft Russlands auf seine Weise. Es orientiert sich einstweilen an der Vergangenheit und Putins politischer Lebenszeit als Präsident, wofür dieser die Verfassung ändern ließ.

Seine Zustimmung in der Bevölkerung ist noch immer groß, während der Krieg brutaler und verlustreicher wird. Für Putin und seinen Todeskult – die Armee als sozialer Aufstieg und sinnvolles Leben – ist dies ein Zeichen von Stärke, für das Land die Vernichtung von Zukunft.

Überall bricht sich die historische Dimension wieder Bahn, nicht nur in Russland, auch in der Türkei, in Saudi-Arabien und anderen Ländern. Zukunftsvisionen gibt es kaum, und die Vergangenheit wird situativ beliebig interpretiert.

China geht demgegenüber beharrlich, zielstrebig und selbstbewusst seinen Weg, so dass die strategische Partnerschaft Russlands mit China gefährlich aggressiv werden kann: sowohl im südchinesischen Meer wie in Europa. Sie bleibt ein strategisches Schlüsselmoment im buchstäblichen Kampf um die neue Weltordnung, wohingegen das bevölkerungsreiche Indien als politischer Akteur überschätzt wird.

Indien zählen wir instinktiv zum ‚Westen' wegen seiner, elektoral gesehen, großen Demokratie. Tatsächlich ist die BJP eine hindunationalistische Partei, die Bose (1897-1945) verehrt und nicht Gandhi. Bose, kurzzeitig Gast von Mussolini, bevor er nach Berlin weiterreiste, war Inspirator einer indischen Einheit, die auf seiten der Japaner gegen die Briten kämpfte. Auch Indien verfügt über kein Gesellschaftsmodell, trotz großen Potentialen, die abwandern, das global attraktiv erscheint.

Dagegen werden nur erneuerte und neue verteidigungsbereite Bündnisse gegen den Krieg, sei es die erweiterte Nato oder Allianzen zwischen Japan, Südkorea, Philippinnen und Australien zusammen mit den USA größere Kriege noch verhindern können. Gefährliche Kollisionen gab und gibt es bereits. Immerhin existiert wieder eine Krisenkommunikation auf höchster Ebene zwischen China und den USA, siehe den Blog vom 15. November.

Die pragmatischen Lösungsschritte, so winzig sie vorerst noch sind, müssen in die richtige Richtung weisen, da es die eine große Welt-Formel angesichts der dynamischen Komplexität zahlreicher verschiedener Akteure nicht gibt. Die egoistisch-kooperative Interessenorientierung ist vorherrschend, was vielen Staaten auch wieder die Chance eröffnet, opportunistisch nach vorne zu rücken.

Die Konstitutionalisierung der Außenpolitik auf globaler Ebene findet nicht statt, stattdessen konkurrieren verschiedene Allianzen miteinander: Nato, Quad, BRICS und andere. Es ist dies ein Kampf der Mittel- und Großmächte in verschiedenen, zum Teil paradoxen Konstellationen.

2024

2. Januar 2024

Die ungeliebte Priorität

Regieren bedeutet Prioritäten setzen. Der groß angekündigte Politikwechsel ist in einer Parteiendemokratie in der Regel lediglich ein Prioritätenwechsel in verschiedenen Politikfeldern.

Deutschland – ein Stillstandland?

In Deutschland findet derzeit unter gerichtlich angeordneter Austerität ein Experiment statt. Die Koalitionsregierung aus Sozialdemokraten, Grünen und Liberalen muss sich zum Sparen zwingen und die Prioritäten wieder neu ordnen. Die Ziele der Fortschrittsregierung sind vom Koalitionsvertrag her bestimmt und nach der Halbzeit zum Teil erreicht, darunter das reformierte Staatsbürgerrecht, welches CDU/CSU bei Regierungsantritt wieder rückgängig machen würde.

Der ‚Kanzlerwahlverein‘ hat sich nach seiner Wahlniederlage 2021 in einem aufwendigen Diskussionsprozess ein neues Grundsatzprogramm gegeben und ist wieder regierungsfähig. Bei aktuellen Umfragen liegt die CDU mit über 30 % weit vorn, während die neue Kanzlerpartei SPD auf bedenkliche 14 % abgerutscht ist. Scholz indes verbreitet weiterhin stoische Zuversicht, wie schon zu Beginn des letzten Bundestagswahlkampfs, wo er lange aussichtslos zurücklag und am Ende dennoch mit dem prägnanten Versprechen von Respekt und Mindestlohn knapp gewann.

Die Parteien priorisieren diejenigen Aufgaben, die sie zur Erhaltung ihrer Klientelbeziehungen und den Populismus für zentral halten. Je schwächer der Rückhalt, desto stärker die Priorität. Dies ist real und allenthalben auch gewöhnliche Politik, Parteipolitik in schwierigen und wechselnden Koalitionen, was italienisch treffend „partitocrazia" genannt wird.

Diesbezüglich befindet sich die bundesrepublikanischen Fortschrittskoalition in einer interessanten Phase, die starke Nerven benötigt, denn es ist im Interesse keiner der drei Parteien, die Ampel zerbrechen zu lassen. Sie würden derzeit alle nur noch weiter verlieren.

Was aber heißt noch ‚Fortschritt' unter schwierigsten Bedingungen gleich in mehreren Ausnahmesituationen des Krieges und der Krise? Das ist die interessantere Frage. ‚Krisenmodus' wird nicht zufällig zum Hauptwort des Jahres 2023. Der Vizekanzler spricht von „Umzingelung durch die Wirklichkeit". Viele kapitulieren oder resignieren.

Dass es deshalb fast permanent Streit in der Regierung gibt, muss nicht sein, überrascht aber auch nicht. Schwieriger ist die Frage zu beantworten, wie inhaltlich weiter zu regieren ist, auch wenn laut Umfragen nur noch gut ein Drittel der Bevölkerung legitimatorisch dahintersteht. Die Mehrheit glaubt nicht, dass die Regierung das Migrationsproblem lösen wird, was die rechten Parteien überall in Europa wachsen lässt.

Das wiederum ist von demokratiepolitischem Interesse – Demoskopie, Öffentlichkeit und Demokratie. Vorgesehene Verfahren entscheiden über den weiteren Weg: Fraktionen, Parlamentsmehrheit, Vertrauensfrage, Abstimmung, Neuwahlen, Regierungsbildung usw.

Ein außerordentlich guter Indikator ist dies für die demokratischen Institutionen (Parlamente und Gerichte) und außerordentlich schwierig wird es für die Parteipolitiker, die um Lösungen ringen. Zuverlässige Institutionen und Personen bleiben gleichermaßen in solch schwierigen Situationen unersetzlich wichtig. Liberale Argumente der Toleranz und vernünftige konservative Argumente bilden prinzipiell keine unüberbrückbare Kluft.

‚Krisenkommunikation' lautet entsprechend das neue Schlagwort, und die Ratschläge der professionellen Politikberater konzentrieren sich mehr auf den Kommunikationsstil als auf das Inhaltliche, zu dem sie immer weniger substantiell beizutragen haben. Letzteres obliegt faktisch weitgehend der Herrschaft wirklicher und/oder vermeintlicher Experten, die umso öfter für ihre „Einordnungen" gefragt werden, je mehr offen ist. Auch die bürgerlichen Massenproteste spielen eine Rolle, in Polen zum Beispiel.

Dass ein sozialdemokratischer Kanzler keine Abstriche am Sozialstaat machen wird, versteht sich von selbst, obgleich auch der Sozialstaat keine alleinige Erfindung der Sozialdemokratie ist, wie gerne plakatiert wird. Dass der sozialdemokratische Arbeitsminister (Heil), der das Bürgergeld erhöhen wird, bei der Wahl zum Parteivorstand am 8. bis 10.12. in Berlin mit 95 % der Stimmen am besten abschneidet, ist symptomatisch, dass der lauteste und hartnäckigste Unterstützer für die Ukraine (Roth) durchfällt, ebenso.

Als ich in einem Blog am 4.12. schrieb, dass ich das Zögern von Bundeskanzler Scholz bei der Lieferung von Taurus-Marschflugkörpern verstehen würde, schrieb mir ein Freund: Dies scheine ihm rein innenpolitisch motiviert, de facto sei die Unterstützung Deutschlands im europäischen Vergleich erheblich, was die Unterstützer der Ukraine besänftigt. Andererseits werden bestimmte Waffen nicht oder verspätet geliefert, was die „Pazifisten" und die „Russophilen" besänftigt, die ebenfalls zahlreich sind im Land.

So werden die Konsens-Krümel mühsam zusammengesucht, um legitimatorisch den Machterhalt noch gewährleisten zu können. Eine klare strategische Ausrichtung ist indessen in der unübersichtlichen Situation (bewusst?) nicht zu erkennen. So bleibt eine *Projektionsfläche*, unter der sich jeder, geschützt, vorstellen kann, was er will.

Und so kommt es auch, dass der Wunsch von außen nach einer „starken Führung" von allen Seiten wieder deutlich sein Haupt erhebt. Die Rede von „schlechtester Regierung" ever ist verbreitet und publizistisch leichthin verstärkt wird sie oft von denselben, die vor kurzem noch die Groko kritisiert hatten, welche die politischen Ränder stärke.

Und was hat die vermeintlich bessere Regierung der Christdemokratie in zwei Jahren Grundsatz-Diskussion – nach 1978, 1994 und 2007 – intellektuell zustande gebracht, etwa in Bezug auf demokratisches Regieren heute? Vor allem wieder eine neue deutsche Leitkultur, einschließlich Weihnachtsbaum, der heidnischen Ursprungs ist. Dazu kommen ein neues Asylrecht und gegen Gender-Zwang sowie anderes mehr auf dem gut 70-seitigen Entwurf.

Das „christliche Menschenbild", welches im Zentrum dieser selbst deklarierten Mitte, ethisch wie politisch, stehen soll, ist jedoch nicht so überzeugend dargelegt worden, dass diese Mitte bürgergesellschaftlich größer und stärker geworden wäre. Den völkischen Flügel der Alternative für Deutschland, der sich gegen die unkontrollierte Masseneinwanderung richtet, hat sie jedenfalls nicht halbiert, wie von Merz vollmundig angekündigt worden ist.

Der neue sozialdemokratische Verteidigungsminister Pistorius überrascht derweil mit seiner Rhetorik, dass Deutschland wieder „kriegstüchtig" werden muss, und er gewinnt bei der Bevölkerung und der Truppe durch sein forsches Auftreten an Ansehen. Nachdem die Bundeswehr jahrzehntelang „kaputtgespart" worden ist, versucht er, nach der Zeitenwende-Rede von Bundeskanzler Scholz am 27. Februar, mithilfe des 100 Milliarden Sondervermögens sie wieder auf Vordermann zu bringen. Das ist in verschiedenerlei Hinsicht – Beschaffungswesen, Waffen und Munition, Bürokratie und Personal usw. betreffend – kein einfaches Unterfangen.

Die Bundeswehr muss ihr Personal vergrößern. Pistorius prüft deshalb die Wiedereinführung der Wehrpflicht nach schwedischem Modell. Kaum ist der Vorschlag lanciert, zu dem ein Diskussionsprozess noch gar nicht stattgefunden hat, schlägt ihm auch schon von der SPD-Linken (Mützenich Stegner, Kühnert u.a.) Ablehnung entgegen. Ist Pazifismus links? Und demokratische Wehrfähigkeit rechts? Wehrfähigkeit sollte man nicht mit Wehrsport verwechseln. Die Landesverteidigung in Schweden umfasst zudem nicht nur den militärischen Bereich.

Sicherheit in Europa

„Zuviel Truppenübungsplatz und zu wenig Friedenspolitik", heißt es polemisch und etwas vorschnell. Auch viele Liberale äußern sich grundsätzlich
gegen eine Wehrpflicht, gleichzeitig hat sich 2022 die Zahl der Kriegsdienstverweigerer verfünffacht. Und die Ampel-Regierung bricht 2023 den Rekord
für Rüstungsexporte, nicht nur wegen der Ukraine. Ebenso steht inzwischen
der Fahrplan für die Litauen-Brigade (5.000 Mann, den Frauenanteil will man
vergrößern), um die verletzliche Nordostflanke der Nato zu stärken.

„Deutschland steht zu seinem Wort", heißt es. Der Musterschüler war bisher
allerdings kein Musterschüler der Nato. Siehe dazu die Beistandsverpflichtung
gemäß Artikel 5 des Nordatlantikvertrages. Die Brigade soll bis 2027 voll
einsatzfähig sein.

Finnland ist neues Nato-Mitglied geworden in Reaktion auf den russischen
Überfall der Ukraine am 22. Februar 2022. Die über 1340 Kilometer lange Grenze mit Russland, welche die Nato-Grenze verdoppelt hat, schaffe „Probleme",
äußert Putin und gründet sogleich den neuen Leningrader Militärdistrikt.

Die Medien interpretieren dies als möglichen „Angriff auf ein Nato-Land".
Finnland wiederum schließt seine Grenzen gegenüber illegaler Migration aus
Russland und ruft selbst die Frontex zu Hilfe. Auch Estland zieht nach. Man
kennt diese Probleme von der belarussisch-polnischen Grenze her. Dazu
kommt der ständige systematische Desinformationskrieg Russlands, dem diese Länder ausgesetzt sind.

Die Zeit drängt! Je nach Analyse und Einschätzung von Putins Russland wird
die ungeliebte Priorität des Militärischen dringender, drängender und größer.
Plant Putin einen Angriff auf ein Nato-Land, was dieser als „unsinnig" zu-
rückweist? Welche Kriegsziele verfolgt er? Gehen sie über die Ukraine hinaus?
Soll die Ukraine vom Schwarzen Meer abgeschnitten werden? Ist die Nato als
Gegner eine Nummer zu groß? Das nehme ich an, es gibt aber auch noch die

Ultras neben und hinter Putin, denen alles zuzutrauen ist. Was in Russland kommt, weiß ich nicht.

Würden in einer solchen Auseinandersetzung erst recht Atomwaffen eingesetzt, wie Analysten behaupten? Was ist dagegen präventiv zu tun – national und als europäische Verteidigungsgemeinschaft? Dass Europa deutlich mehr in die militärische Rüstung investieren muss, sagen alle.

Niemand kennt jedoch die militärisch-politische Lage genau und weiß sicher, was in den nächsten Jahren zu tun ist. Spekuliert wird viel. Gerüchte wie Unterstellungen gibt es zuhauf, nicht eingelöste Versprechen auch. Man soll den Krieg *nicht herbeireden*, aber als Verteidigungsarmee führen *können*, wenn es nötig wird, was nicht von heute auf morgen geht, sondern vorbereitet werden *muss*.

Die elementare Schutz-Verantwortung des Staates gegenüber seiner Bevölkerung ist immens und keine leichtgewichtige und kurzfristige Aufgabe unter anderen. Sie wird unterschätzt, weil sie als *selbstverständlich*, sehr oft in völliger Unkenntnis, angenommen wird. Diese Selbstverständlichkeit, die zu den Bürgertugenden gehört, gilt heute innenpolitisch jedoch immer weniger, obwohl Sicherheit *objektiv* zur wichtigsten Herausforderung geworden ist – wohlverstanden: *Sicherheit als Bedingung der Freiheit*.

Fakultative und obligatorische Verpflichtungen sind ein heikles Thema der Ethik in einer individualistischen Gesellschaft. Außenpolitisch ist zudem jedes Gesprächsangebot zu nutzen, um besser zu *wissen*, was der Gegner denkt. Auch hier fehlt es am nötigen Ernst, nachdem zu schnell zu viele Kontakte abgebrochen worden sind.

Der ungarische Ministerpräsident Orban seinerseits spricht nicht von „Krieg" (21.12., ntv), was inzwischen sogar Putin tut, der lange die Sprachregelung von der „Spezialoperation", die gleich zu Beginn schon in Kiew kläglich scheiterte, durchsetzen wollte. Orban scheint, obwohl kalkuliert, auch in der Europapolitik von allen guten Geistern verlassen. Was die friedliebende Sowjetunion Ungarn 1956 angetan hat, verdrängt er ebenso wie sein Freund Putin.

Die Experten sind sich uneins. Wieviel Zeit bleibt infolgedessen für die Vorbereitung auf den Krieg? 3, 5 oder 8 Jahre? Si vis pacem, para bellum (Platon, Nomoi). Auch Selenski und sein neuer Verteidigungsminister suchen verzweifelt Soldaten, vor allem unter den Flüchtlingen in Europa, allein mehr als 200.000 in Deutschland. Die Gesetze zur Rekrutierung sollen verschärft werden, was das Parlament noch zu entscheiden hat.

Die Armee ist keinesfalls demotiviert, aber erschöpft im zermürbenden Stellungskrieg mit dem russischen Gegner, der immer mehr Soldaten rücksichtslos in die Schlacht wirft. Der tägliche verlustreiche Kampf um das zerstörte Awdijika steht dafür wie zuvor Mariupol und Bachmut. Auch Russen können jetzt leichter eingezogen werden. Der Krieg wird entschlossen weitergehen. Ist Russland ein „Militärstaat" geworden?

Die Ausgangslage ist anfangs 2024 eine andere als 2023: „Die militärische Lage der Ukraine hat sich verdüstert, 2024 dürfte daher im Zeichen der Verteidigung und des Sammelns neuer Kräfte stehen", so Andreas Rüesch in NZZ, 23. 12., S.2. Es gilt, eine neue realistische Strategie zu finden. Das Potential für eine ukrainische Gegenoffensive scheint nicht erkennbar, „hold and build" lautet einstweilen die Devise. Amerikanische Militärbeobachter wollen ihre Präsenz im Land vergrößern (a.a.O.).

Die Herausforderungen sind zahlreich. Über Waffen und Munition haben wir in früheren Blogs schon öfters berichtet. Auf der Wunschliste stehen weiterhin Abrams-Panzer und Atacms-Raketen, F-16 und Kampfhelikopter. Dazu kommt die Personalkrise, die akut wird.

Oberbefehlshaber Saluschni hat nach der sommerlichen Gegenoffensive auch dazu ein ernüchterndes Fazit gezogen. Eine Aushebung junger Dienstpflichtiger gibt es nicht. Die Altersgrenze bei den Reservisten soll deshalb auf 25

Jahre herabgesetzt werden. Der Eintrag ins Wehrregister wird zur Pflicht, was härtere Sanktionen nach sich ziehen wird.

Damit ist die Frage verknüpft, wie und wo die Ausbildung stattfinden soll. Die Spannungen zwischen militärischer und politischer Führung nehmen zu. Die politisch heikle Forderung nach einer weiteren Mobilmachung kommt primär vom Militär. Für Verteidigungsminister Umjerov ist sie „keine Strafe, sondern eine Ehre". ‚Mobilmachung' und ‚Mobilisierung' könnten die neuen Hauptwörter des Jahres 2024 werden, nicht nur in der Ukraine.

Putin auf der anderen Seite sieht sich auf der Siegerstraße: „Der Westen ist gescheitert", und die Ukraine als Subjekt würdigt er weiterhin offen herab. Neuerdings scheint er auch wieder an einem Waffenstillstand interessiert zu sein, allerdings zu seinen Bedingungen, nachdem er die europäische Nachkriegsordnung zerstört hat.

Am 29.12 erfolgen die stärksten Luftangriffe auf zivile Ziele an einem Tag seit Kriegsbeginn – unglaublich und barbarisch. Vergeltung folgt auf Vergeltung. Zwischen Kriegsschiffen, Wohnhäusern, Kliniken und Schulen gibt es aber immer noch einen Unterschied.

Putin setzt auf das Nachlassen der Unterstützung des Westens, vor allem der USA, die sich in einem historischen Wahlkampf befinden, in dem der 81jährige Präsident Biden nur deshalb noch einmal antritt, „um die Demokratie zu retten". Was für ein Zeichen für die Welt!? Demokratie und Klimaschutz sind derzeit die großen Verlierer.

Sicherheit der Welt

Seit dem 7. Oktober, dem Terrorüberfall der Hamas, ist die USA auch in einen Mehrfrontenkrieg auf der Seite Israels verwickelt. Die islamistische Achse des Widerstandes bilden die Hamas im Gaza-Streifen, die Hisbollah im Süden und die Huthi-Rebellen im Jemen, die alle vom Iran unterstützt werden. Alle wollen sie offen und ausdrücklich, dass Israel von der Landkarte verschwindet, dass sich mit seiner in der Bevölkerung verwurzelten Armee vehement verteidigt. Sie ist ein Teil der israelischen Identität.

Die Huthi haben in den vergangenen Wochen zahlreiche Angriffe auf Handelsschiffe im Roten Meer verübt, nach eigenem Bekunden als Reaktion auf Israels Luftkrieg in Gaza. Dafür nehmen jetzt Frachtschiffe großer Reedereien den zweiwöchigen Umweg um das Kap der Guten Hoffnung in Südafrika. Die Transportkosten steigen.

Die Lage ist kompliziert, denn die Saudis hatten 2015 in Jemen noch interveniert gegen die Huthi-Milizen, seit 2022 gilt dort ein brüchiger Waffenstillstand. Die Huthis wiederum konnten dank dem Iran, der technisch langsam der Atombombe näherkommt, ihre Macht in Sanaa erhalten.

Die Angriffe auf die freie Schifffahrt haben große Konsequenzen nicht nur für Ägypten, sondern für die Weltwirtschaft insgesamt. Genauso wie die brandgefährliche Situation im südchinesischen Meer, durch das ein Großteil des Handels abgewickelt wird. Vor den Wahlen in Taiwan am 13. Januar nehmen die Drohungen Chinas wieder zu.

Zum Glück gibt es die US Navy, die technologisch (noch) weit überlegen ist. Sie hat mit dem Flugzeugträger „USS Dwight D. Eisenhower" die Militärpräsenz auch im Golf von Aden erhöht. Die Abschreckung des Weltpolizisten USA funktioniert. Eine Krisenkommunikation zumindest auf höchster Ebene zwischen China und USA ist ebenfalls wieder eingerichtet.

Inzwischen drohen auch die iranischen Revolutionsbrigaden mit Blockaden im Mittelmeer, falls der Krieg im Gazastreifen fortgesetzt wird. Der Iran selber hat keinen direkten Zugang zum Meer, droht aber Israel mit Vergeltung nach der Tötung von General Mussawi in Damaskus (25.12.).

Er soll als ‚Revolutionswächter' Waffenlieferungen mit der Schiitenmiliz Hisbollah im Libanon organisiert haben. Der türkische Präsident Erdogan wiederum, der einen unbeobachteten Krieg gegen die Kurden in Syrien und
Nordirak führt, vergleicht in Ankara Netanjahu mit Hitler (27.12.). Südafrika,
das Parallelen zur eigenen Apartheidsgeschichte sieht, klagt Israel vor dem
Internationalen Gerichtshof in Den Haag des Völkermordes an. Die *aktiven
Fronten* werden *zahlreicher*.

Die USA haben derweil die multinationale „Operation Prosperity Guardian"
vor der Küste Jemens ins Leben gerufen, so Verteidigungsminister Austin am
18.12.. Demnach sind noch weitere 9 Länder beteiligt. Amerikanische, britische und französische Kriegsschiffe kreuzen bereits im Roten Meer. Deutschland ist ebenfalls eingeladen und prüft noch. Die Fregatten und Korvetten der
kleinen Marine, was an dieser Stelle kein Vorwurf sein soll, sind anderweitig
gebunden.

9. Januar 2024

Das blaue Wunder

Wir alle kennen die Redensart „du wirst noch dein blaues Wunder erleben!" Sie ist bedrohlich gemeint.

Immer wieder neue Umfragen bestätigen seit längerem den Aufwärtstrend der AfD. Sie braucht dafür scheinbar nichts zu tun, trotzdem starren fast alle, wie das Kaninchen auf die Schlange, nur noch auf diese Partei, die Comedians als „Gurkentruppe" verspotten und der Verfassungsschutz als „gesichert rechtsextremistisch" bezeichnet.

Das scheint potentielle Wähler nicht zu schrecken, auch die Mitgliederzahl ist auf über 40 000 gestiegen, 37 % mehr als Ende 2022! Das Jahr 2024 soll deshalb das „Jahr der AfD" (Weidel) werden. Bei der Bundestagswahl würde sie derzeit hinter der Union und vor der SPD erstmals zweitstärkste Kraft mit 18 bis 23 %.

Viele in Deutschland rechnen damit, dass sie erstmals einen Ministerpräsidenten, sei es in Thüringen, sei es in Sachsen stellen wird. Vieles gerät gerade in Bewegung im 'stabilen' Deutschland, nicht nur die Parteienlandschaft.

Die ‚Bewegungsforschung' kommt gar nicht hinterher, vor der Aktionswoche des Bauernverbandes am 8. Januar.

Die neueste Civey-Umfrage in Sachsen (2.1.24) ist in dieser Hinsicht wirklich ein „Hammer" (Welt TV): die AfD liegt mit 37 % an der Spitze, die SPD bei 3 %. Keine der Ampelparteien würde die Fünf-Prozent-Hürde schaffen! Das ist die wirkliche Negativüberraschung. Man muss sich dringend fragen, was diese Parteien falsch machen. Wirtschaftsminister Martin Dulig ist doch ein respektabler Mann, und Petra Köpping eine tüchtige Sozialministerin. Zuvor war sie Gesundheitsministerin, die sogar mit rabiaten Impfgegnern vor dem eigenen Haus zu tun hatte.

Warum ist Sachsen mit seinen AfD-Werten den anderen ostdeutschen Bundesländern nochmals voraus? Woran liegt es? Am besonderen Misstrauen der Bevölkerung? An der Entfremdung von der Politik? An den Integrationsproblemen? An den vielen Verschwörungstheoretikern? Das alles sind lediglich Spekulationen und keine empirische Wissenschaft.

Der Erfolg der AfD sollte spätestens seit den Jugendwahlen 2o21, wo die AfD in Sachsen und Thüringen an der Spitze lag (www.u18.org), nicht nur den Politologen Kopfzerbrechen bereiten. Niemand hat sich darum gekümmert, es war nicht schlagzeilenträchtig.

Umfragen sind freilich noch keine Wahlen. Das ist richtig und wichtig zu beachten, denn die Wahlkämpfe stehen noch bevor und müssen vorbereitet werden. Mit welchen Gründen gegen welche Gründe? Das will erarbeitet werden, Etikettierungen allein genügen hierfür nicht.

Voraussichtlich wird es in Sachsen zu einem Zweikampf kommen zwischen CDU und AfD um den ersten Platz. Auch in Thüringen (34 %) und Brandenburg (27 %), wo es schon 2017 ein knappes Rennen um den ersten Platz gab, liegt die AfD zurzeit vorn. Am Schluss gewann die SPD. Aber nur, weil viele Wähler verhindern wollten, dass die AfD stärkste Partei wird in diesem klassischen SPD-Land.

Diese Partei stellt seit 1990 ununterbrochen die Ministerpräsidenten, von Stolpe, dem Gründer -und Landesvater, über Platzeck, den grünen Bürgerbewegten, bis Woidke, der 2024 wiederum als Spitzenkandidat zuversichtlich ins Rennen geht. Hier erreicht die SPD derzeit in Umfragen 20 % (3.1.24).

Die CDU, die in diesem Bundesland von Anbeginn – trotz Innenminister Schönbohm (law and order) – nie stark war (wie etwa in Sachsen, was seine Spuren hinterlässt) macht sich anheischig, erstmals mit Jan Redmann den Ministerpräsidenten zu stellen. Er liegt derzeit bei 18 %, sein Hauptgegner heißt Woidke, nicht AfD.

Obwohl vor kurzem noch die aggressive AfD von Kalbitz, einem Zögling des ehemaligen Alterspräsidenten des Potsdamer Landtags Alexander Gauland, die bürgerliche CDU „zerstören" wollte. Die AfD ist keine bürgerlich-konservative Alternative in den ostdeutschen Bundesländern.

Das beflügelt die Radikalität der ‚Jungen Alternative' und deren Provokationspotential. Die bürgerliche Mitte ist gesellschaftlich kaum verwurzelt, entsprechend sind zum Beispiel die Liberalen im Potsdamer Landtag gar nicht vertreten, obschon ihre Spitzenpolitikerin Linda Teuteberg, selber aus Brandenburg, Generalsekretärin der FDP war.

In Thüringen könnte die Partei des Rechtsaußen Björn Höcke, der aus dem Westen kam, stärkste Partei werden. Selbst wenn die AfD nicht den Ministerpräsidenten stellt, kann sie als stärkste Fraktion dennoch Schaden an der parlamentarischen Demokratie anrichten, und zwar über das unterschätzte Amt des Landtagspräsidenten, welches der stärksten Fraktion zusteht, sowie die Sperrminorität bei Verfassungsänderungen. Beides ist in seinen Folgen wenig bekannt.

Alexander Gauland wiederholt ständig: „Wir sind für die parlamentarische Demokratie". Im Parteiprogramm und der wahlkämpfenden Demokratierhetorik spielt freilich vor allem die ‚direkte Demokratie' und der Volksentscheid eine große Rolle. Damit will man an die Parole von 1989 „Wir sind das Volk" gegen die Einparteienherrschaft der SED anknüpfen und suggerieren, dass man es heute wieder mit einer Diktatur zu tun hat (Corona-Diktatur, Meinungsdiktatur, Political Correctness). Der Vormundschaftsstaat, der sozialisierte, war indessen die DDR und ist nicht die vergleichsweise zivile Bundesrepublik.

Zeitlich vor den Landtagswahlen in den drei ostdeutschen Bundesländern im September liegen im Superwahljahr 2024 zudem noch die wenig beachtete Europawahl sowie die ebenfalls zu wenig beachteten, aber einflussreichen Kommunalwahlen in 9 Bundesländern am 9. Juni. Auch sie finden in der Regel weniger Aufmerksamkeit sowohl bei der Bevölkerung wie bei den Parteien, was ein großer Fehler ist, weil sich auf diesem Feld die AfD vorbereitet und die Jugendarbeit nicht unterschätzt. Eine Altherrenpartei ist sie nicht. In den neuen Medien hat sie inzwischen eine lebendige eigene Öffentlichkeit und ist europäisch vernetzt.

Dies sollte man wissen. Hier muss sich schnell etwas ändern, wenn ein blaues Wunder verhindert werden soll. Die Mischung aus Ignoranz, Sprach- und Hilflosigkeit, die sich nur noch mit dem Ruf nach einem Parteiverbot helfen kann, ist bezeichnend. Die Demokratie der Bürger und Bürgerinnen muss von der Basis aus gerettet werden, ebenso die demokratischen Parteien und ihre Zukunft.

Diese kann nicht wieder nach altbewährtem Rezept nur auf die Spitzenköpfe, die Landesväter und Landesmütter setzen – wie bei der Aufbauhilfe der 90er Jahre. Beide Aspekte sind zu beachten und müssen zusammenspielen. Der Kampf gegen die AfD ist zwar nicht primär die Aufgabe des ‚Toleranten Brandenburg‘ (Roos), aber zivilgesellschaftlich zu unterstützen.

In der CDU, die sich als demokratische Alternative zur Alternative für Deutschland anbietet und schnelle Neuwahlen auf Bundesebene fordert, weil sie – mit einer „Deutschland-Koalition gegen Wohlstandsverluste" (Söder, 6.1.) – regierungsfähig sein will, konzentriert sich schon wieder – trotz neuem Grundsatzprogramm – fast alles auf die K-Frage (Merz, Wüst oder Söder?).

Das könnte der AfD nützen, genauso wie das schlechte Image von Kanzler Scholz, der sogar beim Besuch der Hochwassergebiete ausgebuht wird (am 4.1.). Seine Umfragewerte liegen auf einem Tiefststand, die große Mehrheit ist zudem mit der Regierungsarbeit deutlich unzufrieden. Hier hat sich einiges aufgestaut.

Das alles kann zumindest zu einer ‚blauen Welle' führen, welche die lokale und regionale Verwurzelung der AfD in Gemeinde- und Stadträten sowie Landkreisen stärkt, was dann buchstäblich das ganze Land von Grund auf verändert, unabhängig davon, wer den Kanzler stellt – die CDU oder die SPD. Die deutsche Demokratie ist immer noch zu stark auf die Kanzlerdemokratie, die Länderfürsten und die großen Parteien fixiert.

Offen und unbekannt ist allerdings 9 Monate vor den Landtagswahlen noch Vieles. Zum Beispiel, welche Partei an der Fünf-Prozent-Hürde scheitert, was die Freien Wähler erreichen und insbesondere wie die noch zu gründende Wagenknecht-Partei für „Vernunft und Gerechtigkeit", was der Titel eines philosophischen Seminars sein könnte, in Ostdeutschland, zumal bei den ehemals Linke-Wählern, AfD-Wählern, Protest- und Nichtwählern abschneidet.

Vielversprechende Potentialanalysen (in Brandenburg 11 %) sind ebenso wie Umfragen noch keine Wahlergebnisse. Mit Vorhersagen sollte man daher zurückhaltend sein, auch der AfD wurde ein schnelles Ende vorausgesagt! Gauland und Wagenknecht haben sich in manch grundlegenden Fragen immer gut verstanden, Überschneidungen in wichtigen Politikfeldern (Migration, Russlandpolitik, Krieg und Frieden) sind also gegeben. Beim Sozialstaat und der Umverteilung, überhaupt der Wirtschaftspolitik im Zusammenhang mit der Energiepolitik, die zentraler werden (auch als Gegenstand der Kontroverse), gibt es Distanz.

Das neue Etikett „linkskonservativ" hat sich deshalb schon eingebürgert. Das detaillierte Parteiprogramm steht freilich noch aus, es wird zusammen mit Experten und betroffenen Bürgern erst noch erarbeitet. Der Erfolg der neuen Partei wird vor allem davon abhängen, welche Personen die Wagen-knecht-Partei für die Landeslisten gewinnen kann.

Am 8. Januar wird die neue Partei BSW offiziell gegründet, die mit einem ambitionierten Zeitplan schon an der Europa-Wahl im Juni teilnehmen will. Mit Fabio di Masi (ehemals ‚Linke') hat sie dafür einen kompetenten Europa- und Wirtschaftspolitiker, der zudem noch ein bekannter Scholz-Kritiker ist, als Spitzenkandidaten präsentiert.

Auch der ehemalige SPD-Oberbürgermeister Thomas Geisel von Düsseldorf (2014-2020) wechselt zur Wagenknecht- Partei, die gleich mit dem Knall eines erheblichen Protestpotentials – die „Politik der etablierten demokra-tischen Parteien gefährdet die Demokratie" – auftritt. Klugerweise legt sich das neue Bündnis mit Überraschungspotential nicht schon auf künftige (Par-teien-) Bündnisse fest.

Der ehemalige Verfassungsschutz-Präsident Maaßen plant aus der WerteU-nion heraus – wirtschaftsliberal und wertkonservativ – ebenfalls eine neue Partei zu gründen. Er bezeichnet sich selbst nicht als „rechts" und will im Unterschied zu Merz keine ‚Brandmauern' errichten. Eine Koalition mit der AfD wäre also möglich und könnte ein Zünglein an der Waage werden.

Sind die demokratischen Parteien darauf vorbereitet, ein blaues Wunder (40 %!) zu verhindern?
Man könnte meinen, dass sie keine bessere Unterstützung erhalten können, als wenn Spitzenverbände der deutschen Wirtschaft, bereits Ende 2023, aus-drücklich davor warnen, dass die AfD nicht nur Schaden, sondern „großen Schaden an der deutschen Wirtschaft anrichtet" (Russwurm, BDI).
Auch das Zehn-Punkte-Regierungssofortprogramm der AfD (September 2023) wird vom Deutschen Institut für Wirtschaft (DIW) wirtschaftspolitisch nicht als im Interesse der AfD-Wähler eingeschätzt (Fratzscher spricht vom „AfD-Para-dox"). Das müsste insbesondere ostdeutsche Wähler in Strukturwandelregi-onen, in die viel Geld fließt (z.B. die Lausitz), aufhorchen lassen, mehr als

die „Angst um die Demokratie", die häufig Politiker bis hin zum Parteiverbot (zuerst der ehemalige Ostbeauftragte Wanderwitz aus Chemnitz) äußern.

Die demokratischen Parteien haben allen Grund, selbstkritisch bei sich selbst zu beginnen. Dies wäre jetzt das Wichtigste: Gründe gegen Gründe. Das Jahr 2024 könnte nicht nur ein Jahr der AfD werden, sondern ebenso ein schwieriges Jahr für die CDU, zumindest in Sachsen und Thüringen, wenn sie ihre „Brandmauern" gegen Links und Rechts aufrechterhalten will, und ein schwaches Jahr für die SPD und die Grünen, deren Deutungsmacht an Einfluss verliert, auch bei den Jungen.

Man sollte sich deshalb einmal inhaltlich damit beschäftigen, was die ,Junge Alternative' in ihrer eigenen Öffentlichkeit diskutiert. Diesen Gegner sollte man kennen, um einen Kampf der Argumente und nicht des Niederbrüllens in historischen Kostümen des Antifaschismus führen zu können.

In Thüringen müsste die CDU eventuell mit der pragmatischen Linken von Ramelow, der eine Minderheitsregierung in Erfurt führt, koalieren, wenn sie Höcke als Ministerpräsidenten verhindern will. Das sollte noch zur ethisch-politischen Mitte mit Maß und Maßstab föderalistisch gehören, auch wenn es den „Prinzipien" der Bundespartei widerspricht. Regeln gibt es im Föderalismus nicht ohne begründete Ausnahmen.

Diese Diskussion führten wir schon einmal 2020, als versehentlich Kemmerich (FDP) mit Hilfe der AfD zum 6. Ministerpräsidenten gewählt wurde. An Thüringen schien plötzlich das Schicksal der ganzen Republik zu hängen, als ob das kleine Bundesland aus der Nato austreten könnte. Die Kanzlerin intervenierte sogar von Afrika aus. Was für ein peinliches Theater!

Das Jahr 2024 könnte auch ein blamables Jahr für die SPD werden. Die SPD büßt für ihre schwache Kanzlerschaft im Bund; Grüne und Liberale ebenso, die ohnehin im Osten kaum verwurzelt sind. Die FDP regiert weiter, obwohl die Parteibasis gespalten ist: „Die Ampel macht mehr richtig als falsch" (Lindner, 6.1.2024).

Vor allem der SPD bläst der negative Bundestrend ins Gesicht. „Ich rate jedem, die Stimmung sehr ernst zu nehmen. Sie hat Gründe", mahnt Brandenburgs SPD-Vizechefin und Finanzministerin Katrin Lange (Tagesspiegel, 3.1.24, S.1). Interessanterweise grenzt sie sich (nicht zum ersten Mal!) von der Ampel-Koalition in Berlin ab, die vielfach als „chaotisch" und „unprofessionell" eingeschätzt wird. Die Auseinandersetzung um das Heizungsgesetz war nur der bekannteste Murks, den alle mitbekommen haben. Damit waren auch die Grünen der neuen ‚Klimaregierung' im Heizungskeller. Auch das versprochene ‚Klimageld' kommt konkret nicht voran.

Verwirrend bleibt zudem die ständige Auseinandersetzung um die verfassungsmäßig gebotene Schuldenbremse, die Hauptidee der Liberalen gegen die ständig wachsende Staatsverschuldung, die durch die gegenwärtige Hochwasserkatastrophe wieder neu ausgelöst wird, nachdem sie nach der Ahrtalflut noch nicht erledigt war. Vieles ist für die Bürger nicht mehr ersichtlich und nachvollziehbar; selbst beim Bürgergeld, dem sozialpolitischen Prestigeprojekt der SPD, das die leidigen Hartz IV- Diskussionen endlich ablösen sollte.

Die Kenia-Koalition in Brandenburg wird nicht nur gegen die Ampelkoalition im Bund ins Feld geführt. Finanzministerin Lange verweist außerdem selbstkritisch gegen die besserwisserisch scheinende SPD (als Partei des öffentlichen Dienstes und der Staatsangestellten) darauf, dass man lernen und sich korrigieren kann, etwa bei der abgesagten Kreisreform oder der Polizeireform, die eher in Sparmaßnahmen bestand.

Auch die Brandenburger-Koalition unter Führung der SPD hat 2024 noch nicht erledigte Hausaufgaben. Unter anderem ist eine Verfassungsklage der AfD gegen den Haushalt hängig, die Finanzierung des PCK Schwedt ist noch nicht gesichert und selbst das Jagdgesetz ist wegen des bösen Wolfs noch nicht durch im Land der meisten Wölfe in Europa. Die Parteien, rot, schwarz und grün müssen sich im Wahlkampf gegeneinander profilieren und dennoch in der Regierung möglichst geräuschlos zusammenarbeiten. Das ist keine einfache widersprüchliche Aufgabe in der realexistierenden Parteiendemokratie.

Problembewusstsein und Offenheit kommen bei Bürgerdialogen gut an, die ohnehin vermehrt zum Zuge kommen müssen im großen Flächenland mit seinen zahlreichen Dörfern, deren Namen kaum einer kennt. In den letzten Jahren stellen sich Politiker weit zahlreicher, selbstverständlicher und sichtbarer als früher in verschiedenen Formaten den Fragen der Bürger, Kretschmer in Sachsen genauso wie Woidke und Scholz, dessen neue Wahlheimat Brandenburg geworden ist, wo er durchaus präsent ist.

Dieses Pensum ist, mediengetrieben, enorm, das muss man zugeben bei aller Politiker- und Regierungsschelte, die grassiert. Raum und Zeit für Reflexion und Gespräche fehlen indessen. Wie können Politiker/innen heute noch gut beraten sein? Verläuft es allein und hauptsächlich über die Parteien, so ist das zu wenig, das Feilen an der Rhetorik auch.

Reiner Haseloff, der dienstälteste Ministerpräsident von Sachsen-Anhalt, hat 2021 vorgemacht, wie der prognostizierte blaue Vormarsch eingedämmt, ja zurückgedrängt werden kann: „Die AfD wird stark, wenn andere Parteien ihre Hausaufgaben nicht machen". Mehr Gelassenheit statt Panikmache ist also angezeigt, sofern sie sachlich kämpferisch und selbstkritisch bleibt.

Letztlich wird es nicht nur auf die Spitzenpolitiker, die alle kennen, ankommen, sondern ebenso sehr und vor allem auf die zahlreichen (zum Teil parteilosen) Kommunal- und Regionalpolitiker, die am Ort, den sie lieben, verwurzelt sind – ,Helden' der Ebene (nein: gewöhnliche-außergewöhnliche Bürger/innen) mit genius loci bzw. gesundem Menschenverstand. Lassen sie sich noch finden? Zu welchen Arbeitsbedingungen?

Sie müssen auf eine andere Art kommunizieren und argumentieren, um zu überzeugen. Darauf ist zu setzen, indem wir sie zivilgesellschaftlich unterstützen. Sie müssen sich nicht selbst Leistungen zurechnen und selbstbewusst verkaufen können, sie treten nicht als selbstsichere, superkompetente und eloquente Referenzsubjekte auf, die sich oft wiederholen. Sie sollten vielmehr prinzipiell mit allen reden können, zugänglich und umgänglich, aufgeschlossen und bodenständig sein.

Sie müssen sich vor Ort und in der Region auskennen. Der „moralische Kompass", wie man heute sagt, sollte erkennbar sein. Leitfaden der Orientierung sind die Leitsätze der Verfassung und nicht primär eine zur Schau getragene deutsche Leitkultur, woraus ein offenes und unabgeschlossenes Toleranzedikt als Stadt- und Dorfgespräch folgt.

Selberdenken und Mündigkeit, die Leitwerte der Aufklärung, erfordern ein Minimum an eigener Anstrengung von allen. Ansonsten bleibt man bequemer Konformist oder Mündel. Die Kommunalpolitiker/Innen müssen mit den Bürgern ins Gespräch kommen und bleiben, das ist ihre hervorragende Eigenschaft, wenn ihnen die Entwicklung der Region und die Demokratie gleichermaßen am Herzen liegen.

Das AfD-Programm enthält vor allem eine starke Protestnote gegen die Regierung (Senkung von Energiekosten, der CO2-Steuer, gegen das Verbot der Verbrenner, Förderung der Kernenergie, Ausbau der Pendlerpauschale, Ablehnung der EU-Politik u.a.). Gegen die Ampelregierung in Berlin wird es unvermeidbar „Protestwähler" geben (wie gegen jede Regierung), welche ihre „Unzufriedenheit" gegenüber der Regierungsarbeit (heute unter schwierigen Bedingungen!) zum Ausdruck bringen, ohne dass man schon bessere Lösungskonzepte in der Tasche hätte. Der sogenannte Denkzettel gehört zu jeder freien Wahl.

Politiker, die Verantwortung übernehmen, müssen darauf hören und nicht wehleidig lamentieren. Protestwähler, vor allem die mit falschen Gründen, gilt es indessen, so weit wie möglich abzuhalten, und vor allem sind viele Nichtwähler mit überzeugenden Gründen zu gewinnen. Die Wählerschaft ist nicht ohne Grund bedenklich zurückgegangen.

Das ist der Kern demokratischer Auseinandersetzungen, die vielfältig sind und über Deliberation hinausgehen. Die Zahl ist hier entscheidend und nicht nur das bessere Argument. Wie? Das muss man sich immer wieder neu überlegen und darauf eingehen, was über gute Vorsätze und abstrakte Diskussionen hinausgeht.

Vor allem die fehlende Lösung der Migrationskrise, die viele Kommunen an ihre Grenzen der Aufnahme- und Integrationskapazität gebracht hat, gilt gegenwärtig als Hauptproblem, welches den Regierungen angelastet wird. Zu lange ist es verdrängt und vor sich hergeschoben worden, zumal es auch ein schwieriges Mehrebenenproblem ist (europäisch, national, regional, lokal).

Die Grenzen werden spürbar bei der Wohnungsunterbringung, an Schulen, Kitas und in der Integrationsarbeit. Dies wird seit Jahren parteiübergreifend von allen Kommunalpolitikern laut und deutlich beklagt, ohne dass Regierungen daraus die nötigen Konsequenzen gezogen haben.

Die Kategorien ‚Protestwahl' und ‚Unzufriedenheit' sind empirisch-analytisch freilich noch einmal zu überprüfen und genauer aufzuschlüsseln. Der „Immer-schlimmerismus" (Horx), das heißt die sozialen Abstiegsängste der sogenannten Mittelschicht, die kleinlich mit neidischem Blick ständig alles vergleicht, ist bekannt. Ihre Wehklagen befinden sich häufig auf hohem Niveau. Auch das gehört zur Selbstkritik.

Mit dem Wort ‚gesellschaftliche Spaltung' wird schnell übertrieben und dafür Schuldige ausgemacht. Beides ist zu einfach: die Problembeschreibung wie die moralisch-politische Zurechnung bzw. Unterstellung. Damit indessen wird in der heutigen moralisch aufgeladenen Öffentlichkeit dreiste Politik gemacht.

Dagegen sachlich anzugehen, im Ausgang von den wirklichen Alltagssorgen der Menschen und in Verbindung mit konkreten Lösungen, die nicht zu viel versprechen, ist ein Kraftakt. Wo und wie können hier die Parteien besser werden? Jede wird dies für sich und anders beantworten müssen, da ihre eigene Zukunft davon abhängt.

Die Kommunen wollen eine Begrenzung der Migration. Sie fordern mehr Personal und Geld für die Arbeit mit Geflüchteten. Nationale Anstrengungen wie vor allem die ersten Schritte einer gemeinsamen europäischen Flüchtlingspolitik (bessere Kontrollen der Außengrenzen, Solidaritätsmechanismus u.a.), die viele Jahre überhaupt nicht stattfand, werden ausdrücklich begrüßt (so der deutsche Gemeinde- und Städtebund, Pressekonferenz am 3. Januar 2024).

Die illegale Migration konnte durch Grenzkontrollen in Sachsen und Brandenburg stark eingeschränkt werden. Eine demokratische Begrenzung der Zuwanderung ist „moralisch nicht verwerflich"(Gauck). Die Ängste der Bürger im Bereich der inneren Sicherheit sind besonders ernst zu nehmen. Die Polizei wie die Justiz als Kernbereiche des Staates müssen zwingend personell besser ausgestattet werden. Das ist elementar und hat nichts mit autoritärem Populismus zu tun.

Freilich muss das, was alles beschlossen worden ist, zum Teil sind es lediglich Absichtserklärungen insbesondere auf europäischer Ebene, erst noch umgesetzt werden. Die Zeit selber ist ein erheblicher Faktor in der demokratischen Politik. Man war und ist nicht nur zu zögerlich und zu spät, zum Beispiel mit den Grenzkontrollen oder der Ukraine-Unterstützung. Koordinierte Maßnahmen auf mehreren Ebenen und Absprachen mit Drittländern haben darüber hinaus ihre eigene Zeit, bis sie greifen.

Inzwischen findet auch die Mehrheit der jüngeren Leute, dass Deutschland zu viele Flüchtlinge aufgenommen hat. Die Bürger werden nicht nur systematisch überfordert, sie werden oft auch nicht frühzeitig gefragt und in Entscheidungsprozesse einbezogen. Das viel beschworene „Mitreden und Mitentscheiden" in den zahlreichen Sonntagsreden des Bundespräsidenten findet aus Sicht der Bürgerschaften nicht oder zu wenig statt. Diesen Kontrast erfahren und bemerken sie deutlich, es ist nicht nur Lamento, sondern gesellschaftliche Alltags-Realität. Ob also staatstragende Reden demokratiepolitisch wirklich helfen, ist ein zweischneidiges Schwert.

Diesbezüglich gehen die Sichtweisen von Politik und Verwaltung noch immer weit auseinander, bei allen Bemühungen der Vermittlung, die es gibt. So ist die Stimmung in den letzten Jahren vielerorts, vor allem aus kommunalpolitischen Gründen gekippt, was wirklich eine ernste Gefahr für die Demokratie ist, denn hier liegt ihre Ursprungsquelle. Sie richtet sich nun frustriert und wütend gegen die etablierte Politik schlechthin und den Staat als solchen, was zugleich falsch und gefährlich ist.

An dieser Stelle muss wieder grundsätzlich diskutiert werden, was insbesondere die Staats- und Politikdebatte betrifft. Politische Bildung gehört zur Bildung, die zu verbessern ist, was allen etwas abverlangt. Eine neuerliche Wertedebatte, angestoßen vom Bundespräsidenten, wie sie der Generalsekretär der CDU, Carsten Linnemann, neulich forderte, wäre dafür der falsche Weg. Er ist schon zu oft plakativ ‚von oben' eingeschlagen worden. Bürgerschaftliche Wege vor Ort hingegen dürfen nicht pastoral wirken, sondern müssen basisdemokratisch und nachhaltig sein.

Wer erinnert sich noch an die „Grundwerte-Debatte" oder die „Wertebildung" (siehe Wertebildung in Jugendarbeit, Schule und Kommune, Hg. Schubarth u. a., Wiesbaden 2010). Bessere Schulen, motivierte Lehrer und praktisches Demokratielernen würden mehr bringen. In diesem Zusammenhang kann wieder kontinuierlich, beharrlich, koordinierter und selbstreflexiv an die Arbeit der Wertebildung angeknüpft werden.

Dazu gehören beispielsweise (in Potsdam) das Toleranzedikt als Stadtgespräch (in Dessau heißt es ‚Charta der Toleranz') zwischen Toleranz und Entschiedenheit, die Mobilen Beratungsteams (MBT) und das ‚Tolerante Brandenburg, als demokratiepolitisches Handlungskonzept (siehe Kleger/Klein Hg., Demokratiepolitik, Wiesbaden 2024). Auch in anderen Bundesländern regt sich was (z. B. www.thueringen-weltoffen.de). Diese Initiativen sollten sich vermehrt austauschen und zusammenschließen.

Von einer neuen Delegitimierung des Staates, nicht nur durch den Rechtsextremismus, ist mittlerweile die Rede, die sich in einer zunehmenden Verrohung des Verhaltens vieler Leute zeigt (gegenüber Lehrern, Polizisten, Rettungspersonal, gewählten Politikern u.a.). Auch partiell gescheiterte Integration spielt objektiv in diese generelle De-Zivilisierung hinein. Diese heiklen und schwierigen gesellschaftlichen Themen darf man parteipolitisch nicht der AfD überlassen.

Eine Wertedebatte allein hilft nicht weiter. Eine neue Bürgerschaft fällt nicht vom Wertehimmel (weder theologisch noch ethisch), sondern bildet sich vor Ort in Konflikten und Kooperation, Wahrnehmung und Neugierde, Unverständnis und Gespräch.

Dagegen wird die Kluft zwischen „Gutmenschen" und „Wütenden" größer. Die größte Verachtung erfährt die AfD bei Grünen-Wählern und umgekehrt. Hier findet geradezu ein Kulturkampf zwischen 'normal' und 'nicht normal', ‚korrekt' und 'nicht korrekt', ‚multikulti'/Diversität und ‚völkisch' statt, der schon an der Sprache ablesbar ist und sich dort entzündet (Triggerpunkte). Was hat noch als 'normal' zu gelten?

Ernst zu nehmen ist die allmähliche Erosion der herkömmlichen Parteienlandschaft auch in Deutschland. Italien zuerst und Frankreich haben gezeigt, wie schnell das gehen kann, selbst bei großen und zu selbstsicheren Traditionsparteien, und zu welchen Brüchen dies führt. Es ist Fünf vor Zwölf.

17. Januar 2024

Protest und Widerstand

Wenn Bauern demonstrieren, dann aber richtig. Das kennen wir aus der Schweiz, wenn sie in ‚Bundesbern' auf dem Bundesplatz vor dem Bundeshaus auffahren und gelegentlich ihren Mist abladen. Das sind keine ‚Latschdemos', ‚Berufsdemonstranten' sind sie nicht.

Die Bauern haben nicht viel Zeit, da sie zu den Höfen zurückkehren müssen. Und sie demonstrieren erst, wenn sie wütend sind und das sprichwörtliche Fass übergelaufen ist, wenn sich viel Frust angesammelt hat gegenüber einer Regierungspolitik, die ihnen fern ist. Vielen Bauern fehlt in den Ämtern, mit denen sie es zu tun haben, die nötige Fachkompetenz. Sie kommen aus einer anderen Arbeits- und Lebenswelt. Die Sparbeschlüsse 2023 haben sie als „katastrophales Weihnachtsgeschenk" erlebt.

Deshalb müssen Demonstrationen wirksam sein, wenn man schon demonstrieren geht. Dazu kommt der Bauernverband, eine Organisation, die nicht schwach ist in der Verbändedemokratie der organisierten Interessen. Ohne starke Verbände gibt es hier keine Kompromisse. Das gilt für Deutschland wie die Schweiz mit durchschnittlich viel kleineren Höfen, die hochsubventioniert sind (die Höhenlage kommt dazu).

Die Bauern in Europa befinden sich in einem beruflichen Zwiespalt: sie möchten selbständige stolze Unternehmer und Produzenten sein, sind aber gleichzeitig durch die Subventionen, von denen sie abhängig sind, abhängig Beschäftigte. „Gefangen in der Subventionsfalle", wie die NZZ schreibt (16.1., S.13).

Ohne Staat überleben sie nicht, in der Schweiz, als Nicht-EU-Mitglied noch ausgeprägter als in Deutschland. Kritiker haben diesbezüglich, etwas überzogen, auch schon von „Planwirtschaft" gesprochen. Mit der Rolle des Staates hat auch die überbordende Bürokratie und heute die (grüne) Bevormundung – „Landwirtschaft gab es schon vor den Grünen" (Transparent) – zu tun, über die sie klagen. Diese Klagen sind keine auf hohem Niveau (NZZ, 15.1., S.15).

Die kognitiven Dissonanzen zwischen Freiheit der Arbeit und Abhängigkeit zermürbt vielmehr die bäuerlichen Existenzen, so dass viele aufgeben. Wer Jahrzehnte eine Subvention erhält, empfindet diese als Besitzstand. Doch der gesamte EU-Haushalt ist ein einziger Verschiebebahnhof für Agrarsubventionen. Zum Kulturkampf der Landbevölkerung kommt heute die europäische und internationale Konkurrenz, die sich verschärft, hinzu.

Bauer sein, ist nicht nur ein besonderer Beruf, die Landwirtschaft ist auch eine besondere Branche. ‚Das Höfe sterben' ist ein allgemeiner Trend, auch in Bayern, wenngleich dort der Bauernstand in der Politik einen anderen Stellenwert hat. Das hat die Rede von Söder in Nürnberg am 5. Tag der Bauernproteste (12.1.) erneut unterstrichen: „Ohne Bauern kein gutes Deutschland". Die Struktur der landwirtschaftlichen Betriebe ist freilich sehr unterschiedlich.

Das wird auch von Lindner am letzten Tag der Aktionswoche vor dem Brandenburger Tor bekräftigt, wo er die Sparpolitik der Regierung verteidigt und zugleich das Angebot macht, über die einzelne Maßnahme ‚Agrardiesel-Subvention' hinaus grundsätzlich über Landwirtschaftspolitik in liberaler Perspektive zu reden. Und das in Absetzung von der bisherigen Politik, genauso etwa von Klöckner (CDU) oder Künast (Grüne), weg von der bisherigen Bevormundung. Die Rufe, „die Ampel muss weg", übertönen trotzdem seine mutige Rede.

Lediglich eine einzelne FDP-Fahne wurde durch die Menge getragen. Das ist aufschlussreich: für die Parteien wie die Friedfertigkeit der wütenden Bauern. Der Finanzminister konnte trotz einer starken inhaltlichen Argumentation jedoch nicht befrieden. Der Unmut gegenüber der Regierung wächst vielmehr, der auch in den Ansprachen von Vertretern der Bäcker, der Waldwirtschaft und des Transportwesens zum Ausdruck kam.

Lindner hat sich nicht nur für die Regierung „gestellt", er hat auch buchstäblich „die Stirn hingehalten", was mir besser gefällt. So wie bisweilen der Vizekanzler für den Kanzler oder der Staatssekretär für den Minister, wie im Falle des PCK Schwedt, wenn es ungemütlich wird. Das ist die Voraussetzung dafür, um besorgte, ja wütende Leute auch in schwierigen Situationen mitnehmen zu können. Krisenmodus in der Politik benötigt besonders anspruchsvolle und anstrengende Krisenkommunikation.

Widerstand gegen die Ampel-Regierung

Die CDU/CSU war von Anfang an auf Seiten der Bauern und grundsätzlich gegen die Ampel-Regierung, die sie ablösen möchte. Beim notwendigen Sparen sei die Landwirtschaft einseitig belastet worden, heißt es. Die Regierung entscheidet nicht richtig, wo gespart werden muss, während Kanzler Scholz die Subventionskürzungen verteidigt. Ihn trifft der Vorwurf, dass der Haushalt „unsozial" sei. Das ist im Grunde genommen die Substanz der politischen Auseinandersetzung seit dem Urteil aus Karlsruhe, welches gerichtlich die Austeritätspolitik auferlegt.

Dazu kommt der Seitenhieb gegen die Grünen: Die ungeliebte Regierung Scholz, der Kanzler „kann es nicht", betreibe mit den Grünen eine „Politik gegen den ländlichen Raum", heißt es aus bayrischer Perspektive (12.1).

Der Stadt-Land-Gegensatz wird so wieder reaktiviert, und selbstverständlich springen alle oppositionellen und widerständigen Bewegungen, Gruppen und Grüppchen opportunistisch auf – von den ‚Freien Wählern' über die AfD: „Die Ampel macht mehr Mist als unser Vieh", über die „Freien Sachsen" in Dresden bis zum rechtsradikalen „3.Weg", sei es mit Flugblättern, Plakaten oder eigenen Demonstrationen. Die Demonstration der ‚Freien Sachsen' in Dresden beispielsweise war nicht vom Bauernverband angemeldet und hatte mit landwirtschaftlichen Themen nichts zu tun, so wenig wie die AfD in ihrem Parteiprogramm.

Damit wird der Protest der Bauern, der sich anfänglich gegen die Kürzung des Agrardiesels gerichtet hat, inhaltlich erweitert. Weitere Gruppen, die sich dem Protest anschließen wie die Spediteure mit ihren Lastwagen, Gastronomen, Fischer, Handwerker und Unternehmer kommen hinzu. Das Spektrum erweitert sich zu einem *„Aufstand des Mittelstandes"*. Traktoren und Lastwagen blockieren den Verkehr, so dass Deutschland buchstäblich „lahmgelegt" wird, wovon die Klimabewegung in ihrem Widerstand gegen den Autoverkehr bloss phantasieren kann.

Die Polizei spricht dennoch lobend von einem „geordneten Protest", der einen großen Rückhalt in der Bevölkerung findet. Die befürchteten gewaltsamen Ausschreitungen gab es nicht, die Distanzierung von Extremisten erfolgte vielfach, und die Gefahr für die Demokratie blieb aus. Davon werden die Klimakleber negativ abgesetzt: „sie arbeiten nicht, die Landwirte schaffen etwas" (Söder).

Sie beschmieren das Brandenburger Tor als Symbol der nationalen Einheit, bei ihnen sollte die linksextremistische Unterwanderung wahrgenommen und skandalisiert werden und nicht den Bauern eine rechtsextremistische Unterwanderung unterstellt werden (Lindner 15.1.). Was die meisten aktiven Bauern und Bäuerinnen gegen die Regierung aufbrachte, war, dass sie in die „rechte Ecke" gestellt werden.

Die Landwirte pflegen die Natur in vielfacher Hinsicht, in der Schweiz werden sie deshalb auch „Landschaftsgärtner" (Kurt Gloor 1970) genannt. Wie
sähe die Landschaft aus ohne sie?! Sie sind nicht nur eine Branche, sondern
übernehmen wesentliche Funktionen für ein Land nicht nur den ländlichen
Raum, zum Beispiel Ernährung und regionale Produkte, heute anders als
früher. Auch das stimmt, wenn man es nicht ideologisch überhöht (siehe
dazu den Historiker und sozialdemokratischen Politiker im Appenzellerland
Matthias Weisshaupt zur Bauern- und Bauernstaatsideologie in der nationalen
Geschichtsschreibung, 1992).

Nur scheinbar ideologiefrei wird gegen die ideologische Politik der Grünen
polemisiert. Ideologisch im negativen Sinne sind heute nur noch die Grünen,
während diese, nach vielen Lernprozessen, zum Glück für die Republik – in
den heutigen „aufgeregten Zeiten"(Scholz) – *staatstragend* geworden sind.
Aber aus künftigen Regierungskoalitionen will man sie im parteipolitischen
Machtkampf gleichwohl entfernt haben wie in Hessen und Bayern, so auch
im Bund.

Dabei dienen die realen Probleme der Bauern, die es auch in Bayern und der
Schweiz zuhauf gibt, oft als Vorwand. Sie wollen nicht zu viele Vorschriften
von Leuten akzeptieren, die keine Ausbildung haben und „eine Kuh nicht von
einem Schwein unterscheiden können" (so der bayrische Wirtschaftsminister
Aiwanger, der selber Bauer ist), heißt es dann.

Solche starken Sprüche gab und gibt es, aber sie überwiegen bei weitem
nicht, wenn man die zahlreichen Stimmen von Bauern und Bäuerinnen hört,
die sich tagtäglich bei Welt TV und anderswo äußern. Sie wollen *gehört* und
in ihren Anliegen *anerkannt* werden. Erst daraus können *faire Kompromisse*
entstehen, was es in der demokratisch legitimierten Politik zu beachten gilt.

Der Protest wird immer mehr zu einer Bewegung und zu einem Widerstand
gegen die Regierung, die zunehmend unter Druck gerät. Es ist eben nicht
nur symbolischer Protest, sondern realer Widerstand mit einer Preiserhöhungsstrategie. Wird die Regierung einlenken? Und wird sie erpressbar, wenn

sie das tut? Wie weit gehen die Bauern in ihrem Protest nach der geplanten Abschlusskundgebung in Berlin?

Sie hoffen noch auf Gespräche mit Abgeordneten und Fraktionen bis Donnerstag, den 18. Januar, wo im Bundestag das Haushaltsbereinigungsgesetz besprochen wird. Die Drohung, den Protest fortzusetzen, sollte der Agrardiesel, der Priorität hat, nicht zurückgenommen werden, bleibt im Raum, so Bauernpräsident Ruckwied am 15. Januar nach einem Austausch mit den Fraktionsvorsitzenden der Regierungsparteien. Er setzt auf lösungsorientierte Gespräche mit Ergebnissen. Austausch und Gespräche sind nicht dasselbe, Gespräche dauern länger.

Kann sie Finanzminister Linder mit dem wiederholten Versprechen des Bürokratieabbaus beschwichtigen oder kann gar ein weitergehender Kompromiss in den erneuten Gesprächen, ab Montagnachmittag dem 15. Januar, erzielt werden? Das Haushaltsgesetz liegt noch im Bundestag, Kompromisse sind also noch möglich. Oder wird der Protest weitergehen und sich radikalisieren?

Parteiendemokratie, Regierung und Staat

Das ist die Angst von Regierenden, die gewählt sind. Sozialdemokratische Ministerpräsidenten, die von Landwirtschaft etwas verstehen wie der gelernte Agraringenieur Dietmar Woidke aus Forst in der Lausitz – „ich kann Trecker fahren und Kühe melken" –, kritisieren Scholz und raten zum Dialog. Die Brandenburger Bauern haben am Montag, den 8.1., einen 23 Kilometer langen Konvoi von Klaistow an die Staatskanzlei geführt, dort eine Protestnote übergeben, in der von zivilen Protestformen gesprochen wird. In den Reden hat man sich von Extremisten distanziert. In einem weit verbreiteten Video von Jungbauern und Jungbäuerinnen heißt es: Protest gegen die Ampel bedeutet nicht „Rechts vor Links".

Der sozialdemokratische Landwirtschaftsminister Backhaus von Mecklenburg-Vorpommern präsentiert derweil einen Kompromissvorschlag, der mit

Bauern erarbeitet worden ist und vorsieht, die Subventionen bis 2028 schrittweise zurückzunehmen. Diese Zeit soll genutzt werden zur Entwicklung von
alternativen Kraftstoffen für landwirtschaftliche Fahrzeuge. Kanzler Scholz und
Finanzminister Lindner, der von Anfang an die Bauernproteste für *„unverhält-
nismäßig"* hielt (6.1.2024), wollen dagegen an ihrer Linie festhalten.

Lindner will sich am Montag vor dem Brandenburger Tor den Bauern (der
Bauernverband vorneweg und seine beharrliche Basis auf der Straße, die dort
nächtigte) „stellen". Das erwartete man am Donnerstag zuvor am 11.1. auch
in Cottbus von Kanzler Scholz, der dort ein neues ICE-Werk eröffnete. Scholz
ist kein Macron und kein Kretschmar, der ein begnadeter Populist ist, die aus
dem Wagen aussteigen und „sich der Menge stellen" (was für ein Wort!).

Wie aber kann man mit einer *Menge* diskutieren? Wie inhaltlich argumentieren, wenn die Stimmung aufgeheizt ist und Buhrufe das Reden übertönen.
„Scholz drückt sich vor den Bauern" (Welt TV, 11.1.), heißt es prompt. Die
Medien erwarten Bilder eines Kanzlers, der die Bauern versteht – das ist
die *Realität* der Massenmedien. Inwieweit soll sich Politik von solchen Erwartungen gängeln lassen? Bestimmen die Medien die Politik? Sind Politiker
ihre Marionetten?

Kann man also Scholz vorwerfen, dass er kein talentierter Kommunikator ist,
oder ist es nicht vielmehr so, dass nur noch ein besonnener, wenngleich
spröder Stoiker die heutige Streitkultur, nur schon die einer Dreier-Koalition,
aushält? Hätte es der pragmatische Macher Helmut Schmidt, das Hamburger
Vorbild für Scholz, in dieser Konstellation besser gekonnt?

Wäre es aber unter Schmidt überhaupt zu einer rot-grün-liberalen Fortschrittskoalition, von der alle drei Parteien durchaus viel voneinander lernen können,
gekommen? Hätte Schmidt ihre internen Konflikte moderieren und ausglei-
chen können? Fehlt es also an der kantigen „Schmidt-Schnauze", der sogar
der riesigen Friedensbewegung der 80er Jahre, überhaupt nicht zeitgeistig,
die Stirn geboten hat. Das ist zu bezweifeln, wir leben in einer anderen Welt.

Fehlt es also vor allem an *„Führung"*, die in der Kanzlerdemokratie wieder groß geschrieben wird, obwohl auch die *führende* CDU/ CSU keinen überzeugenden Kandidaten hat? Oder woran fehlt es genau in der Politik, zunächst einmal nur in der Regierungspolitik? Die verschiedenen Dimensionen des Politischen in der Moderne sind auseinander zu halten und können nur gesondert genau und produktiv diskutiert werden.

Diese verschiedenen Dimensionen oder Aspekte sind: Regierung, Parteiendemokratie, Bundestag und Parlamente, Verbändedemokratie, Protest und Widerstand, Demokratie der Bürger und Bürgerinnen. Die ganze *zivile Komplexität des Politischen* in der Moderne ist zu beachten, wenn man die Demokratie in der nationalen und internationalen Auseinandersetzung stärken will, und darum geht es in diesen Jahren! Sie hat einen schweren Stand.

Ist also vor diesem Hintergrund tatsächlich die Diskussion um den Führungsstil des Kanzlers die richtige und wichtigste politische Frage bei allem unnötigen Streit, zu vielen handwerklichen Fehlern und fehlender demonstrativer Entschlossenheit, die zu recht kritisiert werden? Ist die mediengetriebene vorherrschende Art des kleinlichen und gehässigen Streits überhaupt Kultur, politische Kultur? Für wen? Für die Medienprofis aus geschäftlichen Gründen und die vermeintlich Meinungsstarken aus narzisstischen Gründen? *Fehlende kluge Politik* lässt sich durch (politisch missbrauchte) Moral nicht kompensieren.

Den demokratischen Auseinandersetzungen mit den vielen Verschiedenen, die über Deliberation hinausgehen, kommt es jedenfalls nicht zugute. Die Aufgabe der Parteien ist es dabei, Stimmen zu gewinnen für ihre Lösungsvorschläge. Diese Aufgabe kann man ihnen, auch mit einem Parteiverbot der AfD, nicht abnehmen. So argumentierte das Bundesverfassungsgericht schon beim gescheiterten NPD- Verbot, obwohl das Kriterium der „Affinität zum Nationalsozialismus" erfüllt war, wie das Gericht selber feststellte.

Oder bestimmen neuerdings die ständigen Umfragen die Politik? Soll Pistorius statt Scholz Kanzler werden? Lässt sich die SPD-Fraktion von solchen Pseudo-Diskussionen beeindrucken – Demoskopie statt Demokratie? Die Ampel ist noch immer die gewählte Regierung, und wenn es am Kanzler Zweifel geben sollte, kann man im Parlament die Vertrauensfrage stellen. Wird sie verloren, gibt es Neuwahlen, auf die eine erneute Koalitions- und Regierungsbildung folgen.

Das ‚große Ganze‘, sei es die Regierung und das Regieren, sei es die Demokratie und die demokratisch legitimierte Politik, um das es jetzt angeblich geht, folgt dann seinem vorgesehenen geordneten Gang. Demokratie ist zum Glück noch immer *primär verfahrensorientiert* und lässt sich von Stimmungen und Protesten zwar beeinflussen, aber nicht steuern.

Scholz hält in Cottbus am 11.1., entgegen den Erwartungen, eine typische Rede für die sozialdemokratische Zukunftshoffnung und lobt das Wirtschaftswachstum in Brandenburg, das nicht von allein kommt. Er spricht gutgelaunt, überschwänglich und schlumpfig gar von „chinesischen Dimensionen". Von Cottbus gehen heute andere Signale aus, nicht nur in der Forschung, sondern auch bei den Arbeitsplätzen und innovativer Wirtschaft. Das stimmt.

Scholz und Woidke sehen sich als Macher. Eine „neue Mentalität des Machens" fordert auch die Heidelberger Erklärung der CDU (13.1.). Ihr neues Grundsatzprogramm nach 17 Jahren betont Freiheit, Wohlstand und Sicherheit. „Wir sind bereit für die Regierungsübernahme" (Merz). Die Union ist aktuell in der Gunst der Wählerschaft so stark wie die Ampelparteien zusammen.

Scholz und die SPD wissen noch, was *Fortschritt* ist, dafür brauchen sie keine akademischen Abhandlungen. Sie müssen Wahlkämpfe mit Argumenten für heute gewinnen und nicht mit nachgestellten antifaschistischen Kämpfen von gestern, was nicht heißt, dass es in der AfD keine rechtsradikalen Tendenzen gibt.

Darauf hat am kalten Sonntag, dem 14. Januar, eine Kundgebung gegen Rechts in Potsdam am Alten Markt, der größten seit 1989, aufmerksam gemacht. Scholz und Baerbock waren als Potsdamer mit dabei. Zeitgleich fand auch eine große Kundgebung in Berlin vor dem Brandenburger Tor statt. Es gab mithin zwei Tage hintereinander zwei beeindruckende Demonstrationen einer demokratischen Menge (andere in Essen, Leipzig usw. kamen hinzu), die rausgeht und sichtbar werden will, anders als die bequeme schweigende Mehrheit.

Die paradigmatische Rede von Scholz am 11. Januar in Cottbus wird die Vorlage werden für Woidkes Wahlkampf in diesem Jahr. Die AfD soll erklärtermaßen nicht die stärkste Partei im Land werden: „Ihnen darf man das Land nicht überlassen" (Woidke), sagt die Politik unisono mit der Wirtschaft. So sehen gegenwärtig die hauptsächlichen Fronten, Herausforderungen und entscheidenden Unterschiede aus, denn die AfD liegt in den Umfragen weit voraus, was man nicht ignorieren kann und worauf man sich, diesmal früh genug, einstellen muss.

Der grüne Landwirtschaftsminister Özdemir, der bei den Kürzungen bezeichnenderweise nicht gehört wurde, versucht sich zu rechtfertigen, indem er auf die Kompromisszwänge und Kompromissmöglichkeiten einer Dreierkoalition hinweist. Zudem sieht er zurückliegende Versäumnisse in der Landwirtschaftspolitik, die nicht nur ein nationales, sondern auch ein europäisches und internationales Problem ist.

Er bringt wieder die Idee eines ‚Bauernsoli' ins Spiel, den schon einmal die Groko in der ‚Zukunftskommission Landwirtschaft' erwägte, um die Finanzierung von Ställen zu ermöglichen, die dem Tierwohl dienen. Der Bauernsoli wäre ein weiteres Bürokratiemonster und erst noch auf Kosten der Verbraucher.

Die Parteien werfen einander wechselseitig vor, dass sie das „Land an die Wand gefahren hätten" bzw. „an die Wand fahren würden", indem sie die Zukunft verspielen. Beides ist schwierig zu verifizieren, zumal es parteiliche Komplizenschaft in der jüngeren Vergangenheit gab und die Zukunft im heutigen internationalen Umfeld niemand kennt.

Theoretisch gesehen, ist dies im Kern die Debatte um die Schuldenbremse als sinnvolles Instrument für die Zukunft (Nachhaltigkeit, Gerechtigkeit zwischen den Generationen) oder im Gegenteil als Zukunftsbremse, als Instrument, nötige Zukunftsinvestitionen (in Infrastruktur, Bildung, Forschung etc.) zu verhindern.

Die Schuldenbremse ist ein zentrales liberales Anliegen, um die übermäßige Staatsverschuldung auf Kosten der Zukunft zu verhindern. Die SPD-Fraktion im Bundestag spricht sich jetzt für eine Reform der Schuldenbremse aus. Die Grünen, die in der Wirtschaftspolitik wieder stark auf den Staat setzen, sehen das ähnlich.

Kanzler Scholz stand bisher auf der Seite des liberalen Finanzministers und verteidigte, wie die oppositionelle CDU/CSU, die Schuldenbremse. Hier spiegeln sich letztlich grundlegend verschiedene Auffassungen von der *Rolle des Staates in der Politik*, und es ist anzunehmen, dass die Position als Regierungsmitglied (oder nicht), die Meinung mitbeeinflusst. Dies ist in der klaren Rede von Lindner am 15.1., dem Höhepunkt der Bauernproteste, wieder zum Ausdruck gekommen, in der er den Forderungen der Bauern keinen Zentimeter entgegengekommen ist.

Was bedeuten *Schulden* im Staatshaushalt? Meistens sind es konsumtive Ausgaben, die aber gerne und häufig als Investitionen umdeklariert werden. Wenn der Löwenanteil des Haushalts durch Sozialtransfers gebunden ist wie in Deutschland, werden viele darüber klagen, dass zu wenig Geld für nötige Investitionen übrigbleibt. Zur politischen Identität der Bundesrepublik gehört indes der starke Sozialstaat als eine Voraussetzung für Demokratie und den gesellschaftlichen Zusammenhalt. Ihn lässt man sich zurecht etwas kosten. Auch der Systemkonflikt mit dem Kommunismus spielte bei seiner Entstehung historisch eine große Rolle.

Hohe Staatsschulden bedeuten in der Regel aber nicht hohe Investitionen, sondern spiegeln vor allem die Unfähigkeit von Regierungen, sich politische Zustimmung anders als durch Sozialtransfers zu erkaufen. Wer Schulden macht, muss keine Entscheidungen über *Ausgabeprioritäten* treffen, worin zur Zeit einer Zeitenwende die große Herausforderung für die (Regierungs-) Politik besteht. Alle Anliegen werden vielmehr finanziert, und das Geld wird auf dem Kapitalmarkt geholt und muss erst in Jahrzehnten zurückgezahlt werden. Wird dieses Spiel auf die Spitze getrieben, so kann es wie im heutigen Argentinien enden.

Politische Kommunikation

Inzwischen geht es darum, den Konflikt mit den Bauern zu entschärfen. Die Diskussion dreht sich, vor allem medial, um die *richtige Kommunikation* zwischen der Regierung und der Politik auf der Straße, die selbst von dieser Interaktion beeinflusst wird. Scholz wird vorgeworfen, dass er sich vor den Bauern drücke. Seine Art der Kommunikation wird als zugleich „feige" und „arrogant" beschrieben. Was denn nun?

Was heißt indessen Auseinandersetzung auf gleicher Augenhöhe in einer Krisensituation? Das ist von außen leicht und schön gesagt. Dabei geht es grundsätzlich auch um die Frage des richtigen Regierens und die Mechanismen der Parteiendemokratie, der Koalitions- und Regierungsbildung, die bei der Bevölkerung, das bringen die Bauernproteste und ihre schnelle Ausweitung wieder deutlich zum Ausdruck, gravierend an Vertrauen verloren hat. Wer trägt dafür die Schuld?

Der sächsische Ministerpräsident Kretschmer, den wir einen begnadeten Populisten genannt haben (gleichwohl liegt die AFD in seinem Land weit vorn!), weiß es genau: Schuld für die Verunsicherung im Land trägt allein die Ampelregierung. Die CDU will mit ihrem neuen Grundsatzprogramm dagegen „Halt und Orientierung" geben, während die Ampel nur noch „plan- und ziellos" agiere (Linnemann). In Ostdeutschland hat die bürgerlich-konservative Partei 2024 die letzte Chance, sich als demokratische Mitte zu profilieren, bevor das deutsche Parteiensystem kollabiert.

Der ‚Parti socialiste' (PS) ist untergegangen, obwohl diese Partei einst François Mitterand zum Präsidentenamt gebracht hat, was eine historische Zäsur in Frankreich war. Ebenso sind die Republikaner, die Partei des noch größeren

Charles de Gaulle wie verschwunden. Auch die großen Traditionsparteien von Konrad Adenauer und Willy Brandt sind davor nicht gefeit. Politologen glauben ohnehin, dass *Proporz-Systeme* mit der Zeit dazu tendieren, viele Parteien hervorzubringen, die in mehr oder weniger fragilen Koalitionsregierungen regieren müssen, wobei auch linke und rechte Ränder sichtbar hervortreten. Die stabilere Alternative wäre ein Majorz-System nach dem Westminster-Modell. Die regierende Partei ist hier zumindest *handlungsfähig*, solange sie *regiert*.

Schluss:

Der Bauernprotest in Deutschland hat sich an der Kürzung der Subvention von Agrardiesel entzündet. Von Anfang an ging es allerdings um mehr: „Zu viel ist zu viel", heißt nicht zufällig der Aufruf zum Protest, der sich von Tag zu Tag ausgeweitet hat und zum Widerstand des Mittelstandes gegen die Ampelregierung geworden ist.

Solidarität und Friedfertigkeit unter der Landbevölkerung waren groß trotz Wut und Unmut. Man könnte auch von einer sozialen Bewegung sprechen, wenn denn die Bewegungsforschung, mit Kenntnis der Aktiven, überhaupt noch hinterherkäme. Fridays for Future und Letzte Generation hat man noch kaum erforscht und begriffen.

Das Spektrum legitimer Proteste in einer liberalen Demokratie, die alles andere als selbstverständlich ist, da sie selbst ein historischer Lernprozess ist und bleibt, ist vielfältig. Und die Toleranz gegenüber legitimen Protesten in der Bevölkerung ist groß, solange sie friedlich bleiben, selbst wenn sie manchmal schwer erträglich sind.

Die Protestformen, ihre Angemessenheit und Verhältnismäßigkeit sowie ihre Symbolik bleiben freilich immer umstritten. Das gilt für Bauernproteste, Klimabewegung und Arbeitskämpfe gleichermaßen, die ‚Kampf' nicht nur auf der Metaebene verstehen. Das zeigt sowohl die historische wie die aktuelle Forschung (Braune, Enzmann, Kleger), was nicht von genauer Wahrnehmung und Objektivität entbindet, im Gegenteil.

Das gehört zur politischen Verpflichtung in einer rechtsstaatlichen Demokratie, zumal der illegitime Widerstand gegen Demokratie und Rechtsstaat, etwa die Anstiftung zum Bürgerkrieg und der Terrorismus, im Kopf beginnen mit einer jeweils besonderen Begründung, die sich moralisch und historisch der Demokratie überhoben und überlegen wähnt – Wahnsinn statt Common sense, der das Recht in die eigene Regie nimmt.

Die rechtsstaatliche Demokratie ist historisch-systematisch der Versuch, das (klassische) Widerstandsrecht überflüssig zu machen. Das ist eine große zivilisatorische Errungenschaft, die man pflegen muss. Deshalb gibt es zurecht seit je eine sorgfältige, kontroverse Diskussion über die Kriterien der kleinen Widerstände des zivilen Ungehorsams im Rahmen rechtsstaatlicher Demokratie. Hier ist er lediglich eine gut begründete Ausnahme – und keine Regelmethode.

Es darf keinen modischen Ausverkauf des zivilen Ungehorsams geben, und der Widerstandsbegriff ist vorsichtig, politisch reflektiert und differenziert zu verwenden. Aufstände (der Anständigen und soziale) in Deutschland sind keine Umsturzversuche à la Prinz Reuss. Der Generalstreik ist zudem im Grundgesetz nicht vorgesehen. Die Regierungen sind auch keine Autokratien oder Diktaturen, in welcher Konstellation auch immer. Sicherlich wird der historische Bauernprotest mit nie gesehenen Bildern aber Auswirkungen auf die nächsten Wahlen haben.

Die Diskussion findet also praktisch wie theoretisch in einem gewissen Rahmen statt, der verengt oder erweitert werden kann. Diesen Rahmen zu bestimmen, ist theorieimmanent das Schwierigste, zumal auch der jeweilige Kontext zu berücksichtigen ist. Exoterisch, der Öffentlichkeit zugewandt, bleibt er sicherlich aber auch das Umstrittenste, dem man sich nicht entziehen kann. Man muss deshalb wissen, von welchem Ort aus man spricht. Die Sprecher- und Beobachterposition ist lediglich methodisch neutral.

Die vollständigen Literaturangaben zu diesem Text finden Sie ab Seite 642.

24. Januar 2024

Friedensgipfel in der Schweiz?

Die Schweiz soll und will auf Bitten von Selenski einen Friedensgipfel über seine Friedensformel organisieren. Der ukrainische Präsident ist am 15. Januar erstmals seit Kriegsbeginn in die Schweiz gekommen.

In Bern gab es ein Treffen mit Viola Amherd, der Verteidigungsministerin, die 2024 zugleich für ein Jahr als Bundespräsidentin amtiert. Sie gilt als Fürsprecherin für eine aktivere Ukraine-Politik des neutralen Landes. Dessen ablehnende Haltung zur Wiederausfuhr von Rüstungsgütern unterstützte sie nicht.

Tags darauf flog Selenski per Militärhubschrauber ins verschneite Davos zum World Economic Forum (WEF), das in diesem Jahr so politisch ist wie schon lange nicht mehr. Es wird nicht nur über Politik geredet, sondern – sozusagen in Stuhlkreisen – auch Politik gemacht. Darin eingebettet ist der lange Weg zu einem möglichen Friedensgipfel, der quasi mit einer Phase 0, einem Vor-Friedensprozess beginnt.

Im weitesten Sinne sind das informelle Gespräche, genauer gesprochen handelt es sich um Gespräche im NSA-Format auf der Ebene von nationalen

Sicherheitsberatern (national security advisors). Anlass und Thema ist die ukrainische Friedensformel:

- Abzug aller russischen Truppen
- Rückgabe der besetzten Gebiete
- Strafen für russische Kriegsverbrechen
- Reparationen
- Sicherheitsgarantien

Nur in einem Grundsatz sind sich alle teilnehmenden Länder völlig einig, nämlich der Bewahrung der territorialen Integrität der Ukraine. Neu dabei waren Länder wie Argentinien, Indien und Brasilien; nicht dabei waren die eigentlichen Schwergewichte Russland und China. Die Ukraine versucht den Kreis weiterzuziehen, über den Westen hinaus zum globalen Süden hin, der kein einheitlicher Akteur ist.

Es gibt mithin neue Chancen für den Frieden durch neue Akteurskonstellationen, die politisch-diplomatisch erreicht werden können und vormals undenkbar waren. Dies erhöht in der internationalen Politik die nötige Legitimation von und für Friedensverhandlungen. Solche Versuche sind also nicht „sinnlos und schädlich" (Moskau).

Mit dem NSA-Format versucht man, die momentane Dysfunktionalität der Uno zu überwinden oder zu ersetzen, indem man international wenigstens den Geist der Uno-Charta, nämlich die Ablehnung des Krieges als Mittel der Politik, zu beleben versucht. Russland hat seit dem zweiten Weltkrieg im Sicherheitsrat ein Vetorecht, aber niemand will, dass ein Diktatfrieden oder schlechte Kompromisse als Ergebnis eines Angriffskrieges in der Weltpolitik zukünftig Schule machen.

Kriege enden entweder durch Kapitulation oder einen Kompromiss als Ergebnis von Verhandlungen. Das kann ein Waffenstillsand sein oder sogar ein Friedensvertrag, der im besten Fall dauerhaft ist, wofür die Ukraine Sicherheitsgarantien braucht. Es darf kein notdürftiger schlechter Kompromiss werden, der wieder neue Gründe für einen Krieg bietet. Der Friede soll vor allem unseren Kindern und Kindeskindern zugutekommen.

Der schweizerische Außenminister Cassis stellte fest, dass es „ohne Russland keine Friedenskonferenz geben könne". Auch China, das eine „strategische Partnerschaft" mit Russland pflegt, muss realistischerweise eingebunden werden. Der chinesische Ministerpräsident Li Qiang, der zweitmächtigste Mann Chinas, der am Dienstag in Davos vor Selenski sprach, erwähnte indessen den Ukraine-Konflikt mit keinem Wort, auch Taiwan war tabu.

Das Motto des diesjährigen WEF lautet „Für den Wiederaufbau des Vertrauens". Li Qiang sprach sich für Multilateralismus und mehr Kooperation aus. China ist an Stabilität zweifelsohne nicht nur interessiert, sondern orientiert für eine günstige weltwirtschaftliche Entwicklung, die dem großen Land zugutekommt. Seine Friedensinitiativen blieben aber bisher unkonkret, und was genau alles hinter der strategischen Partnerschaft mit Russland verfolgt wird, weiß man nicht. China kritisiert vor allem die USA, die seit Trump 2016, dazu übergegangen sind, China von wichtigen Technologien abzuschneiden,

Nicht umsonst reiste Henry Kissinger, der zusammen mit Nixon in der internationalen Politik den Weg nach China geöffnet hatte, in seinen letzten Tagen noch einmal nach Peking, zum Mann, der dort die Entscheidungen fällt: Xi Jinping, geb. 1953, seit 2012 Generalsekretär der KP Chinas, der „überragende Führer", wie es auf Chinesisch heißt. Cassis will im Februar nach China reisen. Überschätzt sich die Schweiz?

Kritik regte sich bereits unmittelbar nach Ankündigung des Friedensgipfels am Montag, gemeinsam durch die Bundespräsidentin und Selenski. Er sei nicht abgestimmt mit dem Gesamtbundesrat, der eine 7-köpfige Kollegialbehörde ist, böse Zungen sagen: eine Allparteien-Regierung, beziehungsweise zugespitzt: gar keine Regierung. Der Gestaltungswille in der Außenpolitik durch das Duo Amherd/Cassis überraschte deshalb und passt für Traditionshüter nicht dazu, insbesondere wenn man dafür vorher nicht mit der dominierenden

Kriegspartei Russland gesprochen hat. Für Russland figuriert die Schweiz inzwischen auf der Liste der „feindseligen Staaten".

Die diplomatischen Erfolgsaussichten in der Tradition der ‚Guten Dienste' werden demzufolge als gering beurteilt (siehe NZZ, 20.1., S.27). Immerhin unterstützt der Bundesrat die zehn ukrainischen Bedingungen für den Frieden. So verteidigt sich die Bundespräsidentin zurecht, die noch einmal mit dem Gesamtbundesrat darüber sprechen will. Die Schweiz verfolgt damit den neuen Ansatz der *kooperativen Neutralität*, der vor allem auf die Einhaltung des Völkerrechts pocht. Dieses sieht kein jus ad bellum vor, weshalb Putins Russland zum Rückzug verpflichtet ist.

Am Sonntag, den 14. Januar fand – nach Kopenhagen, Jidda und Malta – das vierte Treffen im NSA-Format in Davos statt, bei denen es um die Voraussetzungen von Friedensverhandlungen aus ukrainischer Sicht geht unter Einbezug zahlreicher Sicherheitsexperten, wie man heute Frieden machen könnte. Nicht der Krieg und das Militär sind dabei im Fokus. Nicht eine ukrainische Wunschliste, sondern ein detaillierter Plan soll erarbeitet werden (Jermak).

Für Selenski steht momentan nicht weniger als die weitere westliche Unterstützung, die nachzulassen droht durch finanzielle Blockaden in den USA und der EU von Geldern, die für sein Land existenziell sind, auf dem Spiel. Seine aufrüttelnde historische Rede am Davoser Weltwirtschaftsforum, das ihm eine große Bühne bietet, spricht sich gegen ein „Einfrieren des Krieges" und gegen Verhandlungen mit Putin aus, die aus „Angst vor einen dritten Weltkrieg" folgen könnten.

Der Ukraine-Krieg wird auch im tiefen Winter unerbittlich weitergeführt. Er befindet sich einmal mehr in einer schwierigen und entscheidenden Phase. Die militärische Situation in der Ukraine ist unübersichtlich und schwierig einzuschätzen. Russland überzieht das ganze Land verstärkt mit Raketenangriffen, die vor allem zivile Ziele treffen. Der Stellungskrieg an der langen Front dauert unvermindert an, mit hohen Verlusten auf beiden Seiten. Dennoch ist die Lage für die Ukraine nicht aussichtslos, sie hat auch Erfolge zu vermelden, zum Beispiel neulich den Abschuss von zwei strategisch wichtigen Flugzeugen im Asow-Gebiet oder die Schläge gegen die Schwarzmeerflotte.

Aus Angst vor weiterer Eskalation, die militärische Unterstützung der kämpfenden Ukraine zu verringern und nicht, im Gegenteil, noch einmal im gewünschten Maß zu verstärken, führe nicht zum Frieden durch Verhandlungen mit Putin, so Selenskis Hauptargument. Inzwischen dauert der verheerende Krieg, der ganz Europa bedrohe, 10 Jahre, seit der Annektierung der Krim. Neue Erfahrungen mit Putins Russland haben sich angesammelt, in der Quintessenz lauten sie:

„Putin bedeutet Krieg, er lebe vom Krieg", so Selenskis zweites Hauptargument, was man auch in Afrika und anderen Ländern sehe. Auch in Syrien mit seinem verheerenden Bürgerkrieg dauert der Krieg inzwischen 13 Jahre, weil Putin seinem Russland und der Welt etwas beweisen will und dort neue Waffen ausprobiert.

Der berühmt-berüchtigte General mit dem Spitznamen ‚General Armageddon', syrienerprobt, General Surowikin konnte die nach ihm benannte Verteidigungslinien bauen, weil sich die westliche, militärisch adäquate Unterstützung viel zu lange Zeit gelassen hatte. Dieses Zögern wirkte verheerend.

An dieser stark befestigten und verminten Front scheiterte die ukrainische Sommer-Offensive, von der man sich zu viel erwartet hatte. Keine Nato-Armee würde seine Soldaten ohne Luftüberlegenheit auf ein solches Minenfeld anrennen lassen, zudem fehlten Minenräumer und zu viele gepanzerte Fahrzeuge, die schnell und leicht hätten geliefert werden können.

Putin belastet nicht nur die Ukraine und Europa, sondern die ganze Welt mit Krieg. Die Weltgemeinschaft müsse ihn stoppen und dürfe sich von seinen Drohungen nicht weiter beeindrucken lassen, so Selenskis eindringlicher Appell, der wie ein letzter Appell klang im Mittelpunkt seiner großen Rede.

„Russland ist auf dem Schlachtfeld nicht zu besiegen", ist Putins ausgesprochene fanatische Überzeugung, die sich seit dem Herbst 2022 mit der Annexion der ukrainischen Gebiete verfestigt hat. Kriege wiederum sind beiderseitige Willensproben; besiegt ist nur, wer sich für besiegt erklärt (Clausewitz).

„Er wird sich nicht ändern, wir müssen uns ändern", so lautet dagegen Selenskis Überzeugung, die sich im Verlauf des Krieges verfestigt hat und zugleich die ultimative Aufforderung zur militärischen Entscheidung geworden ist. Der „Terrorstaat" Russland bekommt nur noch Unterstützung von terroristischen Kräften wie Nordkorea und Iran.

Wer meint, dass es nur um die Ukraine geht, „der täusche sich". Der Verteidigungskrieg in der Ukraine ist eine Chance für die Welt: „Jetzt ist der Zeitpunkt, die Katastrophe aufzuhalten". Selenski (wieder in Kiew) spricht am 20. Januar in seiner wöchentlichen Videobotschaft von der „Gefahr neuer Kriege" und vom „Wahnsinn der russischen Führung", der alle Nationen betreffe.

Die Welt hat aufgehört, an Russland zu glauben, niemand will eine solche Zukunft. Das ist wahrlich der Zeitpunkt, darüber nachzudenken, wie heute unter schwierigen geopolitischen Bedingungen, ein gerechter und stabiler Frieden vorzubereiten ist. Mit dem Konzept „nur keine Eskalation", und das ist das deutlichste Hauptargument in der 45-minütigen Rede, wird „Putin gewinnen". Da hat er recht.

Durch das Argument „nur keine Eskalation" sei viel Zeit (!) verloren gegangen. Die Drohungen aus Russland hätten sich als Bluff erwiesen. Stattdessen sei man selber erfolgreich mit den Patriots Raketen, mit den Langstreckenwaffen usw.. Mit der Luftüberlegenheit, etwa durch F-16 Kampfflugzeuge, würde man auch Fortschritte am Boden für die Infanterie erzielen. Diese und weitere Argumente sind seit langem bekannt und schon oft ausgetauscht worden, nicht nur unter Militärs. Die Politik freilich trägt die Verantwortung, sie regiert und nicht die Militärs und nicht die sogenannten Experten.

Verzögerte Hilfe, um nicht verlieren, aber auch nicht gewinnen zu können, helfe nur Putin, und sei angesichts der Erfahrung des bisherigen Krieges mit zahlreichen unnötigen Opfer durch nichts zu rechtfertigen. Dazu kommt die indirekte Unterstützung des Regimes durch nicht 100 % durchgesetzte Sanktionen in Bezug auf Technologien und Gelder. So seien in jeder russischen Rakete europäische Komponenten verbaut, und die eingefrorenen Vermögen der russischen Oligarchen brauche man dringend für den Wiederaufbau.

Selenski schöpft mit seiner starken Rede wieder Hoffnung nach einer kurzen Phase der Enttäuschung im Herbst, vor allem bei den Militärs. Nicht nur das Einfrieren des Krieges lehnt er ab, er sucht ebenso geradezu handlungsoptimistisch einen Friedensprozess, langfristig und beharrlich. Das ist ein neuer Frieden zusammen mit der internationalen Gemeinschaft nach der Zerstörung der europäischen Nachkriegsordnung durch die Rückkehr des Staatenkrieges (siehe dazu auch seinen Stabschef Andri Jermak, „Die Ukraine zählt auf die internationale Gemeinschaft", in: NZZ, 15.1., S.13).

Dafür schlägt er jetzt einen „Weltfriedensgipfel in der Schweiz" vor, in diesem „wunderschönen Land". Alle Länder, die Frieden wollen, sind willkommen, sich an diesem Friedensprozess zu beteiligen.

Wahlkampf um die demokratische Mitte

Den Kampf um die ethisch-politische Mitte gewinnt man nur mit einem seriösen Verständnis von Demokratie. Die AfD politisch schlagen, heißt vor allem Protestwähler abzuhalten und Nichtwähler zu gewinnen, beides mit überzeugenden Gründen.

Welche plausiblen Gründe für möglichst Viele gibt es auf kommunaler, regionaler, nationaler und europäischer Ebene für die Wahlen in diesem Jahr mit den Kommunalwahlen, der Europawahl und den drei Landtagswahlen in Sachsen, Thüringen und Brandenburg?

Was haben die breiten Proteste in vielen Städten, gegen Rechtsextremismus und die AfD im Januar nach den Correctiv-Enthüllungen des Geheimtreffens in der Villa Adlon in Neu-Fahrland dazu beigetragen? Sie waren von Empörung und Entsetzen getragen über die Remigrationspläne, die dort erörtert wurden.

‚Remigration' erschreckt ausländische Fachkräfte, die man dringend braucht, gerade auch im Wettbewerb um sie. Die Verbände der Wirtschaft sind aufgeschreckt und warnen vor der wirtschaftsfeindlichen AfD wie noch nie. Die regionalen Tageszeitungen sind voll davon, jeder bekommt es mit, gerade in Ostdeutschland, das mitten in einem zweiten Strukturwandel steckt, in den viel Geld fließt.

Der christdemokratische Innenminister Brandenburgs Stübgen erklärte im Potsdamer Landtag am 24. Januar, es handle sich um „Deportationen", die auf dem identitären rechtsextremistischen Konzept des Ethno-Pluralismus (Sellner) als „Rassen-Pluralismus" beruhen. Die Erinnerung an dunkle Kapitel deutscher Geschichte wird wach und mobilisiert: Nie wieder!

Die spontanen Proteste nicht nur der üblichen Verdächtigen mögen Protestwähler davon abhalten, AfD zu wählen. Man weiß jetzt besser, mit wem man es zu tun hat, wenn sie die politische Mehrheit erreichen sollte. Die wehrhafte Demokratie wappnet sich zurecht.

An die eigene Verantwortung wird appelliert. Dem diente auch die argumentative Debatte (trotz Tumulten) im Parlament. Die deutsche Staatsbürgerschaft, der feste Anker dafür, Rechte und Pflichten zu haben, ist es wert, auch und gerade im Zusammenhang mit dem großen und kontroversen Politikfeld der Migration, verteidigt und erörtert zu werden. Es ist Gelegenheit für eine anspruchsvolle *Bürgerschaftspolitik* als *Demokratiepolitik*, die mehr als ein aktuelles Thema ad hoc ist.

„Turbointegration" für die einen, die man als Fachkräfte dringend braucht, gefordertes schnelles und konsequentes „Abschieben" für die anderen, die kein Bleiberecht haben, so lautet im Moment die gewünschte Arbeitsteilung. Dazu kommt die bundesweite Bezahlkarte statt Bargeld, 14 von 16 Ländern haben sich darauf geeinigt, Mecklenburg-Vorpommern und Bayern wollen eigene Wege gehen.

Mitunter wird bei den spontanen Kundgebungen und Demonstrationen gegen die AfD und vor allem ihre ausländerfeindlich bzw. rassistisch argumentierenden und agierenden „Truppenteile" nicht klar, wie stark man sich dabei selbst von ideologisch aufgeladenen Polemiken und historischen Bildern leiten lässt, die am Ende des Tages über das Ziel „hinausschießen" und es der AfD bequem machen, öffentlichkeitswirksam in die Opferrolle zu schlüpfen.

Mit fragwürdigen historischen Vergleichen in der Sprache eines antifaschistischen Verbalradikalismus („Nazipartei", „Weimarer Verhältnisse", 1933, Wannseekonferenz 1942) gewinnt man allerdings keine demokratischen Auseinandersetzungen. Auch Demos gegen „Rechts" sind zu pauschal, um „die Demokratie zu retten". Nicht alles, was nicht ‚linksgrün' ist, ist deswegen rechts. Diese Etiketten verdecken mehr als sie aufdecken.

Dennoch sind die breiten Proteste richtig und enthalten viele neuen Momente, die festzuhalten sind. Sie gehen über die großen Städte hinaus in die Fläche und die Dörfer (rbb24, 25.1.), sind generationenübergreifend und erfassen viele, die vorher noch nie demonstriert haben – ‚Weltoffenes Sachsen', ‚Weltoffenes Thüringen' und ‚Brandenburg zeigt Haltung'. Auch in Sachsen finden große Demonstrationen gegen Rechts statt, gleichzeitig erfährt man durch aktuelle Umfragen, dass zwei Drittel der Sachsen ihr Land für „überfremdet" halten. Was bedeutet das?

Damit bekommen die Wahlen, auch die Kommunalwahlen im Juni (die wichtiger werdende Briefwahl beginnt schon bald!), ein größeres Gewicht. Diese Wahlen sind hier und jetzt die wichtigste Bürgerbeteiligung, sagt jetzt auch die Bürgerbeteiligung der Beteiligungsaktiven, die für eine vielfältige Demokratie der Bürger und Bürgerinnen steht, welche die Parteien, Parlamente und Regierungen alltäglich viel stärker gewichten sollten, nicht nur konsultativ.

Deshalb wird im Beteiligungsrat in Potsdam, neben anderem, diskutiert, was zu den Kommunalwahlen vor Ort beigetragen werden kann. Eine eigene Arbeitsgruppe erarbeitet dafür Vorschläge, und der Verein mitmachen e.V., der auch Träger der externen Werkstadt für Beteiligung ist, übernimmt die Organisation wie schon 2021. Die AfD hatte damals bei den Jugendwahlen U18 den dritten Platz belegt. Die Aktivitäten der „Jungen Alternative" und ihre Medien hat man vorher und seitdem wieder(!) viel zu wenig beachtet, um darauf eingehen zu können. Alarmismus im Nachhinein ist zu wenig und zu billig.

Spezielle originelle Veranstaltungen und Kampagnen für die Erstwähler werden ebenfalls wieder nötig wie in den Vorjahren. Die Nichtwähler dürfen eine Partei bleiben, aber nicht die größte Partei werden. Ob es sinnvoll ist, das Wahlalter auf 14 Jahre zu senken, wie es die Grüne Jugend vorschlägt, ist allerdings zu bezweifeln. Praktisches Demokratielernen in und außerhalb der Schule bringt mehr; siehe zum Beispiel Jugendbeteiligung und Bürgerbudgets (JUBU), ein Projekt, das inzwischen über Brandenburg hinausgeht.

Wie geht es weiter mit der zivilgesellschaftlichen Protestbewegung gegen Rechtsextremismus und für die Demokratie? Protest ersetzt noch keine Politik. Vielschichtig ist jetzt für die Demokratie als Lebens- und Regierungsform zu werben. Die Monate bis zu den Wahlen auf den verschiedenen Ebenen können dafür genutzt werden. Das gilt für EU-Europa genauso wie die kommunale Ebene bei der Verbesserung der Bürgerbeteiligung. Sie sind mitnichten Wahlen zweiter Klasse.

Der Aufstand für die Demokratie muss sich demokratiepolitisch auswirken. Die demokratischen Wahlen mit hoffentlich mehr Beteiligung sind auch, wenngleich nicht nur, Wahlen über die Demokratiepolitik. Das sollten die Parteien selbstkritisch nutzen, und die Bürger motivieren, neugieriger, hartnäckiger und offensiver zu werden.

Demokraten kämpfen gemeinsam – bei allen politischen Differenzen tolerant- gegen Antidemokraten; auch die AfD kämpft gegen Antidemokraten und die „Toleranzbündnisse der Etablierten", wie sie sagt. Da täuscht sie sich.

Die friedlichen Massenproteste, die zum Teil – auch das ist neu – wegen Überfüllung in München und Hamburg früher abgebrochen werden mussten, haben der AfD zwar Stimmen gekostet, aber ohne, dass dies den demokratischen Parteien zugute gekommen wäre. Eine politische Trendwende gibt es noch nicht, aber Chancen, dass aus dem Anstoß auf der Straße etwas wird. Wie lebt die Demokratie? „Für Demokratie und Vielfalt – gegen die AfD". Welche nachhaltige Fortsetzung findet diese richtige Parole?

Auch die Parteien stoßen wieder auf Interesse. Was können die demokratischen Parteien, was kann die Regierung, was die Zivilgesellschaft zur Verteidigung der Demokratie im Kampf um die demokratische Mitte beitragen? Mit welchen durchschlagenden Argumenten? Lediglich reflexhafte Empörungen gehen auf Kosten einer klugen und gleichzeitig entschlossenen Politik. Für weitere Stimmen muss man mit präzisen, deutlichen und konkreten Worten arbeiten und mit den Vielen, wo auch immer, ins Gespräch kommen.

Beginnen wir mit der Regierung, die nach den neuesten Umfragen in einem Tief steckt, genauso wie ihre Spitzenpolitiker Scholz, Habeck und Lindner. Viele ärgern sich nicht nur über den dauernden öffentlichen Streit, der zur Demokratie gehört, sondern denken, dass die Koalition, die als Fortschrittsexperiment der drei Parteien begonnen hat, inkompatibel ist und vor dem Scheitern steht – „stehend KO" (Dobrindt).

Die CDU/CSU steht mit ihrem neuen Grundsatzprogramm und einem staatsmännisch gewordenen Friedrich Merz als demokratische Alternative bereit. „Die Sozialdemokratie kann keine Wirtschaftspolitik" (Merz, 30.1.). Die Liberalen halten den Haushalt 2024 mit „Gestaltungsehrgeiz" (Lindner) im Lot, sie geben der Vorgängerregierung die Schuld für die horrenden Schulden.

Die Experten wiederum, die ‚Wirtschaftsweisen', kritisieren die strikte Einhaltung der Schuldenbremse, die es seit 2011 gibt. Selbst Top-Ökonomen sind sich uneins (Feld vs. Fratzscher). Beim Sparen sodann gehen die Meinungen auseinander und das geht weit in die Bevölkerung hinein. Im Wahlkampf wird dies eine Rolle spielen.

Daran sieht man exemplarisch, wie schwierig demokratisches Regieren geworden ist. Bei einer Direktwahl läge Merz vor Scholz. Die Rollenerwartungen an den Kanzler sind bezeichnend für die bundesrepublikanische Kanzlerdemokratie, was eine Fixierung und Verengung der Demokratieproblematik ist. Darauf sollten sich die Wählerbürger jedoch nicht einlassen. Orientierung müssen sie sich auch selber verschaffen und nicht allein von der „Führung" erwarten. Letztere wiederum muss bei Versprechen -„Ankündigungsweltmeister"- vorsichtiger werden.

Neuwahlen im Sommer würden die Zustimmungswerte zur AfD am deutlichsten senken, so die These des bayrischen Ministerpräsidenten Söder am 27. Januar. Mit Sicherheit würden sie aber für die Regierungsparteien – beim gegenwärtigen Stand – ein Debakel bedeuten.
Was aber heißt schlecht regieren?

Was können Regierung und ihre Parteien besser machen, um wieder Punkte zu sammeln? Die wichtigsten Themen für die meisten Leute sind Migration, Sicherheit und materielle Probleme. Das sozialdemokratische Motto „Soziale Politik für dich": Klimageld, Bürgergeld, Kindergeld, Mindestlohn, Wohngeld, Rente lässt sich monetär beziffern, jeder wird seine eigene Rechnung aufmachen. Die versprochenen (Sozial-) Wohnungen hätte man jedoch nicht in Zahlen (400.000, 200.000) festschreiben sollen, da sie für alle ersichtlich bei weitem nicht eingelöst werden können.

Das blaue Wunder der AfD und die Wahlen in diesem Jahr sind Anlass für diese Überlegungen. Die AfD ist auch nach den großen bundesweiten Straßen Protesten im Januar gegen sie auf dem zweiten Platz vor der SPD (mit 20 %, Stand Januar 2024, am 30. Januar rutscht sie unter 20 %). Der „dümmsten Regierung Europas" (27.1.) wird auch dieser negative Erfolg angelastet. Zum Beispiel von Sarah Wagenknecht, deren neue Partei im Osten zum ersten Mal antritt und ein Wählerpotential möglicherweise von mehr als 10 % hat.

Sie ist ambitioniert und will eine ,Volkspartei' werden (Fabio de Masi). Auf Koalitionspartner legt sie sich klugerweise nicht fest. Ein neues Rot-Grün soll es jedenfalls nicht werden, wie bei Oskar Lafontaine anfangs der 80er Jahre („Der andere Fortschritt" 1985). Daran lässt sich ermessen, wie sich Deutschland 2024 ideenpolitisch verändert und kompliziert hat.

Mit großen Worten beginnt der erste Parteitag von BSW in Berlin am 27.1.: „Die mutigsten Menschen Deutschlands" haben sich zu einer neuen Partei zusammengetan, sie wollen auch intern besser miteinander umgehen. Die Partei setzt auf Expertenräte, nicht auf Bürgerräte, aber immer, dem Anspruch nach: ,für alle': „Politik für alle" (Lafontaine), „Wohlstand für alle" (Erhard).

‚Vernunft und Gerechtigkeit' ist ja auch der Titel eines philosophischen Ober-seminars. Abgehoben gegen die abgehobene Politik? Inhaltlich wird die Eröff-nungsrede von Wagenknecht zu einem wahren Rundumschlag gegen alle Par-teien, mit denen man womöglich schon bald zusammen regieren muss/will. Bisher musste Wagenknecht noch nie politische Verantwortung übernehmen.

„Merz wäre nicht nur das kleinere Übel", er führe das Land genauso in den Krieg wie Scholz. An Regierungskritik übertrifft Wagenknecht die AfD. Wird so der ‚Linkskonservativismus', der in Teilen zur DDR-Sozialisation passt, eine neue starke politische Kraft? In Sachsen, Thüringen und Brandenburg verdrängt er bereits die Linke. Die BSW ist „keine Linke 2.0", das trifft zu.

Das Europawahlprogramm von BSW enthält grundsätzliche und konkrete Punkte. Die EU-Kritik an der ausufernden EU-Technokratie ist kein Dexit à la AfD, mit der sie in Deutschland schwerlich der große Wahlsieger am 9. Juni werden wird. Es ist vielmehr ein föderalistisch-demokratischer Gedanke, das, was lokal, regional oder national besser geregelt werden kann, auf dieser Ebene auch zu regeln, gegen den Kompetenzsog vom Zentrum her.

Den Handel mit CO_2-Zertifikaten will man abschaffen, das Verbot von Ver-brennermotoren ebenfalls, letzteres sind auch Punkte der AfD. In der Migrati-onspolitik will das BSW vermehrt Asylverfahren an den Außengrenzen und in Drittstaaten. Die Russlandfreundlichkeit, die gerade in Ostdeutschland vielen gefallen wird, ist offensichtlich:

Gas will man wieder von dort beziehen, und die Sanktionen abschaffen. Wie man allerdings zu einem schnellen Verhandlungsfrieden mit Russland kom-men will, bleibt offen. Dass man die Ukraine militärisch nicht mehr unterstüt-zen will, ist hingegen entschieden und wird vieles in Europa mitentscheiden.

Friedenspartei ist man lediglich rhetorisch. Lafontaine und Wagenknecht wol-len wieder an die 80er Jahre der Friedensbewegung anknüpfen mit einem ausgeprägten „Ami go home". Erstmals wird tatsächlich die Außen- und internationale Politik 2024 wieder ein bewegendes innenpolitisches Thema in Deutschland.

Das wird sich im Zusammenhang mit den Fragen der Verteidigung als Vorbereitung auf einen Krieg noch erheblich verschärfen (siehe den Blog Die ungeliebte Priorität vom 2. Januar 2024). EU-Europa steht außen- und innenpolitisch unter Druck wie noch nie. Eine verteidigungspolitische Agenda steht daher dringend an, unabhängig davon, wie der amerikanische Wahlkampf ausgeht.

Die Spitzenkandidaten de Masi und Geisel sind kompetent, auf ihren Wahlkampf darf man gespannt sein. Der ehemalige Europa-Abgeordnete De Masi fordert eine internationale Mindestbesteuerung und übt Kritik am Kartellrecht. Am 28. Januar zieht die SPD wie das vorige Mal mit der Spitzenkandidatin Katharina Barley, der Vizepräsidentin des Europaparlaments als „Eurofighter" ins Feld.

Das zweite Gesicht der Kampagne ist ausgerechnet der ungeliebte Kanzler Scholz, der dennoch die SPD zusammenhält, diesen ‚Zusammenhalt' (ein Hauptwort unserer Zeit) schaffte er. Kernthema bleibt die soziale Gerechtigkeit, wie schon bei Martin Schulz, der sich noch „Zeit für Gerechtigkeit" nahm und 2017 scheiterte mit dem schlechtesten Wahlergebnis der Nachkriegsgeschichte.

Die FDP nominiert gleichentags an ihrem Europaparteitag in Berlin die verteidigungspolitische Sprecherin Agnes Strack-Zimmermann, die einen engagierten Wahlkampf führen wird. Das liberale Kernthema lautet: weniger Subventionen für die Wirtschaft und mehr Freiheit für die Unternehmen.

Die CDU warnt derweil vor der APK-nahen neuen Partei „Demokratische Allianz für Vielfalt und Aufbruch" (DAVA). Da es bei den Europawahlen keine 5 %-Hürde gibt, und das neue Staatsbürgerrecht schon eine Rolle spielt, besteht die Möglichkeit, ins Europaparlament einzuziehen. Der türkische Staatspräsident Erdogan, der eine aktive Diasporapolitik betreibt, denkt in langen Linien, was die deutsche Politik, immer noch weltfremd, offenbar überrascht.

So schwach die AfD inhaltlich und personell europapolitisch aufgestellt ist, so gut ist sie auf die Kommunalwahlen vorbereitet. Siehe zur Kommunalpolitik der AfD als Herausforderung der Demokratie die Mitteilungen der Emil Julius Gumbel Forschungsstelle, MMZ vom Juni 2023.

Auch weil es weniger selbstverständlich ist, dass es den demokratischen Parteien gelingt, überzeugende Kandidaten aufzustellen, die in ihren Regionen und Kommunen verwurzelt sind, Vertrauen in der Bevölkerung genießen und denen man gerne freiwillig zuhört.

Umgekehrt ist es für die AfD leichter, populäre Kandidaten aufzubauen und konkret vor Ort zu überzeugen. Der Verweis auf rechtsextremistische Verbindungen allein ist hier jedenfalls für die einheimische Bevölkerung kein schlagendes Gegenargument. Die AfD geriert sich als „einzige wirkliche Opposition" gegen die „Etablierten".

Überraschungen sind auf diesem Feld mit weniger Aufmerksamkeit und kleineren Schlagzeilen durchaus möglich, während nicht davon auszugehen ist, dass die AfD bei den Europawahlen den großen Sieg davonträgt. In den drei Landtagswahlen im Herbst ist indessen mit einer starken AfD zu rechnen, obschon noch einiges offen ist.

Ein gebrauchsfähiges *Argumentarium*, warum man gute Politik nicht ablehnen muss, kann hier helfen und ein intensiver Wahlkampf über den Sommer. Mit Wagenknecht und Werteunion drohen noch keine Weimarer Verhältnisse, wenngleich ein Szenario der Schwerregierbarkeit in Thüringen derzeit nicht auszuschließen ist.

Wie aber geht es derzeit weiter mit der Regierung? Hält die Ampelregierung noch einmal zwei Jahre durch? In einer Regierung muss regiert werden. Kann sie durch eine verbesserte Regierungspolitik linkswütende und rechtswütende Wähler beruhigen oder gar zurückholen? Kommt die FDP noch einmal in den Bundestag? Wie weit rutscht die Kanzlerpartei SPD noch ab? Das beunruhigt mich mehr als das blaue Wunder.

Für den Aufstieg der AfD in der letzten Zeit, ohne dass sie dafür viel tun musste, ist die derzeitige Regierung mitverantwortlich, ebenso für die vehementen Bauern- und Mittelstandsproteste. Die Traktor-Blockaden gehen weiter. „Die Politik will das aussitzen". Das wird ohne Zweifel Wähler kosten. Wohin sie gehen, weiß man nicht.

Zeithistorisch beginnt der Zulauf zur blauen Alternative allerdings schon viel früher mit der unkontrollierten Flüchtlingsaufnahme von Kanzlerin und Pastorentochter Merkel, 2015 am Parlament vorbei. Diese *Vorgeschichte als Argument* bzw. Genealogie der ‚Schuld für die Misere' ist selber ein heißes, stark emotionalisierendes Wahlkampfthema und ragt in die aktuelle Gegenwart hinein und überlagert sie (ähnlich wie beim Ukraine-Krieg, der die deutschen Steuerzahler immer mehr kostet).

Zeitgeschichte als Lernprozess ist indes nicht so schnell und nebenher zu bewerkstelligen, sie braucht Zeit und bleibt in der Zeit umstritten, wird aber immer stärker ein Faktor der Politik selber, vor allem für starke Entscheidungen, Zeitenwenden und unvorstellbare Mentalitätswechsel beispielsweise vom Pazifismus („Soldaten sind Mörder") hin zur nuklearen Abschreckung. Die kritische Friedensforschung hatte Ende der 60er Jahre noch mit der „Kritik der Abschreckung" (Senghaas) begonnen. Wer schafft solche Wenden? Wer kommt noch hinterher?

Wir schaffen das! lautet der bekannteste Satz von Kanzlerin Merkel, aber wie? Dazu sagte sie 2015 nichts. ‚Multikulti' stellte sie vielmehr selbst offen infrage. Was für ein Widerspruch! Viele andere, vor allem ehrenamtliche Bürger und Bürgerinnen indes packten vielfältig an und veränderten Deutschland und sich selbst. Allerdings nicht im Sinne von Sarrazins „Deutschland schafft sich ab", das 2010 ein großer diskursiver Türöffner war, und anders als die AfD mit ihrem nationalkonservativen Resonanzboden aus der CDU, wo sie herkommt.

Die Integrationsfrage und ihre realen Probleme im Zusammenhang mit der Migrationskrise geraten fortan immer mehr in den Mittelpunkt der politischen Kontroversen in *ganz Europa*, die sich 2022/23 noch einmal über Parteigrenzen hinweg heftig emotionalisieren, vor allem zwischen 'Grün' und Blau, mit und ohne Grenzen bzw. Grenzkontrollen.

Die Kommunalpolitiker, Bürgermeister und Landräte schlagen Alarm zur Überforderung der Kommunen, wo die alltägliche Flüchtlingsaufnahme an ihre Grenzen stößt. Die linksliberale Seite hat hier Argumentations-, Erkenntnis- und Handlungsdefizite, von der die AfD profitiert.

Aus der einstmals EU-kritischen Professorenpartei von Bernd Lucke, die 2012 in Hessen gegründet worden ist, wird immer mehr eine nationalistische rechte Partei. Alexander Gauland, der heutige Ehrenpräsident, der den „Laden zusammenhält", wie er selbst sagt, spielt dabei als Integrationsfigur eine zentrale Rolle. Vielleicht wird er schon ersetzt durch Maximilian Krah, vielleicht fällt auch der ganze Laden auseinander, denn im Zenith beginnt oft die Krise. Man wird sehen.

Die Dexit-Pläne der AfD mit ihrem Spitzenkandidaten Maximilian Krah (siehe ‚Politik von rechts', 2023), der eine lächerliche (Popanz-) ‚Politik der Männlichkeit' vertritt, vernichtet in Deutschland, das in ganz besonderer Weise von der EU profitiert, hunderttausende Arbeitsplätze, sagen führende Wirtschaftsvertreter unisono. „Europa ist das stärkste *nationale Interesse*, das wir haben" (Scholz 31.1. in der Generaldebatte im Bundestag).

Gibt es ein stärkeres Argument im Europawahlkampf? Dafür braucht man die AfD nicht zu dämonisieren, sondern kann mit der Wirtschaft sehr konkret argumentieren, die sich politisch eindeutig positioniert hat, national und diesmal auch besonders auffällig regional sowohl in Sachsen wie in Brandenburg und Thüringen. Das muss helfen, weil es gleichzeitig in die Breite und in die Tiefe geht.

2015 ist der Zeitpunkt, wo aus dem konservativen CDU-Mann Gauland der rechte AfD-Mann wird. Einen Rechtsextremen, der im Potsdamer Landtag 2014 als Alterspräsident die Eröffnungsrede „Wider den Populismus" hält, hätte ihn niemand genannt. Gauland rächt sich nach 40 Jahren Mitgliedschaft durch den Erfolg seiner Parteialternative im Parlament an der CDU und *radikalisiert* sich zugleich. Er behauptet zwar von sich, dass sich seine Koordinaten nicht verändert hätten, wohl aber die politische *Lage*, die es zu *erkennen* gälte.

Das Nationale kippt ins Völkische, der Nationalsozialismus wird zu einem „Vogelschiss der deutschen Geschichte", der gebildete Konservative wird ausfällig und verbündet sich mit Leuten, die keine Konservative sind (Kalbitz, Höcke u.a.). Spätestens seit der Veranstaltung „Flügel gegen Flügel" (mit Igor Levit und Sebastian Krumbiegel) am 27. Oktober 2020 auf dem Alten Markt vor dem Landtag ist öffentlichkeitswirksam auf die *Rechtswendung der stärksten Oppositionspartei* aufmerksam gemacht worden.

Sie wird im Fernsehen und Radio übertragen, während der Laborarzt Hans Christoph Berndt von „Zukunft Heimat" in Cottbus, der dem ‚Flügel' der AfD zugehört, zum neuen Fraktionsvorsitzenden gewählt wird. Er tritt die Nachfolge des völkisch-rechten Flügelmannes Andreas Kalbitz an. Die neue Vorsitzende Birgit Bessin bleibt auf dieser Linie.

Die AfD bewirtschaftet konkrete Probleme, die zu den Alltagssorgen der Bürger gehören, zunehmend auch in Verbindung mit den Problemen der Sicherheit, die in unsicheren Zeiten ohnehin an Relevanz gewinnen. Das Migrationsthema ist innenpolitisch noch immer die Hauptsorge der Deutschen (Sicherheitsreport 2024). Die Merkel-CDU, die quasi das Land verrät, wird machtpolitisch zum Hauptgegner der AfD: „Wir werden sie jagen" (Gauland), der in Fahrt gerät.

Die Grünen werden zudem zum ideologischen Intimfeind im kleinlichen, aber bevölkerungs*breiten Kulturkampf* ’normal' gegen ’nicht-normal', ‚korrekt' gegen ’nicht-korrekt' und, wir fügen hinzu: anständig gegen unanständig. Dem muss man sich inhaltlich stellen, vor allem kommunal und regional.

Zerrbilder

„Mass und Mitte kennt Deutschland in diesen Tagen nicht. Auf das Hochgefühl der ‚Willkommenskultur‘ folgt die Verzweiflung über den Aufstieg der AfD. Es geht von einem Extrem ins andere, (...)"

So der Leitartikel des Chefredaktors der NZZ Eric Gujer unter dem Titel „Die Deutschen machen einem Angst" (3, Februar, Seite 1). Welche Deutschen meint er jetzt? Tatsächlich die, die in den letzten Wochen in großer Zahl, zum Teil mussten sogar Demonstrationen wegen Überfüllung abgebrochen werden, friedlich, bunt und generationenübergreifend, zum Teil zum ersten Mal mit zahlreichen eigenen Transparenten und Bannern, in Potsdam auch in bunten Schals des Bündnisses ‚Potsdam bekennt Farbe‘, das es seit 2002 gibt, auf die Straße und die Plätze gegangen sind.

Vieles macht einem gegenwärtig Angst, zu viel auf einmal, aber doch nicht diese demokratische Menge, die wach und aufmerksam auf die Rechtsentwicklung der stärksten Oppositionspartei in allen drei Landtagen in Ostdeutschland, bei denen in diesem Jahr wieder Landtagswahlen anstehen.

Dazu kommen die Europawahl am 9. Juni und die Kommunalwahlen, die diese Bundesländer buchstäblich von Grund auf politisch verändern können. Es sind keine Wahlen zweiter Klasse. Sie nötigen vielmehr dazu, wieder einmal intensiv und extensiv mit- und gegeneinander darüber zu sprechen, zu rechten und zu schimpfen, was in Europa und den Kommunen los ist.

Es geht um die gemeinsame konkrete Wahrnehmung und Lösung von Problemen. Dabei haben sich die Formate der Bürgerdialoge gegenüber früheren Wahlen ausgeweitet, und die Informationen über die verschiedenen Positionen verbessert (Wahl-O-Mat).

Wenn die Demonstrationen bewirken, dass dafür wieder ein handlungswirksames Bewusstsein entsteht und zugleich deutlich wird, dass die wichtigste Bürgerbeteiligung neben aller Bürgerbeteiligung einer vielfältigen Demokratie der Bürger und Bürgerinnen, die in den letzten 15 Jahren, vor allem kommunal entstanden ist, das Wählen bleibt, dann ist viel erreicht.

Die symbolische ‚Umarmung' des Brandenburger Landtages durch eine Menschenkette am 3. Februar auf dem alten Markt in Potsdam galt der „Herzkammer der Demokratie".

An der Spitze des Bündnisses steht der direkt gewählte Oberbürgermeister der Stadt, zahlreiche Organisationen und Vereine sind Mitglieder des parteienübergreifenden Zusammenschlusses, das seit mehr als 20 Jahren immer wieder, durchaus wirkungsvoll, sich gegen Fremdenfeindlichkeit, Intoleranz, Gewalt und Rechtsextremismus bemerkbar gemacht hat.

Die bunten Schals müssen nachgedruckt werden, das ist mehr als ein gutes Zeichen. Vor diesen Deutschen muss man keine Angst haben, auch wenn man nicht alle ihre Argumente teilt.

Auch die Flüchtlingshilfe nach 2015 und die Integrationsarbeit gehören im weitesten Sinne zu dieser verbesserten politischen Kultur dazu.

Die „Willkommenskultur" hat sich seitdem problembewusst veralltäglicht und kämpft solidarisch mit der zusätzlichen Aufnahme von einer Million Ukrainern mit Problemen der Unterbringung, in Behörden, Schulen und Kitas. An manchen Orten an der Grenze des Erträglichen und Zumutbaren.

Über „die Deutschen" war schon oft die Rede, es gibt unzählige Buchtitel, gute und schlechte, vielgelesene und selten gelesene, wie zum Beispiel die lohnende Analyse von Norbert Elias, den ich deshalb hier erwähne (Studien über die Deutschen, Ffm. 1989). Sie verhilft zu einem entspannteren Verhältnis zu historisch-politischen Grundbegriffen wie Nation, Staat und Nationalismus.

Sie vermeidet Kurzschlüsse von Nationalismus auf Nationalsozialismus, auf die sich besonders kritische Intellektuelle immer noch etwas einbilden, und sie lehrt viel über längerfristige Zivilisationsprozesse und Zivilisationszusammenbrüche, bei denen die spezifischen *Staatsgesellschaften* (auch heute) eine maßgebliche Rolle spielen.

Auch ‚Nation' ist im Deutschen ein Unwort geworden so wie ‚konservativ' ein Schimpfwort. Dabei ist die Zivilisierung der Nation und die Humanisierung des Staates eine Daueraufgabe genauso wie die Demokratisierung der Demokratie und der Anstand der Anständigen, der immer wieder herausgefordert wird.

Bei einem Leitartikel in einer internationalen Zeitung, die gerade von Eliten in Deutschland gerne gelesen wird, geht es freilich um pointierte Wirksamkeit und nicht um distanziert kühle Analyse oder, weniger theoretisch, um empirische Feldforschung. Gujers „Die Angst vor den Deutschen" schießt mit der Schrotflinte aus der Hüfte, einige Kügelchen treffen, andere nicht, sie schießen über das Ziel hinaus. Die Darstellung der meisten Demonstrationen und Demonstranten, die den Nationalsozialismus vor der Türe sehen, ist eine Karikatur.

Die Protestkultur hat sich enorm differenziert und vervielfältigt. Sie lässt sich nicht mehr so einfach etikettieren und ideologisch einordnen oder vereinnahmen, auch durch Parteien und die Regierung nicht, die sich hinter der ‚Brand-mauer' der Bürger versteckt. Ein Großteil des Erfogs der AfD wird vielmehr einer erfolglosen Regierung und den demokratischen Parteien selbst angela-stet, die ihre Hausaufgaben nicht machen, so der CDU-Ministerpräsident von Sachsen-Anhalt Reiner Haseloff.

Den Deutschen wird gerne, nicht nur von Gujer, ein Hang zu den Extremen und zum Grundsätzlichen unterstellt. Schätzt man die gegenwärtigen Entwick-lungen im internationalen Umfeld von Deutschland 2024 eher pessimistisch ein: ein möglicher Krieg gegen die Nato, die Verteidigungsbereitschaft der Bundeswehr,

der Ausgang der amerikanischen Wahlen, die strategische Partnerschaft von Russland und China, die Bedrohung des demokratischen Taiwans, die Auswei-tung des Nahost-Konflikts...kann man mit Fug und Recht sagen: darauf kann man sich gar nicht vorbereiten und schon gar nicht binnen eines Jahres. 5 bis 8 Jahre sind auch nicht viel, wie Experten mutmassen.

Und unwillkürlich kommt man zum Schluss: und schon gar nicht die „hyste-rischen Deutschen"!

Das erinnert an einen anderen Buchtitel über die Deutschen: „Die deutsche Hysterie" des ungarischen Historikers Istvan Bibo, das zwischen 1942 und 1944 geschrieben worden ist.

Sind wir (das ‚Wir' ist kompliziert!) wieder *„Schlafwandler"* oder *„Hysteriker"*, wenn es darum geht, die Verteidigung der Demokratien auf eine russische Bedrohung einzustellen.

Vorsicht oder Panikmache? Die Anspielung „Schlafwandler" bezieht sich wie-derum auf ein anderes Buch, welches die historische Analogie nährt: nämlich, wie Europa in den Ersten Weltkrieg geschlittert ist, von Christopher Clark 2012.

Kann sich Europa heute verteidigen ohne die Amerikaner oder gilt „ami go home" wie in der Friedensbewegung der 80er Jahre, von Oskar Lafontaine 2024 beim Gründungsparteitag der BSW in Berlin wiederholt. Dort ist die EU noch wie vor auch ein „Vasall der USA".

Muss beispielsweise auf einen Vorschlag des Verteidigungsministers, die Wehrpflicht nach schwedischem Modell – selbst in der Sozialdemokratie oder gerade dort! – gleich mit vorschneller unsachlicher Polemik aus der Mottenkiste reagiert werden. Wie kommt man so noch zu einem notwendigen politischen Konsens auf dem Weg der schnellen historischen Mentalitätsprägungen zwischen „Pazifismus" und „nuklearer Abschreckung" (die zum Beispiel der ehemalige grüne Aussenminister Fischer für Europa fordert).

Oder kann Deutschland – wie zahlreiche Stellungnahmen von deutschen Intellektuellen zum Ukraine-Krieg aufgezeigt haben – beides nicht: Pazifismus der sozialen Verteidigung und Verteidigungskrieg. Das ist zu vermuten. Kann so eine schwerwiegende Frage überhaupt noch diskutiert und demokratisch entschieden werden? Oder sind dafür die Menschen, aus verständlichen Gründen zu aufgewühlt und ängstlich? Und die Politiker zu unpolitisch, und die Parteien unfähig?

Gujer psychologisiert ‚die Deutschen' zu sehr, indem er mehrmals von ihrem „manisch-depressiven Grundzug" spricht: sie sind zugleich romantisch, idealistisch und schwärmerisch, bleiben aber unpolitisch, was letztlich auf die Substitution von Politik durch Moral zurückzuführen ist, die schon der Philosoph und Soziologe Hellmuth Plessner analysiert hat (siehe Die verspätete Nation, Zürich 1935).

Sie meinen den Aufstieg der AfD und den Rechtspopulismus, der sich kurz vor der Machtergreifung 1933 befindet, durch Demonstrationen stoppen zu können. Der Philosoph Odo Marquard hat das einmal in Bezug auf den inflationären Antifaschismus der 68er Studenten „nachträglichen Ungehorsam" genannt. Der neue (zivile) Ungehorsam seit den 80er Jahren ist wieder etwas anderes.

Statt zu psychologisieren, was dazu verleitet, lediglich die bekannten Klischees zu wiederholen, würde es auf theoretischer Ebene weiterführen, sich noch einmal kritisch mit der Literatur über politischen Moralismus, Hypermoral und die Überbelastung von Kommunikation zu beschäftigen. Dafür wäre wieder ein eigener thematischer Blog nötig.

Man kann aber schon konstatieren, dass Gesinnungsintensität mit der Schwächung von konkreter Urteilskraft einhergeht, die eine realistische, problemlösungsorientierte und entschlossene Politik benötigt. Demokratische Auseinandersetzungen, gerade mit unbequemen Gegnern, schult dagegen die eigene Urteilskraft. Daran führt kein Weg vorbei.

Bei Gujer folgt sodann eine realistische Diagnose, die ich teile: „Im Zuwachs der AfD manifestiert sich nicht die Schwäche der deutschen Demokratie, sondern eine gesamteuropäische Entwicklung Doch nur die Deutschen demonstrieren." Schlafwandeln die anderen in den Untergang ihrer Demokratien? Oder sind sie zugleich realistischer und gelassener, was die ideale Kombination für die politische Theorie wäre?

Die Franzosen, die Dänen, die Briten, die Schweden, die Schweizer, obwohl sie genauso große Probleme mit der Integration haben und ihre Völker wie andere in der Migration ein zentrales Problem sehen. Sie sprechen aber nicht nur von Begrenzung der Zuwanderung, sie versuchen sie auch entschlossen und demokratisch umzusetzen, mit vielen heftigen Konflikten zwischen den wahren Patrioten.

Über die Modelle und Massnahmen kann man streiten, was zur Demokratie gehört, ebenso wie entscheidende politische Mehrheiten, um die man ringen muss – Diskurs und Dezision. Helmut Schmidt bezeichnete die Politik einmal als „Kampfsport". Wenn man alle Kampfmittel der Demokratie kennt, hat man schon die halbe Politische Wissenschaft in der Demokratie.

Die Steuerung der willkommenen und gesuchten Einwanderung von Fachkräften ist wieder ein anderes Problem. Nach allzu langer Zeit und umständlichen

Diskussionen in der Merkel-Zeit gibt es hier immerhin endlich mal Fortschritte. Die viel gescholtene Fortschrittskoalition hat in schwierigen Zeiten auch etwas erreicht.

Durch die Demonstration der richtigen Gesinnung kann man den „populistischen Spuk" jedoch nicht vertreiben, da hat Gujer recht. Zwischen ‚Populisten' und ‚Extremisten', die zum Bürgerkrieg anstiften, muss man unterscheiden können. Neue Extremismen sind hinzugekommen, zum Teil importiert, zum Teil hausgemacht. Die sensationellen Erfolge der AfD bei den Jugendwahlen 2021 in den ostdeutschen Bundesländern, wo jetzt gewählt wird, haben niemanden gekümmert. Es gab keine Schlagzeilen. Niemand ist der Sache in den neuen Medien nachgegangen.

Die Rechtswendung der stärksten politischen Opposition durch den ‚Flügel' hat man zugleich unterschätzt. Dass Höcke jedoch die Herrschaft in Thüringen und damit in Deutschland übernehmen wird, ist eine groteske mediale Übertreibung. Statt Dämonisierung ist die inhaltliche Auseinandersetzung gefragt und die nötigen Kenntnisse dafür.

Nicht zuletzt eigene gravierende Fehler bei der Migrations- und Sicherheitspolitik haben dazu geführt, dass nun – vor allem die Regierungsparteien – weit zurückliegen. Argumentations-, Erkenntnis- und Handlungsdefizite im linksliberalen Lager haben es der AfD leicht gemacht. Themen und Probleme, welche viele Bürger besorgen, wurden aus Angst, Feigheit oder Bequemlichkeit gar nicht angesprochen, tabuisiert oder sogar unter scharfen politischen Verdacht gestellt.

Man fürchtet ‚rechts' zu sein, auch wenn es richtig ist. Das ist falsch. Die Abgrenzung gegen rechtsextrem ist kaum mehr zu unterscheiden von der Abgrenzung gegen rechts. Das Unterscheidungs- und Wahrnehmungsvermögen trübt sich ein. Die konkreten Benennungen werden unpräzis, und die politische Kommunikation wird vollends moralisiert. Schweigen darf man nicht mehr, umso lauter dröhnt die Schweigespirale.

Die realen Probleme demokratischen Regierens geraten so aus dem Blick: Entweder wird der Regierung alles angelastet, auch der Aufstieg der AfD, oder andersherum alles von der Politik erwartet, womit real Koalitionsregierungen und Staat gemeint sind, oder man erwartet gar nichts mehr von Staat und Politik. Das scheinen die großen politischen Lager von heute zu sein. Was daraus in den nächsten zehn Jahren wird, weiss niemand.

Wie rational sind demgegenübr die Italiener: sie wählen einfach diejenigen, die am lautesten schreien und behaupten, die Probleme lösen zu können. Wenn sich dann zeigt, dass sie auch nur mit Wasser kochen, wählen sie die nächste Regierung, dazwischen gibt es technokratische Kabinette, die verhindern, dass das Land nicht ganz an die Wand fährt. Das ist Gelassenheit und Lebenskunst in einem! Beneidenswert.

Gerade jetzt vor wichtigen Wahlen auf verschiedenen Ebenen ruft man nach einem Parteiverbot der starken AfD. Was für ein Zeichen selbstbewusster Demokratie!? Und das von zahlreichen selbsternannten ‚Demokratierettern‘, die plötzlich unterwegs sind, die sich vorher nie um die Probleme der Kommunen gekümmert haben (auch eine Herzkammer der Demokratie), obwohl die Bürgermeister schon lange, parteiübergreifend, laut und deutlich Alarm schlagen. Sie sind nicht erhört worden.

Und vor allem wie kontraproduktiv! Jeder Verfassungsrichter erklärt, dass allein schon einen gerichtsfesten Antrag für ein Parteiverbot zu stellen, ein Jahr benötigen würde, und das Verfahren selbst noch einmal ein zusätzliches Jahr. Dann wären wir schon bei den nächsten Bundestagswahlen 2025. Wenn wir uns zudem an die Begründung des obersten Gerichts erinnern beim gescheiterten Versuch im NPD-Verfahren, so ist die Aussicht auf Erfolg gering.

Und wie würde das vergleichend im europäischen Umfeld aussehen, wo überall zumindest so radikale rechtspopulistische bis postfaschistische Parteien, zum Teil sogar in der Regierung sind. Meloni von den „Fratelli" wurde gewählt, Italien steht noch. Von der Leyen und Meloni vestehen sich bestens, beide kochen auch nur mit Wasser.

Gujer wird an dieser Stelle zurecht polemisch: „Warum nicht gleich Schutz-haft für das AfD-Präsidium?" Gerade in diesem Jahr muss die AfD, die ein Popanz ist, von den Demokraten, den Bürgern und den Parteien politisch geschlagen werden. Dadurch kann die Demokratie selbst wachsen, indem sie zeigt, dass sie populistischen Argumenten, die in der Sache europapolitisch, wirtschaftlich, kommunal- und regionalpolitisch nichts bringen, ausser Hass und Hetze, Paroli bietet.

Die Demokratie braucht buchstäblich „keine Alternative". Die regionale Wirt-schaft, die dringend auf ausländische Fachkräfte angewiesen ist, mobilisiert dagegen schon länger und wie nie zuvor: ‚Weltoffenes Sachsen', ‚Weltoffenes Thüringen' ‚Brandenburg zeigt Haltung' zeugen davon.

Auf einen intensiven und anstrengenden Wahlkampf muss man sich vorbe-reiten, dabei spielen Gespräche und Auseinandersetzungen und nicht Aus-grenzungen überall in der Gesellschaft eine wichtige Rolle und nicht nur die Köpfe auf den Wahlplakaten und das, was sich Werbeagenturen ausgedacht haben (siehe den Blog Wahlkampf um die demokratische Mitte, 1.Februar.)

Eine weitere starke These von Gujer lautet, dass sich gerade zu Beginn des Jahres 2024 das Jahr 2015 unter umgekehrten Vorzeichen wiederhole, als Flüchtlingsströme im Münchner Bahnhof überschwänglich begrüsst wurden, gewissermassen der ‚Rausch' einer neuen Willkommenskultur. Heute spricht man allenthalben auch vom Kontrollverlust einer unkontrollierten Flüchtlings-aufnahme und einem migrantischen Sonderweg in Europa.

Die einen fanden, das sei das Beste, was Kanzlerin Merkel gemacht habe, die anderen hassten sie dafür. Zum ersten Mal hörte man vor allem im Osten der Republik gehässige Sprechchöre „Merkel muss weg" und sah die Galgen und die Bilder in Häftlingskleidern, eine gewalttätige Symbolik des Widerstandes, die während der Corona-Krise Februar 2020 bis April 2023 zunahm.

Seitdem ist die öffentliche Diskussion zunehmend verroht, und die Extreme, die Verbindungen zur AfD aufweisen, haben zugenommen, nicht nur die

Rechtsextremisten, die in ihren Umsturzphantasien die AfD als „parlamentarischen Arm des Widerstands" sehen (Kubitschek), auch ‚Reichsbürger', Corona-Leugner, Verschwörungstheoretiker, Impfgegner, Identitäre (2012 in Frankreich gegründet) und eine Vielzahl neuer und unbekannter grundsätzlicher Gegner des Staates. Das muss man wahrnehmen und geistesgegenwärtig verfolgen – die Bürger als aktive Verfassungsschützer und nicht nur der Verfassungsschutz als Behörde.

Nicht nur die revolutionären Rechten im Osten gingen mit neuen Bürgern auf die Strasse, auch die Querdenker aus dem Süden der Republik und die Impfgegner, zum Teil rabiat und einschüchternd bis vor die Privathäuser der verantwortlichen Politiker in Sachsen. Die Korrelation zwischen AfD-Hochburgen und Impfgegnern war hoch. Gauland und andere von der AfD sprachen offen von Corona-Diktatur, ein Grund mehr, „Merkel zu jagen" und immer größere Distanz zu den „Altparteien" aufzubauen.

Die AfD wuchs und radikalisierte sich zusehends. Eine ‚Action allemande' wuchs als ernsthafte politische Kraft so auch in den Parlamenten heran, mit der man es jetzt unbequemerweise zu tun hat. Die Wählerschaft wurde inzwischen so groß, dass der Ehrgeiz von Friedrich Merz für die CDU und einer Sarah Wagenknecht mit ihrer Parteigründung einmal darin bestand, „die AfD zu halbieren".

In die Parteienlandschaft ist Bewegung gekommen. „Weimarer Verhältnisse" sind es dennoch nicht. Die europäische Ausnahme war eher die bundesrepublikanische Ultra-Stabilität der zweieinhalb Parteien (CDU, SPD, FDP) und die 16 Jahre von Kohl und Merkel.

Verteidigung als Vorbereitung des Krieges

Europa muss wieder lernen, sich zu verteidigen. Seit dem russischen Überfall auf die Ukraine ist die Bedrohung durch einen Staatenkrieg nach Europa
zurückgekehrt. Die Abschreckung ist nicht nur neu zu denken, sondern auch
zu üben.

Die größte Verteidigungsübung mit dem bezeichnenden Namen „Steadfast
Defender" seit dem Kalten Krieg beginnt im Februar mit 31 Nationen und
90.000 Soldaten. Sie wird zeitlich bis Mai dauern und umfasst geographisch
Übungen von Nordamerika bis nahe an die russische Grenze. Es geht vor
allem um den Schutz der Nato-Ostflanke, die Vorbereitung der Abwehr eines
Angriffs auf die kleinen baltischen Staaten.

Die 31 Mitgliedsländer der Nato plus Schweden werden „ihre Fähigkeiten
unter Beweis stellen, euroatlantischen Raum durch die transatlantische Ver-
legung von Streitkräften aus Nordamerika zu verstärken", so US-General Cavioli, Oberbefehlshaber der Nato-Truppen in Europa. Das Manöver wird von

Moskau als „provokativ" eingestuft, das „tragische Folgen" für Europa haben kann (Sacharowa, in Merkur.de), denn es ziele absichtlich auf eine Eskalation ab (Tass).

Moskau dementiert einmal mehr die Absicht, Nato-Länder angreifen zu wollen. Putin quittierte eine entsprechende Äußerung Bidens „als Unfug". Dennoch prahlt er gerne mit der Überlegenheit der russischen Waffen, so kürzlich in Tula vor Arbeitern der Rüstungsindustrie.

Finnland, mit der längsten direkten Grenze zu Russland, ist zwar neues Nato-Mitglied geworden, verlässt sich aber bei seiner Verteidigung nicht allein auf die Nato. Es definiert Verteidigung auch für sich. Polen genauso, es unternimmt außerordentliche Anstrengungen für den Ausbau der eigenen Armee, wie Verteidigungsminister Kosiniak-Kamysz kürzlich erläuterte: „Wir prüfen, welche Lücken es bei der Bewaffnung noch gibt" (5. Februar).

Dazu forderte Verteidigungsminister Pistorius auch Deutschland auf, er sprach davon, „kriegstüchtig" zu werden, was in Deutschland allein schon als Wort abschreckte. Das Land ist in dieser Frage tief gespalten: Eine neue Sicherheitsstudie belegt, dass die Hälfte der Deutschen einen russischen Angriff befürchtet, die andere Hälfte, darunter vor allem AfD- und Wagenknecht-Anhänger, befürchten das nicht. Sie lehnen westliche Waffenlieferungen an die Ukraine ab und sehen dies als *Vorbedingung* für Verhandlungen mit Putin.

Derweil drängen FDP und Grüne in der Regierungskoalition Kanzler Scholz dazu, die Taurus-Marschflugkörper endlich an die Ukraine zu liefern. Sie glauben, wie Selenski, dass die Ukraine, den Krieg, der in einem Patt feststeckt, noch gewinnen kann. Immer weniger Menschen in Deutschland glauben das.

Die kämpfende Ukraine seinerseits braucht nicht nur mehr (längst versprochene) Munition und Waffen, sondern auch und vor allem mehr neue Kämpfer. Die weitere Mobilmachung ist das aufwühlendste innenpolitische Thema. Dabei kommt es auch auf die Ausbildung an, die ihre Zeit benötigt.

Der ehemalige Nato-General Erhard Bühler erklärte, dass das Szenario der Übungen, welche die Nato abhält, weder eine Prognose noch eine Bewertung der zukünftigen Sicherheitslage sei, sondern, dass man mit einem fiktiven Gegner arbeite (Merkur.de). Rob Bauer, Vorsitzender des Nato-Militäraus- schusses, erklärte zudem, dass nicht nur das Militär sich vorbereiten müs- se, sondern die „gesamte Gesellschaft". Dafür fehle jedoch weitgehend das Bewusstsein. Da hat er recht.

Dasselbe meinte Verteidigungsminister Pistorius, als er von einem notwendi- gen „Mentalitätswechsel" sprach. Was umfasst dieser inhaltlich? Sicherlich sowohl die Bereiche Bundeswehr, die Nato-Kompatibilität, Rüstungsprodukti- on und Zivilschutz, also vieles auf einmal.

Ein brisantes Detail der Sicherheitsstudie 2024 ist, dass kein einziger Bunker in Deutschland funktionstüchtig für die Bevölkerung wäre. Den Sirenenalarm indessen, der auch nicht überall funktionierte, übte man bereits. Wenn die Bevölkerung nicht weiß, wohin sie gehen soll, dann ist das allerdings unver- antwortliches Getue, das man besser lassen sollte.

Worin besteht also heute die Sicherheitsverantwortung des Staates, die im heutigen internationalen Umfeld nicht so einfach und schnell hergestellt wer- den kann, obwohl immer mehr Tempo angemahnt wird. Das mediale Trom- melfeuer ist kaum noch zu ertragen, und es bleibt Geschwätz, solange die notwendige Staatsfähigkeit weder theoretisch noch praktisch gegeben ist.

Dies ist auch, wenngleich nicht nur, eine militärische Frage. Bisher ging es in- nenpolitisch, seit der Zeitenwende-Rede von Scholz am 27. Februar, vor allem um die Ertüchtigung der Bundeswehr, die weniger Panzer als die Schweizer Armee hatte. Kritisch wurde und wird von nahen Beobachtern vom „Zeitlu- pentempo" gesprochen (Masala).

Scholz selber, der keinerlei Erfahrung und Berührungspunkte mit Militär hat, musste innerhalb kurzer Zeit, in Abstimmung mit Bidens Amerika, einen lan- gen, bisher unvorstellbaren Weg zurücklegen. Das muss man attestieren.

Deutschland ist heute, nach anfänglichem Zögern, nach den USA der größte Waffenlieferant für die Ukraine, und das auf dem Hintergrund seiner prägenden historischen Erfahrungen mit Russland.

Scholz erinnert zurecht an Schmidts Diktum, dass Deutschland nur eine „Mittelmacht" ist. Es darf sich nicht übernehmen, und sich Führungsrollen als Hybris anmaßen, die es jetzt und in Zukunft absehbar nicht ausfüllen kann. Die einsame Fregatte, die jetzt Kurs aufs Rote Meer nimmt, steht (sinn)bildlich dafür.

Die Amerikaner können bei der heutigen Rivalität der Großmächte nicht ersetzt werden. Im Gegenteil: sie sind an verschiedenen Konfliktherden, sei es im Indopazifik, im Nahen Osten und in Europa noch unentbehrlicher geworden. Die Abwehr der jüngsten Angriffe der Huthi aus dem Jemen auf die internationale Schiffahrt im Roten Meer haben dies erneut für die ganze Welt sichtbar und nachvollziehbar unter Beweis gestellt.

Eine (auch atomare?) Eskalation mit dem Iran, der über ein Netz von Widerstandsgruppen im Nahen Osten verfügt, ist möglich. ‚Hisbollah', die Partei Gottes, war einstmals ein Namensvorschlag von Ajatollah Chomeini, des religiösen und politischen Führers der iranischen Revolution von 1979, die wieder andere große Entwicklungen in der Welt in Gang gesetzt hat.

Russland, China und Iran rücken immer näher zusammen, durchaus strategisch reflektiert, obwohl es sich um in sich verschiedene ‚Welten' handelt, gegen die ‚Pax americana'. Nichts integriert so sehr wie ein gemeinsamer Feind. Um diesen Frieden zu erhalten, und es nicht zu einem Flächenbrand, der von verschiedenen Orten ausgehen könnte, kommen zu lassen, müssen auch die Verbündeten einer freien und friedlichen Welt ihren Teil beitragen. Das fängt im Kopf an.

Ist die Bundeswehr, die viele Mittel an die Ukraine abgegeben hat, überhaupt kriegstüchtig? Der Militärhistoriker Neitzel verneint dies (ZDF heute, 21.1.). Experten rechnen mit 5 bis 8 Jahren, in denen sich die europäischen Länder auf einen Krieg mit Russland einstellen müssen. Europa braucht dringend eine sicherheitspolitische Agenda, und Deutschland muss in diesen Jahren „kriegstüchtig" werden, so Verteidigungsminister Pistorius. Notfallpläne für die baltischen Staaten werden vorbereitet.

Das setzt buchstäblich einen ‚gewaltigen' Mentalitätswandel voraus, zumindest bezüglich der Wehrpflicht, die 1956 bis 2011 bestand. Verschiedene Modelle werden in Betracht gezogen, die Truppenstärke soll auf über 200.000 angehoben werden, liegt aber aktuell trotz intensiver Werbung bei ca. 180.000. Das ist nicht viel im Verhältnis zur Größe des Landes. All das ist bisher weder im Parlament noch in der breiteren Öffentlichkeit diskutiert worden. Die Bundeswehr bleibt militärisch und organisatorisch eine große Baustelle, die man nicht gerne betritt.

Die „ungeliebte Priorität" (siehe Blog vom 2.1.2024) rückt aber immer mehr in den Vordergrund und wird möglicherweise 2024/25 noch das dominierende innenpolitische Thema, neben und vor anderen schwergewichtigen Themen wie etwa die Wachstumsschwäche der Wirtschaft, welche die Regierung schleunigst angehen muss.

Der ehemalige grüne Außenminister Fischer fordert alle nötige Unterstützung für die Ukraine, auch die Lieferung von Taurus. Er sieht darin keinen Widerspruch zu seiner „pazifistischen Grundhaltung" (NZZ, 5.2., S.5). Die Grünen haben sich ihre im Kern pazifistische Identität damals vor mehr als 40 Jahren gegen Helmut Schmidts Politik der Nachrüstung gebildet.

„Gewaltfrei" war ebenso wie „basisdemokratisch" ein grüner Grundwert der Anti-Parteien-Partei. In der Sozialdemokratie dagegen gab es immer 'nur' einen pazifistischen (meist religiös-sozialen) Flügel, in den 80er Jahren Eppler vs. Schmidt. Das war auch eine Auseinandersetzung um die Philosophie der modernen Sozialdemokratie, für die Schmidt den kritischen Rationalismus (Popper, Albert) vorgeschlagen hatte.

Fischer, der unorthodoxe Grüne macht im aktuellen Interview geltend, dass die Grünen ebenso eine „Menschenrechtspartei" seien, das heißt: „wenn die Menschenrechte mit Füssen getreten werden, muss der Pazifismus in den Hintergrund treten" (NZZ, a.a.O.).

Das nannte er flexibel „politischen Pazifismus", als es um die Begründung der militärischen Intervention im Kosovo 1999 ohne UN- Mandat ging. Damit war ein Tabu gebrochen. ‚Pazifisten' und ‚Bellizisten' standen sich damals, selbst in der grünen Partei oder gerade dort, unversöhnlich scharf gegenüber, und über „Kollateralschäden" eines Luftkrieges wurde moralisch heftig diskutiert (Gaza wäre das neue Beispiel).

Drei Arten des Pazifismus sind zu unterscheiden:

- der grundsätzliche Pazifismus als Philosophie der Gewaltfreiheit (Gandhi, King);
- *politischer Pazifismus*;
- *friedensuchende Realpolitik*, die weder grundsätzlich pazifistisch noch bellizistisch ist.

Fischer ließ sich durch den damaligen amerikanischen Verteidigungsminister Rumsfeld aber auch nicht zu einer „Koalition der Willigen" für einen fragwürdigen Irak-Einsatz trotz der ‚bedingungslosen Solidarität' mit den USA nach 9/11 überzeugen. Diese Szenen an der Münchner Sicherheitskonferenz sind im Kopf geblieben.

Warum kann es solche Dispute nicht auch an der diesjährigen Konferenz im Februar mit Vertretern aus Russland, China und Iran geben, selbst wenn sie ergebnislos verlaufen? Auch Berater und Mitarbeiter sind wichtig in informellen Gesprächsformaten. Man sollte doch zumindest wissen, was und wie der andere denkt.

Es gibt verschiedene Kriege: gerechte, problematische und ungerechte. Darauf reagiert der politische Pazifismus und erst recht ein friedensuchender Realismus, der eine anspruchsvolle politische Theorie ist (siehe Blog Friedensuchende Realpolitik, 7. Oktober 2022.). Beides darf man nicht polemisch mit Bellizismus verwechseln. Zu dieser öffentlichen Vernunft muss die deutsche Diskussion erst noch kommen.

Heute werden ‚wir' (Europäer) bedroht durch die „große Revision Putins" nach der „größten geopolitischen Katastrophe" (Putin) am 31. Dezember 1991, als sich die Sowjetunion auflöste. „Es gab gute Gründe, warum die Deutschen zu Pazifisten geworden sind. Heute würde aber eine pazifistische Grundhaltung nicht mehr funktionieren" (Fischer in Tagesspiegel, a.a.O.).

Vergessen sind heute die Perspektiven, als Russland sich als „Teil der europäischen Kultur" gesehen hat, was auch für den Sozialismus galt. Angesichts der angeblich feindlichen russophoben Umwelt, mit der man schon die Invasion in die Ukraine begründete, sucht man heute neue Partner wie den Iran oder Nordkorea und insbesondere China. Iran ist bereits in die Staatenallianz von BRICS aufgenommen worden. Russland erhält von dort Drohnen in großer Zahl, und China ist Hauptabnehmer des Öls.

Gleichzeitig sieht man die russische Zivilisation als der westlichen überlegen an. Es geht immer mehr um einen grundsätzlichen Zivilisationskonflikt im Zusammenhang mit dem Kampf um Hegemonie. Die chinesisch-russische Partnerschaft spielt dabei eine Schlüsselrolle in der gegenwärtigen Weltpolitik, ebenso wie die USA. Ein neues eurasisches Russland, das sich nach Asien orientiert, ist im Entstehen begriffen, was wiederum neuen Konfliktstoff birgt. Diesmal weit weg von Europa, aber mit großen Folgen für Europa.

Fischer, der mehr Realist als Pazifist geworden ist, hält eine massive Aufrüstung für nötig (Tagesspiegel, 19.1., S.6), um der russischen Bedrohung zu widerstehen. Das bedeutet, erstens, dauerhaft erhöhte Verteidigungsausgaben für die einzelnen Länder und, zweitens, eine abgestimmte Sicherheitspolitik in einem Europa, das kein Bundesstaat ist. Das erste ist schon eine Zumutung, das zweite, wird zusätzlich eine enorme Schwierigkeit unter Zeitdruck werden. Vorsicht und Panikmache – geht beides zusammen?

Fischer findet, dass die USA nicht mehr allein zuständig sein können für „alle harten Sachen" (Tagesspiegel a.a.O.). Was heißt das? Bedeutet das eine eigene Nuklearbewaffnung für Europa, das faktisch eine Konföderation unabhängiger Nationalstaaten ist? Wer hat die Kompetenz für die Atomwaffen? Ist Frankreich bereit, seine Atomwaffen zu europäisieren? Nicht zufällig stellen sich die Rechten um Le Pen und die Linken um Mélenchon strikt dagegen.

Das Pentagon plant derweil zur Abwehr Russlands, erstmals wieder Atomwaffen in Großbritannien zu stationieren, auf dem Stützpunkt Lakenheath der Royal Air Force. Sie sollen die dreifache Sprengkraft der Hiroshima-Bombe haben und von F-35-Kampfflugzeugen transportiert werden (Tagesspiegel, 28.1.).

Der britische Armeechef, General Patrick Sanders vergleicht die Situation in der Ukraine mit den Krisen von 1914 und 1937 (euronews, 24.1.). Der Verteidigungskrieg der Ukraine gebe noch Zeit, die nötigen Lehren daraus zu ziehen, bevor es zu spät sei. Man müsse sich auf einen massiven Angriff Russlands auf unsere Lebensform vorbereiten mit einer Bürgerarmee. Das benötige eine traditionelle wie zivile Mobilisierung.

Die militärpolitische Mentalität der Briten ist aus historischen Gründen noch einmal eine besondere und andere, selbst als die des engsten transatlantischen Bündnispartners USA. Führende Politiker wiegeln ab und haben zugleich eine besondere Verantwortung, die wir als Demokraten teilen sollten.

Diplomatie hört nie auf

Gespräche werden immer gesucht, formelle und informelle. Diplomatie hört nie auf, auch wenn sie ständig an Grenzen stößt. Auch gibt es sogenannte diplomatische Gepflogenheiten und einen Diplomaten-Sprech, der zwar über vieles hinwegsieht, nicht alles anspricht und trotzdem Brücken der Verständigung erhält.

Friedensgipfel in der Schweiz

Mitte Januar überraschte der ukrainische Präsident Selenski mit der Ankündigung, einen Friedensgipfel in der Schweiz durchführen zu wollen (siehe dazu den Blog vom 24. Januar), der in informellen Gesprächsformaten von Sicherheitsberatern schon länger vorbereitet wird.

Am 14.Januar fand das vierte Treffen in diesem NSA-Format (national security advisors) in Davos statt. Die Ukraine sucht den Rückhalt der internationalen Gemeinschaft für ihren Friedensplan. Wir haben uns gefreut und gleichzeitig ein großes Fragezeichen gesetzt, wie so oft in diesen Tagen.

Aus der militärisch wie politisch völlig verfahrenen Situation des Ukrainekrieges einen Ausweg zu finden, scheint derzeit ein unmögliches Unterfangen. Dass es ohne China nicht geht, in diesem Punkt sind sich jedoch alle einig.

Deshalb sollte der schweizerische Außenminister, der Tessiner Bundesrat Ignazio Cassis im Februar nach Peking reisen. Das Treffen mit dem chinesischen Außenminister Wang Yi dauerte zwar 45 Minuten länger als geplant: „Doch konkrete Ergebnisse gab es keine" (NZZ, 9. Februar, S.24). Schnelle Fortschritte sind auch nicht zu erwarten.

Diplomatie muss beharrlich sein und warten können. China will die Teilnahme am Friedensgipfel zunächst intern diskutieren. Das ist für die Diplomatie schon ein Ergebnis. Die politische Bewertung fällt dagegen harscher aus: die Aussichten für eine Konferenz, die echte Fortschritte in Richtung Frieden bringt, sind „düster" (NZZ, a.a.O).

Die Abhängigkeiten in der „Freundschaft ohne Grenzen" zwischen Xi und Putin sind groß. Und zwar nicht nur des ‚Juniorpartners' Russland gegenüber China (das hat sich seit der Geschichte des Kommunismus von Stalin zu Mao gedreht), sondern auch – was gerne übersehen wird – von Xi gegenüber Putins Russland im geostrategischen Konflikt mit den USA. Erst kürzlich äußerte sich Putin geradezu zynisch dazu: „sie werden uns noch brauchen".

Matthias Kamp aus Peking kommentierte deshalb treffend, dass es „diplomatische Gepflogenheiten" gebieten, den Vorschlag aus der Schweiz zu prüfen, „um das Vorhaben im Sande verlaufen zu lassen". Auch dieses Verhalten kann man zynisch nennen, wenngleich man bei der Diplomatie nicht nur moralische Maßstäbe anwenden sollte.

Im offiziellen Communiqué wird denn auch die Einladung der Schweiz zur Friedenskonferenz mit keinem Wort erwähnt: „Wir setzen unseren eigenen Weg fort, um Friedensgespräche zu ermöglichen und eine politische Einigung der Staaten zu erzielen", formuliert China, das Russland weiterhin den Rücken freihält, selbstbewusst und gewohnt formelhaft.

So allgemein und unkonkret sind die chinesischen Friedensinitiativen, von denen viel erwartet wurde, von Anbeginn. Cassis kann darauf nur noch diplomatisch antworten: „Es ist ein erster Schritt." Während der andere erste Schritt der schweizerischen Diplomatie, den Aggressor Russland zur Friedenskonferenz einladen zu können, im Moment aussichtslos erscheint.

Denn Putin benutzt gerade mit Absicht und Bedacht das Zeitfenster bis zu den amerikanischen Wahlen im November dazu, keine Verhandlungen aufzunehmen, die er verbal gleichwohl ständig zu seinen Bedingungen anbietet. Wenn der Westen, seine Waffenlieferungen einstelle, wäre der Krieg sofort vorbei. Ja, und Putin wäre der Sieger und die Ukraine unterworfen. Russlands Kriegsziele haben sich nicht verändert. Putin redet unverändert von der „Denazifizierung" der Ukraine.

Siehe dazu das zweistündige Interview mit Tucker Carlson, das Putin an Trump und seine Republikaner mit großer Reichweite richtete – eine Propagandashow und eine Vorführung des 'naiven Amerikaners' für Russen. Einen Angriff auf NATO-Staaten schließt Putin aus, es sei denn," Polen greife Russland an".

Derweil sieht die aktuelle militärische Lage für die kämpfende Ukraine einmal mehr schwierig aus, Awdijiwka ist das zweite Bachmut geworden. Sie ist dennoch nicht aussichtslos, wie die schweren Schläge auf die stolze Schwarzmeerflotte demonstriert haben. Die weitere westliche Unterstützung wird in dieser Situation allerdings noch wichtiger als eh schon.

Gleichzeitig ist sie in Frage gestellt, da finanzielle Zusagen blockiert und versprochene Munitionslieferungen nicht rechtzeitig eingetroffen sind, was die Frontsoldaten zunehmend zermürbt. Es sind diese elementaren Dinge, die fehlen, und nicht die großen Worte, die ständig wiederholt werden. Während die Umstellung Russlands auf Rüstungswirtschaft ihre Wirkungen entfaltet, zunächst bei der Artilleriemunition.

Der letzte Besuch von Scholz bei Biden war diesmal einer mit umgekehrten Rollen: Biden lobte ausdrücklich Scholz's Führung (etwas, was man in Deutschland vermisst) . Der besonnene Kanzler ist sich der Möglichkeiten der Mittelmacht Deutschlands außenpolitisch jedoch sehr bewusst, was für ihn spricht. Er reist nicht öffentlichkeitshungrig und ahnungslos durch die Welt.

Für Deutschland und Europa ist der Bündnispartner USA „unverzichtbar „. Die jüngsten Äußerungen von Trump zur Nato, dass er die säumigen NATO-Zahler nicht mehr unterstützen werde, haben deshalb in Europa regelrecht einen Schock ausgelöst. Scholz sprach zurecht von „unverantwortlich und gefährlich".

Der Sonderfonds für die Bundeswehr soll nun blitzartig verdreifacht werden (Kiesewetter). Den Krieg sollte man dennoch nicht auf Russland ausweiten, um die russische Bevölkerung aufzurütteln (derselbe Kiesewetter: hier wird der Lapsus von Baerbock „Krieg gegen Russland" zum System).

Auf der anderen Seite gewinnt das russische Militär wieder vermehrt die Oberhand. Putin bekräftigt, dass „Russland auf dem Schlachtfeld per definitionem nicht zu besiegen ist". Mit diesem Fanatismus ist zu rechnen. Seit der Annexion der vier ukrainischen Gebiete Ende September 2022 ist offenkundig, dass Russland diese Gebiete plus die Krim, was vorher schon klar war, nicht mehr kampflos hergeben wird.

Sie sind jetzt der Russischen Föderation zugeschlagen, auch verfassungsmäßig und stehen unter deren Schutz. Verhandlungen wird es nur unter diesem Diktat geben, es sei denn die militärische Lage ändert sich noch grundlegend. Was kann und soll da noch die Diplomatie ausrichten können über die Organisation von Gefangenenaustausch hinaus? Trotzdem dient Diplomatie generell der friedlichen Koexistenz und nicht dem Krieg.

Münchner Sicherheitskonferenz

„Es darf nicht ausgehen wie im Ersten Weltkrieg!" (Heusgen). Auch der Spitzendiplomat Heusgen setzt deshalb auf eine Verhandlungslösung und erinnert an frühere Abkommen, die gescheitert sind. Der ehemalige außenpolitische Berater von Kanzlerin Merkel und heutige Vorsitzende der Münchner Sicherheitskonferenz verteidigt dabei auch das Minsker Abkommen.

Es ist unter deutsch- französischer Vermittlung zustande gekommen und versuchte 2015, den Osten der Ukraine zu befrieden (siehe auch das Buch „Führung und Verantwortung", 2023).
Die meisten Verpflichtungen aus dem Minsker Abkommen wurden jedoch nie umgesetzt. Russland und die Ukraine geben sich gegenseitig dafür die Schuld. Die Interpretation dieser Vorgeschichte spielt in die Gegenwart hinein,

sie ermöglicht und verhindert mögliche Verhandlungskorridore und verhärtet Positionen.

Inzwischen hat der Verlauf des Krieges weitere Fakten geschaffen, die erschwerend für einen möglichen Friedensprozess hinzukommen. Mit der Aufarbeitung der (Zeit-)Geschichte kommen wir gar nicht mehr hinterher, so sehr werden wir in Beschlag genommen durch die notwendigen Entscheidungen des Krieges (chronos und kairos). Das gilt gleich für mehrere Akteure.

Heusgen findet das Minsker Abkommen genauso gut oder schlecht wie das Budapester Memorandum von 1994, in dem Russland die Souveränität der Ukraine garantiert, gleichzeitig aber auch gegen die Nato-Osterweiterung ist, oder die UN-Charta: „Alle drei hat Putin in die Tonne getreten, aber deswegen sind sie nicht schlecht. Putin ist schlecht, weil er sich nicht an das internationale Recht hält (gmx.net/ 8.2.). Heusgen hat auch schon von „Zivilisationsbruch" gesprochen. Die Ukraine soll frei entscheiden können, ob sie Mitglied der EU oder Nato wird.

Das versuchen auch Jermak, der Stabschef von Selenski, und der Däne Rasmussen, der ehemalige Nato-Generalsekretär, im Hinblick auf einen Friedensgipfel in der Schweiz seit langem im Hintergrund diplomatisch zu erreichen. Dabei geht es auch um Sicherheitsgarantien für die Ukraine. Das ist ein Versuch buchstäblich internationaler Politik, in einer Situation, in der die UNO dysfunktional geworden ist aufgrund des russischen Vetos im Sicherheitsrat.

Gleichzeitig geht es heute auch um den Aufbau einer neuen Sicherheitsarchitektur in Europa – mit oder ohne Russland. Das ‚Weimarer Dreieck' (Frankreich, Deutschland, Polen) wird diesbezüglich eine führende Rolle spielen müssen, zumal der Europäer Tusk nun Premierminister geworden ist. Lediglich Polen bereitet sich militärisch wirklich auf einen Angriff Russlands vor. Es hat seine Verteidigungsausgaben verdoppelt und das Militär auf 300.000 Soldaten erhöht. Polen und Deutschland sind die stärksten Unterstützer der Ukraine.

Bei der 60. Münchner Sicherheitskonferenz, die vom 16. bis 18. Februar stattfindet, liegen die dringenden Themen auf der Hand und sind, jedes für sich, schwer genug, ob Ukraine-Krieg, europäische Sicherheit oder Nahost- Konflikt. Die Tagung, die es seit 1963 gibt, hat seit je eine transatlantischen Ausrichtung. Sie begann klein mit Kissinger und Schmidt und ist inzwischen ein Großereignis geworden, einschließlich Protesten und Gegenveranstaltungen.

Zahlreiche Regierungschefs und Außenminister sind angekündigt: Scholz, Harris, Blinken, Selenski, Herzog u.a., aber auch Gäste aus dem Libanon, Katar, Irak, Kuweit, Saudi-Arabien und Oman werden erwartet. Die Pendlerdiplomatie, die Kissinger einst erfunden hatte, kann vertieft fortgeführt werden. Wichtige Stimmen aus Russland, China und Iran jedoch werden fehlen.

Eskalation in der Diskussion

Trump wirkt, auch wenn er noch nicht Präsident ist, nicht einmal Kandidat seiner Partei, nur Haley hält noch dagegen.

Seine jüngsten Äußerungen aus dem Wahlkampf über die Nato haben in Europa einen Schock ausgelöst, bis hin zur vorschnellen Diskussion über eigene Atombomben. Verteidigungsminister Pistorius hat das treffend eine „Eskalation der Diskussion" genannt.

Am Rande einer Nato-Tagung der Verteidigungsminister Mitte Februar in Brüssel äußerte er sich so, in der erstmals seit mehr als 30 Jahren auch Deutschland das verabredete 2 %-Ziel dank des Sondervermögens für die Bundeswehr eingehalten hat, was finanziell jedoch nicht lange vorhalten wird.

Generalsekretär Stoltenberg zeigte sich zufrieden, dass 18 von 31 Mitgliedern dieses Ziel erreicht haben. Es ist ein Rekord, bei dem sich die Ausgaben für die Verteidigung in Europa deutlich erhöht haben. Unter anderen Spanien, Türkei und Belgien sind ihren Verpflichtungen bisher noch nicht genügend nachgekommen.

Die europäische Verteidigung insgesamt hat dennoch Fahrt aufgenommen, notwendige nationale Hausaufgaben werden gemacht. Das ist Pistorius abzunehmen, bei allen Schwierigkeiten, die es gibt: beim Personal, dem Beschaffungswesen, der Rüstungsproduktion und dem Zivilschutz. Man ist zumindest auf dem Weg zur eigenen Verteidigungsfähigkeit, so wie – vorbildhaft – Polen und die skandinavischen Länder (siehe auch den Blog Verteidigung als Vorbereitung des Krieges vom 8. Februar 2024).

In dieser Phase der Stärkung konventioneller Abschreckung kommt eine Diskussion über eine eigene europäische Atombewaffnung, die komplex und unrealistisch ist, zur Unzeit. Für Pistorius richtigerweise genauso wie für Stoltenberg, für den sich die nukleare Abschreckung der USA im Verbund mit GB und Frankreich bewährt hat.

Dabei geht es um strategische Atomwaffen und nicht um taktische, über die beide europäischen Länder nicht verfügen. Die unüberlegte Forderung nach eigenen Atomwaffen, von einem Staatenverbund, der kein Bundesstaat ist und keine eigene Armee hat, über die schon 1952 diskutiert worden ist, würde zudem die USA aus Europa vertreiben, die ideell und militärisch un- verzichtbar bleiben. Es handelt sich um eine von vielen Gespensterdebatten, eine „überflüssige Eskalation" (Pistorius).

Der Bündnisfall, die unbedingte Solidarität, galt erstmals 9/11, dem Terroran- griff auf die USA. Daraus ist „enduring freedom" geworden, worum es weiter- hin geht: Freiheit und Demokratie im transatlantischen Bündnis.

Die Bündnisverpflichtung infrage zu stellen, wie Trump es getan hat, ist „unverantwortlich und gefährlich" (Scholz). Noch deutlicher wurde Präsident Biden am 13. und 14. Februar, indem er von einer „heiligen Verpflichtung" sprach wie schon bei seiner Polenreise 2022 (siehe den Blog Biden in Polen und die „heilige Verpflichtung" vom 27. März 2022). Darauf ist Verlass. Trump dagegen sieht die Allianz als Last und Mittel für Schutzgeldforderungen – ein Deal unter vielen, wie wir hinzufügen. Politische Überzeugungen sind etwas anderes.

Die starke Ansprache Bidens auf wackligen Beinen war auch eine gegen die Blockade der Ukraine-Hilfen durch die Republikaner im Repräsentantenhaus. Biden nannte dieses Verhalten „dumm, gefährlich, beschämend und uname- rikanisch." Trump wiederum punktet damit gezielt bei seinen Wählern. Auch der Isolationismus und „America first" hat Tradition in Amerika.

Tatsache ist, dass schon der ‚gute' Präsident Obama und nicht erst der ‚ge- fährlich-dumme' Trump darauf hinwies, dass die Europäer mehr für ihre eige- ne Verteidigung tun müssen. Der Angriff von Putins Russland auf die Ukraine zwingt nun verspätet dazu, erstens für die Unterstützung des ukrainischen

Befreiungskampfes, dem die Munition ausgeht, und zweitens für die eigene Sicherheit vor der russischen Bedrohung, sich endlich dieser „ungeliebten Priorität" (siehe Blog vom 2. Januar 2024) beschleunigt zu widmen.

Der Nato-Beitritt von Finnland und Schweden waren eine Konsequenz daraus, die das Scheitern von Putins strategischen Plänen dokumentierten. Er hat die Nato, die er schwächen wollte, gestärkt. Die gescheiterte „Spezialoperation" gegen die Ukraine musste verlängert werden und hat sich zu einem flächendeckend zerstörerischen Krieg verstetigt, der auch Russland die Zukunft raubt. Ein Russland, welches auseinanderfällt, wäre wirklich gefährlich. Wir wissen, nachdem alle Kontakte abgebrochen sind, wenig, viel zu wenig: Moskau ist nicht Russland.

Russland sieht sich inzwischen im Krieg gegen den Westen (Peskow, 15.2.). Wehrfähige Demokratien indessen, die in Übung bleiben, sind konventionell stärker als die russische Armee, die Kiew nicht einnehmen konnte. Das weiß auch Putin. Nur bei den Atomwaffen ist Russland auf Augenhöhe mit den USA. Man darf gespannt sein auf die Rede zur Lage der Nation Ende Februar, wo er sich bestimmt auch zu Waffenentwicklungen äußern wird.

Panikmache jedoch dient keiner Verteidigung, die eine seriöse und dauerhafte Aufgabe bleibt. Dennoch sind insbesondere die Warnungen von Finnland und der baltischen Staaten unmittelbar zu beachten. Sie haben Erfahrungen mit ihren langen und schwierigen Grenzen mit Russland und sind einer hybriden Kriegsführung ausgesetzt. Finnlands Grenzen sind weiterhin geschlossen und in der Nähe der Grenzübergänge werden Zäune errichtet.

Die estnische Premierministerin Katja Kallas ist die erste ausländische Regierungschefin, welche Russland zur Fahndung ausgeschrieben hat. Die drei baltischen Staaten steuern bei den Verteidigungsausgaben ein 3 %-Ziel der Nato an. Sie drängen darauf, den Angreifer sofort zurückschlagen zu können, eine Schnelligkeit, die gerade das Manöver „Steadfast Defender" übt.

Seit 2017 gibt es zudem die Nato-Mission „Enhanced Forward Presence „. Der Luftraum wird ebenso mangels einer eigenen Luftwaffe von der Nato Tag und Nacht überwacht, und eine einsatzfähige deutsche Litauen-Brigade soll bald dazukommen. Das ist aber den drei wehrfähigen baltischen Staaten noch nicht genug gegen eine erwartete „Massenarmee sowjetischen Typs".

Sie wollen deshalb gemeinsam eine Verteidigungslinie nach dem Vorbild der Surowikin-Linie in der Südostukraine mit Bunkern, Panzersperren und Minenfeldern ausbauen (siehe: Die Welt, 15. Februar 2024, S.6). Daran ist die ukrainische Gegenoffensive im Sommer gescheitert, weil Russland genug Zeit hatte, „seine Volksrepubliken" zu schützen.

Es ist alles eine Frage der Zeit, und in der Politik geht es um Entscheidungen, die nicht immer genug gut vorbereitet werden können. Reflexion und Handlung sind zwei Ebenen. Die baltischen Staaten wiederum haben kein Gegenmittel zu den russischen Iskander-Raketen mit 500 Kilometer Reichweite, die in der hochmilitarisierten Exklave Kaliningrad stationiert sind. Sie reichen bis vor Berlin.

Darüber hinaus existiert die Befürchtung, dass Russland die sogenannte Suwalki-Lücke zwischen Kaliningrad und Belarus schließen könnte, was die einzige Landverbindung zwischen Litauen und Polen ist. Bei allen teuren neuen Waffen, welche die kleinen Länder bestellen, darunter die wirkungsmächtigen amerikanischen ‚Himars' und ‚Atacms', am Ende hängt alles davon ab, wie *schnell* die Nato zusätzliche Kräfte ins Baltikum verlegen kann und *was die USA tun* (Die Welt, a.a.O.).

Eskalation gibt es nicht nur im Krieg, wo gegenwärtig Russland im Ukraine-Krieg täglich eskaliert: mit Personal, Munition und Technologien, ohne Rücksicht auf Verluste. Es gibt sie auch, wie im Titel angesprochen, in der täglichen Kommunikation, die moralisch und politisch *überbelastet* ist. Auch Diskussionen können eskalieren. Das ist leider schon längst passiert.

Unbeständiges Sicherheitsumfeld

Die Welt, unsere Welt, Lebenszeit und Weltzeit umfassend, sei in ein „höchst unbeständiges Sicherheitsumfeld" eingetreten, heißt es im Jahresbericht des britischen Internationalen Instituts für Strategische Studien (IISS).

Wahrscheinlich lässt sich das aus den unterschiedlichen wissenschaftlichen Disziplinen genauso sagen. Für die politikwissenschaftliche Optik ist es schlicht eine Tatsache. Was daraus folgt, wird dagegen umstritten bleiben.

Mit dem ‚ewigen' Nahostkonflikt, dem ‚endlos' scheinenden Ukraine-Krieg sowie den unberechenbaren Konflikten in Asien und Afrika ist mit einem noch „gefährlicheren Jahrzehnt für die Menschheit" zu rechnen (Tagesspiegel, 14.2.). Das gefährliche Jahrzehnt sei davon geprägt, dass Staaten ihre militärische Macht ausnutzten, um ihre Ansprüche durchzusetzen, so das IISS.

Die weltweiten Militärausgaben steigen auf Rekordhöhe. Russland und China investieren dem britischen Bericht zufolge 30 % ihrer Staatsausgaben in die Verteidigung, während der Westen vergleichsweise langsamer, aber sichtbar die Rüstungsproduktion erhöht.

Wobei dieses Bild noch erheblich zu differenzieren wäre. Inzwischen werden alle Länder von der Aufrüstung und der notwendigen Modernisierung ihrer Waffensysteme erfasst, selbst die bewaffnete Neutralität der kleinen Schweiz in Bezug auf Artillerie und teure Kampfflugzeuge (F-35?). Wie wird darüber wohl eine Volksabstimmung ausgehen?

Dazu kommt die Abstimmung untereinander, die geübt werden muss, ob in der Nato oder außerhalb. Und wie sollen sich europäische Armeen noch organisieren, wenn sie alle, wie noch nie, Rekrutierungsprobleme haben. Das gilt selbst für Großbritannien mit seiner offensiv-unbelasteten militärpolitischen Mentalität.

Am dringendsten gilt dies freilich für die kämpfende Ukraine, die von außen an Unterstützung verliert, wenngleich unverbindliche Sicherheitsabkommen unterzeichnet werden, und die Appelle, endlich *ins Handeln* zu kommen, immer stärker werden, während die Front bröckelt. Ähnliche Appelle gelten seit über 30 Jahren auch der ‚Zwei-Staaten-Lösung' im Palästina-Konflikt, die derzeit unrealistischer scheint denn je.

In Ostasien sind es Nordkorea, welches die Beziehungen zu Russland ausbaut, und China, die für beängstigende Unsicherheit bei den Nachbarn sorgen. Südkorea und Japan diskutieren deshalb über eigene Atomwaffen. Australien verdoppelt seine Kriegsschiffe und richtet seine Strategie neu auf den indopazifischen Raum aus, in Abstimmung mit den USA und GB.

Die Fortschritte in der nuklearen Waffentechnik bis in den Weltraum hinein sind in den USA, Russland und China in vollem Gange mit schwer abzuschätzenden Folgewirkungen auf die Kriegsführung. 2019 setzten die USA und Russland den INF- Vertrag außer Kraft. Aber auch mit diesem Abkommen war das Risiko eines Atomkrieges nie verschwunden. „Dafür haben der *technologische Fortschritt* im Waffenbau und die Entwicklung von Luft- und Seegestützten Mittelstreckenwaffen und Marschflugkörper gesorgt" (NZZ, 15.2.2024). Von dort können sie auch mit Nuklearsprengköpfen ausgerüstet werden.

Diese Entwicklung haben alle Nuklearmächte vorangetrieben. Offene Fragen sind: „Haben die Russen die Hürden für den Einsatz von Nuklearwaffen gesenkt? Wie denken die Chinesen über den Einsatz von Atomwaffen?" (NZZ, a.a.O.). Und wir fügen hinzu: Wie wird der Einsatz von KI im modernen Krieg aussehen?

Diese unbekannten technologischen Entwicklungen, die aber gesteuert und finanziert werden, sorgen für Verunsicherungen und Eskalationen in der öffentlichen Diskussion. Generalsekretär Stoltenberg warnte zurecht davor, die Abschreckungsfähigkeit der Nato in Zweifel zu ziehen. Eine Spaltung kann sich das größte Militärbündnis der Geschichte, das in sich durchaus brüchig zusammengesetzt ist, derzeit nicht leisten (siehe auch den Blog Eskalation in der Diskussion vom 19. Februar 2024).

Was weiß das Expertenwissen darüber? Wir wissen es nicht. Wir bekommen vor allem die zahlreichen Fehleinschätzungen und Warnungen mit. Experten, die angehört werden, gibt es viele, meistens stimmen ihre Meinungen mit denen der einladenden Medien überein. Die ‚Einordnungen' in Permanenz sind ein Teil der Medienmacht geworden, welche die Realitätskonstruktionen bestimmen.

Die Experten sind sich uneins bei der Einschätzung von Waffensystemen (Arrow 3, Iskander Raketen, Hyperschallwaffen wie Kinzhal u.a.). Putin und die russische Rüstungsproduktion, die nicht zu unterschätzen ist (Kalaschnikow! im Ural), prahlt und droht ständig. Wie ist hier das Verhältnis von Laien und Experten einzuschätzen?

Fundiertes Wissen, um das man sich bemühen muss, ist selten. Man muss es sich mühsam selbständig erarbeiten, und wird doch skeptisch bleiben. Skepsis als höchste Form der Aufklärung?

Spezialisten, die ihr Wissen verständlich machen können und wollen, gibt es leider viel zu wenige. Wissenschafts- und Technikkritik wird so kaum hörbar, da alle damit beschäftigt sind, nicht den „Anschluss" zu verlieren. „Anschlussfähigkeit" (Luhmann) heißt die Tugend der ‚Systemfunktionäre' in der (trotz geopolitischen Spannungen) rasant fortbestehenden Globalisierung von Wirtschaft, Handel, Technik und Wissenschaft.

In der Praxis gewordenen funktionalen Systemtheorie reden wir nicht einem ökonomisch-technologischen Determinismus das Wort, aber doch der flexiblen Anpassung und den modernen Technologien, zu denen auch und vor allem die problematische Waffentechnologie gehört – vom Vorderlader zum Schnellfeuergewehr im amerikanischen Bürgerkrieg des 19. Jahrhunderts zum Maschinengewehr im ersten Weltkrieg usw. usf.

Die arbeitsteilig hochdifferenzierte moderne (Welt-) Gesellschaft führt zu einem Erfahrungsschwund(Weltfremdheit) und erfordert Expertenvertrauen (Gehlen, Schelsky, Luhmann, Lübbe). Wir leben größtenteils von Erfahrungen aus zweiter Hand, was sekundäres Wissen ist. Und wenn die Experten bis zur moralischen Erbitterung uneins sind, was hilft dann? Der politische Streit zersetzt im Prinzip alles, auch wissenschaftlich begründete Aussagen.

Was die Naturwissenschaften (science) davon weitgehend rettet, ist die Fähigkeit, moderne Technik hervorzubringen, welche die wirtschaftliche Entwicklung in starkem Masse mitbestimmt und im Alltag der Menschen eine Rolle spielt. Daran orientiert sich auch der Common sense. Nicht-technologiefähiges Expertenwissen fällt dabei ohne weiteres dem politischen Streit anheim und wird zerredet wie jeder andere Geltungsanspruch auch.

Ökonomisches Expertenwissen wiederum ist in verschiedene politische Lager aufgeteilt. Jeder Zeitungsleser und Fernsehkonsument kennt die immergleichen Namen und Institute. Die Ökonomen sind in der modernen Wirtschafts(wachstums)gesellschaft zu Politikern zweiter Ordnung geworden.

Nicht zufällig gibt es die „Wirtschaftsweisen". Ökonomen nehmen das in Kauf, mitsamt den Rankings, weil sie so einen gewissen Einfluss auf Politiker nehmen können, deren Parteibuch sie teilen. Langfristig indessen ruiniert sie das, aber langfristig leben wir ohnehin nicht mehr, wie einer ihrer größten sagte: Keynes.

Wenn es um *Krieg und Frieden* geht, sollten legitimierte Politiker diskutieren und entscheiden. Sachkundige Bürger und Bürgerinnen müssen sich jedoch einmischen, immer wieder. Experten sollten lediglich aufzeigen, wie sie ihre Ziele erreichen können, genauso wie dies Max Weber über Wissenschaft und Politik als Beruf vorgeschlagen hat. Experten sind nicht Politiker zweiter Ordnung, obwohl sie heute von den Medien gezielt so eingesetzt werden.

Die politische Theorie der *Technokratie* führt demokratietheoretisch in die Irre. Und das trotz der bisweilen unbestreitbar großen Rolle technokratischer Kabinette in der Krise. Dafür ist Italien ein gutes Beispiel, allerdings wurden sie vom ‚weisen‘ Staatspräsidenten Napolitano einberufen, nachdem die großmäulige Wirtschaftspolitik selbst von Berlusconi gescheitert war. Auch das sollte man nicht vergessen.

Politische Entscheidungen bleiben also notwendig bei aller wissenschaftlichen Politikberatung und fortgeschrittenen Technologien. Das sind und bleiben die Entscheidungen der Politik, wie immer sie organisiert ist. Dennoch ist nicht ‚die‘ Politik im Singular an allem schuld. So einfach können wir es uns mit dem Politischen in der Demokratie nicht machen. An dieser Stelle beginnt die ebenso theoretische wie praktische Frage nach der *begriffenen und gelebten Demokratie.*

Ohne Sicherheit gibt es keine Freiheit und keinen Wohlstand (Scholz), das ist ein staatstheoretischer Gemeinplatz seit der Frühaufklärung im 17. Jahrhundert, dem zahlreiche zusätzliche Argumente aus schmerzhafter historischer Erfahrung und theoretischer Einsicht zugewachsen sind.

Gegenwärtig variiert Scholz den ebenso richtigen Satz von Willy Brandt, dass ohne Frieden alles nichts sei. Heute ist alles nichts ohne die notwendige Sicherheit, die gegenwärtig zurecht an die erste Stelle der Aufmerksamkeit gerückt ist, nachdem sie allzu lange in der Wohlstands-Bequemlichkeit (‚comfort') verschwunden war. Können wir aber heute noch *Sicherheit*, *Freiheit* und *Frieden* zusammendenken?! Gibt es Freiheit und Frieden ohne Überfluss?

Scholz äußerte sich an der Münchner Sicherheitskonferenz kryptisch, dass jetzt „die richtigen Entscheidungen" zu treffen seien. Strategische Antworten gab er keine, während Selenski von Putin als „Monster" mit „katastrophalen Folgen" für die Welt sprach. Er forderte eindringlich „weitreichende Waffen". Die Lage an der Front sei „äußerst schwierig", der letzte Brückenkopf am Südufer des Dnjepr ist verloren.

Nach diesen prägnanten Sätzen – im Unterschied zur 45 minütigen Rede auf dem Weltwirtschaftsforum in Davos (siehe dazu den Blog Friedensgipfel in der Schweiz? 24. Januar 2024) – bleibt als Friedenslösung nur noch die Beseitigung von Putin: wer und was aber kommt danach? Medwedew? Fällt Russland auseinander? In welche Hände kommen die Atomwaffen?

In den letzten Tagen ist man an den Sätzen hängengeblieben, dass der Krieg für Russland eine „Frage von Leben und Tod" sei, während er für den Westen eine „Taktiererei" bedeute (Putin im Staatsfernsehen).

Welcher Friede in Zeiten des Krieges?

Nach zwei Jahren Ukraine-Krieg macht sich Pessimismus breit. Nicht bei den Kämpfenden, dort ist es Müdigkeit aufgrund fehlender Rotation, sondern bei den Unterstützenden und ihren Bevölkerungen. Der Verteidigungskampf geht weiter: „Wir stehen bis zum Ende", „Slava Ukrajini".

Nur noch jeder Zehnte glaubt allerdings an einen militärischen Sieg der Ukraine, laut einer Umfrage des ECFR (European Council in Foreign Relations), in: NZZ, 27. Februar 2024, S.2. Dieser Meinungsumschwung korreliert mit der Lage nach der gescheiterten ukrainischen Offensive im Herbst.

Der beliebte „General des Volkes" Saluschni hatte daraus schon 2023 eine schonungslose bittere Bilanz gezogen, und er hat recht behalten, wie sich jetzt zeigt. Die Lage an der Front ist düster, es fehlt am grundlegendsten: an Munition und Soldaten!

Der Krieg ist noch nicht verloren

Der russische Angreifer ist im Vormarsch, wenn auch mit schweren Verlusten. Noch dramatischer ist indessen, dass der ukrainischen Artillerie nicht nur die Munition fehlt, sondern auch die Flugzeuge, um sie zu schützen. Ein neues Mobilisierungsgesetz, das frische, gut ausgebildete Soldaten in den Kampf schicken kann, ist politisch ebenfalls bisher nicht zustande gekommen. Das alles wird vermutlich auch zu internen Kontroversen und Verwerfungen führen.

Die verspäteten Waffenlieferungen von außen, etwa das 3/4 Jahr, welches Bundeskanzler Scholz zögerte, Schützen- und Kampfpanzer zu liefern, aufgrund fehlender politischer Entschiedenheit und mangelnder militärischer Kompetenz sowie die angesprochenen Defizite von innen führen zu Ermüdungserscheinungen, die Putins Strategie, der auf Zeit setzt, zugutekommen.

Ein Kommentar zur Münchner Sicherheitskonferenz sprach von einer „Neigung zur stillen Kapitulation" (NZZ, 20. Februar, S.2).

Die ECER misst die Stimmungslage seit Kriegsbeginn im Februar 2022. Seitdem sahen die möglichen Friedenslösungen unterschiedlich aus und passten sich dem Kriegsverlauf an. Die Entscheidung des Krieges ist noch immer offen. Zurzeit ist ein Abnutzungskrieg auf dem Boden bis zur *Erschöpfung* im Gange, wobei auch die Ukrainer in der Luft und vor allem zur See Erfolge verzeichnen können. Drohnenangriffe setzen der Schwarzmeerflotte zu.

Die Friedenskonzepte erstrecken sich in einem Spektrum von Selenskis Versuch, einen Friedensgipfel mit Unterstützung der internationalen Gemeinschaft in der Schweiz zu organisieren, für einen ausgearbeiteten *Friedensplan*, der einer russischen Delegation vorgelegt werden soll, bis zu Friedenskompromissen eines *modus vivendi* aus Erschöpfung, der die Stärkeverhältnisse auf dem Schlachtfeld abbilden würde.

Ivan Krastev und Mark Leonard, die Autoren der Studie des ECER, sehen die Herausforderung darin, „zu definieren, was es *in der Praxis* bedeute für den ‚Frieden' zu sein. Die Spitzenpolitiker der EU könnten etwa damit beginnen, zwischen einem ’nachhaltigen Frieden' und einem ‚Frieden nach russischen Maßstäben' zu unterscheiden" (NZZ, 27. Februar). Was unterscheidet einen ‚Kompromissfrieden' von einem ‚Diktatfrieden'?

Die EU ist in dieser Frage keineswegs ein einheitlicher entschlossener Block trotz der verbalen Versicherung, dass Putin den Krieg nicht gewinnen dürfe. Wie aber sähe ein russischer Sieg aus? Für viele würde das wohl bedeuten, „dass die Ukraine nicht in der Lage sein wird, alle ihre besetzten Gebiete zu befreien" (NZZ, 27. Februar).

Warum ist der finnische Winterkrieg 1939/40 gegen die Übermacht Stalins heute noch ein „Lehrstück"? Für die Aktivdienstgeneration meines Vaters war er ein Vorbild, da ein zahlenmäßig weit unterlegener David mit beweglichen kleinen Einheiten einem brutalen Goliath, der seine eigenen Truppen rücksichtslos verschliss, schwere Verluste beibringen konnte.

Die Finnen vermochten es, ihre eigene Nation und ihr Staatsvolk zu erhalten, weil sie zwar militärisch bei allem heldenhaften Kampf, der von außen gesehen überraschte und beeindruckte, nicht das gesamte Staatsgebiet zu verteidigen vermochten, aber doch einen Teil davon, genug, um die politische Weiterexistenz zu sichern, die historisch immer ein Selbstbehauptungskampf zwischen Schweden und der großen Sowjetunion war.

Diese Perspektive wird nun auch den Ukrainern schmackhaft zu machen versucht. Die Russen sind lediglich stark genug, Teile des Territoriums zu erobern. Im Falle Finnlands waren das große Teile Kareliens.

Aber selbst ein Teilsieg à la Finnland bedarf der zeitlich und sachlich adäquaten Unterstützung. Wie sieht diese aktuell, übertragen auf die gegenwärtigen Verhältnisse aus? Beginnen wir beim akutesten Problem, der versprochenen Munition, die seit einem Jahr fehlt!

Will die Ukraine die Front halten, braucht sie dringend Artilleriemunition. Insofern ist die Initiative des tschechischen Präsidenten Pavel, eines ehemaligen Nato-Generals, der weiß, wovon er spricht, in kürzester Zeit 800.000 Schuss Munition zu beschaffen, buchstäblich die „Rettung der Ukraine".

Auch die französische Regierung sieht die „Ukraine vor dem Zusammenbruch", weshalb eine Unterstützerkonferenz in Paris einberufen wurde, bei der Staatspräsident Macron als letztes Mittel sogar „den Einsatz von Bodentruppen" erwog, womit eine letzte rote Linie überschritten wäre. Die Reaktionen waren entsprechend heftig.

Gleichentags hatte nämlich Bundeskanzler Scholz begründet, warum er keine Taurus-Marschflugkörper mit 500 Kilometer Reichweite und großer Zerstörungskraft trotz inständiger Bitten liefern will. Er begründete es mit der Sorge, dass damit der Krieg auf russisches Territorium übertragen werden könnte und deutsche Soldaten involviert wären.

„Die Nato wird keine Kriegspartei. Dabei bleibt es." Diese unmissverständlichen Sätze richtete er zuerst an die eigene Bevölkerung und zweitens an den französischen Präsidenten.

Der Frieden ist noch nicht gewonnen

Ist dies eine Friedensstrategie oder eine Kriegsverlängerungsstrategie oder beides? Regierungen wie die Bevölkerungen sind sich uneins und pendeln mit ihren Urteilen im freien Raum, während sich Macron und Scholz offen gegeneinander positionieren. In der schwersten Stunde Europas seit Jahrzehnten ist das moralische Zentrum leer" (Die Zeit, 29.2., S.1).

Treffend ist von einer „wechselseitigen deutsch-französischen Profilneurose" die Rede (a.a.O.). Zudem fällt auf, wie sehr die amerikanische Führung fehlt. Der amerikanische Präsident ist blockiert, und der Verteidigungsminister Austin, der ehemalige General und Leiter der Rammstein-Unterstützergruppe, ist krank.

Während die einen etwa Polen, Schweden und Portugal finden, dass man in der Ukraine die besetzten Gebiete befreien soll, präferieren andere ein wie auch immer geartetes Friedensabkommen mit Russland (NZZ, a.a.O.). Putin wiederum setzt seit je auf Zeit und seine schier unerschöpflichen menschlichen und materiellen Ressourcen durch die ‚autarke' Rüstungsindustrie, was auch ein nationaler Mythos ist.

In seiner Rede an die Nation vom 28. Februar sprach er gleich zu Beginn über die Waffenproduktion und die Arbeit in drei Schichten, die es in Europa nicht gibt. Einer seiner stärksten Sätze lautete, dass der Westen gar nicht mehr wisse, was „Krieg" ist. Für Putins Russland ist der Kampf mit dem Westen in der Ukraine inzwischen ein „Kampf um Leben und Tod" geworden. Er hat auf Kriegswirtschaft umgestellt.

Obwohl Putin in seiner jüngsten Rede immer noch von der „Spezialoperation" spricht mit der alten Rechtfertigung. Er will und braucht den Krieg, fanatisch bezogen auf den „Nazismus", der wieder zu besiegen ist („wir können es wieder!"). Die Gedenkminute für die Gefallenen während der Rede dokumentiert das ebenso wie der ständige pathetische Bezug auf die „Helden" der „Heimat".

Man sagt zwar, Putin sei „nicht selbstzerstörerisch", aber als Märtyrer der Geschichte sieht er sich gleichwohl, was gefährlich werden kann, wenn er mit dem Rücken zur Wand steht.
Russland ist das Opfer, nicht die Ukraine. Einen Schritt zu einer Verhandlungslösung außer zu russischen Bedingungen lässt er nicht erkennen.

Im Gegenteil wird gegenüber der Nato bei Eingreifen und Ausweitung des Krieges auf russisches Gebiet unverhohlen die Atomdrohung entgegengehalten, die ernstzunehmen ist, da sich Russland selber bedroht sieht. Die so genannte „Eskalation zur Deeskalation" mit taktischen Atomwaffen ist relativ niederschwellig, während sich die strategischen Atomwaffen auf die Zerstörung der USA richten.

Im zweiten längeren Teil seiner langen Rede – dem „wichtigeren" (Putin) ging es um die Armut im Land, die Familie und die Geburtenrate sowie die finanzielle und sozialpolitische Unterstützung dieser Reproduktion. Dies war die Wahlkampfrede für den März und sein Publikum das „Einige Russland": Medwedew neben Kyrill, hohen Offizieren, Dumaabgeordneten und Vertretern der Regionen. Militär, Politik und Kirche sitzen andächtig nebeneinander als sichtbare personelle Einheit in der gefüllten Kongresshalle in der Nähe des Kremls.

Der Westen, insbesondere Biden in enger Abstimmung mit Scholz, wollen nicht Kriegspartei werden. Sie kennen und sprechen von roten Linien, sie führen Krieg mit der ‚Handbremse'. Inzwischen blockieren die Republikaner gezielt Gelder für die Ukrainehilfe. Biden nennt das „unamerikanisch", während Trump verspricht, den Krieg sofort zu beenden, wenn er Präsident werden sollte, was gegenwärtig nicht ausgeschlossen, aber auch nicht sicher ist.

Das ist unweigerlich die eine große Unbekannte bis zu den amerikanischen Wahlen am 5. November. Die andere große Unbekannte bleibt China, die mächtigste Autokratie der Welt, und Putins strategisches Bündnis mit diesem Riesen, der nach außen in Formeln spricht und sich international überall als Friedenskraft präsentiert (im Nahen Osten, am Weltwirtschaftsforum in Davos, an der Münchner Sicherheitskonferenz).

Nicht zufällig begann Putins Rede am 28. Februar nicht mit der Innenpolitik, sondern mit einem Vergleich zwischen den wachsenden Wirtschaftsleistungen der BRICS -Staaten (R steht für Russland, C für China) und den G7 (zu denen Russland nicht mehr gehört). Die Schautafeln lässt er an die Wände der Kongresshalle projizieren.

Er spricht von „objektiven Tendenzen", die für Russland sprechen, während der Westen die Welt wie „Kolonien" behandelt. Es geht mithin letztlich um den Kampf für eine neue Weltordnung, und der Ukraine-Krieg ist für Russland ein Teil davon. Das Imperium wächst kriegerisch, mit zweifelhaften Verbündeten.

Die russische Föderation, das größte Land der Erde, wird ein Unruheherd für die Welt bleiben. Wirtschaftlich ist die Großmacht ein Zwerg und kulturell ohne Ausstrahlungskraft – ein Militärstaat, der gefährlich auseinanderbrechen kann. Ein demokratischer Föderalismus von den Regionen her wird nicht von heute auf morgen wachsen können, wie sich das ein Chodorkowski, der in London im Exil lebt, wünscht.

Es stimmt, dass der Westen, auch die USA, mitverlieren werden, wenn die Ukraine fällt, auch wenn ein Präsident Trump dies auf die Europäer schieben würde. Er würde das ‚Imperium' fortsetzen, besonders hart gegenüber China, und die ‚Republik' verlieren, für die der Demokrat Biden noch einmal antritt trotz seines hohen Alters (vgl. den Historiker Niall Ferguson in NZZ, 23. Februar, S.5, der die USA am Scheideweg ihrer republikanischen Entwicklung sieht).

Europa hatte auf Frieden, Freiheit, Wohlstand und Ausgleich gesetzt. Die globale Wirtschaft favorisiert mit Digitalisierung, Elektrifizierung und KI die Großen wie USA und China. Wir Europäer, aus welchem Land immer, sind zu klein und zu heterogen, und es gelingt nicht, Sympathien in den verschiedenen Kontinenten zu gewinnen. Ich bin aber überzeugt von diesem Kleinen und Heterogenen.

Das ist zugegebenermaßen ein Stück ‚Eurozentrismus', welches die Achtung des Einzelnen und Besonderen sowie die Verteidigung des Individuums ermöglicht. Denn genau darauf hat es etwa die gefährliche eurasische Philosophie eines Alexander Dugin abgesehen, siehe den Blog Was heißt „Vierte Politische Theorie" vom 2. Mai 2023.

Denken in der Zeit hat eine doppelte Bedeutung. Es bezieht sich auf Zeit im Sinne von Zeitgeschichte (einer Geschichte, der man nicht entkommt) und die Zeit der Entscheidung (anstelle von Theorie und handlungsentlasteter Reflexion). Bei der Rechtzeitigkeit hat die praktische Wahrheit einen Zeitindex, und bei der politischen Entschiedenheit bleibt ein dezisionistisches Restelement.

Die Größenordnung der Niederlage in der Ukraine, dem größten europäischen Land, geht weit über die Niederlagen in den „Kolonialkriegen" der letzten Jahrzehnte hinaus. Selbst der desaströse Abzug aus Afghanistan nach 20 Jahren Krieg würde daneben als Episode verblassen. Diese Niederlage im zweiten Kalten Krieg würde den Sieg im ersten vergessen lassen, und das Verhältnis zwischen den europäischen Staaten und den USA zerrütten. Sie muss aber nicht zwangsläufig zur Auflösung der Nato führen. Auch ein Präsident Trump würde mit den USA nicht aus der Nato austreten.

Wie steht China dazu? Wie zu Putins offener Drohung mit dem Atomkrieg, der die Zivilisation auslöschen könnte? Das ist für Selenskis Friedensgipfel ebenso zentral wie für das Duo Biden/ Scholz. Einem Gerücht zufolge musste der chinesische Außenminister zurücktreten, weil er sich in der Russlandpolitik gegen seinen allmächtigen Präsidenten Xi gestellt hatte. Er wollte China als neutrale Macht zwischen den Kontrahenten positionieren und nicht als Alliierten Russlands.

Keiner wird verschont

Nicht einmal Immanuel Kant, auch sein Denkmal im heutigen Kaliningrad vor der Universität wurde beschmiert. Mit rosaroter Farbe im November 2018.

2024 befinden wir uns wieder in einem sogenannten Kant-Jahr. Der 22. April ist sein 300. Geburtstag. Der ‚Weltbürger aus Königsberg' (vgl. Manthey 2005) wird gefeiert – als Vordenker der Vernunft und Friedensphilosoph in Zeiten des Krieges.

Krieg und Frieden

Kant hat die Verfassung der Vereinten Nationen inspiriert, obwohl auch schon Abbé Saint-Pierre und Rousseau den „ewigen Frieden" forderten. Kant hatte diesen Titel ernst und zugleich ironisch gemeint (1795). Seine Feder ist nicht einfach und seine Texte sind hartes Brot, die immer wieder gelesen werden müssen. Die Anstrengung des Begriffs bleibt einem nicht erspart, insbesondere in der Erkenntnistheorie (1781) und der Moralphilosophie (1788),

Republikanische Verfassung, Völkerrecht, Kosmopolitismus, Frieden als Zustand der Gerechtigkeit, moralische Verpflichtung zum Frieden – all das
scheint gegenwärtig europäische Folklore zu sein. Der Weltfrieden ist durch
die Aufrüstung und Konkurrenz der drei Supermächte gefährdet. Der Welt- und
Atomkrieg ist so nahe wie seit der Kubakrise 1962 nicht mehr, die Rüstungskontrolle ist mausetot: „in hostem omnia licita" (Medwedew).

Wir sind kognitiv verzweifelt: Wie kann es nachhaltigen Frieden geben mit
einem erstarkenden Militärstaat wie Russland? Wie geht Frieden mit Diktaturen dieser Art, etwa auch mit Nordkorea? Außer über Abschreckung! Was
werden China und die USA zur neuen Friedensordnung beitragen? Wie ist ein
Verhandlungsfrieden in der Ukraine möglich? Siehe auch den Blog Welcher
Friede in Zeiten des Krieges? 6. März 2024. Eine Antwort haben wir nicht
gefunden.

Auch das Zeitalter der Aufklärung von Kant war ein Zeitalter der Kriege. Zunächst waren es die Kriege Friedrich des Großen – die Schlesischen Kriege
– dann die europäischem Kriege nach der Französischen Revolution. Napo-
leons Triumph über Preußen 1806 erlebte Kant nicht mehr, während Hegel in
Jena, der zweite große deutsche Philosoph und Konkurrent zu Kant in Napoleon den Kaiser als „Weltseele", den Weltgeist zu Pferde, das exemplarische
welthistorische Individuum sah, welches die „Veilchen am Rande" zertritt.

Es gab immer wieder längere Friedensperioden in Europa. Nach der Neuordnung durch den Wiener Kongress 1815 florierte eine langdauernde Friedens-
zeit mir großer Friedenssehnsucht.

Der deutsch-österreichische Krieg, der zur ‚kleindeutschen' Lösung der nationalen Frage führte, und der deutsch-französische Krieg 1870/71 standen im
Zusammenhang mit dem deutschen 'nation-building' und machen aus dem
19. Jahrhundert kein durchgehend friedliches Zeitalter. Dieses endet mit dem
1. Weltkrieg.

Er wird zurecht die „Urkatastrophe der Moderne" genannt, in der viele Gewissheiten für immer zu Bruch gehen, und die Imperien auf europäischem und russischem Boden untergehen. Phasen des Krieges haben zu Machtgleichgewichten geführt oder zu neuen Machtungleichgewichten, je nachdem. Die Machtbalance im Ausgang des 1. Weltkriegs war nicht nachhaltig und führte zum 2. Weltkrieg.

Der gegenwärtige Ukrainekrieg ist aus Sicht dieser realistischen Denkschule ein Versuch, das Ergebnis der Niederlage für die Sowjetunion im Kalten Krieg wieder zu korrigieren. Man kann eine Parallele sehen zum Versuch des Deutschen Reiches nach dem 1. Weltkrieg. Auf solche Versuche, Machtgleichgewichte zu ändern, lässt sich grundsätzlich mit zwei Strategien reagieren: mit Appeasement oder mit Abschreckung und erneuter Konfrontation.

Das gilt auch im Verhältnis zur heutigen russischen Föderation. In dieser psychisch drückenden Entscheidungssituation steckt gegenwärtig Deutschland, das zweite Unterstützerland der Ukraine nach den USA. Deutschland ist eine sonderbare, ja paradoxe Nation. Sonst ließe sich nicht erklären, warum die Anhänger der Grünen für Waffenlieferungen, einschließlich Taurus, eine besondere Waffe, an die Ukraine eintreten, jedoch kaum bereit wären, das eigene Land mit Waffen zu verteidigen. Selbst die Wehrpflicht nach schwedischem Modell ist umstritten.

Appeasement funktioniert dann, wenn die Macht, die besänftigt werden soll, sich durch Zugeständnisse binden lässt und dadurch saturiert wird. Die Gefahr besteht, dass solche Erklärungen lediglich rhetorischen Wert haben, wie diejenigen des deutschen Reiches in München 1938. Zugeständnisse dienen oft nur dazu, Zeit zu gewinnen, um selbst aufzurüsten und kriegsbereit zu werden. Heute wird dies dem neoimperialen Russland unterstellt, dessen Ambitionen noch nicht befriedigt scheinen und das deshalb eine Gefahr für Europa darstellt.

Appeasement ist kein Weg zum Frieden – der ist voraussetzungsreicher, wie Kants Präliminarartikel demonstrieren (1795, 1984) ·, sondern eine Taktik des

Konfliktaufschubs. Die Frage ist, wie dies Politiker in der Demokratie mit dem Einfluss der öffentlichen Meinung, von dem sie abhängig sind, verbinden. Welchen Weg gehen sie: den der Panikmache und Falschinformation oder den der Wahrheit und der Zumutungen für die Bürger, sich auf eine Konfrontation einzustellen? Das führt zu ungeliebten Prioritäten.

Denn letzteres kann für wehrfähige Demokratien nur bedeuten: Verteidigungs-fähigkeit durch Militär und Zivilschutz zu stärken. Damit stehen zwei weitere Themen von Kant in einem engen Zusammenhang, die für unsere Gegenwart von grundsätzlicher Bedeutung sind:

- Streit um Aufklärung und
- Wahrheit und Lüge

Streit um Aufklärung

Die wohl bekanntesten Sätze von Kant neben dem Kategorischen Imperativ beziehen sich auf die Definition der Aufklärung. Auch die Aufklärung hat Kant natürlich nicht erfunden, die als historische Epoche verschiedene Vari-anten umspannt. Insofern gibt es die Aufklärung nur im Plural, denn sie hat schon vor Kants Geburt mit Locke, Leibniz, Spinoza, Bayle und anderen im 17. Jahrhundert Höhepunkte erreicht, an denen man heute genauso wenig vorbeikommt wie an Kant. Das hätte die Gegenwart zumindest zur Kenntnis zu nehmen, statt ihre Denkmäler zu beschmieren und ihre Autorität in den Dreck zu ziehen.

Die ‚Berliner Aufklärung' um Nicolai, Lessing und Mendelssohn ist dabei eine Variante genauso wie die schottische Aufklärung und andere nationale Vari-anten. 1783 veröffentlichte der Berliner Pfarrer Zöllner in der ‚Berlinischen Monatschrift' einen Aufsatz gegen die Zivilehe ohne Gottes Segen und mo-nierte, man solle doch zuerst einmal die Frage beantworten, was Aufklärung sei, bevor man aufzuklären beginne.

Damit hatte er recht. Zöllner war keineswegs ein Gegenaufklärer, sondern stellte eine berechtigte Frage, die sich heute mitnichten erledigt hat, im Gegenteil. Moses Mendelssohn antwortete im Septemberheft 1784, Immanuel Kant aus Königsberg, das damals näher bei Berlin war als heute Kaliningrad, im Dezemberheft: „Aufklärung ist der Ausgang des Menschen aus seiner selbstverschuldeten Unmündigkeit. Unmündigkeit ist das Unvermögen des Menschen, sich seines Verstandes ohne Leitung eines anderen zu bedienen. Selbstverschuldet ist diese Unmündigkeit, wenn die Ursache derselben nicht am Mangel des Verstandes, sondern der Entschließung und des Mutes liegt, sich seiner ohne Leitung eines andern zu bedienen. Sapere aude! Habe Mut, dich deines Verstandes zu bedienen! ist also der Wahlspruch der Aufklärung."

Das zitierte Wort von Horaz aus seinen Episteln macht deutlich, dass man nur durch eigene Anstrengung die Lebensweisheit finden kann. Auf den eigenen Entschluss kommt es an! Dabei setzt Kant vor allem auf die kritische Haltung des Selberdenkens, während Moses Mendelssohn in seiner Antwort stärker das Wissen und die Bildung betont (siehe den Blog vom 20. Juni 2022 über Mendelssohn „Wir träumten von nichts als Aufklärung" 1784).

Mut allein garantiert noch keine Aufklärung, die Arbeit am Urteilen kommt hinzu, persönlich und im Diskurs. Dafür wird keine elitäre Bildungsbürgerlichkeit vorausgesetzt, lediglich gesunder Menschenverstand, der nicht exklusiv ist.

Aufklärung ist primär ein individueller Prozess, aber auch ein gesellschaftlicher Prozess, in dem es darum geht, Freiheitsgewinne und Toleranzräume zu erkämpfen und zu verteidigen. Aufklärung ist infolgedessen mit gemeinsamen Fortschritten in wissenschaftlicher, politischer und kultureller Hinsicht verbunden, aber nicht als linearer Prozess mit einem utopischen Geschichtsziel.

Auch Kants eigene geschichtsphilosophischen Überlegungen kennen Rückschläge, Kriege und Katastrophen trotz eines Verständnisses von normativen Fortschritten, die nicht nur zustimmungsfähig, sondern im Rahmen eines Rechtsstaates auch zustimmungspflichtig sind.

Kant vertritt keine idealistische Geschichtskonzeption und keine politische Utopie, sondern vermittelt mit seinen regulativen Ideen zwischen ‚Realismus' und ‚Idealismus'. Es ist kein Zufall, dass Eduard Bernsteins Parole „Zurück zu Kant" in Absetzung vom Hegelianismus und Marxismus, den Reformismus und Meliorismus – Stückwerk, nicht „Sozialphilosophie als Raketenwissenschaft für eine bessere Gesellschaft" (Felsch) – in der modernen politischen Theorie demokratischen Regierens inspiriert hat (Holzhey 1994).

Von hier aus lässt sich auch eine Brücke zum kritischen Rationalismus (Popper) und zur Wissenschaftstheorie schlagen – Fallibilismus vs. Dogmatismus und Rigorismus. Erst dann beginnt die eigentliche Arbeit, die wir mit der strittigen Politik in der Demokratie immer wieder vor uns haben.

„Der Mensch ist aus krummem Holz", so lautet die treffende Quintessenz von Kants weder pessimistischer noch optimistischer Anthropologie (1798). Womöglich denkt er auch systematisch als vorurteilsbeladener preußischer Denker aus seiner Zeit Friedrich des Großen heraus, den er mit dem „Zeitalter der Aufklärung" gleichsetzte, zu sehr und zu eng, dass sich Menschen „gehorsam regieren lassen" müssen, freilich in einem vernünftig- einsichtigen Sinne.

Es liegt auf der Hand, dass in der Konsequenz dieses ‚verrechtlichten' juridischen Denkens Freiheit und Toleranz aus moderner Sicht (der Pluralisierung und Individualisierung) zu kurz kommen müssen, ebenso wie die spontane Solidarität sozialer Bewegungen. Daraus ergeben sich selbstverständlich wieder neue und andere Folgeprobleme, die wir hier nicht erörtern können.

Immerhin ist Kants (problematische) Kritik des Widerstandsrechts mit einer Theorie des Rechtsgehorsams und einer Staatstheorie verbunden, die gerade heute in ‚liberal-toleranten' Zeiten inflationären Protests (Ausverkauf des zivilen Ungehorsams) und unreflektierten Widerstandes bis hin zum Terrorismus zur Kenntnis genommen werden sollte, wenn es wieder um die vorrangige Verteidigung der rechtsstaatlichen Demokratie gegen ihre Feinde geht. ‚Freiräume' sind nicht nur ‚rechtsfreie Räume' insofern, als hier das Recht in die eigenen Hände genommen werden darf.

Aufklärung ist nicht irreversibel, das gilt es zu bedenken, vielmehr gibt es permanent, besonders in der weltweiten Mediengesellschaft und deren Öffentlichkeit eine giftige Auseinandersetzung zwischen Aufklärung und Gegenaufklärung, was man heute auch ‚Kulturkämpfe' oder sogar zivilisatorische Konflikte im globalen Raum nennen kann. Die extremistische Anstiftung zum Bürgerkrieg kommt hinzu. Innere und äußere Sicherheit sind wieder zu einem zentralen Thema geworden.

Einen gesicherten Monopolanspruch auf Aufklärung gibt es nicht, wohl aber das legitime Gewaltmonopol des Staates. Auch hinter Kants Rechts- und Staatstheorie steht die Frühaufklärung von Hobbes. Es handelt sich dabei um eine sowohl geistige wie politische Auseinandersetzung, die in der (post et secundam) ‚Nachaufklärung' des 21. Jahrhunderts nicht einfacher geworden ist.

Totalitäre Aufklärung versucht, die freie Stelle in der arbeits- und gewaltenteiligen Demokratie zu besetzen. Rechthaber und Machthaber fallen dann in eins. Es gibt allerdings ebenso – seit Rousseaus kulturkritischen Schriften – das Erbe einer Aufklärung über die Aufklärung, eine durchaus problembewusste Dialektik der Aufklärung und des Fortschritts. Was vermag also Aufklärung als öffentliche Kampagne heute, wo liegen ihre Grenzen, wie geht sie mit Kontingenzen um?

Aufklärung ist eine meteorologische Metapher, sie hellt auf – wie das Wetter -, das sich wieder eintrüben kann. Das heißt auch: sie hat kein endgültiges und dauerhaftes Ergebnis. Sie benötigt vielmehr vor allem Bedingungen und Institutionen, um auf Dauer gestellt werden zu können. Am besten durch geschützte Freiheiten wie die Wissenschaftsfreiheit, Meinungs-, Presse- und Glaubensfreiheit, die keineswegs selbstverständlich sind.

Wahrheit und Lüge

Bei der heutigen Diskursvergiftung durch Verschwörungstheorien, dem genauen Gegenteil von Aufklärung, systematischer Desinformation im hybriden Krieg, Fakes, Deep Fakes und KI bedarf es ganz besonders der Ausbildung neuer (Medien-) Kompetenzen und eigener Urteilskraft.

Dazu braucht es Handlungsmut, von dem Kant spricht, der kein Gratismut ist, da sich Individuen mit ihren Behauptungen/Urteilen (die ein Wagnis bleiben) in einer vermachteten Öffentlichkeit behaupten müssen, in der bestimmte Medien, Experten und Reputation den Ton angeben. Politischer Moralismus (Argumente gegen die Person und nicht zur Sache), Korrektheitsregeln, Meinungskorridore und Hate Speech erschweren zudem die offene Kommunikation.

Begriffene und gelebte Demokratie bedeutet aber, sich einzumischen, mitzureden und mitzuentscheiden, immer wieder. „Die Grundrechte regieren das Grundgesetz" (Carlo Schmid). Für diese Grundrechte muss man kämpfen. Der moderne Verfassungsstaat ist unter Druck. Er ist ein Experiment der Freiheit und der Wahrheit. Man muss sich also die Wahrheit zutrauen. Was aber heißt Wahrheit?

Subjektive Wahrhaftigkeit ist eine Voraussetzung der Wahrheit. Man kann sich freilich auch mit selbstbehauptungsförderlicher Selbsttäuschung in die eigene Tasche lügen und findet immer wieder Ausreden, nicht „in der Wahrheit zu leben", so Vaclav Havel gegenüber einem propagandistisch verlogenen politischen System, das lediglich eine Fassadendemokratie war. Bei der Annäherung an die Wahrheit kommen Transsubjektivität, Genauigkeit und Objektivität als Bemühen ins Spiel – Kritik und Selbstkritik.

Ernst Cassirer war in den 30er Jahren des ‚Jahrhunderts der Extreme' einer der wenigen Philosophen, der die Aufklärungsphilosophie und das Individuum verteidigte (1932/2007). Sein Antipode war der damalige Star der Philosophie Martin Heidegger, der die Seinsfrage stellte (Sein und Zeit, 1927). Seine Daseinsphilosophie war durchzogen von der ‚Sorge', das Sein zum Tode. Der Neukantianer Cassirer wollte dagegen den Menschen in und durch seine Freiheit, nicht „der Angst ausliefern". Darüber kam es 1929 in Davos zu einem berühmten Disput zwischen den beiden.

Aufklärung soll den Menschen befähigen, sich der Angst zu stellen. Wie sieht also eine rationale Politik der Angstbewältigung aus, das ist eine sehr aktuelle Frage, was Krieg und Frieden betrifft? Sie ist heute bei den großen Problemen, die prozedural zu lösen sind, zu verknüpfen mit einer geteilten Verantwortung der Menschen. Eine demokratisch geteilte Verantwortung ist einzurichten, wobei Politik hier auch bedeutet, kollektive Verantwortung zu übernehmen.

Wer verbreitet dagegen heute unnötig Angst und Schrecken in der Bevölkerung? Wer Angst zeigt, kann nicht abschrecken. Das ist klar, gleichzeitig gibt es darüber eine Diskussion in Europa zwischen GB, Deutschland und Frankreich. Gewählte Spitzenpolitiker richten sich in starkem Masse nach der öffentlichen Meinung, die ständig in Umfragen neu erhoben wird und sie unter Druck setzt.

Insofern hat die Aufklärung als moderne Demoskopie, was die Plausibilitätsstrukturen betrifft, die Demokratie ersetzt. Der Bezug auf Öffentlichkeit kann jedoch auf unterschiedliche Weise hergestellt werden und ist selbst Teil der demokratischen Auseinandersetzung beziehungsweise des Streits um Aufklärung.

Zur öffentlichen Vernunft gehören Demokratie und Aufklärung. Sie wird hier prozessual verstanden, themen- und problemorientiert. Wird Wissen (Geheimwissen, Herrschaftswissen, strategisches Wissen) zurückgehalten in Bezug auf die Wirksamkeit und Kontrolle eines Waffensystems (Taurus-Debatte in Deutschland seit Oktober 2023)? Wer spielt hier mit den Ängsten vor einer Eskalation?

Besonnenheit (oder Nachdenklichkeit) ist zweifelsohne wichtig, wenn politisch klug und mutig gehandelt werden soll. Die Grenze zum verantwortungslosen Übermut darf nicht überschritten werden. Besonnenheit setzt Mut voraus, ersetzt ihn aber nicht, und Ängstlichkeit kann als Besonnenheit maskiert werden.

Man kann sich mit Rhetorik auch eine mutige Fassade verschaffen, hinter der wenig ist. Für beides stehen im Moment Personen wie der deutsche Bundeskanzler als „Friedenskanzler" einerseits und der französische Staatspräsident, der die Verbündeten auffordert, „nicht feige" zu sein, andererseits.

Der Einzelne versucht demgegenüber ohne legitimatorisches Leitseil, sich im Denken zu orientieren, weshalb er den Austausch, das Gespräch und die Bestätigung von anderen braucht. Zuhören können, kontroverse Debatten und lebenslanges Lernen sind notwendig. Wahrheiten werden also auch durch Intersubjektiviät getragen und können sich wieder auflösen.

Sie haben einen Zeitindex: „Es ist schon bald nicht mehr wahr", lautet ein bekanntes Sprichwort. Wahrheit ist konkret, lautet ein anderer Satz, der ihren Streitwert unterstreicht, um den es in demokratischen Debatten immer wieder geht.

Die vollständigen Literaturangaben zu diesem Text finden Sie ab Seite 642.

Kriegsangst und Friedenspolitik

Die kleine Schweiz, die in der internationalen Politik selten etwas wagt, versucht derzeit alles, um eine von Selenski und Jermak angeregte Friedenskonferenz zu organisieren (siehe NZZ, 15. März, S.24).

Die diplomatischen Initiativen erhalten positive Signale aus China, Russlands engster Partner, und der EU, die wohl lieber nicht die Türkei oder Saudi-Arabien in der Rolle des Vermittlers sieht. Zugleich können sich wohl die Chinesen besser einbringen ohne die Vermittlung der USA, die andererseits so oder so mitentscheidend werden. Wird Trump aktiv die Pax Americana verabschieden? Wird er wie einst die Briten mit dem Empire einen geordneten Rückzug antreten? Das ist schwer vorstellbar.

Hierzu gab der chinesische Botschafter Wang Shihting, der in den USA studiert hatte, kürzlich ein aufschlussreiches Interview:" Wir hoffen, dass die Schweiz ein neutrales Land bleiben wird" (NZZ, 18. März). Er spricht von „doppelten Standards bei der Beurteilung Chinas durch westliche Staaten", kritisiert die hegemonialen Bestrebungen der USA, den Handelskrieg und den „Rückfall in die Mentalität des Kalten Krieges", das heisst: eine Welt der Blöcke statt Kooperation und friedliche Koexistenz. Die Teilnahme an der Friedenskonferenz in der Schweiz werde wohlwollend geprüft, man verteidige schließlich die „territoriale Souveränität" genauso wie die Uno-Charta. Der chinesische Botschafter spricht auch von der „Menschenrechtskatastrophe in Gaza".

Die starke Betonung der nationalen Souveränität durchzieht auffällig das gesamte Interview. Neben dem freundlichen Kooperationswillen, auch und gerade mit Europa, die Schweiz hat als einziges Land ein Freihandelsabkommen mit China, springt die selbstbewusste Entschlossenheit ins Auge, wenn es um die Ein-China-Politik geht. Das gilt für die Taiwan-Frage wie im Konkurrenz-Verhältnis zu den USA (Huawei-Konflikt). Darüber sollte sich niemand Illusionen machen.

Die Lage ist schwierig, und unsere eigenen Überlegungen bleiben vor diesem zeithistorischen Hintergrund (Russland, China, USA) lediglich spekulativ. Mitentscheidend für den Erfolg der Schweizer Konferenz dürfte aber auch sein, Brics-Länder wie Brasilien und Südafrika auf seine Seite zu ziehen. Mit Saudi-Arabien ist die Schweiz in Kontakt. All diese Länder sind wichtig, um letztlich Russland in den einzigen Friedensprozess, der derzeit läuft (sozusagen als Uno-Ersatz), noch einbeziehen zu können.

Von Russland gibt es keine ermutigenden Signale. Der Zehn-Punkte-Plan von Selenski, den Sicherheitsberater aus 83 Nationen in Davos diskutierten (siehe den Blog Friedensgipfel in der Schweiz? 24. Januar 2024), ist für Moskau keine Gesprächsgrundlage. Erst jüngst machte sich Medwedew lustig über die „Schweizer Friedenskonferenz" und positionierte seinen eigenen 10-Punkte-Plan als Gegenposition, welche die vollständige Annexion der Ukraine vorsieht.

Derweil spielt die Uneinigkeit des Westens ohne amerikanische Führung den Kriegszielen Russlands, die man auf dem Schlachtfeld als Erschöpfungskrieg durchsetzen will, in die Hände. Neben Russland, wo Putin seine Kriegsposition – er denkt nicht daran, eroberte Gebiete zurückzugeben (18. März auf dem Roten Platz) – mit den Wahlen legitimatorisch noch einmal gefestigt hat, wofür man ihm wirklich nicht gratulieren muss, ist die ebenso zentrale Rolle der USA leider unklar. Kaum einer weiß, welche Pläne sie vor den Präsidentschaftswahlen im November verfolgen.

Die diplomatische Drähte sowohl zu China, Russland und den USA bleiben indessen intakt. Ein Eigentor hat sich freilich die Schweiz selber geschossen mit ihrer Forderung (was auch auf der Liste von Selenski ist), die Reparationszahlungen an die Ukraine aus eingefrorenen russischen Geldern zu begleichen. Das ist eine Forderung, die politisch sowohl vom Nationalrat wie vom Ständerat erhoben worden ist. Prompt wurde die Schweizer Botschafterin ins Moskauer Außenministerium einbestellt.

Welche Friedensformel?

In Deutschland sorgt die Taurus-Debatte weiterhin für Aufregung. Der sozial-demokratische Fraktionsvorsitzende Rolf Mützenich (eine wichtige Position) stellte im Bundestag noch einmal klar, dass er im Grunde als ‚Friedensformel' so etwas wie ein Abkommen Minsk III wünscht. Das hieße: Zuerst den status quo einfrieren (was hieße das wiederum für die besetzten Gebiete?) und dann die Zeit für einen nachhaltigen Frieden laufen lassen (in welcher Konstellation?).

Die Minsker Abkommen sind in der Ära Merkel maßgeblich von SPD-Angehö-rigen wie Außenminister Steinmeier ausgearbeitet worden. Der französische Staatspräsident Macron hat lange und zuerst an den Erfolg einer Appease-ment-Politik geglaubt. Seine Sätze, dass es eine „gesichtswahrende Lösung" für Putin geben solle, sind noch in frischer Erinnerung.

Doch jetzt vollzieht er eine Kehre und will offenbar nicht als "französischer Chamberlain" in die Geschichtsbücher eingehen. Das wollte Premierminister Blair, moralisch guten Willens, auch, als es 2003 in einer "Koalition der Wil-ligen" um den Sturz Saddam Husseins ging. Selbst der kluge Ralf Dahren-dorf war dieser Auffassung. Das demonstriert: auch das geschichtsmoralisch aufgeladene Anti-Appeasement-Argument ist nicht immer richtig und kann ebenso verblendet sein gegenüber den Fakten.

Für ein Minsk II, das 2014/2015 Hollande mit Merkel, Putin, Lukaschenko und Poroschenko mitverhandelt hatte, ist Macron jedenfalls nicht mehr zu haben. Polen sowieso nicht. Scholz und Teile der SPD wollten womöglich schon immer ein Minsk III und wollen es immer noch. Das ist auch eine Art strategische Ambiguität. Nach der Mützenich-Rede ist das deutlicher gewor-den trotz der „Zeitenwende-Rede".

Diese war nötig, weil Deutschland über keine strategische Souveränität ver-fügte. Es bewegt sich im Fahrwasser der Schutzmacht USA. Scholz suchte deshalb bei schwierigen Entscheidungen stets die persönliche Abstimmung mit Präsident Biden. Beide gingen zusammen den vorsichtigen Weg der roten Linien, die immer etwas verschoben wurden (Gepard, Kampfpanzer Leopard und Abrams, Himars, Atacms, F-16).

Scholz, dessen Führung Biden ausdrücklich lobte, wurde andererseits als Zauderer und Verzögerer harsch kritisiert. Der ehemalige britische Verteidigungsminister Wallace bezeichnete ihn als „falschen Mann zur falschen Zeit", und der ehemalige Nato-Generalsekretär Rasmussen, der eng mit Selenskis Stabschef Jermak zusammenarbeitet, ging persönlich mit ihm ins Gericht: „Europa muss auf Kriegswirtschaft umstellen" (NZZ, 6. März S.5).

Scholz muss aber auch auf seine Koalitionspartner in der Regierung Rücksicht nehmen, die ihn meistens zu seinen militärpolitischen Entscheidungen drängten. Auf der anderen Seite wurden in der breiten Öffentlichkeit seine Führungsqualitäten in der notorisch zerstrittenen Dreier-Koalition vermisst, die er als Kanzler mit Richtlinienkompetenz wahrnehmen kann. Ein Kanzler Schmidt, sein Hamburger Vorbild, ist er nicht, und ein Churchill mit seiner britischen militärpolitischen Mentalität schon gar nicht. Letzteres darf auch kein Vorwurf sein.

Bei der besonderen Waffe, dem Marschflugkörper Taurus mit großer Reichweite, hat er nun nach langem Drängen von ukrainischer Seite (die Diskussion läuft schon seit November 2023) ausnahmsweise das Schrödersche Basta ausgesprochen und begründet: „Ich bin der Kanzler." Bei der zweiten Taurus-Abstimmung im Bundestag und nach der Mützenich-Rede, welche die Außenministerin mit Kopfschütteln begleitete, wurden jedoch tiefere Risse in der Regierungspolitik trotz loyalem Abstimmungsverhalten sichtbar, die mit der Friedens- und Russlandpolitik der SPD zu tun haben.

Die deutsche Bevölkerung scheint bei dieser existenziellen Frage ‚Krieg und Frieden' Scholz, dem „Friedenskanzler", folgen zu wollen. Laut Umfragen sind es mehr als 60 %. Rasmussen, der militärpolitische Kritiker von Scholz, moniert, dass man in Kriegszeiten keinen Umfragen folgen sollte.

Er sieht den Kanzler deshalb nicht als geeigneten „Anführer", das ist der alte Konflikt zwischen Militär und Politik in der Demokratie. Viele Bürger schätzen indes gerade die Besonnenheit von Scholz in diesen Fragen, der schließlich auch die politische Verantwortung für das Land trägt. „Führt er das Land in die richtige Richtung", ist wieder zur Frage aller Fragen geworden. Auch der offene Expertenbrief an Scholz zur Taurus-Lieferung läuft ins Leere („Herr Scholz, kommen Sie Ihrer Pflicht nach", in Welt, 15.03.2024).

Der Vorteil im Denkansatz von Scholz und Mützenich liegt darin, dass sie der Angst vor einem Atomkrieg in Deutschland Raum geben können. Das ist populär, insbesondere in Wahlkampfzeiten und ein zusätzliches Plus im Osten des Landes, etwa in Sachsen, wo die Partei unter der 5 % Hürde liegt.

Überraschend deutlich wird Jürgen Kaube, der Herausgeber der „Zeitung für Deutschland" und Autor großer Bücher über Max Weber und Hegels Welt: „Rolf Mützenich ist mit solchen Einlassungen eine verächtliche Figur deutscher Politik. Die Sozialdemokraten sollten sich überlegen, wie viel Feigheit sie als Rationalität tarnen können" (FAZ, 19. März, S.9).

Es ist aber fraglich, ob es in Deutschland eine politische Autorität geben könnte, die Bevölkerung von einem mutigeren Kurs zu überzeugen bei einem Totalausfall der USA, wovon ich nicht ausgehe, nicht einmal bei einer Präsidentschaft von Trump. Schwarz gemalt wird viel.

Scholz spricht immerhin als Realist, wenn er von Deutschland als „Mittelmacht" spricht (Schmidt). Das ist gut so. Der potenzielle Kanzler Friedrich Merz erwägt sogar schon eine eigene Atombewaffnung Deutschlands und sein potentieller Verteidigungsminister Kiesewetter spricht davon, „den Ukraine-Krieg auf Russland zu übertragen".

Militärexperten sollten nicht so leichtfertig reden. Das ist nicht gut, womöglich befeuern sie noch Politiker, die von Militär gar nichts verstehen. Der staatsmännisch gewordene Merz beschwört zwar Adenauer, hat aber bei weitem nicht dessen Statur und Aura.

Andererseits könnte die Politik der Angst von Scholz und Mützenich, der die SPD-Fraktion und Leitung bis in den Wahlkampf in den östlichen Bundesländern hinein folgt, nicht nur zu einer „gewaltigen Schlacht" (Bundestagswahlkampf 2025) in Deutschland führen, sondern auch zu einem Gegensatz zu Polen und Frankreich. Danach sah es allerdings beim Treffen des Weimarer Dreiecks in Berlin am 15. März in Berlin nicht aus. Es war der polnische Ministerpräsident Tusk, der den Ton angab. Er sprach von „falschen Gerüchten" und sorgte für ein harmonisches Bild nach außen, was eigene Standpunkte nicht ausschließt. Und vor allem traf er den Nagel auf den Kopf: „weniger Worte und mehr Munition", jetzt und nicht erst in sechs Monaten!

Ein zweiter Kalter Krieg?

Macron will sich in seinem Vokabular „keine Grenzen mehr auferlegen" und will auch Bodentruppen in der Ukraine nicht prinzipiell ausschließen, so am Vorabend seines Treffens in Berlin im Französischen Fernsehen (14.3). Er spricht von „strategischer Ambiguität", ein gefährlich schwebender Begriff, den die Amerikaner auch bezüglich Taiwans verwenden.

Was heißt er? Den Feind im Unklaren lassen einerseits, vielleicht aber auch die eigene Wankelmütigkeit und Angst verdecken andererseits, aus der in der Geschichte oft Unzuverlässigkeit resultierte, wenn es darauf ankam („mourir pour Danzig?").

Den Vorwurf des Appeasements will man sich jedenfalls nicht gefallen lassen, stattdessen wird nun explizit einmal mehr an Churchill, die richtige Führungspersönlichkeit im Krieg erinnert, die nach dem Krieg abgewählt wurde – am 2. August unterzeichnete schon Attlee das Potsdamer Abkommen.

Und zwar an Churchills Rede in Fulton 1946, die den Kalten Krieg eröffnete. Soll das bedeuten, dass man einen zweiten Kalten Krieg will? Und was heißt das heute? Wo China kritisiert, dass aus der „Mentalität des Kalten Krieges" endlich auszubrechen sei (siehe auch das Interview mit dem chinesischen Botschafter, oben a.a.O.).

Eric Gujer wiederum, Chefredaktor der Neuen Zürcher Zeitung, vertritt die These, dass der Kalte Krieg das gute Beispiel sei, um zu zeigen, „wie das Schlimmste verhindert werden kann" („Angst vor dem Weltkrieg", NZZ, 16. März, S.1). Mit anderen Worten: Auch Schurkenstaaten können vernünftig sein!

Was können wir von der Friedensordnung des Kalten Krieges lernen? Sie basierte auf zwei Prinzipien:

1. Nicht-Einmischung, Souveränität

2. Das Prinzip von Jalta: das Interventionsverbot für raumfremde Mächte (Carl Schmitt).

Würden wir die Westfälische Friedensordnung (1648) und die Ordnung von Jalta (4. bis 11. Februar 1945 mit Churchill, Roosevelt und Stalin) akzeptieren, wie dies während des Kalten Krieges von Seiten der Sowjetunion und der USA weitgehend der Fall war, so müssten wir auf die Politik der Menschenrechte und Völkerrechtspolitik verzichten.

Dann würde wohl Russlands Friedenskonferenz, ganz anders als die Schweizer Friedenskonferenz, ein neues Jalta-Prinzip aushandeln. Vielleicht wäre ein Präsident Trump sogar bereit dazu, zusammen mit Xi und Putin. Auszuschließen ist dies nicht. Einige Berater von Trump wie Steve Bannon sind Anhänger der Westfälischen Friedensordnung. Die Anarchie wäre dann aber eher vorzuziehen.

Konkurrierende Ordnungsvorstellungen in der Weltpolitik führen unvermeidlich zu Spannungen. Gujer sieht dennoch in der historisch-politischen Lektion des Kalten Krieges ein Vorbild für gelungenes Konfliktmanagement, so seine abschließende These (a.a.O.).

Ein solches ist freilich an bestimmte Voraussetzungen gebunden: „Der Westen darf nicht im Hochgefühl moralischer Überlegenheit einen Kreuzzug für universelle Werte führen. China darf bei seinen Provokationen den Bogen nicht überspannen. Gelingt es, den zentralen amerikanisch-chinesischen Gegensatz einzuhegen, schrumpft der Popanz Putin auf Normalmaß."

In Europa sehe ich keine relevante Partei, die den Mut hätte, sowohl auf die Menschenrechts- als auch die Völkerrechtspolitik zu verzichten. Ausnahmen gibt es allerdings. Die Deklaration des ‚Weimarer Dreiecks' (F., P., D.) geht in eine andere Richtung.

Eine neue Jalta-Ordnung kann nicht begreiflich gemacht werden, solange gleichzeitig die Osteuropäer, Skandinavier, die Balten, Franzosen u.a. davon nichts wissen wollen. Ein neues Jalta würde nur funktionieren, wenn sich der Westen seine Schwäche voll und ganz eingesteht und die Pax Americana zugunsten von Blöcken gänzlich verdämmern würde.

Demokratie und Zusammenhalt stärken: Neues Toleranzedikt 2024

2024 wird ein herausforderndes Jahr für den Brandenburger Weg, der 1989 begonnen hat und 1992 mit der neuen Verfassung durch eine Volksabstimmung gefestigt worden ist.

In deren Präambel heißt es: „Wir, die Bürgerinnen und Bürger des Landes Brandenburg, haben uns in freier Entscheidung diese Verfassung gegeben, im Geiste der Traditionen von Recht, Toleranz und Solidarität in der Mark Brandenburg, gründend auf den friedlichen Veränderungen im Herbst 1989, von dem Willen beseelt, die Würde und Freiheit des Menschen zu sichern, das Gemeinschaftsleben in sozialer Gerechtigkeit zu sichern, das Wohl aller zu fördern, Natur und Umwelt zu bewahren und zu schützen, und entschlossen, das Bundesland Brandenburg als lebendiges Glied der Bundesrepublik Deutschland in einem sich einigenden Europa und in der einen Welt zu gestalten".

Es war bisher ein konsensualer integrativer Weg trotz heftigster politischer Konflikte (schon bei der Entstehung dieser Verfassung – mit der bekannten Drohung der Klage vor dem Bundesverfassungsgericht!) mit tiefen Gräben aufgrund unterschiedlicher Erfahrungen und deren Verarbeitung bis hin zu persönlichen Verfeindungen und ressentimentgeladenen Rückzügen, die ihre Spuren hinterlassen haben.

Das demokratiepolitische Handlungskonzept ,Tolerantes Brandenburg' hat zudem 1998 – verspätet zwar, aber aus selbstkritischer Einsicht – auf die neuen Herausforderungen des Fremdenhasses, der Gewalt und des Rechtsextremismus der 90er Jahre reagiert. Es wird von allen demokratischen Parteien im Landtag mitgetragen und von der AfD, die seit 2014 im Landtag vertreten ist, inzwischen kritisiert.

Dem sind ebenso Konflikte, etwa um das Aktionsbündnis gegen Rechtsextremismus, auch unter den Engagierten und Aktiven vorangegangen. Demokratie lebt von Streit, aber auch von Gemeinsamkeiten. Beides hat Voraussetzungen, denen wir im Folgenden aus aktuellem Anlass etwas konkreter und präziser auf die Spur kommen wollen.

Das ,Tolerante Brandenburg' mit seinen verschiedenen Akteuren eröffnete staatliche und nicht-staatliche Handlungsmöglichkeiten. Die Repression durch den Rechtsstaat und die Stärkung der Zivilgesellschaft sollten konstruktiv zusammenspielen. Die Zivilgesellschaft war in den 90er Jahren noch schwach entwickelt.

Aus der engagierten Auseinandersetzung mit Fremdenfeindlichkeit, Gewalt und Rechtsextremismus ist daraus eine sichtbare Gegenkraft, zum Beispiel 2002 das anlassbezogene Bündnis Potsdam bekennt Farbe! zustande gekommen, die zugleich ein Beitrag zur politischen Identität des neuen Bundeslandes geleistet hat. In Brandenburg stärker als in Sachsen.

Daran knüpft „Brandenburg zeigt Haltung" 2024 an, eine Kampagne, die der Verein „Neues Potsdamer Toleranzedikt", den es seit 2009 gibt, gegründet in der französisch-reformierten Flüchtlingskirche, lanciert hat.

Brandenburg zeigt Haltung

Hintergrund dafür ist der ungebremste Zulauf zur AfD – das ‚blaue Wunder' –, die Correctiv- Enthüllungen in der Villa Adlon in Neu-Fahrland über erschreckende Remigrationspläne und die Wahlen in diesem Jahr, die Deutschland politisch verändern werden. Ziel ist es, die schweigende Mehrheit für Demokratie und Zusammenhalt zu mobilisieren.

Dazu dient ein Aufruftext, mit dem bekannte Erstunterzeichner an die Öffentlichkeit treten. Angezielt wird eine breite Mitte der Zivilgesellschaft, einschließlich Unternehmen, und die große Fläche des Landes über Potsdam hinaus – Mitte und Fläche (hwww.brandenburg-zeigt-haltung.de).

Bei der Kampagne handelt es sich um eine Unterstützungsplattform für verschiedene zivilgesellschaftliche Initiativen. Sie dient deren Sichtbarkeit, Unterstützung und Vernetzung.

Anfang April – nach einem Monat – haben sich schon über 5.100 Menschen und über 350 Organisationen aus dem Land Brandenburg dem Aufruf angeschlossen.

Bereits am Wochenende nach den Correctiv-Enthüllungen versammelten sich am 14. Januar mehr als 10 000 Menschen auf dem Alten Markt in Potsdam zwischen Nikolaikirche und Landtag: „Potsdam wehrt sich! Gegen Rechtsextremismus und Umsturzpläne!". Es war die größte Kundgebung seit 1989. Der Oberbürgermeister als Vorsitzender des Bündnisses ‚Potsdam bekennt Farbe' hatte kurzfristig dazu aufgerufen.

Seitdem finden zahlreiche Demonstrationen im ganzen Land, auch an kleinen Orten statt, oft zum ersten Mal. Am 24. Februar zum Beispiel in: Beelitz, Herzberg, Müncheberg; am 25. Februar in: Ahrensfelde, Eberswalde, Falkensee, Luckau, Wittenberge, Mahlow und vielen anderen Orten. Mitmachen auf der Plattform kann man auf unterschiedliche Weise durch Vernetzung und eigene Beiträge. Auch Materialien werden zur Verfügung gestellt.

So viel aktive Mitte und Vermittlung war selten. Wer von Bürgergesellschaft und Demokratie spricht, will mehr als ‚bürgerliche Mitte'. Haltung bedeutet hier zahlenmäßig und inhaltlich mehr und anderes. ‚Haltung' (Ethos) zeigen heißt, sich für die Demokratie einzusetzen in allen gesellschaftlichen Bereichen und unabhängig von parteiischen Auffassungen und Meinungen, und zwar in einem grundsätzlichen Sinn von Gesprächen als ‚Seele der Demokratie' ohne Hass und Diskriminierung. Gespräche ermöglichen neue Begegnungen und überraschende Erkenntnisse, sie müssen aber auch viel aushalten können. Sie sollen Raum geben für Ängste und Bedenken, ohne gleich Personen politisch abzustempeln und zu beschimpfen.

‚Bürgerfreundschaft' (Aristoteles) wäre deshalb zu viel gesagt, auch Brüderlichkeit und Geschwisterlichkeit sind dafür zu große schöne Visionen, aber zumindest Freundlichkeit, vielleicht sogar Menschenfreundlichkeit und eine gewisse Neugierde sehen wir als Voraussetzung für diese komplexe und pluralistische Zivilgesellschaft.

Ihr Wachstum richtet sich negativ entschieden gegen verrohende unzivile Tendenzen der Gewalt, nicht nur in der Politik, sondern der Gesellschaft überhaupt, insbesondere fremdenfeindliche, frauen- und kinderfeindliche Gewalt und Gewalt gegen Minderheiten, Obdachlose und Hilflose.

Nicht nur der Oberbürgermeister von Frankfurt/Oder, René Wilke, nimmt beispielsweise eine zunehmende Verrohung im Umgang mit Kommunalpolitikern bis hin zu Morddrohungen wahr (Märkische Allgemeine, 28. März, S.1): „Politik ist heute in einer Spirale der Härte und Auseinandersetzung, auch in einer Spirale der Lautstärke". Für ein demokratisches Mit- und Gegeneinander-Regieren bräuchten wir heute das Gegenteil: „mehr Differenziertheit und etwas mehr Milde im Umgang miteinander" (Wilke, Die Linke a.a.O.). Siehe auch: Hetze im Wahljahr, Tagesspiegel 3. April.

Diese Milde zeichnet ursprünglich für den vergleichenden Beobachter und Analytiker die demokratische politische Kultur aus (so Tocqueville, der im 19. Jahrhundert die neue Demokratie in Amerika (1835/40) mit der aristokratischen Gesellschaft vergleicht). Dieser Umstand ist nicht „demokratieweich" (Lenin) im abwertenden Sinne, sondern vielmehr die Stärke der Toleranz, wie wir das aufgreifen und verstärken möchten.

Die kämpferische Toleranz ist die Grundlage einer freiheitlichen Demokratie und ihrer Integrationskraft, die freilich Zeit, Geduld und Beharrlichkeit auf der subjektiven Seite und mannigfache günstige Umstände auf der objektiven Seite wie soziale Mobilität und Frieden benötigt.

Auch die Mehrheit der Linken (Ex-PDS) hat sich in Ostdeutschland in diesem Sinne entwickelt, was heute neue Koalitionen auf Regierungsebene (auch in Thüringen, dem ‚Ernstfall für die deutsche Parteien- Demokratie') ermöglicht. Die Parteienlandschaft verändert sich, neue Parteien und Bewegungen (BSW, Freie Wähler, Werteunion) kommen hinzu. Die Herausforderung demokratischer Regierbarkeit bleibt. Sie verlangt ein gereiftes kooperatives Verständnis von Politik und Demokratie bei aller Konkurrenz.

Zivilgesellschaft, Wirtschaft und Staat

‚Zivilgesellschaft' meint dabei einen Handlungszusammenhang verschiedener pluraler Akteure, der weder staatlich noch wirtschaftlich ist, aber in einem kritisch konstruktiven, wenngleich nicht konfliktfreien Verhältnis zu Staat und Wirtschaft agiert.

Zivilgesellschaft ist also nicht gleichzusetzen mit Gesellschaft oder mit Gemeinschaft(en). Auch vor der Vereinnahmung durch politische Parteien muss sie sich hüten, um langfristig glaubwürdig zu bleiben. Formal ist sie am ehesten als ein Zusammenhang von freiwilligen bürgerschaftlichen Assoziationen/Vereinigungen (im Sinne Tocquevilles) zu begreifen.

Das ‚Neue Potsdamer Toleranzedikt' e. V. ist ein zivilgesellschaftlicher Verein für alle, die sich dem Aufruf „Brandenburg zeigt Haltung" anschließen können – für das staatliche Handlungskonzept ‚Tolerantes Brandenburg' übernimmt es gleichsam diese Aufgabe.

Es ist ein zivilgesellschaftlicher Verein im Sinn von: parteiübergreifend, gemeinnützig, staatsunabhängig mit verschiedenen Akteuren aus allen gesellschaftlichen Bereichen wie Wirtschaft, Wissenschaft, Kultur, Sport u.a.

Neues Toleranzedikt

Sprachrohr einer vielfältigen Zivilgesellschaft kann das neue Toleranzedikt als Stadt- und Dorfgespräch gleichwohl nicht sein, bestenfalls Anreger und Forum. Das neue Toleranzedikt versteht sich nicht in Konkurrenz, sondern komplementär zu anderen zivilgesellschaftlichen Initiativen und Bündnissen, die genauso nötig sind, darunter die Gemeinwesensarbeit für die Kommunen, die Opferperspektive, das Aktionsbündnis gegen Rechtsextremismus, die Flüchtlingshilfe, die Integrationsarbeit u.a..

Das neue Toleranzedikt soll ein Beitrag sein zu den geistig-politischen Auseinandersetzungen um Orientierungen in einer Zeit ständiger tiefgreifender Umbrüche nach 1989 in einer zunehmend zersplitterten und verunsicherten Welt der ‚Weltunordnung'. Es bietet einige Fixpunkte und zahlreiche Anknüpfungspunkte. Zu seinen Fixpunkten – das sind die Grundsätze, die es zu konkretisieren gilt – gehört es:

- die Möglichkeiten der Toleranz auszuschöpfen (sie ist eine Stärke) und das Nicht-Tolerierbare klar zu benennen (*Toleranz und Entschiedenheit*);

- die Verbindung von Toleranz und Solidarität zu festigen;
- den Konsens der Demokraten gegen Gewalt, Fremdenhass und politischen Extremismus zu stärken, dabei ist der Schatz geteilter Erfahrungen von Bedeutung
- sowie das Erbe von Aufklärung, Einwanderung und Toleranz sicht- und lehrbar zu halten.

Letzteres ist keine Selbstverständlichkeit, vielmehr ist hier vieles buchstäblich näherzubringen, nicht nur als aktive Erinnerungskultur, sondern auch als aktuelle politische Theorie.

Im neuen Toleranzedikt (2008) haben wir Toleranz definiert 1. als Geduld, 2. Offenheit und 3. als friedlich-demokratischen Umgang mit Differenzen. Die Fähigkeit zur Toleranz, die immer wieder aufs Neue herausgefordert wird, vereinigt diese drei Bedeutungen.

In der schnelllebigen modernen Gesellschaft, die Traditionen entwertet, ist es umso wichtiger, Brücken zwischen Herkunft und Zukunft aufrechtzuerhalten. Das neue Toleranzedikt steht in einer selbstgewählten Tradition mit eigenen (Quartier-)Festen und Feiern, die von Bürgerschaften getragen und fortentwickelt wird.

Eine *geistige Orientierung* aus der Geschichte der demokratischen Verfassung (1849, 1919, 1949, 1992) lässt sich derart verbinden mit einem problemlösungsorientierten kreativen Pragmatismus in Krisenzeiten, der belastbar ist.

Orte der Demokratie

Im Zentrum demokratischer Politik steht die Bildung von Bürgerschaft(en) (demos, demoi, Demoikratie: multiple, mehrstufige und vielfältige Demokratie), die nicht vom Wertehimmel fällt, sondern Resultat konfliktiver Praxis ist. Sie hat einen jeweils konkreten Ort (genius loci) in einer spezifischen Zeit.

Nicht zufällig hat die Demokratie der Bürger historisch, ideell und systematisch einen lokalen Schwerpunkt, der sich auf andere Ebenen verlagern kann (die Demokratie der gewählten Vertreter), zu denen eine Beziehung besteht.

Dieser Schwerpunkt der Demokratie ist in der heutigen Welt mit ihrer Unübersichtlichkeit und Unsicherheit bei aller Bedeutung internationaler Politik wieder zu stärken und keinesfalls zu vernachlässigen, etwa durch die dramatische Unterfinanzierung der Kommunen. Sie sind auch im Föderalismus nicht bloßes Anhängsel der Bundes- und Regionalpolitik, sondern eine Herzkammer der Demokratie.

Die Demokratie der Bürger und Bürgerinnen ist heute vielfältig an Beteiligungsmöglichkeiten, vor allem auf kommunaler Ebene. Für Potsdam seien hier nur das Stadtforum, der Bürgerhaushalt und die Bürgerbudgets, die Werkstadt für Beteiligung intern (zur Verwaltung hin) und extern (zur Zivilgesellschaft hin) und der Beteiligungsrat genannt.

Davon ist die Makroebene der modernen Parteiendemokratie zu unterscheiden. In der Bundesrepublik Deutschland ist sie eine parlamentarische, föderale und soziale Grundrechtedemokratie. Die Grundrechte regieren das Grundgesetz (Carlo Schmid), deren Hüter das Verfassungsgericht ist.

Diese Demokratie ist komplex und voraussetzungsreich. Sie darf nicht simplifiziert und polarisiert werden. Dafür tragen verschiedene Akteure eine Verantwortung, die eine *geteilte demokratische Verantwortung* ist, die auf Machtteilung (Montesquieu, Der Geist der Gesetze) beruht.

Die Parteienkonkurrenz von Parteien, die dauernd in bestimmten Koalitionen regieren, birgt in einem Parteienstaat die Tendenz, von Kooperation in Kollusion umzuschlagen. Die Machtteilung in der Demokratie funktioniert dann nicht mehr. In der halbdirekten Demokratie wie in der Schweiz bilden Volksabstimmungen, die auch nicht immer klug entscheiden, ein Gegengewicht dazu.

Demonstrationen und Proteste sind zudem wichtig und Ausdruck unmittelbarer Demokratie der grundrechtlich verbürgten Meinungs- und Versammlungsfreiheit. Gleichwohl sind Demonstrationen und Demokratie nicht auf einer Ebene zu verorten.

Erstere können nicht alle Rollen der Demokratie erfüllen. Moderne Demokratie ist heute über die antike Polis-Demokratie als Versammlungsdemokratie systematisch weit hinaus eine Mehrebenen-Demokratie (lokal, kommunal, regional, national, europäisch) mit verschiedenen Repräsentationsformen.

Nicht alle Wahlen mögen deshalb in diesem Jahr von gleicher Bedeutung für die meisten Bürger sein, die sich mit ihren Orten als Heimat und vorwiegend regional identifizieren. Die EU ist ein verfassungs- und demokratiepolitisches Thema für sich. Bei der Europawahl kann Deutschland 96 Abgeordnete für das Europäische Parlament (EP) wählen, es gilt das Prinzip der degressiven Proportionalität. Das Wahlalter ist in Deutschland auf 16 Jahre gesenkt worden, in anderen Ländern ist es bei 18 geblieben. 35 Parteien sind zugelassen, eine 5 %-Hürde gibt es nicht.

Überdies spielen glaubwürdige Personen als Politiker und Parteien vor Ort, die man kennt, eine ausschlaggebende Rolle. *Begriffene* und *gelebte* Demokratie sind gleichermaßen wichtig, aber analytisch zu unterscheiden. Dennoch haben viele, mehr als sonst, für dieses Jahr 2024 voller Überzeugung wieder gesagt: Wählen ist die wichtigste Beteiligung, und die Nicht-Wähler dürfen nicht die größte Partei bleiben.

Parteien erfahren wieder eine Aufwertung. Ohne das buchstäblich ‚blaue Wunder' des Aufstiegs der AfD als stärkster Oppositionskraft und Anti-Alt-parteien-Partei, zu denen als Hauptfeind auch die Grünen gehören, in den neuen Bundesländern hätten wohl die meisten, diese einfache Wahrheit der Demokratie nicht derart hervorgehoben: dass nämlich die Wahrheit der verschiedenen Meinungen letztlich in der Wahlurne liegt (die Meinung regiert schließlich in der Politik und nicht die Wahrheit im Singular!). Die zahlreichen großen Demonstrationen im ganzen Land partei- und generationenübergreifend gegen Rechts waren vor allem Demonstrationen gegen die AfD bis hin für deren Verbot.

Insofern erwarten wir uns von diesem Jahr, obwohl oder gerade weil der Ausgang der Wahlen ungewiss und spannend mit Folgen ist, nicht weniger als eine Belebung und Auffrischung von Demokratie zur Mitte hin und in der großen Fläche. Eine Verbreiterung, Vertiefung und Verstetigung des Austauschs kann und sollte daraus – translokal und transregional – folgen.

Politik als problemlösendes Handeln

Anlass und Ausgangspunkt für ‚Brandenburg zeigt Haltung‘ sind drängende gesellschaftliche Probleme, die uns alle fordern, von der Migrations- über die Demokratie – bis zur Energiekrise, die wir aber demokratisch tolerant und entschieden (durch verbindliche Beschlüsse) lösen müssen ohne Gewalt und Diskursvergiftung durch Einschüchterung und Niederbrüllen.

Haltung zeigen heißt deshalb – einfach, aber schwer – für eine streitbare Toleranz einzustehen, das Gespräch und die Auseinandersetzung zu suchen über die eigenen Gesinnungs- und Parteifreunde hinaus. Auch gewählte AfD-Politiker sind keine „Aussätzige" (Deniz Yücel). Parteien, nachdem sie keine Volksparteien mehr sind, müssen sich der Zivilgesellschaft wieder stärker öffnen. Die Demokratie ist gleichermaßen defensiv wie offensiv-kreativ durch Stärkung der Bürgerbeteiligung, neue Formate und Kombinationen zu verteidigen.

Die Parteiverhältnisse sind in den einzelnen Bundesländern unterschiedlich. In Sachsen beispielsweise ist die SPD auf einem historischen Tiefststand angekommen; AfD und CDU zusammen bringen es demgegenüber derzeit auf mehr als 60 %. In Brandenburg dagegen konnte die SPD bei den letzten Landtagswahlen 2019 als ‚Brandenburg-Partei‘ noch einmal den ersten Platz erreichen und stellt – nach Stolpe und Platzeck – weiterhin den Ministerpräsidenten, aber auch nur, weil im Schlussspurt des Wahlkampfes für viele die Sorge groß war, die AfD könnte stärkste Partei werden.

Sie ist es knapp nicht geworden! Die Probleme mit der AfD sind also keineswegs neu und überraschend, lediglich die Rechtsradikalisierung und die Konsolidierung eines bestimmten, nur noch schwer erreichbaren Milieus wütender Bürger, die keine Verantwortung übernehmen wollen, hat sich verstärkt. Dabei spielte auch die Corona-Krise („Corona-Diktatur „) eine prägende Rolle. Die Korrelation zwischen Impfgegnern und AfD-Anhängern war auffällig.

Derzeit liegt die AfD in Brandenburg laut Umfragen mit 32 % weit vor der regierenden SPD (20 %), die CDU von Jan Redmann ist durch Wahlkampf gegenwärtig damit gleichauf, während die AfD Prozentpunkte zu verlieren scheint (Tagesspiegel, 4. April). Umfragen sind indes noch keine Wahlen, obwohl sie zu beachten sind.

Selbstverständlich spielen auch Bundestrends (die ungeliebte Ampelregierung, Missvergnügen der Steuerzahler und Verbraucher) sowie durchaus bedrohliche europäische Entwicklungen (Krieg und Frieden, innere und äußere Sicherheit) eine große intervenierende Rolle, die nur schwerlich vorausgesagt werden können.

Ministerpräsident Woidke geht deshalb frühzeitig den Wahlkampf offensiv an: er will die erfolgreiche wirtschaftliche Entwicklung des Landes nicht in die Hände einer Partei geben, die ‚objektiv schlecht' ist insofern, als sie gar nichts in ihrer politischen Arbeit liefert und außerdem intern zerstritten ist. Die Wirtschaftsverbände unterstützen ihn darin schon seit letztem Jahr, deutlich wie nie zuvor. Sie teilen die Angst um den Standort und suchen händeringend nach ausländischen Fachkräften.

Auch in der Kommunalpolitik wirkt die AfD keinesfalls konstruktiv, obwohl sie Schulungen durchführt, und europapolitisch schon gar nicht, wo sie vielmehr einen für Deutschland unvorteilhaften Dexit ansteuert. Sie tritt mit dem Spitzenkandidaten Maximilian Krah an, der sich unmissverständlich klar rechts geäußert hat; man kann es nachlesen: „Politik von rechts". Ein Manifest, Antaios Verlag 2023, 228 Seiten. Inhaltliche Argumente gegen das Programm wie vor allem gegen das, was sie tut bzw. nicht tut, gibt es mithin genug. Diese Partei in Brandenburg im September unter 20 % zu halten, wäre ein Erfolg.

Das entbindet indes nicht von der Selbstkritik der Parteien und Regierung. Im Gegenteil, sie ist eine Voraussetzung der Bürgerdialoge, die im Wahlkampf mit den Wählern geführt werden müssen. Die Fehler, die beispielsweise beim Heizungsgesetz gemacht worden sind, haben alle mitbekommen. Warum ist das versprochene Klimageld der Klimaregierung noch immer nicht ausbezahlt? Und viele andere Fragen sind an die regierenden Parteien und ihre staatspolitische Verantwortung zu stellen.

Ministerpräsident Haseloff, der in Sachsen-Anhalt 2021 den prognostizierten Vormarsch der AfD stoppen konnte, hat es auf den Punkt gebracht: die Stärke der AfD liegt daran, dass die Parteien ihre Hausaufgaben nicht gemacht haben. Diese umfassen verschiedene Punkte, auf die wir hier nicht eingehen können. Das zu tun, ist Aufgabe der bevorstehenden Wahlkämpfe, die gut vorbereitet werden müssen.

Arroganz ist dabei völlig falsch am Platze, auch schnelle Etikettierungen als rechts, rechtsextrem, Nazis, verfassungsfeindlich usw. genügen nicht. Für viele Bürger als Wähler sind das noch keine Argumente, die überzeugen. Zudem sollte man sich nicht allein auf die AfD fokussieren, was sie erhöht und gleichzeitig die inhaltlichen Auseinandersetzungen im Sinne problemlösender Politik verengt.

Weltpolitik auf dem Bürgenstock

Die Schweiz soll am 15. und 16. Juni einen Friedensgipfel zur Ukraine durchführen. Das gaben Bundespräsidentin Viola Amherd und Bundesrat Cassis, der schweizerische ‚Außenminister', kürzlich in Bern bekannt.

Vorbereitet wird er schon lange, gewünscht ist er von Präsident Selenski. Der Bürgenstock oberhalb des Vierwaldstättersees, der Wiege der Eidgenossenschaft, ist ein ruhiger Ort in einer unruhigen Welt der Kriege und des großen Vorkriegs in Europa.

Der Bürgenstock ist weit mehr als ein Hotel. Er ist ein Hotelberg, der heute im Besitz des Staatsfonds von Katar ist. Geographisch gehört er zum kleinen Urkanton Nidwalden, dessen Hauptort Stans heißt.

Deutsche und israelische Politiker kannten den Ort (Heuss, Ben Gurion, Golda Meir). Dreimal hat Bundeskanzler Adenauer nach 1950 seine Sommerferien auf dem Bürgenstock verbracht (NZZ, 12. April, S.24). Von hier aus soll sein „fliegendes Kabinett Weltpolitik gemacht haben" .

Auch an Glamour mangelte es in den 50er und 60er Jahren nicht (Audrey Hepburn, Sophia Loren u.a.). 1960, 1981 und 1995 fanden die sogenannten Bilderberg- Konferenzen statt (a.a.O.). Der Ort wurde stets eifrig genutzt für das, was man heute inflationär informelle Gespräche und Netzwerken nennt.

Die offizielle Schweiz, wie immer etwas langsamer, hat den Konferenzort erst in den 2000er Jahren entdeckt, als Friedensgespräche zum Südsudan (2002) und zu Zypern (2004) hier stattfanden. Für Sicherheitsspezialisten ist der Ort – im Unterschied zu Konferenzorten wie Davos oder Genf – geradezu ideal, da es nur eine Zufahrtsstraße und in der Nähe einen ehemaligen Militärflugplatz gibt, auf den hochrangige Gäste einfliegen können.

Zur Konferenz erwartet die Schweiz 80 bis 100 Staatschefs aus aller Welt. Ob sie ein Erfolg oder Misserfolg wird, hängt stark von den Teilnehmern ab. Schon am Beginn des Projekts wurde kritisch angemerkt, dass sich die Schweiz damit wohl übernehme. Für Russland ist die Schweiz nicht mehr neutral, für China schon, das seinerseits nicht neutral gegenüber Russland ist. Der Weg zum Frieden wird aber sicher über China laufen müssen – und die USA.

Die Rückmeldungen seien für den Bundesrat ermutigend gewesen, sie blieben nicht auf die EU und die G7 beschränkt. Man will sich breit aufstellen, vor allem der globale Süden soll einbezogen werden, so Bundesrat Cassis im Interview (SRFnews, 12. April). Man ist in Kontakt mit Indien, Brasilien, Südafrika und Saudi-Arabien.

Sind die Schweizer verrückt geworden?

Die Schweiz macht sich noch immer gut in der Vermittlerrolle, das hat Tradition. Die sogenannten „Guten Dienste" erfolgen indessen in der Regel diskret. Die Möglichkeit des Scheiterns ist gegeben. Also gilt es die Erwartungen und Möglichkeiten richtig zu justieren. Internationale Verhandlungen sind heikel und erleiden Rückschläge. Auch darauf hat man sich einzustellen.

Die Worte des russischen Chefdiplomaten Lawrow waren bisher mehr als deutlich. Lawrow spricht von der „völlig verrückten Selenski-Formel". In einem langen Interview mit der regimenahen Iswestija erteilt er dem Friedensplan rundheraus eine klare Absage. Dagegen sei die Friedensinitiative Chinas vom Februar 2023 positiv aufgenommen worden. Was das weiter für die Ukraine bedeutet, sagt er nicht.

Auch China blieb in seinem grundsätzlichen und vorsichtigen Positionspapier in Bezug auf Russland bisher wenig konkret. China fürchtet sich offensichtlich vor einem Zusammenbruch dieses großen Landes an seiner Grenze, mit dem es schon Konflikte hatte. Die strategische Partnerschaft zwischen Putin und Xi beruht auf der gemeinsamen Feindschaft gegen die USA.

Anders als Selenskis Formeln beruhe der chinesische Friedensplan laut Lawrow jedoch auf einer Analyse der Ursachen des Geschehens und wolle diese beseitigen (a.a.O.). Was sind diese Grundursachen? Darüber müsste man noch einmal reden können. Stattdessen unterstellt Lawrow dem Westen, Russland eine strategische Niederlage beibringen zu wollen. Er benennt die Essenz von Selenskis Friedensformel folgendermaßen:

„Russland muss kapitulieren, Russland muss die Krim verlassen, den Donbass, Noworossija, Russland muss Entschädigungen zahlen, die russische Führung muss nach Den Haag und sich dem Tribunal ergeben, muss sich freiwillig bereit erklären, seine Waffen zu begrenzen, zumindest in den an Europa angrenzenden Gebieten" (in Merkur.de, 1.4.2024).

Dazu kommt nach zwei Jahren Krieg und das begründet wiederum den neuen Fanatismus Russlands, dass die neuen Gebiete nun in der Verfassung der Russischen Föderation verankert sind (Peskow). Es hat sich erledigt aus russischer Sicht aufgrund der geschlagenen Schlachten (Lawrow). Putin hat das Nation Building der Ukraine komplett unterschätzt, aber bisher nicht die Schwächen des Westens falsch eingeschätzt. Wäre die westliche Unterstützung 2023 frühzeitiger, stärker und besser erfolgt, vor dem Bau der Surowikin-Verteidigungslinie, säße wohl jetzt Russland mit am Verhandlungstisch.

Die Teilnahme an Verhandlungen könnte auch für Russland eine Chance sein, wenn es Zugeständnisse macht, weil das den Druck auf die Ukraine erhöht, seinerseits Zugeständnisse machen zu können. Die weitere Isolierung Russlands beschädigt die Zukunft des Landes, je länger, je mehr, von den wirtschaftlichen Kosten und Perspektiven nicht zu reden. Ein Russland mit dem Rücken zur Wand wäre gefährlich.

Ziel der Konferenz ist nicht ein fertiges Friedensabkommen, sondern ein konkreter Fahrplan für die Beteiligung Russlands an einem Friedensprozess (NZZ,

12. April, S.24). Das klingt realistisch, konkret und hoffnungsvoll, ist aber äußerst schwierig. Dennoch sollte man nicht sagen: aussichtslos. Endlich ein erster Schritt zum Frieden, nachdem wir uns bisher nur über den Krieg, seine Zeit, Mittel und Entscheidungen Gedanken gemacht haben, ist notwendig.

Die Methode entstammt nicht der reinen Lehre. Die Strategie der Schweiz, zuerst die USA und China einzubinden, und dann explizit vor der ganzen Welt Russland zu Friedensgesprächen einzuladen, ist klug und erhöht den Druck auf Russland, international nicht abseits zu stehen und sich zumindest zu bewegen. Es will ja auch zusammen mit den BRICS-Staaten Einfluss auf eine neue Weltordnung nehmen. Grundlage dafür muss indes die Uno-Charta sein, das wollen auch die neuen wichtigen Akteure, die nach vorne drängen.

Krieg und Frieden denken

Wir mussten wieder lernen, Krieg und Verteidigung unter heutigen Bedingungen zu denken. Diese Zeit ist noch nicht vorbei, nicht nur in Europa, auch in Asien bildet sich eine neue Nato. Jetzt können, ja müssen wir aber auch wieder vertiefter und ernsthafter damit beginnen, den Frieden unter heutigen Bedingungen zu denken. Die Friedensforschung war bisher immer Konflikt- und Friedensforschung. Das wird besonders schwierig in einem „volatilen geopolitischen Umfeld" (Cassis).

Der Bundesrat möchte die verschiedenen Friedenspläne, die bereits auf dem Tisch liegen, in den Dialog einbeziehen, also sowohl Selenskis 10-Punkte-Plan wie Chinas 12-Punkte-Friedensplan. Zwischen beiden gibt es relevante Überschneidungen, etwa in Bezug auf Souveränität und Territorialität. Und China will sich ja als Macht der friedlichen Koexistenz international zeigen, der Beweis steht noch aus.

Zur Verdeutlichung will ich die Punkte noch einmal nennen (siehe auch frühere Blogs):

Selenskis 10 Punkte :

1. Kernkraft
2. Nahrungsmittelsicherheit
3. Energieversorgung
4. Kriegsgefangene
5. Territoriale Integrität
6. Truppenrückzug
7. Kriegstribunal und Reparationen
8. Umweltschäden
9. Sicherheitsgarantien
10. Friedensvertrag

Chinas 12 Punkte :

1. Respektierung der Souveränität, Unabhängigkeit und territorialen Integrität
2. Abkehr von der Mentalität des Kalten Krieges
3. Feindseligkeiten beenden
4. Wiederaufnahme von Friedensgesprächen
5. Beilegung der humanitären Krise
6. Schutz von Zivilisten und Kriegsgefangenen
7. Sicherheit von Kernkraftwerken
8. Vermeiden der strategischen Risiken
9. Erleichterung der Getreideexporte
10. Beendigung einseitiger Sanktionen
11. Aufrechterhaltung der Industrie- und Lieferketten
12. Förderung des Wiederaufbaus nach Konflikten

Im Mai wird Putin nach Peking reisen, Lawrow bereitet die Reise vor, dabei geht es vor allem auch um „russlandfreundliche Friedenspläne". China könnte dann in Erfahrung bringen, zu welchen Konzessionen Russland eventuell bereit ist. Nach solchen sieht es im Moment jedoch überhaupt nicht aus, eher nach dem Gegenteil: nämlich *weitere militärische Eskalationen* in der Ukraine.

Russland begründet sie damit, dass es selber bedroht ist, nach den erfolgreichen Angriffen auf seine Ölraffinerien. Auch die legendäre Schwarzmeerflotte muss sich inzwischen verstecken vor den ferngesteuerten Seedrohnen, welche die Ukraine erfunden hat. „Wir stehen bis zum Ende".

Der Ukraine, die im Krieg nicht nur erfolglos ist, und den Mythos der russischen Armee buchstäblich zerstört hat (Putin: „Russland ist auf dem Schlachtfeld nicht zu besiegen"), droht derweil im Inneren ein langsames Ausbluten, nachdem der amerikanische Kongress bereits 8 Monate die nötigen Ukrainehilfen blockiert, was ein schändliches Verhalten einzelner republikanischer Politiker ist.

Die Europäer können die schnelle und entschiedene Ausfallbürgschaft für die USA nicht übernehmen. Für die Ukraine, die an der Front schrittweise zurückweichen muss, sind Luftabwehr und Munition im Moment am dringlichsten. Die verschiedenen Zeitebenen von Krieg und Frieden müssen wir stets beachten.

Russland ist militärisch in der Offensive, auch gegenüber der zweitgrößten Stadt Charkiv. Was wir sehen, sind zerstörte Wohnhäuser und erste Familien, die evakuiert werden, möglicherweise droht wieder eine militärische Einkesselung. Ein Großteil aller Wärmekraftwerke sind bereits zerstört.

Der IAEA- Chef Rafael Grossi warnt zudem vor Angriffen auf das AKW Saporischja, beide Parteien geben sich wechselseitig die Schuld. Der Krieg geht unvermindert in aller Härte weiter und bedroht das Überleben der ganzen Ukraine.

Aber auch die Friedensdiplomatie im Hintergrund arbeitet weiter. Inzwischen hat auch die Türkei eine Friedensinitiative lanciert, nach welcher der Krieg mehr als ein Jahrzehnt eingefroren werden soll. Die USA und Russland verpflichten sich, keine Atomwaffen einzusetzen. 2040 soll die Ukraine in einem Referendum über ihren weiteren außenpolitischen Kurs entscheiden, bis dahin soll sie nicht der Nato beitreten. Gleichzeitig sollen in den besetzten Gebieten Referenden unter internationaler Kontrolle stattfinden.

Möglicherweise wollen Putin und Lawrow eine *eigene Friedenskonferenz mit Erdogan*, der ein Hasardeur ist und Gegenleistungen fordern wird, organisieren, wenn genügend Verbündete kommen. Die Weltpolitik auf dem Bürgenstock schmeckt ihnen deshalb nicht, weil die Ukraine Fähigkeiten zur internationalen Politik entwickelt hat, genauso wie Mariupol am Asowschen Meer Fähigkeiten zur eigenen Stadtentwicklung. Die russische Politik und Diplomatie dagegen ist offensichtlich nur noch zur Destruktion fähig und orientiert sich an der Vergangenheit und nicht an der Zukunft.

Ein Strohhalm

Zumindest gibt es einen Funken Hoffnung, so der treffende Kommentar von Georg Häsler (in NZZ, 12. April, S.15) : „Im Kern geht es darum, ohne Russland die Prinzipien für einen umfassenden, dauerhaften und gerechten Frieden festzulegen." Das scheint unmöglich, verhandelt indes werden *Möglichkeiten* unter Ländern, die wenig gemeinsam haben. Bei der ersten Helsinki-Konferenz über Sicherheit und Zusammenarbeit in Europa im Juli 1973 war das auch so.

Der ‚amerikanische Metternich' Henry Kissinger hatte dazu eingeladen. Der fehlt heute. Immerhin wird es vielleicht der Anfang eines neuen Wiener Kongresses, auch ohne den großen Metternich. Am Ende sind es ohnehin nicht große internationale Konferenzen, die alles entscheiden, sondern starke verteidigungsfähige regionale Akteure wie Finnland, Schweden, die Balten, Polen, Tschechen u.a.

Die Bürgenstock-Konferenz kann zumindest zu einem Versuch werden, „Standards für den Austausch zwischen den Großmächten neu auszuhandeln". Es ist ein *Versuch*, „die Überreste der regelbasierten Sicherheitsordnung" zu reanimieren, die mit dem russischen Überfall auf die Ukraine in eine existenzielle Krise geraten ist.

„Maximal entsteht ein Format für eine minimale Entspannung" (so Häsler a.a.O.). Sehr viel wäre tatsächlich schon erreicht, wenn dies für die chinesisch-amerikanische Konkurrenz zustande käme.

Wehrfähige Demokratie

‚Wehrhaftigkeit' weckt militärische Assoziationen, das heutige Modewort ‚Resilienz' liegt uns näher und geht leichter über die Lippen.

Tatsächlich gibt es eine Hauptstraße politischer Ideengeschichte, in der die (männliche) militärische Tugend der Selbstverteidigungsfähigkeit anstelle von bezahlten Söldnerheeren und fremden Herren im Zentrum des politischen Denkens steht. Es ist das republikanische politische Denken, welches von Machiavellis ‚Discorsi' (1513-22, Torino 2000) ausgeht (Republik Florenz) und traditionsbildend vor allem in den USA und der Schweiz wurde, aber auch anderswo, etwa in der Stadtrepublik Dubrovnik.

Deren Bürger wurden in Kroatien „Herren" genannt im Sinne von Unabhängigkeit und Selbstbestimmung (liberty). 1991 wurde die Stadt mit den dicken Stadtmauern, die nie erobert worden ist, von der serbischen Artillerie beschossen, von den Hügeln herab, so wie die multikulturelle Stadt Sarajewo in einer der längsten Belagerungen der Geschichte, mitten in Europa!

Von diesen militärischen Traditionen ist der *Militarismus*, etwa der einfluss-
reiche preußische Militarismus, der weltweit Schule gemacht hat, zu unterscheiden, der wegführt vom ‚Staatsbürger in Uniform' hin zum Untertanen
oder gar zu einer ‚Schule der Sklaven' wie in der russischen Armee. Mitten
im 1. Weltkrieg kommt es in der Schweiz zu einer heftigen grundsätzlichen
Auseinandersetzung darüber, nämlich über die „Verpreussung der Armee", die
der damalige General Wille anstrebte. Hauptsächlich geführt wurde die Debatte vom Sozialdemokraten Robert Grimm, der damals Nationalrat war und
später Anführer des Generalstreiks von 1918.

Diese militärischen Aspekte wehrfähiger Demokratie – Verteidigung als Vor-
bereitung auf den Krieg – werden in den folgenden Überlegungen nicht im
Vordergrund stehen, obwohl sie seit dem russischen Angriffskrieg auf die
Ukraine national, europäisch und international wieder alles andere überlagern
– das ist wehrfähige Demokratie in actu im buchstäblichen Sinn von „rüsten",
Zivilschutz und Militär. Die Rüstungsausgaben erreichen international einen
Höchstwert, dabei ist die USA weit vor Russland und China und, zum Glück
für uns, mit Technologievorsprung.

Seit dem 21. April 2024, nachdem die amerikanischen 61 Milliarden-Hilfen für
die Ukraine nicht mehr blockiert sind, steht die Frage in Europa wieder im
Zentrum: wird sich das Blatt im Kriege noch einmal wenden oder kommt es
zu einer weiteren Zuspitzung des Krieges mit der Nato? Lawrow spricht von
einer „möglichen Konfrontation der Atommächte".

Uns geht es hier aber nicht um diese Frage und ihre weitreichenden militärpolitischen Implikationen, sondern primär um die Feinde der Demokratie aus
dem Inneren und den Umgang mit ihnen. Auch dieser Aspekt hat seine Vorgeschichte, die mit dem 2. Weltkrieg gegen den Nationalsozialismus beginnt.

Militant Democracy

Die Demokratie muss sich nicht nur durch Demokraten, die in der Weimarer Republik fehlten, verteidigen können, sondern auch durch Institutionen (Justiz, Polizei, Geheimdienste, Armee, Schulen, Universitäten u.a.), in denen verfassungstreue Menschen arbeiten. Darauf war ursprünglich das Konzept der „wehrhaften Demokratie" alias „militant democracy" nach den Erfahrungen mit den emotionalisierenden Massenbewegungen des Faschismus, des Nationalsozialismus und des Kommunismus zugeschnitten (Karl Loewenstein 1937).

Loewenstein wurde 1891 in München geboren und musste 1933 in der „Hauptstadt der Bewegung" vor den Nazis fliehen. Nach dem Krieg kehrte der studierte Jurist mit vollem Elan zurück, als überzeugter Transatlantiker und Soldat der amerikanischen ‚reeducation'. Als Legal Advicer beschlagnahmt er die Gelehrtenbibliothek des Staatsrechtlers und Staatsrats Carl Schmitt und verhaftete ihn. Er strebte auch seine Verurteilung als Kriegsverbrecher an (siehe Mehring, Carl Schmitt. Aufstieg und Fall, München 2009, S.440, 442, 443).

Loewenstein hatte die Verfassungstheorie von Carl Schmitt intensiv studiert (Verfassungslehre, München/Leipzig 1928). Selbst in seinem Gutachten bezeichnet er ihn als „man of near-genius rating" (zitiert S.442). Es ist „persönliche Enttäuschung über die nationalsozialistische Wendung, die Schmitt in Haft bringt" (Mehring). „Es sind jüdische Bekannte, die dafür sorgen, dass Schmitt nach 1945 als Täter behandelt wird"(a.a.O.).

Schmitt seinerseits fühlt sich zu Unrecht interniert (Ex Captivitate Salus, Köln 1950) und beginnt ein neues wirkungsgeschichtliches Kapitel als Privatgelehrter in Plettenberg, der offiziell an Universitäten nicht mehr lehren darf. Der Geächtete wird zum international Beachteten, es gibt neben der konservativen und rechten Rezeption fortan auch eine linke und liberale Rezeption seiner Schriften, die im Zusammenhang mit dem Thema ‚wehrfähige Demokratie' aufschlussreich ist.

Diese dreht sich um die Idee der Einheit des Staates, die reale Staatsfikti-
on des Leviathan, die Freund-Feind-Unterscheidung des Politischen sowie die
Liberalismus – und Pluralismuskritik. Auf diese Schmitt-Diskussion in vielen
Sprachen, vor allem italienisch und spanisch, können wir hier nicht eingehen,
obwohl sie den wichtigen Fingerzeig gibt, dass die Spannungen zwischen
Demokratie und Rechtsstaatlichkeit, Recht und Politik, Partikularem und Uni-
versalem und im Kampf um das (Völker-) Recht nicht erledigt sind, sondern
sich International verschärfen.

An Carl Schmitt kam und kommt man nicht vorbei. An dieser Stelle wollen wir
jedoch auf Karl Loewenstein hinweisen, der weit weniger bekannt ist. Er hat
einen konstitutiven politikwissenschaftlichen Beitrag in und zu den Aufbau-
jahren der Bundesrepublik Deutschland geleistet. Neben der Tagesaktualität
(A) bezieht er sich ebenso auf das systematisch schwierige Thema (B) der
Balance von Macht und Recht im Rahmen demokratischen Regierens.

Es ist dies das große Thema der Gewalten-, Macht- und Verantwortungsteilung im „Geist der Gesetze" (Montesquieu 1748), das auch in der (Parteien-)
Demokratie nicht verschwindet. Es wird vielmehr demokratietheoretisch unterschätzt, was sich an der heutigen Diskussion über „illiberale Demokratien"
ablesen lässt. Demokratien können sozusagen von innen gekapert werden
durch parlamentarische Mehrheiten (siehe die Erfahrungen in Polen und Ungarn).

Loewenstein sammelt, studiert und reflektiert die parlamentarischen Regie-
rungssysteme, das britische, amerikanische u.a. in einer international vergleichenden Perspektive historisch-systematisch (siehe als Quintessenz seine
Verfassungslehre, 4. Auflage 2000). Er begründet damit die Parlamentaris-
musforschung auch für Deutschland.

Dieses neue Fach der vergleichenden Politikwissenschaft ist lehrreich, auch
und gerade für die heutige Demokratiediskussion, die oft allzu borniert, un-
terkomplex, kurzschlüssig und moralisch aufgeregt stattfindet, so, als ob von

den Wahlen in Thüringen aus das Schicksal Deutschlands und Europas abhinge. Und von der AfD die Zukunft der Parteiendemokratie.

Damit kommen wir noch einmal auf die damalige tagesaktuelle Realität der 30er Jahre zu sprechen, die gekennzeichnet war durch das laute Schlachtgetümmel – auf der Straße wie medial – der neuen totalitären Bewegungen, die versuchten, propagandistische Wirkungen zu erzielen.

Hitler war nicht nur ein verführerischer Redner, er war auch ein moderner Wahlkämpfer, unterwegs mit dem Flugzeug, großen Inszenierungen, Volksempfänger und Wochenschauen. Diesem neuen revolutionären Emotionalismus war mit rationalen Diskursen und Deliberationen nicht beizukommen.

Ein demokratischer Emotionalismus (Patriotismus) dagegen ließ sich von Seiten der gewählten Regierung nicht organisieren. Ideengeschichtliche Auseinandersetzungen reichten ebenso wenig wie „legalistische Selbstzufriedenheit" – ein wichtiges Stichwort für die heutige Zeit der fortschreitenden Verrechtlichung der Politik. Sie unterschätzen die illiberalen Techniken der Emotionalisierung und organisierten Machteroberung.

Die Lehre daraus lautete: eine Demokratie im Belagerungszustand, die eben keine „feindlose Demokratie" ist, wie man nach 1989 als Friedensdividende annahm, muss sich frühzeitig – präventiv, repressiv, persuasiv – durch Gesetzgebung und vorhandene Institutionen gegen ihre Selbstabschaffung wehren. Daran hat sich nichts geändert. Die Demokratie ist weder feindlos noch unproblematisch geworden. Die Bedrohungen sind vielmehr politisch wie technisch zahlreicher geworden.

Damit springen wir wieder in die heutige tagesaktuelle Debatte, nämlich über den Verfassungsschutz und seine Verteidigung der Demokratie gegen neue Bedrohungen.

Wer verteidigt die Verfassung, wie?

Claus Leggewie und Horst Meier verstehen in ihrer Kritik am Verfassungsschutz den historischen Kontext der 50er Jahre, als die „ungelernte Bundesrepublik" den Verfassungsschutz als Behörde aus der Taufe hob. Aber sie verstehen nicht, dass die gereifte Bundesrepublik, die „erwachsen gewordene Nation" (Schröder), die „Gesinnungs-Gouvernante" heute noch braucht, wo das Experiment der Freiheit – dem blauen Wunder zum Trotz – „alles in allem gut funktioniert" (FAZ, 16. Februar, S.14). Dieser Beurteilung schließe ich mich an.

Auch nach den negativen Erfahrungen mit dem Radikalenerlass von Bund und Ländern 1972, sind nun plötzlich ‚Linke' und ‚Grüne' dabei, weil es gegen die „Richtigen" geht im „Kampf gegen Rechts". Diese Demokratiefeinde, die sich demokratisch ausgegrenzt sehen, rechtfertigen die „geräuschlose Routine des ganz legalen Ausspionierens von Bürgerinnen und Bürger, die angeblich oder tatsächlich verfassungskritische Positionen äußern" (Leggewie/Meier).

Gerade jetzt spricht die „wehrhafte Demokratie" für den Verfassungsschutz als „FdGO-Gesinnungs-TÜV", der nicht Straftaten und Gewaltakte verfolgt, sondern Einstellungen und Haltungen(siehe dazu auch Mathias Brodkorb, Gesinnungspolizei im Rechtsstaat? Der Verfassungsschutz als Erfüllungsgehilfe der Politik, 2024).

Ersteres könnte auch ein strafpolizeilicher Staatsschutz mit genügend Personal tun. Dass es an Bürgern als Verfassungsschützern nicht mangelt, zeigten die jüngsten überraschend zahlreichen Demonstrationen gegen Rechts seit den Correctiv-Enthüllungen über erschreckende Remigrationspläne in der Villa Adlon in Neu-Fahrland im Januar 2024.

Außerdem konnte auch die Heraufstufung der AfD vom „Verdachtsfall" zum „Beobachtungsfall" den Aufstieg der AfD nicht stoppen, der im Zusammenhang mit dem Aufstieg des Rechtspopulismus ein gesamteuropäisches Phänomen darstellt. Es gibt indessen eine spezielle deutsche Auseinandersetzung damit, die mit falschen historischen Analogien als Zerrbildern arbeitet (siehe dazu ausführlich die Blogs vom 9. Januar, 1. Februar und 4.Februar 2024).

Thomas Haldenwang, der Präsident des Bundesamtes für Verfassungsschutz, verteidigt sich unter dem Titel „Die Meinungsfreiheit ist kein Freibrief" (FAZ, 2. April, S.10). Er stellt zum einen klar, dass die Meinungsfreiheit die Demokratie von Autokratie und Diktatur unterscheidet. Das betrifft selbst „anstößige, absurde und radikale Meinungen". Auf der anderen Seite bekräftigt er: „auch die Meinungsfreiheit hat Grenzen." Das betrifft zum einen, was unstrittig sein dürfte, Grenzen durch das Strafrecht (Propagandadelikte, Volksverhetzung).

Dann folgt ein Satz, der zu Diskussionen Anlass gibt: „auch unterhalb der strafrechtlichen Grenzen und unbeschadet ihrer Legalität können Meinungsäußerungen verfassungsschutzrechtlich von Belang sein." Dafür muss es allerdings Anhaltspunkte geben, wenn zum Beispiel Kritik und Protest vorliegen, die zu „aggressiver systematischer Delegitimierung staatlichen Handelns bis hin zu Gewaltaufrufen führen."

Man muss konzedieren, dass ‚Querdenker' aus dem Süden der Republik und ‚Corona-Leugner' und ‚Impfgegner' aus dem Osten, mit hoher Korrelation zur AfD, welche von Corona-Diktatur sprach, sowie ‚Verschwörungstheoretiker' und ‚Reichsbürger' von überallher inzwischen eine große diffuse Gruppe von neuen Staats- und Demokratiefeinden bilden, die keine politische Verantwortung übernehmen wollen.

Kritik entzündet sich vor allem an der Kategorie der „Delegitimierung des Staates", die keine verfassungsrechtliche Kategorie ist (das ist „gesichert rechtsextremistisch" auch nicht), sondern eine Erfindung des Verfassungsschutzes im Zuge der Corona-Proteste 2021 war. Verfassungsrechtler warnen demzufolge von einem „entfesselten Inlandgeheimdienst" (NZZ, 5. April, S.1).

Solche Fälle indes zu beobachten und die Öffentlichkeit darüber aufzuklären, damit rechtfertigt Haldenwang seine auffällige zunehmende öffentliche Präsenz zusammen mit der zuständigen Innenministerin Faeser, die beide unterschiedlichen staatstragenden Parteien (CDU und SPD) angehören. Der politische Beamte Haldenwang hält seine Behörde für politisch neutral.

Der Verfassungsschutz ist als „Frühwarnsystem" ein „wesentlicher Baustein der wehrhaften Demokratie „. Man hat bisweilen allerdings den Eindruck, er hätte bei vielen Bürgern und Parteien schon die Autorität des Verfassungsgerichts. Hier findet in der öffentlichen Wahrnehmung eine folgenreiche Verwechslung statt. In der Weimarer Republik gab es bereits eine aufschlussreiche Kontroverse zwischen Kelsen und Schmitt über den „Hüter der Verfassung"(1931). Davon hängt einiges ab, für Schmitt war es der Reichspräsident.

Haldenwang konstatiert: „In der Nachkriegsgeschichte war die Demokratie in unserem Land selten so in Gefahr wie heute". Das liegt daran, dass

1. Extremisten und Extremismuspotential seit Jahren zunehmen würden.

2. Digitalisierung und Virtualisierung helfen dabei.

3. Vernetzungstreffen belegen Entgrenzungsprozesse zwischen Rechtsextremisten und gesellschaftlicher Mitte.

4. Zudem führen ausländische Staaten einen hybriden Krieg gegen westliche Demokratien.

Allein die IT-Sicherheit wird diesbezüglich zu einer Mammutaufgabe. Geht es also um den abwehrbereiten starken Staat? Viel eher als um die Demokratie der Bürgerinnen und Bürger?

Müssen wir aufpassen, dass über das Thema ‚wehrfähige Demokratie' beziehungsweise das dominante moderne Thema ‚Sicherheit' nicht viel mehr an autoritären illiberalen Staatstheorien wieder einfließen, wenn objektiv die demokratisch getriebene expansive Politik ohnehin strukturell über den Staat läuft? Es mangelt heute weit mehr an reflektierter Politik- und Staatstheorie als an Demokratietheorie(n).

Toleranz der Demokratie

Die Masse der Protestwähler und Wutbürger muss in einer modernen Massendemokratie politisch offen bekämpft werden. Dieser „Kampfsport" (Schmidt) umfasst viele Facetten. Er schließt Emotionalität und Rationalität (als Pole) nicht aus, auch und gerade, wenn wir Politik konstruktiv als problemlösendes Handeln definieren.

Die leidenschaftliche Sache, um die es in der Politik geht, bewegt vielmehr (Max Weber). Sie sorgt für den notwendigen Biss. Überraschend an diesem systematisch entscheidenden Ort für die politische Theorie ist, dass ausgerechnet der Jahrhundertjurist Hans Kelsen (1881-1973) nicht formal- juristisch argumentiert:

„Kann Demokratie tolerant bleiben, wenn sie sich gegen anti-demokratische Umtriebe verteidigen muss? Sie kann es! In dem Maße, als sie friedliche Äußerungen anti-demokratischer Anschauungen nicht unterdrückt. Gerade durch solche Toleranz unterscheidet sich Demokratie von Autokratie" (Kelsen, Was ist Gerechtigkeit? Wien 1953/Stuttgart 2000, S.51).

Hinter dieser Position steht eine ganze Philosophie, die mit großer Klarheit feststellt dass die Geschichte der menschlichen Erkenntnis uns lehrt, dass es vergeblich ist, auf „rationale Weise eine absolut gültige Norm gerechten Verhaltens zu finden" (a.a.O., S.49). Die menschliche Vernunft kann lediglich relative Werte begreifen, das heißt, „dass das Urteil, mit dem etwas für gerecht erklärt wird, niemals mit dem Anspruch auftreten kann, die Möglichkeit eines gegenteiligen Werturteils auszuschließen" (a.a.O.).

Interessenkonflikte können nur auf zwei Wegen gelöst werden: auf Kosten der anderen oder durch Kompromiss. „Wenn sozialer Friede als höchster Wert vorausgesetzt wird, mag die Kompromisslösung als gerecht erscheinen. Aber auch die Gerechtigkeit des Friedens ist nur eine relative, keine absolute Gerechtigkeit"(a.a.O.).

Welche Moral hat diese relativistische Gerechtigkeitsphilosophie? Kelsen untersucht in seiner Abhandlung: die Rangordnung der Werte, Platon und Jesus, die kommunistische Gleichheit, die Goldene Regel, den kategorischen Imperativ Kants, die Tugendethik des Aristoteles sowie die widersprüchliche Naturrechtslehre.

Die inhaltliche Überraschung der Relektüre ist, dass der weltweit bekannte und geschätzte Staatsrechtslehrer und Rechtstheoretiker (Allgemeine Staatslehre 1925/2019; Reine Rechtslehre 1960/2017) als Moral der relativistischen Wertlehre das Prinzip der Toleranz bestimmt (S.49ff, a.a.O.). Darunter versteht er die Forderung, andere Anschauungen „wohlwollend" zu verstehen, auch wenn man sie nicht teilt.

Kelsen postuliert: Toleranz bedeutet Gedankenfreiheit. Er holt dabei weit aus, erwähnt die Scheiterhaufen der spanischen Inquisition, die fürchterlichen Religionskämpfe des 17. Jahrhunderts und überraschend sogar den in Deutschland wenig bekannten Philosophen Pierre Bayle (1647-1706)), den Voltaire besonders lobte. Kelsen zitiert Bayle: „Alle Unordnung entsteht nicht aus der Duldung, sondern aus der Unduldsamkeit" (S.50). Ebenso könnte man hier Spinoza (1670), den Intimfeind des Antisemiten Schmitt, zitieren. Darauf folgt konsequent der grundlegende Schritt zur Demokratie:

„Wenn die Demokratie eine gerechte Staatsform ist, so nur darum, weil sie Freiheit bedeutet: und Freiheit bedeutet Toleranz" (S.51). Die *selbstbewusste Demokratie* in diesem Sinne kann stolz sein, solange sie die Unterschiede zu Autokratie und Diktatur aufrechterhalten kann, die sie ständig bedrohen. Sie verteidigt sich nicht, wenn sie sich aufgibt. Mit Toleranz ist nicht Gleichgültigkeit gemeint, sondern Toleranz mit Biss und Entschiedenheit.

Es ist „das Recht jeder demokratischen Regierung, Versuche, sie mit Gewalt zu beseitigen, mit Gewalt zu unterdrücken und durch geeignete Mittel zu verhindern" (auch Hobbes und Spinoza lassen sich kombinieren!). Letzteres wird in einer Demokratie freilich politisch kontrovers bleiben.

Grenzlinien zu finden, ist oft schwierig, steht aber nicht im Widerspruch weder zur Demokratie noch zur Toleranz. Nur eine liberale Demokratie, die als Experiment der Freiheit solche Risiken auf sich nimmt, ist es wert, „verteidigt zu werden", so Kelsen (S.51). Kelsen hat nicht zufällig eine der *wenigen großen* klassischen Demokratiebegründungsschriften verfasst (Vom Wesen und Wert der Demokratie, Tübingen 1929, Stuttgart 2023).

Rettung der Demokratie?

Deren Klarheit und Wert wird heute aus der historischen Distanz deutlicher. Auch und vor allem darum geht es ja bei der heutigen „Rettung der Demokratie", um das Verständnis der Demokratie. Die Etikette ist weltweit so begehrt wie nie. Was aber ist ihr Inhalt?

„Demokratie ist das die Geister im 19. und 20. Jahrhundert fast allgemein beherrschende Schlagwort. Gerade darum aber verliert es – wie jedes Schlagwort – seinen festen Sinn." Kelsen bezeichnet schon damals „Demokratie" als den „missbrauchtesten aller politischen Begriffe „(S.7). Das gilt heute umso mehr, ist aber nichts Neues! Lediglich das mediale Geschwätz ist größer geworden.

Die Demokratie wird 1929 gegenüber der Parteidiktatur von links und rechts (Bolschewismus und Faschismus) *akut* zum Problem. Kelsen beginnt seine Begründungsschrift der Demokratie mit der „gleichen Freiheit" (S.9ff), behandelt sodann das Volk als Demos (S.22ff), das Parlament, das Majoritätsprinzip, die Verwaltung und die Führerauslese.

Ein eigenes Kapitel trägt die Überschrift „Formale und soziale Demokratie" (S.122ff), in dem Kelsen noch einmal deutlich macht gegenüber der damals besonders verführerischen Idee einer sozialen, proletarischen Demokratie, dass der *Freiheitswert*, nicht der Gleichheitswert in erster Linie die Idee der Demokratie bestimmt. Der Kampf um die Demokratie ist für ihn ein Kampf um die politische Freiheit, das heißt „um die Beteiligung des Volkes an Gesetzgebung und Vollziehung"(S.122).

„Die für die Demokratie so charakteristische Herrschaft der Majorität unterscheidet sich von jeder anderen Herrschaft dadurch, dass sie eine Opposition – die Minorität – ihrem innersten Wesen nach nicht nur begrifflich voraussetzt, sondern auch politisch anerkennt und in den Grund- und Freiheitsrechten, im Prinzip der Proportionalität schützt. Je stärker aber die Minorität, desto mehr wird die Politik der Demokratie eine *Politik des Kompromisses* wie auch für die relativistische Weltanschauung nichts charakteristischer ist als die Tendenz zum vermittelnden Ausgleich(...)." (Seite 132f a.a.O.).

Freiheit als Hindernisfreiheit (negative Freiheit) ist demgegenüber für marxistische Sozialisten schwer zu fassen und von geringerem Wert, sie halten es eher mit der positiven Freiheit. Die soziale Demokratie war allerdings schon damals das reformistische Ideal der *Sozialdemokratie* (Heimann, Löwe u.a.) und ist es geblieben. Während die *sozialistische Demokratie* durch Klassenkampf errungen wird, auf dem politischen Grab der pluralistischen, liberalen Demokratie des 19. Jahrhunderts, errichtet nach dem großen „Kladderadatsch" von Karl Kautsky u.a.

Das letzte Kapitel ist das Interessanteste des lebenslangen wissenschaftlichen und politischen Antipoden von Carl Schmitt. Es heißt: „Demokratie und Weltanschauung"(127ff). Was ist der Wert der Demokratie, wenn gegen die Unfreiheit des Autokratismus die „Form und Methode" der Demokratie so sehr bewusst in den Vordergrund gestellt wird, fragt Kelsen selber.

Heißt das nicht die *Form* auf Kosten des *Inhalts* zu überschätzen? Was dem „Demokratismus", der die Demokratie von innen heraus abzuschaffen vermag, in die Hände spielen muss! Die expansive Politik der Parteien und des Staates bedrohen heute „auf dem Weg in den Parteienstaat" (Wilhelm Hennis, Stuttgart 1998) ebenso die Machtteilung der Demokratie der Bürgerinnen und Bürger.

Aber auch das Volk ist nicht im Besitz absoluter Wahrheit. Hier fügt sich der entscheidende Gegensatz zwischen Demokratie und Autokratie, für welche die Staatsordnung nicht prioritär ist, ein in die größere Frage nach der absoluten Wahrheit und den absoluten Werten. Weltanschauungen ordnet Kelsen politische Grundeinstellungen zu: der autokratischen eine metaphysisch-absolutistische, der demokratischen eine kritisch-relativistische Weltanschauung ohne „Gottesgnadentum des Volkes" (S.130). Sein Antipode Carl Schmitt hielt politische Autorität demgegenüber nur begründbar im Rahmen einer theistisch-personalistischen Weltanschauung.

Arbeit am Urteilen

Der historische antitotalitäre Konsens nach 1945 und 1989 ist wiederzubeleben und demokratisch aufzufrischen. Die liberale Toleranz, die alles andere als selbstverständlich ist, muss dafür *kämpferischer* werden. Das ist eine bewusste Neuakzentuierung im ostdeutschen Kontext seit den 90er Jahren. Darüber benötigen wir eine breitere Debatte, welche die heiklen Themen nicht umgeht. Das ist *einfach*, aber *schwer* (siehe auch den Blog vom 26. Juli 2021).

Dabei geht es vor allem um Stadt- und Dorfgespräche, die neue Begegnungen und Erkenntnisse über die eigenen Vorurteile hinaus ermöglichen, aber auch Raum für Ängste und Bedenken bieten, ohne dass man sogleich politisch abgestempelt und beschimpft wird. Dafür ist einiges zu versuchen und aushalten. Die Seele der Demokratie besteht nicht in Schubladen-Denken.

Die selbständige und gemeinsame Arbeit am Urteilen besteht vielmehr darin, zunächst einmal wahrzunehmen und genau hinzusehen, um unterscheiden zu können. Bloßes Etikettieren und vorschnelles Moralisieren hilft bei der geistig-politischen Auseinandersetzung nicht weiter, weder individuell noch kollektiv.

Die konkrete Urteilskraft ist zu *üben* durch Konfrontation, durch abgrenzen statt ausgrenzen. Dabei übersehen wir nicht, dass es eine bösartige Intoleranz und eine Flut von persönlichen Beleidigungen gibt, die nur schwer zu ertragen sind und denen wir uns gemeinsam entgegenstellen müssen.

Die kämpferische Toleranz ist indessen ein Gebot der politischen Vernunft. Sie ist hier in erster Linie *demokratiepolitisch* gemeint, da sie Spielräume für die Demokratie eröffnet. Selbstbewusste Demokratien benötigen kämpferische Toleranz für breite Bündnisse, neue Beteiligungsformen und Koalitionsbildungen wie für zivile Widerstände, wenn sie nötig werden.

Demokratie ist Prozess und Institution; Regierung, Parlament, Bürgerräte und direkte Demokratie; eine *kombinatorische Demokratie* als Macht- und Verantwortungsteilung ist möglich, die verschiedene Ebenen und Elemente verbindet. Man sollte Demokratie in ihrer zivilen Komplexität nicht vereinfachen und polarisieren, sondern stärken und ausbauen.

Freiheit und geteilte Verantwortung müssten für so viel Freiwilligkeit sorgen, dass die Demokratie wehrfähig bleibt, in jeder Hinsicht.

Krieg und Frieden denken

Seit dem 21. April, nachdem die überlebenswichtigen 61 Milliarden-Hilfen der USA für die Ukraine nicht mehr blockiert sind, steht die Frage in Europa wieder im Zentrum: wird sich das Blatt im Krieg noch einmal zugunsten der Ukraine wenden oder wird es zu einer weiteren Eskalation des Krieges mit der Nato kommen?

Lawrow spricht davon, dass die Konfrontation der Atommächte ein Schritt näher gerückt ist.

Beide Parteien im Kalten Krieg gaben zu, dass Kernwaffen „auf *Abschreckung* und nicht auf *Entscheidung* abzielen" (Raymond Aron, Clausewitz: Den Krieg denken, Propyläen 1980, S.567). Auch China, der Dritte im heutigen Hochrüstungswettlauf, spricht sich offiziell dahingehend aus. Die weltpolitische Situation allerdings wird komplizierter. Es gibt neue und mehrere geopolitische Konfliktherde.

Bundeskanzler Scholz zeigte sich beim vorletzten Besuch in Peking beruhigt über diese Versicherung. Er meinte, allein deshalb habe sich der Besuch ge-

lohnt. China ist beides: Handelsstaat und Imperium, das zahlreiche Grenzkonflikte austrägt. Im Fokus ist heute lediglich Taiwan, Tibet ist schon wieder
vergessen. Von den zahlreichen Anrainerkonflikten im südchinesischen Meer
wollen wir nicht reden. Auf Chinas Schein-Verhandlungsaktivitäten, die sich
daraus ergeben, werden wir zurückkommen.

Europa unter der Käseglocke der Pax Americana

Die deutsche Atomangst vor einer Eskalation ist groß. Das sieht man an der
endlosen Debatte über den Marschflugkörper Taurus. Scholz sieht bei einer
Lieferung Deutschland als Kriegspartei. Bisher hatte er sich mit Präsident
Biden auch persönlich abgestimmt. Nach dessen kürzlicher Zusage für Atacms-Raketen mit großer Reichweite (sie ist von 160 Kilometer auf 300 Kilometer erhöht worden) ist der Mann mit den guten Nerven neuerlich unter
Druck geraten.

Ende April wirbt die SPD für den Europa-Wahlkampf in großen unübersehbaren
Lettern „Den Frieden sichern" und „Besonnen handeln". Diese Besonnenheit
hat Scholz bisher für sich in Anspruch genommen, und sie wird auch von
Vielen in der Bevölkerung, gegenüber der er politische Verantwortung trägt,
geschätzt. Bei den Fragen über Krieg und Frieden ist stets der Zusammenhang
von Innen – und Aussenpolitik zu beachten, was Militärs gerne übersehen.
Das gilt für alle Länder und politische Systeme.

Außenstehende militärpolitische Kritiker von Rang und Namen (Rasmussen),
vor allem Politiker aus Großbritannien und Polen werfen Scholz und der SPD
vor, Friedenspolitik mit Appeasementpolitik zu verwechseln. Sie erinnern jetzt
an den Fall der Tschechoslowakei 1938, die man Hitler überließ, um den
Frieden zu retten.

Diese historische Analogie wiederum wird kurzgeschlossen mit der Erinnerung
an die Parole „Lieber rot als tot", die in den 80er Jahren der Friedensbewegung verbreitet war. Der letzte Teil selbstkritischer Erinnerung wird hingegen

oft weggelassen: der entscheidende Schritt kam von Helmut Schmidt, der bei der Nato Druck gemacht hatte für den innenpolitisch heftigst umstrittenen Nato-Doppelbeschluss.

Ja, es war eine gefährliche Situation an der Nähe des Abgrunds. Aber die Menschen in der Sowjetunion wollten nicht verhungern, und das hatte ihr Reformpräsident Gorbatschow begriffen, der nach innen hin auch ein ‚kleiner Putin' sein konnte, was die Balten nicht vergessen haben.

Wenn wir aus dieser durchaus gegenwärtigen historischen Erfahrung etwas lernen wollen, so könnte das bedeuten, dass das heutige neoimperiale Russland überall ökonomische und militärische Verluste spüren muss sowie eine maximale internationale Isolation, um wenigstens ein bisschen zurückzuweichen. Das ist die harte Wahrheit.

Für die Europäer lautet einstweilen die beruhigende Wahrheit: Amerika geht wieder voran. Doch wird gleichzeitig unübersehbar deutlich, dass Europa verspätet, vielleicht zu spät, was sich schon lange angebahnt hatte, dringend mehr für die Ukraine tun muss (siehe Ulrich Speck, NZZ, 30. April, S.7). Es darf nicht bei leerer Rhetorik bleiben, mit welcher zum Beispiel der französische Staatspräsident glänzt, der vor kurzem noch die Nato als „hirntot" erklärt hatte.

Kürzlich erklärte er (in ‚The Economist') zum zweiten Mal, dass er Bodentruppen nicht ausschließen wolle, falls die Front im Donbass kippt: „Russland darf nicht gewinnen". Wer droht, muss Drohungen auch wahrmachen können, wenn er glaubwürdig bleiben will. Macron hätte besser zu Beginn des Krieges seine Rafale Kampfjets liefern sollen. Er führt eine Ukraine-Allianz ebensowenig an wie Scholz.

Seine zweite ausführliche Grundsatzrede (am 25.4. nach 2017) in der Aula der ehrwürdigen Sorbonne „Europa ist sterblich" mag mehr strategische Weitsicht demonstrieren als die deutsche Regierung. Innenpolitisch indes ist

Macron eine ‚lame duck' und aussenpolitisch, was etwa afrikanische Länder betrifft, die französisch sprechen, nicht erfolgreich.

„Es blieb den Ostmitteleuropäern – den Tschechen und Esten – überlassen, die dringend benötige Munition zu beschaffen." Schon lange herrscht für die Soldaten an der Front ein geradezu mörderischer Munitionsmangel. Zudem gibt es Rekrutierungsprobleme. Ein neues Mobilisierungsgesetz versucht, 500.000 Soldaten zu gewinnen, die alle noch ausgebildet werden müssen.

Dramatische Lage vor der Niederlage

Die Personalsituation ist und bleibt entscheidend in einem lang andauernden Zermürbungskrieg. In der Ukraine gibt es kein Recht auf Kriegsdienstverweigerung, und in der russischen Armee möchte man nicht Soldat sein. Ist Desertion ein Menschenrecht? Was ist ein Menschenrecht? Wie wird es begründet und wie durchgesetzt?

An dieser Stelle wäre ein Seminar, welches Hobbes, Kant und Hegel vergleicht, lehrreich. Ich meine, dass es bei Hobbes ein Widerstandsrecht auf Desertion aus Gründen physischer Selbstbehauptung (vor Selbstverstümmelung) gibt, wenn man in diesem Fall ‚Recht' nicht im strengen Sinne auslegt.

Die russischen Offensiven erzielen gegenwärtig unter schwersten Verlusten an Soldaten Einbrüche im Donezk, etwa westlich von Awdijiwka. Das sind taktische Erfolge, die sich schnell zu strategischen ausweiten können, wenn zum Beispiel der Durchbruch in Richtung Kramatorsk gelingen sollte. Mit einer russischen Offensive wird gerechnet.

Zumindest dagegen muss man sich nun mit neuen Waffen und Verteidigungslinien schnellstmöglich wappnen können, während Putin bis zum 9. Mai, dem wichtigsten russischen Feiertag des Sieges über Nazideutschland, Erfolge vorzeigen will. Die Beutestücke aus dem Ukraine-Krieg, etwa Leopard-Panzer, sind für die große Publikumsschau in Moskau schon ausgestellt.

Dazu kommt die brutale Luftkriegsführung gegen die zweitgrösste Stadt Charkiv (auch am Tag 800 des Ukraine-Krieges) und wieder auf Odessa, wie zu Beginn des Krieges. Was steckt dahinter ausser der puren Zerstörung? Selenski fordert verzweifelt Patriots und Granaten.

Darauf hörten die MAGA-Republikaner im amerikanischen Wahlkampf gegen die Demokraten nicht. Ihnen war die eigene Partei wichtiger als das eigene Land, auf das es in der Weltpolitik gegen die Achse Russland-China-Nordkorea-Iran zunehmend ankommt.

Biden gehört zu den letzten überzeugten Transatlantikern, denen die Sicherheit Europas wirklich am Herzen liegt. Für ihn ist das Bündnis eine „heilige Verpflichtung", wie er in Polen schon im April 2022 versicherte. Umgekehrt verlassen sich die Polen (neben großen eigenen Anstrengungen!) aus historischen Erfahrungen auf die Amerikaner, so wie sich zum Glück Israel darauf verlassen kann.

Der amerikanische Schutz hat die funktionierende Friedensordnung in Europa ermöglicht. Wenn es diese vitale Unterstützung behalten will, müssen sich politische Haltungen und Prioritäten verändern. Ulrich Speck (a.a.O.) schlägt vor, dass die Europäer auf dem Nato-Gipfel in Washington im Juni die Verteidigungsausgaben auf 3 % der Wirtschaftsleistung erhöhen sollen. Dazu soll ein Sondervermögen von 100 Milliarden Euro für die Ukraine kommen, was schon Stoltenberg angeregt hatte.

Krieg denken

Geld und Waffen wären in Westeuropa vorhanden, allein es fehlt der politische Wille und die militärische Entschlossenheit, die gegen einen militärisch entschlossenen Gegner wie Putins Russland nötig ist. Der Zeitfaktor und die nötige Entschiedenheit spielten schon öfters im bisherigen Kriegsverlauf eine entscheidende Rolle (siehe dazu unsere Blogs zum Ukraine-Krieg, die das belegen). Panzer zum Beispiel spielen als Offensivwaffe dann nicht mehr die große Rolle, wenn der Feind genug Zeit hatte, befestigte Verteidigungslinien und Minenfelder zu errichten.

Große Schritte der verschiedenen Länder sind jetzt nötig, um das transatlantische Bündnis in Zukunft auf starke Beine stellen zu können, unabhängig davon, wer im November amerikanischer Präsident wird. Stoltenberg will die Nato „Trump-fest" machen. *Es ist heute schwieriger, Frieden zu denken als Krieg.* Woran liegt es, dass selbst unter Friedensfreunden Friedensutopien – Wandel durch Handel, Verrechtlichung der Aussenpolitik, Zivilisierung des Krieges – politisch naiv erscheinen?

Gewiss nicht nur an der Rückkehr der Machtpolitik, denn Machtpolitik gab es schon immer. Verteidigung und Patriotismus als selbstverständliche wehrfähige Demokratie ebenso. In den 80er Jahren war das vor allem in Deutschland anders, das hat sozialisiert. Die objektive Lage aber war nicht weniger dramatisch, im heutigen Ostdeutschland lagerten Atomwaffen von doppelter Hiroshima-Stärke.

Was können wir aus den längeren und kürzeren (Kriegs-und Friedens-)Zeiten lernen? Wo liegen die kleinen aufschlussreichen Unterschiede? Zum Beispiel bei der Einschätzung der Sowjetunion und des Putinismus.

Die Sowjetunion war eine saturierte Status quo-Macht. Chruschtschow, der die Stufe des Kommunismus erreicht sah und sich auf seiner Amerikareise vor den Arbeitern damit blamierte, hatte mit seinem Rückzug aus Kuba dies bewiesen. Die alten Herren, die ihm nachfolgten, hatten daran nichts verändert. Die Intervention in Afghanistan war keine Offensive gegen den Westen, sondern ein missglückter Versuch, die eigene Grenzregion zu sichern und islamistische Tendenzen zu bekämpfen.

Das Gefährliche an Putin ist sein Bonapartismus, der riskante Abenteuer und politische Wetten riskiert, zumal wenn er auf schwache Gegenspieler in Europa und Amerika trifft. Wir wollen hier nicht auf die Fehler der Natoerweiterung eingehen und auf Obamas Wort von der „Regionalmacht" (das zugleich Wort und Attitüde war).

Auf Putins Wutausbruch an der Sicherheitskonferenz in München 2007 hätte man aber zumindest hören sollen. Es war doch nur ein Seminar. Auch der historisch und persönlich erfahrene Machtrealist Kissinger war der Auffassung, dass nicht nur Putin Fehler gemacht hat. Für den Zerstörungskrieg gegen die Ukraine trägt er indessen die ganze Verantwortung.

Frieden denken

Russland, das eine Friedenskonferenz über Selenskis 10 Punkte-Plan in der Schweiz inhaltlich vehement ablehnt, holt nun einen alten Friedensplan aus dem April 2022 hervor (Merkur.de, 28.04.2024). Er sollte die Ukraine zu permanenter Neutralität verpflichten. Keine Stationierung von Atomwaffen und nur eine kleine Armee, gestützt auf 85.000, waren vorgesehen.

Die Demilitarisierung der Ukraine und damit ihre Enthauptung als wehrfähige Demokratie bildete einen systematischen Hauptpunkt. Die Sicherheitsgarantien sollten von den ständigen Mitgliedern des UN- Sicherheitsrates wahrgenommen werden, mit einem Vetorecht Russlands.

Die Krim galt (und gilt) als nicht verhandelbar, und die Grenzverläufe in Donezk und Luhansk sollten noch gezogen werden. Russisch sollte die zweite Staatssprache werden.

Selenski brach diese Verhandlungen ab. Das *Vertrauen* in Russland schwand nach den Bildern aus Irpin und Butscha abrupt, während das aggressive *Selbstvertrauen* nach dem gescheiterten Handstreich auf Kiew, der den Regimewechsel hätte bringen sollen, auf russischer Seite wieder wuchs.

Die militärischen Schwerpunkte wurden auf den Donbass und den Süden verlegt (Cherson, Odessa): „Auf dem Schlachtfeld ist Russland nicht zu besiegen" (Putin). Der nationalistisch-imperiale Furor, aus der Geschichte heraus begründet, steigerte sich fanatisch.

Mit der Annexion der vier ukrainischen Regionen im September 2022, die unter den Schutz der russischen Föderation gestellt worden sind, veränderte sich die Ausgangslage für Friedensverhandlungen grundlegend, so Peskow heute. Es war schon deutlich sicht- und spürbar bei der damaligen Zeremonie in Moskau.

Andere Friedensinitiativen liegen inzwischen auf dem Tisch, so die 12 Punkte Chinas vom Februar 2023, die Moskau, nach eigenen Worten, wohlwollend aufgenommen hatte. Konkrete Vorschläge indessen sind daraus bis heute nicht erwachsen. Schon realistischer scheint in Teilen der türkische Friedensplan (siehe dazu den Blog Weltpolitik auf dem Bürgenstock vom 15. April). Über die Schweiz hingegen ist Russland verärgert und erwägt sogar diplomatische Strafaktionen.

Die Schweiz hat am 2. Mai dennoch die Einladungen an 160 Delegationen auf Staats- und Regierungsebene zur Ukrainekonferenz auf dem Bürgenstock, die auf Bitten der Ukraine stattfindet, verschickt. Wichtig wird unter anderem sein, dass die Türkei und China am Tisch sitzen. Russland, das mehrmals öffentlich eine Teilnahme abgelehnt hatte, soll zu einem späteren Zeitpunkt eingeladen werden.

Es wird damit im Juni hoffentlich zumindest ein erster diplomatischer Schritt zum Frieden angebahnt. Friedensverhandlungen im eigentlichen Sinne wird es wohl erst 2025 geben. Bis dahin müssen wir weiterhin beides denken: die Zeit des Krieges und wie man heute Frieden im Ausgleich der Mächte macht.

Moderner Konservativismus?

Die CDU hat nach einem breiten und intensiven Diskussionsprozess am 7. Mai in Berlin ein neues 75-seitiges Grundsatzprogramm verabschiedet. Es ist erst das vierte in ihrer Parteigeschichte. Die CDU ist keine Programmpartei, sondern eine Regierungspartei, die ihr Programm am jeweiligen Regieren ausgerichtet hatte.

Nach 16 Jahren Merkel und der Wahlniederlage 2021 hat sie die Zeit in der Opposition genutzt, sich selbst als Christdemokratie klar zu werden, wofür sie steht. Nach der inhaltlichen Entleerung während der langen Merkel-Jahre, die nicht nur erfolglos waren, ist sie wieder explizit konservativer und bürgerlicher geworden und das mit einem neuen Selbstbewusstsein gegen die Moden des Zeitgeistes.

Die alte Kanzlerpartei ist wieder bereit, Regierungsverantwortung mit Substanz zu übernehmen. Vier Jahre Experiment einer neuen Fortschrittsregierung (grün, liberal, rot) mit einem moderierenden Kanzler sind für sie mehr als genug und Zeugnis schlechten Regierens geworden.

In der Quintessenz bedeutet der modernisierte Konservativismus: Traditionen, die Zukunft in sich tragen. Es sind historisch bewährte Traditionen in einer Bundesrepublik, die den 75 Jahrestag des Grundgesetzes, das höchste Zustimmungswerte (!) in der Bevölkerung genießt, feiert, das dem Land ein Leben in Freiheit Frieden und Wohlstand beschert hat.

Davon war die staatstragende CDU 50 Jahre in der Regierungsverantwortung und hat wesentliche Richtungsentscheidungen auch gegen die Demoskopie mitgeprägt. Darauf darf man zurecht stolz sein.

Auch in der Fraktionsgemeinschaft mit der CSU im Bundestag sieht Merz ein europäisches Modell, weshalb sie jetzt gemeinsam in Karlsruhe gegen die Wahlrechtsreform der Ampelregierung klagen. Der Ausgang ist noch offen, beschlossen ist aber schon eine stärkere Vertretung der kommunalen Ebene im Bundesvorstand und eine bessere Abstimmung mit Bayern. Selbst in Städten gewinnt man wieder Wahlen.

Merz beginnt seine kluge Rede am 6. Mai bewusst mit diesen Bezügen, obwohl medial die Fragen sich schon jetzt vor allem um die K-Frage und mögliche Regierungskoalitionen (Ohne die Grünen? Mit Wagenknecht? Oder Groko?) drehen. Söder will nicht wieder den Wahlkampf demoskopisch scheitern lassen wie gegen Laschet, hält sich aber bis zu den Wahlen im Herbst in Ostdeutschland noch eine Hintertüre offen.

Der junge Ministerpräsident Wüst aus NRW, der Nachfolger von Laschet, ist ebenfalls noch im Rennen. Der bald 70-jährige Merz, der erst im dritten Anlauf Parteivorsitzender geworden ist, hat immerhin, zusammen mit seinem neuen Generalsekretär Carsten Linnemann, in Berlin ein gutes Zwischenergebnis erzielt, das für die künftige Politik in Deutschland eine Rolle spielen wird.

Was bleibt einer volksparteilich ausgerichteten Partei der Mitte anderes übrig, als „gemeinsam die Zukunft zu gestalten", so das Leitmotiv? Ob sie damit auch die Wechselwähler weit über eigene Parteigrenzen hinaus, die zahlreicher werden, erreichen kann, steht wieder auf einem anderen Blatt. Merz wollte einmal die Wählerschaft der AfD halbieren.

In seiner programmatischen Rede zum neuen Grundsatzprogramm stellt er die Freiheit ins Zentrum und verknüpft sie mit dem christlichen Menschenbild. Was ist anders als 2007, als das Wort Digitalisierung im Programm noch nicht vorkam?

Man ging von einem dauerhaften Frieden und einem weiteren Fortschreiten von Demokratie, Marktwirtschaft und Freiheit europäisch und weltweit aus? Das war die Vorstellung von Wandel durch Handel, die Friedensphilosophie des Handelspazifismus, auch des Nuklearpazifismus im Schutz der USA.

Stattdessen leben wir heute in einer Welt militärischer Aggression, des Terrorismus und autoritärer Staatsführungen, so Merz. Friedfertigkeit ist nicht mehr die alleinige Antwort, und die Streitkräfte dürfen nicht länger vernachlässigt werden.

An dieser Stelle äußert Merz die einzige sehr deutliche Selbstkritik an seiner immer staatstragenden Partei mit ihren Verteidigungsministern Guttenberg, von der Leyen, Kramp-Karrenbauer.

Die *Wehrpflicht* soll demzufolge schrittweise wieder eingeführt werden, und weitaus mehr als ein Sondervermögen soll der Bundeswehr künftig zur Verfügung gestellt werden. Die CDU will die Partei der Zeitenwende werden, wahrscheinlich in einer großen Koalition mit der SPD, die strukturell zu diesem modernen Konservativismus gehört. Oder gegen die „Friedenspartei"?

Ein zweiter selbstkritischer Punkt betrifft die *Migrationspolitik*. Die Jahre 2015 und folgende von Merkels allzu offener Willkommenskultur und unkontrollierter Einwanderung dürfen sich nicht wiederholen. Die Integration ist kommunal, regional und national an spürbare Grenzen geraten. Asylverfahren in Drittstaaten außerhalb der EU sollen nun ermöglicht werden.

Die Migrations-und Flüchtlingspolitik wird strenger, und die *Leitkultur* von verbindlichen Regeln und einer „Kultur des Miteinander" voller Konflikte erfährt eine Renaissance. Zu dieser Leitkultur gehört auch die Anerkennung des Existenzrechts von Israel.

Aus dem christlichen Menschenbild leitet sich ein anderes Verhältnis von Staat und Bürgern ab, dass in den verschiedenen Politikfeldern neu justiert werden muss. Kriterium dieses Vertrauensverhältnisses ist prinzipiell das „gute Regieren", was immer das heute in Koalitionen heißt.

Die Neujustierung einer starken Staatlichkeit in Bezug auf Sicherheit, wobei sich heute innere und äußere Sicherheit stärker verschränken, Wohlstand und

Sozialleistungen ist als Hauptschlagwort in der Rede auffällig. Die ‚Fleißigen‘ und ‚Leistungsbereiten‘ sollen zudem wieder mehr belohnt werden.

Hier will man den Liberalen Wind aus den Segeln nehmen. Auch für Merz und sein christliches Menschenbild, der kein Christlichsozialer ist, gilt: die Wirtschaft ist die Basis für alles andere, ‚degrowth‘-Phantasien wird eine Absage erteilt. Das hat mannigfache schwerwiegende Konsequenzen. Nichts fürchtet Deutschland mehr als Konkurrenzschwäche.

Das Bürgergeld, welches als bedingungsloses Grundeinkommen interpretiert wird, soll bei einer Regierungsübernahme abgeschafft werden. Darauf kann man sich verlassen. Eine neue Grundsicherung wird es ersetzen.

Die Spitzen gegen die staatsgläubigen Sozialdemokraten und nunmehr auch zunehmend staatsgläubigen Grünen in der Wirtschaftspolitik sind klar gesetzt. Linnemann spricht sogar davon, dass „die Grünen das Land verunsichern würden.“ Ob allerdings der innere Zusammenhalt durch eine neue Leitkultur zustande kommt, ist fraglich.

Was heißt ‚christlich'?

Die Bezugnahme auf das „christliche Menschenbild" ähnlich wie die häufige Redeweise „auf dem Boden des Grundgesetzes" stehen, spielt im rhetorischen Vordergrund (an der *Oberfläche*) ebenso eine große Rolle in der bundesrepublikanischen Gesellschaft wie im prägenden, selten expliziten und reflektierten Hintergrund (als *Hintergrundphilosophie*).

Niklas Luhmann sprach diesbezüglich treffend von „Grundwerten als Zivilreligion" (1978).

Es gibt also Grundwerte: für die Christdemokratie sind dies ebenso wie für die Sozialdemokratie: Freiheit, Solidarität und Gerechtigkeit in dieser Reihenfolge.

Ein Wort fehlt allerdings noch in diesem schönen Dreiklang: *Sicherheit*, die modern im Vordergrund steht, mit buchstäblich gewaltigen Konsequenzen, denken wir nur an die Kernaufgaben des Staates.

Auf einer anderen Ebene liegen die Normen der Verfassung: hier stehen an erster Stelle die unantastbare Würde des Einzelnen (Art. 1) und die Grundrechte.

Das sind nicht einfach Werte in der heutzutage inflationären und additiven Rede von Werten. Werte sind nicht überflüssig, wenn man sie genauer definiert, aber im Allgemeinen nicht präzis und vorrangig genug. Wer schafft nicht alles Werte, der Begriff ist nicht zufällig ökonomischen Ursprungs.

Die Grundrechte und die Würde des Einzelnen und seine Freiheit hingegen sind prioritär: Grundrechte und Demokratie. Sie begründen eine Grundrechte-Demokratie und eine Politik der Würde.

Das lässt sich historisch-genealogisch und politisch-aktuell in Verbindung bringen mit dem Christentum und dem Christlichen. Man muss aber nicht

Christ sein, um die genannte Normebene für prioritär zu halten, potenziell gilt diese für alle.

Diese Normen sind wichtiger als die Werte. Und schließlich die Tugenden und Laster, die einen Großteil der Moral darstellen (siehe Martin Seel, 111 Tugenden, 111 Laster. Ffm 2012, 3. Auflage).

In der Ethik gilt es, ein menschliches Maß zu wahren: Tugendethik ohne Tugendterror (Kleger 2015). Die höchsten Werte und Ideale des Christentums und Kommunismus sind kompromittiert worden durch die Intoleranz und den Fanatismus derjenigen, die für sie eingetreten sind.

Das genaue Gegenteil der Irenik ist nicht die Polemik, sondern der Fanatismus, der geistige Wurzeln hat.

Was bedeutet dann noch das spezifisch Christliche? Was sind christliche Werte und Tugenden?

Gehört dazu der Bezug auf Gott, sei es als Präambel in der Verfassung, sei es als Eidesformel, sei es im Programm einer christlichen Partei? Welcher Gott ist gemeint? Der Vatergott? Der Beobachter-Gott? Der gütige Gott?

Von einem Christentum ohne Gott (Sölle) ist schon gesprochen worden, sogar von einem atheistischen Christentum (Bloch). Die Zivilreligion in ihren zahlreichen beispielhaften Facetten gibt es jedenfalls mit und ohne Gott. Das ist gerade für die bundesrepublikanische Zivilreligion zu beachten. Siehe Rolf Schieder (Hg.), Religionspolitik und Zivilreligion, Baden-Baden 2001.

Eine gute Definition, die auch für die friedliche Revolution in der DDR eine Rolle spielte, habe ich gefunden in „Wege und Grenzen der Toleranz": „Gott ist Liebe (...), Toleranz aus liebender Zuwendung zu Menschen ist gelebter Glaube" (herausgegeben im Auftrag der Evangelischen Kirche in Berlin-Brandenburg von Manfred Stolpe und Friedrich Winter, Berlin 1987, S.10f.).

Dies könnte man/frau auch unterschreiben, wenn man/frau nicht an Gott glaubt und nicht mehr Kirchenmitglied ist. Es ist *Bürger/innenglaube*, der demokratisch tragend bleibt – Zivilreligion als Bürgerglaube.

Im Programm einer christlichen Partei (siehe das neue der CDU „In Freiheit leben" 2024) steht auf jeden Fall explizit das „christliche Menschenbild" im Mittelpunkt. Was bedeutet das?

Im Zentrum steht die „unantastbare Würde des Menschen in jeder Phase seiner Entwicklung" (Kind und Alter, ungeborenes Leben?), eines „von Gott geschaffenen Wesen" als „einzigartig, unverfügbar, frei und selbstbestimmt". Das erklärt die tiefe Verbindung mit der Freiheit, die der wichtigste Grundwert ist, und mit einer politischen Verfassungs- und Wirtschaftsordnung als Experiment der Freiheit zusammenhängt

Zugleich ist die Christdemokratie auch den Traditionen der Aufklärung, was nicht weiter ausgeführt wird, verpflichtet. Der Streit um Aufklärung gehört allerdings zum Streit in der Demokratie.

Für die Politik bedeutet dies, dass sie „von der einzelnen Person ausgeht" sowie „individuelle Freiheit und die Verantwortung für andere verbindet". Auch das Verständnis von Verantwortung (etwa vor Gott) wird an dieser Stelle nicht weiter ausgeführt, wohl aber wird die Abgrenzung vom „libertären Individualismus" genannt ebenso wie die Abgrenzung vom Kollektivismus, sei er sozialistisch, nationalistisch oder völkisch.

Bei Zielkonflikten sucht man pragmatisch die „gerechte Mitte", das ist volksparteiliche Strategie, die in sich schon vieles integriert und dennoch demokratisch als politische Kraft auftritt.
Danach folgt die Definition der bekannten Grundwerte (S.10/11). Soweit das konzise begriffliche Grundgerüst von „In Freiheit leben".

Das große ‚C' im Parteinamen bezieht sich vor allem auf dieses christliche Menschenbild und seine Ableitungen. Ist es überhaupt noch nötig und sinnvoll?

Die CVP in der Schweiz hat sich 2021 in „Die Mitte" unbenannt. Die Mitte von was? Die absolute Mitte gibt es nicht, die Mitte wandert. Gerade die Geschichte dieser klassischen Konkordanzpartei demonstriert dies, bis hin zur linken Mitte in den 50er und 60er Jahren (Mitbestimmung, Sozialpolitik).

Ihr konservatives katholisches Milieu, auch das christlich-soziale Arbeitermilieu, löste sich freilich zunehmend auf. Vor allem auf dem Land verlor sie Bastionen an die nationalkonservative SVP, die das bürgerliche Lager durch ihren oppositionellen Biss gegen die EU und die Masseneinwanderung polarisierte und direktdemokratisch erfolgreich war.

Die selbsternannte ‚Mitte' ist umzingelt von Konkurrenten: der liberale Freisinn, die linke Sozialdemokratie, die Grünen und die Grünliberalen. Die schweizerische Zauberformel des Regierens wird schwieriger. Der Ausgleich zum modernen Bundesstaat und Sozialstaat waren historische Projekte im 19. und 20. Jahrhundert, an denen die Christdemokratie, neben dem Freisinn und der Sozialdemokratie beteiligt war.

Das Christentum soll man stärken und gleichzeitig schonungslos kritisieren. In der heutigen Weltanschauungs-, Moral- und Bekenntniskonkurrenz, die sich dauernd *engagiert* zu überbieten versucht, beziehen sich polemisch auch andere auf diesen Schatz.

Zum Beispiel bei Härten in der Sozial- oder Flüchtlingspolitik: „Der eine trage des anderen Last", hieß es beispielsweise in den Protesten gegen die Hartz-Reformen („Armut per Gesetz") im weitgehend konfessionslosen Ostdeutschland.

„Engagement" (aus der französischen Existenzphilosophie) ist nach dem zweiten Weltkrieg bis heute in Deutschland die *an sich* positive Haltung (als Tugend) geworden, vornehmlich als bürgerschaftliches Engagement (deutsch: Ehrenamt). So viel ist, ausnahmsweise für einmal, unstrittig.

Beim Christlichen in diesem Sinne denken viele zuerst an die Nächstenliebe und die Hilfe des „Barmherzigen Samariters". Der theologische Überbau und die Kirche spielen dabei kaum eine Rolle. Die Barmherzigkeit indes ist wieder zu entdecken.

Seit den 60er Jahren geht die Religionssoziologie nicht mehr in Kirchensoziologie auf, und die fortschreitende Säkularisierung bedeutet nicht das Ende der Religion. In diesen Kontext gehören die Zivilreligion und die Theorie des Christentums. Woraus lässt sich schöpfen?

Aus der jesuanischen Praxis, zum Beispiel die Gleichnisse, etwa wenn Jesus mit dem Zöllner isst. Schwieriger wird es mit den Arbeitern im Weinberg oder dem anvertrauten Geld des Gutsbesitzers.

Zum christlichen Menschenbild gehört auch, von Gott angenommen zu sein, wie man ist: Toleranz als Akzeptanz. Das geht schon in Richtung einer universalen Zivilreligion.

Jesus hat viele Gleichnisse in den Evangelien (griechisch ‚euangelion': die gute Nachricht) erzählt. Sie haben die Funktion der Veranschaulichung und der Lebensveränderung und stehen in der prophetischen Tradition: das Göttlichste an Gott ist die Liebe.

Religion des Bürgers als Bürgerglaube

Grundwerte und Grundrechte sind auch für nicht religiös Gläubige oder Überzeugte moralisch und rechtlich verbindlich. Sie sind potentiell für alle zugänglich und verbindend- verbindlich. Auch eine christliche Partei ist heute in der Demokratie, in der sie um Mehrheiten ringt, der vielfältigen Aufklärung, insbesondere den Bürger- und Menschenrechten verpflichtet.

Ihre Religion ist keine voraufgeklärte Religion. Das heißt: sie ist für die Religionsfreiheit, auch für Bürgerreligionsfreiheit, einschließlich der verbreiteten

Indifferenz. Im Miteinander, das nicht konfliktfrei ist, gilt das Grundgesetz, die Verfassung als oberste Rechts- und Normebene.

Die CDU ist heute so christlich wie das Grundgesetz christlich ist oder nicht. Wesentlich ist Matthäus 22, 21 „gib dem Kaiser, was dem Kaiser ist, und Gott, was Gottes ist". Das Christentum verlangt keinen christlichen Staat, sondern die Trennung von Kirche und Staat und im Kern einen liberalen Rechtsstaat, der den Einzelnen verteidigt.

Der christliche Sozialismus des Ahlener Programms (Bergpredigt) ist historisch nicht prägend geworden für die Christdemokratie. Stattdessen haben ihre Gründungsfiguren den Weg zur allenfalls moderierten sozialen Marktwirtschaft gewiesen. Das Soziale bleibt flexibel, jedenfalls ist es den strukturierenden Elementen Rechtsstaat und Marktwirtschaft untergeordnet.

Sie steht auf dem gemeinsamen Boden des Grundgesetzes bei allen verschiedenen Meinungen und Gesinnungen.

Berühmt ist das Diktum des Rechtsgelehrten und Verfassungsrichters Ernst-Wolfgang Böckenförde, der liberale Rechtsstaat lebe von Voraussetzungen, die er selber nicht garantieren kann. Die Zivilreligionsforschung kann dies belegen, siehe zum Beispiel Wolfgang Vögele, Menschenwürde zwischen Recht und Theologie. Begründungen von Menschenrechten in der Perspektive öffentlicher Theologie, Gütersloh 2000, S.492.

Diese Religion des Bürgers als Bürgerglaube ist weder christlich noch unchristlich, das ist nicht die Hauptfrage. Die kontroversen Fragen liegen vielmehr auf der Ebene politischer Theorie und ihrer Ressourcen für eine Verfassungs- und Wirtschaftsordnung.

So ist es nicht schlimm, obwohl bezeichnend, wenn Gott oder das Christliche aus Eidesformeln (Kanzler Schröder zuerst) und der Namensgebung von Parteien verschwinden. Auch Gott ist nur ein Zeichen in gottlosen Zeiten, und das Christliche verflacht zusehends. Wer versteht heute zu Pfingsten noch, dass der heilige Geist ein Zeichen der Wirkkraft Gottes ist.

Bedenklicher ist es, wenn das Christliche über den Bedeutungsverlust der Kirchen hinaus aus der Gesellschaft verschwindet. Das ist ein spürbarer antiziviler Verlust, der nicht wieder kompensiert werden kann. Wir sehen das am intellektuell-politischen Niveau der genaueren inhaltlichen Diskussion von Normen, Werten und Tugenden, deren Ebenen zu differenzieren sind.

Genauigkeit, Objektivität, Ehrlichkeit und Intersubjektivität sind in diesen, jede Person betreffenden Fragen, besonders wichtig.

Die verschiedenen Ebenen (Normen, Werte, Tugenden) sind auseinanderzuhalten, und die ethisch-politischen Dimensionen gesondert zu betrachten und zu gewichten.

Dabei kommt es auf jedes Wort an. Die Desorientierung, Verwirrung bis hin zur Verrohung fängt im Geist und bei der Sprache an. Auch wenn wir alle niemals perfekt sind, so tragen wir doch eine Verantwortung dafür.

Krieg und Frieden denken II

Die letzten Sätze von „Krieg und Frieden denken I" lauteten: Bis zu Friedens-verhandlungen müssen wir weiterhin beides denken: die Zeit des Krieges und wie man heute Frieden im Ausgleich der Mächte macht (8. Mai 2024).

Krieg denken

Der Abnützungs- und Erschöpfungskrieg dauert unvermindert an, er kennt keine Pause und keine Festtage, nichts ist ihm heilig. An der überdehnten Front ist es für die ukrainische Verteidigungsarmee, die eroberte Gebiete zu-rückgewinnen will, prekär geworden aufgrund des Munitionsmangels und der fehlenden Rotation der Soldaten, während die Russen ohne Rücksicht auf Verluste alles hineinwerfen. Und das seit längerer Zeit. Die Zahl der getöteten oder verletzten russischen Soldaten wird von der britischen Regierung auf 465.000 geschätzt (Spiegel, 30.5.).

Dazu kommt der brutale Luftkrieg gegen die ungeschützte Großstadt Charkiv von russischem Boden aus. Um solche Angriffe, die sich auch vor der Stadt und Provinz Sumy anbahnen, abwehren zu können, ist ein Wechsel in der vor-sichtigen Strategie Bidens notwendig, nämlich die Freigabe westlicher Waffen auch für Angriffe auf russisches Gebiet, wie auf der Krim, wo Flugfelder und Logistikstützpunkte mit ATACMS angegriffen werden.

Blinken hat bei seinem Besuch in Kiew im Mai implizit dazu die Zustimmung erteilt. Dies setzt natürlich auch Scholz unter Druck, der bisher dem erfah-renen Biden gefolgt war, Russland nicht unnötig zu provozieren. Er fürchtet eine weitere Eskalation, die zum Krieg der Nato gegen Russland führen würde, den er unbedingt verhindern will.

Russland seinerseits sieht sich bereits in diesem Krieg und stellt die ganze Bevölkerung darauf ein. Von einer „Spezialoperation", von der die Menschen im eigenen Land möglichst nichts wissen sollten, ist man inzwischen weit entfernt. Rhetorisch und mental lebt man wieder im 2. Weltkrieg. Die annektierten Gebiete werden nicht zurückgeben. Es ist nicht verwunderlich, dass Putin Präsident Biden einem Präsidenten Trump vorzieht, weil er „berechenbarer" ist. Die Eskalationsschraube kann sich also noch drehen, bis wir dann wirklich vor einer 'neuen Kubakrise' stehen.

Biden sprach ausdrücklich und zuerst vom drohenden dritten Weltkrieg, den er mit seinen Konditionierungen für den Waffengebrauch vermeiden will. Die Freigabe der F-16 Kampfflugzeuge, die bald – nach langer Ausbildung- in diesem Sommer zum Einsatz kommen werden, hatte er bereits beim G7-Gipfel in Hiroshima im Mai 2023 bekannt gegeben.

Die deutschen Leopard Panzer nach verpasster, gescheiterter Gegenoffensive im Sommer 2023 sind dagegen funktional weniger bedeutsam geworden (die schweren amerikanischen Abrams ohnehin). Dafür sind die amerikanischen Schützenpanzer Bradley für die ukrainischen Soldaten in ihrem Abwehrkampf umso wichtiger.

So reiht sich eine Kette gravierender militärpolitischer Fehlentscheidungen aneinander, die zur heutigen ernsten Situation geführt haben (siehe dazu auch die Blogs der letzten zwei Jahre).

Scholz will an den bisherigen Regeln und Vereinbarungen nichts ändern, was er bei einem Bürgergespräch während des Demokratiefestes in Berlin am 26. Mai noch einmal bekräftigte.

Macron, der lediglich rhetorisch drohen kann, ist währenddessen drei Tage auf Staatsbesuch in Deutschland. Es wäre Zeit, sich mit Scholz abzustimmen. In Fragen der Ukraine-Unterstützung liegen sie auseinander.

Es ist im Wahlkampfjahr jedoch unwahrscheinlich, dass Scholz von seiner besonnenen Linie, die mit der SPD abgestimmt ist, abrückt. Die Wahlplakate im

Land hängen bereits. Die Zusammenhänge zwischen Innen- und Außenpolitik sind immer auch zu berücksichtigen, selbst wenn „Europa akut sterblich ist".

In seiner Rede am 27. Mai in Dresden unterstreicht Macron noch einmal, die Schaffung eines gemeinsamen europäischen Verteidigungsrahmens, der 1954 schon einmal im französischen Parlament scheiterte, als erste Priorität, nicht nationalistisch und nicht amerikaorientiert. Wie steht es aber tatsächlich um eine effektive gemeinsame europäische Sicherheitspolitik, die jetzt notwendig ist? Wann sonst?

Dass Selenski mangelndes Tempo bei den westlichen Waffenlieferungen beklagt, ist mehr als verständlich und nichts Neues. Der Zeitfaktor wird von außen systematisch unterschätzt. Der Zweckoptimismus vieler Militärexperten bei den westlichen Unterstützernationen nach den endlich freigegebenen amerikanischen Milliarden ist zudem leichtfertig. Die Menschen an der Front, die de facto in einem Stellungskrieg feststecken, sind nachgerade erschöpft.

Wozu ist die russische Armee fähig? Kann sie Charkiv erobern oder 'nur' zerstören so wie Mariupol, Grosny oder Aleppo, wie die zynische Alternative lautet. Die russische Armee kommt unter Einsatz einer enormen Menge von Artilleriegeschossen (4,5 Millionen Geschosse pro Jahr werden geschätzt) schrittweise voran. Die tschechische Munitionsinitiative trägt erst im Juni Früchte.

Es ist ein Artilleriekrieg mit großer russischer Überlegenheit, der am Boden infanteristisch (im Verbund der Waffen) gewonnen werden muss trotz der futuristischen Elemente im neuen Drohnenkrieg, bei dem die Ukraine durchaus Erfolge erzielt.

Auf jede neue Technologie wird sogleich reagiert, was die schwer berechenbare Dynamik des modernen Krieges ausmacht, der durch KI außer Kontrolle geraten wird. Zudem ist jeder Krieg ein Testfeld für neue Waffen. Unter Insidern ist vom weltweiten „Schlachtfeld der Technologien" die Rede.

Der pure russische Terror nicht nur gegen die Energieversorgung, sondern auch die Zivilbevölkerung in den Städten und Dörfern dauert an: so gegen den Baumarkt am helllichten Tag am 25. Mai mitten in Charkiv. Aus den Bildern war einmal mehr nicht erkennbar, dass es sich um ein militärisches Ziel gehandelt hat. Die Russen verbreiten derweil, wie immer, ihre Lesart, dass es „zweckentfremdet" ein Munitionslager gewesen sein soll.

Putin bietet angeblich Waffenstillstandsverhandlungen entlang den bekannten Frontlinien an und wirft dem Westen vor, solche zu verhindern. Ebenso bestreitet er Selenski und dem „Kiewer Regime", wie es bewusst abwertend genannt wird, seine Legitimität, weil Selenski nach 5 Jahren keine Wahlen durchführen kann und muss, es herrscht Kriegsrecht. Das ist ein perfides Spiel von jemandem, der nie mit Selenski, den er kaum beim Namen nennt, sprechen wollte. Heute bezeichnet Selenski Putin als „Inbegriff des Bösen".

Gleichzeitig versucht die russische Diplomatie alles, die Schweizer Vermittlungskonferenz auf dem Bürgenstock zu torpedieren. Deren diplomatischer Erfolg im Versuch, einen Friedensprozess wenigstens anzustoßen, besteht darin, zahlreiche wichtige Staatsgäste (160 wurden angeschrieben, 80 haben bisher zugesagt, die endgültige Liste wird kurz vor Konferenzbeginn bekannt) einzuladen, gewissermaßen als Ersatz für die dysfunktional gewordene Uno.

Eine erste große Enttäuschung war die Absage des brasilianischen Präsidenten Lula, die umso schwerer wiegt, weil Außenminister Lawrow der Schweiz vorwirft, dessen USA- kritische Friedensinitiative nicht zu berücksichtigen. Der Verhandlungsführer muss methodisch neutral bleiben, auch wenn er kein Neutraler ist: Die Schweiz steht auf der Seite des Völkerrechts.

Einige meinen, dass die Breite der Teilnehmer internationalen Druck auf Russland ausüben könne. „Die UN-Charta brennt wie Charkiv" (Selenski). Wer versammelt sich dahinter, wer bleibt neutral? Treten neue Dualismen auf, etwa zwischen West und Ost, oder neue Polarisierungen?

Aus Europa heraus übersehen wir gerne andere Sichtweisen auf den Ukraine-Krieg und die Welt. Wir sollten politische Wirklichkeiten jedoch nicht heuchelnd überdecken, wenn es um die Welt in Stücken geht. Was das internationale Recht angeht, so sind wir von Illusionen befangen, hinter denen wir uns gerne verstecken oder genauer gesagt: beruhigen (siehe Toni Stadler, NZZ, 20.2.2024). Was ist nicht alles „vom Völkerrecht gedeckt"? Zwischen Völkerrecht und politisch-strategischen Fragen ist zu unterscheiden.

Frieden denken

Das Ziel müsste bescheidener und ambitionierter zugleich lauten, nämlich, dass die Ukraine und Russland wieder miteinander sprechen. Konkrete Vermittlungsaktionen, nicht Rhetorik sind gefragt, wenn Leute nicht mehr miteinander sprechen können.

Selenski will seinen 10 Punkte – Friedensplan etwas zurücknehmen und über die Rückgabe eroberter Gebiete zum Beispiel nicht sprechen, zur Erleichterung von Bundespräsidentin Amherd. Worüber muss und kann folglich zuerst gesprochen werden? Gibt es eine Art Drehbuch für die Konferenz? Russland behauptet, die Ergebnisse ständen schon fest.

Außenminister Cassis bleibt dabei, Russland an den Verhandlungstisch zurückzuholen. Er will Russland weiterhin offiziell einladen und hatte die Tür gegenüber Außenminister Lawrow nie zugeschlagen (NZZ, 27.5.). Offenbar sind sich die sieben Bundesräte diesbezüglich nicht ganz einig. Dabei geht es auch um die Ausrichtung der schweizerischen Neutralitätspolitik.

Auf China hoffte man, eventuell auch auf Präsident Biden, der zur selben Zeit in der Nähe bei einem G7- Gipfel in Italien weilt. Der Westen braucht dringend Führungsstärke, es wäre ein großer Fehler, wenn die Amerikaner auf dem Bürgenstock keine Vorschläge machen – „Applaus für Putin", sagt ein verärgerter Selenski am 27. Mai in Belgien, das gerade dabei ist, 30 F-16 Kampfflugzeuge zu liefern.

Währenddessen droht Putin düster „kleineren Staaten". Wie sollen ohne die reale Droh-Macht der USA Verhandlungen auch nur angebahnt werden können? Wie macht man Frieden? Auch darum ist ein heftiger Propagandakrieg entbrannt, und es ist schwierig geworden, noch nüchterne Diplomatie zu betreiben.

Bezeichnend für *unsere Zeit des Krieges* ist der Satz des finnischen Staatspräsidenten Stubb:

„Gerade führt der einzige Weg zum Frieden über das Schlachtfeld" (FAZ, 10. Mai, S.6). Krieg im militärischen Sinne ist die Hölle, die sich nicht regulieren lässt trotz Genfer Konventionen, die ihn nach dem Zweiten Weltkrieg zu zivilisieren versuchten. Die Sowjetunion war dabei.

Diese Trotzdem-Sätze sind Sätze der Zivilität als Zuständigkeit für Zivilisationsprozesse. Was aber ist, wenn der global gewordene Krieg ein Zivilisationskrieg in verschiedenen Dimensionen geworden ist? Es gibt inzwischen viele neue Zustände zwischen ‚Krieg' und ‚Frieden', welche Demokratien destabilisieren.

Finnland hat mit 1300 Kilometer Grenze reiche schwierige Erfahrungen mit dem großen Nachbarn Russland. Alexander Stubb wird gefragt (a. a. O.), ob das „Einfrieren des Konflikts" zwischen Russland und der Ukraine eine Lösung sein könnte. Für ihn ist Einfrieren der falsche Begriff, aber „man muss den Weg zum Frieden irgendwo anfangen."

Da hat er recht. Dieser kleine große Schritt benötigt Überwindung, das heißt Mut, Geschick und Perspektiven gleichermaßen. Friedensstifter in Zeiten des Krieges leben gefährlich. Versuch und Scheitern liegen nahe beieinander:

„Der ukrainische Präsident hat zu einem Friedensforum in der Schweiz am 15. und 16. Juni geladen. Ich hoffe, dass so viele Staats- und Regierungschefs wie möglich teilnehmen werden und dass es zu einem Treffen mit Russland kommen wird. Das kann auch unterhalb des Radars geschehen" (Stubb). Wird es noch einmal gelingen wie 1975 in Helsinki, die Sowjetunion und die USA an einen Tisch zu bringen?

Für Stubb gelten in diesem Fall vier Präliminarien des Friedens:

1. Territorium

2. harte Sicherheitsgarantien

3. Gerechtigkeit

4. Wiederaufbau

Strategisch war der Angriff für Putins Russland, der das ‚Kiewer Regime' in 72 Stunden stürzen wollte, ein totaler Fehlschlag. Er hat zur Natoisierung Europas geführt, indem er nicht nur Finnland und Schweden, sondern auch die Ukraine in Richtung Nato getrieben hat. Der Versuch, Frieden zu denken und konstruktiv wieder zu einer neuen Sicherheitsordnung in Europa zu kommen, wird unvermeidlicher Weise begleitet vom *Kampf der Narrative*, wer diesen zerstörerischen Krieg ausgelöst hat. Putin dämonisiert die Nato, wir dämonisieren Putin.

Die russländische Föderation ist in sich nicht stabil. Das Abdriften der Ukraine und die Probleme in Georgien, wo die jungen Leute nach Europa drängen, stellen sie auf die Kippe. Auch die Eigenständigkeitsbemühungen der autoritär regierten Länder in Mittelasien wie Kirgistan, Kasachstan oder Usbekistan weisen in Richtung Desintegration des riesigen Landes, das noch größer werden möchte. Statt demokratischer Regionalismus/Föderalismus herrscht eine theologisch überhöhte autoritäre Vertikale der Macht, die eine lange und tiefe Tradition hat.

Der bessere Weg wurde von Jelzin aufgezeigt, um aus Russland einen normalen Nationalstaat zu machen. Das imperiale Gefüge ‚Russki Mir', aus der Geschichte abgeleitet, ist dagegen ein gewalttätiger Anachronismus. Die Zeit der Imperien schien abgelaufen, obwohl Putin und Xi, je auf ihre Weise, sie mit neuen Koalitionen ideologisch und militärisch zelebrieren und gegenwärtig weltpolitisch gezielt ausbauen. Das wurde lange übersehen, auch von amerikanischer Seite.

Ihre gemeinsame Erklärung am 16. Mai in Peking mit der Stoßrichtung gegen die USA und dem Verweis auf historisch legitimierte Einflusssphären lässt an Deutlichkeit nichts zu wünschen übrig. Wer sie gelesen hat, weiß jetzt Bescheid (von „Pufferzonen" und Abzug strategischer Waffen aus Europa ist die Rede). Das Militärmanöver gegen das wehrfähige demokratische Taiwan als „Test für eine Machtübernahme" hat dies noch einmal anschaulich demonstriert.

Die *strategische Partnerschaft* zwischen Russland und China wird wirtschaftlich und militärisch kontinuierlich ausgebaut. Xi wird in Taiwan eher einen Krieg beginnen, als er den Krieg in der Ukraine befrieden wird.

Eine von vielen *Illusionen* ist es zudem, zu glauben, dass ‚der Westen' die innere Stabilität der russischen Föderation garantieren kann. Auch zu große Nachgiebigkeit, sei es aus Ängstlichkeit oder Kalkül, ist keine Garantie dafür. Die wenigsten Imperien ziehen sich geordnet zurück wie das britische Empire, dessen Staffelstab nach dem 2. Weltkrieg die USA übernahm. Dass von Pax Americana gesprochen wird, ist ein Hinweis darauf, dass Friedenszeiten in der Geschichte oft kürzer sind als Kriegszeiten.

Russische Politiker, auch nach Putin, würden immer äußere Feinde für ihre inneren Probleme verantwortlich machen können. Es liegt nicht in der Macht des Westens, russische Existenz zu sichern oder auch nur in friedliche Bahnen zu lenken. Auf Zusammenbruchstheorien indes kann man nicht bauen, auf Bürgerkriege sowieso nicht.

Das weiß auch China, das technologisch zum modernsten Überwachungsstaat der Geschichte wird. Es ist an Stabilität interessiert. Frieden unter Bedingungen des potentiell global gewordenen Krieges, um eine neue Weltordnung zu sichern, wird schwierig. Wie wird diese Pax einst heißen?

Inhalte und Verfahren

Der Verhandlungsexperte Michael Ambühl (ETH Zürich) – er vermittelte in den Konflikten zwischen den USA und Iran sowie der Türkei und Armenien – sieht die Aufgabe auf dem Bürgenstock zunächst darin, eine sinnvolle Agenda zusammenzustellen, wichtige Fragen anzugehen und für eine Systematik von Nachfolgekonferenzen zu sorgen.

Das ist bei der sachlichen und zeitlichen Komplexität der Fragen leichter gesagt als getan, handelt es sich doch bei der oben geschilderten Ausgangslage um ein *„fast unlösbares"* Problem (NZZ, 15. Mai, S.28). Prozedurale Vorschläge und inhaltliche Prioritäten sind jetzt zu formulieren.

Von einer eigentlichen „Friedenskonferenz" kann in diesem Stadium noch nicht gesprochen werden, sondern höchstens von einer *„Vorbereitungskonferenz"*, die erst einmal international Klarheit über den Konflikt schaffen muss. Zu einer Annäherung der Zielsetzungen der nicht direkt Beteiligten kann es dabei sehr wohl kommen, was ein wichtiger Zwischenschritt wäre.

Das wiederum setzt eine „realistische Einschätzung der Lage" voraus, der stets umstrittenen Königsdisziplin der Politik. Diesbezüglich gibt es eher zu viele als zu wenige Expertisen und Meinungen. Einmal mehr stellt sich die grundsätzliche Frage nach dem Verhältnis von Fachwissen und politischer Entscheidung.

Laut Ambühl könnte der Verhandlungsprozess drei Teile enthalten (wobei das problematische zeitliche Nacheinander noch nicht berücksichtigt ist):

1. einen bilateralen Deal zwischen Russland und der Ukraine, der im Unterschied zu Minsk II strenge Regeln bei Vertragsverletzungen enthält.

2. Sicherheitsgarantien zwischen der Ukraine und dem Westen, die gegenüber dem großen Russland dissuasiv sind.

3. Eine Art Helsinki II, in das Russland eingebunden wird, als neue europäische Sicherheitsarchitektur.

Zwei besonders heikle Themen liegen noch dazwischen: denn was geschieht mit Gebieten mit russischsprachiger Mehrheit: Krim und Donbass?

Und zweitens: „Es ist schwer vorstellbar, dass Moskau einem Deal zustimmt, in dem die Neutralität der Ukraine nicht ausdrücklich festgelegt wird." Ambühl verweist an dieser Stelle auf das Beispiel Österreich und das Moskauer Memorandum von 1955.

Helsinki II soll den Realitäten nach dem Mauerfall von 1989 Rechnung tragen. Es wird nicht mehr in Helsinki stattfinden, da Finnland inzwischen Nato-Mitglied ist. Es müsste von Bern und in Bern organisiert werden, sofern Russland die Schweiz als neutralen Vermittler anerkennt. Dafür sind freilich weitere Vorbereitungsschritte in wissenschaftlicher und prozeduraler Hinsicht notwendig. Die gegenwärtige OSZE ist dafür dysfunktional.

Ambühls hoffnungsvolle und zugleich konstruktive These ist, dass die produktive Diskussion einer neuen Sicherheitskonzeption den in sich verbissenen Kriegsparteien „die Gesichtswahrung erleichtert und damit die Chance erhöht, dass sie einem Deal zur Beendigung des Krieges zustimmen." Die Kraft von abgestimmten Verfahren allein wird dazu nicht reichen.

16. Juni 2024

Krieg und Frieden denken III

Die Eskalationsschraube dreht sich seit Mitte Mai, dem russischen Angriff auf Charkiw mit Gleitbomben von russischem Grenzland aus und mit der Freigabe westlicher Waffen, russisches Territorium angreifen zu können. Völkerrechtlich ist das mit dem Recht auf Selbstverteidigung Artikel 51 gedeckt. Russland droht mit „ernsten Konsequenzen".

„Biden tut das Richtige erst, wenn es fast zu spät ist". Mit anderen Worten: seine Vorsicht geht in die Eskalationsfalle Putins", worin ein bekanntes Muster zu erkennen sei, heißt es in einer klugen Analyse von Christian Weisflog (in NZZ, 3.6.). Wie kritisch ist das gemeint?

Offenbar kennt Putin das Muster auch, der sich eher Biden, denn Trump als nächsten amerikanischen Präsidenten wünscht, weil er „berechenbarer" sei. Es ist auch besser für mögliche politische Lösungen, wenn wir noch von einer ‚Interaktion', wie auch immer, ausgehen können als bloss vom militärischen Schlachtfeld. Wir wollen ja nicht ständig nur den Krieg in seiner Eigendynamik denken, sondern endlich auch den Frieden in seinen Möglichkeiten. Viele

Gedanken haben wir dazu bisher nicht gefunden, nur Absichtserklärungen und wohlfeile Bekenntnisse.

Die Frage, wer amerikanischer Präsident wird, bleibt bis November offen. Das ist sicherlich ein schwerwiegendes Handicap für einen gegenwärtig anzustoßenden Friedensprozess. Russland wird ebenfalls nicht zum Friedensgipfel am 15./16. Juni auf den Bürgenstock kommen, China hat deswegen schon abgesagt.

Macht dann die Konferenz überhaupt noch Sinn? Ist sie nicht vielmehr „absurd"(Peskow)? Hat sich die Schweiz übernommen? Nicht die Konferenz ist auf dünnem Eis, sondern, viel schlimmer, die Schritte hin zu einer möglichen Friedenslösung. Wie sehen sie aus?

Im *Vorfeld zur Konferenz* ist im Mai einiges deutlicher geworden für die Welt. Das Problem ist nicht die Selbstüberschätzung der Schweiz (entgegen der These in NZZ, 3.6.), indem sie auf Bitten von Selenski die Organisation übernommen hat, sondern vielmehr hat der Prozess der Organisation dieser Konferenz Dinge an den Tag gebracht, die vorher so sicher noch nicht festgestellt werden konnten, vor allem die Rolle Chinas, auf die man hoffte.

Die Zeit Mai bis anfangs Juni hat unmissverständlich deutlich gemacht, wie es hinter der offiziellen Maskerade aussieht, wie mithin die politisch-strategische Ausrichtung der Supermächte ist und es somit um den fragilen Weltfrieden tatsächlich bestellt ist. Diesen Sachverhalten widmet sich der folgende Blog „Krieg und Frieden denken III".

Die Eskalationsschraube dreht sich

Nicht Präsident Biden ist verantwortlich für die prekär gewordene Verteidigungsfront der Ukrainer. Dazu kommt, dass die russische Armeespitze – der alte Verteidigungsminister Schoigu (dem Prigoschin Versagen vorgeworfen hatte), der kein Militär war, ebenso wie der neue Verteidigungsminister Beloussow, der ein Technokrat ist, gerne übertreiben.

Vor allem die Maga-Republikaner – Trump und die Trumpisten – sind verantwortlich für die unverantwortlich lange verzögerten Hilfslieferungen an die Ukraine und damit für den gegenwärtigen Frontverlauf im Abnützungskrieg, bei dem Russland die Oberhand gewonnen hat.

Die USA und GB tragen eine besondere politisch-militärische Verantwortung, da sie im März 2022 Selenski ermuntert hatten, die Verhandlungen mit Russland abzubrechen. Inzwischen konnten die Russen neben der überdehnten Front der eroberten Gebiete im Donbass, Saporischja bis Cherson, die nun offiziell russisches Staatsgebiet geworden sind, eine weitere Front bei Charkiw eröffnen. Sie bindet große Kräfte, was wiederum die Chancen erhöht an der langen Front nadelstichartig durchzubrechen und möglicherweise weiter vorzustoßen.

Biden gibt den Takt für eine mögliche Verhandlungslösung in der Ukraine (so wie in Israel am 31. Mai) nicht vor. Er wünscht sich keine Niederlage der Ukraine. Die „komplette Niederlage bloss zu verhindern", sei aber ein „trügerisches Ziel", meint der amerikanische General a.D. Hodges (ZDF heute 30.5.). Ist es Vorsicht oder Angst vor der Eskalation oder beides?

General Milley nannte es das „nukleare Paradoxon". Sind die Atomdrohungen von Anfang an nur Bluff? Kennt Putin selber die roten Linien nicht? Oder besteht die Gefahr von permanenten Drohungen darin, dass man nicht mehr genau hinhört, wenn sie ernstgenommen werden müssen?

Eine neue Stufe ist für Moskau erreicht mit der Lieferung der niederländischen 24 F-16. Die Regierung hat der Ukraine die Erlaubnis erteilt, sie gegen Ziele in Russland einzusetzen. Belgien hingegen beschränkt deren Einsatz. Russland sieht die „nukleare Sicherheit" bedroht und bezeichnet die Flugzeuge als „Träger von Atomwaffen" (Tass).

Lawrow hat deswegen eine eindringliche Warnung an die Nato gerichtet, und Putin droht dem Westen eine „asymmetrische Antwort" an. Absichten, die Nato anzugreifen, bezeichnet er dagegen als „Bullshit" (Frankfurter Rundschau 6.6.). Nach Angriffen auf Atomfrühwarn-Systeme verlangt Russland von den USA ein „*Machtwort*" (Merkur.de, 7.6.) Die angekündigte Lieferung französischer Mirage-Kampfflugzeuge (7.6.) bezeichnet für russische Kriegsblogger den richtigen Zeitpunkt für eine „asymmetrische Antwort".

Macron prescht vor, er will offenbar eine „Koalition der Willigen" bilden ohne Deutschland (welt.de). Dass die Ukraine-Politik in Frankreich sehr umstritten ist, sah man daran, dass fast die Hälfte der Abgeordneten, vor allem auf der rechten und der linken Seite, bei der Rede von Selenski am 7.6 in der Nationalversammlung fehlte. Im Bundestag sind AfD und BSW am 11.Juni abwesend (und vor allem gibt es eine Spaltung zwischen West und Ost: mehr als 40 % im Westen findet Deutschland tut zu wenig für die Ukraine, mehr als 40 % im Osten findet zu viel).

Bei der Europawahl am 9.7. gewann zudem die französische Rechte – das Rassemblement national (32 %) und Reconquête (5 %) -, so dass der Präsident riskante Neuwahlen für das Parlament Ende Juni ausruft. Die französische Führerschaft in Europa, der „älteste Freund der USA" (Biden), ist mithin fragil.

Für Frau Strack-Zimmermann hat der „Angriff Putins bereits begonnen" (Merkur.de, 3.6.). Sie will deswegen die Reservisten aktivieren. Was meint sie mit Angriff genau? Einen militärischen Angriff? In Vorbereitung? Oder Cyberangriffe, die Russland zugeschrieben werden? Es ist jetzt wichtig, *genau und realistisch* zu sein, das gilt vor allem für Waffen, ihren Gebrauch und die konkreten Ziele. Die einflussreichen Medien spiegeln und verstärken ohnehin ohne Unterlass die Aufregung und Hektik.

Die Kertsch-Brücke, die längste Brücke Europas, das Prestigeprojekt Putins, das er 2018 eröffnet hat, ist materiell und symbolisch von höchstem Wert. Sie soll möglicherweise diesen Sommer noch fallen. Die Ukraine wollte schon letztes Jahr dringlich deutsche Taurus- Marschflugkörper nicht zuletzt deswegen, um die symbolhafte Brücke zerstören zu können.

Das würde auch Putin treffen. Inzwischen haben die Russen vorsorglich eine neue Eisenbahnlinie gebaut, um – im Fall der Fälle – die Versorgung und den Nachschub sicherstellen zu können. Die Krim ist durch westliche Waffen (Himars, Atacms u.a.) unter Beschuss.

Verteidigungsfähigkeit

„Verteidigungsfähig" kann und muss man werden, national und europäisch. Dafür darf die Bundeswehr nicht „blank" sein. Die verschiedenen Sicherheitsaspekte werden für alle Länder zentral. Finnland schloss seine Grenzen bereits. Die baltischen Staaten sind alarmiert. Schweden fürchtet einen militärischen Angriff auf Gotland.

Polen schließt gegenwärtig militärisch seine Grenzen wegen des hybriden Krieges von Seiten Russlands und lässt Kampfflugzeuge aufsteigen. Das sind angemessene Reaktionen und keine falsche Panik, die einen schicksalshaften Lauf nehmen kann, obwohl alle Einzelschritte richtig sind.

General Hodges wirft Biden Zögerlichkeit vor, schon im Herbst 2021, dann bei den Kampfjets, den schweren Panzern, Patriots, ATACMS. Auch die Reaktion auf den russischen Einmarsch sei unklar gewesen, so die Beurteilung des Militärs am Spielfeldrand.

Er und viele andere Experten lagen in den letzten Jahren allerdings auch daneben, vor dem Einmarsch, den man nicht für möglich hielt, als auch bezüglich des Optimismus der ukrainischen Sommeroffensive (bis zur Krim!) 2023. Biden dagegen trägt als Team Vorsicht die *politische Verantwortung* und muss sich mit Bündnispartnern in der Welt abstimmen.

Die einfachen Militärs wiederum, die den Krieg am Boden gewinnen müssen, sind die ukrainischen Soldaten, deren Perspektive wir einnehmen sollten. Sie sind rückgekoppelt mit einem Parlament und dem Präsidialamt Selenskis, das in Kriegszeiten die Führung übernehmen muss.

Wie sieht das innenpolitisch aus in einem „Abnützungskrieg", für dessen Beobachter die Frage lautet, „wer zuerst ausblutet"? Das betrifft tagtäglich Menschen und nicht Flugzeuge, auf die man von außen gerne als ‚gamechanger' setzt. Für Soldaten handelt es sich im Krieg jedoch nicht um ein Game.

„Am Ende ist entscheidend, ob Soldaten gut ausgerüstet sind, ob sie genug zu essen bekommen, ob man für die Familien sorgt. Russische Soldaten werden angeworben, nicht mobilisiert. Sie bekommen Geld für das, was sie tun. Die Soldaten desertieren nicht, weil sie sonst die Versorgung der Familien gefährden würden. Wenn sie fallen, werden die Hinterbliebenen entschädigt" (so der Russland-Historiker Jörg Baberowski im Spiegel-Interview, 4.6.).

Für Putins Russland ist es, nach eigenem Bekunden, eine Frage auf „Leben und Tod". Was es am meisten unterschätzte, war die *Nationsbildung* der Ukraine, die nichts mit ‚Nationalsozialismus' zu tun hat. Ernst nehmen muss man allerdings, dass für dieses imperiale ‚gekränkte , Russland, wenn es mit dem Rücken zur Wand steht, alles möglich ist. Es deutet die Annexion der ukrainischen Gebiete seit dem 30. September 2022 erfolgreich als Verteidigung Russlands um, und wendet sie aggressiv gegen den Westen, der Russland angeblich „zerstückeln „wolle.

Baberowskis These ist, dass der Westen die Stimmung in Russland falsch einschätzt, am Schluss werde „Putin bekommen, was er verlangt „(a.a.O.). Neben den annektierten Gebieten, wird/soll (!?, deskriptiv/normativ) die Westukraine als „Pufferstaat", der die Nato von Russland trennt, bleiben.

Dagegen ist der polnische Außenpolitikexperte Pawel Kowal davon „überzeugt, dass Russland zerfallen wird" (Welt.de). Die Einschätzungen Russlands, die *Realismus* beanspruchen, von denen viel abhängt, sind vielfältig und äußerst kontrovers. Dies überlagert die Diskussion über einen Weg zum Frieden.

Was also ist noch möglich für die Ukraine? Allein schon die Frage beinhaltet eine normativ-politische Perspektive. Gerechter Krieg ist erst recht eine Sache des politischen Willens. Hierfür sind letztlich die personellen Ressourcen entscheidend. „Wir wollen glauben, dass Soldaten nur dann motiviert sind, wenn sie für Vaterland und Demokratie kämpfen. Im Schützengraben spielt das keine Rolle: Die Soldaten sitzen im Schmutz, frieren, haben Angst. Das Letzte, woran sie denken, sind Ideale – das gilt für beide Seiten" (Baberowski, a.a.O.).

Die Perspektiven der Beobachter und Akteure konvergieren nicht. Diesen Zerstörungskrieg, der noch weiter eskalieren kann, muss man beenden, aber wie? Selenski strengt neben der Mobilisierung neuer Soldaten gleichzeitig einen internationalen Friedensprozess an. Das ist für ihn als innenpolitischen Akteur riskant. Von außen müssen wir das konstruktiv unterstützen und weitertreiben.

Als Beobachter hingegen lediglich zu sagen, dass jeder Krieg irgendwann mit einer Verhandlungslösung endet, ist zu wenig. Wenn Frieden nicht Kapitulation heißt, was dann? Das ist die Frage! Es wird lediglich nur ständig wiederholt, dass man mit Putin nicht verhandeln könne. Die Nato unterstützt „bis zum Sieg". Was aber heißt ‚Sieg', und welchen Preis wird man dafür zahlen?

Die Rolle Chinas

Das Machtgleichgewicht in der Welt verschiebt sich, merklich und unmerklich. Vieles wird von Europa und USA aus gar nicht gesehen. Der weltfremde Hochmut verhindert das. Das jährliche Sicherheitsforum Shangri-La-Dialog (nach dem Namen des Hotels) in Singapur rückt es ins Blickfeld. Es ist das Wichtigste in der Asien-Pazifik Region.

Nicht nur der chinesische und amerikanische Verteidigungsminister, welche die „Krisenkommunikation auf höchster Ebene" militärisch fortführen, siehe den Blog vom 15. November 2023, sondern auch der ukrainische Präsident Selenski, der für die Friedenskonferenz in der Schweiz warb, waren anwesend (31.5.).

Die USA wie China versuchen, möglichst viele Staaten für ihre weltpolitische Sache zu gewinnen. Dabei war der Ton in Singapur nach außen überraschend undiplomatisch-rau, so wenn es um Taiwan ging. Da ist China empfindlich wie früher bei der Tibetfrage. Andererseits ist es Klartext, der uns die Augen öffnet.

Der chinesische Verteidigungsminister Dong Jun, der in Militäruniform auftrat, sprach davon, die Gegner von Chinas Politik „zerschmettern" zu wollen. Der amerikanische Verteidigungsminister Austin, ein ehemaliger General, betonte seinerseits, „dass das US-Militär die fähigste Kampftruppe der Erde bleibt" (T-online).

Der ehemalige Außenminister Mike Pompeo (2018-2021), zuvor CIA-Direktor, wirft Bidens Regierung vor, „in der Abschreckung völlig versagt zu haben" (im NZZ- Interview vom 7.6.) Obama habe sich nur schon geweigert, „der Ukraine defensive Waffensysteme zu liefern". Ansonsten sähe die Front heute anders aus. Die Trump-Regierung lobt er dagegen für ihr hartes Auftreten gegenüber Russland und in der Nato: „In den vier Jahren hatten wir null Kriege." Er würde wieder in sein Kabinett eintreten. Am Bürgenstock-Gipfel will er teil-nehmen, denn er ist als ‚Krieger' für den Frieden.

Die Frage stellt sich, welche Rolle das Thema des (Welt-)Krieges im ameri-kanischen Wahlkampf noch spielen wird. Die Wiederherstellung der globalen Abschreckung lautet Pompeos Lösung für die derzeitigen Konflikte. Damit sind wir in einer anderen Dimension der „Widerstandsfähigkeit" für die internatio-nale Politik. Dafür ist es erforderlich, neue Koalitionen, eine ‚Nato in Asien' (QUAD zum Beispiel), zu bilden, um dem aggressiven China begegnen zu können und nicht nur „ständig von roten Linien zu sprechen, die man dann aus Angst vor Eskalation ignoriert" (a.a.O.).

Daraus folgt: „Wir brauchen immer mehr Waffensysteme". Die Fähigkeiten müssen im Wettbewerb mit China, das technologisch schneller aufholt als erwartet (man sieht es bei den Flugzeugträgern), vor allem im Weltraum, im Cyberkrieg und der biologischen Kriegsführung ausgebaut werden. Zwei weitere Kritikpunkte bringt der überzeugte Republikaner Pompeo an den Demokraten noch zusätzlich an (a.a.O.).

Sie betreffen die ideologiepolitische Ebene: Erstens, dass sie unterschätzt werde in der China-Politik von Xi (und man muss hinzufügen: in der Menschenrechts- und Entwicklungspolitik) und zweitens, dass nicht jede realistische Maßnahme eskalierend sei, wie aus ideologischer Verblendung schnell gesagt wird. Realismus in der Politik verhindere vielmehr Eskalation und sorgt im Ausgleich der Mächte für Frieden. Besonnenheit schließt Handlungsmut nicht aus.

Einen zweiten Schlagabtausch gab es am Sicherheitsforum in Singapur von Seiten Selenskis, der China vorwarf, die Friedenskonferenz in der Schweiz zu sabotieren, genauso wie Russland: „China sei ein Werkzeug Putins", so lauteten schließlich seine Worte, enttäuscht und verärgert, nach langem vergeblichen Werben.

China, das sich weltweit als Friedensvermittler versteht, ist die enttäuschte Hoffnung von Europas Friedensbemühungen in Bezug auf die Ukraine. Lawrow wollte deshalb eine alternative Friedenskonferenz in China veranstalten über die „neuen Realitäten". Denn China verstehe die Ursachen der gegenwärtigen Konflikte, die Russland außerhalb des europäischen Rahmens verortet.

Damit meint er den Konflikt mit den USA, der ein Handelskrieg und mehr ist (siehe das Interview mit Pompeo). Fürwahr, aus seiner Sicht hat er recht: Es geht um Weltmacht und Weltpolitik und primär gegen die amerikanische Hegemonie.

China, das auf „der Seite von Frieden und Dialog steht" (Dong Jun), ist mitnichten neutral, aber mächtig. Es liefert Russland sogenannte Dual-Use -Güter und kauft mehr Öl und Gas als vor dem Krieg. Außerdem schickt nicht nur der Iran, sondern auch Nordkorea Waffen an Russland, was ohne chinesische Rückendeckung nicht ginge.

Zudem haben mehrere südostasiatische Staaten Grenzkonflikte mit China: die Philippinen, Malaysia, Indonesien, Vietnam, Japan, Indien und Australien (T-online). Manila warnt Peking, im südchinesischen Meer das internationale (See-) Recht zu verletzen; insbesondere das Atoll Ajungi-Shoal ist zum Zankapfel geworden (NZZ, 3.6., S.4).

Es gibt inzwischen mehr militärische Krisenkommunikation und neue Allianzen, aber auch massive Aufrüstung. Siehe auch den Blog „Krisenkommunikation auf höchster Ebene" vom 15. November 2023. Dem korrespondiert jedoch nicht mehr Krisenlösung. Signifikant ist vielmehr die Zunahme von potentiell militärischen Konflikten und Drohungen, auch wieder zwischen Nord- und Südkorea, wo es an der Grenze zu Warnschüssen kommt und es bis heute keinen Friedensvertrag gibt.

Wir beruhigen uns in einer falschen Gewissheit. Dazu kommt die räumliche Distanz, die Indifferenz schafft. Auch der Ukraine-Konflikt ist für viele weit weg, während er für Europa großen Schaden anrichtet.

Friedensgipfel in der Schweiz

Die amerikanische Vizepräsidentin Kamala Harris kommt zur Bürgenstock-Konferenz. Seit dem 3. Juni wissen wir es, begleitet wird sie vom nationalen Sicherheitsberater Sullivan. Damit unterstreichen die USA, dass sie Selenskis diplomatische Aktivitäten unterstützen.

Biden, auf den man als Überraschung gehofft hatte, reist früher vom fast gleichzeitig stattfindenden G7 Gipfel in Italien wieder ab, um einen wichtigen Wahlkampftermin in Kalifornien zusammen mit Julia Roberts und George Clooney wahrnehmen zu können.

Das zeigt einmal mehr den engen Zusammenhang von Inn- und Außenpolitik, auch und gerade, wenn es um Weltpolitik geht. Wo der Primat normalerweise ist, liegt auf der Hand. Der amerikanische Wahlkampf, von dem viel abhängt, kommt allerdings zu einem extrem ungünstigen Zeitpunkt. Zudem ist er heiß umstritten und wird knapp. Es ist noch nicht einmal sicher, ob Trump, falls er verlieren sollte, das Ergebnis akzeptiert. „Wir leben in einem faschistischen Staat" (so Trump in New York am 31.5.).

Am D-Day-Jubiläum in der Normandie sprach Biden den wahren Satz, dass jede Generation die Demokratie wieder neu erkämpfen muss. Das war auch der Hauptgrund, weshalb der 81-Jährige noch einmal in den Ring gestiegen ist.

Das Innen- und Außenverhältnis des Politischen, der Worte, Bezüge wie der gesamten Rhetorik nach innen und nach außen, ist bei der Analyse stets zu beachten. Das gilt auch für Russland und China, in die wir als große ferne Länder weniger Einblick haben. Die Überraschungen in negativer wie positiver Hinsicht können deshalb umso überraschender sein.

Die chinesischen Medien reagieren empfindlich auf jedes Wort, ob ‚Diktator' oder nicht. Die Kontrolle der Medien ist eine erste Voraussetzung der totalitären Diktatur, das war auch für den Aufstieg von Putin so. Kein Wunder, dass nun das russische Staatsfernsehen auch die schweizerische Bundespräsidentin für ein Jahr (primus inter pares) Viola Amherd dreist angreift (SRF News App, 3. 6.).

Die russische Propaganda gegen die Friedenskonferenz sagt viel darüber aus, was sie unter einer „Präsidentin" versteht. Hinzukommt ein Subtext, der bewusst unter die Gürtellinie zielt und damit viele erreicht. Er entspricht leider dem Denken und der Tonalität zahlreicher mächtiger Medienleute, Heerscharen von Akademikern sowie hohen Militärs und Politikern. Sie sind oft schrill und beleidigend. Und vor allem: sie wissen, was sie tun um der Karriere willen. Es sind nicht nur die großen ‚Bösen' Putin, Medwedew und Lawrow.

In der kleinen Schweiz wiederum ließen es sich die nationalkonservativen Superpatrioten von der Schweizerischen Volkspartei (SVP) nicht nehmen, Russland offiziell zur Konferenz einzuladen, um ihrem Verständnis von „immerwährender, bewaffneter und umfassender Neutralität" Genüge zu tun, das Russland anzweifelte.

Die Konferenz darf „keine einseitige Propagandaveranstaltung werden", meinten sie gegen die bürgerlichen Bundesräte sagen zu müssen. Es sind dieselben, die am 15.6.2023 den Nationalratssaal aus Protest verließen, als Selenski seine Rede hielt. Die Ausrichtung der Neutralitätspolitik ist umstritten.

Außenminister Cassis und Bundespräsidentin Amherd waren von Anfang an offen für die Einladung Russlands. Es ist klar, dass für den Frieden beide Kriegsparteien zumindest bei einer Nachfolgekonferenz an einen Tisch geholt werden müssen.

Auf der Bürgenstockkonferenz am 15. und 16. Juni, die nun offiziell nicht mehr „Friedenskonferenz", sondern „Konferenz zum Frieden in der Ukraine" heißt, soll über *den Weg zum Frieden* diskutiert werden. Klarheit und Vertrauen müssen dafür erst einmal geschaffen werden. Man kann auf die Vorschläge der Delegationen gespannt sein. Die Diplomatie, die verstehen will, darf nicht verkümmern.

Zunächst heißen die *konkreten Themen*, die für die ukrainische Zivilbevölkerung wichtig sind:

1. Humanitäres

2. Nukleare Sicherheit (AKW Saporischja)

3. Ernährungssicherheit/Ukraine Exporte

4. Freie Schifffahrt

Viola Amherd aus dem zweisprachigen Kanton Wallis, gehört der Partei mit dem neuen Namen ‚Die Mitte', ehemals CVP, an. Das war und ist die klassische Konkordanzpartei. Als Verteidigungsministerin will sie nicht „Trittbrettfahrerin der Nato" sein (FAZ, 7. Juni, S.6).

Die Schweiz als Spezialistin für militärische und zivile Verteidigung muss den neuen geopolitischen Gegebenheiten Rechnung tragen. Ihre Patrioten sollten eigentlich das Recht auf Selbstverteidigung verstehen und politisch laut in die Welt hinaustragen, an der Seite kleiner Staaten, auch Israel.

Welt ohne Kompass

Das ‚Friedensgutachten' 2024 (transcript – Verlag), das seit 1987 von Wissen-schaftler/innen deutscher Konflikt- und Friedensforschungsinstitute herausge-geben wird, bezeichnet das Jahr 2023 als ein negatives Jahr. 2023 gab es mehr Gewaltkonflikte als je zuvor. Auch die weltweiten Rüstungsausgaben haben einen Höchststand erreicht. Zudem war es das wärmste Jahr, seitdem es Wetteraufzeichnungen gibt.

In den Medien dominierten seit 2022 der Bezug zu den Kriegen in der Ukraine und im Nahen Ost. Abseits dieses überwältigenden Fokus spielten sich jedoch mehr als die Hälfte der Gewaltkonflikte in Afrika ab. Positiv zu vermeldende Friedensbemühungen gibt es kaum, deshalb spricht das Friedensgutachten von einer „Welt ohne Kompass".

Die Konferenz auf dem Bürgenstock auf Initiative von Selenski und Jermak sollte ein Anfang werden auf dem Weg zum Frieden. Ein Anfang zumindest dafür, Friedensverhandlungen überhaupt wieder denkbar erscheinen zu lassen in einer Zeit des Krieges, des Vorkrieges und eines neuen weltweiten Kalten Krieges um eine neue Weltordnung, welche die zivilen Kräfte absorbieren.

Die Bürgenstockkonferenz war ein Prüfstein: wer steht (zur Zeit) wo in diesem Kampf um die Weltordnung – auf der real-materiellen Ebene wie auf der Deutungsebene. Wer hält sich welche Optionen offen und wer legt sich fest. Damit ist dann in der Folge realpolitisch zu rechnen.

Es gibt schon Anlass zur Sorge, wenn Länder, die in der Uno sind, völkerrechtliche Minimalstandards der UN-Charta nicht mehr anerkennen. Das abschließende Bürgenstock-Communiqué wurde vom Großteil der 93 Staaten unterschrieben: nämlich von 78 Staaten und 4 internationalen Organisationen. 15 teilnehmende Staaten haben zuletzt nicht unterzeichnet. Das ist aufschlussreich und bedenkenswert.

Communiqué on a Peace Framework

Die Erklärung beginnt mit der Erinnerung an die UN-Charta, an den Verzicht auf Gewalt und deren Androhung. Die Prinzipien der Souveränität, Unabhängigkeit und territorialen Integrität sollen beachtet werden. Das schließt die Ukraine ein, welche diesbezüglich keine Kompromisse eingehen will. Das Einstehen für das Völkerrecht steht im Zentrum.

Des weiteren enthält die Erklärung

- eine Verurteilung von Drohungen mit Atomwaffen,
- den Schutz des AKW Saporischja,
- ungehinderte Getreideexporte aus der Ukraine,
- freie und sichere Handelsschifffahrt,
- Zugang zu den Häfen im Schwarzen und Asowschen Meer,
- den Austausch von Kriegsgefangenen sowie
- die Rückkehr verschleppter Kinder.

Gehen wir die einzelnen Länder, welche das Schlussdokument am 16. Juni nicht unterzeichnet haben, in alphabetischer Reihenfolge durch (ich folge watson.ch/best-of-watson):

Armenien

war lange mit der Schutzmacht Russland verbunden. Seit dem Krieg mit Aserbeidschan distanziert sich das Land zunehmend von Russland. Trotzdem bleibt Armenien distanziert von der Ukraine, weil es selber in einem völkerrechtlichen Konflikt ist.

Bahrain

Das sunnitische Königreich mit schiitischer Bevölkerungsmehrheit scheint sich der Republik Iran anzunähern, obwohl es einen US-Stützpunkt beherbergt. Iran wiederum gehört zu den engsten Verbündeten Russlands und zählt zur ideologisch schärfsten Achse gegen den Westen/USA zusammen mit China und Nordkorea.

Brasilien

zählt zur Gruppe der BRICS-Staaten (Brasilien, Russland, Indien, China, Südafrika), welche die Beziehungen untereinander stärken wollen. Siehe auch den Blog Der Kampf um eine neue Weltordnung 28. August 2023.

‚Heiliger Stuhl'/ Vatikanstaat

Der lateinamerikanische Papst Franziskus setzt auf Neutralität in der Hoffnung, so Einfluss auf Russland nehmen zu können. Der Unterschied zum polnischen Papst Woytila könnte realpolitisch nicht größer sein.

Indien

gehört zu den BRICS-Staaten, die mit Kritik an Russland zurückhalten.

Indonesien

Das Land, das auch russische Waffen kauft, ist offiziell neutral. Es hat einen Friedensplan lanciert, der von der Ukraine und der EU abgelehnt worden ist.

Irak

Jordanien

Kolumbien
Der neue linke Präsident Petro (seit August 2022) war nicht Teilnehmer der Friedenskonferenz und lehnt Waffenlieferungen an die Ukraine ab.

Libyen
Russland unterstützt mit Waffen die Regierung im Osten und will sich militärisch fortan weiter einrichten.

Mexiko
Der linke Präsident Obrador hat die US-Waffenlieferungen an die Ukraine kritisiert. Er will Russland in die Friedensverhandlungen einbeziehen.

Saudi-Arabien
Das sunnitische Königreich sieht sich als neutral und will selber eine Friedenskonferenz ausrichten.

Südafrika
gehört seit 2011 zu den BRICS-Staaten und legt Wert auf seine starken Beziehungen zu Russland.

Thailand
trägt die westlichen Sanktionen gegen Russland nicht mit und ist ein beliebtes Touristenziel für Russen.

Vereinigte Arabische Emirate
gehören seit 2023 zur Gruppe der BRICS Plus.

Was lässt sich daraus ablesen?

Ein Bündnis hielt zusammen, das oft als lose und politisch schwach (weil nicht einheitlich) eingeschätzte Bündnis der BRICS-Staaten, das von China und Russland dominiert wird. Nur weil man die strategische Partnerschaft zwischen Russland und China unterschätzt beziehungsweise falsch beschreibt mit einem übertrieben schwachen Russland und einem übertrieben starken China sollte man nicht das gezielt aufstrebende Bündnis übersehen.

Es agiert ebenso wirtschaftlich, politisch wie militärisch.

Diesem Block schlossen sich mehrere Schwellenländer an.
Auffällig ist außerdem der Block der arabischen Welt.

Saudi-Arabien verweigerte ebenfalls die Unterschrift wie Irak, Libyen, Jordanien, Bahrain und die Vereinigten Arabischen Emirate. Lediglich Katar unterzeichnete.

Die *Türkei* wiederum, die sich selbst als Vermittler ins Gespräch bringt, und einen ‚realistischen' Friedensplan vorgelegt hat, siehe dazu den Blog Weltpolitik auf dem Bürgenstock vom 15. April, hat die Schlussdeklaration unterzeichnet. Ist sie also weiterhin auf dem Weg des Friedens?

Die Türkei ist historisch und aktuell ein Rivale Russlands. Die Unterstützung Aserbaidschans gegen Armenien hat die Ohnmacht der Schutzmacht Russlands offenbart. Herrin des Schwarzen Meeres ist die Türkei und seine Flotte, nicht Russland. Und die Idee einer Union der Turkvölker fördert die Zersetzung der russischen Hegemonie in Zentralasien.

Vor Erdogan als realem Vermittler muss sich Putin fürchten. Die Türkei verfügt über Hebel und Mittel, ähnlich wie China, zumal es von der Schwächung des russischen Imperialismus in Zentralasien und im Kaukasus profitieren würde.

Auffällig wie BRICS, die arabische Welt und die Türkei ist weiterhin das Verhalten der lateinamerikanischen Länder. Sie waren mit ihren Vertretern stark präsent auf dem Bürgenstock.

Interessanterweise gibt es hier aus historischen wie aktuellen Gründen eine Rechts-Links-Spaltung der Präsidenten. Ressentiments gegen die Amerikaner und der Kalte Krieg wirken nach.

Dass der 38-jährige chilenische Präsident Gabriel Boric (seit März 2022 im Amt) einer neuen Generation der Linken angehört, unterstrich er mit dem wahren Satz, dass es bei der Ukraine nicht um Rechts oder Links gehe, sondern um die Respektierung des Völkerrechts.

In *Südamerika* ist nun Argentinien mit seinem radikallibertären Präsidenten Javier Milei zum Gegenspieler Brasiliens geworden und zum Hauptverbündeten des Westens.

Auch in *Südostasien* spielt die geographische Entfernung eine große Rolle, dass der Ukraine-Krieg nicht im Mittelpunkt der Aufmerksamkeit steht. Indonesien und Thailand sind wieder Fälle für sich. In beiden Ländern ist China ein gewichtiger wirtschaftlicher Faktor, gleichzeitig ist ihnen an guten Beziehungen zu den USA gelegen. Sie sind sozusagen die ‚Blockfreien‘ von heute wie ehemals Jugoslawien und Indien. Der Schatten Chinas ist groß.

Putin, der ebenfalls *Verbündete in Asien* sucht, reist am 20. Juni von Pjöngjang, wo er einen Beistandspakt mit Kim schließt, nach Hanoi, dessen kommunistische Führung eine neutrale Haltung zum Ukraine-Krieg einnimmt.

Man spricht im widerstandsfähigen Vietnam von einer biegsamen ‚Bambusdiplomatie‘ zwischen China, USA und Russland. Auch hier spielen historische Prägungen und Verpflichtungen immer noch eine Rolle, obwohl ebenso die Gegenwart mit ihren Interessen eine überwältigende pragmatische und opportunistische Dynamik entfaltet. Gegenwart geht nicht in Geschichte auf.

Beides ist zu beachten, wenn wir realistisch sein wollen: die Wirtschaftsdaten, Produktionszahlen, Investitionen, Waffen von heute und die historischen Erfahrungen von gestern, welche Vorurteile, Ressentiments und Hass begründen.

Realismus und Illusionen

Auf dem Forum der Bürgenstockkonferenz trafen somit diplomatische Initiativen und geopolitische Realitäten aufeinander. Das ist heilsam für den heutigen Weg zu einem emphatischen Frieden, der in weiter Ferne steht. Realistische Kompromisse, für die es noch weitere vorbereitende Zwischenschritte braucht, und nachhaltiger gerechter Frieden sind nicht dasselbe.

Kompromisse bietet auch Putin an, während mit unverminderter Intensität die Entscheidung auf dem Schlachtfeld gesucht wird. Viele Kriege enden mit Verhandlungen, andere mit Sieg oder Niederlage. Waffenstillstand ist noch kein Friede. Der Ukraine-Krieg kann sich noch lange hinziehen, während das globale Kräftemessen zwischen dem Westen und dem Osten (Russland, China) sich steigert. Beides greift eskalierend ineinander.

Der Begriff der multipolaren Ordnung, der Pluralismus suggeriert, ist ein Euphemismus. In Wirklichkeit kennen Russland und China nur das Recht des Stärkeren. Ihr ‚Frieden' wird danach aussehen. Wie kann man Frieden herbeiführen?

Gute Gesetze und Macht sichern den Frieden, der keine politische Utopie ist. So lautet das altrömische Rezept. Die Sowjetunion und Russland haben beides nicht wirklich geschafft. Jedenfalls nicht außerhalb ihres asiatischen Einflussrestes der „asiatischen Despotie" (Marx/Engels). ‚Eurasien' heißt nicht zufällig das neue Herrschaftskonzept (Dugin). Diejenigen, die nach nationaler Unabhängigkeit streben, bekommen die barbarische Macht zu spüren, auch die „ukrainischen Brüder".

Recht ohne Macht kann sich keine Geltung verschaffen. Die Staaten, die jetzt noch an der Seite Putins warten, müssen glauben, dass dieses Regime am Ende verliert. Nur das wird sie überzeugen.

10. Juli 2024

Gipfeltreffen der Autokraten

Beim Gipfeltreffen in Astana, der Hauptstadt Kasachstans, wird am 4. Juli wieder einmal die Größe der „Shanghaier Organisation für Zusammenarbeit" (SCO) sichtbar. Sie ging als internationale Organisation aus den Shanghai Five 1996 hervor und wurde 2001 von Kasachstan, China, Russland, Usbekistan, Tadschikistan und Kirgistan gegründet.

Die Zusammenarbeit, ursprünglich ausgehend von Sicherheitsfragen und Problemen der Terrorismusbekämpfung, erstreckt sich heute auf ein breites Spektrum von der Wissenschaft und Technik über Handel, Energie bis zum Transport- und Verkehrswesen.

Inzwischen umfasst die Organisation, die man wirtschaftlich-politisch als supranationalen ‚zentralasiatischen Regionalismus' einordnen kann, zehn Mitglieder:

Indien (für Modi handelt es sich freilich nicht um das „Zeitalter des Krieges") und Pakistan sind seit 2017 dabei,

Iran seit 2023, am 4. Juli 2024 ist Belarus hinzugekommen. Auf den Bildern sieht man Diktator Lukaschenko mit stolz geschwellter Brust. Belarus erlaubt Russland nicht nur die Stationierung taktischer Atomwaffen, es kooperiert neuerdings militärisch auch mit China (Zeit.de, 6.7.).

Zu den ‚Dialogpartnern' gehören unter anderem:
Türkei, das zugleich NATO-Mitglied ist, Ägypten, Saudi-Arabien, Katar u.v.a. Die Amts – und Arbeitssprachen sind chinesisch und russisch, Sitz der Organisation ist Peking.

Unter Führung Chinas und Russlands sieht sich die Organisation immer mehr als Gegengewicht zum Westen und zu den demokratischen ‚Farbrevolutionen' (die orangene Revolution 2004 in der Ukraine zum Beispiel), angefangen mit dem Massaker auf dem Platz des Himmlischen Friedens 1989, dessen Bilder um die Welt gingen, über die Massenproteste in Minsk und Maidan bis zur grünen Revolution im Iran. Das hat auch Moskau aufgeschreckt.

Xi sprach explizit von „prowestlichen Revolutionen" (Die Presse, 16.9.2022). In China werden sie mit ‚Tumult', in Russland mit ‚Bürgerkrieg' assoziiert – die demokratische Weltrevolution ist zum Gegenmodell zu den ehemals sozialistischen Revolutionen geworden. Das ist ein neues Menetekel an der Wand, welches die Autokraten nicht mehr ruhig schlafen lässt, wie in den zwanziger Jahren des 20. Jahrhunderts der Extreme, die bolschewistische Revolution Lenins, die Demokraten.

Putin wünscht sich am 4. Juli in Astana eine „multipolare Ordnung". Anwesend ist ebenso Xi Jinping, der einmal mehr davon spricht, dass die „Mentalität des Kalten Krieges" zu überwinden sei. Der Ukraine-Krieg wird nicht erwähnt, während Putin bekräftigt, die „Ein-China-Politik" zu unterstützen. Von einer Partnerschaft ist die Rede, die seit den Winterspielen in China im Februar 2024 auf einer persönlichen Freundschaft der beiden Autokraten gründet.

Autokraten gehen eigene Wege und sind zu überraschenden Koalitionen fähig (siehe nur Erdogan, Orban u.a.). Die *autokratischen Regime* und ihre Ideologien sind ebenso zu differenzieren wie Demokratien mit ihren verschiedenen politischen Systemen und Traditionen.

Die totalitäre Ideologie von Xi ist eine andere als der Putinismus. Das koreanische Regime, wie es von Kim il Sung als Dynastie begründet wurde, ist ein anderes als das iranische theokratisches Regime usw.. Den Begriff der „illiberalen Demokratie" als normatives Konzept bis hin zur „gelenkten Demokratie", die ein Widerspruch in sich ist, hat der ungarische Ministerpräsident Orban erfunden.

Er inszeniert sich seit dem 1. Juli als EU-Ratspräsident überdies als Vermittler für einen „Frieden in Europa" nach seinen Besuchen in Kiew, wo er Selenski zu einem Waffenstillstand aufforderte, und Moskau mit dreistündigem Empfang bei Putin im Kreml. Orban unterhält gute Beziehungen sowohl zu Putin wie zu China, wohin er am 8. Juli auf seiner selbsterklärten „Friedensmission" 3.0 überraschend reist. China ist für ihn die „Schlüsselmacht" zum Frieden.

Orban hat zudem Vertrauen in einen künftigen *Dealmaker Trump,* der angeblich Frieden erzwingen kann, was allerdings bei Nordkorea auch nicht gelang. In EU -Europa erreicht Orbans neues Rechtsbündnis „Patrioten für Europa" mit ihrer Kritik an den Brüsseler Eliten Fraktionsstatus im Europäischen Parlament.

Die europäische Rechte organisiert und verändert sich mit der FPÖ, dem ungarischen Fidesz, der spanischen Vox, der niederländischen Freiheitspartei, der italienischen Lega, dem französischen RN und anderen. Sie ist inzwischen die drittgrößte Gruppe im größten Parlament, allerdings ohne Blockade-Mehrheit.

Ein *Bündnis* wie die NATO, die auf einer Zivilreligion höchster Werte (Freiheit und Demokratie) beruht, historisch begründet (atlantische Revolution) aus dem Zweiten Weltkrieg heraus, ist mehr als eine *internationale Organisation.*

Die Shanghaier Organisation dagegen ist eine internationale supranationale Organisation, in welcher die Kooperations-Partner, die Staaten, vor allem ihren eigenen Interessen folgen.

Freundschaft und moralische (gar ‚heilige‘, Biden) Verpflichtungen gibt es auf dieser Ebene nicht. Ein Staatenverbund wie die EU ist eine internationale Organisation per se ebenfalls noch nicht. Trotzdem sind effektive Entwicklungen und diplomatische Erfolge möglich, welche die internationale Politik sukzessive verändern.

Sie müssen folglich genau beobachtet und sollten keinesfalls in der heutigen Staatenwelt strategisch unterschätzt werden – weder wirtschaftlich noch politisch noch militärisch. Die politisch-strategische *Blindheit* gegenüber einer *„Welt ohne Kompass"* (siehe den Blog vom 25. Juni) ist *groß*.

UN-Generalsekretär Guterres, der auf der Bürgenstock-Konferenz gefehlt hatte, ist in Astana sozusagen als ‚Hinterbänkler‘ anwesend. Er verschwindet fast im Rund des riesigen Konferenztisches. Guterres beklagt die *„Straflosigkeit"* in Kriegen, in der Ukraine wie in Gaza, wo es im Juli noch immer zu Luftangriffen auf Flüchtlingslager kommt. Er wirbt für die Einhaltung des Völkerrechts so wie China für „positive Energien" bei den Großmächten, ähnlich wirkungslos.

Putin hingegen spricht von einer „strategischen, allumfassenden Partnerschaft mit China", die er ausbauen will, zum Beispiel auch über Nordkorea, was wiederum zu einer Konkurrenz mit Südkorea führt, das eine eigene Atombombe entwickeln will.

Nordkorea warnt vor „katastrophischen Entwicklungen". Hier bildet sich ein ernsthafter neuer Gegenpol mit den USA, Japan und der Seemacht Australien, eine Art neue NATO im Pazifik, wohin sich die Gewichte der Prosperität und des Militärs verschieben. Japan und die Philippinen unterzeichnen gerade ein Verteidigungsabkommen.

Zeit für Kompromisse?

Wenige Wochen nach dem Friedensgipfel in der Schweiz der „Schafhirten" (Medwedew) und kurz vor dem dreitägigen Washingtoner NATO-Gipfel stellen Analysten einen Wechsel in der Friedensrhetorik Selenskis fest (Zeit online, 3. Juli). Wird ein neuer Friedensplan vorgelegt, um den ewigen Krieg abzukürzen?

Wächst der Wunsch und der Druck (Mobilisierungsgesetz) der Bevölkerung oder will man weiterhin bis zum „letzten Ukrainer" kämpfen? Der Westen tut zu wenig, um deutlich zu machen, dass Russland keine Chancen hat, sein Kriegsziel zu erreichen: „Aktivismus statt Substanz" (NZZ, 25. Juni, S.15).

Erstens will man nicht, dass die Ukraine als Nation untergeht.
Zweitens will man Sicherheitsgarantien gegen einen wiederholten russischen Angriff, das heißt: die Perspektive des NATO-Beitritts, wofür unterschiedliche Daten angegeben werden (Stoltenberg zum Beispiel spricht von „so schnell wie möglich"; USA und Deutschland zögern).
Drittens will und braucht man eine Wiedergutmachung, zum Beispiel die eingefrorenen russischen Vermögen, 300 Milliarden Dollar, in Europa.

Sieg im Krieg gegen Russland wurde bisher definiert als Wiederherstellung der Grenzen von 1991. Auch Putin spricht in Astana von Friedensverhandlungen, zu denen er angeblich von Anfang an bereit gewesen sei. Allerdings unter Berücksichtigung der „neuen Realitäten", das heißt: mit den annektierten Gebieten der ‚Volksrepubliken' Luhansk, Donezk, Saporischja und Cherson. Sowie ohne NATO-Beitritt und mit Auswechslung der Regierung Selenski, die Putin als nicht-legitimen Verhandlungspartner betrachtet.

Man erkennt: Bevor es zu Verhandlungen kommen kann, müssten erst einige Zwischenschritte getan werden – nach dem Modell des Getreidedeals, mit wem als Vermittler? Türkei, Saudi-Arabien, China, Ungarn? Oder kann es nur die USA nach den Wahlen im November sein?

Das würde bedeuten, das nach wie vor gilt:
nulla salus extra pacem americanam. Das heißt wiederum und wiederholt:
die neue Weltordnung ist die alte Weltordnung.
Schön wäre es für den Westen.

Die erbittertsten Kämpfe toben nach wie vor im Donbass, wo es um jedes Dorf geht. Die annektierten Gebiete sind militärisch und politisch nicht völlig in russischer Hand. Putin will deshalb keine Verhandlungen, sondern die volle Kontrolle. Wir befinden uns hier buchstäblich in derselben Sackgasse, wie seit Ende September 2022, dem politisch fanatischsten Moment des Krieges, der die Perspektiven verändert hat.

Schwer vorstellbar, dass die Fußball EM 2012 in der Donbass-Arena des berühmten Fußballklub Schachtar-Donezk stattfand. Was ist von der Industriestadt Donezk noch übrig? Wie lebt man miteinander? Wie wird man hier je eine politische Lösung finden, die nicht wieder zum Partisanenkrieg führt?

Die Krim ist dank weitreichender westlicher Waffen schwer unter Beschuss. Die einst berühmte Schwarzmeerflotte hat sich zurückgezogen, und die Offensive gegen Charkiv scheint zu stocken. Dazu kommen empfindliche Schläge gegen Stützpunkte und Fabriken im russischen Hinterland.

Der Zerstörungskrieg hat an Intensität keineswegs nachgelassen, sondern zugenommen. Eine weitere Verschärfung wird noch erwartet. Die lange ostukrainische Front ist aus den bekannten Gründen nach wie vor prekär, während die Westukraine wie in einer anderen Welt lebt (scheinbar ganz normales Leben?!).

Der Militärökonom Keupp von der ETH Zürich schätzt, dass Putin bald die Waffenlager ausgehen, er steht vor einem ähnlichen Problem „wie einst Hitler" (ntv, 29.6.). Russland lebe von den (sowjetischen) Reserven, so die Annahme: „Die Zeit laufe folglich gegen Russland".

Bisher wurde immer das Gegenteil prognostiziert, auch um der notwendigen Zeitdramatisierung willen im verbissenen Kampfgeschehen. Argumente mit der Zeit sind interessant, aber stets mit großen Unwägbarkeiten behaftet, zum Beispiel könnten vorher der Ukraine die Soldaten ausgehen, China könnte Rüstungsgüter in großen Mengen produzieren, zudem gibt es noch Waffenlager in Belarus, Nordkorea und anderswo.

Erschöpfungskrieg?

Am 9. Juli beginnt der Jubiläums-NATO-Gipfel (75 Jahre!) in Washington DC. Tags zuvor herrscht Luftalarm in der ganzen Ukraine, mit schwersten russischen Angriffen seit Beginn des Krieges, auch auf Kiew, einschließlich des größten Kinderkrankenhauses, mit Marschflugkörpern und Hyperschallraketen.

Die Botschaft am Tag 866 ist eindeutig: Russland beharrt auf seinem Diktatfrieden ohne Kompromisse. Will Putin beweisen, dass er weiterhin die ganze Ukraine angreifen kann? Was setzen die Demokraten in einer *Führungskrise* (Biden, Macron, Scholz) den auftrumpfenden Autokraten entgegen?

Siegt am Ende der „Postheroismus"? (Edward Luttwak, NZZ, 8. Juli, S.13). Für den amerikanischen Militärhistoriker gibt es zwei Ausgangspunkte für seinen Begriff der *„postheroischen Kriegsführung"*, den er vor dreißig Jahren geprägt hat: seit Clintons Rückzug aus Somalia und dem sowjetischen Rückzug aus Afghanistan. Die russischen Mütter hatten damals erfolgreich darauf gedrängt, wie sie auch bestens wussten, wie sehr die jungen Rekruten in den Kasernen schikaniert worden sind.

Putin hat seine Verbände 2022 nicht voll mobilisiert, da er den Zorn der Mütter fürchtete, so Luttwak. Zugleich schränkt der ‚Postheroismus' die militärische Unterstützung des Westens erheblich ein. Ähnliches zeichnet sich im Roten Meer ab, scheinbar weit weg von den europäischen Ländern (Luttwak a.a.O.).

Nur die amerikanische und britische Marine zeigten eine echte militärische Reaktion gegen die Huthi-Rebellen und ihre terroristische Störung des internationalen Schiffsverkehrs. Italien zum Beispiel, darauf angewiesen, entsandte nur ein einziges Schiff, ebenso Deutschland: die einsame Fregatte Hessen. Dasselbe gilt für die Flugwaffe der NATO mit ihren Einsätzen im Jemen. Die Frage stellt sich: Weshalb bei höheren Bevölkerungszahlen die Opferbereitschaft sinkt.

Luttwak bringt das postheroische Syndrom in einen Zusammenhang mit demographischen Entwicklungen (auch in China und Iran, als Ausnahme sieht er Israel). Wir wollen und können das hier nicht weiter diskutieren, auch die propagandistische Familienpolitik in Russland. Sicherlich wären auch noch andere Faktoren der Erklärung zu berücksichtigen, nach den Erfahrungen des Zweiten Weltkriegs und den Freiheits- und Toleranzgewinnen der Wohlstandsgesellschaften für die meisten.

Provokativ ist Luttwaks *Schlussthese*: „Die Streitkräfte Europas sind vor allem damit beschäftigt, die Illusion von Wehrtüchtigkeit aufrechtzuerhalten, während echte Kampfbereitschaft nur noch in seltenen Fällen anzutreffen ist (...)".

Ob auch Ähnliches für die Gegner des liberalen Westens gilt, wollen wir hier offenlassen. Wir erinnern uns aber an zwei fanatische Sätze von Putin, die kein Bluff waren: „Russland ist auf dem Schlachtfeld nicht zu besiegen" und „Der Westen weiß nicht mehr, was Krieg ist". Damit hat er zurecht erschreckt.

Andererseits wissen wir jetzt auch, die wir den Ukraine-Krieg verfolgt haben, dass es den Mythos der Roten Armee nicht mehr gibt. Und dass eine glaubwürdige Abschreckung europäischer Länder, in Koordination mit dem Herkules NATO, möglich und erfolgreich ist.

Nicht Heroismus, sondern militärische und zivile *Verteidigungsfähigkeit* demokratischer Nationen ohne Panik und falsche Rhetorik sind dafür nötig. Finnland, Schweden, die baltischen Staaten und Polen sind gute Beispiele.

16. Juli 2024

Wehrfähiges Bündnis

Im letzten Blog über die Konferenz der internationalen Organisation der ‚Shanghaier Organisation für Zusammenarbeit' (SCO) in Astana (4. Juli) spielte die begriffliche Unterscheidung zwischen einer internationalen *Organisation* und einem *Bündnis* eine tragende Rolle.

Die Nato, die kurz darauf am 10. Juli in Washington ihr 75 jähriges Jubiläum feierte, ist ein historisches Bündnis, das größte Verteidigungsbündnis der Geschichte, welches moralisch-politisch über eine normale Organisation weit hinausgeht.

Dies festzustellen ist nicht trivial. Sollte es dies sein für Leute, die ‚trivial' (elementar) mit ‚banal' verwechseln, ist die Verteidigung dieser kognitiven und normativen Trivialität schon gar nicht trivial, sondern eine Notwendigkeit für die politische Theorie.

Die 32 Mitgliedsländer haben im Juli weitreichende Beschlüsse gefasst. Die Nato ist alles andere als „hirntot" (Macron) oder „obsolet" (Trump), wie vor kurzem noch diagnostiziert worden ist. Sie ist vielmehr stärker und entschlossener denn je zuvor, nachdem in Reaktion auf den russischen Angriffskrieg gegen die Ukraine eine ‚Natoisierung' Europas stattgefunden hat (siehe dazu den Blog vom 2. Juli 2022).

Die brisante Schlusserklärung richtet sich primär gegen die Bedrohung aus Russland und unterstützt weiterhin die Ukraine militärisch und finanziell. Wie schon in Vilnius im Juli 2023, sehr zur Verärgerung von Selenski, spricht der Gipfel keinen Nato-Beitritt für die Ukraine aus, obwohl der Weg dahin „unumkehrbar" sei.

Von einer nebulösen „Brücke zur Mitgliedschaft" ist die Rede. Die USA und Deutschland sehen darin eine „große Eskalationsgefahr". In Vilnius sprach Präsident Biden noch vom „Israel-Modell", das heute gleichzeitig unter

schwierigen Bedingungen eine Bewährungsprobe erfährt im ewigen Existenz-
kampf Israels.

Fest steht, es geht um mehr Abschreckung gegen Russland, auch in Europa.
Was denken junge Leute in Deutschland, wenn sie am 12. Juli die Haupt-
schlagzeile lesen: „Langstreckenwaffen in Deutschland. Russland droht mit
„militärischer Antwort". Werden sie weiterlesen oder sich informieren, um
welche Waffen es sich dabei handelt und worauf sie antworten sollen?

Von Kaliningrad, dem ehemaligen Königsberg aus sind nuklearfähige ‚Iksan-
der'- Raketen und ‚Kinchal'-Raketen auf Europa gerichtet. Dagegen sollen nun
2026 US ‚Tomahawk' – Marschflugkörper mit über 2000 Kilometer-Reichweite,
die ebenso nuklear bestückt werden können, aufgestellt werden.

Diese *Abschreckung*, wiederum als Antwort auf die „unglaubliche Aufrüstung
Russlands" (Scholz), schreckte auf. Der russische Verteidigungsminister Beloussow telefonierte sogleich am 12. Juli mit dem amerikanischen Verteidigungsminister Austin, um die „Eskalationsgefahr zu reduzieren".

Die älteren Semester erinnert es an die intensive und breite Debatte in
Westdeutschland in den 80er Jahren über den Nato-Doppelbeschluss über
Abschreckung, Wettrüsten, Krieg und Frieden. Es war die große Zeit der Frie-
densbewegung, ihre Rationalität und Irrationalität sowie der philosophischen
Debatte über Abschreckung und Nuklearpazifismus (Glucksmann vs. Tugend-
hat).

Das Bild von der größten Demonstration im Bonner Hofgarten 1981 ist haften
geblieben. Es gibt aber auch große Unterschiede:

- die Sowjetunion war eine saturierte Macht, die alten Herren des Politbüros waren keine Hasardeure, ihre Politik war absehbar;
- im Weißen Haus regierte Ronald Reagan unangefochten über das ganze Land;
- das chinesische Militär kam nicht auf die Idee, an europäischen

Grenzen zu üben;

- Helmut Schmidt vernachlässigte weder strategische Fragen noch die Bundeswehr;
- die Nato stand felsenfest.

Biden oder Trump!?

Nato-intern ging es beim vollbefrachteten aktuellen NATO-Gipfel ebenso darum, die Nato „Trump-fest" zu machen, sozusagen um den Feind von innen. Nun kann auch ein Präsident Trump nicht einfach aus der Nato austreten, die im Interesse der USA ist. Der erste Bündnisfall war 9/11, bei dem Kanzler Schröder spontan von „bedingungsloser Solidarität" sprach, woraus „enduring freedom" folgte mit dem Einsatz in Afghanistan. „Iraqui freedom" und der Koalition der Willigen folgten Schröder/Fischer als erwachsene überzeugte Nation nicht mehr.

Einem möglichen Präsidenten Trump vorzubeugen, bezieht sich in erster Linie auf die versprochene westliche Unterstützung der Ukraine, weshalb die Nato-Zentrale nach Wiesbaden verlegt worden ist, um die militärische Hilfe und die Ausbildung der Soldaten zu koordinieren.

Sodann geht es konkret um die bessere Lastenteilung zwischen Amerika und Europa. Letzteres ist schon lange vor Trump und dem russischen Angriffskrieg ein drängendes Thema, gerade auch für Deutschland, das sein 2 %-Ziel nie eingehalten hat.

Schließlich und nicht zuletzt formuliert die Nato den unverhohlenen Vorwurf an die Adresse Chinas, ein „entscheidender Beihelfer" des Ukraine- Krieges zu sein. China reagiert prompt und ungewöhnlich scharf: Die Nato solle aufhören, „Konfrontation und Rivalität" zu provozieren. Lin Jian nannte die Äußerungen „ungerechtfertigt und böse". China sieht sich als beleidigte Friedensmacht. Die Beziehungen zu Russland haben sich allerdings in den letzten Jahren in allen Bereichen intensiviert.

Während der Nato- Tagung haben China und Belarus sogar gemeinsame Übungen abgehalten: „Falkenangriff 2024" bis Mitte Juli ist ein erstaunliches neues Faktum. Siehe auch den letzten Blog „Gipfeltreffen der Autokraten", bei dem Lukaschenko neu in die Shanghaier Organisation (SOC) aufgenommen worden ist.

Putin haben wir einen Hasardeur genannt im Sinne von Napoleon III., wie Marx diesen Bonapartismus analysiert hatte (1852). China dagegen ist eine Großmacht, die ihren Platz in der Geschichte sucht. China ist noch nicht saturiert. Wann wird es mit seiner großartigen Geschichte (als ‚Mittelpunkt der Welt') und der heutigen totalitären Ideologie der Kommunistischen Partei saturiert sein? Braucht es dazu „nur" Taiwan oder wird doch globale Hegemonie angestrebt? Indizien dafür gibt es genug.

China ist eine aufstrebende Handelsmacht und von daher nicht daran interessiert, die Welt in Brand zu setzen. Das sogenannte Dritte Plenum Mitte Juli wird die Leitlinien der Wirtschaftspolitik erneut festlegen. Sie wird exportorientiert sein, was weltweit von Bedeutung ist. China ist kein Hasardeur, aber deswegen nicht ungefährlich.

Und Orbàn? Was ist er außenpolitisch, der innenpolitisch eine ‚Demokratur' (Karolewski) etabliert hat? Ein Realpolitiker, der den Militärstaat Russland kennt, sowie mit China und Trump bestens bekannt ist. Ein Realpolitiker freilich in dem Sinne, dass er die Niederlage der Ukraine vorwegnimmt. Das ist unerwünscht, könnte aber Realität werden.

Für diesen Fall müsste es weitergehen mit dem mächtigen russischen Nachbarn und einem potentiell heißen Krieg an der baltisch-polnischen Grenze ohne USA, Deutschland und Frankreich, lediglich mit den standfesten Osteuropäern und Skandinaviern. Das Auseinanderbrechen der Nato und EU wären hier eingepreist.

An einem weiteren Friedensgipfel, den Selenski fordert, hat Russland ebenso kein Interesse, wie China aus diesem Grund dem Bürgenstock fernblieb.

Russland torpedierte den Friedensgipfel in der Schweiz von vornherein. „Alternative Friedensinitiativen" werden ignoriert, hieß es und heißt es heute wieder vom russischen Außenministerium.

Derweil ist Orbàn mit seiner „Friedensmission 5.0" unterwegs, zuerst bei Selenski, danach bei Putin und Xi. Vom Nato-Gipfel, wo er isoliert war, reiste er frühzeitig ab, um Trump auf seinem privaten Regierungssitz Mar-a-Lago in Florida zu treffen. Die beiden 'starken Männer' posten gewissermaßen als Schlusserklärung ein Bild mit erhobenen Daumen: „Er wird das Friedensproblem lösen!"

Trump und viele neue MAGA- Republikaner mit dem Fokus auf den Mittleren Westen sowie europäische ‚trojanische Pferde' verstehen die *Idee eines Bündnisses* und seine *moralisch-politischen Verpflichtungen* nicht. Jeder Bund und jedes Bündnis gehen aus einer spezifischen Konfliktgeschichte hervor. Die durchgestandenen Konflikte bestimmen die individuelle wie kollektive Identität, die weder von vornherein feststeht noch fix ist. Sie ist vielmehr eine *geschichtlich abhängige Identität*, die narrativ gestaltet und erklärt wird, indem eine Geschichte erzählt wird (analytische Geschichtsphilosophie als Narrativismus).

Historisch-politisch geht es dabei um den Übergang vom *Bund zum Bündnis* beziehungsweise von der amerikanischen zur *atlantischen Zivilreligion* aus den Erfahrungen des Zweiten Weltkrieges gegen den Nationalsozialismus heraus. Der Atlantik war die große Nachschubstraße für Großbritannien und die Invasionen gegen Hitlers Europa. Die *militärische Wende* hatte 1942 mit Stalingrad und EL-Alamein begonnen.

Bündnisgesinnung und Bündnisintegration

Die Zivilreligion der Nato lässt sich nur historisch erklären (ausführlich dazu Kleger 2001). Systematisch spielt die Zivilreligion zwei Funktionen:

- als Zivilreligion höchster Werte wie Freiheit und Demokratie sowie
- als Vermittlungsfunktion und Brückenschlag, die Wertübereinstimmungen verstärken und Wertdifferenzen vergleichgültigen kann.

Der Einstieg der USA in die europäische Politik vollzog sich als *Kreuzzug für die höhere Moralität der Demokratie*. Dieser beginnt, nachdem das kaiserliche Deutschland in seiner unsäglichen Geringschätzung der Amerikaner in kultureller wie militärischer Hinsicht durch den unbegrenzten U-Boot-Krieg den Kriegseintritt der USA geradezu provoziert hatte: „Wilsons Moralismus, der Clemenceaus Jakobinertum noch weit übertrifft, ist viel sinnstiftender für den Krieg als Elsass- Lothringen oder die Tonnage der deutschen Flotte (...)" (Furet 1996, S.80).

Fortan stehen sich *zwei Versionen* des demokratischen Universalismus gegenüber: Lenins Weltrevolution durch Weltfrieden (‚Frieden und Sozialismus‘ als Parole), bei der vom demokratischen Nationalstaat und den liberalen Freiheiten nicht mehr die Rede ist, und Wilsons „make the world safe for democracy", das durch eine „League of Nations" realisiert werden soll. Der Völkerbund versagte jedoch bei seinen Hauptaufgaben, vor allem vor dem Faschismus.

Roosevelt, der unter Wilson Staatssekretär gewesen war, erscheint den Nationalsozialisten später nicht nur als weltanschaulicher Widerpart, sondern auch als *zweiter Wilson*, der zum *verhassten Mann* wurde.

Roosevelt richtete vor dem zweiten Weltkrieg Friedensappelle an die Welt, bevor er – nach dem japanischen Angriff auf Pearl Harbor am 7.12.1941 – die amerikanische Öffentlichkeit für einen Kriegseintritt gegen die Achsenmächte hinter sich bringen konnte : Die ‚city upon the hill‘ war verwundbar geworden (wie 2001).

Dwight D. Eisenhower, Leiter der Landung in Nordafrika und der Normandie, Oberbefehlshaber der Nato und Präsident der USA fand dann schließlich andere Bedingungen als Wilson für seinen Kreuzzug in Europa vor (siehe Crusade in Europe, New York 1948).

Die interessante Frage ist nun, weshalb sich diese Intensität alliierter Bündnisgesinnung nicht nach dem Ende des Zweiten Weltkrieges wieder aufgelöst
hat, ja sogar im Verlauf einiger Dekaden nicht nur einen Kreuzzug, sondern
einen regelrechten *Siegeszug* antrat.

Der Dauerdiskurs der Vergangenheitsbewältigung führte in allen vom Krieg
betroffenen Nationen in unterschiedlichem Ausmaß allmählich zum Verurteilen
von Appeasement-Politik, dem Hochhalten von ‚Freiheit und Demokratie' (als
Parole des Westens) im Kalten Krieg und den Bündniswerten. Dies wächst zu
einer Einheit zusammen.

Der Kalte Krieg, der 1947 mit Truman-Doktrin, Marshall-Plan und Containment begonnen hatte, führte zum Ausscheiden der Sowjetunion, der anderen Vorkämpfer-
nation des Fortschritts, aus dem Bündnissystem, und europäische Nationen, vor
allem England und Frankreich, betrieben nationale Machtpolitik wie eh und je.

Die Suez-Krise (1956) und de Gaulle stehen beispielhaft dafür. Nur das be-
siegte Deutschland zeigte sich disponiert, die alliierten Werte über die nationale Selbstbehauptung zu stellen. Deutschland wurde seither zu einem
transatlantischen und europäischen *Integrationsfaktor erster Güte* aus einer
komplizierten Geschichte der Teilung heraus.

Amerika intervenierte nun, im Unterschied zur Zwischenkriegszeit, vor allem
als wohlwollender ‚Luftbrücken'- Hegemon. Die Wirkung des amerikanischen
Schutzschirmes gegen die sowjetische Bedrohung und die europäische Integration transformierten die westeuropäischen Nationen.

Die ‚postnationale' Bundesrepublik ist davon am nachhaltigsten geprägt worden. „Die atlantischen Werte und Lebensformen haben von den kontinentalen
europäischen Gemeinwesen Besitz ergriffen und sie institutionell zivilisiert"
(Diner 1999, S.314).

Die vollständigen Literaturangaben zu diesem Text finden Sie ab Seite 642.

Biden oder Trump!?

Wer amerikanischer Präsident wird, ‚Commander in Chief', ‚Führer der freien Welt', ist nicht nur für das Land jenseits des Atlantiks wichtig, sondern noch mehr – so scheint es – für Europa und die Welt, gerade in der heutigen Weltunordnung.

Das Rennen zwischen den beiden alten Herren Biden und Trump, das für viele, vor allem junge Amerikaner zu wenig Alternative ist, war und bleibt knapp. Es spitzt sich von Woche zu Woche mehr zu und beansprucht schon vier Monate vor der Entscheidung im November bereits die größte mediale Aufmerksamkeit.

Insbesondere das Drama um den 81-jährigen Biden, der jetzt auch noch Corona eingefangen hat, raubt nicht nur seinen Mitarbeitern und Unterstützern regelmäßig den Atem, es führt auch zur Panik in der Demokratischen Partei kurz vor ihrem Nominierungsparteitag im August.

Seit dem desaströsen TV-Duell am 27. Juni ist es zu einer regelrechten griechischen Tragödie ausgewachsen, diesmal auf der Weltbühne der internationalen Medien, die alles sehen und kommentieren. Böse Zungen sprechen von den „Erschießungskommandos der Medien". Und wir? Wir sind Voyeure geworden.

Dabei geht es um nicht weniger als die Demokratie, für die Biden gegen Trump, den Präsidenten über dem Gesetz, noch einmal in den Ring gestiegen ist. Wer setzt ihn fort, wer gewinnt ihn? Es geht tatsächlich um mehr als Policy-Differenzen, etwa in der Gesundheits- oder Einwanderungspolitik oder anderen Politikfeldern.

Die Polarisierung durch Mobilisierung ist in den letzten Jahren so weit gediehen, dass schon von bürgerkriegsähnlichen Zuständen gesprochen worden ist. Erfahrene Altersmediziner geben dem ältesten Präsidenten der amerikanischen Geschichte keine guten Prognosen für die nächsten vier Jahre im wohl härtesten Amt der Welt.

Biden ist zwar ein erfahrener Kämpfer, aber selbst enge Parteifreunde, sogar Obama versuchen ihn zu überzeugen, mit Anstand und Würde zurückzutreten und noch rechtzeitig den Weg freizumachen für eine andere überzeugende Kandidatur, an die er nicht so recht zu glauben scheint.

Nur Biden selbst kann das tun. Die Parteitagsdelegierten sind ihm verpflichtet. Logisch wäre Kamala Harris, die Vizepräsidentin auf seinem Ticket, als Nachfolgerin vorgesehen. Der ehemaligen Staatsanwältin aus Kalifornien ist der erforderliche Kampf für die Demokratie in Bidens Sinne zuzutrauen, aber hat sie auch Chancen im Wahlkampf?

Das wird gegenwärtig umfragentechnisch eruiert. Viel Zeit bleibt nicht mehr, zumal Trump einen guten Lauf hat, was nicht heißt, dass er schon gewonnen hat, trotz der starken ikonischen Bilder auf seiner Seite.

Einen Plan B gab und gibt es bei den Demokraten nicht, während die Republikanische Partei nach dem gescheiterten Attentat auf Trump – „Glück oder Gott" – am 13. Juli in Butler/Pennsylvania mit einem Sturmgewehr, die Reihen hinter Trump schließt und kämpferischer denn je mit gereckten Fäusten dasteht.

Der Parteitag in Milwaukee wird zur Krönungsmesse für Trump. Seine ehemals schärfsten innerparteilichen Widersacher Nikki Haley und Ron DeSantis halten Lobreden auf ihn, und die konservativen Kritiker der ‚grand old party' Lincolns scheinen bedeutungslos geworden zu sein.

Trump der Polarisierer steht plötzlich als Versöhner der Nation da, eine Rolle, die bisher Biden seit der Corona-Krise glaubwürdig in Anspruch nahm, der nun neben Trump plötzlich noch älter und gebrechlicher in der Öffentlichkeit erscheint. Darüberhinaus hat der Dealmaker und Antiintellektuelle Trump mit der Wahl seines Vize J.D. Vance einen inhaltlichen Glücksgriff getan.

Der 39-jährige Senator aus Ohio gilt als Inbegriff des amerikanischen Traums : aus ärmlichen und schwierigen Verhältnissen in den Appalachen herkommend, Marineinfanterist, Yale- Absolvent, konvertierter Katholik, Unternehmer, Bestsellerautor (Hillbilly Elegy 2016) und Intellektueller. Das ist eine Kombination, die man sich in Deutschland nicht vorstellen kann. Vance versteht sich als Anwalt der Arbeiter. Aus Links ist Rechts geworden.

Das neue Stichwort heißt „Postliberalismus" (siehe Wall Street Journal 17.7.24). Wirtschaftsnationalismus, Common Man, Common sense sowie die Kritik am Hochmut und der Arroganz der globalen Eliten kommen gut an. Die Frage ist, ob dieser Postliberalismus die Plutokratie stärken wird und die kommunitaristischen Stichworte bloß Feigenblätter sind.

Dass nun Musk, Thiel u.a. sich deutlich für Trump aussprechen und in seinen Wahlkampf investieren, ist ein vielsagendes Zeichen. Vance ist auch ein Zögling von Milliardär Peter Thiel, dem ‚conservative libertarian', geschäftlich, weltanschaulich wie politisch. Hinter Thiel wiederum stehen intellektuelle Erweckungserlebnisse in den Seminaren von Leo Strauss und René Girard in Chicago und Stanford.

Unternehmerischer Erfolg, Geist und publizistische Macht schließen sich nicht aus. Sie gehen hier eine Synthese ein, die man nicht unterschätzen sollte. (Siehe auch Ian Ward, The Seven Thinkers and Groups That Have Shaped JD Vance 's Unusual Worldview, in: Politico, 18. Juli 24).

Der Trumpismus als Bewegung wird Trump überleben. Mit der überraschenden und klugen Wahl von Vance als Running mate hat Trump für einen Nachfolger gesorgt im Unterschied zu den Democrats. Der Kurs des Mega-MAGA-Duos wird klarer, wenn sie gewinnen sollten: Abwanderung und Abstieg der Arbeiterklasse stoppen, die Ausbeutung der amerikanischen Steuerzahler durch die Alliierten verhindern.

Daraus werden die wirtschafts- und außenpolitischen Strategien für America first abgeleitet. Der wirtschaftspolitische Protektionismus wird ein Markenzeichen werden. Die Außenpolitik sodann steht in der Tradition des Isolationismus.

Vance Rede am 17. Juli, der zuvor auch unbeachteter Teilnehmer der Münchner Sicherheitskonferenz war, wurde frenetisch bejubelt. Er gehörte maßgeblich zu jenen Republikanern, die das so dringlich benötigte 60-Milliarden Hilfspaket an die Ukraine blockiert hatten. Biden entschuldigte sich bei Selenski dafür.

Die große ‚moderate' Rede von Trump wird am 18. Juli mit besonderer Spannung erwartet. Spricht er, nach dem Attentat geläutert, als Versöhner? Er hatte angekündigt, eine harte Rede gegen Biden getauscht zu haben für eine Rede, welche „das Land vereint", was schon andere große Präsidenten geschafft haben – angefangen bei Lincoln.

Die 90-minütige Rede war im Ton tatsächlich ruhiger und strotzte nicht so von persönlichen Angriffen wie seine lauten Wahlkampfreden. Nur einmal wurde Biden erwähnt als Biden-Regierung, natürlich die schlechteste Regierung ever, die großen Schaden angerichtet habe. Neben der persönlichen Reflexion auf den Tag des Attentats, in der er minutiös sein Verhalten und das der tollen

Menschenmenge schilderte, erfuhr man inhaltlich nichts Neues. Häufig waren die Wiederholungen seiner Erfolge in den vier Jahren, als er Präsident war.

Es waren die besten Jahre für die Wirtschaft und das Militär. Noch großartiger werden die nächsten vier Jahre werden als 47. Präsident, in denen er das Land noch großartiger ever machen will mit Frieden und Wohlstand für die Welt. „Gemeinsam", wie er betont: „Er wolle nicht nur Präsident für die Hälfte der Amerikaner sein". Das gegenwärtige Land sieht er „im Niedergang", vor allem durch die illegale Migration, die „Invasion von Kriminellen", die andere Länder in die USA auslagern. Er kündigt eine große Abschiebeaktion an und will die Mauer zu Ende bauen. Grenzen, Sicherheit und Souveränität gehören zusammen.

Hunderttausende Arbeitsplätze will er zurückholen, die Automobilindustrie retten, Fabriken im eigenen Land bauen, die Inflation bekämpfen, die Steuern und Energiekosten drastisch senken, aber kein Geld für „grüne Ideen" ausgeben. Die Rede wie die gesamte durchchoreographierte Inszenierung der Convention, die nicht vergleichbar ist mit europäischen Parteitagen, bietet allen Wählerschichten etwas an.

Es ist die Woche der Republikaner und eine Riesenparty, aber auch die Familie Trump und die Religion spielen eine zentrale Rolle – Trump als „Gottesgeschenk". Es wird gebetet, mit dem Baptistenprediger Billy Graham, und Trump unterbricht seine Rede für ein Gedenken an den tapferen Feuerwehrmann, der sich in Butler schützend vor seine Familie stellte. Seine Uniform steht auf der Bühne neben dem Rednerpult.

Vom Brückenschlag zu den Demokraten war nicht viel zu hören. Trump wirft ihnen vor, „die Justiz zu bewaffnen" und fordert sie auf, „die Hexenjagd" gegen ihn einzustellen. Er sieht sich sogar als „Retter der Demokratie". Trump hat sich nach der Erfahrung des Attentats persönlich durchaus verändert, er wirkt freundlicher und demütiger . Politisch ist er der Dealmaker mit großem Ego geblieben, mit wenig Analyse und ohne Selbstkritik.

Trump und Vance sind nicht einmal Minimaldemokraten, die Wahlergebnisse akzeptieren. Nach dem historisch beispiellosen Sturm auf das Capitol am 6. Januar 2021 unter der Losung „Hängt Pence!" hätte Vance als Vize die Wahl nicht ratifiziert, wie er selbst sagt. Für Staatsstreiche gut, verbreitet er weiterhin die Mär von der gestohlenen Wahl, obwohl es mehrere Gerichtsurteile dagegen gibt.

Es ist noch nicht einmal explizit sicher, dass das undemokratische Duo, das nun in Schwung geraten ist, eine Wahlniederlage im November akzeptieren würde. Bei Krisendiagnosen der Demokratie ist immer die Frage: wiegelt man ab, indem man auf die bewährten Institutionen vertraut, oder dramatisiert man aufgrund dessen, was man selbst gesehen und gehört hat.

Einige Fakten und weltanschauliche Hintergründe, die zu denken geben, sollte man jedenfalls zur Kenntnis nehmen.

Neustart des Wahlkampfs!?

2020 ist Kamala Harris auf dem gemeinsamen Ticket mit Joe Biden von 81 Millionen Amerikanern gewählt worden. Der Vizepräsident oder in diesem Falle die erste schwarze Vizepräsidentin Amerikas mit einem jamaikanischen Vater und einer indischen Mutter muss jederzeit in der Lage sein, den Präsidenten zu ersetzen.

Wir erinnern uns daran, wie der texanische Lyndon B. Johnson noch auf dem Rückflug nach dem Attentat auf John F. Kennedy in Dallas im Flugzeug vereidigt worden ist. Der gewiefte Kongresspolitiker aus dem Süden hatte den Vietnamkrieg fortzuführen und ist daran fast zerbrochen.

Der wiederum sehr erfahrene Kongresspolitiker Biden aus Delaware, seinerseits Vizepräsident von Barack Obama, hat selbst in einer Wahlkampfrede in Las Vegas kürzlich geäußert, dass er sich Kamala Harris als Präsidentin der Vereinigten Staaten sehr wohl vorstellen könne. Damit hat er der Demokratische Partei für ihren Parteitag in Chicago vom 19. bis 22. August einen demokratischen Ausweg gewiesen.

Die 59-jährige Staatsanwältin und Senatorin aus Kalifornien hat inzwischen bundespolitische Erfahrungen und ist landesweit bekannt. Die Gouverneure Shapiro, Wittmer und Newsome, die von Insidern zuerst als Präsidentschaftskandidaten genannt werden, sind weniger bekannt.

Dabei blieb Harris weitgehend unscheinbar, da sie dem Präsidenten in der Rolle der Vizepräsidentin loyal zur Seite stehen muss. Das kann und darf kein Vorwurf sein. Das hat der Außenpolitiker Biden für Obama ebenso getan und hinter den Kulissen mehr bewegt, als man gemeinhin weiß.

Als einer der letzten wuchs auch in Obama in letzter Zeit die Überzeugung – „gealtert und desorientiert" –, dass Biden, den er schätzt, die Kandidatur noch einmal überdenken und sich zurückziehen soll. Auch Harris verteidigte Biden bis zuletzt als „Kämpfer" und beruhigte Großspender: „Wir werden gewinnen" (20. Juli, ORF.at).

Beide sind alles andere als „Königsmörder". Harris selbst ist als Juristin und schwarze Bürgerrechtlerin eine ‚toughe' Kämpferin, die in der Debatte sehr scharf werden kann. Selbst Biden hatte sie in einer innerparteilichen Auseinandersetzung einmal vorgeworfen, „ein Rassist" zu sein. Als Vizepräsidentin hatte sie ihre Ambitionen und progressiven Ansichten jedoch stets zurückgehalten.

Der krankheitsbedingte Rückzug von Biden in die Corona-Quarantäne, weswegen er wichtige Wahlkampftermine absagen musste, bot ihm eine Chance, den Weg selbst für einen Neuanfang freizumachen, mit Anstand und Würde. Indessen: Bietet er zugleich die Chance für Harris, die erste weibliche Präsidentin Amerikas zu werden, nachdem der aussichtsreiche Anlauf von Hillary Clinton unter zum Teil dubiosen Umständen gescheitert ist?

Am Sonntagabend, dem 21. Juni, kündigt Präsident Biden auf X, ehemals Twitter, seinen Rückzug aus dem Rennen im Interesse der „Partei und des Landes" an. Er unterstützt Kamala Harris und will sich am Mittwoch ausführlicher erklären. Am Samstag noch gab es kleine Demonstrationen von Demokraten „Pass the Torch" in Washington und am Sonntag von Unterstützern für die Vizepräsidentin. Eine Mischung aus externem Druck, eigener Einsicht und einer Sicht auf die Umfragewerte gab schließlich den Ausschlag zur Beendigung eines persönlichen Dramas, das politisch noch nicht beendet ist.

Schon jetzt versuchen die Republikaner, Harris als „zu links" zu brandmarken, als „DIE vice president", wobei D für Diversity steht, I für Inclusion und E für Equity (Gleichheit, nicht Freiheit!). Mithin als eine blasse Präsidentin der Minderheiten und nicht die starke Präsidentin einer neuen nationalen Einheit.

Beim ersten gemeinsamen Wahlkampfauftritt von Trump und Vance in Grand Rapids im Bundesstaat Michigan nach der republikanischen Convention machen sie sich lustig über die (innerparteiliche) Demokratie der Demokraten

(21.7.) Trump meint, Harris sei leichter zu schlagen als Biden (CNN, 21.7.). Da könnte er sich täuschen, wenn man an die TV-Duelle denkt.

Im Unterschied zum vermittelnden pragmatischen Biden war Harris eine linke Demokratin, das ist keine Frage. Kann sie die Nation so einen wie der versöhnlich ‚weich wirkende‘ Landesvater Biden, der es freilich auch nicht vermochte gegen die radikale Bewegung der Trumpisten, die durch seine ‚Schwäche‘ – „sleepy Joe“ – ihre vermeintliche ‚Stärke‘ bezogen. Der Wahlkampf wird sich inhaltlich – weg von Gesundheits- und Altersproblemen! – sicherlich noch einmal beleben.

Große Themen, die noch kaum kontrovers beackert worden sind, wie die Wirtschaftspolitik, bei der Trump auf Zölle und Erdöl setzt, oder die Außenpolitik gibt es. Könnte sich der Wahlkampf bis zum bitteren Ende noch einmal radikalisieren, zumal sich Trump als „Märtyrer der Demokratie“, der „für die Demokratie eine Kugel eingefangen hat“, gegen die Demokraten – was für eine Verkehrung! – inszeniert. Unterläuft er damit die eigene Autokratietendenz.

Auf entscheidende Themen wie Abortion, Einwanderung, Rassismus, Kriminalität und Sicherheit ist Harris bestens vorbereitet. Bei den Frauen, Afroamerikanern, Hispanics, den Liberalen und Linken könnte sie punkten. Sie steht genauso für den ‚amerikanischen Traum‘ wie Vance, wenngleich mit einem anderen Hintergrund, aus dem andere Narrative und Affekte für und gegen bestimmte sogenannte ‚Eliten‘ folgen.

Die Swing States Michigan, Wisconsin und Pennsylvania bleiben besonders heftig umstritten. Harris wie Vance können hier Stimmen sammeln für eine Wahl, die zweifellos knapp werden wird. Für die Wahlkampfstrategen eröffnen sich damit ebenso neue Chancen wie neue Risiken. Von Umfragen und Analysen werden wir jetzt täglich hören, auch sie werden untereinander konkurrieren und sich jagen.

Vieles, aber nicht alles lässt sich ausrechnen, wenn es um die entscheidenden Staaten geht. Dafür jedoch müssten die Democrats im August zunächst erstmal so geschlossen und kämpferisch als Partei auftreten wie die Republikaner im Juli als Trump-Partei. Das allein ist ein schwieriger und komplexer Prozess unter enormem Zeitdruck, zumal die Briefwahl früher beginnt.

Wenn die entscheidende Personalfrage geklärt ist, mit welchen Themen können dann die Demokraten noch punkten? Mit Job-Programmen, Kampf gegen die illegale Migration und dem Kampf für die Demokratie. Oft geht es um die kleinen Themen vor Ort und die vertrauensvollen Personen: Infrastrukturprojekte, Stipendienprogramme, Renovation von Schulgebäuden u.v.a., ja um ganze abgehängte und prosperierende Regionen.

Es geht am 5. November, dem letzten Wahltag, aber in erster Linie um den mächtigsten Mann/ Frau des mächtigsten Landes, die unter dem Stichwort ‚Führung' behandelt wird – verdrängt es alle anderen Themen? –, sowie die vielen Abgeordneten, Senatoren und Repräsentanten, über die mächtige Parteien und ihre Granden mitentscheiden.

Das sind die zwei Ebenen der modernen Parteipolitik, die darüber hinaus vom Geld als Schmiermittel und dem medialen Support immer stärker abhängig geworden ist.

Am 22. August wissen wir mehr.

Die Demokratie der Demokraten

Präsident Biden ist nach seinen eigenen Worten noch einmal in den Ring gegen Trump gestiegen, um „die Demokratie zu retten". Nach dem historisch beispiellosen Sturm auf das Capitol am 6. Januar 2021 hatte er allen Grund dazu.

Wer es sah, glaubte es nicht, er sah sich im falschen Film. Doch es waren keine Fake-News, keine alternativen Fakten, mithin keine manipulierte Realität. Nicht einmal der mediengewandte Manipulator Trump hätte sie herstellen (inszenieren) können. Die Erstürmung der Demokratie fand 5 Stunden lang buchstäblich vor den Augen der Fernsehzuschauer der Welt statt. Schon Aristoteles befand für die konkrete Urteilskraft die Augen als das entscheidende Sinnesorgan (innerhalb der Sinne des Common sense, lat. sensus communis).

Jeder konnte sehen und hören, was der Anstifter Präsident Trump tat und sagte, ein Präsident ‚über dem Gesetz', der dazu aufrief, ein Wahlergebnis nicht zu zertifizieren und zum Sturm in ein ‚heiliges' Gebäude der Demokratie aufwiegelte. Die Demokratie wurde im wahrsten Sinne des Wortes gestürmt.

Diesen „Common sense" auf den Schildern der Republikaner an ihrem Jubel-Parteitag in Milwaukee im Juli geschwenkt, gilt es zurückzuweisen.

Dagegen ist der noch gesunde, nicht vergiftete Menschenverstand demokratisch als Wähler- und Bürgerschaft zu behaupten. Gegen die ‚alternativen Fakten', mit denen Trump und seine auftrumpfende (Geld- und Medien-) Macht die Realität manipulieren. Wir leben nicht im Zeitalter nach der Wahrheit/"post truth". In unserer schnellen verunsicherten Zeit werden neue Zeitalter allzuschnell ausgerufen.

Beim Gedenken in der Normandie zum 80-jährigen Jubiläum des D-Days in der Normandie (3.6.24) sagte Präsident Biden den wahren Satz, dass jede Generation wieder neu die Demokratie erkämpfen muss. Inzwischen hat der sichtlich gealterte Biden, den Staffelstab richtigerweise an seine 59-jährige Vizepräsidentin auf dem gemeinsamen Ticket weitergegeben.

Man kann den Demokraten vorwerfen, dass sie zu lange diesen gesundheitlich (auch für die Augen aller!) notwendigen Schritt – Common sense-widrig – hinausgezögert haben und trotz frühzeitiger Warnungen fahrlässig keinen Plan B entwickelten.

Angesichts der knapper werdenden Zeit vor der Convention der Demokraten in Chicago vom 19. bis 22. August verzichtet die Partei auf einen nochmaligen Wettbewerb um die Präsidentschaftskandidatur, der möglicherweise deren demokratische Legitimität erhöht hätte. Das ist angesichts des überraschend schnellen Erfolgs von Kamala Harris in Bezug auf Stimmen, Unterstützung und Geldspenden, den ihr vorher niemand zugetraut hatte, durchaus nachvollziehbar.

Die Arbeitsteilung ist von Anfang an klar: Biden bleibt Präsident bis Januar, und Harris führt den aufwendigen Wahlkampf, den sie mit Enthusiasmus und Biss beginnt: „Sie kenne Männer wie Trump": „Die Staatsanwältin gegen den Verbrecher", so wird dies wahrgenommen. Trump muss Fernsehduelle fürchten, und seinen Wahlkampf neu einstellen. Nun ist plötzlich er der älteste

Präsidentschaftskandidat der Geschichte und prompt lautet das Argument, dass es nicht Bidens Alter war, das ihn disqualifizierte.

Die Demokraten starten den Wahlkampf neu, was eine Chance ist. Schon anfangs August konzentriert sich alles auf die Frage, welchen Vizepräsidenten Harris wählen wird, um mit besseren Erfolgsaussichten ins knappe Rennen gehen zu können.

Die versprochene Mäßigung und Versöhnung des Landes durch Trump am Parteitag der Republikaner, worüber voreilig viel geschrieben worden ist, ist im Kampf mit der neuen Konkurrentin Harris sogleich wieder aufgegeben. Für den hat er mit dem katholischen Konvertiten Vance, der die Schwächen der elitären Demokraten zwar kennt, im Nachhinein gesehen, möglicherweise sogar den falschen Running Mate gewählt.

Es dominieren sofort die persönlichen, rassistischen und frauenfeindlichen Angriffe unter der Gürtellinie, die viral gehen: kinderlose ‚Katzenfrau', ist sie ‚indisch' oder 'schwarz', nein, sie ist eine „Lügnerin" und „irre", was Trump an ihrem Lachen festmacht.

Sie ist ‚divers' und ‚elitär' aus dem ‚innovativen' und ‚kreativen' San Francisco/ Silicon Valley, heißt es schon sachlicher. Das ist die sogenannte „kreative Klasse" des Stadtsoziologen Richard Florida mit seinen drei großen ‚T': Talente, Technologien und Toleranz, die auch für regionale Entwicklungen in Ostdeutschland zum Vorbild genommen worden sind.

Argumente ad personam (gegen die Person) und Argumente ad rem (zur Sache) werden bewusst vermengt und lassen sich nur noch analytisch-theoretisch auseinanderhalten. Die „linksradikale" frühere Staatsanwältin ist „ultraliberal" (im amerikanischen Sinn des Wortes) und schlimmer als Bernie Sanders.

Der wiederum ist das rote Tuch in der amerikanischen Politik – der ‚Sozialist' und Senator aus dem kleinen Bundesstaat Vermont, der den linken Flügel der demokratischen Partei repräsentiert. Damals auch im Verhältnis zu Hillary Clinton, die eine ähnliche Euphorie entfachte wie jetzt Kamala Harris. Diese Unterstellung ist zwar, wie vieles, ‚bewusst ungenau', aber rhetorisch erlaubt. Ob sie politisch noch abschreckend wirkt, ist fraglich. Wie aber begegnet man Demagogie in der Demokratie? Diese Frage ist schwieriger zu beantworten.

Beim zentralen Thema der sicheren Südgrenze und illegalen Migration, dem Lieblingsthema von Trump, das er auch bei X – reichweitenstark – im Gespräch mit Musk ausbreitet (10. August), habe Harris als „Grenzbeauftragte" versagt, lautet einer der schwersten Vorwürfe. Trumps Beschreibung der Sicherheitslage des Landes ist apokalyptisch.

Die Rhetorik, die an bestimmte Emotionen appelliert, ist gezielt – Sprache und Politik. Mit Worten wird polemische Politik gemacht. Man kann aber auch mit der Unwahrheit übertreiben, es sei denn, man findet, „in der Übertreibung liege die Wahrheit" – eine komische Wahrheitstheorie.

Die Präsidentschaftswahlen am 5. November werden sich wieder mit der Mobilisierung der Wähler entscheiden, die Gegenmobilisierung der Demokraten ist im Gange. Die politischen Blöcke, die radikal in Ton und Inhalt parteipolitisch aufeinanderstoßen, sind zementiert. Nicht nur der Trumpismus ist im Juli durch die Republikanische Partei gestärkt worden.

Ebenso die Demokraten sind im August in dieser zugespitzten Auseinandersetzung um die Richtung des Landes, die eine Schicksalswahl werden wird, geeint und entschlossen wie selten. Die besten Berater und Strategen, die wissen, wie die 270 Wahlmänner-Stimmen im Electoral College schließlich zu gewinnen sind, haben sich dem Wahlkampfteam von Harris angeschlossen.

Dabei können wie 2016 und 2020 wenige Stimmen den Ausschlag geben: „The winner takes it all". Das gilt für alle 50 Bundesstaaten außer Nebraska und Maine. Erfahrungsgemäß wird die Präsidentschaftswahl in 3 bis 7 Bundesstaaten entschieden.

Das ist eine Wissenschaft für sich, bei permanenter Veränderung der Daten. Der DNC verwendet alle Ressourcen darauf, am 5. November Trump und Vance zu schlagen. Ihre Demagogie könnte ihnen diesmal zum Verhängnis werden.

Am 6. August hat Harris in der Person von Tim Walz, den 60-jährigen Gouverneur von Minnesota, ihren Super-Vize gefunden, der in den kommenden Wahlkampfwochen eine entscheidende Rolle spielen soll. Der bodenständig wirkende, erfahrene Politiker, der gegen Republikaner austeilen kann, soll dort helfen, wo Harris, laut Wahlstrategen, hinter Trump/Vance liegt, bei der weißen Mittelschicht in den Swing States.

Aber was heißt das genau? Was folgt daraus? Es wird sicherlich nicht genügen, die Konkurrenten nur „weird" (komisch, seltsam), in Reaktion auf die demagogischen Angriffe zu nennen. Trump steht zwar jetzt als alter komischer Kauz da, die Themen sind allerdings auf die Dauer zu ernst und schwerwiegend, als ihnen allein mit liberaler Ironie oder Lachen beizukommen ist. Die wirtschaftliche Lage beispielsweise kann sich verschlechtern. Wer macht Amerika zur „manufacturing country"? Wie steht es mit der Inflation?

Wie also wird die demokratische Projektion der Zukunft in Konkurrenz zu „Make America great again" aussehen? Was wird ihre prägnante Botschaft des Aufbruchs sein? An den amerikanischen Traum und seine Versprechen appellieren alle. Ihr Programm müssen die Demokraten bis Ende August inhaltlich deutlich machen. Dann beginnt die entscheidende heiße Phase des Wahlkampfs um die Themen, Angriffsflächen gibt es genug.

Schon am 6. August tritt das neue Duo in Philadelphia auf und startet eine Wahlkampftour durch umstrittene Bundesstaaten – battleground states – wie Pennsylvania, Wisconsin, Michigan, North Carolina, Georgia, Arizona und Nevada.

Walz soll den Mittleren Westen, die Mittelklasse und die blue collar workers ansprechen können, während die Republikaner dem neuen Duo sogleich vorwerfen, die USA in ein „linksliberales Kalifornien" verwandeln zu wollen.

Übertriebene fehlschlagende Polemik kann indessen auch kontraproduktiv werden.

Beim ersten Wahlkampfauftritt vor mehr als 10 000 Menschen herrscht „lauter Optimismus", wie er „seit den ersten großen Reden von Barack Obama im Jahr 2008 nicht mehr zu spüren war" (SZ, 7.8.). Es wird viel gelacht, Walz an Harris gewandt: „Thank you for bringing back the joy".

Walz wird als „Normalo" beschrieben: Lehrer, Soldat, Footballtrainer, der offen und direkt spricht. Der Vizepräsident soll einer sein, mit dem sich das Land identifizieren kann. Die Rede von „Coach Walz", die das Publikum begeistert, hört sich an wie eine „Kabinenansprache" (a.a.O.).

Die Republikaner wollen ihn als „Linksradikalen" darstellen, aber Walz, der gutmütige, sozialpolitisch engagierte Pädagoge, versteht sich auch als Vermittler, der mit der republikanischen Seite zusammenarbeiten kann. Das betont er selbst. Ein amerikanischer Patriot ist er ohne Frage. Er unterstützt das Second Amendment, das Recht auf Waffenbesitz, und ist Jäger.

Er kann aber auch Attacke: „Während der Präsidentschaft von Donald Trump ist die Zahl der Gewaltverbrechen im Land gestiegen." „Da habe ich die Verbrechen, die er begangen hat, noch nicht einmal einberechnet" (zitiert bei SZ, a.a.O.). Die beiden Außenseiter, die sich gut ergänzen, beginnen den demokratischen Wahlkampf zu rocken.

Die Democratic National Convention in der Woche vom 19. bis zum 22. April in Chicago dient in erster Linie dazu, die eigenen Anhänger zu motivieren und zu mobilisieren. Die Kandidaten werden offiziell vorgestellt und ein Grundsatzprogramm soll beschlossen werden. Worauf fokussiert sich die Demokratische Partei?

Was nimmt sie mit als Bidens Erbe? Auch seine eiserne Unterstützung Israels bei aller immanenten Kritik könnte zu einem Problem werden angesichts der radikalen Studentenproteste. 150 Organisationen haben Proteste angemeldet.

Siehe: Does Kamala Harris a Vision for the Middle East? Azizi, in: The Atlantic, August 14, 2024.

Vor allem aber muss die Demokratische Partei der Beschreibung widersprechen können, dass das Land unter Biden ein „Land im Niedergang" ist, mit der „schlechtesten Regierung ever". Und sie muss deutlich machen, warum sich Trumps Regierungszeit, die er so grandios ankündigt, nicht wiederholen darf. Also: Aufbruch ohne Bruch, Biden ist bis zum 20. Januar 2025 noch Präsident. Er und seine Frau Jill werden am 19. August auch auf der Convention sprechen.

Aufbruch wohin? In Kontinuität mit Biden wegführend von der Gefahr des Trumpismus mit seinem Hass auf die liberalen Eliten. Wie? Seine Argumente und Ressentiments kennt man aus der Zwischenkriegszeit zur Genüge, die Personen und ihr Lebensstoff sind neu (siehe David Brooks, My Unsettling Interview With Steve Bannon, The New York Times, July 1, 2024). Der gemeinsame Gegner, der zu verhindern ist, wird überdeutlich; dagegen hilft nur kluge Realpolitik.

Was bedeutet das für Amerika und die Welt? „Die Weltgeschichte steht vor einer Weggabelung. Der Schlüssel ist die Demokratie" (Biden am 11. August bei CBS News).

Und zwar die Demokratie nach innen und nach außen als „Führungsnation der Freien Welt"(Selenski). Die Ukrainer werden Harris an ihre Rede als Vizepräsidentin auf dem Bürgenstock erinnern.

Kurz nach seinem Amtsantritt wollte Biden eine Konferenz über Demokratie und Autokratie, den geopolitischen Gegensatz des 21. Jahrhunderts, einberufen. Die Frage war, welche Demokratien lädt man zum „Summit for Democracy" gegen die Systemrivalen Russland und China ein, welche nicht? Daran drohte die Konferenz zu scheitern. Also machte man eine Konferenz für die Demokratie. Wie macht man das? Was folgte daraus?

Die USA haben nicht die Demokratie erfunden, wohl aber die *föderative Republik*. Bei den Wahlen am 5. November geht es nicht nur um den Präsidenten, den Commander in Chief, sondern ebenso um die Senatoren und die Abgeordneten für den Kongress. Wenn jetzt einige Republikaner alarmiert sind über die schlechten Umfragewerte für Trump (Stand Mitte August), dann fürchten sie um die Mehrheiten in Senat und im Repräsentantenhaus und damit um ihren politischen Einfluss.

Trump scheint aus dem Tritt geraten zu sein durch den neuen Wahlkampfstart. Während Biden und Harris einen gelungenen gemeinsamen Auftritt am 15. August in Maryland bestreiten zum Herzensthema der Demokraten seit Obama, Obamacare, Hillary Clinton, Biden und Harris: „Sie wird noch viel erreichen" (Biden). Es geht um Verhandlungen gegen überteuerte Medikamente, die amerikanische Familien in Bedrängnis bringen (Inflation Reduction Act).

Während sich die Demokraten um die elementare Gesundheitsversorgung kümmern, ergeht sich Trump in persönlichen Angriffen gegen die Kandidatin, der er schlicht die Qualifikation zur Präsidentin abspricht. Wie weit er damit kommt, werden wir im September sehen.

Trump hat seine Wahlniederlage nie eingeräumt (so wie ehedem Al Gore gegenüber Bush junior in Florida, und damals ging es tatsächlich nur um wenige Stimmen). Der Inauguration des neuen Präsidenten ist er demonstrativ ferngeblieben. Er bricht mit allen historischen Konventionen.

Trump redet vom *dritten Sieg*, verlieren kann er nicht. Die selbstverständlichen Antworten im Konsens der Demokraten mit den Republikanern bleiben vielsagend aus. Biden liegt richtig mit seinen düsteren Warnungen. Trump spricht dauernd vom „Putsch der Demokraten gegen Biden", um seinen eigenen vorzubereiten.

Harris muss, obwohl sie Teil der Regierung ist, auch eigene Akzente setzen. In ihrem wirtschaftspolitischen Programm verspricht sie Steuersenkungen für die Mittelschicht. Über die Bidenomics der öffentlichen Investitionen wird sie nicht zu viel sprechen, da viele Amerikaner das mit Inflation verbinden. Das inhaltliche Programm ist noch dünn.

Der überdimensionierte Staatshaushalt ist inzwischen den Republikanern und Demokraten gemeinsam. Den Preiswucher bei Lebensmitteln indes wollen beide angehen. Bei der Abschaffung der Besteuerung von Trinkgeldern ist Trump den Demokraten zuvorgekommen, was Geringverdienern wenig hilft. Bleiben noch der Mindestlohn und die Besteuerung der Reichen, was die Republikaner reflexhaft als „kommunistisch" bezeichnen.

Vor fünf Wochen schien nach dem triumphalen Parteitag in Milwaukee das Rennen für Trump für viele schon gelaufen. Nun ist es wieder offen und noch lange nicht entschieden. Der Parteitag der Demokraten an geschichtsträchtigem Ort sorgt für Aufbruchstimmung. 4500 Delegierte aus allen Bundesstaaten sind anwesend. Der Enthusiasmus beflügelt und lässt manche an Obamas Hope-Kampagne von 2008 denken.

Eine „open convention" ist es nicht mehr. Inhaltliche Debatten stehen nicht im Zentrum. Stattdessen sollen eine unauffällige Vizepräsidentin und ein unbekannter Running Mate einem Millionenpublikum mit prominenter Unterstützung und guter Unterhaltung nahegebracht werden – „Joy and Hope". Freude gegen Angst!?

Zum Abschluss des Parteitags, am 22. August, hält Kamala Harris ihre bislang wichtigste Rede, die Nominierungsrede. Wie wird sie sich vorstellen? Sie will die „Präsidentin für alle Amerikaner sein". Es gelte, den „Zynismus und die spaltenden Kräfte der Vergangenheit zu überwinden".

Für ihren handlungsoptimistischen „Weg nach vorn", der kein überschwänglicher Aufbruch ist, der zu viel verspricht, baut sie auf den (republikanischen) Patriotismus und die Mittelklasse als ökonomisches, soziologisches und ethisches Rückgrat im Kampf um Werte wie Empathie und Würde.

Damit konkurrieren zwei Visionen von Amerika. Trump hält sie ganz im Sinne von Biden für eine „ernste Gefahr". Die Mitte steht hier gegen ein Extrem, das augenscheinlich und hörbar ist, auch charakterlich. Die Demokratie der Demokraten kann angesichts der großen innen- und außenpolitischen Herausforderungen der nächsten Jahre nur stabil bleiben, wenn dieser Kampf um die Mitte und die Richtung des Landes „realistisch" und mit demokratischem „Common sense" geführt wird. Dafür wählt Harris die richtigen Worte, sie will „führen und zuhören".

Ein fertiges Regierungsprogramm kann sie naturgemäß noch nicht vorlegen, daran wird auch eine neue Administration mitarbeiten. Sie fordert eine „Wirtschaft, in der jeder eine Chance hat, wettbewerbsfähig und erfolgreich zu sein". Das „kaputte Einwanderungssystem" will sie reformieren sowie die Sozialversicherung und die Gesundheitsversorgung schützen.

Beharrliche Demokratiearbeit

Kaum sind die Plakate für die Kommunal – und Europawahlen am 9. Juni abgenommen, hängen Ende Juli schon wieder die Plakate für die Landtagswahlen im September, in Brandenburg am 22. September, drei Wochen nach Thüringen und Sachsen.

Die blauen Plakate hängen diesmal in Potsdam besonders hoch an den Laternenmasten, mit Leitern angebracht. „Wer Woidke will, soll SPD wählen". „Brandenburg braucht Größe", so auf einem übergroßen Plakat mit Woidke am Platz der Einheit. „Es geht um Zusammenhalt". Besseres fällt der Partei nicht mehr ein, nachdem schon das letzte Mal Woidke, die Eiche im brandenburgischen Sand, knapp dafür gesorgt hatte, dass die AfD nicht stärkste Kraft im SPD-Land (Stolpe, Platzeck) wurde.

Das galt schon als Erfolg und wird sich nicht wiederholen. Die Grünen, die in der Kenia-Koalition mitregieren, sagen auf ihren Plakaten „Ja zu einem Brandenburg nazifrei"; sie sind für „gelebte Integration". ‚Die Linke' ist für „Wohnen ohne Sorgen". Daneben lesen wir „Es ist Zeit für sichere Grenzen!"(AfD).

Und die AfD setzt dazu: „Es sei Zeit für einen mutigen Landesvater" mit ihrem Spitzenkandidaten Berndt, der von der Dresdener Pegida-Bewegung und ‚Zukunft Heimat' in Cottbus, also von der ‚Politik der Straße', herkommt. Schon bei seiner Antrittsrede in Cottbus erwähnte er ausdrücklich zum ersten Mal ebenso die rechtsextremen publizistisch-intellektuellen Unterstützungsorgane „Sezession" und „Compact", die im Hintergrund für den theoretischen Austausch sorgen.

Nach dessen Verbot hat sich der Laborarzt Berndt im Namen der Meinungsfreiheit sofort vor Jörg Elsässer gestellt. Das Verbot der Innenministerin, das vor Gericht scheiterte, war Wahlhilfe für die AfD. Diese Kreise sehen die AfD als „verlängerten parlamentarischen Arm einer rechten Umsturzbewegung" (Kubitschek). So weit ist die Radikalisierung inzwischen gediehen, vor der frühzeitig gewarnt worden ist („Flügel").

Die AfD liegt gegenwärtigen Umfragen zufolge immer noch an der Spitze vor der SPD und der CDU, die gleichauf zurückliegen, obwohl sie seit September 2023 erheblich an Stimmen einbüßte, wo sie über 30 % erreichte. Dazwischen lag, nach den Correctiv-Enthüllungen über Remigrationspläne in Neu-Fahrland, die aufschreckten, eine breite bundesweite Mobilisierung gegen Rechts, die vor allem ein empörter Kampf gegen die Rechtsradikalisierung der AfD war.

Die einen forderten ein Parteiverbot, für andere war es ein Schub, wegen und gegen die AfD zur Wahl aufzurufen. Es wurde wieder breit an die Selbstverständlichkeit erinnert, dass Wählen zwar nicht die einzige, aber die *wichtigste Bürgerbeteiligung* ist. Für die Wahl trägt man eine politische Verantwortung, die Nicht-Wähler sollen nicht die größte Partei bleiben.

Das ausschlaggebende Argument von Ministerpräsident Woidke lautet, dass er die Regierung nicht in die Hände dieser AfD, die vor allem eine ‚schlechte' Partei ist, geben will. Er verweist dabei auf die gute wirtschaftliche Entwicklung des Landes und bekommt politische Unterstützung von der Wirtschaft wie noch nie, die um Fachkräftemangel fürchtet. Er verzichtet dabei sogar auf gemeinsame Wahlkampfauftritte mit Bundeskanzler Scholz, der für Potsdam im Bundestag sitzt. Das ist sehr bezeichnend für den gegenwärtigen problematischen Zustand der Parteiendemokratie in Deutschland.

Die Unternehmerverbände haben bereits 2023 in deutlichen Worten auch in Südbrandenburg vor der AfD gewarnt. Vom neu gegründeten BSW werden in Brandenburg Plakate wie in Thüringen und Sachsen hängen, die sich auf den Ukraine-Krieg beziehen: „Diplomatie statt Kriegstreiberei". „Mehr Mundwerk als Handwerk", kommentiert der bodenständige Woidke treffend.

Die Anti-Ukraine Stimmung in Ostdeutschland wächst, angeheizt von AfD und BSW. Ministerpräsident Kretschmer fordert von der Bundesregierung sogar die Kürzung der Mittel bei der Unterstützung des Verteidigungskrieges, der sich in einer entscheidenden Phase befindet. Ausgerechnet der Populist wirft der Regierung vor, das „Land den Populisten auszuliefern" (n-tv).

Das stimmt insofern, als die Regierungsparteien während Jahren den Mehrheitswillen (vor allem gegenüber der defizitären Migrationspolitik) der Wähler ignoriert haben, einschließlich der CDU, bis die AfD zu einer Großpartei wachsen konnte, ohne viel dafür liefern zu müssen, nicht einmal kommunalpolitisch. Man sieht, was inhaltlich aus dem Populismusvorwurf und der Ausgrenzung geworden ist: das tiefste Niveau wirklicher demokratischer Auseinandersetzung um das zu Klärende, Schwierige und Strittige ist mittlerweile erreicht worden.

Die staatstragenden Parteien CDU und SPD flirten derweil schon mit dem BSW für künftige Regierungskoalitionen. In Sachsen erreichen die Ampelparteien insgesamt nicht viel mehr als 10 %, und Thüringen steht vor großen Veränderungen. „Die AfD ist die Rache der Ostdeutschen" (Castorf), meint der Theatermann sarkastisch. Er müsste noch den schnellen Erfolg von Wagenknecht mit ihrer neuen (Kader-)Partei hinzufügen.

In einer Diskussion in Leipzig musste sich Verteidigungsminister Pistorius von Linksradikalen Vorwürfe der Kriegstreiberei gefallen lassen, denen er argumentativ zu begegnen suchte, was verunmöglicht wurde: „Wenn das die

Zukunft der Demokratie ist, dann gute Nacht! ? (Focus online, 23.7.). Solche Beispiele lassen sich leider viele aufzählen, nicht nur im Wahlkampf, sondern auch – ideologiebedingt – an Universitäten, dem eigentlich handlungsentlasteten Ort des freien Diskurses.

Niederbrüllen rettet jedoch die liberale Demokratie nicht, auch gegen Demokratiefeinde nicht. Gerade auch über Demokratie, diesen seit je kontroversen und komplexen Begriff, muss man sich vernünftig auseinandersetzen können. Reden kann und soll man außerdem mit jedem, der menschlichen Grundrespekt entgegenbringt (oder gibt es auch hier eine Demophobie?).

Dirk Neubauer, der bekannteste Landrat Mittelsachsens gibt auf – nicht nur wegen der Bedrohungen durch die ‚Freien Sachsen‘, die „verboten gehören"–, sondern vor allem wegen der mangelnden demokratischen Unterstützung seiner Arbeit (so die persönliche Erklärung auf X, 23. Juli), die auf „Bürgerbeteiligung" gesetzt hatte (siehe dazu sein bekanntes Buch „Rettet die Demokratie! Eine überfällige Streitschrift, 2021).

Zuvor schrieb er ein Buch mit dem vielsagenden Titel „Wir sind das Problem" (2019). Das ‚Wir‘ ist innerhalb demokratischer Vielfalt kompliziert und anstrengend, und meist nur vorübergehend und fallweise politisch („Mehrheiten gewinnen") existent. Es ist nicht in Stein gemeißelt.

Welches WIR ist gemeint? Wie kommt es zu Beschlüssen? Wann sind die Beschlüsse demokratisch legitimiert? Und wie werden sie durchgesetzt? (Die Implementierungsfrage). Das sind alles andere als akademische Fragen, die im Kleinen wie im Großen ihre Berechtigung haben, betreffen sie doch die zentrale Frage der Legitimitätspolitik. Aber das schert die Anti-Demokraten nicht.

Mit Neubauer verschwindet eine *wichtige demokratische Stimme* aus dem Osten, die sich für die Demokratie der Bürger und gegen extremistische Demokratiefeinde starkmachte. Die rechtsextremen ‚Freien Sachsen‘ vertrieben

Neubauer aus seinem Wohnort. Ihre Politik der Einschüchterung und Bedrohung bis ins private Umfeld hinein war erfolgreich.

Solche Jagdszenen, die Amtsträger insbesondere auf kommunaler und regionaler Ebene zu Freiwild werden lässt, betreffen den elementaren Schutz eines angstfreien Lebens und Politisierens von allen. Vieles an verbalen Entgleisungen, Beleidigungen und Beschimpfungen in politischen Auseinandersetzungen kann und darf heute unter dem grundrechtlichen Schutz der Meinungsfreiheit passieren – solche lebensbedrohende Exempel, die sich häufen, jedoch nicht!

Sie zerstören die elementaren Grundlagen demokratischer Politik. Der 53-jährige Neubauer weiß, wovon er spricht. Ab 2013 war er Bürgermeister von Augustburg, wo er sich für mehr Bürgerbeteiligung eingesetzt hat. Heute sagt er zu Recht: „Alle Welt spricht von Bürgerbeteiligung, aber es kommen *zu wenige*“ (ZDF). „Ich gebe auf, weil da draußen viel *zu viele* den Mund halten“ (FAZ, 25. Juli, S.3).

Zweitens zeigt er sich enttäuscht darüber, dass in Kommunalparlamenten und Kreistagen „eine große konservative Mehrheit gegen alles ist, was nötig ist“(a.a.O.). Er setzte sich für die Bezahlkarte für Flüchtlinge ebenso ein wie die Herstellung von Solarmodulen. Und drittens folgt die bekannte strukturelle Klage (die parteiübergreifend von vielen Bürgermeistern seit Langem geteilt wird) gegenüber der Landes – und Bundespolitik: „Die kommunale Ebene sei finanziell am Ende und könne kaum noch handeln.“

Das relativiert demokratietheoretisch natürlich alle noch so gut gemeinten und oft originellen Projekte mit kommunaler Reichweite. Die Demokratie der Bürger (demos) ist seit je lokal verankert, nahe bei den (Stadt-) Bürgern, so nicht zufällig der Anfang ihrer Geschichte bei der griechischen Polisdemokratie und weitergehend bis heute in der transnationalen Politik der Städte.

Dort, in den Städten, beobachten wir wieder, wo es gut läuft, eine *zweite Ausdifferenzierung der Bürgerbeteiligung*. Soll heißen: Bürgerbudgets, Stadtteilräte, Ortsbeiräte, verschiedene Räte und Foren… kurzum: in verschiedenen Stadtteilen läuft viel, es gibt spontane und überzeugte Beteiligung, ohne dass dazu aufgefordert werden muss. Sie hängt an der Identifikation mit dem Ort. Der genius loci und die Orte mit ihren Personen, die man kennt, sind inspirierend.

Dabei ist zu unterscheiden zwischen *Ort* (als Sozialraum, Dorf, Stadt, Region, Land) und *Örtlichkeiten* (Dorfkneipe, Cafés und Restaurants, Sportplätze, Jugendzentren, öffentliche Bibliotheken, Bürgerhäuser, Freiland u.v.a.). Beides zusammen hat den Effekt von ‚Heimat', die essenziell ist für die menschliche (insbesondere kindlich-jugendliche) Entwicklung. Sie ist der Ort der Geschichten, die Identitäten für das Leben prägen.

Auch Neubauer hat – wie viele andere – mit dem „Denkwerk Ost" eine Mitmachplattform jenseits der Parteigrenzen aufzubauen versucht. Damit wollte er richtigerweise der schwachen Präsenz der politischen Parteien in Ostdeutschland ergänzend und bewegend etwas zur Seite stellen.

Schon diesbezüglich ist freilich die ebenso hartnäckige wie tolerante Kooperation von verschiedenen Einzelnen nötig. Sie erfordert eine minimale Anstrengung, die keineswegs selbstverständlich ist, wenn sie nicht schon zum Selbstverständnis der Menschen gehört.

Als Graswurzelbewegung sollte so etwas weiterhin möglich bleiben, ja schrittweise ausgebaut und erhalten werden. Dabei ist zeitlich, sozial und sachlich pfleglich miteinander umzugehen. Und lasst die Leute frei reden! Das gelingt bisher nur sehr überschaubar, nicht nur in Sachsen. In Thüringen gibt es inzwischen immerhin einen Anfang mit dem „Weltoffenen Thüringen".

Selbst in Brandenburg, wo seit 1998 das „Tolerante Brandenburg" existiert, in Reaktion auf die damals manifeste, fast alltägliche fremdenfeindliche Gewalt der 90er Jahre (die sogenannten „Baseballschlägerjahre"), verhindert auch der zweite Anlauf von „Brandenburg zeigt Haltung" (2024) Vorfälle wie den jüngsten rassistischen Angriff in Cottbus im Juli auf die CDU-Politikerin Amwo nicht: „Ihr seid keine Menschen", woher kommen solche Sätze?

Die *elementaren Toleranzräume liberaler Demokratien* müssen vielmehr in kontroversen Gesprächen ständig geübt und verteidigt werden, da sie selbst in Wahlkämpfen nicht selbstverständlich geschützt sind. Das haben wir schon in den 90er Jahren erfahren und erfahren es 2024 wieder, weshalb beharrliche Demokratiearbeit in Bündnissen das Gebot der Stunde bleibt.

Neben diese *defensive* unspektakulär alltägliche Arbeit potenziell von und für alle kommt eine *offensive* Dimension der Vorwärtsverteidigung der Demokratie hinzu, die vielgestaltig ist. Sie ist parteipolitisch und medial auffällig, wenn es um demokratisches Regieren, schwierige Regierungs- und Koalitionsbildung, Kanzlerfragen, grundsätzliche Fragen der Parteiendemokratie usw. geht.

Sie ist aber immer noch viel zu wenig bekannt und geschätzt in Bezug auf die wachsende, durchaus *vielfältige Demokratie* der Bürgerinnen und Bürger, die ausbaufähig ist. Diese ist aus dem Aufmerksamkeitsschatten zu holen und darf zugleich nicht von Anfang an mit zu großen Erwartungen („Vorbilder der Demokratie!" ist zu viel gesagt) überfrachtet werden.

Der interne Zusammenhang von (falschen) Erwartungen und (schnellen) Enttäuschungen ist bei der nötigen Beharrlichkeit zu beachten. Ansonsten wird sie nicht einmal beginnen. Realismus, Selbstreflexion und Korrektur sollten auch und gerade die kleinen experimentellen Schritte begleiten.

Für diese selbstbestimmte Reflexion der Beteiligten bleibt oft zu wenig Zeit und Raum. Dafür kauft man sich dann von der Politik und der Verwaltungsseite aus lieber teure wissenschaftliche Evaluationen, deren Evaluation wiederum ausbleibt. So kann eigenständige *Bürgerqualifizierung*, die in die Breite geht, nicht stattfinden.

Vielfältige Demokratie

Die Petition „Vertrauen stärken, Beteiligung ausbauen" (Juli 2024, initiiert von mitMachen e.V. und Mehr Demokratie e.V.) fordert von der künftigen Landesregierung und dem neuen Landtag in Brandenburg ein starkes Demokratie-Paket. Es bezieht sich vor allem auf vier Punkte:

- Beteiligung
- Direkte Demokratie
- Transparenz und
- Demokratieförderung

Ansätze zur Erweiterung der Beteiligung sind aufsuchende und losbasierte Beteiligung sowie ein digitales Portal, um Gesetzentwürfe diskutieren zu können. Unnötige Barrieren der direkten Demokratie sind abzubauen, das Verbot der freien Sammlung von Unterschriften ist zu beseitigen, und die Ablehnung eines unzulässigen Volksbegehrens ist zu begründen.
Benötigt wird sodann ein Transparenzgesetz, das modernen Ansprüchen genügt.
Starke landesweite und kommunale Demokratieprojekte wie beispielsweise in der Jugendbeteiligung, Bürgerbudgets oder Toleranzräume sind zudem längerfristig besser abzusichern.

Auf Bundesebene befürworteten vor Kurzem noch alle demokratischen Parteien, außer der CDU, die hier konsequent blieb, die modernen Instrumente der direkten Demokratie, wie sie im Kanton Zürich im 19. Jahrhundert durch die demokratische Bewegung gegen das ‚System Escher' erfunden worden sind.

Die bundesrepublikanische Scheu vor dem Volk (Demophobie) sitzt tief. Die Kanzlerpartei CDU befürchtet seit je die „Unregierbarkeit" (Rupert Scholz), und selbst die ehedem basisdemokratischen Grünen haben die direkte Demokratie auf Bundesebene, enttäuscht und resigniert, zugunsten von losbasierten Bürgerräten im neuen Grundsatzprogramm verabschiedet. Das ist jedoch eine weltfremde Illusion.

Sie eröffnet vielmehr populistischen und technokratischen Argumenten und Bewegungen Räume und Möglichkeiten, die Probleme demokratischen Regierens zu umgehen – vor allem national und europapolitisch bei großen Fragen (Kleger 2018). Solche schwierigen Baustellen, die langwierig und anstrengend sind, darf man deshalb nicht aufgeben, da sie in kleineren Größen nicht zu kompensieren sind (siehe die ehemalige Verfassungsrichterin Lübbe-Wolff: Muss man die direkte Demokratie fürchten? 2023), auch wenn man grundsätzlich wiederum gerade aus demokratietheoretischen Gründen für kleinere politische Einheiten optiert (Jörke, Die Größe der Demokratie, 2019).

Auf *kommunaler Ebene* sind die Beteiligungsangebote in den letzten 15 Jahren zahlreicher und vielfältiger geworden. Am ‚Newsletter für Bürgerbeteiligung‘ in Potsdam beispielsweise lässt sich das ablesen. Vielen ist das Meiste gar nicht bekannt. Die Angebote sind also noch besser zu verbreiten, effektiver miteinander zu verschränken und gezielter auszubauen. Das gilt auch für die Verschränkung digitaler Möglichkeiten (Potsdam Lab, digitale Beteiligungsplattform) mit analogen Angeboten.

Neue Formen, etwa ein Beteiligungsrat oder Bürgerräte, sind dabei in bereits bestehende Formen der Bürgerbeteiligung, etwa die 'strukturierte Bürgerbeteiligung‘, aufzunehmen (siehe den Blog: „Was heißt strukturierte Bürgerbeteiligung?" 19. Januar 2021). Es handelt sich insgesamt um den Versuch, Bürger und Bürgerinnen, auch abseits von Parteien und Parlamenten besser und effektiver zu beteiligen.

Der Bürgerrat von Malchin, einer Kleinstadt im Landkreis Mecklenburger Seenplatte, war der Erste in Mecklenburg-Vorpommern (NDR, 3.7.). Ende 2023 setzten sich 19 zufällig ausgewählte Bürger zusammen, von denen das Stadtparlament Vorschläge für eine bessere Energieversorgung erarbeiten ließ.

Ende April 2024 legte der Bürgerrat seine Empfehlungen vor, die von allen Seiten, auch vom Bürgermeister positiv bewertet wurden. Interesse und Ergebnis überraschten. Demokratie im Allgemeinen, das gilt für alle Formate, ist primär *verfahrensorientiert*, was Disziplin und Geduld (Zeit) erfordert.

Sie soll und muss aber auch *Ergebnisse* zeitigen, mithin zu einem Abschluss/ Beschluss kommen, über die man wiederum streitbar verschiedener Meinung sein kann. Und mit den Ergebnissen muss überprüfbar etwas passieren. Diese *Verbindlichkeit* ist notwendig, denn frustrierende Leerläufe, die Zeit und Nerven der freiwillig Beteiligten verschwenden, sind *Gift* für alle weiteren Versuche einer Demokratie der Bürger. Für sie ist per definitionem der Verfahrenskonsens obligatorisch.

Für das Konstrukt ‚Bürgerrat', auch im Falle von Malchin, ist zudem eine professionelle Moderation und eine Mindestqualifizierung der ‚gelosten engagierten' Bürger, was ein Widerspruch zu sein scheint, durch Fachvorträge u.a. zwingend. Und das kostet Geld, was häufig übersehen wird, was indessen keine Lappalie für die Kommunalfinanzen ist. Siehe dazu die Stellungnahme des Beteiligungsrates der Stadt Potsdam zur Einführung von Bürgerräten vom April 2024 (vgl. Newsletter).

Es sind jedoch, obwohl ein Beizug von Experten und Professionellen der Bürgerbeteiligung stattfindet, *keine Expertenräte* (wie der Wirtschaftsrat, Digitalisierungsrat, Klimarat, Gestaltungsrat u.a.) sowie die meisten Beiräte. Je umfassender die Ebene (national, europäisch), umso stärker ist dies der Fall.

Dies entwickelt sich dann in Richtung Expertokratie und Lobbyismus, die sich immer mehr verselbstständigen. Sie ersetzen Demokratie als umständlichen und zeitraubenden Prozess. Wo Bürgerschaften resignieren und Parteien versagen, regieren in der Folge nicht zufällig und häufig *Technokraten*. Siehe dazu auch den Blog die ‚Räterepublik' der Beiräte vom 20. September 2023.

Demokratiepolitik ist kein Modethema

Neben dieser vielfältigen Demokratie im Kleinen, die mutiger und effektiver mit der Ebene von Parlamenten, Parteien und Regierungen verknüpft werden kann (*kombinatorische Demokratie*), gibt es andere Baustellen der Demokratiepolitik.

Ohne hier Vollständigkeit beanspruchen zu wollen, sei auf zwei aktuelle Beispiele hingewiesen, die große Relevanz für die moderne (Massen-)Demokratie haben: die *Wahlrechtsreform* und der *Schutz des Verfassungsgerichts*.

Die Herzkammern der Demokratie (der Bürger) sind die Kommunen und die Parlamente auf den verschiedenen Ebenen. Der Bundestag gehört zu den größten Parlamenten der Welt, er soll deshalb verkleinert werden. Die Wahlrechtsreform am 17. März 2023 wurde vorher jedoch im Bundestag nicht konsensuell abgestimmt.

Die Partei ‚Die Linke' spricht stattdessen von einer „Verkleinerung der Opposition" und der vormalige Parlamentspräsident Wolfgang Schäuble von einer „Verfälschung des Wählerwillens". Das wirkt verheerend in einem föderalen Bundesstaat, im Süden wie im Osten, wo ohnehin schon das Vertrauen in Politik schwindet.

Gegen die parlamentarische Mehrheit kann beim Verfassungsgericht jedoch geklagt werden in einer rechtsstaatlichen gewaltenteiligen Demokratie. Das tun die beiden ungleichen Partner ‚Linke' und CSU. Beide sehen sich in ihrer parlamentarischen Existenz bedroht. Es geht um die *Grundmandatsklausel.*

Die CSU beispielsweise würde keinen Parlamentssitz erreichen, auch wenn sie in allen 46 Wahlkreisen das Direktmandat gewinnt, aber bundesweit unter der 5 %-Hürde bleibt. Und die Linke war im Parlament lediglich vertreten, mit 39 Mitgliedern der Fraktion, weil sie mit Gysi, Lötzsch und Pellmann drei Direktmandate im Osten, in Berlin und Leipzig, gewonnen hatte. So sah man Dobrindt und Gysi gemeinsam vor dem Verfassungsgericht in Karlsruhe. Auch das gehört zur beharrlichen Demokratiearbeit.

Das Direktmandat hat eine besondere demokratietheoretische Bedeutung gerade in einem zunehmend erstarkenden Parteienstaat, der kritisch gesehen wird. Das persönliche Verhältnis vor Ort zu den Bürgern im Wahlkreis spielt hier die Hauptrolle. Unstrittig ist, dass, wer die meisten Stimmen im Wahlkreis erzielt, ins demokratisch gewählte Parlament einzieht.

Diese Politiker/innen genießen ein besonderes Vertrauen und sind oft auch die unabhängigen Köpfe in den Parteien und Fraktionen. Sie bilden insofern ein Korrektiv gegen ein parteienstaatliches Übergewicht, das mit seinen Machtkämpfen um Listenplätze zum bekannten Politiker- und Parteienverdruss beigetragen hat, was zu oft auch schon auf der kommunalpolitischen Ebene auffällig wird.

Am 31. Juli 2024 steht das Urteil aus Karlsruhe fest: Die notwendige Verkleinerung des Parlaments von 733 auf 630 Abgeordnete wird bestätigt, die Aufhebung der Grundmandatsklausel ist jedoch mit dem Grundgesetz unvereinbar. Das ist ein *kluges Urteil*. Der politische Streit um die Wahlrechtsreform geht derweil weiter.

Einig ist man sich hingegen bei der grundgesetzlichen Absicherung des Verfassungsgerichts nach den Erfahrungen mit parlamentarischen Mehrheiten in Polen und Ungarn, die liberale Institutionen kapern können. Dafür braucht es eine Zweidrittelmehrheit im Bundestag, sie sollte entsprechend auch ins Grundgesetz.

Bei aller Ampelkritik ist hier die CDU kooperativ dabei, was ein gutes Zeichen politischer Kultur ist. Die Verfassung und die Verfassungsgerichte, auch auf Länderebene, sind ein *Schatz für den Konsens der Demokraten*, mit dem pfleglich und zugleich aktiver als erfahrene und begriffene Demokratie umzugehen ist (ausführlich Kleger 2021).

Die Parlamentsmehrheit, die jeweilige regierende Mehrheit als politische Macht, kann durch den „Hüter der Verfassung" (Kelsen 1931) korrigiert werden, was demonstriert, wie wichtig die Gewalten- und Machtteilung für die rechtsstaatliche Demokratie ist. Montesquieu spricht von der „ewigen Erfahrung", „dass jeder Mensch, der Macht hat, dazu getrieben wird, sie zu missbrauchen. Er geht immer weiter, bis er an Grenzen stößt."

Worauf der ebenso erfahrungsgesättigte kluge Satz folgt: „Sogar die Tugend hat Grenzen nötig" (Vom Geist der Gesetze, De L'Esprit des Loix 1748, Stuttgart 1994, S.215). Der demokratische Verfassungsstaat ist sowohl ein Experiment der *Freiheit* als auch der *Wahrheit*.

Innerhalb der komplexen Orientierungsfigur ‚verfassungsdemokratische Bürgergesellschaft' gibt es weder eine perfekte Demokratie noch letzte Urteile. Wohl gibt es *Autoritäten* wie Gerichte, die anzuerkennen sind, aber das weitere verantwortungsvolle Urteilen ist *letztlich* an keine Autorität gebunden. Das heißt *Bürgersouveränität*.

Auch der amerikanische Präsident Biden legt Ende Juli einen Reformplan für den Supreme Court vor, was progressive Demokraten schon lange fordern. Das Urteil zur „Immunität des amerikanischen Präsidenten", das politisch hochbrisant ist, gab wohl den letzten Anstoß.

Die konservative Richtermehrheit stellte damit faktisch den Präsidenten über das Gesetz in einer ohnehin schon starken präsidentiellen Demokratie. Trump könnte Ende 2024 den friedlichen Machtwechsel, der grundlegend ist für jede Demokratie, wieder torpedieren. Was für ein Vorbild für die Welt!

Biden nimmt zu Recht auf die Gründerväter einer langen und vorbildlichen Verfassungstradition (17. September 1787, 15 Seiten) Bezug: „Wir sind ein Land der Gesetze, nicht der Könige und Diktatoren". Die Amtszeit der 9 Richter soll auf 18 Jahre reduziert werden. Präsident Trump konnte in seiner Amtszeit durch umstrittene Winkelzüge drei Richterposten neu besetzen, was politisch folgenreich war. 2022 kippte das Oberste Gericht das landesweite Recht auf Abtreibung, was jetzt wieder ein zentrales Wahlkampfthema wird.

Bidens Reformplan hat jedoch wenig Aussicht auf Erfolg, so notwendig er ist. Er benötigt eine Zweidrittelmehrheit in beiden Parlamentskammern (Senat und Repräsentantenhaus) und muss zusätzlich in drei Vierteln der Gliedstaaten ratifiziert werden. Die historische Pfadabhängigkeit politischer Systeme ist groß, es braucht überraschende neue Koalitionen, um dies ändern zu können.

Das anspruchsvolle Zweikammersystem, welches den politischen Prozess erheblich kompliziert, hat die kleine Schweiz als einziges Land in Europa im 19. Jahrhundert übernommen (Nationalrat und Ständerat, Ständemehr und Volksmehr). Es stellt die Demokratie vor schwierige Herausforderungen bei der Wahrung von Vielfalt in einer politischen Einheit.

Die Demokratie ist einerseits eine Lösung für viele Probleme, andererseits verursacht sie ebenso Probleme, die immer wieder neu gelöst werden müssen, gerade in einem weitgehend dezentralen föderalistischen und direktdemokratischen System mit Sprachenfreiheit. Mehr Demokratie kostet immer mehr Anstrengungen und einsichtige Veranstwortung von vielen Verschiedenen.

Es ist fürwahr eine *komplexe* Demokratie voller Widersprüche und Konflikte. Eine ‚vollendete‘ Demokratie gibt es nicht.

Die vollständigen Literaturangaben zu diesem Text finden Sie ab Seite 642.

Politik der Emotionen: Trump oder Harris!?

Die TV-Debatte am 11. September wurde mit großer Spannung erwartet. Sie hat für den Wahlkampf enorme Bedeutung, da sich die beiden Kandidaten zum ersten Mal direkt begegnen und möglicherweise das letzte Mal vor dem 5. November.

Für Trump ist es bereits die achte Fernsehdebatte, für Harris die Erste, auf die sie sich in fünf Tagen mit ihrem Team akribisch vorbereitet hat. Nun hat sie die Chance, sich und ihr Programm über die eigenen Anhänger hinaus bekannt zu machen und sich den Amerikanern als künftige Präsidentin vorzustellen.

Bereits im Vorfeld gab es deshalb Debatten darüber, wie dieses buchstäblich verbale Duell geführt und von welchem Sender, mit welchen Regeln es moderiert werden sollte. Trump, der sich erst gar nicht darauf einlassen wollte, weil er mit einer gewieften Staatsanwältin einen anderen Gegner bekam als mit Biden, der eben mit genau diesem Wahlkampfformat seine Präsidentschaft in der Öffentlichkeit verlor.

Harris provozierte Trump also zu diesem Duell, das sie unbedingt wollte, indem sie ihm vorwarf, dass nur „Feiglinge" andere Menschen beschimpfen. Als Staatsanwältin wisse sie, wie man mit solchen Männern wie Trump umzugehen habe: Er solle ihr ins Gesicht sehen. Sie inszenierte gewissermaßen die kommende Redeschlacht als einen Auftritt der ‚Staatsanwältin' gegen den zu verurteilenden ‚Verbrecher', der vor allem aus charakterlichen Gründen nicht noch einmal Präsident werden darf (womit sie recht hat).

Sie wollte darstellen, dass man diesem Mann als Präsident, der seine Wahlniederlage von 2020 immer noch nicht einbekennt, nicht trauen kann und nicht trauen darf (in viel kleinerem Ausmaß haben wir dieses durchschlagende

Argument in Deutschland 1980 erlebt im Duell zwischen Helmut Schmidt und Franz Josef Strauss: „Auf einen groben Klotz gehört ein grober Keil"; Schmidt hat Politik stets *auch* als eine Art „Kampfsport" verstanden, völlig zurecht).

Dafür brauchte das demokratische Team von Harris indessen auch gut vorbereitete Argumente als Voraussetzung, die potenziell jedem einigermaßen informierten Zeitgenossen und Fernsehzuschauer einleuchten können: Evidenzen! Neben den Argumenten, auf die wir im Einzelnen (natürlich nicht vollständig) noch zu sprechen kommen, spielte die Mimik, die voll ins Bild kommt, und der Ton eine Rolle. Der souveräne Handschlag, den Harris Trump vor Beginn der Debatte reichte, war nicht zu übersehen.

Nun könnte man sagen, dass Politik und insbesondere Politik im Fernsehzeitalter Theater ist. Das ist insofern zutreffend, als Fernsehduelle immer mehr trainiert werden. Die Rollen und Statements werden zuvor eingeübt wie von professionellen Schauspielern. Nichts geschieht spontan.

Dieser Diskurs ist also alles andere als ein freier Diskurs, der Platz lässt für das weitere Nachdenken und dazu anstiftet. Gleichwohl handelt es sich nicht nur um *Theater* mit einer stark appellativen Rhetorik, die ans Publikum gerichtet ist, sondern man hat nun auch – vielleicht, gegebenenfalls – *gute Gründe*, Harris zu wählen, oder Abstand davon zu nehmen, Trump zu wählen. Wie groß dieser Einfluss bei welcher Gruppe ist, darüber wiederum streiten sich die (Mess-)Experten.

Das Kampagnenteam von Trump wollte, um ihren Kandidaten vor seinen eigenen Schwächen zu schützen, stumm geschaltete Mikrofone, während Harris sich für offene aussprach. Die Stummschaltung sollte Trumps unzivilisiertes Verhalten, ständig zu unterbrechen, zähmen. Das rüpelhafte Gebaren, welches er gegenüber der inhaltlich ebenfalls bestens vorbereiteten Hillary Clinton an den Tag legte und in geringerem Masse gegenüber Biden sollte vermieden werden.

Nur zweimal geriet Trump diesmal mit skurrilen Ausfällen in Rage, als er davon sprach, dass „Einwanderer unsere Hunde und Katzen essen" und „Demokraten Babys töten". Wie oft er log, das wollen wir hier dahingestellt sein lassen, da dies ohnehin ein ubiquitärer und permanenter wechselseitiger Vorwurf geworden ist.

Auch das fehlende Live-Publikum wirkte zivilisierend auf die vom Fernsehsender ausgestrahlte TV-Debatte, die seit der legendär wahlentscheidenden Runde zwischen Richard Nixon und dem jungen John F. Kennedy 1960, noch schwarz-weiß, was den schwitzenden, schlecht rasierten Nixon, welcher als großer Favorit galt, noch schlechter aussehen ließ als den damaligen strahlenden Politikneuling Kennedy, für Nervosität sorgt.

Die inhaltlichen Argumente kennt heute niemand mehr. Bilder wirken oft stärker als Texte, und sie bleiben auch eher im Gedächtnis haften. Die damaligen *Radiozuhörer* fanden bezeichnenderweise Nixon besser, die *Zuschauer* hingegen Kennedy überzeugender. Was also überzeugt im heute ins Extreme gesteigerten Medienzeitalter, was ist und bleibt noch ein überzeugendes Argument in der Zuschauerdemokratie?

Weitere Bedingungen dieses mächtigen *Diskurses im Korsett*, waren durch die *Zeit* und die *Reihenfolge* vorgegeben: zwei Minuten waren vorgesehen, um eine Frage zu beantworten, zwei Minuten für die Erwiderung sowie eine Zusatzminute für Klärungen.

Eröffnungsreden gab es keine, dafür ein zweiminütiges *abschließendes Statement* für beide.

Durch *Münzwurf* gewann Trump das berühmte *letzte Wort*, das immer von Vorteil ist, aber natürlich in diesem Fall kein Ende der Debatte bedeutet.

Inwiefern dient eine solche Debatte auch der Wahrheit. Viele Wähler wollten vor allem über Kamala Harris mehr wissen. Bisher hatten sie nur vage Vorstellungen von ihrem Programm. In dieser für sie entscheidenden Debatte direkt gegen Trump muss sie sich positionieren und bestimmte Wählergruppen ansprechen, womit sie wiederum andere enttäuschen wird. Dies birgt für Harris größere Risiken als für Trump, den man, bei aller Unberechenbarkeit, mehr oder weniger schon kennt. Er überzeugt viele auch als Entertainer.

Harris brauchte also dieses Duell, um strategisch in die Offensive gehen zu können in einer Situation, in welcher der Wahlkampf, das ‚race', als Kopf-an-Kopf-Rennen stagniert, nach dem euphorischen Aufbruch im August. Über den Jubelparteitag der Demokraten hinaus: „Yes, she can", muss sie sich nun für das breite Publikum selbst definieren. Von Trump hingegen hat die große Öffentlichkeit ein klares Bild: man liebt oder man hasst ihn. Daran wird auch Harris nicht mehr viel ändern.

Wahltaktisch gesehen geht es um die Wechselwähler, wobei Trump auch darauf achten wird, seine Stammwähler nicht zu enttäuschen. Das ist ein Balanceakt für ihn wie für beide im Kampf um die sogenannte Mitte bzw. die ‚Mittelklasse', die Viele und Vielerlei umfasst. Die gezielten Kampagnen laufen auf Hochtouren. In Philadelphia herrscht deswegen eine riesige Spannung, die ganze Stadt im möglicherweise wichtigsten Swing State Pennsylvania ist im Duellfieber.

Für die noch unentschlossenen Wähler gilt es also, zumindest eine Message kohärent herüberzubringen, weshalb in diesem dreiteiligen, 90-minütigen Rededuell zu den Fragen der beiden Journalisten gleichwohl eine rote Linie von Anfang an bis zum Schlussstatement durchzuhalten ist trotz sehr unterschiedlicher Themen. Sie werden nicht ausdiskutiert, sondern lediglich andiskutiert. Um welche *Themen* ging es an diesem Abend, der zweimal durch Werbepausen unterbrochen wurde?

‚Economy first', inhaltlich beginnt das Duell nicht zufällig mit der Wirtschaft. Harris erhält Gelegenheit, ihren „Plan" für eine „Wirtschaft der Chancen" zu erläutern. Konkret meint sie damit (1.) mehr Wohnraum und bessere Chancen für ein eigenes Haus, (2.) Steuererleichterungen für die Mittelklasse und (3.) Förderung mittelständischer Unternehmen (darunter Start-ups), die sie „persönlich liebt". „Warum haben sie das nicht schon in den letzten drei Jahren getan" (Trump).

Trump setzt dagegen stärker auf Zölle und den Kampf gegen China. Sofort – und immer wieder – kommt er jedoch auf die Folgen der Einwanderung zu sprechen, insbesondere die Einwanderung von Kriminellen, die „unsere Städte übernehmen". Biden und Harris hätten sie „ins Land geholt" und die Grenzen nicht sichern können, was das Land und die Nation zerstören würden. Das ist sein schwerster Vorwurf, den er ganz im Stil von Oswald Spengler („Der Untergang des Abendlandes", 1922) erhebt.

Harris kontert mit ihrem schwersten Geschütz, dass Trump „uns" einen „Angriff auf die Demokratie" hinterlassen hat, wie „seit dem civil war nicht mehr". Sie thematisiert den 6. Januar 2021, während Trump hier ausweicht und die Schuld auf Nancy Pelosi schiebt. Das ist sein schwächster Punkt.

Trump greift Harris und Walz als „radikale Linke" an, vor allem in der Abtreibungsfrage. Darüber hinaus sei Harris eine „Marxistin", deren Vater schon als „Professor für Ökonomie Marxist gewesen sei". Will er damit gegen ihre Kompetenz auf dem Feld der Wirtschaft punkten?

Harris verteidigt das „Recht der Frauen auf ihren eigenen Körper". Sie wird damit bei den Frauen und jungen Familien auf Sympathien stoßen. Trump markiert demgegenüber den starken Mann (Unternehmer), der unfähige Mitarbeiter sofort „feuert", was die Biden-Regierung nicht tue, die eine schlechte Regierung sei. Den Rückzug aus Afghanistan bezeichnet er als den „schlimmsten in der amerikanischen Geschichte". Damit hat er recht.

Die Außenpolitik spielt zwar nicht die Hauptrolle im amerikanischen Wahlkampf, aber wenn es um Kriege geht, kann sich das schnell ändern. Trump behauptet, nicht nur den Ukraine-Krieg schnell beenden zu können, er ist auch davon überzeugt, dass Putin ihn während seiner Amtszeit gar nicht begonnen hätte. Als Kronzeugen zitiert er den ungarischen Ministerpräsidenten

Orban, der wisse, dass Russland, China und Nordkorea sich vor ihm fürchten würden.

Harris bezeichnet er in diesem Zusammenhang nicht nur als schlechte „Verhandlerin", sondern zugleich explizit, besonders infam als „Israel-Hasserin". Zudem wirft er Biden Versagen im Verhältnis zum Iran vor, welcher die ganze Nahost-Region bedrohe. Harris wiederum knüpft an ihre Rede auf dem Bürgenstock an, wo sie im Beisein Selenskis Präsident Biden vertrat (15./16. Juni).

Sie setzt sich für eine konsequente Unterstützung der Ukraine ein, die Putin in die Schranken weist, damit er nicht auch noch Polen und andere europäische Staaten überfällt.

Mit dieser Linie, die sie glaubwürdig vertritt, zieht sie natürlich die polnisch-stämmige Minderheit in Pennsylvania auf ihre Seite.

Trump schürt demgegenüber Ängste, vor allem bei der Einwanderung und der fehlenden Grenzmauer: „Wir werden eine Bananenrepublik", aber auch in Bezug auf die Wirtschaft (Inflation, Jobs, Automobilindustrie, Öl, Wohlstandsverluste) und den Krieg mit Russland: „Biden und Harris werden uns in den 3. Weltkrieg führen". Ausdrücklich weist er darauf hin, dass Russland über „Atomwaffen" verfüge. Wie weit diese Politik der Angst, der wichtigsten politischen Emotion, bei den Wählern verfängt, ist schwer zu sagen.

Niedergang, Great again oder Mitte-orientiert?

Harris will das gespaltene Land wieder versöhnen Sie bietet eine „neue Art der Führung" an und hat einen „Plan für junge Familien". Wie ihre konkreten ‚Pläne' ankommen, wird sich allerdings noch zeigen müssen in der kommenden Wahlkampfphase. Die grundsätzliche Ausrichtung indessen ist klar: Harris argumentiert insgesamt zur Mitte hin orientiert. Sie glaubt an Amerika, auch daran, dass es das „beste Militär der Welt hat". Sie will Amerika als Führungsnation im Bündnis der freien Welt stärken.

Damit macht sie den Republikanern den Alleinvertretungsanspruch auf die *patriotische Republik* streitig. Das ist richtig und wichtig. Zugleich verteidigt sie damit die Demokratie gegen den Trumpismus. Mit dieser Vision von Amerika kann das Land wieder einen „neuen Weg nach vorn" finden, der nicht überschwänglich utopisch ist, sondern pragmatisch, indem er den Gegebenheiten innen- wie außenpolitisch Rechnung trägt. Obamas Hope ist noch einmal *nüchterner* geworden.

Trump hingegen zeichnet ein *„Land im Niedergang"* im Kontrast zur Größe seines eigenen grandiosen Selbst, das als Präsident das Land wieder groß machen würde. Trump argumentiert, wie man ihn kennt. Für seine Anhänger ist er zu einem Mythos geworden, der sogar mit gefährlichen Andeutungen bei einer Machtübernahme spielt. Der Wahlkampf ist noch nicht entschieden und böse Überraschungen sind bis zum 20. Januar 2025 nicht auszuschließen.

Harris hat beim TV-Duell einen überraschend guten Auftritt hingelegt, aber sie hat damit noch nicht gewonnen. Ob sie bei der Wirtschaft punkten kann, bleibt offen. Wie sich der Krieg der Nato gegen Russland weiterentwickeln wird, ebenso. Die USA ist ein Gemeinwesen geworden, welches dem *Parteienstreit* verfallen ist. Die *Mitte* gibt es nicht mehr, wenn dieser alles verschlingt.

Der Twitter-Präsident spricht von „übergriffiger Justiz" und einer „Hexenjagd" gegen ihn. Ausgerechnet er, der noch nicht einmal ein Minimaldemokrat ist, der zuverlässig Wahlergebnisse akzeptiert, sieht sich als „Retter der Demokratie", der für sie beinahe umgebracht worden ist, angestiftet durch die scharfe politische Rhetorik der Demokraten. Ob er mit dieser fatalen Umkehrung bei den amerikanischen Wählern durchkommt, das ist die Frage. Nur sie können durch ein deutliches Ergebnis ihre Demokratie verteidigen.

23. September 2024

Schicksalswahl in Brandenburg 2024?

Wenn Ministerpräsident Dietmar Woidke von „Schicksalswahl" sprach, bezog er sich auf seine Wiederwahl nach 11 Jahren Regierungstätigkeit, zuletzt mit der sogenannten Kenia-Koalition.

Das heißt, mit den Koalitionspartnern Grün und Schwarz, was eine durchaus ungewöhnliche und schwierige Koalition ist, genauso wie Rot-Grün-Gelb im Bund. Dreier-Koalitionen, die regieren, gibt es noch nicht lange in der Bundesrepublik: vor ‚Kenia war Jamaika', welches die FDP im Bund mit Merkel ablehnte. Die Ampel-Koalition war die erste gewichtige Dreier-Koalition im 21. Jahrhundert. Das Experiment Fortschritt geht weiter.

„Lieber nicht regieren als schlecht", heißt seitdem ein geflügeltes Wort. Die größte Angst indessen ist im bundesrepublikanischen Parteienstaat die „Unregierbarkeit", vor allem für die staatstragenden Kanzlerparteien CDU und SPD. Über demokratisches Regieren wird weniger nachgedacht, was mit einer tief sitzenden Demophobie einhergeht. Eher peilt man wieder eine geläuterte Große Koalition an. In diesem Korsett bewegt sich die (Partei-)Politik, und leider auch das politische Denken.

Bei den letzten Wahlen konnte Woidke dank seines großen persönlichen Einsatzes noch einmal abwehren, dass die AfD stärkste Kraft in diesem traditionell starken SPD-Land Brandenburg werden konnte. Sie regiert hier ununterbrochen seit Manfred Stolpe 1990 bis 2002, dem Gründungs- und Landesvater, und Matthias Platzeck 2002 bis 2013, der sein Zögling war. Im Westen kann damit nur Bremen gleichziehen.

Von Schicksalswahl muss Woidke 2024 auch deshalb sprechen, weil die AfD mit ihrem radikalen Spitzenmann Berndt zwei Wochen vor der Wahl noch mit vier Punkten vor der SPD liegt, obwohl diese seit Herbst 2023 gewaltig aufgeholt hatte.

Eine große Überraschung sodann ist die Nachricht 9 Tage vor der Wahl: Die SPD liegt nur noch einen Punkt hinter der AfD (26 % zu 27 %), ein paar Tage später ist der Abstand schon wieder größer geworden (3 Punkte). Beide Umfragen, die eine Fehlertoleranz von 3 % haben, motivieren noch ein letztes Mal. Die SPD agiert zusehends verzweifelter: „Wenn Glatze, dann Woidke". Sie setzt voll auf Woidke, „unseren Ministerpräsidenten", denn „es geht um Brandenburg". Der Plakatspruch „Wer Woidke will, wählt SPD", trifft ins Schwarze.

Umfragen, die sich jagen, sind das eine, motivierender Wahlkampf das andere. Der bodenständige Woidke aus Forst setzt ganz auf Sieg! Auch bei einem knappen Erfolg der AfD, von dem auszugehen war, will er hinschmeißen, wenngleich man argumentieren kann und muss, dass er mit großem Abstand die Direktwahl als Ministerpräsident gewinnen würde. Das ist zweifellos ein großes demokratisches Verdienst, aus dem politische Verpflichtungen erwachsen können.

Der Stand am 15. September lautet: 55 % für Woidke, Redmann 11 %, 7 % Berndt und Crumbach (BSW) 1 %. 73 Prozent der Wahlberechtigten haben ihre Entscheidung schon gefällt, 27 Prozent noch nicht. Die Briefwahl, von der immer mehr Gebrauch machen, begann schon früher. Ein Drittel hat sie beantragt. 100.000 Jugendliche ab 16 Jahren sind erstmals wahlberechtigt.

Dieser Befund setzt alle Wahlkämpfer bis zuletzt noch einmal unter Druck, alles zu geben. Es kommt jetzt buchstäblich auf jede Stimme an! Aus der bloßen Redensart ist Ernst geworden. „ES IST NICHT EGAL!" (Brandenburg zeigt Haltung!), die Bewegung, die auffordert, wählen zu gehen und demokratische Parteien zu wählen, war noch nie so breit und sichtbar im Land.

Woidke und die zivilgesellschaftliche Bewegung gegen die Rechtsradikalisierung der AfD, die im Herbst 2023 noch über 30 % lag, ist Motor dieses überraschenden Aufholprozesses. Viele schöpfen mit ihm noch einmal Hoffnung. Das sind die Kräfte, die mobilisieren.

Es ist nicht einfach naiver ‚Optimismus', der davon überzeugt ist, dass es (immer) besser wird, zumal die Regierungskonstellation nach der Wahl ohnehin schwierig werden könnte, ähnlich, wenn auch auf andere Weise, wie in Sachsen und Thüringen.

Schließlich kann man auch von einer Schicksalswahl für die SPD und die regierende Ampelkoalition sprechen, nach den desaströs verlorenen Wahlen in Sachsen und Thüringen. Sie sind in der Bevölkerung auf einem Tiefpunkt der Popularität angelangt und viele verlangen Neuwahlen, was freilich noch verheerendere Folgen für die Ampelparteien hätte. Das schweißt zusammen, bis zum nächsten Herbst durchzuhalten. Der Haushalt 2025 ist noch einmal zustande gekommen.

Eine nochmalige Niederlage in Brandenburg wird Konsequenzen für die SPD haben, auf Bundes- wie Landesebene, während die CDU bundesweit derzeit auf ein Rekordhoch von über 30 % steigt. Merz hat bereits vor dem 22. September seine Kanzlerkandidatur bekannt gegeben.

Woidke dagegen führt bewusst Wahlkampf ohne den unbeliebten Kanzler Scholz, der Potsdam im Bundestag vertritt. Die CDU tritt mit dem Spitzenpersonal aus Berlin auf, sie nutzt den bundespolitischen Rückenwind und kommt trotzdem nicht gegen Woidke an, der Jan Redmann von der CDU als Spitzenkandidat weit abgehängt hat. Zudem unterstützen prominente CDU-Politiker Woidke öffentlichkeitswirksam.

Rita Süssmuth zum Beispiel oder der letzte Innenminister der DDR und erste Fraktionsvorsitzende der CDU im Brandenburger Landtag Diestel (der 2013 ausgetreten ist). Er spottet über den 44-jährigen Spitzenmann Jan Redmann: „Ich könnte keinen Jüngling wählen, der besoffen Roller fährt und sich dabei erwischen lässt. Auch die Ausreden dieses jungen Mannes zu diesem Vorfall sind für einen künftigen Ministerpräsidenten despektierlich" (MAZ, 12.9.).

Am 21.9. treten Merz und Redmann zum Wahlkampfabschluss gemeinsam auf dem Bassinplatz auf: „Ampel aus. Vernunft ein!"; „Märkische Grenzpolizei jetzt!"; „Dr. Jan Redmann. Ihr Ministerpräsident" heißt es dort auf riesigen Plakaten.

Auch Ministerpräsident Kretschmer aus Sachsen unterstützt Woidke. Zur Gründung einer Medizinischen Fakultät in Cottbus sagt er: „Was ist das für ein Zukunftsanker, der da unter Dietmar Woidke in den Lausitzer Sand geschlagen wird!" (MAZ, 14./15. Sept.). Diese Ärzte-Ausbildung wie überhaupt die enge Zusammenarbeit in der Lausitz strahlt auf Sachsen aus. Dort verändert sich gerade viel. Siehe auch „Lausitz Magazin", Zeit für Veränderungen, Ausgabe 30, Sommer 2024.

Die Grünen mit ihrem schwer verständlichen Motto „MehrMuteinander" holen Baerbock, die in Potsdam wohnt, ins Land, in dem sie in der Breite schlecht verankert sind. Ihr Spitzenkandidat Benjamin Raschke: „Wie die Debatte um das Heizungsgesetz geführt worden ist, hat uns 15 Jahre Aufbauarbeit im ländlichen Raum auf einen Schlag zunichtegemacht" (tagesschau.de, 16.9.).

Die Grünen, welche mit den Ministern Vogel (Umwelt) und der Ärztin Nonnemacher (Gesundheit) verdienstvoll an der Regierung beteiligt waren, müssen um den Einzug in den Landtag zittern. Sie bauen auf das Direktmandat von Marie Schäffer, Geschäftsführerin der Landtagsfraktion, in der Potsdamer Innenstadt, welches von einer massiven Campact-Kampagne unterstützt wird: „Strategisch wählen, um die AfD auszubremsen", heißt es auf Instagram.

Dort trifft sie auf die Kultur- und Bildungsministerin Manja Schüle, welche die SPD unverständlicherweise auf Platz 32 ihrer Landesliste gesetzt hat. Beide Politikerinnen haben bereits bewiesen, was sie können. Die Parteien, das Parlament und das Land brauchen sie. Es gibt nicht genug davon.

Die Liberalen dagegen werden ziemlich sicher den Einzug in den Landtag verpassen, wie schon das letzte Mal, obwohl sie als kleines Grüppchen einen langen und fleißigen Wahlkampf geführt haben, der von Finanzminister Lindner in Potsdam und Cottbus unterstützt wurde. Es hilft aber der FDP auch der pfiffige Slogan von Landtagskandidat Braun nicht mehr: „Die letzte Proteststimme der Mitte". Sie kommt zu spät, zumal die liberale Mitte in Ostdeutschland nie richtig Fuß fassen konnte.

Auch ‚Die Linke', die vom BSW ausgezehrt worden ist, wird es wohl nicht schaffen, trotz „Robin Hood" aus Eberswalde mit Parolen wie „Leben ohne Not" und „Wohnen ohne Sorgen" – zu schön, um wahr zu sein. „Bauernland in Bauernhand", das erinnert zu sehr an die Versprechen der DDR. „Tesla ist nicht Brandenburg", das ist richtig. Aber ob die neuerliche „Wut auf den Kapitalismus" (in Gestalt von Elon Musk, dieses narzisstisch gestörten Spinners mit gefährlich großer Macht) zu einer „neuen linken Politik" führt, ist fraglich.

Da hilft es Sebastian Walter auch nicht, der ‚Die Linke' retten will, dass er aufs Tesla-Plakat hinzukleben lässt: „Aus Überzeugung Sozialist". Denn was heißt das heute? Ähnlich geht es den politischen Etiketten ‚konservativ', das in Deutschland nie mehr als ein Schimpfwort war, und ‚liberal', das verschiedene Facetten hat.

Das ist schade und schädlich für das Parlament, welches intellektuell verarmen wird, wenn all diese Stimmen fehlen. Die Grundmandatsklausel ist demokratietheoretisch wichtig. Die pragmatische ‚Linke' (ehemals PDS) hat in

Brandenburg als Verfassungspartei eine historisch konstruktive Rolle gespielt, und liberale Stimmen tun immer gut, nicht nur in der Wirtschaftspolitik.

Manfred Stolpe und Lothar Bisky waren die Väter des Brandenburger Wegs. Zu Recht und nicht ohne Stolz wurde in Brandenburg immer wieder – von verschiedenen Leuten – gesagt: „Brandenburg ist nicht Sachsen" (das von ‚König' Kurt Biedenkopf geprägt wurde) oder – ohne Bösartigkeit – etwa zur Zeit der Pegida-Bewegung, mit der die *große Verwirrung* begann: „Potsdam ist nicht Dresden". ‚Pogida' hatte 2016 keine Chance, aber Potsdam ist eine Insel.

Ein Witzbold schrieb auf ein übergroßes Plakat mit Woidke, das auf seine Körpergröße anspielt, „Brandenburg braucht Größe": „Sachsen annektieren". Und das auf dem ‚Platz der Einheit'! Witzig, aber kein Witz. Das ordentliche Ordnungsamt hat diese Spuren schnell wieder getilgt.

Für Woidke und die SPD hing auch einiges davon ab, wie die CDU, die nie einen starken Stand in Brandenburg hatte, abschneidet, die zwischenzeitlich fast gleichauf mit der SPD lag, welcher genauso wie den Grünen und der FDP, die „auf dem Sterbebett liegt", der Wind von der Bundesebene aus direkt ins Gesicht bläst.

Woidke vermeidet gemeinsame Auftritte mit Kanzler Scholz: „Es ist schon bitter, dass sich die Bundesregierung nach Außen so zerstritten darstellt, als bräuchte es gar keine Opposition mehr „(Woidke). Die CDU, die AfD und das BWS haben leichtes Spiel gegenüber der Bevölkerung, die zunehmend ihr Vertrauen in diese Politik verliert.

Das ist leider eine Tatsache, die sukzessive und messbar von Jahr zu Jahr an Gewicht dramatisch zunimmt. Dabei geht es vor allem um Zutrauen in die Parteien, Parlamente und Regierungen. Das offensichtliche *Staatsversagen* in den grundlegenden Bereichen Sicherheit und Infrastruktur färbt sodass zusätzlich auf die Politik ab, die neuzeitlich – und in der Moderne verstärkt – strukturell über den (Leistungs-) Staat läuft.

Scholz besucht gleichwohl Prenzlau auf Einladung des SPD-Bundestagsab-
geordneten Zierke, um sich dort einem Bürgerdialog in der Marienkirche zu
stellen. Er verteidigt die Grenzkontrollen, die in Polen empören, und die Waffenlieferungen an die Ukraine.

Für weitreichende Waffen, einschließlich des Taurus, erteilt er eine deutliche
Absage, auch in Zukunft, unabhängig davon, wie die Bündnispartner entscheiden, so Scholz wörtlich.

Am 14. September vertagen Biden und der britische Premierminister Starmer
in Washington diese buchstäblich weitreichende Entscheidung, welche die
„Natur des Krieges" (Putin) verändern würde. Das BSW vor allem, aber auch
die AfD gehen mit solchen bundespolitischen Themen in den Wahlkampf, die
in Ostdeutschland auf eine verbreitet nato-kritische und antiamerikanische
Stimmungslage treffen.

Wagenknecht gibt nicht nur der Wirtschaft, Sicherheit und Bildung „wieder
eine Heimat", sondern auch dem Frieden. Neulich ergänzte sie auf den Plakaten: „Weil aus Kriegsrhetorik Krieg entsteht". Der Vorwurf des „Bellizismus"
ist jedoch falsch, gleich ob er von Wagenknecht oder Habermas stammt.

Es „heimatet" gerade sehr in Deutschland, nachdem lange Zeit zuvor die
Heimat (als selbstverständlicher Bezug für die meisten) als ‚rechts' und ‚reaktionär' politisch diskreditiert wurde. Ein Hype jagt den anderen in unserer
schnellen und flüchtigen Mediengesellschaft. Selbst der gesunde Menschenverstand, der als Potential allen gleichermaßen gehört, gilt als "rechts'. In
diesem Diskurs-Deutschland wird man geisteskrank.

Gleichentags veranstaltet die AfD ein Sommerfest in Prenzlau und eine Demo
gegen Scholz mit Sprechchören „Scholz muss weg" (Tagesspiegel 14.9.). Das
kennen wir seit „Merkel muss weg", verbunden mit gewalttätigen Symbolen
des Protests wie Häftlingskleidung und Galgen. Alexander Gauland, der 40
Jahre in der CDU war, sprach 2017 als erster davon: „Wir werden sie jagen."
Seitdem ist der Appetit größer geworden.

Es gibt eben Protest und Protest, hier gilt es genau wahrzunehmen und zu unterscheiden, sonst verlieren wir jede politische Kultur, nicht nur die Protestkultur. „Nazis wählen ist kein Protest".

Vieles jedoch liegt nicht in unserer Macht.

Aber für die Sprache, auch die politische Sprache sowie die Urteilskraft und das Unterscheidungsvermögen tragen wir eine *Verantwortung*. Auch zwischen Populisten, mit denen man sich demokratisch auseinandersetzen muss, und Extremisten, deren Gefährlichkeit man kennen sollte, ist zu unterscheiden.

Diesmal also wird die Wahl in Brandenburg besonders spannend, schwierig und knapp. Man guckt auf dieses Bundesland, wie selten zuvor. Das ist den meisten durchaus bewusst, der Wahlkampf wird deshalb von den Parteien intensiv geführt. Zwei Wochen bevor die Wahllokale schließen, ist noch vieles offen trotz oder wegen aller Umfragen.

Es wird breit politisiert und leidenschaftlich gestritten, auch in der Zivilgesellschaft (für das Wählen, „Brandenburg zeigt Haltung", und gegen die AfD) und der Wirtschaft, die sich seit 2023 deutlich und engagiert gegen die AfD positioniert. Der Industrieverband UVB bezeichnete jüngst die Partei als „wirtschaftsfeindlich". Er ist *Teil* des Bündnisses „Brandenburg zeigt Haltung".

Die Wirtschaft fürchtet, genauso wie die Wissenschaft und die Hochschulen, einen Standortnachteil und Imageverlust für das Land bei einem Erfolg der ausländerfeindlichen AfD. Tatsächlich wird man im Ausland ständig darauf angesprochen. Auch die Auswanderung aus Ostdeutschland wird wieder häufiger erwogen.

Die Situation wirkt aufgeheizt und angespannt. Politische (liberale) Apathie ist nicht der vorherrschende Gemütszustand, eher das Gegenteil: Aufgeregtheit, Aggression und Wut. Die Politik der Emotionen spielt eine Hauptrolle. Die sachliche Diskussion hat es schwer gegen die gefühlte Stimmungslage, wenn man sich wirklich ins Handgemenge begibt. Und dieses Bürger-‚Gespräch' darf nicht abbrechen, sondern muss vielmehr gesucht werden. Und dabei viel reden lassen und zuhören. Reden sollte man mit allen, solange sie einem einen menschlichen Grundrespekt entgegenbringen.

Der Staat scheint gerade zu versagen im gewohnt gut funktionierenden Deutschland." Die Carolabrücke in Dresden wird zum Sinnbild" (NZZ, 16. September, S.1). „Ist auch Potsdams Lange Brücke in Gefahr?" (MAZ, 14./15. September, S.15). 17 Brücken in Brandenburg erhalten die Note „ungenügend". Dazu die Krise bei ‚Volkswagen', dem exemplarischen deutschen Gesellschaftsmodell im Kleinen, die tiefer geht als politische Ereignisse. Dazu kommen die Kriegsdrohung und die Naturkatastrophen. Polykrise ist zu wenig gesagt für die Lage, in der wir uns tatsächlich befinden.

Gleichzeitig der Vormarsch der Rechten in Europa, der sich schon lange angekündigt hat und mehrere Ursachen hat. Eine Hauptursache ist sicher die Migrationskrise, für die Rechten ist es die *Mutter aller Krisen*. Auch für die Brandenburger ist dies das wichtigste Thema, das sie seit Langem umtreibt und spürbare Probleme vor Ort verursacht.

Für den Spitzenkandidaten der AfD, den 68-jährigen ehemaligen Laborarzt Dr. Berndt, ist der „große Bevölkerungstausch" (Renand Camus 2011) keine Verschwörungserzählung, sondern eine Realität und eine Politik ‚globalistischer Eliten'. Der deutsch-französische Begriffs- und Ideentransfer ist schon lange in vollem Gange (die ‚Identitären' sind 2012 gegründet worden, und die Nouvelle Droite existiert seit den 80er Jahren).

Die Ideenschmiede auf dem Rittergut in Schnellroda (Sachsen-Anhalt) übersetzt fleißig (‚Antaios') und hält wirkungsvolle Seminare ab (‚Institut für Staatspolitik'). Vor Jürgen Elsässer (Compact) hat sich Berndt im Namen der Meinungsfreiheit sofort hingestellt. Das überraschende Verbot durch die Bundesinnenministerin, das vor Gericht keinen Bestand hatte, war Wahlkampfhilfe für die AfD.

Der katholisch geprägte Berndt spricht von der „Hölle der Vielfalt". Die Regenbogenfahnen vor öffentlichen Gebäuden würde er sofort gegen Schwarz-Rot-Gold eintauschen. Erst 2018 ist er in die Partei eingetreten. Er kommt von der Politik der Straße her (Pegida, Zukunft Heimat). Als gelernter DDR-Bürger bezeichnet er den Verfassungsschutz als „Stasi 2.0". Mit Wagenknecht teilt er die Diagnose von den „engen Meinungskorridoren".

Die AfD würde den Verfassungsschutz und das Handlungskonzept ‚Tolerantes Brandenburg', das es seit 1998 gibt, sofort abschaffen, wenn sie es könnte. „Das Tolerante Brandenburg ist institutionalisierte Intoleranz unter der Regie des Ministerpräsidenten" (Berndt, 3.9.). Damit machen sie Wahlkampf „für die hart arbeitende Bevölkerung", der verfängt, dort, wo sie unter sich bleiben, und das ist meistens der Fall.

Man muss sich deshalb nicht wundern, wenn ihre Zahl der Wähler steigt und in gewissen Gegenden sogar exorbitant hoch ist. In solchen Veranstaltungen dominieren Parolen wie „Deutschland den Deutschen" und nicht Argumente, womit Echoräume beschallt werden. Diskussionen mit anderen Positionen dagegen werden gemieden, deshalb verließ Berndt frühzeitig den PNN-Wahltalk im Hans-Otto-Theater mit 400 Zuhörern.

Ist also Wagenknecht die „Systemsprengerin" (Spiegel)? Freilich nur, was das hergebrachte Parteiensystem angeht. Woidke nannte das BSW, das nicht mehr lange so heißen wird, eine Blackbox, mit der er nicht verhandeln werde. Der Spitzenkandidat Crumbach, ein Arbeitsrichter, der 40 Jahre in der SPD war, müsste ihm bekannt sein. Das kommunalpolitische Schwergewicht Hans-Jürgen Scharfenberg, der für die PDS und ‚Die Linke' 2004 bis 2019 im Landtag war, ebenso. Der 70jährige kann es nicht lassen.

Am 18. September, als die populäre Sarah auf den Luisenplatz in Potsdam kam, hielt er die erste Rede. Er spricht die Potsdamer an, die den Platz füllen, und sieht eine enorme politische Entwicklung seit Beginn des Jahres. In der SVV sind sie schon wieder eine Fraktion. „Wir schaffen wieder Vertrauen in die Politik an sich" durch Friedenspolitik, soziale Gerechtigkeit und bürgerna-he Verwaltung. Klar ist für Scharfenberg auch: „Keine Erststimme für die AfD".

Crumbach gilt als ruhig, zuverlässig und vertrauensvoll. Scharfenberg wirbt für den Spitzenkandidaten des BSW, obwohl sie aus verschiedenen Parteien kommen. 15 % will man am Sonntag gemeinsam erreichen, das sei eine große Entscheidung für die Landespolitik. Crumbach als Kriegsdienstverwei-gerer liegt nicht nur „die Friedenspolitik am Herzen", er will sich auch nicht damit abfinden, dass „Bildung, Berufsausbildung, Krankenhäuser und Woh-nungspolitik immer schlechter werden". Wir werden von „Dilettanten" regiert, sagt er.

In der langen kämpferischen Rede von Wagenknecht schließlich wird klar, was die Landes- und Bundesausrichtung des BSW ist. Die SPD wird scharf von links attackiert: Diese überlässt die zentralen gemeinnützigen Politikfelder dem Renditedenken: Rente, Gesundheit, Bildung und Wohnen. Wagenknecht knüpft zudem an die Friedensbewegung der 80er Jahre an mit einer ebenso scharfen Kritik an den „arroganten und heuchlerischen Grünen": „Petra Kel-ly würde sich im Grabe umdrehen". Außerdem verteidigt sie die „Ossis, die falsch wählen würden."

Nicht nur außenpolitisch gibt es Überschneidungen mit der AfD, welche das BSW als Konkurrenz sieht. So will auch Crumbach den Verfassungs-Treue-Check abschaffen, den die Kenia-Koalition eingeführt hat. Ansonsten hält sich der Spitzenkandidat zurück, der wie Wagenknecht und die Linke überhaupt die Stationierung amerikanischer Raketen in Brandenburg ablehnt. Das sind seine zwei Bedingungen für eine Koalition.

22. September

Auffällig an diesem Wahlkampf war die Fixierung auf die Person Woidke, einschließlich phänotypischer Eigenschaften wie Körpergröße und Glatze so-wie die Fixierung auf die AfD, um eine „faschistische Agenda zu verhindern" (Campact).

Die Kampagnenplattform, die von Kleinspenden lebt, unterstützte deshalb Direktkandidaten mit 186.000 Euro, darunter auch den direktdemokratisch aktiven Peter Vida von den Freien Wählern (die „Orangen") in Bernau. Strategisch geht es darum, die Sperrminorität bei einem Drittel der Mandate für die AfD zu verhindern.

In Sachsen hat es funktioniert, in Thüringen nicht, wo die Resultate noch schlechter waren als die Prognosen. Der wichtige Posten des Landtagspräsidenten muss von der stärksten Fraktion gestellt werden, und das ist die AfD. Außer, man ändert noch einmal die Geschäftsordnung. Was werden die AfD-Wähler demokratietheoretisch darüber denken?

Dass Woidke, wie angekündigt, hinschmeißt, wenn er in Brandenburg nicht Platz 1 erreicht, war herausfordernd, aber keine bequeme Situation weder für die SPD noch das Land. Die brandenburgische SPD wäre auf einen Übergang nicht vorbereitet gewesen.

Aber Woidke gewann in letzter Minute mit seiner mutigen Entscheidung und einem aufreibenden Wahlkampf. Die brandenburgische SPD kämpfte stark und klug. Der Aufholprozess seit dem Sommer war gewaltig und zeigt, was motivierende Wahlkämpfe, populäre Politiker und entschlossen-geschlossene demokratische Parteien vermögen.

Auch das zivilgesellschaftliche Engagement von ‚Brandenburg zeigt Haltung': „Demokratie braucht keine Alternative!" war breit und ging in die Fläche des Landes. So viel demokratische Mitte war selten, was hoffentlich seine Spuren hinterlässt. Die Wahlbeteiligung war mit über 70 % hoch, und die große Wählerwanderung von Nichtwählern zur SPD erfreulich.

Die AfD verschärfte mit dem Führungstrio Berndt, Springer und Hohloch ihren Kurs: „AfD jetzt", sie wollte an die Regierung und gewinnt bei den Jungen, wo sie auch die U-16-Wahlen mit Abstand gewinnt (2019 noch 3. Platz), kräftig hinzu. Die Feststellung „gesichert rechtsextremistisch" schreckt sie nicht.

Diese Tendenz wurde schon bei den Wahlen 2019, die eine Zäsur waren, deutlich, hat aber niemanden gekümmert. Eher lässt man das Kind in den Brunnen fallen. Und dann wird geradezu hysterisch reagiert, schrill, schnell und oberflächlich mit krassen historischen Analogien, statt sich auf die neuen Phänomene (deskriptiv) und Realitäten (analytisch) genauer einzulassen und das kontinuierlich. Den Tiger muss man reiten, man kann ihm nicht ausweichen.

Die demokratischen Parteien haben viel aufzuarbeiten, bevor sie wieder zur Tagesordnung übergehen. Die SPD hat zwar zugelegt, die AfD aber auch. AfD und BSW kommen zusammen auf mehr als 40 % der Stimmen. Die Parteienbindungen werden immer schwächer, und sie genießen in der Demokratie keinen Bestandsschutz. Die Linke und die Grünen sind abgestürzt, und die CDU hat ihr bisher schlechtestes Ergebnis erzielt. Die FDP hat den Einzug in den Landtag wieder mehr als deutlich verpasst.

Das eigentlich sensationelle Resultat hat das BSW erreicht, das nach 5 Monaten der Gründung und mit wenig Personal aus dem Stand zweistellig wurde. Dies sagt viel aus über den realen Zustand der *Parteiendemokratie*, die in der Krise und gleichzeitig im Umbruch begriffen ist. Deswegen steht nicht schon der Faschismus vor der Tür. Das kennen wir seit Längerem aus Italien, Frankreich und anderen Ländern, der Vergleich ist lehrreich und ernüchternd.

Herbst der großen Entscheidungen

Biden will noch feste Pflöcke einschlagen, bevor seine Amtszeit in drei Monaten endet. „Es war eine der obersten Prioritäten meiner Regierung, der Ukraine die Unterstützung zukommen zu lassen, die sie braucht, um zu siegen."

Harris, die noch ein Leichtgewicht ist, wird diese Linie fortsetzen, woran kein Zweifel besteht. Wenn hingegen Trump am 5. November Präsident wird, sind diese Pläne Makulatur. Es steht also viel auf dem Spiel bei den amerikanischen Präsidentschaftswahlen. Die großen strategischen Entscheidungen für die ‚westliche' Weltpolitik werden ohnehin in Washington gefällt. Die Machtverhältnisse im Weißen Haus und im Kongress sind jedoch noch nicht geklärt.

Trump will einen Deal zwischen Selenski und Putin, um einen „Kompromissfrieden" zu erreichen. Er will wie ein Geschäftsmann und nicht wie ein leidenschaftlicher Politiker, der für seine Sache kämpft, verhandeln, der auch Gebiete abtritt, wenn er dafür etwas bekommt. Das verstößt gegen die territoriale Integrität, wofür die Ukrainer kämpfen. Trump aber sagt: „Jeder Deal wäre besser gewesen als das, was wir jetzt haben."

Die MAGA-Republikaner, die ihn umgeben, sind keine Freunde der Ukraine. Das neue Treffen findet am 27. September im Trump Tower, seinem Statussymbol, statt, nachdem er Selenski zuvor in North Carolina gedemütigt hatte, indem er ihm vorwarf, Milliarden nach Hause zu nehmen, ohne zu einem Deal bereit zu sein.

Was kann also aus diesem Gespräch herauskommen, bei dem Trump zu Beginn wieder einmal mehr nur über sich selbst spricht (das gescheiterte Impeachment-Verfahren)? Ein realistischeres Bild der Ukraine? Auf persönlicher wie sachlicher Ebene resultierte offenbar wenig, wie ein nachträgliches Interview auf Fox News zeigt.

Selenski erläuterte vor der Uno, dass man „Putin zum Frieden zwingen müsse": ein ‚Siegfrieden', der nachhaltig ist, deswegen ein Friedensplan als „Siegesplan". Er will die Zusage vom amerikanischen Präsidenten für den Einsatz westlicher Langstreckenwaffen gegen Russland, nach dem Angriff auf Kursk, der Putin überrascht hatte. Wird der Siegesplan zur „doppelten Niederlage"?

Geht es also weiter nach dem Muster der westlichen Unterstützung „zu spät und zu wenig"? Einen Abnützungskrieg wird die Ukraine verlieren. Selenski aber will Russland „auf dem Schlachtfeld besiegen", wo sich Russland für unbesiegbar wähnt und mit ihm die ganze Welt. So erklärte es jüngst auch der kasachische Präsident gegenüber Kanzler Scholz. Wie schon Bismarck wusste, wird Russland entweder überschätzt oder unterschätzt. Das ist wieder die historische Schlüssel-Frage, die schwierig zu beantworten ist.

Die chinesisch-brasilianische Friedensinitiative, die den Krieg entlang der aktuellen Fronten einfrieren will, lehnt die kämpfende Ukraine ab, genauso wie Russland auf den „neuen geopolitischen Realitäten" (Putin, Lawrow, Peskow) beharrt. Daran hat sich im Grunde nichts geändert, seitdem die vier ukrainischen Regionen Ende September 2022 in Moskau der Russischen Föderation zugeschlagen worden sind.

Gespräche mit Putin hält Selenski, nach allem, was geschehen ist, für zwecklos. Sein Siegesplan, den er Präsident Biden vorstellen will, ist vielleicht die letzte Chance für die Ukraine. Dafür putzt er sämtliche Klinken bei seinem Amerikabesuch im September und rennt zwischen dem Kapitol, dem Weißen Haus und New York hin und her. Auch die Zusage zum NATO-Beitritt, die er seit Langem hartnäckig fordert, bleibt ihm während der Zeit des Krieges weiterhin verwehrt.

Amerikanische Geheimdienste sind überdies in Sorge vor russischen Reaktionen nach Angriffen auf Flughäfen und Munitionsdepots. Die Einsätze der gefährlichen Gleitbomben zumindest will man aber abwehren können. Russland hat diese Angriffe auf Charkiv und Cherson noch einmal ausgeweitet.

Die Zerstörung der Infrastruktur im Hinblick auf den kommenden schweren Winter wird systematisch intensiviert. Dazu kommt die dramatische militärische Lage im Donbass, wo die Festungsstadt Wuhledar vor dem Fall steht.

Derweil droht Putin, der Truppenstärke und Militärhaushalt noch einmal aufgestockt hat, schon wieder mit Atomwaffen, indem er öffentlich deren neue Einsatzdoktrin verkündet. Demnach können sie auch bei einem konventionellen Krieg, der Russland bedroht, eingesetzt werden, wenn Atommächte diesen unterstützen. Ob sie ihm militärisch nützen werden, ist wieder eine andere Frage. Einen konventionellen Krieg gegen die NATO würde er jedenfalls verlieren. Da kann Europa sicher sein.

Schon vor dem Eintreffen von Selenski in den USA gewährt Biden milliardenschwere, großzügige Militärhilfen, einschließlich Gleitbomben und Streumunition. Zudem lädt er zu einem Treffen in Ramstein ein, wenn er am 10. Oktober zum ersten Mal Deutschland besucht. Nicht Scholz lädt die 50 Unterstützerländer der Kontaktgruppe ein, sondern das Weiße Haus. Das ist bezeichnend.

Bidens Vermächtnis als vielleicht letzter großer Transatlantiker ist der Multilateralismus, obwohl er durch die Kriege in der Ukraine und im Nahen Osten gescheitert ist. In seiner letzten Rede vor der UNO (25.9.) redet er gegen den amerikanischen Isolationismus an, den Trumps MAGA-Republikaner vertreten.

Diese Debatte zieht sich durch die ganze amerikanische Geschichte und hat enorme Bedeutung für die Probleme der heutigen Weltpolitik. „Wir befinden uns an einem Wendepunkt", sagt Biden völlig zu Recht.

Der 81-jährige Biden nutzt die 79. Generaldebatte der Uno in New York, um ein halbes Jahrhundert Weltpolitik aus amerikanischer Sicht Revue passieren zu lassen – von Vietnam bis heute. Er argumentiert aus Erfahrung und bekräftigt seinen nicht-defaitistischen Glauben an multilaterale Lösungen trotz ihres aktuellen Scheiterns.

Er redet damit gegen den Isolationismus an, den Trump und seine Republikaner gegenwärtig mit viel Resonanz ansprechen. „Putins Krieg ist gescheitert!", ruft Biden aus, während die Situation im Nahen Osten von Tag zu Tag eskaliert.

Überall setzt er auf Dialog und Zusammenarbeit, auch in Bezug auf China, das gleichzeitig eine Interkontinentalrakete testet, was auch ein Signal ist. Nach seiner Erfahrung sind persönliche Beziehungen auch in der Weltpolitik wichtig (siehe auch den Blog „Krisenkommunikation auf höchster Ebene" vom 15. November 2023).

Er will noch einmal, mit letzter Kraft, sein Gewicht, das Harris noch nicht hat, in die Waagschale werfen. Das beweist auch sein Deutschlandbesuch am 10. Oktober und die militärpolitische Zusammenkunft in Ramstein.

Vor dem ‚Irak-Syndrom' kannten die USA bereits das ‚Vietnam-Syndrom'. Bush Senior sah den 1. Irakkrieg gegen Kuwait noch als Heilung an für eine amerikanisch geprägte Weltordnung, ja eine neue friedliche Weltordnung nach dem Kalten Krieg (NZZ, 5. Mai 2024).

Aber das *Irak-Syndrom* nach der Invasion von 2003 lässt sich nicht so schnell heilen, obwohl der Vietnamkrieg sehr viel mehr Opfer forderte (58.000). Diese Invasion hat die Weltpolitik tiefgreifend, mit Folgen bis heute verändert: „Die Intervention hat die Glaubwürdigkeit und Legitimität als internationale Führungsmacht ausgehöhlt", so der Politologe Michael Mazarr (in NZZ, a. a. O.). Das Echo ist in den heutigen Debatten über die Ukraine hör- und spürbar. Länder im Globalen Süden argumentieren: Der russische Einmarsch gefällt uns nicht, „aber was wollt ihr uns über die Illegitimität von Invasionen belehren, wenn ihr selbst zu solchen bereit seid, wenn es euch passt" (Brasilien, Südafrika, Indien, Indonesien).

Auch innenpolitisch haben die Kriege im Irak und Afghanistan zu „populistischen Überreaktionen" gegen die amerikanische Führungsrolle in der Welt geführt (Mazarr, a. a. O.). Obwohl es sich beim Ukraine-Krieg um einen völkerrechtlich zulässigen Verteidigungskrieg und das Überleben einer selbstbestimmten Nation handelt, wuchs der Widerstand vor allem in den Reihen der Republikaner. Trump wie DeSantis sahen ihn als „europäisches Problem".

Im schlechtesten Szenario könnte deshalb das Kalkül von Putin und seinen Einflüsterern aufgehen, und der politische Westen würde bei einer Niederlage der Ukraine auseinanderbrechen. Biden und die westlichen Hauptstädte behindern jedenfalls ein weitergehendes Engagement und eine konsequente Aufrüstung der Ukraine, das sie selbst nicht kompensieren kann. Biden versucht noch zu führen, er ist schwach, Europa aber ist führungslos.

Nach einer Niederlage der Ukraine könnte die NATO auseinanderbrechen. Sichtbar würde, wie unterschiedlich die Orientierungen und Interessen innerhalb der NATO sind. Die historisch gewachsenen (und reflektierbaren) „heiligen Verpflichtungen" des wehrfähigen Beistandsbündnisses wären dann tot. Russland würde zu einer europäischen Macht, und Deutschland, Frankreich, Ungarn, Serbien und die Slowakei könnten ihre Russland-Nähe offen zum Ausdruck bringen: innenpolitisch wird bereits darum gerungen.

Die USA können ihren Konflikt mit China auch ohne Europa mit ihren fernöstlichen Verbündeten austragen. Japan wählt gerade einen Verteidigungsexperten zum Präsidenten. Südkorea, Australien, die Philippinen und andere wollen kräftig in die militärische Verteidigung investieren. China umstellt derweil mit Flugzeugträgern das demokratische Taiwan so, dass man kaum erkennen kann, ob es noch Training oder schon Krieg ist.

Ein knappes Rennen

Umfrageforscher sprechen vom knappsten Rennen seit Kennedy vs. Nixon (Welt, 2.10.). Präsident Jimmy Carter will seinen 100. Geburtstag noch erreichen, um Kamala Harris zur gewonnenen Präsidentschaft gratulieren zu können. Sie benötigt ein eindeutiges und deutliches Ergebnis.

Die ‚New York Times' spricht sich für Harris als einzig mögliche „patriotische Entscheidung" aus, ebenso ranghohe Militärs, berühmte Schauspieler und der Popstar Taylor Swift, die viele Follower hat. Wenn nur ein Teil davon ihr politisch folgt, etwa von der jüngeren Bevölkerung, ist das eine erhebliche Unterstützung, die im knappen Rennen ausschlaggebend werden kann. Ein klarer Vorsprung war bisher nicht erkennbar.

Auch die Republikaner haben Taylor Swift umworben. Nach dem Fernsehduell Trump/Harris hatte sie ihre Unterstützung für Harris gepostet mit einem Foto von sich und einer Katze auf dem Arm – ein Doppelschlag! Elon Musk wiederum, der Trump unterstützt, hat auf seine eigene krude Art darauf reagiert.

Jeder kleinste Teil, der im Wahlkampf über die eigenen zementierten und polarisierten Lager hinaus noch dazu gewonnen werden kann, könnte entscheidend werden. Das gilt vor allem für die eng umkämpften Swing States bezüglich des Electoral College. Das ‚popular vote' ist nicht ausschlaggebend, sondern das sogenannte Wahlmännerprinzip.

538 Wahlleute sind es insgesamt, 270 braucht es, um Präsident/in zu werden. In 7 Bundesstaaten wird es sich entscheiden, sagen die Demoskopen: Wisconsin, Michigan, Pennsylvania, Nevada, Georgia, Arizona, North Carolina. Wer in einem Bundesstaat die Mehrheit der Stimmen erhält, bekommt die Stimmen aller Delegierten des Staates.

Auch das zweite Fernsehduell am 2. Oktober zwischen den Vizepräsidenten Vance und Walz bestätigt noch einmal die Spitzenkandidaten. Beide werben wie Musterschüler für ihre Präsidentschaftskandidaten geradezu penetrant.

Es ist ein Duell um die Zurechnung von Leistungen und Versäumnissen von vier Jahren Trump-Präsidentschaft und drei Jahre Vizepräsidentschaft Harris. Darum vor allem dreht sich der verbale Schlagabtausch.

Natürlich war in den vier Jahren Trump alles besser und in den drei Jahren Harris alles schlechter. Das ist die Ausgangsprämisse der durchgängig schwachen wirtschafts- und gesellschaftspolitischen Argumentationen. Über die Zukunft wird wenig gesprochen.

Insbesondere die „Flut illegaler Einwanderer", die Krise aller Krisen für die Rechtspopulisten, hat Harris zu verantworten, was Vance, der Senator aus Ohio, ständig wiederholt. Während sie vieles nicht umsetzte, insbesondere die Mittelschichtförderung, die sie jetzt als ihr Programm ankündigt.

Ansonsten wird vieles lediglich nur andiskutiert und keineswegs ausdiskutiert. Walz, der Gouverneur von Minnesota, bringt immerhin das Argument, dass der Klimaschutz auch Arbeitsplätze schaffe. Das inhaltliche Niveau ist insgesamt schlecht, dafür ist zumindest das Diskussionsverhalten zivilisiert.

Präsident Biden erscheint außenpolitisch derzeit als ohnmächtiger Präsident – trotz aller diplomatischen Bemühungen – im eskalierenden Nahostkonflikt. Die erste Frage an Vance und Walz bei CBS News bezog sich schlagartig auf den iranischen Angriff auf Israel: „Würden sie einem Präventivschlag gegen den Iran zustimmen?" Netanjahu würde sich das wohl wünschen.

Israel – zu viel oder zu wenig Unterstützung? – spaltet Teile der amerikanischen Bevölkerung und beschäftigt sie intensiver als der Ukraine-Krieg, der im 90-minütigen Duell nicht ein einziges Mal erwähnt wurde. Er scheint geografisch weit weg – ein ‚europäisches' Problem?

Normalerweise überwiegen im Wahlkampf ohnehin innenpolitische Themen. Die akuten realen Kriege und aktuellen Kriegsbedrohungen (China, Nordkorea, Iran) bedeuten zurzeit indes größte Herausforderungen an die amerikanische Außenpolitik und ihre weltpolitischen Führungsqualitäten sowie militärischen Kapazitäten. Sie stehen an einem Scheideweg (Biden).

Der ehemalige Außenminister Pompeo (2018-2021) beispielsweise kritisierte, dass Biden die Abschreckung vernachlässigt habe. Und Vance streicht besonders hervor, dass es in der Amtszeit von Trump keine Kriege gegeben habe.

Ist also der ‚Dealmaker' Trump der Friedensbringer? Wer traut hier wem welche schnellen Konfliktlösungen zu? Biden erscheint schwach, Harris ist noch ein Leichtgewicht. Viel wird von ihren künftigen Beratern abhängen. Wer ist das? Was sind ihre Pläne und Strategien?

Inwieweit diese drängenden Fragen einen Einfluss auf die Entscheidungen der noch unentschiedenen Wähler und der Wechselwähler haben, wird offen und unkalkulierbar bleiben wie die Wirtschaftsfragen, bei denen Biden zum Glück keine schlechten Zahlen vorzuweisen hat. Da ist es nicht so erheblich, ob die angeblichen Pläne von Harris auf diesem Feld überzeugen oder nicht.

Eine neue inhaltliche Hoffnungsträgerin wie ehedem Obama ist Harris ohnehin nicht, sondern eher eine Projektionsfläche für alles, was man an Personen wie Trump, der in seiner Reality-TV-Show lebt, die mit Gesten überzeugt, nicht mag. Deshalb bleibt ihr Programm auch relativ vage und unausgearbeitet.

Das kann als Wahlkampfstrategie zur patriotischen Mitte hin, die nicht aneckt, durchaus verfangen und erfolgreich sein. Sogar Harris muss öffentlich bekunden, dass sie eine Waffe besitzt und auf Einbrecher schießen würde. Das Thema „sichere Schulen" nimmt nicht zufällig einen großen Raum ein in der Debatte zwischen Vance und Walz, die auf besorgte Eltern zielt.

Die Gewaltverhältnisse in der amerikanischen Gesellschaft, einschließlich der militärischen Waffen, die präsent sind (Trump ist mit einem Sturmgewehr angeschossen worden), sind brandgefährlich und bei anhaltender Polarisierung auch politisch mobilisierbar.

Fragen der Gesundheitsversorgung, der überteuerten Medikamente und fehlenden Wohnungen, der Steuerpolitik und der legalen Abtreibung stehen ebenfalls oben auf der Agenda der Demokraten. Gemeinsame Lösungen wird der Kongress finden müssen.

Der bodenständige „Coach Walz" als typischer Amerikaner aus dem mittleren Westen weiß das, weshalb er den aggressiven Rechten Vance moderater und smarter erscheinen lässt, als er ist.

Erst am Schluss der Debatte, als sie auf den historischen 6. Januar 2021 zu sprechen kommen, wird deutlich, dass er ein Trumpist ist, dem demokratisch nicht zu trauen ist. Das war objektiv und offenkundig auch schon der schwächste Punkt von Trump in seiner Auseinandersetzung mit Kamala Harris und bleibt es auch. Bidens Vermächtnis ist es, die Demokratie zu verteidigen.

Trump ist in dieser wichtigsten Frage ausgewichen (siehe den Blog vom 13. September). Vance dreht den Spieß sogar noch um, indem er seinerseits Harris und die Demokraten beschuldigt, die „Demokratie zu bedrohen", weil sie Zensur ausüben und die Meinungsfreiheit missachteten. Wer also sind die autoritären Demokraten? Vance ist ein Wolf im Schafspelz.

Chancen wollen sie alle schaffen, damit potenziell jeder den „amerikanischen Traum" (vom Eigenheim!?) erfüllen kann. Das ist die gängige Rhetorik. Auf eigene Erfahrungen und Beispiele (Walz erwähnt immer wieder Minnesota !) wird dabei stets eindringlich verwiesen. Vance benutzt seine Herkunft als Argument.

Bei den Demokraten finden sich zusätzlich Spitzen gegen die Reichen und Milliardäre um Trump. Walz sieht sich ausdrücklich als Politiker für die Mittelschicht, Vance der Milliardär, auch als Vertreter der Arbeiter und ihrer Arbeitsplätze. Aus Links ist Rechts geworden.

Kann ein Faschist amerikanischer Präsident werden?

Im Oktober häufen sich Stimmen, die eine Umkehrung des Meinungstrends zugunsten von Trump zu beobachten meinen. Vorher war es umgekehrt und die Euphorie, die Harris zu entfachen vermochte, wurde bewundert.

Sie euphorisierte zusätzlich und in Deutschland sah schon die überwiegende Mehrheit Harris als sichere Siegerin. Der Wunsch war Vater dieses Gedankens. Auch aus dem Fernsehduell ging sie als klare Siegerin hervor (siehe Blog vom 13.09.24). Da half es nicht viel, sich skeptisch an Hillary Clinton zu erinnern.

Mit inhaltlicher Kritik hielt man sich zurück, obwohl von Anfang an die Vagheit und Unausgereiftheit ihres Programms offensichtlich war. Inzwischen trauen mehr als die Hälfte der Amerikaner in Wirtschaftsfragen Trump mehr zu. Die Mittelschicht ist in Amerika ökonomisch unter Druck und verunsichert. Beim zweiten Hauptthema der illegalen Migration werden Harris zudem ständig – wie ein Trommelfeuer-Versagen als Vizepräsidentin zugerechnet.

Bei aller Euphorie und Unterstützung durch die Obamas war ihr realistischer Weg nach vorn bisher jedoch nicht zu vergleichen mit dem politischen Aufbruch von Obama 2008 trotz gleicher Worte und ähnlicher Parolen. Harris vertritt das Vermächtnis Bidens, die Demokratie zu verteidigen, zugleich gelingt es ihr nicht, obwohl sie von einer neuen Führungsgeneration spricht, ihr eigenes inhaltliches Profil deutlicher zu machen. Andererseits ist sie auch durchaus realistisch.

Harris und ihr Wahlkampfteam orientierten sich zurecht an der Mittelschicht und der patriotischen Mitte, um eine breite Sammlungsbewegung gegen den Trumpismus bilden zu können. Kein Wähleranteil sollte verloren gehen, deshalb auch die Wahl ihres Vize Tim Walz aus Minnesota, der die Durchschnittsamerikaner des Mittleren Westens gewinnen soll. Er verweist stets, auch inhaltlich, zum Beispiel sozialpolitisch, auf sein Land Minnesota.

Dass Harris auch eine Waffe besitzt und auf einen Einbrecher schießen würde, hat sie inzwischen öffentlich bekannt gemacht. Auch ‚Coach Walz' ist für das amerikanische Verfassungsrecht auf eine Waffe. Militärische Sturmgewehre will Harris indes zu Recht verbieten. Gegen ein starkes Militär jedoch, und das ist ein wichtiger Punkt, sind beide, Harris und Walz, nicht eingestellt.

Das sollte für alle Wähler offensichtlich sein. In einen Wettbewerb für den ersten Platz des Superpatrioten müssen sie deshalb nicht eintreten, obwohl ihnen Trump alles Mögliche unterstellt. Sie sind nicht nur Demokraten, sondern auch republikanische Patrioten im amerikanischen Sinne. Das hat der Wahlkampf, der ansonsten nicht gerade aufklärerisch ist, deutlich gemacht.

Davon wiederum haben sich indessen die MAGA-Republikaner als ‚Superpatrioten' und Isolationisten, verabschiedet, seitdem sie sich der Macht des „unbeugsamen Kämpfers" Trump, ausgeliefert haben, erst recht seit dem überstandenen Attentat in Butler, bei dem Gott mithalf. Seitdem heißt das Motto „fight" und das ist buchstäblich gemeint, mitsamt der zugehörigen Ikonographie.

Die echt Konservativen, wie Mike Pence, sind verstummt, und Liz Cheney hat sich auf die Seite von Harris gestellt, was etwas heißen will. Sie und General Kelly liefern in den letzten Wochen die *stärksten Argumente* im Wahlkampf der Demokraten, der sich nun einerseits ganz auf die Charaktereigenschaften der Person Trump richtet: er wird „zunehmend instabil", ja er ist „ein Faschist" (Harris). Und andererseits Harris nicht nur als bürokratische Staatsanwältin, als die sie schon bei der verfehlten Präsidentschaftskandidatur 2019 auftrat, sondern auch als nahbar, persönlich und mitfühlend erscheinen lassen soll: Sie sammelt Sympathiepunkte gegen den Charismatiker Trump, der anzieht und abstößt.

Der Slogan „Amerika wieder groß machen" stammt von Ronald Reagan und seiner konservativen Revolution von Kalifornien aus gegen den Geist der Studentenbewegung der 60er und 70er Jahre in Berkeley und anderswo. Reagan war ein Konservativer und Kalter Krieger, der diesen auch gewinnen wollte und gewonnen hat.

Reagan war zudem ein Optimist und beschrieb sein Land nicht in düster-apokalyptischen Kategorien wie Trump heute, am schwärzesten bei der republikanischen Convention im Juli in Milwaukee. Reagan spielt heute bei den Trumpisten, die ein *„Land im Niedergang"* beschreiben, keine Rolle mehr, Harris spricht dagegen vom *„Land der Chancen"*.

Die Reagan-Anhänger waren alle Freihändler durch und durch, die Trumpisten sind das pure Gegenteil. Die Einstellungen zum Freihandel und zur wirtschaftspolitischen Globalisierung haben sich gewandelt. Trump predigt heute einen Protektionismus, ohne die Folgen für die Weltwirtschaftsordnung zu bedenken. Zölle sind sein Lieblingswort geworden, Wirtschaftskrieg ist die Folge. Die deutsche Wirtschaft, klar, wünscht sich keinen Sieg von Trump.

Schutz geht vor Freiheit. Aus *Links ist Rechts* geworden, wenn es um Arbeiterinteressen, ,manufacturing' und Arbeitsplätze geht. Der Milliardär Vance, der mit seiner Herkunft argumentiert, vertritt dies ganz offensiv und intellektuell. Die Tech-Milliardäre in seinem Umkreis, vor allem ihr Vordenker Peter Thiel, geboren 1967 in Frankfurt am Main, haben andere Vorstellungen von Demokratie, wenn es anarcho-libertär um ihre Freiheit geht. Sie sind die eigentlichen Staatsfeinde von heute.

Der Kontext, auch innerhalb der ,grand old party ,, die 1854 von Abraham Lincoln gegründet worden ist, hat sich gegenüber den 80er Jahren ('neokonservativ-neoliberal') verändert. Die Zeiten haben sich geändert, und die intellektuellen Diskurse haben sich erheblich verschoben. Trump hat die große Partei, anfangs noch als Clown belächelt, etwa in der innerparteilichen Konkurrenz mit Jeff Bush, transformiert.

Er hat sie gewandelt durch Polarisierung als Mobilisierung, durch einen aggressiven Politikstil und Parteienpolarisierung über das übliche Maß in einer Parteiendemokratie hinaus. Solange dieser Weg Erfolge bringt (in Form von Mandaten), werden die Republikaner mitgehen. Der Trumpismus kann aber auch eine langlebige Eintagsfliege bleiben. Geholfen haben Trumps *charismatischer Herrschaft* maßgeblich die Tea-Party-Bewegung, konservative Juristen und bestimmte Medien wie Fox News; er war der erste twitternde Präsident.

Dieser Erfolg ist heute das zentrale Problem für die Stabilität der amerikanischen Demokratie geworden, an dem freilich auch die Demokraten ihren Anteil haben. Vor dem 5. November wird man daraus keinen Ausweg mehr finden. Wie der Wahlausgang auch verläuft, das Land wird gespalten bleiben, und die Lage nach der Wahl bürgerkriegsgefährdet. Eine interessante ausführliche empirische Studie, die kürzlich bei ‚Science' publiziert worden ist (siehe FAZ, 23. Oktober 2024, S.2), ist hier kurz zu referieren.

Getestet wurden 32 000 Personen zu folgenden Fragen:

- parteigebundene Gegnerschaft;
- Unterstützung undemokratischen Verhaltens;
- Bejahung politischer Gewalt gegen Anhänger des anderen politischen Lagers.

Ein klarer Befund ist, dass bei dieser unzivilen Entwicklung keine der beiden Parteien völlig unschuldig ist. Republikaner drücken eine höhere Unterstützung bei undemokratischen Praktiken aus; Demokraten äußern dafür mehr Zustimmung zu Gewalt, sollten die Republikaner die nächsten Wahlen gewinnen. Wird der wechselseitige Faschismus- bzw. Kommunismus- oder Linksradikalismusvorwurf diese Konstellation noch verstärken? Demokratische Legitimität durch Wahlen und friedlicher Machtwechsel sind fraglos Mindestbedingungen gelungener Demokratie, gleichviel wie sie institutionell ausgestaltet wird.

Die Studie stellt auch fest, dass der Appell an ein überparteiliches Wir-Gefühl, der *republikanische Grundkonsens*, den Abbau von Feindseligkeiten zugunsten verständigungsorientierter Kommunikation bewirken kann. In einer Parteiendemokratie sind dafür Kompromiss, Koalition und Konsens erforderlich.

Es gibt verschiedene Möglichkeiten *demokratischen Regierens* (auch Minderheitsregierungen), die heute alle verbessert und politisch-kulturell gepflegt werden müssen, denn das Regieren, die Politik wie die Parteien und der handlungsfähige Staat, gewissermaßen die operative Politik, stehen *objektiv* vor schwierigen Herausforderungen. Kritik ist nötig und wohlfeil zugleich; das *politische Denken*, das sich seit Aristoteles auf Praxis bezieht, ist jedoch komplexer, widersprüchlicher und schwieriger geworden. Darum sollten wir uns, sowohl mit einer differenzierten Staatstheorie als auch seriösen Demokratietheorie bemühen.

Der *schwierigste* Befund der erwähnten Studie (a.a.O.) war: dass die Gefahr für die Demokratie immer nur vom Gegner ausgeht, und Gewalt gerechtfertigt wird, um Gewalt zu verhindern. Soweit allerdings dürfen wir es nicht kommen lassen bei allen politischen Kontroversen, die heftiger werden.

Charismatische Herrschaft

Um eine lange Geschichte kurz zu machen: 14 Tage vor der entscheidenden Wahl, die offen ist, stehen wir vor der Frage: Kann tatsächlich in der führenden Nation der freien Welt ein Faschist Präsident werden?

Harris hat vor Kurzem bei CNN zum ersten Mal Trump öffentlich einen Faschisten genannt. Sie reagierte dabei auf Äußerungen des ehemaligen Stabschefs im Weißen Haus (2017-19) und vier Sterne Generals bei den Marines John F. Kelly, der davon erzählte, dass Trump Generäle Hitlers gelobt hätte, was dieser natürlich sofort bestritt, wie er immer alles bestreitet.

Kellys besorgter Anlass, an die Öffentlichkeit zu treten gegen seinen ehemaligen Chef war allerdings Trumps Erwägung, Militär gegen politische Gegner im Innern, „inclusive Democratic foes", einzusetzen. Das ist der *ernste Hintergrund* unseres Themas, das wir noch näher beleuchten wollen.

In diesem Zusammenhang steht Kellys Einschätzung „he fits ,fascist'", und er liefert gleich eine Definition von Faschismus dazu: „It's a far-right, authoritarian, ultranationalist political ideologie and movement, characericed by dictatorial leader, centraliced autocracy, militarism, forcible suppression of opposition, belief in a national social hierarchy" (The New York Times in: ABC News, 24. Oktober 2024).

Diese Diskussion hat zwei Ebenen:

a) eine *grundsätzlich-demokratiepolitische Ebene* über den 5. November hinaus und

b) eine *tagespolitisch-wahltaktische* bis zum 5. November.

Zu a)
Die Demokratie ist nicht in Amerika erfunden worden. Das wussten die Gründerväter ganz genau, indem sie zwischen Republik und Demokratie unterschieden. Erfunden haben sie konzeptuell die föderative Republik auf einem großen und vielfältigen Territorium, das heute 50 'states' umfasst. ,Repräsentative (Parteien-) Demokratie', von der heute gesprochen wird, wäre für sie ein hölzernes Eisen gewesen.

Die Neue Linke in den 60er Jahren, der amerikanische SDS, bezeichnenderweise „students for a democratic society", kritisierte die realexistierende amerikanische Republik und insbesondere die Südstaaten in der Bürgerrechtsbewegung als undemokratisch und stellte dagegen die ,participatory democracy' (Port Huron Statement 1962). Diese Diskussion bleibt theoretisch unabgeschlossen, ist hier aber nicht unser Thema.

Seitdem die USA nach dem Zweiten Weltkrieg, dem ersten globalen Krieg, den Staffelstab von Großbritannien als Führungsnation der Freien Welt übernehmen, bestimmt der amerikanische Way of Life stets mit, was man als „demokratisch" verstehen darf und was nicht. Wichtiger neben der föderativen Republik und der zugehörigen ‚Constitution', die aufgrund ihrer historischen Pfadabhängigkeit nur schwer reformierbar ist, wird das Rule of Law, die Rechtsstaatlichkeit insgesamt. Schon der Aristokrat Tocqueville bezeichnete (1835/40) die Juristen als die „neuen Aristokraten" Amerikas. Umso wichtiger wird der Kampf ums Recht.

Hier finden sich Kriterien, die auch an die USA angelegt werden können. Es ist deshalb kein Zufall, dass Biden in seine Verteidigung der Demokratie eine Reform des höchsten Gerichts einschließt, die freilich nur schwer und über längere Zeit durchzuführen sein wird. Die Schwächen des amerikanischen Wahlsystems hingegen sind schon lange bekannt und werden in der Politikwissenschaft diskutiert, zum Beispiel der Ausschluss von vier Millionen Bürgern, weil sie vorbestraft sind, darunter hauptsächlich Schwarze.

Zu b)
Eine andere Frage neben diesem ernsten Hintergrund ist, ob es in der jetzigen Phase der demokratischen Auseinandersetzung politisch klug und sinnvoll ist, Trump als Faschisten zu bezeichnen, worauf dieser prompt mit dem Kommunismusvorwurf kontert. Welcher Vorwurf wiegt in der amerikanischen Wählerschaft in einem so knappen Rennen stärker?!

Dass Mussolini der erste Faschist war, ist unumstritten; die Anwendung des Faschismusbegriffs heute ist freilich, wie jeder historisch-politische Begriff umstritten. Bei der Linken ist er „overused" (Paxton), was ihn analytisch nicht brauchbarer und präziser macht. Auch Mussolini hat sich für viele lächerlich gemacht bei seinen Auftritten.

Für sie war übrigens Gabriele D'Annunzio das Vorbild (1863-1938), dessen Herrschaft von Fiume Elemente des Faschismus vorwegnahm. Sogar Lenin sah in ihm einen Revolutionär, weil er den Kontrast zur bürgerlichen Gesellschaft meisterhaft zu inszenieren wusste. Abgesehen davon, dass Trump keine solchen Vorbilder hat, fehlt auch die kohärente politische Ideologie, die Mussolini und mehr noch sein späterer Bildungsminister, der Philosoph Giovanni Gentile, sehr wohl hatte.

Mussolini war ein Bewunderer von Platons ‚Staat', ein Leser von Nietzsche und beeinflusst von Georges Sorel und Vilfredo Pareto. Trump ist zwar kein Leser und langfristig denkender Politiker, sondern eher ein Geschäftsmann, der in kurzfristigen Deals denkt und handelt. Er ist aber bereit, mit einer „Politik des Stinkefingers" (NZZ, 21. Oktober, S.5), sein Land, das sich im Niedergang befindet, gegen seine Feinde im Inneren und von Außen, wieder „zurückzuholen", indem er sich „unmöglich macht". Dies im wahrnehmbaren Unterschied zu den etablierten Politikern, was vielen imponiert. Sie interpretieren es als Führungsstärke, was einer stark präsidentiellen Demokratie der großen Nation entgegenkommt.

Trump ist ein Charismatiker der Bühnenrede als Live-Event wie D'Annunzio und Mussolini und wirkt zuweilen ebenfalls komisch und pathetisch wie diese, was seine Anhänger jedoch nicht stört, im Gegenteil. Der Faschismus hat die Politik der Gewalt erfunden, er setzt seine Gegner seit je herab, kommunikativ und öffentlich auf der Straße. Diese Wirkung wird heute medial um ein Vielfaches noch verstärkt.

Solche Wirkungen zu entfalten, müssen wir Trumps moderner charismatischer Herrschaft seit dem 6. Januar 2021 zutrauen. Der Satz von Obama, dass Trump nicht ernstzunehmen sei, aber eine ernsthafte Gefahr für die Demokratie darstelle, ist deshalb nur halbrichtig.

Literaturverzeichnis

Widerstandswelten. Der facettenreiche Widerstandsbegriff (S. 35)

- Heinz Kleger, Der neue Ungehorsam. Widerstände und politische Verpflichtung in einer lernfähigen Demokratie, NewYork/ Ffm. 1993 (Campus)
- Heinz Kleger, Demokratisches Regieren. Bürgersouveränität, Repräsentation und Legitimation, Baden-Baden 2018 (Nomos)

Auch Normalität ist ein schwieriger Begriff (S. 61)

- Blumenberg, Hans: Theorie der Lebenswelt, Berlin 2010
- Blumenberg, Hans: Lebenszeit und Weltzeit, Ffm. 1986
- Blumenberg, Hans: Wirklichkeiten in denen wir leben, Reclam 1981
- Habermas, Jürgen: Theorie des kommunikativen Handelns, Ffm. 1981, 2 Bde.
- Husserl, Edmund: Die Krisis der europäischen Wissenschaften und die transzendentale Phänomenologie, Den Haag 1962
- Schütz, Alfred: Der sinnhafte Aufbau der sozialen Welt, Ffm. 1974
- Schütz, Thomas Luckmann: Strukturen der Lebenswelt, Ffm. 1979, 2 Bde.
- Alfred Schütz und die Idee des Alltags in den Sozialwissenschaften, hrsg. von W.M. Sprondel/R. Grathoff, Enke 1979

Stadtwende. Von den Bürgergruppen zur Bürgerkommune (S. 69)

- Keim, Karl-Dieter (Hg.): Aufbruch der Städte, Berlin 1995
- Zwahr, Helmut: Ende einer Selbstzerstörung. Leipzig und die Revolution in der DDR, Göttingen 1993
- Hassenpflug, Dieter (Hg.): Die europäische Stadt – Mythos und Wirklichkeit, Münster 2001
- Warnecke, Jakob: „Wir können auch anders", Berlin-Brandenburg 2019
- Klusemann, Christian (Hg.): Das andere Potsdam, DDR-Architekturführer 2016
- Jakobs/Kleger (Hg.): Auf dem Weg zu einer strukturierten Bürgerbeteiligung 2011-2013, Norderstedt 2013
- Kleger u.a. (Hg.): Vom Stadtforum zum Forum der Stadt, Amsterdam 1996
- Beteiligungsrat: Potsdam aktiv mitgestalten, 2020

Altes und Neues über die Hugenotten (S.190)

- Bayle, Pierre: Toleranz, Berlin 2016
- Bodin, Jean: Über den Staat (Sechs Bücher über die Republik 1576), Stuttgart 1982
- Böhm, Andrea: Sprachwechsel, Akkulturation und Mehrsprachigkeit, Berlin 2010
- François, Etienne: Die Hugenottengeschichte als eine deutsch-französische und europäische Geschichte, in: Refuge Berlin-Brandenburg 2021
- Hier geblieben? Brandenburg als Einwanderungsland (Hg. M. Asche/ Th. Brechenmacher), Universitätsverlag Potsdam 2022
- Kletzin, Birgit (Hg.): Fremde in Brandenburg, Münster 2004
- Lachenicht, Susanne: Verfolgung und Flucht der Hugenotten und ihre Aufnahme in Brandenburg-Preußen, in: Refuge Berlin Brandenburg 2021
- Refuge Berlin Brandenburg, Hugenottenmuseum Berlin 2021 (Hg. Silke Kamp)
- Hugenotten, Nr.4/2022, Bilder zur Bartholomäusnacht 1572
- Kleger, Heinz: Urbane Koexistenzphilosophie, in: Miteinander leben, Vadian Lectures 2, Bielefeld 2016
- Kleger, Heinz: Flüchtlingshilfe. Von der Notsituation zur Integration, Potsdam 2017

Die ‚Räterepublik‘ der Beiräte (S.252)

- Bock, Stephanie/Reimann: Mehr Beteiligung wagen. Evaluationsbericht, Norderstedt 2017
- Dänzer, Frank/Maaß: Kein Haushalt ohne Bürgerhaushalt, in: Kleger/Klein 2023
- Franzke, Jochen: Das Zusammenwirken der Ortsbeiräte mit der Stadtverwaltung und der SVV, 32 Seiten, KWI Potsdam 2021
- Jakobs, Jann/Kleger (Hg.): Auf dem Weg zu einer strukturierten Bürgerbeteiligung, Potsdam 2013
- Kleger, Heinz: Demokratisches Regieren. Bürgersouveränität, Repräsentation, Legitimation, Baden-Baden 2018
- Kleger, Heinz/Klein (Hg,): Demokratiepolitik, Wiesbaden 2023
- Liesenberg, Katharina/Strothmann: Beyond the Hype: Was es braucht, damit Bürgerräte tatsächlich die Demokratie stärken, in: Kleger/Klein 2023

- Morandi, Pietro: Die politische Funktion des Expertentums, Göttingen 2023
- Nanz, Patrizia/ Leggewie: Die Konsultative, Berlin 2016
- Sintomer, Yves: Vom Benutzerwissen zum Beruf des Bürgers? In : D'Amato/Karolewski (Hg.), Bürgerschaft und demokratische Regierbarkeit in Deutschland und Europa, Baden-Baden 2014
- Weber, Max: Politik als Beruf, Stuttgart 1992 (1919)

Protest und Widerstand (S.380)

- Andreas Braune (Hg.): Ziviler Ungehorsam. Texte von Thoreau bis Occupy. Stuttgart 2017 (Reclam)
- Birgit Enzmann (Hg.): Handbuch Politische Gewalt. Formen, Ursachen, Legitimation, Begrenzung. Wiesbaden 2013 (Springer VS)
- Heinz Kleger: Widerstandswelten. Der facettenreiche Widerstandsbegriff (Blog vom 16. Januar 2023, www.heinzkleger.de), auch in: Forschungsjournal Soziale Bewegungen, 36. Jahrgang, Heft 2/2

Keiner wird verschont (S.455)

- Was ist Aufklärung? Kant, Erhard, Hamann, Herder, Lessing, Mendelssohn, Riem, Schiller, Wieland, hrsg. von Erhard Bahr, Stuttgart/Reclam 1974
- Kant, Kritik der reinen Vernunft (1781)
- Kant, Kritik der praktischen Vernunft (1788)
- Kant, Anthropologie in pragmatischer Hinsicht (1798), Stuttgart 1983
- Kant, Zum ewigen Frieden (1795)
- Ernst Cassirer, Die Philosophie der Aufklärung (1932), Hamburg 2007
- Kant, Schriften zur Geschichtsphilosophie, Stuttgart 1974 (Hg. Manfred Riedel)
- Helmut Holzhey (Hg.), Ethischer Sozialismus. Zur politischen Philosophie des Neukantianismus, Ffm. 1994
- Jürgen Manthey, Königsberg. Geschichte einer Weltbürgerrepublik, München/Wien 2005
- Heinz Kleger, Präliminarien des Überlebens, Reformatio 5/1984.

Wehrfähiges Bündnis (S.564)

- Heinz Kleger: Vom Bund zum Bündnis, von der amerikanischen zur atlantischen Zivilreligion? In: Religion und Zivilreligion im Atlantischen Bündnis, Trier 2001, S.91-111
- Religion des Bürgers, München 1986, 2. Auflage Münster 2004
- Dan Diner: Das Jahrhundert verstehen, München 1999
- François Furet: Das Ende der Illusion, München 1996
- Symbole und Taten. Zur amerikanischen Zivilreligion Joe Bidens, Blog vom 25. Januar 2021
- Biden in Polen und die „heilige Verpflichtung", Blog vom 27. März 2022
- Eric Hobsbawm: Das Zeitalter der Extreme, 1995
- Welchen Bürgerglauben braucht eine Demokratie? Blog vom 14. April 2021
- Politische Theologie und demokratische Bürgerreligion, Blog vom 1. Oktober 2022

Beharrliche Demokratiearbeit (S.591)

- Kleger/Klein (Hg.): Demokratiepolitik: Neue Formen der Bürgerbeteiligung als Demokratiestärkung. Wiesbaden 2024
- Kleger: Demokratisches Regieren. Bürgersouveränität, Repräsentation und Legitimation, Baden-Baden 2018 (Nomos)
- Ders.: Leitsätze der Verfassung statt Leitkultur, in: Heinz Kleger, Gedankensplitter ll, Norderstedt 2021, S.182-223
- Ders.: Erfahrene und begriffene Demokratie, a.a.O., S.286-302
- Lübbe-Wolff, Gertrude: Demophobie: Muss man die direkte Demokratie fürchten? Frankfurt am Main 2023
- Jörke, Dirk: Die Größe der Demokratie, Berlin 2019
- Newsletter der Bürgerbeteiligung. Mitreden in Potsdam, monatlich 2015ff
- Handbuch der Verfassung des Landes Brandenburg (Simon, Franke, Sachs), Stuttgart u.a. 1995
- Verfassungsblog Thüringen 2009 ff

Heinz Kleger

GEDANKEN SPLITTER

Ein Schweizer in Potsdam

Gedankensplitter

Ein Schweizer in Potsdam

Heinz Kleger zieht Bilanz. In seiner Autobiografie „Gedankensplitter. Ein Schweizer in Potsdam" gibt der Philosoph und Politikwissenschaftler Einblick in sein Leben und resümiert über Lebensstationen und Ereignisse, die sein Denken und Wirken beeinflusst haben. Er sieht im Rückblick vier entscheidende Richtungswechsel: Cabaret Rotstift (1963), Zwingli, Dominikaner, Neue Linke (1966), Politische Philosophie in Deutschland (ab 1980) und Potsdam (ab 1994). Diese Puzzle-Teile bilden eine Schatzkammer seines Lebens. Ergänzt wird das Buch durch einige kürzere, aktuelle Texte, die sich auf Potsdam und Berlin-Brandenburg beziehen.

Heinz Kleger, Prof. Dr. phil., geb. 1952 in Zürich, Philosoph und Politikwissenschaftler, lehrte von 1993–2018 Politische Theorie an der Universität Potsdam, 2004–2008 auch an der Europa-Universität Viadrina in Frankfurt/Oder.

Heinz Kleger, Gedankensplitter, Potsdam, 2019, 200 Seiten, Paperback, ISBN 978-3-749-48410-2, 10 Euro. Auch als eBook für verschiedene Plattformen und im Onlinehandel verfügbar.

Heinz Kleger

GEDANKEN SPLITTER II

Normalität und Ausnahmezustand, Zivilgesellschaft und Solidarität, Bürgerbeteiligung und Demokratie

Gedankensplitter II

Normalität und Ausnahmezustand, Zivilgesellschaft und Solidarität, Bürgerbeteiligung und Demokratie

Das Buch Gedankensplitter II bezieht sich auf die Jahre 2019 und 2020. Die Wahlen in Brandenburg 2019 bedeuten eine Zäsur: Die Sozialdemokratie ist nicht mehr die Brandenburgpartei, und die AfD ist zur stärksten Oppositionspartei geworden. Eine neue Regierungskoalition, die Kenia-Koalition, ist deshalb gebildet geworden. Nicht nur regional, auch im Hinblick auf die Bundestagswahl 2021 wird es spannend, die interne Entwicklung der staatstragenden Christ- und Sozialdemokratie sowie der neuen Grünen als Volkspartei zu verfolgen.

Die Krisensteigerung 2020 mit der Corona-Krise führt außerdem dazu, dass wir nicht nur die Notstands- und Krisenbegriffe neu ordnen, sondern auch darüber nachdenken müssen, was Normalität und Ausnahmezustand generell bedeuten. In diesem Zusammenhang ist eine grundsätzliche Reflexion über Zivilgesellschaft, Staat, Solidarität, Bürgerbeteiligung und Demokratie nötig.

Heinz Kleger, Prof. Dr. phil., geb. 1952 in Zürich, Philosoph und Politikwissenschaftler, lehrte von 1993–2018 Politische Theorie an der Universität Potsdam, 2004–2008 auch an der Europa-Universität Viadrina in Frankfurt/Oder.

Heinz Kleger, Gedankensplitter II – Normalität und Ausnahmezustand, Zivilgesellschaft und Solidarität, Bürgerbeteiligung und Demokratie, Potsdam, 2021, 376 Seiten, Paperback, ISBN: 978-3-753-45797-0,19,90 Euro. Auch als eBook für verschiedene Plattformen und im Onlinehandel verfügbar.

Heinz Kleger

GEDANKEN SPLITTER III

Normalität in der Krise
Demokratiepolitik
Krieg und Frieden

Gedankensplitter III

Normalität in der Krise, Demokratiepolitik, Krieg und Frieden

Mit dem Bundestagswahlkampf ging es los: mit der Kampfansage der neuen Grünen an die CDU. Kurz darauf ging Olaf Scholz als einzig möglicher Kanzlerkandidat der SPD ins lange Rennen, das er schließlich mit den prägnanten Versprechen von Respekt und Mindestlohn knapp gewann. Corona und seine Folgen blieben ebenfalls präsent, doch schwanden allmählich die Corona-Angst und die Befürchtung vor Lockdowns, die, für uns alle zu überraschend plötzlichen Schließungen aller Art führten – : von Grenzen, Schulen, Kitas, Gastronomie, Theatern, Kinos usw., die zum Teil im Nachhinein als verfassungswidrig festgestellt werden.

Am 24. Februar 2022 veränderte sich noch einmal buchstäblich und zur Gänze die Welt: als wir die flächendeckende Invasion der Ukraine durch das russische Militär gesehen haben. Zwar hat sich Putin mit seiner „Spezialoperation" verkalkuliert, der Krieg indessen hat sich zu einem fürchterlichen Zerstörungskrieg ausgeweitet und verstetigt.

Derweil trat die Klimakrise, die keine Pause kennt, objektiv in den Hintergrund, was wiederum die Klimaproteste der „Letzten Generation" befeuert hat. Nicht alle legitimen Proteste sind jedoch gut. Gerade auch beim facettenreichen schwierigen Widerstandsbegriff, den auch die revolutionären Rechten auf der ganzen Welt gerne in Anspruch nehmen, ist genau hinzusehen und begrifflich zu differenzieren. Seriöse politische Theorie erweist sich als nötiger denn je.

Alles scheint möglich – im Schlimmen wie im Guten.

Heinz Kleger, Gedankensplitter III – Normalität in der Krise, Demokratiepolitik, Krieg und Frieden, Potsdam, 2023, 578 Seiten, Paperback, ISBN: 978-3-734-70452-9. Auch als eBook für verschiedene Plattformen und im Onlinehandel verfügbar.

Bildnachweise:

Umschlag: IMAGO / ZUMA Press Wire 0714105351, IMAGO/ Sammy Minkoff 161851774, S. 132 SETTIME Pixabay, IMAGO/ YAY Images 193775329, IMAGO/ UPI Photo 309 12429, IMAGO/ APAimages 371532682, IMAGO/ China Foto Press 75607265, IMAGO/ Ardan Fuessmann 389265350, IMAGO/ ZUMA Press Wire 152148696, IMAGO/ Müller-Stauffenberg 440898418, IMAGO/ Kyodo News 581332492, IMAGO / ZUMA Press Wire 706055551, IMAGO / ZUMA Press Wire 713508542

Inhalt: S. 28 IMAGO / ZUMA Press Wire 0480783691, S. 35 IMAGO / Achille Abboud 0120681934, S. 69 Daniel Wetzel/ Agentur Medienlabor, S. 84 IMAGO/ Kyodo News 201469399, S. 96 IMAGO / SNA 203355317, S. 104 IMAGO/ Sammy Minkoff 161851774, S. 118 IMAGO/ Christian Spicker 239586984, S.124 IMAGO / SNA 239997635, S.132 SETTIME Pixabay, S. 139 IMAGO/ YAY Images 193775329, S. 147 IMAGO/ Kyodo News 243249366, S. 178 IMAGO / ZUMA Press 257255723, S. 197 Daniel Wetzel/ Agentur Medienlabor, S. 207 IMAGO / ZUMA Press Wire 171040679, S. 236 IMAGO/ ZUMA Press Wire 302185147, S. 247 IMAGO / ZUMA Press Wire 156715618, S. 252 Daniel Wetzel/ Agentur Medienlabor, S. 263 IMAGO/ UPI Photo 59225849, S. 267 Neues Potsdamer Toleranzedikt e. V. / Thomas Rosenthal, S. 281 Daniel Wetzel/ Agentur Medienlabor, S. 298 IMAGO/ UPI Photo 309124295, S. 316 IMAGO/ Xinhua 366241916, S. 323 IMAGO/ ZUMA Press Wire 368580415, S. 331 IMAGO/ Kyodo News 64140063, S. 337 IMAGO/ APAimages 371532682, S. 348 IMAGO/ China Foto Press 75607265, S. 366 IMAGO / ZUMA Press Wire 304045531, S. 380 IMAGO/ Ardan Fuessmann 389265350, S. 394 IMAGO/ Bestimage 388859302, S. 401 Daniel Wetzel/ Agentur Medienlabor, S.413 Daniel Wetzel/ Agentur Medienlabor, S. 423 IMAGO/ ZUMA Press Wire 152148696, S. 441 IMAGO / ZUMA Press Wire 378511291, S. 455 IMAGO/ ITAR-TASS 87077897, S. 473 Daniel Wetzel/ Agentur Medienlabor, S. 493 IMAGO/ Müller-Stauffenberg 440898418, S. 507 IMAGO/ Le Pictorium 382511375, S. 536 IMAGO/ Kyodo News 581332492, S. 549 IMAGO/ Bestimage 583730470, S. 556 IMAGO / ZUMA Press Wire 706055551, S. 571 IMAGO / ZUMA Press Wire 713508542, S. 581 IMAGO / Imagn Images 756496801, S. 591 IMAGO/ Funke Foto Services 481434635, S. 612 Daniel Wetzel/ Agentur Medienlabor.